中国名牌产品标志

# CHINA TOP BRAND PRODUCTS YEARBOOK

# 中国名牌产品年鉴

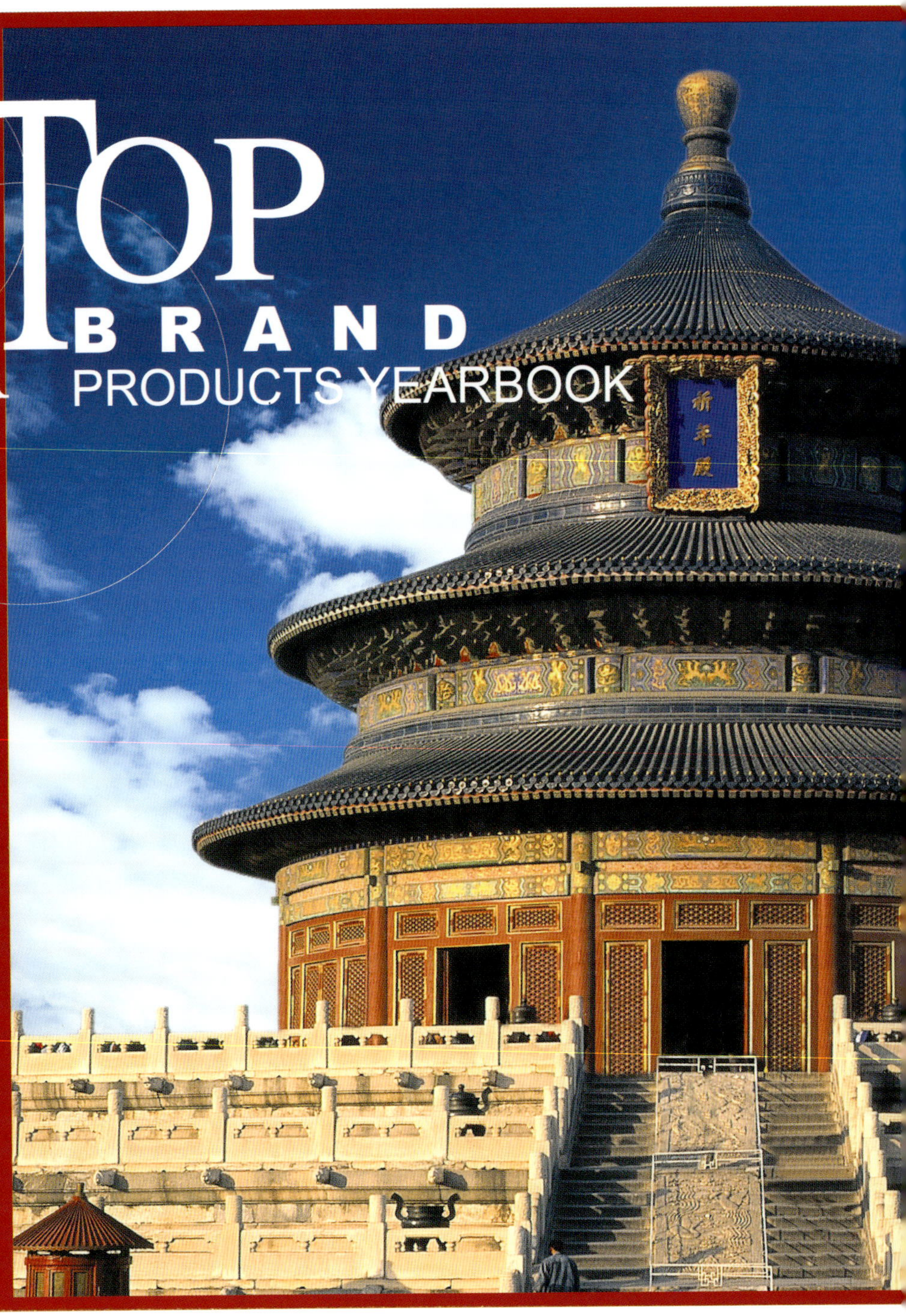

2004卷

# 中国名牌产品年鉴

CHINA TOP BRAND PRODUCTS YEARBOOK

国家质量监督检验检疫总局质量管理司
中国名牌战略推进委员会秘书处 编

中国轻工业出版社

# 目录 CONTENT

## 第一部分 领导讲话



## 第二部分 文件汇编



## 第三部分 名牌战略推进活动

第四部分

## 中国名牌产品

中国名牌

# CHINA TOP BRAND PRODUCTS YEARBOOK

## 中 国 名 牌 产 品 年 鉴

# 第一部分

# 领导讲话

# 在中国名牌暨质量管理先进表彰大会上的讲话

（2004年9月1日）

国家质量检验检疫检总局局长　李长江

各位来宾，同志们、朋友们：

今天是2004年全国“质量月”活动的第一天，我们在这里隆重召开中国名牌暨质量管理先进表彰大会，公布2004年中国名牌产品名单，并对中国名牌产品生产企业和2004年全国质量管理先进企业及个人进行表彰。我代表国家质检总局对此次受表彰的中国名牌产品生产企业和全国质量管理先进企业及个人表示衷心的祝贺！借此机会，我讲四个问题。

**一、2004年中国名牌产品评价的特点**

今年是开展中国名牌产品评价的第四年。在认真总结前几年工作的基础上，中国名牌战略推进委员会结合实际不断创新，用新的制度和手段保证评价类别的确定和评价工作的科学公平公正。今年中国名牌产品的评价有以下几个特点：

（一）有针对性地设置评价目录

根据党中央就“三农”问题作出的重大决策，今年在设立评价目录时向农产品及相关产品给予了倾斜。同时，按照中央支持西部大开发和振兴东北老工业基地的战略部署，在今年的评价工作中将东北和西北占优势的机械装备类产品也列入了评价目录。今年第一次列入评价目录的39类产品中生产资料类约占1/2。

（二）有效改革评价形式

第一，在原有专家资源的基础上，首次向社会公开征集评价专家，充实扩大了专家库，各专业委员会的组成既有来自行业协会的，也有质量检测机构的，还有消费者协会和社会自愿报名的专家，使专家评价队伍有广泛的代表性。第二，在评价程序上也作出重大改进。在随机抽取明确专家人员后，安排专家统一集中，进行封闭评价，从而提高了效率，加强了保密，保障了公正。第三，制定了严格的评价纪律，并在评价过程中严格实施，保证了评价工作的科学、公正和各类产品评价的一致性。

（三）科学确定评分体系

为鼓励企业自主品牌出口，在市场评价中提高了自有品牌出口相关分值。为鼓励企业不断进行技术创新，努力拥有自主知识产权，在发展评价中对企业获得专利项目特别是发明专利及对拥有国家级或省级技术中心和博士后流动站的企业给予了专门加分。

**二、推进名牌战略取得的成效**

中国名牌战略推进和名牌产品评价到今年已经第四年了，到今天为止，有效的中国名牌产品共有95类，479家企业，547个产品。这些产品覆盖了除青海、西藏外的29个省、自治区、直辖市。总结几年的实践，我们高兴地看到，名牌战略的实施取得了可喜的成效。

（一）有效地促进了经济结构调整和资源优化配置

名牌战略的推进，促进了经济结构调整。各地以名牌产品为基础，以名牌产品生产企业为龙头，加快企业发展壮大，加快产品更新换代，促进资源优化配置，使优良资产向名牌产品、名牌企业集中，有效提高了经济增长质量和效益，促进经济运行进入良性循环的科学发展轨道。

江苏省在实施名牌战略的过程中，以名牌产品为龙头，以骨干企业为依托，以提高产业集中度为目标，大力推进产业重组和企业联合，形成了一批以名牌产品为龙头的企业集团。目前，在全省营业收入50强中，有30多家是以名牌产品为龙头组建的企业集团。广东省的名牌产品，在促进广东结构调整、优化升级的同时，还加快了广东新型工业化的进程，使广东省成为名牌支撑起来的经济大省。青岛、厦门、福建泉州、浙江温州等地也形成了一批上质量、上规模、创品牌的名牌企业群体，形成质量、品牌、效益整体协调发展的良好局面。

（二）有效促进了区域经济发展，提高了市场竞争力

名牌产品可以带动一个企业的发展，名牌企业也可以促进一个地区的进步。辽宁省名牌产品生产企业的数量仅占全省规模以上企业的6%，但利税总额和出口额分别达到23%和50%，对全省工业总产值增长的贡献率为13%，拉动全省工业总产值增长1.38个百分点。2003年江苏省名牌企业数量仅占全省规模以上企业的3%，而销售总额和利税总额却占到21%和28%，对全省工业增长的贡献率为18%，拉动全省工业增长4个百分点。实践证明，名牌产品对区域经济发展起到了积极的拉动作用。

（三）有力地促进了企业管理水平和产品质量的提高，名牌产品的竞争力明显增强

据对52个中国名牌产品的调查，2003年的销售总额和利税总额分别比2000年增长46%和54%，特别是出口额增长高达322%。广东大长江集团的豪爵摩托车被评为中国名牌产品后，销售额和出口额增长77%和258%。海尔空调、嘉陵摩托、雅戈尔衬衫的销售额分别增长182%、224%、125%。西安银桥股份有限公司生产的“秦俑”奶粉，2003年销售额达到9.2亿，比获得中国名牌称号的前一年增长80%。

（四）强化了品牌意识，促进了名牌培育工作的深化

几年来，全国各省、自治区、直辖市都相继成立了名牌战略推进机构，并制定了相关培育规划。上海市政府提出，力争到2005年有2～3家上海名牌企业能跻身世界500强，并形成一批在国际上有一定知名度和在国内具有竞争力的中国名牌产品。广东省提出名牌带动战略，要在3至5年内在中国名牌产品基础上，形成10个

国际知名品牌。河南省要求各级政府和行业主管部门把名牌战略的实施工作，列入各部门重要工作议程。湖北省推出“2003~2005年三年滚动计划”，深入引导企业争创名牌产品，对生产规模、科技含量、质量效益等位居全国同行业前列的40家企业，进行重点扶持。

为推动企业加快名牌战略实施的步伐，地方政府纷纷对获名牌称号企业进行重奖。广东、黑龙江、上海、湖北、河北、河南、四川、天津和大连、深圳、青岛、厦门等地，以及经济欠发达的甘肃省都根据各地实际情况制定了相应的奖励政策。

此外，各级政府培育名牌的力度普遍加大。广东省对列入名牌发展规划的产品，可以申请技改贷款贴息资金，以用于企业补充完善争创名牌产品所必需的生产技术手段和检测手段；技术引进、开发，给予优先扶持；政府采购在同等条件下名牌优先。上海市对企业开展海外商标注册等进行具体指导和技术、资金的支持。湖北省要求质量技术监督部门帮助企业建立标准化、计量检测和质量体系，引导企业制定名牌产品发展规划，推动企业加大科技创新和产品结构调整，提高企业的核心竞争力。

（五）有效规范了市场经济秩序，维护了公平竞争环境

在新形势下，推进符合市场经济要求的名牌发展战略，建立科学、公正、权威的名牌产品评价规则，通过市场评价推出代表国家水平的中国名牌产品，不仅对企业是有效引导，对消费者也是有效的保护和引导，也使名目繁多的乱评比得到有效遏制，从而有效规范了评价活动和市场竞争秩序，促进公平竞争和优胜劣汰。

**三、树立科学发展观，全力推进我国名牌战略，向世界名牌进军**

中央和国务院领导对实施名牌战略高度重视，多次作出重要指示，特别对国家质检总局提出明确要求。今年6月，温家宝总理在视察企业时又指出：“企业要在激烈的市场竞争中立于不败之地，就必须创造名牌产品。名牌就是质量，就是效益，就是竞争力，就是生命力。名牌不仅是一个企业经济实力和市场信誉的重要标志，拥有名牌的多少，还是一个国家经济实力的象征，是一个民族整体素质的体现。”黄菊副总理也明确要求：“请质检总局会同有关部门进一步研究适应社会主义市场经济体制的名牌扶持政策，进一步推进中国名牌战略的实施工作。”国家质检总局将认真贯彻党中央、国务院领导的指示，在实施中国名牌战略的基础上，加快培育世界著名品牌。

企业是实施名牌战略的主体。今天，在座的企业都是各行业的龙头，你们要起到标兵作用。一是要牢固树立“质量第一”的观念。质量是名牌的基础，是企业的生命。正如邓小平同志多次强调的：“一定要坚持质量第一。”“质量第一是个重大政策”。今天我们纪念伟人邓小平，就是要把邓小平的质量思想作为指导我们进行社会主义现代化建设的一个长期战略方针。二是要科学管理，苦练内功，提高企业的整体竞争力。今年是我国推行全面质量管理25周年。25年来的实践证明，全面质量管理的推行在我国取得了丰硕的成果，全面更新了我国质量管理的理论，丰富了质量管理的实践，使我国质量水平迈上了一个新的台阶。可以说，引进并积极推行全面质量管理，是我国改革开放以来对外引进最成功、最有影响的范例之一。这次受表彰的企业，是我国质量管理的先进典型，希望你们进一步努力，作出新的贡献。三是要加强品牌建设，争创具有较强竞争能力的世

界名牌产品。我们是产品生产大国，但不是品牌强国，我国自主品牌出口额不到20%，中国名牌企业要担负起建设品牌强国的重任。

**四、坚持市场评价为基础，加强政府监管，促进名牌产品评价工作健康发展**

中国名牌产品评价已经开展4年了，我们要认真总结经验，进一步完善名牌产品评价方法，在推进名牌战略实施方面实现新的突破。这里，我重点讲4点意见：

一是重申中国名牌战略推进和名牌产品评价机制。要坚持市场评价为基础，企业争创名牌为主体，政府积极推动、引导、监督为保证，顾客满意为宗旨的总体推进机制。引导企业加强内部管理，推进技术创新，提高核心竞争力。

二是强调中国名牌产品的评价纪律。凡是参与中国名牌产品评价工作的有关机构和人员，尤其是各专业委员会的成员，要严以律己、公正廉洁，秉公办事，严格按规定、按程序进行评价，严禁以权谋私，滥用职权，玩忽职守。

三是坚决反对乱评比。决不向企业收费，不增加企业负担。各种各样以盈利为目的的乱评比增加了企业负担，也扰乱了市场经济秩序。国家质检总局将会同有关部门对乱评比行为进行严厉打击。在此，我也呼吁在座的新闻媒体充分发挥舆论监督作用，对乱评比的行为给予揭露和曝光。

四是加大对名牌产品的监督力度。对取得名牌产品称号的企业要加强监督，促进其不断提高质量管理和产品质量水平。对发生严重问题和重大质量事故的，要按程序撤销其名牌产品称号。对信用不良的企业，坚决不允许其产品参与中国名牌产品评价活动。

同志们，实施名牌战略任重道远。"我们应该有自己的拳头产品，创出我们中国自己的名牌，否则就要受人欺负。"这是12年前邓小平同志对我们的警示，也是今后我们全面推进名牌战略的座右铭。让我们牢记小平同志的嘱托，在以胡锦涛同志为总书记的党中央领导下，扎实工作，奋发进取，以新的面貌、新的成绩，为创出我们中国自己的名牌，为建设品牌强国，为中国名牌走向世界做出更大的贡献。

谢谢大家。

# 全面落实科学发展观　大力推进实施以质取胜战略

## ——在全国质量技术监督系统质量管理工作会议上的讲话

（2005年3月1日）

国家质量监督检验检疫总局
党组书记　李传卿

**一、近几年来质量管理工作取得了显著成绩，在国民经济建设和社会发展中发挥了重要作用**

几年来，全国质量管理战线的同志们按照党中央、国务院关于从源头抓质量的要求，把服务经济、促进发展作为中心任务，讲大局、重创新、求实效，坚持从源头抓质量，大力推进名牌兴企，实施以质取胜战略，各项工作取得显著成绩，为国民经济建设和社会发展做出了积极贡献。突出表现在：

（一）全国质量管理机构和职能基本到位

随着1998年国务院机构改革，2000年全国质量技术监督系统实行省以下垂直管理，2001年国家质检总局成立，全国质量管理工作机构基本理顺，工作职能基本到位，工作力度明显加大。目前，全国31个省、自治区、直辖市和5个计划单列市质量管理机构全部健全，绝大部分地市级局和部分县级局也建立了质量管理机构。各级质量管理机构按照国务院要从源头抓质量的要求，把工作的着力点放在企业，放在生产领域，采取一系列有效措施，从宏观上加强对质量工作的指导，从微观上加强对企业的服务，促进企业质量管理水平和产品质量的提高，切实履行了质量管理工作职能。随着机构理顺和职能到位，为了适应新形势对质量管理工作的要求，总局和各地方局加大了培训力度，从2002年开始，总局连续三年组织对省级局主管领导和质量处长进行业务培训，各省局也组织了不同形式的培训。通过业务培训和工作实践，质量管理队伍在实际工作中得到锻炼，整体素质不断提高。

（二）质量管理工作领域不断拓展

几年来，质量管理战线高举质量振兴的旗帜，牢牢把握经济建设和社会发展的大局，始终坚持“质量第一”的方针，一年一个台阶，每年都有探索与创新。2001年组建中国名牌战略推进委员会，颁布《中国名牌产品管理办法》，开展中国名牌产品评价工作，名牌战略正在全国范围内稳步推进，越来越受到各级党委和政府的高度重视，引起了社会的广泛关注。2002年组织开展质量普查，建立企业质量档案，并在试点的基础上逐步完善和推广，为质量管理部门掌握企业的质量状况，提高从源头抓质量的针对性和有效性打下良好基础。2003年围绕探索用市场机制评价产品质量，建立了“中国顾客满意指数评价系统”，并首次向社会发布了“中国名牌产品顾客满意指数”调查结果,对引导企业在市场经济条件下，树立向社会负责，让顾客满意的意识，起到了重要的导向作用。2004年又颁布了《缺陷汽车产品召回管理规定》，成立国家质检总局缺陷产品管理中心，全面开展缺陷汽车产品召回工作，为维护消费者的安全和健康提供了有效的保障。这些探索与创新，改变了多年来质量管理工作缺乏活力的状况，质量管理工作随着社会主义市场经济体制的建立和完善，增添了新的内涵，增强了生机和活力。

（三）质量管理工作促进经济和社会发展的有效性进一步增强

通过坚持不懈的努力，质量管理工作对经济和社会发展的有效性进一步增强，主要体现在三个方面：一是全社会的质量意识明显提高。社会各界对质量问题的关注度越来越强，全民质量法制意识越来越强，企业的质量竞争和品牌意识越来越强，消费者的质量维权观念越来越强；二是有质量才有市场，有市场才有效益，“质量第一”的方针正在成为企业经营战略的核心，加强质量管理正在成为企业经营管理的中心内容，相当一批企业质量管理水平和整体素质有了很大提高；三是推动产品质量上了一个新台阶，全国已涌现出一批在国际市场具有较强竞争力的名牌产品和知名企业，中国产品在国际市场的竞争力不断增强。

几年来，全系统广大质量管理工作者忠诚实践“三个代表”重要思想，围绕抓源头提高质量，实施名牌兴企、以质取胜战略，做了大量卓有成效的工作，为促进国民经济和社会发展发挥了重要作用。在此，我代表总局党组，代表李长江局长、王秦平副局长对全系统质量管理战线的广大干部职工表示衷心感谢并致以崇高的敬意！

回顾几年来的质量管理工作，我们有不少认识和体会值得总结，概括起来主要有五条：一是适应形势，把工作目标从产品质量符合标准要求，向着眼于推进名牌兴企，实施“以质取胜”战略，全面提高我国产业、企业和产品在国内外两个市场的竞争力转变；二是把工作机制从具体的事后监督把关，向建立引导企业自律、加强政府监管、发挥市场机制作用三管齐下，动员全社会齐抓共管的工作格局上转变；三是把工作范围从着重抓工业产品质量，向以工业产品质量为重点，兼顾农产品质量、工程质量、服务质量和提高企业质量管理综合水平转变；四是把工作方法从忙于具体事务，向深入调查研究，创新工作机制，开拓工作领域，着重加强对质量管理工作体制、机制、制度建设上转变；五是把工作层次从各地方各司其职，向加强横向联系和沟通，努力探索地方联动、全国互动，质量管理工作全国一盘棋的新路子转变。对这些有关质量管理工作的规律性认识，我们要坚定不移地坚持下去，并进一步丰富、完善和发展。

在总结成绩和经验的同时，我们还必须清醒地看到存在的问题。主要是我国产品质量总体水平不高、竞争力不强的问题仍然比较突出；一些地方从源头上抓质量的认识还要进一步提高；为企业服务的意识还需进一步增强。我们必须高度重视存在的这些问题，要通过深化改革，创新工作，切实加以解决。

**二、从全局和战略的高度，进一步提高对全面实施以质取胜战略重要性的认识**

党的十六届四中全会和中央经济工作会议指出，要把中国经济的发展放到世界经济的大格局中谋划，要坚持以科学发展观统领经济社会发展全局，要深刻认识转变经济增长方式刻不容缓，要坚持经济发展以提高质量效益为中心，全面提升我国产业、企业和产品的竞争力。各级质量技术监督部门要从经济社会发展全局的高度，深刻认识全面实施以质取胜战略的重要意义，进一步增强做好质量工作的责任感和紧迫感。

第一，全面实施以质取胜战略是落实科学发展观，实现可持续发展的必然选择。进入新世纪以来，我国经济继续保持了较快的发展速度。2004年，我国国内生产总值超过13万亿人民币，对外贸易总额超过1.1万亿美元。如果保持现在的速度再发展10～20年，我国的综合国力就将跻身世界强国之列，确实令人振奋。但是，必须看到，随着经济规模的不断扩大，我国的产业结构不尽合理、人均资源相对不足的矛盾将更加突出。特别是我国产业结构不尽合理的状况还没有得到根本转变，高能耗、高物耗、高污染，质量水平不高的问题已经成为制约我国经济发展的瓶颈。要改变这种状况，必须按照科学发展观的要求，加大质量工作的力度，通过全面实施以质取胜战略，促进发展循环经济，建立资源节约型社会，把发展经济转到主要依靠科技进步、提高质量、降低消耗和增加效益上来，促进经济和社会的可持续发展。

第二，全面实施以质取胜战略是加快对外开放步伐，提高国际竞争力的现实需要。世界经济全球化的趋势，对我们既是难得的机遇，也是严峻的挑战。随着我国市场大门敞开，国内企业的产品将面临越来越多国外产品的竞争。特别是当前，我国已进入关税大幅度降低的“后过渡期”，关税的最终减让，市场的进一步开放，市场环境的持续改善，将进一步提高国内市场的国际化程度，国外产品的冲击将随之加剧。如何在激烈的国际竞争中获胜，很大程度上取决于产品质量的优劣和性能的高低。当今世界各国都非常重视提高产品质量，都把改进质量和创立品牌作为增强综合实力、提高竞争力的重要手段。我们要实施市场多元化和“走出去”的开放战略，必须走以质取胜的道路，努力提高我国产品质量的总体水平，增强我国的经济实力和国际竞争力。

第三，全面实施以质取胜战略是实现全面建设小康社会奋斗目标的本质要求。近年来，在党中央、国务院的正确领导下，在各地区、各部门和广大企业的共同努力下，我国质量工作得到进一步加强，产品质量水平跃上了一个新台阶，涌现出一批市场占有率大、用户满意的名牌产品，部分产品质量已达到国际先进水平。但是，与国际先进水平相比，我国产品质量总体状况仍有较大差距，还不能适应经济和社会发展的需要，不能满足广大人民群众日益增长的物质文化需求。存在的主要问题，一是部分产品的技术标准不高，产品档次低，严重缺乏国际竞争力。如我国出口纺织品为世界第一，但出口到美国的一吨纤维制品只卖到1.33万美元，而意大利卖到7万多美元，价格相差5倍多；二是部分产品质量差，产品可靠性水平不高。每季度的国家监督抽查，不合格率都在20%以上；三是产品质量安全问题突出，质量事故时有发生。2004年是我国实施缺陷汽车产品召回制度的第一年，因存在安全隐患被确定为应该召回的汽车达31万辆；四是假冒伪劣充斥市场、屡禁不止，不仅扰乱市场秩序、危害人民生命安全，而且还严重浪费资源。质量问题严重地制约着我国经济增长方式的转变，极大地影响了我国经济发展和全面建设小康社会的前进步伐，已经到了必须解决、刻不容缓的地步。胡锦涛总书记前不久在省部级主要领导干部"提高构建社会主义和谐社会能力"专题研讨班上指出："经济发展不仅要持续快速，而且要协调健康，这是人民群众不断提高生活水平的重要保证，也是人民群众对发展前景充满信心的重要保证。"因此，从实现全面建设小康社会的战略高度上看，速度是一个战略问题，质量也是一个战略问题。21世纪的市场竞争，关键是质量的竞争。保证人民生命健康安全，满足日益增长的消费需求；实现"五个统筹"，推动经济社会全面协调发展；构建社会主义和谐社会，保障全体人民安居乐业，促进社会和谐团结，都要求质量工作必须发挥重要作用。解决质量问题，就是解除束缚经济发展的桎梏，就是解放生产力。

今后五到十年，是我国经济和社会发展的关键时期。要使我国经济进一步发展，实现新的增长目标，必须不断提高经济增长的质量和效益。作为质量工作者，在这样一个关键时期，我们通过自身的努力，全面推进名牌兴企，大力实施以质取胜战略，为促进我国产品质量总体水平提高，既责任重大，又使命光荣。质量战线的同志们，现在正是我们为国出力，为民效命之时，我们一定要从全面落实科学发展观，增强国际竞争力，加快实现全面建设小康社会奋斗目标的战略高度来认识实施以质取胜战略的重要性和紧迫性，一定要更好地履行职责，做到不负国家，不负时代。

**三、大力推动实施以质取胜战略，把促进提高我国质量总体水平的各项质量管理工作落到实处**

在经济全球化和科技进步迅速发展的形势下，实施以质取胜战略的根本目标，就是要增强我国企业和产品在国际市场上的竞争力，在国际竞争中获胜。这既是质量管理的工作目标，也是保证我国经济长期持续快速发展的关键所在。

从国内经济发展看，我们的主要任务是加快推进经济增长方式的转变，提高经济增长的质量和效益，增强我国的综合国力和经济发展的后劲。联系国际经济发展看，解决国内发展的问题又是在世界经济全球化的大环境中进行的。一方面，我国产品大量进入国际市场，对外的依存度越来越高；另一方面，国际资本和产品大量进入国内，我国经济发展的国际压力日趋加大。在这种情况下，提高质量管理水平和产品质量水平的目标，就必须瞄准在增强企业和产品的国际竞争力上。要尽快推动形成一批质量水平高、实力雄厚的大型企业集团，创出一批具有国际竞争力的世界名牌产品，确保我国经济在激烈的国际竞争中实现结构调整，提高效益，长期持续快速发展。

实现这个目标，需要企业、政府和全社会共同努力。作为政府职能部门，我们更要义不容辞地负起责任，加倍努力。这里我结合质量管理工作，从如何发挥好质量技术监督部门的作用方面，强调以下几点：

（一）牢固树立服务意识，切实履行职能，在引导和帮助企业提高产品质量和管理水平上发挥作用

企业是提高产品质量的主体，是增强我国综合竞争力的基础，也是质量管理工作的落脚点。质量管理工作

必须始终把服务企业，引导和促进企业提高产品质量和管理水平作为主线来抓。

一是要引导企业坚持“质量第一”的方针，牢固树立“质量是企业生命”的观念，将“以质取胜”战略落实到生产经营的全过程。要引导和帮助企业建立一把手对质量负全责的工作机制，建立健全企业质量管理体系，大力加强标准化、计量检测、质量认证等基础工作，抓好产品售后服务，不断提高产品的质量水平。

二是要引导企业积极探索管理制度和机制的创新。要严字当头，强化企业内部管理，建立以质量管理为主要内容的企业管理体系。当前，要结合实施可持续发展战略，贯彻《卓越绩效评价准则》国家标准，积极推动企业开展以“提高关键工序合格率，降低不良品损失”为主要内容的降废减损活动，结合推广“零缺陷”管理、六西格玛管理、持续改进等先进的质量管理方法，要以那些质量合格率低、废品率高、资源浪费比较严重的产品、行业、地区为重点，组织开展质量攻关活动，帮助企业降低成本，减少不良品损失，提高企业的管理水平和整体素质。

三是要帮助企业加快新产品研发，不断实现技术创新。要以提高产品质量为中心，推动企业提高产品的技术含量、研发具有自主知识产权的核心技术的能力。要按国际标准和国外先进标准组织生产，赶超国际先进水平。要不断根据市场的变化，积极开拓新的领域，开发新产品，以满足消费者日益增长的消费需求，增强产品在国内外市场的竞争力。

四是要加快建立企业质量档案的步伐。各级质检部门要尽快建立起本区域内重点企业的质量档案。各地在建立企业质量档案的同时，要特别注重发挥质量档案的作用，利用质量档案有针对性地帮助企业发现质量问题和薄弱环节，发挥质检部门的优势，切实帮助企业解决质量问题，提高质量水平。

五是要建立企业质量信用管理体系。质量信用管理体系是整个社会信用体系的重要组成部分，对企业实施质量信用分类监管是加强质量管理的重要举措。我们要通过企业质量信用体系建设，引导企业加强诚信自律，强化信用意识，以信誉开拓市场，让精益求精、诚信为先的民族精神在企业中发扬光大。

六是要加大企业对产品质量的责任，完善缺陷产品召回制度，扩大缺陷产品召回范围。缺陷产品管理制度要以实施汽车产品召回制度为契机，积极实践，重视积累，为今后扩大召回品种范围，建立更加宽泛的缺陷产品管理制度打好坚实的基础。

（二）牢牢把握大局，积极争取各级政府加强对质量工作的领导，在整体提高质量工作的有效性上取得新的突破。

各级党委和政府对质量工作的重视是做好质量管理工作的保证。各级质量技术监督部门作为政府主管质量工作的职能部门，既要在当地政府的领导和支持下，勇挑重担，当好主角，在质量管理的各项工作中发挥重要作用，又要积极争取地方政府加强对质量管理工作的领导。

第一，要争取各级政府进一步重视质量工作，把“以质取胜”作为推进经济增长方式转变，促进经济社会可持续发展的重要战略，纳入当地国民经济和社会发展“十一五”规划。要结合区域经济发展特点，提出切实可行的奋斗目标，制定行之有效的工作措施，建立健全并认真落实质量责任制，积极治理区域性质量问题，促进地方经济快速健康发展。

第二，要大力推进质量兴市活动。质量兴市活动在我国已经有近12年历史。在实践中，各级政府充分发挥积极性和创造性，赋予了质量兴市活动许多新的内涵。当前，我们要认真总结经验，巩固成果，加强交流，全面推进。一要动员全社会各方面力量积极参与质量兴市活动，营造“政府重视、企业参与、社会关注”的良好氛围。二要把质量兴市作为区域经济发展的系统工程来抓，要构筑“政府推动、部门联动、企业主动”的长效工作机制。三要通过调查摸底，在帮助已经开展质量兴市活动的地区取得更大成效的同时，进一步确定新的工作目标，促进更多的地区加快开展质量兴市工作的步伐。

第三，要进一步做好扶优扶强工作。几年来，实施名牌战略取得成效的实践充分证明，大力推进名牌战略的实施，是提高我国经济竞争力的战略选择。我们必须在不断探索、创新和完善中，继续坚持推进。实施名牌战略必须把握好以下三点：一是继续坚持名牌评价“三不”原则，即不收费、不增加企业负担、不搞终身制；二是努力探索以市场评价为基础，以企业自身为主体，以政府引导、推动、监督为保证，以用户满意为宗旨的总体推进机制；三是在培育名牌产品上下大力气，各地方要结合本地区的特色和优势产业，找出在核心技术、质量档次、经营战略和管理水平上与国际著名品牌的差距，确定攻关目标，制定赶超计划，整合资源，加快民族品牌的提升。今年，我们将选择一些有条件的产业、企业和产品，开展与国际先进水平的对比，确定一批争创世界名牌的中国名牌产品。

第四，要建立符合市场经济运行要求的宏观质量评价体系，为各级政府掌握情况，做出决策提供依据。搞好质量工作，必须做到心中有数。如何评价我国产品质量水平，建立符合市场经济规律、具有我国特色的质量状况评价方法和指标体系，这是我们必须抓紧解决的紧迫问题。总局对此进行了长期的探索和实践，目前国家质量竞争力指数的研究已基本成熟，并开始进行试点。今年将在试点的基础上，逐步推广应用。必须强调，作为政府质量工作主管部门，对宏观质量水平进行分析和评价是我们的一项基本职责，从今年起，所有省局应建立向政府做质量状况分析报告的制度。总局今年也将继续开展全国质量状况的分析评价工作。

第五，要全面推进设备监理工作，为政府转变职能，改革投资体制提供有效支撑。经过9年的努力，建立设备监理制度的各项准备工作已经全部完成，今年将进入全面实施、深入推进阶段。搞好这项工作，必须掌握相关的法规、规章和政策，各地方要认真宣贯《设备监理管理暂行办法》，建立本地区乙级设备监理单位资格初审制度，做好今年首次设备监理工程师执业资格的考试和注册登记工作。去年，中国设备监理协会正式成立，各地要根据实际情况，组建相应的中介组织。设备监理是一项全新的管理工作，需要我们共同探索，努力实践，积累经验，建立健全各种规章制度，充分发挥各地方局和有关行业部门的积极性，使设备监理工作在全国范围内统一有序地进行。

（三）充分调动社会各方面的积极性，营造全民关心质量、重视质量的良好社会环境

一是高度重视舆论宣传和舆论监督。要广泛发挥电视、广播、报刊、网络等媒体的作用，采取群众喜闻乐见、内容丰富多彩的宣传形式，引导全社会重视质量，支持质量工作。要大力宣传质量管理的先进经验和为质量振兴做出贡献的单位和个人，介绍有关质量知识，提高全民的质量意识。同时，要高度重视发挥新闻舆论的监督作用，促进形成强有力的质量舆论监督氛围。

二是充分调动有关部门及社会团体的积极性，继续组织开展好“质量月”、“质量万里行”、“3.15消费者权益保护活动”、“百城万店无假货”等，动员全社会抵制假冒伪劣，为我国的质量振兴作出积极贡献。

三是认真开展质量培训教育。2001年总局和人事部共同建立了质量专业技术人员职业资格考试制度，四年来累计有26万人次报名参加考试，四万三千人获得了质量专业职业资格证书。今年要在继续做好初级和中级资格考试的基础上，会同人事部出台高级质量专业职业资格考试办法。要进一步加强对企业经营者的质量管理知识和质量法律、法规知识的培训，帮助企业加强对职工的质量知识教育，积极开展劳动技能培训。要引导学校重视对学生的质量意识教育，配合有关院校设置质量管理专业课程，实施不同层次的质量教育培训，加快培养质量管理专门人才。

为了更好地加强质量工作的宏观指导，引导企业强化管理、追求卓越，今年，总局正在抓紧启动两项新的工作：

一是争取建立国家质量奖励制度。建立国家质量奖励制度是《产品质量法》和《质量振兴纲要》明确提出的要求，也是国务院“三定”方案赋予质检总局的重要职能。目前世界上有70多个国家设立了质量奖，我们要充分吸取这些国家的先进经验，结合我国的实际情况，建立有中国特色的国家质量奖。去年总局颁布了《卓越绩效评价准则》国家标准，为出台国家质量管理奖奠定了很好的基础。今年这项工作将进行实质性启动，重点是要加快起草《质量奖励条例》和《国家质量奖管理办法》，在主要行业试点推出国家质量管理奖。

二是争取尽快召开全国质量工作会议。今年是“十五”计划最后一年，总局已建议国务院召开第三次全国质量工作会议，研究“十一五”和今后一个时期的质量工作。为筹备这次会议，我们将广泛开展调查研究，研究当前的质量形势，分析当前存在的主要问题，提出全面实施名牌兴企、以质取胜战略，提高我国经济增长的质量和效益，促进经济社会协调发展的对策和措施。为此，总局准备抽调精干力量，成立强有力的工作班子，做好各项筹备工作。届时还请各地方局全力支持，努力为召开全国质量工作会议做好准备。

为了认真做好质量管理工作，大力推动名牌兴企、实施以质取胜战略，加强队伍建设是关键。当前，全党正在开展以“三个代表”重要思想为主要内容的保持共产党员先进性教育活动。各级质量管理部门要以高度的政治责任感，满腔热忱的精神状态，求真务实的工作作风，认真抓好先进性教育活动，确保取得实实在在的成

效，促进干部队伍整体素质的提高，进一步增强质量管理队伍的创造力、凝聚力和战斗力，为做好质量管理工作提供坚强的思想保证、政治保证和组织保证。要按照加强党的执政能力建设的要求，结合质量管理工作实际，切实提高把握大局、服务大局的能力，依法行政、严格把关的能力，适应市场经济、不断开拓创新的能力，妥善应对和处置突发事件的能力。要切实转变观念，适应市场经济发展的要求，不断创新质量管理工作的制度、方法和机制，努力提高质量管理工作的能力和水平。要坚持立党为公、执政为民，以依法行政、严格把关为己任，以服务经济、促进发展为目标，以提高我国产业、企业和产品竞争力为着力点，努力开创质量管理工作新局面。要加强政治理论和业务学习，不断提高理论水平和专业技能，解决质量管理工作中不断出现的新情况、新问题。当今国际质量管理科学迅速发展，随着经济发展和科技进步，企业经营规模和经营方式不断变化，一些质量管理的新思想、新理论、新方法不断出现，我们必须认真学习，掌握先进的管理理论和管理技术，增强实际工作的本领。要按照落实党风廉政建设责任制，严格执行质检系统“八严禁”规定，大力整肃我们系统存在的乱收费、乱发证、乱办班、乱评比、乱发牌匾，加快建立健全教育、制度、监督并重的反腐倡廉体系，切实维护质检部门“科学、公正、廉洁、高效”行业形象。

同志们，新的一年质量管理工作任务繁重而艰巨。我们一定要在以胡锦涛同志为总书记的党中央领导下，高举“三个代表”重要思想的伟大旗帜，全面落实科学发展观，大力推进名牌兴企、实施以质取胜战略，同心同德，与时俱进，开拓创新，扎实工作，为促进我国国民经济发展和社会全面进步作出新的更大贡献。

# 发扬奥运精神 向世界名牌进军
# 在2004年中国名牌暨质量管理先进表彰大会上的讲话

中国名牌战略推进委员会主任
中国工业经济联合会名誉会长
林宗棠

在国家名牌战略指引下，今年又有271个产品获得中国名牌产品称号。四年累计，中国名牌产品共有547个。在此，对产品的生产企业表示热烈的祝贺。

我国体育健儿高举振兴中华的伟大旗帜，在奥运精神鼓舞下，团结拼搏，实现了奥运金牌零的突破，2004年夺取了32枚金牌，超过俄罗斯，直逼美国；刘翔以12秒91的成绩平了110米栏世界纪录。中国奥运军团的壮举，大长了中国人民的志气。世人惊呼：黄种人也能飞！谁说中国人是“东亚病夫”！

我国工业发展很快，已有100多种产品产量居世界第一，但还没有真正的世界名牌，我们的国际竞争力还很低。全国人民对工业界寄予厚望，四代党中央领导都号召我们立民族志气，创世界名牌，要我们站在国家繁荣昌盛和民族伟大复兴的战略高度，推进国家名牌战略，向世界名牌进军。我们要向体育健儿学习，勇于拼搏，誓夺世界金牌。

我们的奋斗目标是：争取用10年左右的时间创造出1000个中国名牌和10个中国的世界名牌。实现这“千十之梦”，任重道远，特别是要创造10个中国的世界名牌，更要付出长期不懈的艰苦努力。

推进名牌发展战略，有两项主要工作：一个是培育名牌，一个是评价名牌。评选很重要，要规范；要公开、公平、公正；要坚决反对不正之风；要注重质量、少而精。培育更重要，要重在培育，真正把主要力量放在培育上。我国推进名牌战略已发展到一个新阶段，既要培育更多更好的中国名牌，更要动真格地培育一批中国自己的世界名牌。获得中国名牌产品称号的优秀企业应该积极创造条件，努力向世界名牌进军。

推进名牌发展战略，要狠抓四个创新：思维创新，机制管理创新，科技创新，产品创新。要把科技创新的成果真正落实到市场欢迎的名牌产品上。

推进名牌发展战略，要着力提高企业和产品的两个内涵：一个是科技内涵，一个是文化内涵。没有丰富文化内涵的企业和产品，不可能成为真正的著名企业和名牌产品。

推进名牌发展战略，要以“质量为纲，诚信为本”。质量为纲，纲举目张，要坚持实物质量第一；性能价格比第一；服务周到第一；企业诚信第一。诚信为本，什么是最重要的诚信呢？就是要确保质量，确保用户能够拿到他满意的产品。归根结底，还是质量为纲。

推进名牌发展战略，要大力协同形成合力。既要发挥政府有关部门的宏观指导和政策支持作用，又要充分发挥行业协会的组织、协调和服务作用，更要充分发挥企业的主观能动性和主力军作用。企业是推进名牌战略的主体，名牌产品是在激烈的市场竞争中诞生的，大量的名牌战略实施工作要真正落实到企业活动中去。

同志们，让我们在以胡锦涛同志为总书记的党中央领导下，改革开放，敢试敢闯，紧紧抓住本世纪头20年的重要战略机遇，贯彻落实科学发展观，坚定地走新型工业化道路，加大实施名牌战略的力度和高度，发扬奥运精神，培育出更多更好的中国名牌和世界名牌，提高国际竞争力，为中华民族伟大复兴而努力奋斗！

中国名牌响遍全球之际，就是中华民族伟大复兴之时。

中国 名牌

# CHINA TOP BRAND PRODUCTS YEARBOOK

中 国 名 牌 产 品 年 鉴

# 第二部分

# 文件汇编

# 中国名牌产品管理办法

**第一章 总 则**

第一条 为推进名牌战略的实施，加强中国名牌产品的监督管理，规范中国名牌产品的评价，推动企业实施名牌战略，引导和支持企业创名牌，指导和督促企业提高质量水平，增强我国产品的市场竞争力，根据《中华人民共和国产品质量法》、国务院颁布的《质量振兴纲要》和国务院赋予国家质量监督检验检疫总局（以下简称“国家质检总局”）的职能，制定本办法。

第二条 本办法所称中国名牌产品是指实物质量达到国际同类产品先进水平、在国内同类产品中处于领先地位、市场占有率和知名度居行业前列、用户满意程度高、具有较强市场竞争力的产品。

第三条 中国名牌产品评价工作建立以市场评价为基础，以社会中介机构为主体，以政府积极推动、引导、监督为保证，以用户（顾客）满意为宗旨的总体推进机制。

第四条 中国名牌产品评价工作坚持企业自愿申请，科学、公正、公平、公开，不搞终身制，不向企业收费，不增加企业负担的原则。

**第二章 组织管理**

第五条 国家质检总局负责制定中国名牌产品推进工作的目标、原则、计划、任务和范围，对中国名牌战略推进委员会的工作进行监督和管理，并依法对创中国名牌产品成绩突出的生产企业予以表彰。

第六条 国家质检总局授权中国名牌战略推进委员会统一组织实施中国名牌产品的评价工作，并推进中国名牌产品的宣传、培育工作。

中国名牌战略推进委员会是由有关全国性社团组织、政府有关部门、部分新闻单位以及有关方面专家组成的非常设机构。中国名牌战略推进委员会秘书处设在国家质检总局质量管理司，负责中国名牌战略推进委员会的组织、协调及日常管理工作。

第七条 中国名牌战略推进委员会每年根据工作需要，聘任有关方面专家组成若干专业委员会，各专业委员会在中国名牌战略推进委员会的组织下，根据产品类别分别提出中国名牌产品评价实施细则和方案，进行具体评价工作。评价工作结束后，各专业委员会自动解散。

第八条 各省（自治区、直辖市）质量技术监督部门在本行政区域内负责中国名牌产品的申报和推荐工作，并组织实施对中国名牌产品的监督管理。

**第三章 申请条件**

第九条 申请中国名牌产品称号，应具备下列条件:

（一）符合国家有关法律法规和产业政策的规定；

（二）实物质量在同类产品中处于国内领先地位，并达到国际先进水平；市场占有率、出口创汇率、品牌知名度居国内同类产品前列；

（三）年销售额、实现利税、工业成本费用利润率、总资产贡献率居本行业前列；

（四）企业具有先进可靠的生产技术条件和技术装备，技术创新、产品开发能力居行业前列；

（五）产品按照采用国际标准或国外先进标准的我国标准组织生产；

（六）企业具有完善的计量检测体系和计量保证能力；

（七）企业质量管理体系健全并有效运行，未出现重大质量责任事故；

（八）企业具有完善的售后服务体系，顾客满意程度高。

第十条 凡有下列情况之一者，不能申请“中国名牌产品”称号：

（一）使用国（境）外商标的；

（二）列入生产许可证、强制性产品认证及计量器具制造许可证等管理范围的产品而未获证的；

（三）在近三年内，有被省（直辖市、自治区）级以上质量监督抽查判为不合格经历的；

（四）在近三年内，出口商品检验有不合格经历的；或者出现出口产品遭到国外索赔的；

（五）近三年内发生质量、安全事故，或者有重大质量投诉经查证属实的；

（六）有其他严重违反法律法规行为的。

## 第四章 评价指标

第十一条 建立以市场评价、质量评价、效益评价和发展评价为主要评价内容的评价指标体系。

第十二条 市场评价主要评价申报产品的市场占有水平、用户满意水平和出口创汇水平；质量评价主要评价申报产品的实物质量水平和申报企业的质量管理体系；效益评价主要对申报企业实现利税、工业成本费用利润水平和总资产贡献水平等方面进行评价；发展评价主要评价申报企业的技术开发水平和企业规模水平，评价指标向拥有自主知识产权和核心技术的产品适当倾斜。

第十三条 不同产品评价细则的制定、综合评价中评分标准的确定、不同评价指标权数的分配、不能直接量化指标的评价方法、评价中复杂因素的简化以及综合评价结果的确定等，均由中国名牌战略推进委员会确定。

## 第五章 评价程序

第十四条 中国名牌产品评价工作每年进行一次。每年一季度由中国名牌战略推进委员会公布开展中国名牌产品评价工作的产品目录及受理中国名牌产品申请的开始和截止日期。

第十五条 企业在自愿的基础上如实填写《中国名牌产品申请表》（另行制定）、提供有关证明材料，并按规定日期报本省（自治区、直辖市）质量技术监督局。

第十六条 各省（自治区、直辖市）质量技术监督局在规定的期限内组织本省（自治区、直辖市）有关部门及有关社会团体对申请企业是否符合申报条件、企业申报内容是否属实等有关方面提出评价意见，并形成推荐意见，统一报送中国名牌战略推进委员会秘书处。

第十七条 中国名牌战略推进委员会秘书处汇总各地方推荐材料后，组织有关部门和社会团体对企业的申报材料进行初审，确定初审名单，并将初审名单及其申请材料分送相应的专业委员会。

第十八条 各专业委员会按照评价细则对申请产品进行综合评价，形成评价报告，

并据此向中国名牌战略推进委员会秘书处提交本专业的中国名牌产品建议名单。

第十九条 中国名牌战略推进委员会秘书处将各专业委员会提出的建议名单汇总分析后，提交全体委员会审议确定初选名单。

第二十条 中国名牌战略推进委员会将全体委员会审议确定的初选名单通过新闻媒体向社会公示并在一定限期内征求社会意见。

第二十一条 经过广泛征求意见确定的名单再次提交中国名牌战略推进委员会全体会议审议、确定并公布。

第二十二条 以国家质检总局的名义授予“中国名牌产品”称号，颁发中国名牌产品证书及奖牌。

**第六章 监督管理**

第二十三条 中国名牌产品证书的有效期为三年。在有效期内，企业可以在获得中国名牌产品称号的产品及其包装、装潢、说明书、广告宣传以及有关材料中使用统一规定的中国名牌产品标志，并注明有效期间。法律法规另有规定的除外。

第二十四条 中国名牌产品在有效期内，免于各级政府部门的质量监督检查。对符合出口免检有关规定的，依法优先予以免检。

第二十五条 中国名牌产品在有效期内，列入打击假冒、保护名优活动的范围；中国名牌产品生产企业应配合执法部门作好产品真假鉴别工作。

第二十六条 对已经获得中国名牌产品称号的产品，如产品质量发生较大波动，消费者（用户）反映强烈，出口产品遭国外索赔，企业发生重大质量事故，企业的质量保证体系运行出现重大问题等，国家质检总局可以暂停或者撤销该产品的中国名牌产品称号。

第二十七条 中国名牌产品标志是质量标志。中国名牌产品称号、标志只能使用在被认定型号、规格的产品上，不得扩大使用范围。未获得中国名牌产品称号的产品，不得冒用中国名牌产品标志；被暂停或撤销中国名牌产品称号的产品、超过有效期未重新申请或重新申请未获通过的产品，不得继续使用中国名牌产品标志；禁止转让、伪造中国名牌产品标志及其特有的或者与其近似的标志。违者按《中华人民共和国产品质量法》对冒用质量标志的规定进行处理。

第二十八条 参与中国名牌产品评价工作的有关机构和人员，要保守企业的商业和技术秘密，保护知识产权；严以律己、公正廉洁，要严格按照有关规定、程序进行评价。对于违反规定的单位或者个人，将取消其评价工作资格。凡因滥用职权、玩忽职守、徇私舞弊，未构成犯罪的，由其所在的工作单位给予行政处分；构成犯罪的，依法追究刑事责任。

第二十九条 申请企业及有关机构所提供的数据应当真实，严禁弄虚作假。对于采取不正当方法获取中国名牌产品称号者，将予以取消，并通报批评，三年内不再受理该企业的中国名牌产品申请。

第三十条 各省（自治区、直辖市）质量技术监督部门负责本行政区域内名牌战略的推进工作，可以按照本办法规定的原则，协助政府制定相应的管理办法并组织实施。

除按本办法规定的名牌产品评价工作外，其他组织和个人不得进行名牌产品评价活动。

**第七章 附 则**

第三十一条 中国名牌产品标志管理办法另行制定。

第三十二条 本办法由国家质检总局负责解释。

第三十三条 本办法自发布之日起施行，2001年国家质检总局发布的《中国名牌产品评价管理办法（试行）》（国质检[2001]32号）同时废止。

# 关于印发《中国名牌产品标志管理办法》的通知

国质检质〔2002〕37号

各省、自治区、直辖市及计划单列市、新疆生产建设兵团质量技术监督局，中国名牌战略推进委员会各委员单位：

为了推进名牌战略的实施，进一步规范中国名牌产品标志使用的管理，总局根据《中国名牌产品管理办法》的有关规定，制定了《中国名牌产品标志管理办法》。现印发给你们，请遵照执行。

附件：《中国名牌产品标志管理办法》

二〇〇二年二月二十六日

主题词：名牌 标志 办法 通知

抄 送：各直属检验检疫局，国家工商行政管理总局，认监委，标准委

国家质检总局办公厅2002年3月4日印发

# 中国名牌产品标志管理办法

**第一章 总 则**

第一条 为了推进名牌战略的实施，统一规范中国名牌产品标志的使用管理，维护中国名牌产品信誉，保护消费者合法权益，根据《中国名牌产品管理办法》，制定本办法。

第二条 中国名牌产品标志适用于《中国名牌产品管理办法》规定的获得中国名牌产品称号的产品。中国名牌产品标志是质量标志。

第三条 获得中国名牌产品称号的产品在有效期内，可以在其包装、装潢、说明书、广告宣传以及有关材料中使用统一规定的中国名牌产品标志，并注明有效期。

**第二章 标志及标志使用**

第四条 中国名牌产品标志由标准图形（含标准字体）及标准色（三色）构成，共有二种三色标志供企业选用。中国名牌产品标志及标准色、中国名牌产品标志尺寸、中国名牌产品标志标准字体见附件1、附件2、附件3。

第五条 获中国名牌产品称号的生产企业可自行负责制作、印刷在其包装、装潢、说明书、广告宣传以及有关材料中使用的中国名牌产品标志。

第六条 企业使用中国名牌产品标志，图形必须准确，并根据规定的式样，按比例放大或缩小，不得更改图形的比例关系和色相。

第七条 中国名牌产品标志，一般应印刷在白色或浅色物体上，其底色不得影响标志的标准色相，不得透叠其他色彩和图案。企业在选用标志时，推荐使用第一种中国名牌产品三色标志。

第八条 中国名牌战略推进委员会统一制作、印刷和管理具有防伪功能的中国名牌产品标志，供中国名牌产品生产企业选用，并收取制作成本费。

**第三章 标志的监督管理**

第九条 国家质量监督检验检疫总局对中国名牌产品标志的使用实施监督管理。各地质量技术监督部门负责对所辖区域内中国名牌产品标志的使用实施监督管理。

第十条 中国名牌产品标志只能使用在与获得中国名牌产品称号相一致的产品规格、型号或品种上，不得扩大使用范围。

第十一条 中国名牌产品应在有效期满的当年第二季度，重新申请复评中国名牌产品并获得通过，方能继续使用中国名牌产品标志。

第十二条 在有效期内使用中国名牌产品标志的产品，免于各级政府部门的质量监督检查。

第十三条 对已获得中国名牌产品称号的产品发生以下情形之一的，国家质量监督检验检疫总局将暂停直至撤销该产品的中国名牌产品称号。

1．产品质量发生较大波动；

2．消费者（用户）负面反映强烈；

3．企业发生重大质量事故；

4．出口产品因质量问题遭到国外预警通报。

暂停期间或撤销称号的产品，停止使用中国名牌产品标志。

第十四条 未获得中国名牌产品称号的产品，不得冒用中国名牌产品标志；被暂停或撤销中国名牌产品称号的产品、超过有效期未重新申请或重新申请未获通过的产品，不得继续使用中国名牌产品标志；禁止转让、伪造中国名牌产品标志及其特有的或者与其近似的标志。违者按《中华人民共和国产品质量法》冒用质量标志的规定进行处理。

**第四章 附 则**

第十五条 本办法由国家质量监督检验检疫总局负责解释。

第十六条 本办法自发布之日起实施。

# 附件1：中国名牌产品标志样式及标准色

Y100+M100
PANTONE 485C

C100+M85
PANTONE 288C

B40
PANTONE 429C

三色标志1

Y100+M100
PANTONE 485C

C100+M85
PANTONE 288C

B40
PANTONE 429C

三色标志2

# 附件2：中国名牌产品标志尺寸

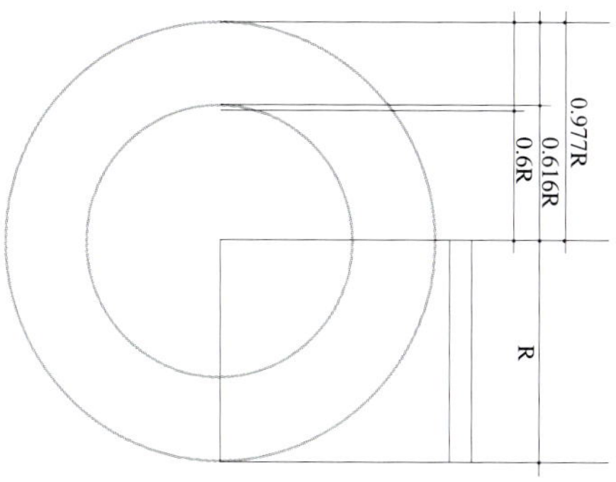


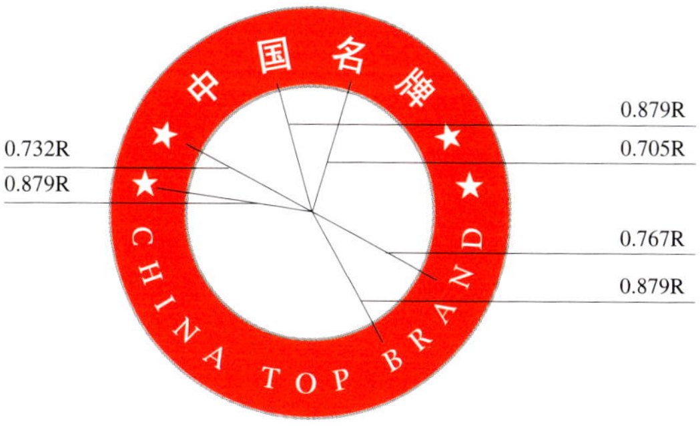


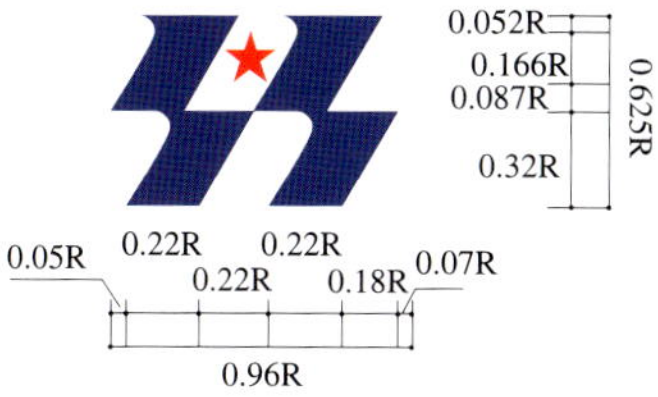


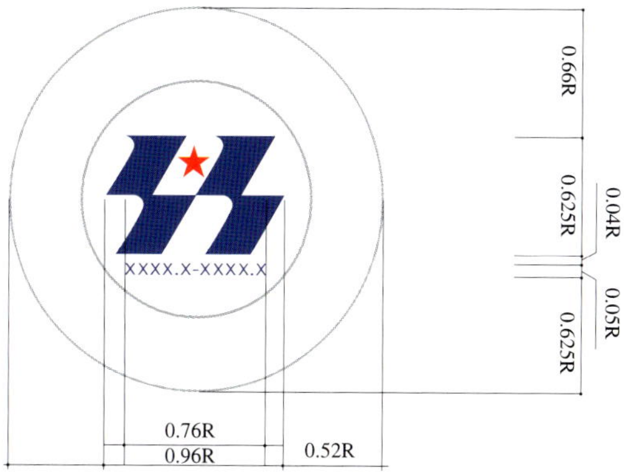

# 附件3：中国名牌产品标志标准字体

**中国名牌**

**CHINA TOP BRAND**

中文标准字体

（可供直接复制用或使用字体文鼎CS中黑简）

英文标准字体

（可供直接复制用或使用字体Book Antiqua）

# 关于调整中国名牌战略推进委员会组成人员的通知

**国质检质[2004]342 号**

国务院有关部门，各省、自治区、直辖市、计划单列市及新疆生产建设兵团质量技术监督局，各直属检验检疫局，国家认监委、国家标准委、有关社会团体，有关新闻媒体：

为推进名牌战略的实施，规范中国名牌产品的评价，引导和支持企业创名牌，指导和督促企业提高质量水平，增强我国产品的市场竞争力，根据《中华人民共和国产品质量法》、国务院颁布的《质量振兴纲要》和国家质量监督检验检疫总局的职能，经与有关部门和有关方面协商，我局决定对中国名牌战略推进委员会组成人员进行适当调整和增补。调整后的中国名牌战略推进委员会的组成如下：

**一、顾问**

徐匡迪 全国政协副主席、中国工业经济联合会会长

万国权 全国政协原副主席

袁宝华 原国家经委副主任

**二、主任**

林宗棠 中国工业经济联合会名誉会长

**三、副主任**

王秦平 国家质检总局党组副书记、副局长

陈邦柱 中国质量协会会长

欧新黔 国家发改委副主任

杜金陵 中国工业经济联合会常务副会长

孙树义 中国企业联合会副会长

艾　丰 经济日报原总编

李保国 中国质量检验协会会长

**四、委员**

于献忠 国家质检总局质量管理司司长
张　莉 国家发改委经济运行局巡视员
申茂向 科技部发展计划司巡视员
马恒儒 国防科工委科技与质量司副司长
吴明山 公安部治安管理局副局长
吴　钢 财政部行政政法司副司长
徐　波 建设部工程质量安全监督与行业发展司副司长
陈伯施 铁道部科学技术司副司长
朱有亮 交通部体改法规司助理巡视员
韩　俊 信息产业部科技司副司长
陈明忠 水利部国际合作与科技司副司长
张延秋 农业部市场与经济信息司副司长
梁树和 商务部对外贸易司副司长
徐　淮 国务院国资委规划发展局副局长
陈全生 国务院研究室工交司司长
王永水 海关总署政策法规司副司长
范　坚 国家税务总局征收管理司副司长
刘卫军 国家认监委认证监管部主任
石保权 国家标准委副主任
陈尚芹 中国环境保护产业协会副会长
刘万明 中国民航总局规划发展财务司副司长
李宗达 国家广电总局总编室副主任
郑泽云 国家体育总局体育器材装备中心副主任
丁延生 国家统计局贸易外经司巡视员
李东升 国家林业局科技司巡视员
赵恒林 国家食品药品监督管理局办公室助理巡视员

马维野　国家知识产权局协调管理司司长
何　力　国家旅游局政策法规司助理巡视员
王彦亭　国家烟草专卖局科技教育司司长
张荣林　国家邮政局公众服务部主任
贺兴东　国家中医药管理局科教司司长
唐瑞明　国家粮食局标准质量中心副主任
杨学桐　中国机械工业联合会常务副秘书长
周竹叶　中国石油和化学工业协会副秘书长
杨　立　中国轻工业联合会副秘书长
杨东辉　中国纺织工业协会副会长
王恭敏　中国有色金属工业协会副会长
管炳春　中国钢铁工业协会质量标准化工作委员会副主任
邹传胜　中国建筑材料工业协会副会长
荣剑英　中国工业经济联合会副秘书长
马　林　中国质量协会秘书长
潘承烈　中国企业管理科学基金会副会长
陈万民　中国质量检验协会秘书长
马林聪　中国标准化协会秘书长
肖世光　中国计量协会秘书长
李迎丰　中国质量万里行促进会秘书长
徐　炽　中国消费者协会秘书长助理
蒋衡杰　中国服装协会常务副会长
霍杜芳　中国家用电器协会理事长
王　薇　中国食品工业协会副秘书长
孙凤民　中国宝玉石协会秘书长
王瑞元　中国粮食行业协会副会长
徐华锋　中国保健协会副秘书长

弋　辉　中国丝绸协会会长

皮树义　人民日报经济部副主任

彭树杰　新华社副总编辑

李　挺　中央电视台新闻中心主任

袁正明　中央电视台广告经济信息中心主任

王宴青　中央人民广播电台副总编辑

郭　晓　经济日报科教部主任

张凤山　中国质量报社社长

李新实　中国国门时报社社长

陈坚发　名牌时报社社长

**五、秘书长、副秘书长**

秘书长：于献忠 国家质检总局质量管理司司长

常务副秘书长：荣剑英 中国工业经济联合会副秘书长

特此通知。

二OO四年八月三日

# 国家质量监督检验检疫总局关于表彰2004年中国名牌产品生产企业的决定

国质检质[2004]342号

各省、自治区、直辖市质量技术监督局，国务院有关部门：

为了推动我国名牌战略的实施，鼓励企业在市场竞争中树立品牌意识，争创名牌产品，形成一批世界知名品牌，根据《中国名牌产品管理办法》的规定，国家质量监督检验检疫总局授权中国名牌战略推进委员会在大米、小麦粉、糖、派类食品、低温肉制品、农用聚乙烯大棚膜、果汁饮料、黄酒、皮衣、童车、液体洗涤剂、笔、炊具、家用燃气灶具、真丝绸、针织品、西裤、羊绒大衣、黄金首饰、乒乓球运动器材、保险柜、程控交换机、锂离子充电电池、大中型客车、汽车玻璃、铝合金车轮、全钢子午线轮胎、实木复合地板、交联聚乙烯电力电缆、钢丝绳、磁性材料、铝合金建筑型材、硬质合金、阴极铜、人造金刚石、税控燃油加油机、数控车床、工业风机、装载机、电冰箱、洗衣机、家用分体空调、微波炉、彩色电视机、微型计算机、摩托车、味精、衬衫等48类产品中开展了中国名牌产品的评价工作。经企业自愿申请，专家委员会严格评审，中国名牌战略推进委员会确认了254家企业生产的271个品牌的产品为2004年中国名牌产品。

为了宣传中国名牌产品，弘扬中国名牌产品生产企业追求卓越质量的经验和事迹，根据《中华人民共和国产品质量法》和国务院《质量振兴纲要》的规定，国家质量监督检验检疫总局决定，在全国范围内对获得2004年中国名牌产品称号的254家企业通报表彰(名单见附件)。

希望受到表彰的企业再接再厉，珍惜名牌荣誉，在激烈的市场竞争中不断创新，努力掌握核心技术和自主知识产权，积极参与国际经济技术合作和竞争，全面提升质量和品牌形象，争创中国的世界品牌产品。希望全国广大企业以这些企业为榜样，学习他们坚持“质量第一”、争创名牌产品的先进经验，学习他们追求一流技术、一流产品的精神，学习他们积极参与国际竞争、振兴民族工业的事迹，为进一步推进我国名牌发展战略的实施，形成一批有实力的跨国企业和著名品牌，增强我国的综合经济实力，实现全面建设小康社会的宏伟目标而共同奋斗！

**附件：**

## 2004年中国名牌产品生产企业名单

（按产品注册商标笔划排序）

| | |
|---|---|
| 1.莆田市东南香米业发展有限公司 | 18.郑州海嘉食品有限公司 |
| 2.五常市绿风优质米开发有限公司 | 19.河北廊雪面粉有限责任公司 |
| 3.黑龙江省北大荒米业有限公司 | 20.东海粮油工业（张家港）有限公司 |
| 4.江西省樟树粮油公司 | 21.广西来宾东糖迁江有限公司 |
| 5.江西金佳谷物股份有限公司 | 22.南宁糖业股份有限公司制糖造纸厂 |
| 6.湖南金健米业股份有限公司 | 23.新疆四方实业股份有限公司 |
| 7.黑龙江省泰丰粮油食品有限公司 | 24.东莞市东糖集团有限公司 |
| 8.河北五得利面粉集团有限公司 | 25.黑龙江北方糖业股份有限公司 |
| 9.新疆天山面粉（集团）有限责任公司 | 26.广西凤糖生化股份有限公司 |
| 10.北京古船食品有限公司 | 27.江门甘蔗化工厂（集团）股份有限公司 |
| 11.德州巨嘴鸟工贸有限公司 | 28.冠生园（集团）有限公司 |
| 12.河北华龙面业集团有限公司 | 29.金丝猴食品股份有限公司 |
| 13.青岛白樱花实业有限公司 | 30.福建金冠集团有限公司 |
| 14.天津利金粮油股份有限公司 | 31.东莞徐记食品有限公司 |
| 15.江苏三零面粉集团公司 | 32.广东笑咪咪食品有限公司 |
| 16.郑州金苑面业有限公司 | 33.福建雅客食品有限公司 |
| 17.蛇口南顺面粉有限公司 | 34.深圳金帝食品有限公司 |

| 2004年中国名牌产品生产企业名单 | |
|---|---|
| 35.江苏梁丰食品集团有限公司 | 57.凯撒(中国)股份有限公司 |
| 36.广东喜之郎集团有限公司 | 58.浙江兽王集团有限公司 |
| 37.蜡笔小新（福建）食品工业有限公司 | 59.雪豹集团公司 |
| 38.福建达利食品有限公司 | 60.海宁蒙努集团有限公司 |
| 39.福建福马食品集团有限公司 | 61.好孩子儿童用品有限公司 |
| 40.河南省漯河市双汇实业集团有限责任公司 | 62.西安开米股份有限公司 |
| 41.河南众品食业股份有限公司 | 63.上海白猫(集团)有限公司 |
| 42.临沂新程金锣肉制品有限公司 | 64.广州立白企业集团有限公司 |
| 43.江苏雨润食品产业集团有限公司 | 65.传化集团有限公司 |
| 44.湖南唐人神集团股份有限公司 | 66.南风化工集团股份有限公司 |
| 45.得利斯集团有限公司 | 67.广州市浪奇实业股份有限公司 |
| 46.烟台市喜旺食品有限公司 | 68.纳爱斯集团有限公司 |
| 47.佛山塑料集团股份有限公司 | 69.中国第一铅笔股份有限公司 |
| 48.北京华盾雪花塑料集团有限责任公司 | 70.宁波贝发集团有限公司 |
| 49.河北宝硕股份有限公司创业塑料分公司 | 71.青岛昌隆文具有限公司 |
| 50.山东清源集团有限公司 | 72.潮阳市金万年文具有限公司 |
| 51.北京汇源饮料食品集团有限公司 | 73.广东省湛江市家用电器工业有限公司 |
| 52.杭州娃哈哈集团有限公司 | 74.佛山市盛发电器有限公司 |
| 53.统一企业（中国）投资有限公司 | 75.广东美的集团股份有限公司 |
| 54.中国绍兴黄酒集团有限公司 | 76.广东省吴川市宏达电器有限公司 |
| 55.天津市应氏服饰有限公司 | 77.沈阳双喜压力锅有限责任公司 |
| 56.河北辛集束兰（集团）有限公司 | 78.浙江苏泊尔炊具股份有限公司 |

## 2004年中国名牌产品生产企业名单

| | |
|---|---|
| 79.潮安县顺发五金制品有限公司 | 101.九牧王（中国）有限公司 |
| 80.广东顺达不锈钢器皿实业有限公司 | 102.步森集团有限公司 |
| 81.浙江台州爱仕达电器有限公司 | 103.虎都(中国)服饰有限公司 |
| 82.广东万家乐燃气具有限公司 | 104.福建省石狮市威兰西服装发展有限公司 |
| 83.帅康集团有限公司 | 105.恒柏集团有限公司 |
| 84.中山华帝燃具股份有限公司 | 106.雅戈尔集团股份有限公司 |
| 85.湖南迅达集团有限公司 | 107.山东新郎服饰有限公司 |
| 86.海尔集团公司 | 108.奉化市爱伊美服饰有限公司 |
| 87.吴江丝绸股份有限公司 | 109.上海斯尔丽服饰有限公司 |
| 88.万事利集团有限公司 | 110.深圳市甘露珠宝首饰有限公司 |
| 89.富润集团有限公司 | 111.佛山市工艺总厂有限公司 |
| 90.杭州金富春丝绸化纤有限公司 | 112.深圳市安盛华实业发展有限公司 |
| 91.江苏海安茧丝绸集团股份有限公司 | 113.上海老凤祥有限公司 |
| 92.江苏AB集团有限责任公司 | 114.深圳市宝福珠宝首饰有限公司 |
| 93.上海三枪集团有限公司 | 115.浙江日月首饰集团有限公司 |
| 94.青岛即发集团股份有限公司 | 116.武汉市金凰珠宝有限公司 |
| 95.上海南极人企业发展有限公司 | 117.深圳市翠绿珠宝首饰有限公司 |
| 96.武汉爱帝集团有限公司 | 118.福州福辉珠宝有限公司 |
| 97.中山市康妮雅服饰有限公司 | 119.广州双鱼体育用品集团有限公司 |
| 98.北京铜牛针织集团有限责任公司 | 120.上海红双喜冠都体育用品有限公司 |
| 99.浙江袜业有限公司 | 121.哈尔滨飞云实业有限公司 |
| 100.浪莎针织有限公司 | 122.宁波永发集团有限公司 |

| 2004年中国名牌产品生产企业名单 | |
|---|---|
| 123.洛阳花都金柜集团有限公司 | 145.山东玲珑橡胶有限公司 |
| 124.江西金虎保险设备集团有限公司 | 146.青岛黄海橡胶集团有限责任公司 |
| 125.中兴通讯股份有限公司 | 147.杭州中策橡胶有限公司 |
| 126.华为技术有限公司 | 148.广东省宜华木业股份有限公司 |
| 127.比亚迪股份有限公司 | 149.吉林森林工业集团金桥木业有限公司 |
| 128.飞毛腿(福建)电子有限公司 | 150.佛山市顺德区盈彬木业有限公司 |
| 129.惠州市德赛集团有限公司 | 151.广东南洋电缆集团有限公司 |
| 130.河南少林汽车股份有限公司 | 152.广东电缆厂有限公司 |
| 131.郑州宇通客车股份有限公司 | 153.江苏上上电缆集团 |
| 132.厦门金龙旅行车有限公司 | 154.无锡江南电缆有限公司 |
| 133.厦门金龙联合汽车工业有限公司 | 155.青岛汉缆集团有限公司 |
| 134.福耀玻璃工业集团股份有限公司 | 156.天津塑力线缆集团 |
| 135.万丰奥特控股集团有限公司 | 157.远东电缆厂 |
| 136.佛山市南海中南铝合金轮毂有限公司 | 158.宝胜集团有限公司 |
| 137.戴卡轮毂制造有限公司 | 159.特变电工山东鲁能泰山电缆有限公司 |
| 138.广州市华南橡胶轮胎有限公司 | 160.广东新亚光电缆实业有限公司 |
| 139.三角集团有限公司 | 161.特变电工股份有限公司新疆线缆厂 |
| 140.青岛双星股份有限公司 | 162.广东中联电缆实业有限公司 |
| 141.上海轮胎橡胶（集团）股份有限公司 | 163.贵州钢绳股份有限公司 |
| 142.风神轮胎股份有限公司 | 164.法尔胜集团公司 |
| 143.山东成山集团有限公司 | 165.湖北福星科技股份有限公司 |
| 144.贵州轮胎股份有限公司 | 166.横店集团东磁有限公司 |

| 2004年中国名牌产品生产企业名单 | |
|---|---|
| 167.台山市金桥铝型材厂有限公司 | 189.陕西鼓风机（集团）有限公司 |
| 168.广亚铝业有限公司 | 190.山东临工工程机械有限公司 |
| 169.广东兴发集团有限公司 | 191.常林股份有限公司 |
| 170.广东坚美铝型材厂有限公司 | 192.福建龙岩工程机械(集团)有限公司 |
| 171.辽宁忠旺集团 | 193.四川成都成工工程机械股份有限公司 |
| 172.山东南山实业股份有限公司 | 194.广西柳工机械股份有限公司 |
| 173.广东亚洲铝厂有限公司 | 195.徐州工程机械科技股份有限公司 |
| 174.自贡硬质合金有限责任公司 | 196.厦门工程机械股份有限公司 |
| 175.株洲硬质合金集团有限公司 | 197.广州万宝集团有限公司 |
| 176.大冶有色金属公司 | 198.华凌集团有限公司 |
| 177.江西铜业集团公司 | 199.合肥美菱股份有限公司 |
| 178.云南铜业股份有限公司 | 200.广东科龙电器股份有限公司 |
| 179.铜陵有色金属（集团）公司 | 201.河南新飞电器有限公司 |
| 180.河南中南工业有限责任公司 | 202.无锡小天鹅股份有限公司 |
| 181.河南黄河旋风股份有限公司 | 203.江门金羚集团有限公司 |
| 182.郑州正星科技股份有限公司 | 204.合肥荣事达集团有限责任公司 |
| 183.广州市恒山股份有限公司 | 205.宁波新乐电器有限公司 |
| 184.大连机床集团有限责任公司 | 206.四川长虹电器股份有限公司 |
| 185.齐重数控装备股份有限公司 | 207.广东志高空调股份有限公司 |
| 186.沈阳机床股份有限公司 | 208.春兰（集团）公司 |
| 187.济南一机床集团有限公司 | 209.珠海格力电器股份有限公司 |
| 188.沈阳鼓风机（集团）有限公司 | 210.海信集团有限公司 |

## 2004年中国名牌产品生产企业名单

| | |
|---|---|
| 211.宁波奥克斯空调有限公司 | 233.河南省莲花味精集团有限公司 |
| 212.江苏新科电子集团有限公司 | 234.山东齐鲁味精集团有限公司 |
| 213.广东格兰仕集团有限公司 | 235.江苏菊花味精集团有限公司 |
| 214.深圳创维－RGB电子有限公司 | 236.菱花集团公司 |
| 215.TCL集团股份有限公司 | 237.福建才子集团有限公司 |
| 216.厦门华侨电子股份有限公司 | 238.宁波太平鸟投资集团有限公司 |
| 217.康佳集团股份有限公司 | 239.上海开开实业股份有限公司 |
| 218.熊猫电子集团有限公司 | 240.红豆集团有限公司 |
| 219.北京北大方正集团公司 | 241.上海杉杉服装有限公司 |
| 220.中国长城计算机深圳股份有限公司 | 242.北京绅士服装有限公司 |
| 221.清华同方股份有限公司 | 243.罗蒙集团股份有限公司 |
| 222.浪潮集团有限公司 | 244.江苏虎豹集团有限公司 |
| 223.联想（北京）有限公司 | 245.河北鸣鹿服装集团公司 |
| 224.重庆力帆实业（集团）有限公司 | 246.宁波洛兹集团有限公司 |
| 225.宗申产业集团有限公司 | 247.上海海螺服饰有限公司 |
| 226.钱江集团有限公司 | 248.湖南益鑫泰麻业服装实业有限公司 |
| 227.隆鑫集团有限公司 | 249.浙江能达利集团有限公司 |
| 228.中国嘉陵工业股份有限公司(集团) | 250.浙江高邦服饰集团有限公司 |
| 229.江门市大长江集团有限公司 | 251.浙江情森制衣有限公司 |
| 230.广州双桥股份有限公司 | 252.富绅集团有限公司 |
| 231.沈阳红梅企业集团有限责任公司 | 253.江苏琴曼集团有限公司 |
| 232.江苏天香集团有限公司 | 254.鲁泰纺织股份有限公司 |

中国名牌

# CHINA TOP BRAND PRODUCTS YEARBOOK

中 国 名 牌 产 品 年 鉴

# 第三部分 名牌战略推进活动

# 2004中国名牌暨质量管理先进表彰大会

# 2004中国名牌推进委员会活动剪影

名牌中国

# CHINA TOP BRAND PRODUCTS YEARBOOK

中 国 名 牌 产 品 年 鉴

# 第四部分

# 中国名牌产品

# 大米、小麦粉加工业概况

**一、现状**

（一）大米加工业

据不完全统计，2004年全国纳入统计（以下简称入统）日加工能力30吨以上的大米加工企业5666个，年生产能力9463万吨，其中：国有企业1228个，占21.7%；外商及港澳台商投资企业23个，占0.4%；民营企业4415个，占77.9%。在入统企业中，日加工能力100吨以下的4741个，100-200吨754个，200～400吨123个，400-1000吨38个，1000吨以上的10个。

2004年，入统企业大米总产量2257.1万吨，同比增长22.4%，其中：特等米764.2万吨，占33.9%；标准一等米1310.2万吨，占58.1%；标准二等米139.2万吨，占6.2%。现价工业总产值711.7亿元，产品销售收入709.5亿元，出口交货值5.3亿元，利润总额9.2亿元，资产总计335.3亿元，负债204.9亿元，年末从业人数11.5万人。

（二）小麦粉加工业

2004年，全国入统日加工能力50吨以上的小麦粉加工企业1990个，年生产能力6471.5万吨，其中：国有企业520个，占26.1%；外商及港澳台商投资企业36个，占1.8%；民营企业1434个，占72.1%。在入统企业中，日加工能力100吨以下的1184个，100-200吨460个，200～400吨236个，400-1000吨95个，1000吨以上15个。

2004年，入统企业小麦粉总产量2938.1万吨，同比增长15.8%，其中：特制一等粉1215.3万吨，占41.4%；特制二等粉781万吨，占26.6%；标准粉342.8万吨，占11.7%；专用粉380.4万吨，占13%。现价工业总产值610.4亿元，产品销售收入569.4亿元，出口交货值5.1亿元，利润总额4.6

亿元，资产总计326亿元，负债230.5亿元，年末从业人数11.6万人。

**二、发展特点和趋势**

（一）企业规模逐步扩大，生产集中度明显提高

在大米加工企业中，日加工能力400吨以上的大型米厂达48个，其中1000吨以上的达10个，比上一年度统计数增加一倍以上；在小麦粉加工企业中，日加工能力400吨以上的大型面粉厂达110个，其中1000吨以上的达15个，比上一年度统计数增加26%。大型企业的主导作用和骨干作用大大增强。

（二）民营企业蓬勃发展，成为行业主体

随着国有粮食企业改革步伐的加快，大部分国有粮食加工企业已改制成为民营企业。与此同时，一大批新发展的民营企业蓬勃兴起，不断壮大，其中有些已经发展成现代化的大型企业或企业集团，成为行业的主导力量。2004年，在大米和小麦粉加工业，民营企业数量占76.4%，产值占78.5%，利润占96.4%，从业人数占66.2%。

（三）产品结构继续调整优化，质量和档次不断提高

随着人民生活水平和粮油生产技术水平的提高，粮油产品加工精度和档次不断提升，优质高档米面产品已占有较大比重，成为城市消费者的首选。2004年，特等米在大米总产量中所占比重达到33.9%，比上年提高2.1个百分点；特一粉、专用粉在小麦粉总产量中所占比重分别达到41.4%和13%，分别比上年提高2.8个百分点和0.5个百分点。

（四）名牌效应逐渐显现，名牌产品企业在行业发展中起到较强示范带动作用

几年来，粮油加工行业积极实施名牌工程，培育知名企业和品牌，普遍增强了企业的质量意识和品牌意识，推动了企业管理水平的提高。特别是在2004年，国家质检总局和中国名牌战略推进委员会决定将大米和小麦粉列入中国名牌产品评价目录，并授予北大荒牌大米、古船牌小麦粉等20种米面产品“中国名牌产品”称号，进一步推动了粮油加工行业的名牌战略，促进了广大企业加快实施名牌战略，争创名牌产品。被授予“中国名牌产品”称号的企业，都以此为契机，调整发展战略，完善内部管理，加强宣传，进一步树立品牌形象，提升品牌知名度，扩大市场占有率，在全行业中起到了标杆作用和示范带头作用。企业普遍反映，获得“中国名牌产品”称号后，产品更好销了，更受消费者欢迎了。

# 莆田市东南香米业发展有限公司
# 东南香牌大米

东南香
E. S Fragance

大米

莆田市东南香米业发展有限公司创建于2000年12月，是从事大米深加工的民营企业。目前公司占地面积140亩（1公顷＝15亩），注册资金2160万元人民币，总投资1.36亿元人民币，拥有固定资产7150万元人民币，形成集大米深加工、物流、贸易等科、工、贸为一体的跨区域、多功能大型企业。公司拥有各类高素质员工160人，其中，高级以上职称的占12%，大、中专以上学历人数达51%，三年多以来，公司通过ISO9001：2000国际质量管理体系认证和产品质量认证，农业部全面质量管理达标单位，被批准使用国家统一定量包装产品计量能力合格“C”标志，荣获中国粮食行业协会授予“放心米”称号和福建省粮食局、粮食行业协会授予“放心粮油”称号，并荣获农业部名牌企业，福建省名牌产品，福建农业产业化龙头企业和2003年国家农业综合开发产业化龙头项目实施单位等称号。企业效益连年攀高，2001年创产值2.9亿元，2002年创产值4.4亿元，2003年创产值6.5亿元。为当地的经济建设和发展作出应有贡献。。

Putian City Dong Nan Xiang Rice Industry Corporation has set up since December 2000 and is a private enterprise, which has carried out rice processing. The company occupies 140 Mu of land with the total investment of 0.136 RMB and is a rice processing, statistics, and trade conglomerately multi-function large enterprise with 168 qualified staff. The company has controlled the products quality strictly, paid more attention to newly products developing and is one of the first group to be granted to use symbol “C” and Market Permit, as well as passed ISO9001, 2000International Quality Management System Authentication and Product Quality Authentication and “a unit reached the standard in comprehensive quality management” issued by the Agricultural Ministry of China, passed symbol “C” for packing product measure capacity in unified fix quantity by national department, the Food Industry Association of China granted the name “Reassurance Rice”, and Fujian Provincial Bureau, Fujian Food Industry Association granted the title “Reassurance Rice and Oil” to this company, also had got many honors: Famous product of the Agricultural Ministry of China, famous product in Fujian Province, the leading enterprise in Fujian Province, and the implement unit of Leading Project in state agricultural comprehensive developing industrialization etc. The benefit of this company is getting more annually, the output reached 0.29 billion RMB in 2001 and 0.44 billion RMB in 2002, 0.65 billion RMB in 2003, and made the contributions to local economy and development.

# 黑龙江省五常市绿风优质米开发（集团）有限公司
## 五常牌大米

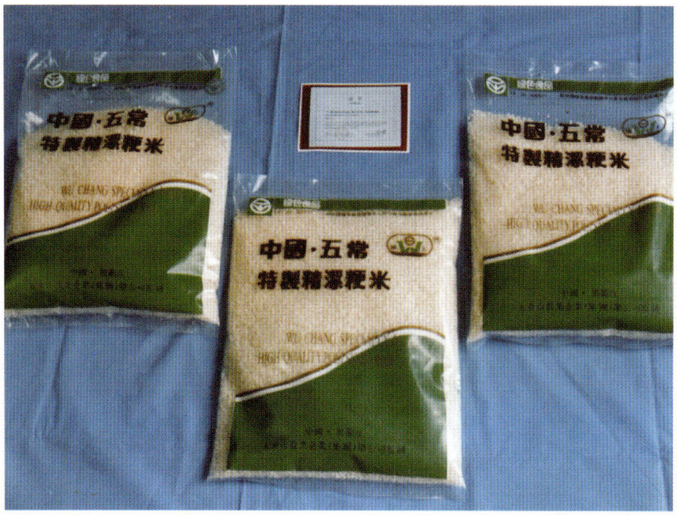


黑龙江省五常市绿风优质米开发（集团）有限公司始建于1999年10月，是集优质水稻品种培育、基地建设、大米加工、市场开发为一体的大型产业化龙头企业。已有绿风、常吉、维梁、丹贝四家大米加工企业及龙洋水稻研究所、施倍得高效有机肥有限公司签约加盟。固定资产总额18000万元。有日本佐竹大米生产线3条，国产大米生产线2条，年加工稻谷能力245万吨，2003年实际加工大米41万吨，销售收入96274万元，实现利税1581万元。

集团在五常划定产区内建设绿色食品水稻基地160万亩。统一选用“五优稻”系列良种，统一制定了《五常市绿色食品水稻生产技术操作规程》，生产技术执行DB230103/T002-2004地方标准。基地施用生物有机肥和农家肥，采取生物防虫，人工除草，生产的稻谷达到国家A级绿色食品标准。基地带动农户6.4万户，通过订单形式，把企业与农户利益连接起来，2003年产业化运营农民增收2000多万元。

The Greenwind High-quality Rice Development (Group) Corporation, Ltd. of Wuchang of Heilongjiang Province was established in October of 1999. It is large-scales industrialization leading enterprise incorporating the variety of high-quality rice is cultivated, construction of base, rice processing, market development into an organic whole. The company has Greenwind, Changji, Weiliang, Danbei Processing Enterprise of Rice and Longyang Rice Research Institutes and Shibeide High-efficient Organic Fertile Limited Company. The total value of fixed assets cost 180 million RMB. There are 3 Japanese rice production lines and 2 domestic rice production lines in our company, process 2,450,000 tons of ability of corn every year, had processed 410,000 tons of rice actually in 2003, income from sales was 962,740,000 RMB, realized profits tax of 15,810,000 RMB. The Group uses the trademark of certificate of origin of Wuchang Rice exclusively according to Trademark Law of the People's Republic of China. Our company combines the rice brand in the whole city. The Group is processing all delimiting the corn that the producing region produced. The goods rice produced, only use the brand of Wuchang Rice.

The Group builds rice base of pollution-free food 1,600,000 Mu. Select Wuyou Corn serial improved varieties for use, has appointed The Pollution-free Food Rice Produce the Regulations for Technical Operation. The production technology carries out the local standard DB230103/T002--2004. The base uses the living beings organic and the peasant family's fertile, adopt the biological protection against insects, weed artificially; the corn produced reaches the pollution-free food of national A grade standard. The base connected enterprises with peasants' interests through the form of the order form. Peasants' income had increased more than 20 million RMB in 2003.

# 黑龙江省北大荒米业有限公司
# 北大荒牌大米

北大荒
BEIDAHUANG

黑龙江省北大荒米业有限公司，是国家农业产业化重点龙头企业，是国家五类食品质量免予监督检查企业，也是国家工商总局公布的“重合同、守信用”企业。公司注册资金5.1亿元，拥有优质水稻种植基地1000万亩，配置了48条国际领先的大米加工生产线，年加工稻谷可达235万吨。公司积极推进绿色、有机食品产业工程，所生产“北大荒”品牌大米，被中国绿色食品发展中心认证为AA、A级绿色食品。所辖八大销售分公司和5000多个网点的销售网络遍及全国，并建立了一条顺畅安全、均衡供货的物流通道，产品远销世界二十多个国家和地区。公司建立了ISO9001、ISO14001和HACCP国际标准管理体系，以良好的信誉和卓越的品质为消费者提供无公害、无污染、营养、健康的食品。公司以建立现代企业制度为目标，依托生态、规模、品牌优势，秉承“奉献绿色精品，关爱生命家园”经营理念，实施“产业化经营，专业化发展，集团化运作，国际化牵动”发展战略，建立学习型企业，倾情打造国际米业绿色航母，全面推进北大荒米业各项事业的超速发展。

The Great Northern Wilderness Rice Group Co., ltd is the national backbone enterprise of the agriculture industrialization. The company belongs to the national five style enterprises whose food quality is free of supervising and inspecting, and is also one of "attaching importance to contract, abiding credit" enterprises in the list of the National Industrial and Commercial Bureau. The registered capital of the company is RMB 0.51 billion, with 66.67 million hektares quality paddy planting base°£The company has 48 rice product lines in the advanced international level, which yield 2.35 million tons paddies per year, and promotes green organic food industrial project. The rice with brand "great northern wilderness" has been certified AA and A green food by Chinese Green Food Development Center. The company has 8 sale branch offices and more than 5000 sale nets all over the world, and has built a smooth, safe and balanced supplying channel. Our products have been sold to more 20 countries and areas around the world. The company also established ISO9001, ISO14001 and HACCP international standard management system, and provide non social effects of pollution, nutritional and healthy food to the consumers. Since its founding, the company has been setting up the target of modern corporate system, relying on the advantages of ecology, scaled and named brand, abiding by the management concept of "contributing to fine green food, and taking care of life & homestead", carrying out the developing strategy of "industrialized management, specialized influence", establishing the learning-type enterprise, and forging the international space carrier of green rice for overall pushing the diversified economies of Beidahuang Rice with super -speed development.

# 江西省樟树粮油公司
# 玉珠牌大米

玉　珠

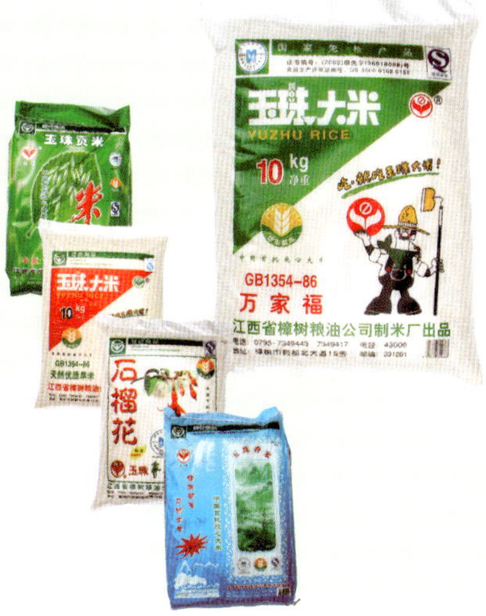




江西省樟树粮油公司是江西省粮食局粮油总公司下属的国家大二型企业。位于药都——樟树市东面，105国道公路1789公里处。北靠赣江中游樟树港第四、五码头，南与浙赣、京九铁路樟树火车站相邻，内有1291米长的铁路专线直通厂区，交通运输十分方便。

公司自创建以来，先后荣获“江西省先进企业”、“江西省质量效益型先进企业”、“江西省食品工业‘九五’发展十强企业”、“全国商业先进企业”、“全国食品工业科技进步优秀企业”、“商业部质量管理奖”、“江西省工业百强企业”、“江西省优秀企业”。公司1990年晋升为“国家二级企业”，1993年被国务院批准为“国家大型二档企业”，1994年被评定为“全国食品加工业100家最大工业企业”，公司的产品连续获得“江西省重点保护产品”证书，产品商标连续几年被评为“江西省著名商标”，2001年玉珠牌大米、雪莲牌面粉、仙人牌食用油、春丝牌面条被授予江西省“放心粮油”产品称号，米、面、油获首批“国家免检”证书，2002年米、面、油获得了“全国工业产品生产许可证”，2003年米、油、面条获“江西省名牌产品”称号。

Zhangshu Cereals & Oils Co. of Jiangxi Province is a national second-grade enterprise under the General Company of Jiangxi Cereals &Oils Department. The corporation is located in the east of Zhangshu city, on 1789KM of NO.105 State Highway from the start , in the north is near the 4th and 5th Docks of Zhangshu Harbor in the middle part of Gan River and is closed to Zhangshu Station of Zhejiang-Jiangxi Railway and Beijing-Jiulong Railway in the south. A special railway line of 1291M leads directly to the production area , so communication is convenient.

From starting, the corporation was awarded “the Advanced Enterprise in Jiangxi Province”, “the Advanced Efficent Quality Enterprise in Jiangxi Province”, “the 10 Strong Enterprise in the 9th Five Years Development of Food Industrial in Jiangxi Province”, “The Advanced Enterprise of Commercial Ministry”, “THE Excellent Enterprise of Technology Progress in the National Food Industrial”, “the Quality Management Award of the Commercial Ministry”, “the 100 Strong Enterprise in Jiangxi Province”, “the Excellent Enterprise in Jiangxi Province”. The corporation was promoted “State Second-Grade Enterprise” in 1990, “State Large Second-grade Enterprise” named by the state council in 1993, evaluated “ the Largest 100 Enterprise in the National Food Processing Industry” in 1994. The products were continually received the certificates of “the Key Protected Products in Jiangxi Province. The products' trade marks were evaluated “the Famous Trade Mark in Jiangxi Province” for several years. Yuzhu brand rice, Xuelian brand flour, Xianren brand edible oil and Chunsi brand noodle were awarded the title of “Trusted Cereals & oils” in Jiangxi province in 2001, received the first row certificate “National Non-testing Products” by the corporation's rice, flour and oil, which gained “the National Industrial Products Processing Permission Certificate” and the title of “the Famous Products of Jiangxi Province”.

# 江西金佳谷物股份有限公司
# 金佳牌大米

江西金佳谷物股份有限公司是由江西省粮油总公司作为主发起人，联合中国水稻研究所，中国科学院生物物理研究所等五个单位共同发起设立的。是经江西省人民政府批准成立的第一家从事粮食产业化经营有股份制科技型企业。公司总股本5200万，拥有一座15万吨仓容的粮食储备库，两座年各产15万吨优质大米的加工厂和一座年产4万吨的面粉厂，其技术装备和设施处于国内同行业先进水平。

公司在构建现代企业制度的平台上，注重“从农田到餐桌”完整的质量产业链建设，与环鄱阳湖周边的21万种植户签订收购合同，推广种植由公司自主开发的优质品种“丰园香稻”70万亩。通过统一供应良种、统一技术指导、统一供应环保农药化肥、统一收购储存，统一精深加工、统一品牌销售等有效措施，着力打造的“金佳”牌系列大米，深受省内外市场欢迎，并荣获“全国免检产品”、“全国放心米”、中国“放心粮油”和“绿色食品”等称号。

As the first technology-oriented joint-venture in the line of cereal industrializing business by Jiangxi government licensed, Jiangxi Jinjia Grain Co.,Ltd. is sponsored and jointly established by five units including Jiangxi Cereal and Oil Corporation, which is the Leading sponsor, and china Paddy Rice Research Institute, the Biology and physics Research Institute of the Chinese Academy of Sciences. The company, with capital stock of 52 million RMB, comprises one grain depot with a capacity of 150,000 tons, two rice processing mills with each annual production 150,000 tons, and one flour mills with annual production 40,000 Tons. Its technical equipment and facilities is in the advanced level of the same domestic trade .

By establishing a platform of modern enterprise system, It has laied the stress on creating the complete industry chain “from the farmland to dining table”. The company has signed purchase contracts with 210,000 plantation families around Poyang lake , to popularize and plant 700,000 mu of Fengyuan Fragrant Rice, the high quality rice which the company develops independently. Through centralizing the supply of improved seeds, technological tuition, supply of farm chemicals and fertilizers, processing and refining, and sales, the company popularizes the series of high quality rice brand “Jinjia”. which is popular in the market inside and outside the province. The series of Jinjia products were awarded the titles of “National Inspection-Free Products”,“National Trustworthy Rice”, “Provincial Trustworthy Cereal and Oil”, and “Green Food”, etc.

中国名牌产品年鉴

# 湖南金健米业股份有限公司
## 金健牌大米

金健
GAEA GEM ®

湖南金健米业股份有限公司1998年4月在上海证交所上市，是我国粮食系统的第一家上市公司，是首批农业产业化国家重点龙头企业、"十五"第一批国家级科技创新型星火龙头企业、全国优秀食品工业企业、国家水稻工程优质米示范基地。2002年，公司荣获"全国质量管理先进企业"称号，并同长沙卷烟厂、湖南九芝堂股份有限公司等五家企业获得"湖南省首届质量管理奖"。2003年元月，公司获"中国质量万里行全国先进单位"称号。公司现有总股本4,3250万股，资产总额20亿元，净资产11亿元，涉及粮油食品、乳品、种业、药品、城市基础设施建设及房地产开发等经营领域，主导产品有"金健"牌系列精米、米粉、面粉、面条、食用油、乳品、种子、药品等。

Major products are processed by new procedure under automatic control with equipments imported from United States, Germany, Japan, Italy and Switzerland. The brand of "Jinjian" has covered rice and rice noodle, wheat flour and noodle, edible vegetable oil and dairy. "Jinjian" rice has won honor such as "rational consumer satisfied product", "national cereals and oils product of reassurance", "national famous business brand product" and "national free inspection product" since 2001. " Jinjian" cooking oil has been appraised as product of famous brand of Hunan province, and been recommended by Cereals Industry Association of China. " Jinjian" milk has been appraised as "national qualified and trusted food" by Food Industry Association of China, "national quality and credit standing satisfied food" by Along March to China Qualification Quality Credit Traced Department, and the fresh milk was rewarded gold medal of the Fourth International Farming Exposition of Hunan. All of the major products have passed the review and verification of Green Food Standards and gained Certification of Green Food issued by China Green Food Development Center, and have been regarded as total quality trusted food qualified by national supervision and selective examination. The company has implemented and maintains a quality management system complying with ISO 9001:2000. Products including rice, wheat flour, purified and half purified edible vegetable oil have obtained Certification of "Quality Safety" for Marketing. The company was given the prize of the first quality management of Hunan Province in 2002, was honored Quality Credit Traced Company in January 2003.

# 黑龙江泰丰粮油食品有限公司
## 梧桐牌大米

黑龙江泰丰粮油食品有限公司，系“黑龙江省经贸委重点骨干企业”、“全省铁路运输重点保障企业”，是所在地鹤岗市大型民营企业。现有固定资产3992万元，下设五个现代化大米生产加工厂，年加工能力突破30万吨，现有职工476名，年销售额40770万元，年创利税975万元。

泰丰公司自2000年建立以来，始终坚持实施名牌战略，千方百计地为消费者打造无公害优质食品。企业生产的“梧桐”牌大米质量逐年升级，先后被评为：“鹤岗市知名商标”、“省质量达标合格产品”、全国“质量达标合格产品”、“全国质量信得过食品”，被省认定为“无公害食品”，2003年，“梧桐”牌大米被省命名为“黑龙江名牌产品”称号，这是盛产大米畅销全国的黑龙江米业，仅有五个获省名牌的品种之一，这是泰丰公司实行“以人为本，质量兴厂、科技立厂、管理治厂”的必然结果，看今日“米业有泰丰，名牌有梧桐”，但“梧桐”牌大米怎样引来金凤凰又怎样飞到平常百姓家，却是经过了千锤百炼。

Heilongjiang Tai Feng Grain and Oil Limited Company is a large-size nongovernmental enterprise at Heigang, passing judgment on Mainstay Enterprise and Provincial Railway Transport Important Safeguard Enterprise.

Since the company was founded in 2000, it has always insisted on carrying out famous brand strategy . Wu Tong Rice which is produce by the enterprise is praised as Hegang Local Famous Brand Product. In 2003, it is named as “Provincial Famous Product” . It is the result of carrying out the policy based on persons on talent, quality, science, management. Nowadays there is Tai Feng Company in industry of rice, there is “Wu Tong Rice” among famous brands , but that it came into being goes through many difficulties.

# 河北五得利面粉集团有限公司
# 五得利牌面粉

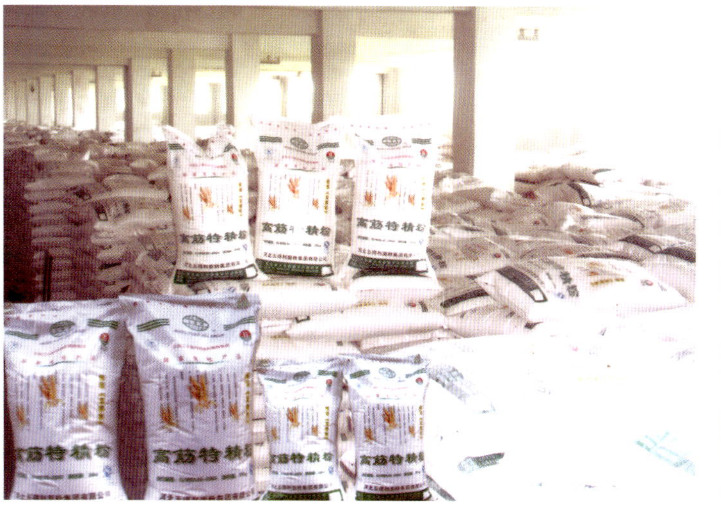



“五得利”既是该公司的名称、商标，又是其宗旨和经营理念，简单地说：“五得利”就是五个方面得利。一是客户得利，靠质优价廉的面粉，优良周到的服务，为经销商创造较大的利润空间，让消费者得到实惠；二是农户得利，靠订单小麦，靠市场，用较高的价格收购农户小麦，让农民得到较高的种植效益；三是工人得利，靠较高的工资，较多的福利，优越的劳动环境，让工人经济上得利，心情上乐意；四是国家得利，积极为国家缴纳税费，为“富企兴国”多做贡献；五是公司得利，靠规模、靠技术、靠设备、靠服务、靠管理、靠灵活的机制，为企业创造利润。五方组成一个利益共同体，相互兼顾、相辅相成、共同发展。

该集团公司的前身是建于1989年日处理小麦15吨的一个面粉加工厂，设备比较落后，规模比较小，但是，通过分析全国面粉市场供求状况，他们边生产，边积累资金和经验，通过几年的发展逐渐形成了规模，积累了一定的资金和经营管理经验，企业领导层在成功面前没有沾沾自喜而止步不前，而是综合考察市场，综合判断自身的能力，在中央鼓励和支持大力发展民营企业政策的鼓舞下，在各级政府优惠政策的支持下，果断做出了“扩大规模，滚动发展”的企业决策。

Wudeli is the name of the company, and also is the managing principle and idea of the company. Simply say, Wudeli means that five sides make profit together. The first side is customers, the company's flour with good quality and lower price adding thoughtful service, make the customers get bigger profit space and let the direct consumers get real benefit. The second side is peasant household, by order form, the company purchase wheat with higher price, let farmers get higher planting benefits. The third side is the workers. Higher wages and welfare, favorable working condition make workers get profit and work happily. The forth side is the government. The company pay higher tax to the government. And the fifth side is the company. Depending on larger scale, high processing technology, first class advanced equipment, thoughtful service for customers, Careful management and flexible competition system, the company makes more benefit.

In 1989 the investors built a small flour milling factory with the capacity of processing 15 tons wheat per day. At that tine, the factory is small and the technique is backward. After analysis the supply and demand condition of the flour market, the leaders of the company decide to accumulate funds and experience continuously. After several years' development, the company's scale grows larger, and the company has accumulated considerable finds and experience. Facing the success, the leaders didn't feel satisfied. They comprehensive survey the flour market and assess the company's energy, and inspired by the policy of the central government that support the private enter pries energetically, the leaders made a strategic decision to go further step to expand the company's scale and self-roll develop.

# 新疆天山面粉（集团）有限责任公司
# 天山牌面粉

天　山

小麦粉

新疆天山面粉（集团）有限责任公司的前身——昌吉市面粉厂，始建于1966年，主营业务是从事小麦粉的加工及销售。企业经过1999改制后，实施低成本扩张，兼并重组，于2000年12月组建成立新疆天山面粉（集团）有限责任公司，注册资本4800万元，年加工能力由6万吨扩大到35万吨。目前集团公司已有固定资产6321万元，七条面粉生产线，年生产能力35万吨，是新疆最大的面粉加工企业。有三个全资子公司和三个控股公司。

公司依靠科学管理、先进的技术和设备、完善的法人治理结构，良好的用人机制和分配机制，使企业在市场竞争中立于不败之地。企业管理规范，重科技、守信誉，在获得良好经济效益的同时，也获得了良好的社会效益。企业先后获得并保持了自治区、自治州双文明单位、国家和自治区重合同守信用单位、全国粮食系统精神文明先进单位、自治区星火科技示范企业、新疆质量管理先进单位，自治区消协推荐“诚信单位”。

The predecessor of limited duty company of Xinjiang Tianshan Mountain wheat flour ( group ) - Changji market conditions powder factories begin to build in 1966, and owner does business, and the affair is being engaged in processes and selling of wheat powder. After the enterprise as a result of 1999 changes a social system putting into effect the low cost expanding, and annexs the heavy group, and constructed in December 2000 to found the limited duty company of Xinjiang Tianshan Mountain wheat flour ( group ), registering 48000000 yuan of capital year is processed the ability enlarging to 350000 tons by 60000 tons. There have been 63210000 yuan of fixed assets, seven wheat flour production lines in at present group company, 350000 tons of production capacity in year is that the largest wheat flour of Xinjiang is processed the enterprise..

The person artificial person that the company relied on the scientific management and advanced technology and equipment and perfect administers the structure, and the mechanism good chosen a person for a job and distributes mechanism makes the competition of enterprise in the market neutral in the invincible position. The business management standard weighs the science and technology, keeps one's word the reputation, and also gains the good social benefit when gaining the good economic performance. The enterprise successively gains and keeps two civilized units of autonomous region and autonomous prefecture, nation and autonomous region to coincide together keeping promise unit, advanced unit of whole nation grain system spiritual civilization, autonomous region spark science and technology demonstration enterprise and advanced unit of Xinjiang quality management, and that the autonomous region disappears joints the recommendation　sincere letter unit

# 北京古船食品有限公司
# 古船牌面粉

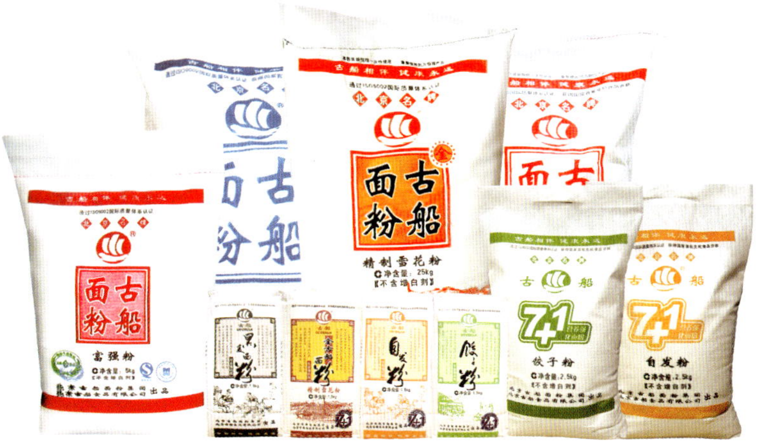

小麦粉

北京古船食品有限公司（以下简称古船）是由北京粮食集团有限责任公司和北京物美投资集团有限公司等4家股东共同出资组建的有限责任公司，是一家集面粉、食品生产，研发，贸易，服务为一体的大型企业。注册资本5000万元人民币，生产经营小麦粉、大米、食品和面制品。面粉和食品生产线从瑞士、英国、意大利和日本引进。

北京古船食品有限公司2000年通过ISO9002质量管理体系认证，2003年通过HACCP食品安全体系认证，是国家公众营养与发展中心营养强化食品首批试点生产单位之一，首批荣获北京市质量技术监督局颁发的“定量包装商品生产企业计量保证能力证书”（简称计量“C”标）。古船面粉连续9年获得北京市经委和北京市技术监督局认定的“北京市名牌产品”，2002年被中国粮食行业协会授予“放心面”称号并荣获国家质量监督检验检疫总局颁发的“产品质量免检证书”和“全国工业产品生产许可证”或称“食品生产许可证”（又称“QS”标志）。古船商标连续6年被北京市工商行政管理局认定为“北京市著名商标”。

Beijing Guchuan Food Co., Ltd. (GUCHUAN), invested by 4 shareholders including Beijing Grain Group Co., Ltd. and Beijing Wumei Holdings Inc., is a large-scale enterprise to work on the production of wheat flour and food, research and development, trade and service into a single whole. The registered capital is 5000 RMB. Its main business scope is processing and dealing with wheat flour, rice, food, and wheat flour products. The production lines of wheat flour and food were imported from Switzerland, United Kingdom, Italy and Japan.

GUCHUAN got ISO9002 Certificate of Conformity of Quality Management System Certification in 2000 and got HACCP System Certificate in 2003. It is one of the enterprises for the first batch that can produce fortified flour, authorized by the Centre for Public Nutritional and Development of China and one of five Beijing's enterprises for the first batch, who is authorized to use “C” sign, certificated by Beijing Municipal Administration for Quality and Technology Supervision. The series products of wheat flour for Guchuan(r) have kept many honors, such as: “Beijing Famous Brand of Products”for 9 years running, certificated by Beijing Municipal Economic Committee and by Beijing Municipal Administration for Industry and Commerce. In 2002 it was awarded the “reliable flour” by China National Association of Grain Sector. The Guchuan(r) is Beijing's well-known trademark judged by Beijing Municipal Administration for Industry and Commerce for 6 years running, and at the same time, GUCHUAN got the “Certificate for Products Exemption from Quality Surveillance Inspection” and “QS”(Quality Safe) Sign issued by the State General Administration for Quality Supervision and Inspection and Quarantine.

# 德州巨嘴鸟工贸有限公司
# 巨嘴鸟牌面粉

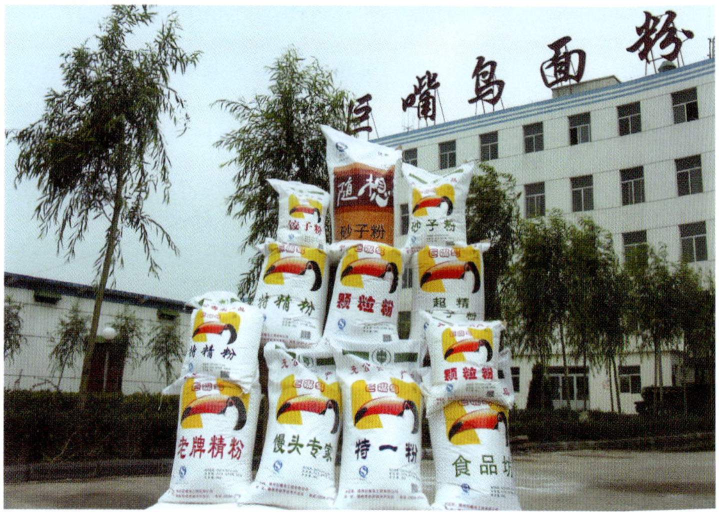

小麦粉

德州巨嘴鸟工贸有限公司，位于德州经济技术开发区，紧邻104国道和京福高速公路。现有固定资产3650万元，总占地面积15万平方米，职工173人，总经理满增志为德州市民营面粉企业协会会长。

公司是以面粉加工为主体，以面条和纯净水为两翼的综合性食品企业。日加工小麦1200吨，面条150吨，纯净水40吨。

公司积极响应国家公众营养强化改善项目办公室的号召，抓住机遇，2002年又成功开发出“巨嘴鸟”牌营养型面粉，加入到为提高人民身体素质而奋斗的公益事业中来。

我公司于2002年9月顺利通过ISO9001：2000质量管理体系认证，又于2003年1月在全国面粉行业内率先实施HACCP体系（危害分析和关键控制点）认证，更进一步提升了企业的管理水平，为生产安全卫生的优质产品提供保障。通过该体系认证后，公司的管理体系和产品将达到欧美等国的质量标准要求，产品可直接出口。

巨嘴鸟是年轻之鸟、蓬勃之鸟、世界之鸟！

Dezhou Toucan Industry and Trade Co., Ltd. lies in the economic and technological development zone of Dezhou, next to National Road 104 and Beijing-Fuzhou expressway. It possesses fixed assets of 36,500,000 yuan now and covers an area of 150,000 square meters and has 173 staff. Man Zengzhi, the general manager, is the president of the private flour enterprise association in Dezhou.

The company is a comprehensive food enterprise, taking flour processing as main body and noodles and pure water as both wings, and processes 2000 tons of wheat, 150 tons of noodles and 40 tons of pure water every day.

The company responded to the call from National Public Nutrition Intensification and Improvement Office actively, seized the opportunity and succeeded in developing the "toucan brand nutrition flour again in 2002 and joined in the public service working hard for improving the physiques of people.

Our company passed ISO9001 smoothly in September, 2002: 2000 quality management system authentication and took the lead in complementing the authentication of HACCP system (harm analysis and key control point) in the national flour trade in January, 2003 and further promoted the enterprises management level and provided safeguard for producing safe and hygienic products. After the system authentication, the management system and product quality will reach the standard requirements in European and American countries and the products will be exported directly.

The toucan is a young bird, a flourishing bird, a world bird.

# 华龙日清食品有限公司
## 甲家牌面粉

甲家®

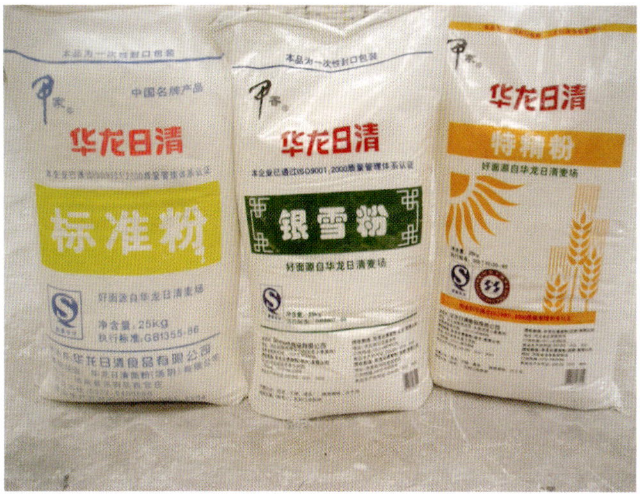

甲家面粉事业部是华龙日清食品有限公司的下属事业部之一，日加工小麦5000吨，筹建于1998年，占地面积700多亩，甲家面粉虽然在面粉行业中起步较晚，但由于依靠先进的制粉设备和工艺，科学经营，规范管理，经过五年的迅猛发展，现已经发展成为具有河北邢台（一厂、二厂）、徐水、正定；河南汤阴、许昌、山东兖州、陕西宝鸡九家分公司，拥有上千名员工。公司“以倡导营养概念、提高生活质量”为理念，不仅生产根据人体健康所需求的微量元素的营养强化面粉，而且生产客户不同品质需求的各种专用面粉。

华龙日清食品有限公司的经营战略思想是“高起点、高站位、高标准”，因此甲家面粉公司从建厂起就把公司的三高思想导入进来，采用一流的工艺，一流的设备、一流的人员、一流的管理，生产一流的产品。她的每个分公司都配有德国进口的布拉班德拉伸仪、粉质仪和瑞典波通公司的近红外谷物分析仪、实验磨等先进的化验仪器，健全面粉研制中心的的检验装备，且有严格的质量检测控体系和专业的面品研发人员。制粉生产工艺采用现代化的自动控制技术，使生产全过程都处于严密的监控中。

Jia Jia Enterprise Dept. is a Dept under NISSIN WALLAW FOOD CO., LTD. Our daily processing wheat is 5000tons. It was set up in 1998 and covers an area of more than 700 square meters. So the Jia Jia Flour mill was set up late to run the flour process among the flour enterprises but we are adopting the advanced equipment and technology, scientific management and normative management. Through 5 years rapid development, it has become HeBei Xingtai Headquarter, Xushui ,zhengding, Henan Tangyi, Shandong Yanzhou,Shanxi Fufeng 9 Branches. There are about 1000 staff members and workers. Company proposed, “Call for the concept of nutrition to improve the quality of life”. Not only the production is according to the health of the body to be needed of the nutrition with its elementwise of consolidating flour, but also we can produce the different kind of special flour that the consumer's needs.

The management of strategic ideas of NISSIN WALLAW FOOD CO., LTD. as three highs which is high starting point, high position and high standard. Since the establishment of Jia Jia processing Flour Company, we introduced this first -class equipment, fist-class staff members and fist-class management to produce the fist-class products. Each branches has a Brabardr extensograph and farinograph imported from Germany, and corn analyst imported from Perten company of Sweden, expremental griding etc, advanced chemical instruments and all kind of testing equipment for the flour research & development center, strictly quality control system and experts of flour research &development. We are adopting modern automatic control technology to produce high quality flour with strictly control system, to control the whole production process.

# 青岛白樱花实业有限公司
# 白樱花牌面粉

青岛白樱花实业有限公司是中国最大的小麦粉加工企业之一，企业获ISO国际质量管理体系认证，并被评为中国食品工业质量效益先进企业。其主导产品“白樱花”牌小麦粉是中国知名品牌，先后荣获中国粮食行业协会“放心面”、部优产品、山东免检产品、山东名牌产品和青岛名牌产品等荣誉称号，被山东省粮食行业协会认定为“小麦粉生产总量目前居全省首位”，被中国粮食行业协会认定为“其生产规模、主营产品销售收入在全国同行业居前列”。“白樱花”商标是青岛市著名商标，2004年被评为山东省著名商标。

公司拥有目前世界最先进的意大利GBS第五代制粉设备和工艺技术，其在加工过程中既彻底清除了农药残留、降低了灰分指标，又保持了面粉的天然品质，产品质量可达到最严格的食品卫生标准。公司生产的4大系列36个品种的“白樱花”牌系列小麦粉洁白细腻，外观光滑，口感爽滑，最大限度地满足了不同消费者的需求，被誉为“吃出来的名牌”。2003年实现面粉销售32.06万吨，销售收入91898万元，实现利税3443万元。

Qingdao Baiyinghua Industry Co., Ltd is one of the largest Chinese enterprises specializing in wheat-flour processing. It has been awarded the Certificate of ISO Quality System Authentication, and has been awarded the title “Advanced Enterprise on Quality and Benefit of Chinese Foodstuff Industry”. Its main series products of wheat flour of Baiyinghua brand have had the honors of Heart-Relieved Flour, Ministry-Level High-Quality Product, Shandong Inspection-Exempt Product, Shandong Brand Product and Qingdao Brand Product. The production amount and sales amount of flour of the Company ranked first in Shandong with the identification of the Chinese Food Industry Association. Baiyinghua brand is Qingdao Famous brand, and in 2004, Baiyinghua was conferred the honor of Shandong Famous Brand.

The Company has purchased GBS Company(Italy) 's V-generation flour-making equipment and technology, which is now the most advanced in the world. This technology can thoroughly clear the pesticide remainder in the wheat, reduce the ash index of the flour, and conserve its natural quality in processing, making the product conform to HACCP standard, which is the most strict in the world. Now the Company produces 36 varieties of (of 4 series) wheat flour products, which have the features of good whiteness, fine granularity and nice eating sensation, well satisfy the need of different consumers. So people highly appreciate this brand of flour by calling it “a name brand out of eating”. In 2003 the Company sold 320,600t of flour, realizing sales income of 918.98 million yuan, and profit and tax of 34.43 million yuan.

# 天津利金粮油股份有限公司
# 利达牌面粉

小麦粉

天津利金粮油股份有限公司是在秉承津门面粉加工业百年历史底蕴的基础上、经资产重组于2000年8月创立，是集面粉加工、粮食仓储和商贸开发为一体的大型国有股份制企业。

多年来，公司始终以“创新理念，诚实经营，贴心服务”为核心，努力为广大消费者提供“利达面粉，面面俱到”的关怀。

今后，我们以“成为世界食品行业知名品牌，中国面粉行业的‘航空母舰’”为目标，实施争创中国名牌产品战略，建设面粉生产的高科技园区，加大技术改造力度，提高产品竞争力；在公司所属的华鹰厂引进国际一流的专用粉生产线和配粉设备；走规模化经营之路，把面粉生产引向小麦主产区，在山东、河北相继建厂，提高面粉产能和扩大销售区域，投资兴建利达精制米生产车间；继续完善检测手段，使之更加科学化；公司建立食品安全管理体系，年内将通过HACCP认证，利用企业拥有的进出口权，积极开拓国际市场。公司将以开创一流的企业，生产一流的产品，提供一流的服务为宗旨，以与时俱进的胆略，实现利金公司的跨越式发展。

Established in August 2000 upon assets reorganization and on the basis of carrying on the historical essence of Tianjin flour processing industry over one century, Tianjin Lijin Grain & Oil Incorporation is a large-scale state-owned enterprise with stock system and integrating flour processing, grain storage and commerce development.

Focusing on the aim of “innovative idea, honest operation and considerate service”, our company spares no effort in providing mass consumers with the solicitude of “Lida Flour is attentive in every way”.

From now on, we will take “becoming famous brand in world food industry and 'aeroplane carrier of Chinese flour industry'” as our target, implement the strategy of doing utmost to become famous brand product in China, construct high-tech park for flour manufacturing, reinforce technological reform and improve product competitiveness. We are about to introduce global first-class production line for the special flour and equipment of flour mixture in Huaying Factory affiliated to our company. Furthermore, we will step on the path of scale operation and transferring flour production to main yield regions of wheat. In details, we plan to establish factories in Shandong and Hebei respectively to enhance the manufacture capacity and extend sales region. Also, we will make investment to set up Lida refined rice workshop. We shall make efforts in continuously perfecting test approaches, making it more scientific. The food safety management system established in company will pass HACCP certification before the end of this year. We will try our best to actively exploit the international market by use of the import and export right owned by us at present. Our company will consider “constructing the first-rate enterprise, manufacturing the first-class product and offering top-ranking service” as our target and realize our leap-forward development by virtue of the mettle keeping abreast with the era.

# 江苏三零面粉集团公司
# 苏三零牌面粉

苏三零

小麦粉

江苏三零面粉集团公司下辖7个企业，资产总额2.63亿元，员工685人，主要生产面粉、大米、挂面、食品添加剂、饲料、乙炔气等产品。主产品面粉年生产能力40万吨。2003年实现销售收入7.99亿元，利税6977万元。销售面粉37.21万吨，销售总量连续多年位居江苏省同行业第一，在全国也名列前茅。“苏三零”面粉先后荣获中国食品工业名优产品、全国安全优质承诺食品、全国放心面、江苏省重点名牌产品、江苏省第五届食品博览会金奖、江苏省无公害农产品等称号。“苏三零”商标为江苏省著名商标。公司被授予中国食品工业优秀企业、全国食品行业质量效益型先进企业、江苏省级农业产业化重点骨干龙头企业。

集团公司围绕国家产业政策，着力推进科技进步。先后投入1亿多元进行技术改造升级，所属企业85%以上的面粉生产线采用瑞士布勒公司先进的气压磨粉设备，3个企业采用德国布拉班德高科技全套化验设备。储粮设施为现代化的标准仓和钢板仓，储粮能力8.2万吨，有万吨级长江码头。建立了3家科研所，每年均有2-3个新产品推出，新产品销售值达销售总值的30%以上。“苏三零”面粉有面包粉、饼干粉、特精粉、特一粉、糕点粉、超级粉、中筋粉、油条粉、饺子粉、面条粉等20多个品种。

San Ling Flour Group Company of JiangSu has 7 branches and the asset amounts to RMB 2.63 hundred million .The number of the staff is 685 .Its production covers flour /rice/hanging noodle/ foodstuff adding material/fodder/C2H2 and so on .The amount that the flour is produced per year is 400000ton .In 2003, the sale taking achieved the number of 7.99 hundred million, with the tax 69770000. The amount of selling flour addes up to 37.21hundred thousand ton .The selling amount takes the first lead continuously in Jiang Su province in the same field. It also has occupied a good place in China . San Ling Flour gains a good many fames due to its best quality such as Famous and Excellent product of Chinese Foodstuff / Excellent Quality and Safety of Chinese promising foodstuff / Chinese Credit Flour / Key Famous product of Jiang Su The gold prize of the fifth product fair of Jiang Su / Green Foodstuff of Jiang Su province Because of these names ,San Ling has become the famous band in Jiang Su province .The company is awarded with the excellent enterprise of Chinese Foodstuff as well as the advanced quality and mileage enterprise of China . The company has adopted the place of the key enterprise of Jiang Su Agriculture .

The company enforced the strategy “Set the band by the quality Enlarge the market by the band Increase the profit by the market ” ctively. The company strengthens the overall quality management and sets up the quality managing duty system of the whole staff. Over these years ,the qualified rate of the products of San Ling tested by national product quality supervising center is 100%.The company passes the international quality certification ISO9001---2000.The company gets the permit of the national healthy center. Besides these , the company is awarded with the mark of QS by the national quality directing bureau . The area of the product covers Shanghai / the Northeast / Jiangsu/ Guangzhou/ Hainan and so on . The product gets the high praise of the consumers from all over China .

# 郑州金苑面业有限公司
# 金苑牌面粉

小麦粉

郑州金苑面业有限公司是以面粉加工为主导，以方便面、挂面为精深加工的特大型粮油食品加工企业。创建于1992年，占地总面积200余亩，拥有制粉专家、技术人员、管理人员及产业工人2200余名。分别在郑州宋砦工贸苑区和郑州高新技术产业开发区建有两个生产基地。公司自成立之始，始终坚持“全面的质量管理、全新的生产工艺、全方位的优质服务”的方针。短短十年，金苑公司由当初一个日加工小麦60吨的小厂，发展为现日加工小麦3200吨、年加工小麦100余万吨、年产方便面120000吨、挂面150000吨的大型粮食加工企业。自1998年以来，面粉的加工总量和销售总量已连续五年居全国同行业前列。

金苑牌小麦粉在国家历次监督抽查中，产品合格率均为100%。

2002年金苑牌面粉被中国粮食行业协会授予“全国放心面粉”，被国家质量监督检验检疫总局批准为“国家免检产品”，于2002年8月份公司通过了ISO9001：2000国际质量体系认证；2003年金苑牌小麦粉首批通过QS质量安全认证，同年被河南省人民政府评为“河南省食品工业第一品牌”；2004年金苑牌小麦粉获得“中国名牌产品”称号，并通过出口食品生产企业卫生注册。

The company is an especially big enterprise in finely manufacturing the provisions, oils and foods in china. The leading products are flours, convenient noodles and fine dried noodles. It was set up in 1992and its area is about 200 Mu. There are many specialists, technical persons, mangers and 2200 workers in the company. Two production bases are separately established in the Zhengzhou Songzhai industry and trade

The qualified rate of our products is reached to 100% during the inspections by the technical inspection departments.

In 2002,the Jinyuan flours were awarded “the national assured flours” by the China Food Industry Association, the Jinyuan wheat flours were approved “the national products without inspection” by china Quality Supervisory, Inspection and quarantine Bureau. On August, 2002, the company has passed through the standard Iso9001:2000 quality system attestation.In 2003,the Henna province Government elected the Jinyuan flours to be “the first brand of food industry in Henan province”,It is the only one “the first brand ” in the flour industry of Henan province and the Jinyuan convenient noodle was awarded to be the national free inspection title.

# 蛇口南顺面粉有限公司
# 金像牌面粉

小麦粉

南顺香港集团面粉部的前身——香港面粉厂成立于1954年，是二次大战后，首家在香港成立的面粉厂。四十多年来，一直是香港面粉市场的主导，在面粉制造业的发展史中扮演着重要的角色。选用世界各地的优质小麦为全港过半数的面粉用家提供优质的面粉产品及专业的技术服务，香港的市场占有率一直高达45%以上。

1995年，南顺为开拓国内市场而成立的蛇口南顺面粉厂正式投产，是全中国最大规模的外资面粉厂，现日处理小麦量达1200吨。1999年，蛇口南顺面粉有限公司获得香港品质保证局颁发的ISO9002证书，并于2002年顺利通过ISO9001：2000版换版审核，于2003年1月第一批获得QS证书。

作为中国最大的外资面粉企业,蛇口南顺在国内第一家引进瑞士布勒最新一代MDDO-300MM磨粉机,最先进的设备极大程度地改进了研磨特性。

2002年3月，南顺(中国)控股有限公司收购原江苏荆元面粉厂，正式成立江苏南顺面粉有限公司。公司位于中国著名陶都——江苏省宜兴市，占地面积25000平方米，总投资为1000万美元。现在生产能力为550吨/天。公司已经被列入江苏省农业产业化经营龙头企业。江苏南顺面粉有限公司于2002年10月1日通过ISO9001：2000国际质量认证。

Established in 1954, as the Hong Kong Flour Mills Limited, the Lam Soon flour division has been the leading flour mill in the territory for decades. This division represents the history of the flour milling industry in Hong Kong. It produces and distributes a wide range of wheat flour suitable for a variety of foods such as biscuits, cakes, breads, noodles and pizza, using the highest quality wheat from around the world.

Our leading brands include Golden Statue, American Roses, Crown, L'arce De Triomphe, Golden Coins and Red Bicycle, which are well known throughout Hong Kong and Southern China.

Lam Soon is the market leader in Hong Kong, supplying almost half of the total flour consumed in Hong Kong, and providing customers with professional technical advice.

The plant in Shekou port, Guangdong is a world class flour milling facility. Its Swiss made equipment is capable of processing 1200 tons of wheat per day. The mill has started implementing the (On-line Quality Monitoring System) (QMS), which is the first of its type being implemented in the industry.

In the future, Lam Soon will continue to be one of the leading flour mills in Southern China through its relentless pursuit of innovation excellence, quality and market growth.

# 郑州海嘉食品有限公司
# 神象牌面粉

神象 SHENXIANG

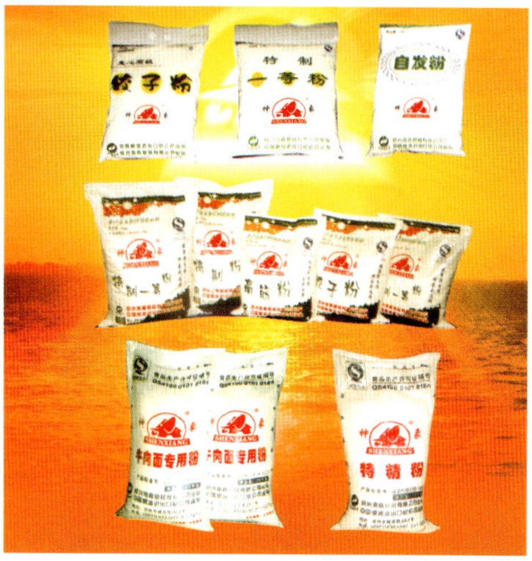

小麦粉

郑州海嘉食品有限公司是中国粮油食品进出口（集团）有限公司控股，集面粉加工、食品生产为一体的大型现代化综合性合资企业。目前公司拥有资产近2亿元,年销售收入近4亿元,年生产各种面粉165000吨、方便面20000吨、挂面6000吨。公司主导产品“神象”牌高品质小麦粉及各类专用小麦粉，2001年由河南省名牌战略推进委员会授予“河南省名牌产品”、被河南省消费者协会评为消费者最喜爱产品、被中国粮食行业协会认定为“放心面粉”；2002年被国家质量监督检验检疫总局认定为“国家免检产品”、“神象”商标被河南省工商局认定为河南省著名商标；2003年“神象”牌自发粉、速冻饺子粉被河南省人民政府食品工业办公室、省食品工业协会授予“2003年河南省食品工业优秀新产品”，公司被河南省质量技术监督局评为“全省质量管理先进企业”。

Zhengzhou Haijia Food Co. Ltd is a large size modernized comprehensive joint venture enterprises for wheat flour milling and food manufacturing. Its share-holding is controlled by China Grain, Oil and Food import and export Co. Ltd. The company presently owns an assets of nearly 200 million RMB Yuan, and the annual sale income reaches nearly 400 million RMB Yuan. The output of wheat flour is 165,000 tons per year, instant noodle 20,000 tons and dried white noodle 6000 tons. The leading product of the company — “Shen Xiang” brand high quality wheat flour and various kinds of patent flour, The “Shenxiang” brand flour of the company was appraised as “Henan famous brand” product in 2001, and was awarded as the most favorite products of consumers by Henan provincial consumers' association. The “Shenxiang” brand flour was also attested as “safe flour” by China Grain Industry Association. In 2002 “Shenxiang” flour was attested as “National Exemption from Commercial Examination Products”by State General Administration of the People's Republic of China for Quality Supervision and Inspection and Quarantine. “Shenxiang” brand was attested as Henan famous brand by Henan Industry and Commerce Bureau.

# 河北廊雪面粉有限责任公司
## 廊雪牌面粉

langxue 廊雪 ®

小麦粉

河北廊雪面粉有限责任公司是食品专用粉专业生产厂家，是集面粉加工、粮食储存、中转于一体的工贸联合实体。现有资产总额2亿元，拥有日加工小麦650吨小麦的生产线，有2条引进20世纪90年代生产的全部PLC控制，技术水平居领先地位。公司投巨资引进德国、法国、瑞典的先进检测仪器，检测水平不仅在国内居先进地位而且达到国际先进水平。

粮库拥有6万吨仓容量，2.2千米的铁路专用线，开展储备粮、代储、代转、粮食贸易业务。

公司抓管理促发展2002年通过ISO9001：2000质量管理体系、ISO14001环境管理体系、OSHMS职业安全卫生管理体系认证。

公司奉行“信誉第一，顾客至上”的经营宗旨，打造质量品牌，“廊雪牌面粉”已是深受广大用户喜爱的著名品牌。公司向消费者奉献高品质的系列专用粉，以“客户是总裁”的理念，竭诚营造健康生活，以优质的产品优良的服务贡献于社会。

He Bei LangXue Flour Co ,Ltd is a particular enterprise of producing special flour for food .it is a industrial and commercial united unit ,which includes processing flour ,grain storage and transportation .Nowadays ,the company processes RMB 200,000,000Yuan ,has two wheat processing lines imported form the factory whose technology belongs to the advanced level at the end of twenty nineties in the world ,whose capactiy is 650 metric tons .The production process is thoroughly controlled by PLC ,the technology by being international advanced level .The company spent huge investment importing advanced testing instruments form Germany ,France and Sweden ,the technical level lies advanced not only in the native factories but also abroad .

There are 60,000 metric tons bin storage in the grain store .The company possess 2.2lilometers special railway in it ,which is in charge of grain commercial business about grain storage ,transportation for itself or for others .

The company executed management strictly and promoted development ,received the certificate form ISO9002 in 1998 and gained the environmental management system certificate form ISO14001 in 2001,and OSHMS professional hygienic security management system certificate in 2001.

The company has been putting forward the management principle e of “The first is credit ,the customer is above me ”, developing into establishing the quality brand .“Lang Xue ”brand flours have been a famous brand loved deeply by so many consumers .Series of special flours have been devoted to consumers with their high quality and the company would do its best to create healthy life with its good products and the first service , according to the theory of “The consumer is the general judge .”

# 东海粮油工业（张家港）有限公司
# 福临门牌面粉

东海粮油工业（张家港）有限公司是张家港保税区内的一家外商独资企业，主营粮油产品的生产及贸易，公司成立于1993年5月，地处江苏省张家港市金港镇，濒临长江南岸。东海粮油工业（张家港）有限公司是由中国粮油食品集团（香港）有限公司、ADM亚太有限公司和新加坡KENSPOT公司共同投资兴建的外商独资企业。东海粮油是全球规模最大，技术最先进的粮油综合加工基地之一，总投资1.98亿美元。占地面积800亩，拥有榨油、精炼、特种油脂、小包装、饲料、面粉、大米、钢桶、磷脂等专业生产厂。

迈进21世纪，公司董事会计划在2005年以前将公司的生产规模再扩大一倍。目前，公司已完成了征地任务。我们有理由相信，经过全体东海人的努力，东海粮油工业（张家港）有限公司必将成为亚洲先进、世界知名的粮油企业。

The East-ocean Oils & Grains Industries (Zhangjiagang) Co., Ltd. is an enterprise using solely foreign funds in the Bonded Area of Zhangjiagang. It's mainly engaged in production and trade of oil and grain products. The Company was established in May 1993 with its headquarters located at Jiangang Town, Zhangjiagang City, Jiangsu Province which is close to the south bank of the Yangtze River. The East-ocean Oils & Grains Industries (Zhangjiagang) Co., Ltd., as an enterprise using solely foreign funds, was jointly set up by China National Cereals, Oils & Foodstuffs Imp. & Exp. Corp. (Hongkong), Archer Daniels Midland Area Pacific Ltd. and Kenspot International Pte. Ltd of Singapore. Among them EOGI is one of the integrated cereal and oil processing bases of Area that are the greatest in scale and most advanced in technology. The total investment made in it amounts to 198 million Yuan. Occupying a land of 800mu about 53.3 hectares), it has such professional factories as those of oil extraction oil refining, special oil and fat pouch packed grain, flour and rice,steel drums and licithin.

Upon entering into the 21st century, the Board of the company planned to double the company's production scale before 2005 so far the land required for extension of the company has been acquisited. We have every reason to believe that through the efforts of the East-ocean people the East-ocean Oils & Grains Industries (Zhangjiagang) Co., Ltd. will surely become an oil and grain company that is technically-advanced in Asia and enjoys world renown.

# 制糖行业现状和发展趋势

## 一、我国制糖行业现状

我国有18个省区产糖，主产糖区集中在北部、西北部和西南部，沿边境地区分布。食糖生产以甘蔗糖为主，甘蔗糖产量连续三个制糖期保持增长的势头，产区主要分布在广东、广西、云南、海南及邻近省区；甜菜糖主要分布在黑龙江、新疆、内蒙古及邻近省区，甜菜糖产量占食糖总产量的比重不断下降。

1、行业概况

1994/1995年制糖期到2003/2004年制糖期的10年期间，我国的食糖产量呈现出起伏增长的态势。到2003/04年制糖期食糖产量已经达到1002.3万吨，与10年前相比，产量增加了460万吨，平均年增长6.5%；消费量增加了373万吨，平均年增长5.1%。连续5个制糖期食糖消费年均增长7.6%，高于食糖产量年均3.2%的增长速度。2003/2004年制糖期，全球食糖生产经过数年增长后，再度减少。产量预计为1.44亿吨，消费量预计为1.43亿吨。全球食糖供求大体平衡。国际食糖消费呈缓慢增长态势，中国、印度是支撑消费增长的主要国家。

我国食糖产量和消费量的增长大大超过了近10年世界食糖生产2.5%和消费2.4%年均增长速度，我国糖产量增加量占世界3000万吨增加量的15.3%，糖消费量增加量占世界2840万吨的13.1%。经过10年的发展，我国制糖业基本满足国内市场需求，已成为世界上主要的食糖生产和消费大国之一，食糖产量位居世界第4位，消费量居世界第3位。

2003/2004年制糖期我国食糖产量1002万吨，是历史上第二个产量超过1000万吨的制糖期。甘蔗糖主产区受到严重干旱的影响，甘蔗单产有所降低，但由于甘蔗糖分及糖厂出糖率大幅提高，全国甘蔗糖总产量仍创历史最高水平，达到943.57万吨，占食糖总产量的94.2%；甜菜糖产区受农产品价格上涨和生长期春旱秋涝的影响，甜菜糖产量为58.73万吨，同比下降52%，在全国食糖产量中所占比重下降到5.86%。

继2002/2003年制糖期全国食糖消费量达到1020万吨以后，2003/2004年制糖期食糖消费量继续增长，达到1100万吨，增长80万吨，同比增长7.8%。食糖消费总量中，工业消费比重增加到70%，民用消费降至30%。民用食糖消费中人均年购买商品糖1.43公斤。餐饮服务业商品糖消费成为民用食糖消费新的增长点。

2、我国糖业的区域布局

10年来我国糖业进行了较大范围的区域结构调整。通过区域结构调整，一是一些不宜发展糖料生产的地区逐步退出制糖行业，如宁夏、吉林、陕西、山西、甘肃、湖北等省区；二是一些老产

区如黑龙江、辽宁、内蒙古、河北、福建、江西、四川等省区的一些资产负债率高、亏损严重的糖厂实施了关闭破产；三是在广西、云南、广东和新疆等重点产糖省区关闭破产规模小，长期亏损且扭亏无望、污染严重的糖厂，同时鼓励优势企业扩大规模，提高技术水平。

我国制糖行业的结构调整进一步促进了资源优势的合理配置，适宜糖料发展地区的产业布局得到优化，实现了制糖行业战略性的转移。2003/2004 年制糖期，广西自治区糖产量 588 万吨，与 1993/1994 制糖期的 222 万吨相比，增长了 165%。云南省的糖产量达到 195.01 万吨，与 1993/1994 制糖期的 81 万吨相比，增长了 141%。在广西，甘蔗生产成为当地的支柱性种植业，甘蔗产区占全区县市的 69%，甘蔗种植面积达到全区旱地种植面积的 50%，全区 40% 的农业人口以种植甘蔗为生，69% 的县乡财政收入的一半以上由制糖业提供。广西是全国制糖业竞争力最强的地区，也是区域经济与制糖业联系最为紧密的地区，云南的制糖业也具有类似的情况。与此相反，随着沿海经济的发展，广东的甘蔗总产量呈现下降趋势，食糖产量下降了 5.3%,广东的制糖业主要集中在湛江地区,湛江的糖产量占全省 75% 的份额。

3、我国糖业的企业结构与能力

我国制糖企业体制单一、规模过小、技术水平落后、竞争力不强的状况经过近年来的调整，已经得到了巨大的改变。特别是最近五个制糖期通过全行业的结构调整和企业制度的改革、企业之间的重组和整合，全行业的企业结构得到了优化，部分不良制糖能力得以压缩，糖厂数量减少，而优势企业的规模不断扩大，大量的国外资金和私有资金的进入，改变了原来单一的国有企业体制，形成国有、民营、外资等多种经济成分共存，多元投资主体的产权结构。以大型骨干企业为核心，以资产为纽带大型糖业集团发展迅速，产业集中度有较大提高，极大的改善了糖业的经营状况和行业的竞争力，使行业经济效益逐年好转，使糖业进入健康、稳定发展的轨道。

截至 2004 年底，全国共有制糖生产企业（集团）213 家，开工糖厂 315 家。其中，甜菜糖生产企业（集团）39 家，糖厂 40 家；甘蔗糖生产企业（集团）165 家，糖厂 266 家，炼糖企业 9 家。糖厂数量比结构调整前的 539 家减少 216 家，减幅为 40.1%。糖厂规模扩大，糖料的日处理能力有了较大幅度的提高。

4、产品品种与质量

中国甜菜糖厂的主要品种为优级绵白糖、一级绵白糖、优级白砂糖、一级白砂糖和赤砂糖，少量有精制绵白糖和白砂糖。甘蔗糖厂主要品种是一级白砂糖、赤砂糖、少量优级白砂糖和精制糖。包装多为 50 公斤聚丙烯编织袋内衬聚乙烯薄膜包装。精制糖有部分小包装。

2003/2004 年制糖期，全国共生产食糖 1002.3 万吨，比 2002/2003 年制糖期下降 5.7%。其中白砂糖 907 万吨，绵白糖 77 万吨，精制糖 9 万吨，赤砂糖和红糖 5 万吨，原糖 5 万吨。

我国食糖产品品种单一，质量与国外先进水平及食品工业发展的要求比，还存在一定差距。企业缺乏对于消费市场的研究和在开发市场方面的投入很少，糖类产品主要是传统的白砂糖、绵白糖和赤砂糖。这体现在一是产品的花色品种少，消费者对于食糖的选择单一，红糖等一些为广大消费者所熟悉和喜爱的品种，也日渐稀少；二是产品包装单一，直接面向消费者的产品多数由商业部门进行二次

分装后再销售，糖厂产品不直接面向消费者，严重制约了食糖品牌的发展；三是缺乏对于糖深加工产品和较高附加值产品的开发。

5、技术装备水平

与国际先进水平相比,我国制糖行业的整体技术水平还比较落后，劳动生产率低、成本高、产品质量也有一定的差距。在制糖工艺方面，我国甘蔗糖厂多采用亚硫酸法，甜菜糖厂全部采用碳酸法，少数有精制糖生产的糖厂采用离子交换树脂脱色等先进工艺。亚硫酸法生产工艺的缺陷是产品质量较差,但滤泥可以直接当作肥料使用,后处理费用低。碳酸法生产的糖质量好,但滤泥后处理费用高。为解决亚硫酸法工艺产品质量不高的问题，近几年我国一些糖厂先后进行了磷浮法改造，取得较好效果。从目前情况看，用磷浮法等技术改造我国传统亚硫酸法工艺，是提高产品质量的较为经济有效的方法。

在制糖业设备和技术水平方面，则集中体现在自动化水平和劳动生产率上，劳动生产率差距十分明显。我国日榨3000吨甘蔗规模的糖厂职工平均达600人以上，是国外同规模的厂用人数的3～10倍，人均产糖量50吨，发达国家人均产糖量为200吨。加工费用和发展中国家相比也有一定差距。制糖煤耗是发达国家的两倍以上，制糖耗水量是发达国家的5～10倍。这些差距说明，我国的制糖业在采用和引进高技术含量的技术、设备和工艺方面还存在较大的发展空间。

6、综合利用情况

我国制糖业在综合利用方面也取得了一定的成效。目前全国大部分制糖企业建设有综合利用分厂或车间，综合利用技术方面也有较大发展和提高，综合利用产品达80余种。除蔗渣造纸、纸浆、甜菜废丝生产颗粒粕、糖蜜制酒精和酵母等传统产品外，综合利用产品还包括蔗渣碎粒饭、糖蜜发酵制甘油、活性干酵母、高级调味品等。综合利用产值占糖厂总产值的比重也不断上升，制糖企业经济效益得到提高。

与国外企业相比，我国糖厂综合利用与三废治理小而全的现象比较普遍，我国糖厂规模偏小，其副产品综合利用的规模更小，远没有达到相关行业的合理经济规模，而产生的污染也难以治理。我国糖业在“八五”期间处于建设的高潮阶段，食糖生产能力增加比较快。由于缺乏规模经济的理念，企业建设遍地开花，一个县内最多建设3-4个制糖企业；同时片面强调“建设三同时”原则，每个企业为保证环境评估合格,必须同时建设综合利用车间,其结果是综合利用车间原料不足,运转成本高，产品质量参差不齐。导致大部分企业的综合利用车间不能正常运行，造成项目投资、资源等极大的浪费，这是我国糖业发展过程中值得借鉴的经验教训之一。

7、糖料生产状况

2003/2004年制糖期，全国糖料种植面积2080.7万亩，其中甘蔗种植1760.7万亩，甘蔗平均单产4.37吨/亩，甜菜种植320万亩，甜菜平均单产2.16吨/亩。10年期间甘蔗种植面积起伏增加，比1993/1994年制糖期增长20%；甜菜种植面积却逐年减少了33%。

我国目前甘蔗品种主要以台糖系列、桂糖系列和粤糖系列为主，三大系列品种占总种植面积的81%；其他品种约占总种植面积的19%。

甜菜品种在各地区的种植情况差异较大。新疆自治区以进口的德国KWS系列为主，约占全区种植

总面积的75%，华丹等系列占25%；黑龙江省主要种植甜源系列品种，占全省种植面积的60%，双丰系列占30%，其他品种为10%；内蒙古自治区的主要种植品种为吉甜系列，种植面积占全区的65%，包育系列为25%，其他品种占10%。

**二、发展趋势**

在国务院有关部门的关心和全行业全体职工的共同努力下，我国制糖行业已经进入一个崭新的发展时期，我国糖业总体发展趋势主要集中在以下几个方面。

1、糖业结构将进一步得以优化，全行业的综合竞争力将进一步提高

随着全国糖业结构调整措施实施步伐的加快，全国糖业结构将进一步得以优化。其体现是地区布局更加合理，一些不适宜发展糖业生产的地区已从糖业退出，而一些优势地区的产糖优势更加明显，广西、云南、广东、新疆、海南5省区的产糖量占全国产糖量的95%以上；随着企业向规模化、集团化经营方向发展，一些小糖厂退出制糖行业，大型制糖企业集团在制糖行业占据主导地位，在今后若干年内这种趋势还将进一步发展，全国糖厂数量将进一步减少，厂均产糖量将大幅度增加，全行业综合竞争力将进一步提高。

2、糖厂的所有制将发生根本改变，体制转变将促进糖业的发展

经过近几年的改制整合工作，糖厂的资本结构已发生根本改变，私有、合资、股份制企业已占主导地位，在未来5年内，我国糖业企业的资本结构还将进一步改变，国有成分将进一步降低甚至退出。体制的改变将带来管理水平的提高和经营理念的改变，从而大大促进了糖业的发展。

3、糖料生产和食糖加工的技术进步步伐加快

我国糖业正处在从数量型向科技先导型转轨的关键时期，加大行业技术进步工作的力度是保证行业健康稳定发展的根本要求。技术进步，促进糖业发展是今后糖业的一大发展趋势。

今后一段时间我国糖业技术进步的方向是：要支持和鼓励糖厂进一步建立自己的科技进步体系，探讨产、学、研联合科研的新途径；要采取引进和自主创新相结合的模式，多种形式实现糖业技术进步，优化配置一些先进、成熟、实用的技术设备及控制系统，以市场化的手段进行推广，优化配置一些先进、成熟、实用的技术设备及控制系统，以市场化的手段进行推广，使科技成果尽快转化为生产力，转化为竞争力和经济效益；要打破部门、行业的界限，充分利用现代科技的一切成果，吸取现代科技的一切有用的高新技术，特别是一些已广泛应用的成熟技术，如自动化控制技术，生物工程、基因工程、膜技术以及高新材料技术等，用现代技术改造传统的制糖工业。

4、全行业将更加关注产品质量与品牌管理

食品工业的发展，市场竞争日趋激烈，我国单一的食糖产品品种已经不能满足广大消费者的需求。企业为了适应消费者需求，将更加注重产品质量。同时，为了适应市场变化，使企业产品为广大消费者所熟知、认可，形成自己的品牌产品，制糖企业将更加注重产品质量和品牌管理。将来，中国糖业将出现更多的名牌产品和名牌企业。

# 广西来宾东糖迁江有限公司
# QT 牌白糖

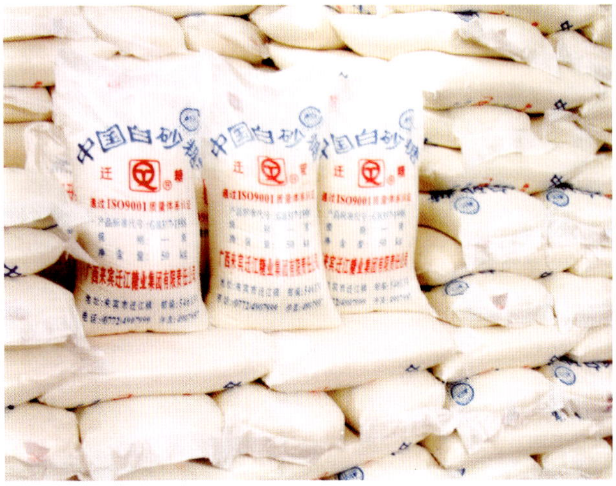

广西来宾东糖迁江有限公司（原广西来宾迁江糖业集团有限责任公司）是一家以甘蔗制糖业为主，综合发展的大型甘蔗综合利用型企业，是完全按现代企业制度建立起来的股份制企业，是中国目前最大制糖规模的甘蔗制糖企业之一。本公司始建于1974年12月，厂区依山傍水，环境十分宜人，交通条件十分便利，是一座花园式工厂。本公司现有固定资产原值3.41亿元，占地面积达58.92万平方米，厂区面积居全国同行业前列。公司现有员工1058人，其中有各类专业技术管理人员265人；有专职从事质量工作人员193人。公司拥有先进的大型制糖工业设备设施，有与产品生产相适应的质量监视和测量系统及完善的、先进的检测设备设施，是融产品生产经营和服务为一体的优秀股份制企业。公司先后荣获“中国制糖行业十强企业”、“全国食品行业质量效益型先进企业”、“全国守合同重信用企业”、“全国模范职工之家”、“广西区食品卫生先进企业”、“广西区三好企业”、“广西区文明单位”、“广西区用户满意企业”、“广西推行全面质量管理先进单位”、“广西安全生产先进单位”、“重合同同守信用企业”等荣誉称号，是广西农业产业化重点龙头企业。并于2000年3月通过ISO9000质量管理体系认证。

Guangxi Laibin Dongfang Qianjiang Corporartion Ltd (originally named “Guangxi Laibin Qianjiang Sugar Industry Group Corporation Ltd.”) is a large comprehensive enterprise with sugar refinery as the foundation .Currently, it is one of the largest sugar-making conglomerates in China, which is built up on modern enterprise management system. The company was first set up in December of 1974. As the factory lies by a river with green hills at its back, it enjoy a very pleasant environment and convenient transportation. It is honored as a garden-like factory. The fixed assets owned by the corporation is 341 million Yuan RMB .The factory covers an area of 589,200M2, which ranks on top among the trade in China. Presently, the corporation has a stuff of 1,058,among them 265 are technicians and management personnel;those who specialize in quality control totaled 193. The corporation boasts to have advanced large sugar refinery equipments and facilities, it is an outstanding shares company which combines production, management and service into one. The corporation has won numerous honorable titles in the past years: “Top Ten sugar refinery enterprise in china”, “National advanced enterprise of quality benefits in food industry”, “National model enterprise in complying contract and honoring credit”.“National model homes of staff ”,“Advanced enterprise of foodstuff hygiene in Guangxi Province”, “Three Goodness enterprise in Guangxi”, “Civilized unit in Guangxi”, “Consumers satisfactory enterprise in Guangxi”, “Advanced unit in popularizing all-round quality management in Guangxi”, “Advance unit of safety production in Guangxi”, “Enterprises complying contract and keeping reputation”. It is a key enterprise of agriculture industrialization in Guabgxi Autonomous Region and passed the attest of ISO9000 Quality Management Svstem.

# 南宁糖业股份有限公司制糖造纸厂
# 云鸥牌白糖

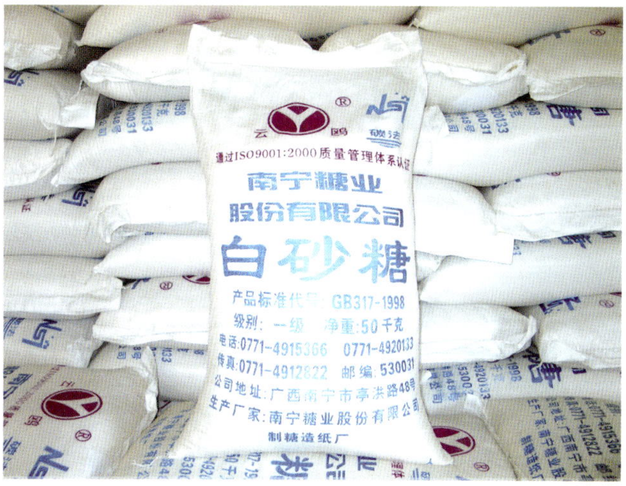


南宁糖业股份有限公司制糖造纸厂是南宁糖业股份有限公司（股票代码：000911）直属骨干企业之一，是一家具有近50年发展历史的以糖、纸为主导产品的大型甘蔗化工综合企业，技术力量雄厚，有很强的产品开发能力，产品质量、检测手段、质量管理水平均在国内同行业中处于领先地位，目前拥有年产机制糖10万吨、加工原糖10万吨、机制纸5万吨的生产规模。

企业一直将产品质量视为生命，以顾客的期望为目标，持续改进质量、注重食品质量安全，1996年在全国甘蔗制糖企业中第一家通过ISO9000认证，2004年又在全国同行业中首批获得“食品生产许可证”。主导产品“云鸥牌”白砂糖以甘蔗为原料采用碳酸法工艺生产，具有颗粒大且均匀、色值低、混浊度低、$SO_2$含量低等特点，2004年荣获“中国名牌产品”和“国家免检产品”称号，2002/2003、2003/2004榨季连续在全国行业评比中名列碳法糖第一名，是百事可乐、可口可乐、娃哈哈等大型著名饮料公司的指定原料。其它主要产品有“美时牌”书写纸、胶印书刊纸、静电复印纸、卫生纸、瓦楞原纸等。

Nanning Sugar and Paper Mill, as one of the directly affiliated backbone enterprises of Nanning Sugar Manufacturing co.,ltd. (stock code:000911), is a large-scale sugarcane chemical integrated enterprise with near 50-year history, the company mainly produces sugar and paper, with a high level of technology and strong capability of product development, make it take a leading position in product quality and inspection means as well as quality management in domestic sugar industry. At present, it can produce 100.000 tons of machine-made sugar, 100,000 tons of raw sugar and 50.000 tons of machine-made paper per year.

We always regard quality as the life of company and take customer's expectation as our goal, continuously improve product quality and pay great stress on food safety. Nanning Sugar and Paper Mill was the first company which has passed ISO9000 certificate in 1996 and one of the those first companies acquired the certificate of “Food manufacture license” in 2004 in national sugar manufacturing industry. Its main product “YUN OU” brand white granulated sugar which made from bagasse with carbonation process, was entitled “China quality brand” and “inspection-free product in China” in 2004 and the first place among carbonation sugar products in the appraisal of national sugar industry in 2002/2003 and 2003/2004 crush season with the advantages and characteristics of big and uniform granular, low color value, low turbidness and low so2 content etc., in return, the product has been designated as production materials by the famous large beverage company such as COCACOLA, PESICOLA and WAHAHA etc.. Besides, the company also produces main products as follows: “MEISHI” brand writing paper, newsprint paper, electrostatic copy paper, toilet paper and corrugating medium etc..

# 新疆四方实业股份有限公司
# 四方牌白糖

新疆四方实业股份有限公司是以甜菜制糖为主业的大型制糖企业，是国家和新疆维吾尔自治区农业产业化重点龙头企业，新疆重点行业30强企业。新疆四方实业股份有限公司地处中国西部边陲、伊犁河谷的中部。伊犁河谷素有“塞外江南”之美称，自古物埠粮丰、优越的自然条件及丰富的野生资源驰名中外，其在地理位置上临近欧亚通道霍尔果斯口岸，对东欧和中西亚贸易，具有得天独厚的地理条件，为企业发展外向型经济提供了广阔而美好的前景。现为国家牧业生产基地及沿边开放城市，公路四通八达，航空运输畅通无阻，这里是北疆政治、经济、文化中心。

公司以“优质、规范、诚信、超越”八字方针狠抓贯标工作，以有效的过程控制，深化企业的质量管理，顾客满意率逐年提高，产品畅销全国各地，四方牌白砂糖目前已成为可口可乐公司、伊利集团、蒙牛公司等各大知名食品、饮料、制药企业的指定用糖。

Xin Jiang Si Fang Industrial Limited-liability Company is such an enterprise that takes sugar-making as its main product. It is the leading agricultural-industrialized enterprise of Xin Jiang Urgur Autonomous Region. It is one of the best enterprises among the 30 important industries in Xin Jiang. Xin Jiang Si Fang Industrial Limited-liability Company lies in the middle of YiLi River in the western part of China. YiLi River is known as “The Southern China in Xin Jiang” It riches in foods and goods. It has an advantageous natural condition and it abundants in wild resources. All these are well known home and abroad. It's geographic position is close to HuoErGuoSi Port in the Asia-European Passageway. It is in an advantageous position richly endowed by nature. It gives itself a priority in trading with Eastern Europe and Middle-Western Asia, which provides a good prospect of developing an export-oriented economy enterprise. Now, it is the livestock husbandry base and it is also an open port city. The roads radiates in all directions. The air transportation passes unimpededly. It is also the politics, economy, and culture center of Xin Jiang.

The company takes the words “quality, standard, credit, surpass” as its guiding principles to improve its work and the consumer's satisfying rate is rising year by year. With its efficient processing-controlling and the deepening of the quality management, its products are being sold well in all parts of China. “Si Fang” white sugar is the appointed sugar in some famous food, drink, and medicine enterprises such as"Cocacola co. ltd”, “Yili co. ltd” and “Meng Niu co. ltd”. At meantime,

中国名牌产品年鉴

# 东糖集团有限公司
# 白莲牌白糖

白莲牌

注册 BAILIAN 商标

东糖集团有限公司是一家跨行业的综合性企业，是国家大型企业，是广东省建立现代化企业制度百户骨干企业之一，全国食品制造行业 50 家最大规模企业。

东糖集团有限公司一直以来不断促进两个文明的同步发展，实现了持续增长的经营目标，创造了辉煌的业绩，获得了中国工商银行和中国建设银行"AAA"信用企业证书，连续十多年获省"重合同、守信用"称号，历获"省级轻纺工业先进集体"、省"质量效益型先进企业"、"广东省文明单位"、东莞市"厂务公开工作先进单位"、"开展企业文化活动先进单位"等多项国家、省、市各种荣誉。

东糖集团有限公司领导班子坚信"发展是硬道理"，坚持以一业为主，多元开拓，形成了以原糖加工为基础，积极开展糖贸易工作，以商品电为支柱产业，生物工程产业为发展的经济格局，迈上了良性循环的发展道路，年销售产值近 20 亿元。

Dongtang Group, a state-run comprehensive trans-sectoral enterprise, is one of the Top 100 Ventures with Modern Management System in Guangdong. It is also one of the top 50 food-processing enterprises in China.

Dongtang Group has put equal emphasis on material progress and ethical progress. The Group has witnessed sustained growth and brilliant achievements. It has been awarded AAA credit certificates issued by Industrial & Commercial Bank of China and Construction Bank of China. In the past ten years, it has attained awards and titles from governmental authorities at different levels, which include the province-level enterprise of Honoring Contract and Keeping Commercial Integrity, Provincial Light Industry Advanced Enterprise, Provincial Quality-Economic Performance Advanced Enterprise, Guangdong Province Model Establishment, Factory-Affairs Declaration Model Establishment in Dongguan and Enterprise Cultural Activity Model Establishment in Dongguan.

Development is the absolute principle. This is the maxim of the management of Dongtang Group. Based on coarse sugar processing, it explores a diversified mode of operation. With commercial electricity and bioengineering industry as mainstay, an economic development network has taken shape here in a virtuous cycle. The annual output has reached 2 billion yuan.

# 黑龙江北方糖业股份有限公司
## 红光牌白糖

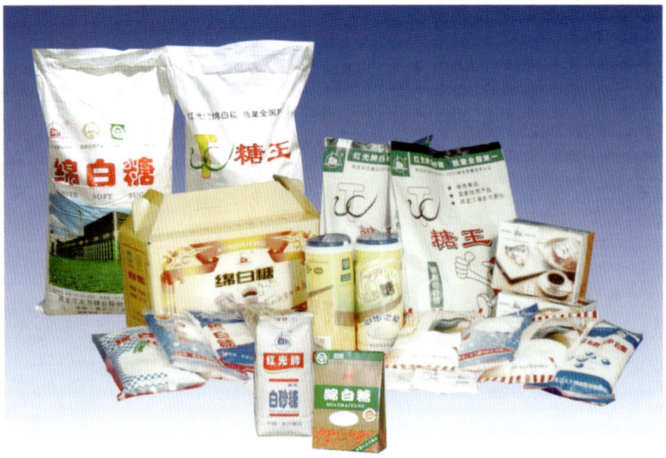

糖

黑龙江北方糖业股份有限公司，是由1952年建厂的黑龙江省红光糖厂改制后组建的黑龙江省第一家股份制民营制糖企业，经几次大规模的技术改造后成为我国目前最大的甜菜制糖企业，是中国食品加工业最大百强企业之一，被评为中国企业最佳形象AAA级企业，在甜菜制糖工业中被国务院排名为“中华之最”。

北糖公司坐落在富饶美丽的嫩江东岸—讷河市拉哈镇境内，公司占地面积2.31平方公里，其中生产占地面积0.79平方公里。现有资产总额18282万元，员工1344人，其中具有中高级专业技术职称的员工160余名。公司生产能力为日加工甜菜3000吨，年加工甜菜60万吨，可生产绵（砂）白糖8.5万吨，产颗粒粕3.6万吨，产酒精6000吨，工业总产值达3亿元。

Heilongjiang North Stock Co. is the first stock sugar-refining enterprise in Heilongjiang province.It was organized after Heilongjiang Hongguang Sugar Refinery which was founded in 1952 reformed, It is the largest beet sugar enterprise by now and one of the hundred strongest food process enterprises in China .It is appraised as the best image enterprise with Class AAA and is listed by State Council as “The Best of China” in the beet sugar industry.

The company lies in the border of Laha Town,Nehe city---on the east bank of the rich and beautiful Nejiang River.It covers 2. 31km2 , in which 0.79 km2 is for the production .The total assets is 18282 thousand yuan,there are one thousand three hundred forty-four employees in the staff,among them,more than one hundred sixty employees own middle and high technology professional title.The output of the beet process of the company is three thousand tons per day and six hundred thousand tons per year,it can produce soft(sand)white sugar eighty five thousand tons,grain scum thirty-six thousand tons, ethanol six thousand tons and the total output value is up to three hundred million yuan.

# 广西凤糖生化股份有限公司
# 网山牌白糖

网山
WANGSHAN

广西凤糖生化股份有限公司成立于2001年12月15日，是柳州凤山糖业集团投资控股的核心企业，属国家农业产业化重点龙头企业、国家520户重点企业和全国规模最大的制糖企业（集团）之一。股份公司目前拥有凤山糖厂和柳城糖厂二家全资糖厂，并投资控股（绝对控股）六塘、柳江、和睦、鹿寨、罗城、雒容、白沙等七家制糖有限责任公司及两家生态肥公司，投资控股柳州柳电电器有限公司、广西凤糖鹿寨纸业有限公司。股份公司及下属制糖企业采用亚硫酸法工艺生产，生产总体规模为年产机制糖65万吨，食用酒精3万吨，生态肥10万吨，年产蔗渣漂白浆2万吨。公司年产食糖量占广西食糖总量的10%，全国的6%。公司主导产品“网山”牌一级白砂糖1998年至今连年荣获“广西名牌产品”称号，产品质量名列全国同行业前茅，于2000年获“绿色食品”证书，2001年通过了ISO9002质量体系认证,2002年7月通过了ISO14001环境管理体系认证，2004年通过ISO9001：2000质量管理体系认证，并于2004年9月获“中国名牌产品”称号，公司多年来被银行评为“AAA”级信用企业，具有自营进出口权和劳务输出权资格。

Guangxi Fengtang Biochemistry Stock Co., Ltd, established on December 25, 2001, is a core enterprise invested and held by Liuzhou Fengshan Sugar Industry Group Co., Ltd, a key & leading national farm industrialization enterprise, one of 520 key national enterprises and the largest-scaled sugar production group enterprises in China. At present, the company has two full-capital sugar refineries namely Liuzhou Fengshan Sugar Refinery and Liucheng Sugar Refinery, invests and holds (absolutely) seven sugar refinery liability limited companies in Liutang, Liujiang, Heping, Luzhai, Luocheng, Luorong and Baisha and two ecological fertilizer companies and one paper industry company. The company and the sugar production enterprises under the company adopt sulphurous acid technology method for production, overall production scale: annual output of 600, 000 tons of machine-made sugar, 20, 000 tons of edible alcohol, 100, 000 tons of ecological fertilizer. Annual output of sugar produced by the company occupies 10% of total sugar output in Guangxi and 6% in China. By the end of 2004, the company has possessed RMB1665 million Yuan of total assets, over 3000 staff members among which 820 are various specialized technical personnel.

# 江门甘蔗化工厂（集团）股份有限公司
## 莲花牌白糖

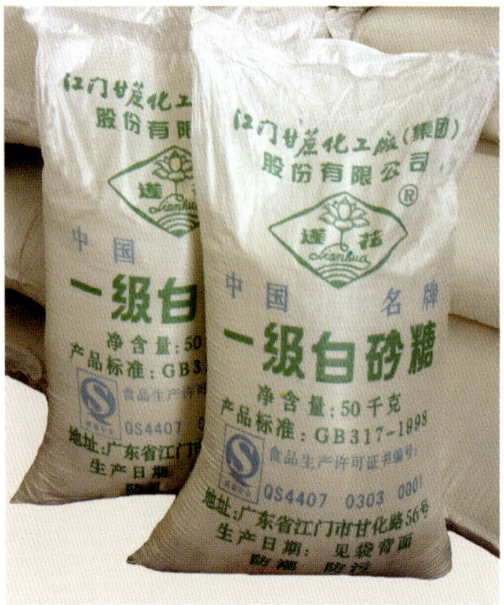

江门甘蔗化工厂（集团）股份有限公司成立于1992年，1994年在深圳证券交易所挂牌上市。公司的前身“江门甘蔗化工厂”的厂名是周恩来总理1958年7月7日来厂视察时亲自命名并亲笔提写的。

在改革开放的市场经济中，公司和许多国有企业一样，经受了变革带来的阵痛和市场经济的风风雨雨，在夹缝中求生存，在竞争中求发展，通过对经营机制的不断创新，并积极运用资本经营手段拓展主业空间，使公司的核心竞争力日益提升，公司实力日益壮大。目前公司已发展成为国内甘蔗综合利用规模最大的大型（一档）轻工骨干企业和国家二级企业。拥有9个生产厂和子公司，现有员工4000多人。主要产品有糖、纸、纸浆、木质素磺酸盐、生化制品、生物制药等几大系列20多个品种，其中10多种产品曾分别荣获国优、部优和省优称号，部分产品远销国外。“莲花牌”白砂糖先后荣获国优银质奖和首批广东省名牌产品称号，主要客户有可口可乐、百事可乐、健力宝等国内外著名企业。公司的制糖质量体系于2002年通过了ISO9001质量体系认证。

Founded in 1992,The Jiangmen Sugarcane Chemical Factory (Group) Co. Ltd., which created from the Jiangmen Sugarcane Chemical Factory named by Zhou Enlai during his inspection on July 7th, 1958, has its stock on the market at Shenzhen stock change in 1994.

In reformation and open market-oriented economy for years, the company has much experience and lessons, developing in market crack, greatly improved the core competition power, and now is one of the largest enterprises in comprehensive utilization of sugarcane in China, 2nd Degree Enterprises under state. The company has 9 plants, mills and subsidiary companies. There are more than 4000 employees in it. The main products are over 20 kinds as following: sugar, pulp board, paper, lignin sulphonate, biochemical products, biochemical pharmaceutics etc. 10 of them have gained credit of "Top Quality Products" certificates in the state, ministry, and province, some are sold to foreign countries. The sugar marked Lotus Brand won a "silver medal" issued by state, famous product in Guangdong province, attracting, Coca-cola, Pepsi-cola, Jianlibao as customers. The quality system of sugar refining got the certificate of ISO9001 in 2002.

中国名牌产品年鉴

# 冠生园（集团）有限公司
## 大白兔牌糖果

大白兔
WHITE RABBIT

冠生园（集团）有限公司是国家特大型集团企业，年营业收入50亿元，出口创汇1550万美元。在全国工业企业营业收入排列第275位。近年来，公司先后被评为全国轻工行业优秀企业、全国食品行业质量效益型先进企业、科技进步优秀企业、1981-2001年中国食品工业20大杰出企业、上海市质量金奖、上海市优秀企业、上海市文明单位、上海市最佳企业形象单位，被列入中国500家最佳经济效益企业之一。

冠生园公司主要生产糖果、蜂制品、酒类等产品。公司是目前中国食品行业中惟一同时拥有“大白兔”和“冠生园”两个中国驰名商标的企业，这两个商标也是上海市著名商标。由集团公司所属的全资子公司上海冠生园食品有限公司生产的“大白兔”糖果连续三次被评为国家质量银质奖；连续九年被推荐为上海市名牌产品，列入100强；“大白兔”奶糖产品多年来一直保持全国同类产品市场占有率第一位的业绩；2003年“大白兔”奶糖通过国家质量监督检验检疫总局的原产地标记注册认证。

Now our company is mainly engaged in manufacturing and selling candy, bee products, noodles, MSG, sauce, wine, beverages, frozen food, health food, biological medicine, leisure food and so on. Guan Sheng Yuan and White Rabbit are of China Famous Brands and Guan Sheng Yuan, White Rabbit, Sheng, Finger Citron, He, Tian Chu, Hua Tuo are of Shanghai Famous Brands. Guan Sheng Yuan has been certified to be one of Top 20 Famous Brands in China Food Industry of 1981 - 2001.

Our company is a giant group enterprise in China with annual revenue 4 billion yuan, ranked as one of Top 10 Shanghai Industry Group Enterprise Takings for successive five years and 275th in National Industry Enterprise Takings. Our techonology development center complys with Shanghai Tech. Center Standards and is being built to be national tech. center. Our company possesses solid tech. & HR development power and the production lines of candy, frozen food and noodles have been in the leading place. White Rabbit candy and other products have been ranked in the first place in terms of market share for several years. The sales volume of a new wine product named He Jiu, nearly 0.3 billion yuan, has been ranked in the first place in Shanghai market and second in China in the past three years. Recently, our company has been selected as National Light Industry Excellent Enterprise, one of Top 20 China Food Industry Outstanding Enterprise of 1981-2001, Shanghai Civilized Unit, Shanghai Best Enterprise Profile Unit, National Food Industry Good Quality Efficiency Enterprise and one of Top 500 Best China Economic Efficiency Enterprises.

# 金丝猴食品股份有限公司
## 金丝猴牌糖果

金丝猴®

金丝猴食品股份有限公司是一家从事糖果、巧克力食品专业化生产的股份制企业。企业占地面积12万平方米，厂房面积5.8万平方米。公司下辖第一分公司、第二分公司和上海金丝猴食品有限公司三个核心企业，13个销售分公司，60个办事处，分布在全国各地。公司现拥有近5000名员工；拥有国内同行业知名专家学者30多人；拥有高中层管理、技术人员近400名。公司自有资产5.65亿元。公司自1996年以来一直是河南省重点农业产业化经营龙头企业之一。1997年，公司被国家农业部命名为国家级乡镇企业；1999年被省技术监督局评定为全国质量跟踪重点保护企业；2000年度公司又先后被评定为“中国糖果工业优秀企业”及全省工业综合实力“百强企业”；“金丝猴”牌糖果、巧克力、保健饮品、小食品等4大系列近200个品种，年生产能力4多万吨。产品畅销全国二十多个省、市、自治区的200多个大中城市和广大农村，拥有3000多个专柜、店中店。

所有产成品生产企业，主体设备均属国内外一流，其中荷兰生产的太妃糖生产线3条、英国生产的求斯糖生产线2条、德国生产的焦香糖果生产线4条、澳大利亚生产的糖果生产线2条，国内一流的奶糖生产线12条、浇注糖生产线10条等先进的糖果生产设备，公司共有国内、国外先进的巧克力生产线12条，并拥有全国惟一的一条国际先进的网状巧克力生产线。有高素质的技术人员操作。产品出口到俄罗斯、蒙古、哈萨克斯坦及亚太地区，受到国内外广大消费者的欢迎。

Golden Monkey Foodstuffs Co., Ltd. is a joint-stock Enterprise engaged in Confection and Foodstuff specialization production. It holds a 120 thousand square meter area, and the workshop holds a 58 thousand square meter area. Now it has made much improvement, consisting of 13 subsidiaries, 60 offices and 3 key companies(the First Subsidiary Company, the Second Subsidiary Company and Shanghai Golden Monkey Foodstuffs Co., Ltd.). It has about near 5,000 employees, more than 30 famous experts and scholars in national craft brother, near 400 medium and senior manager and technicians. It possesses 565 million Yuan worth of assets. It is one of top enterprises of emphasize agricultural industrialization in Henan since 1996; in 1997, it was appointed village and town enterprise of national level by National Agriculture Department; in 1999, it was assessed the protected enterprise emphasicially by Technical Monitor Office in Henan Province; in 2000, the company was nominated as Advanced Enterprise in China's Confectionary Fields and one of 100 better enterprises in general industry strength; It has 4 kind of products with near 200 items: Golden Monkey Candy, Chocolate, Drinking, Foods, it makes more than 40 thousand tons productions every year, which is well sold in over 200 big and medium cities, vast countryside all over China, possessing over 3,000 shoppes.

All enterprises of finished goods, the main equipments are most advanced at home and abroad. Among which, including 3 product lines of Toffe Candy in Holland, 2 product lines of Qiusi Candy in England, 4 product lines of Banana Candy in Germany, 2 product lines in Australia, 12 product lines of Advanced National Milk Candy and 10 product lines of Pouring Candy and so on, it is equipped with 12 advanced product lines of Chocolate at home and abroad, and only one product line of advanced International Reticulation Chocolate in the nation. They are operated by technicians. It also exports to American Russia, Outer Mongolia, Kazakhstan and Asian-Pacific regions, they receive warm welcome at home and abroad.

# 福建金冠集团有限公司
## 金冠牌糖果

GOLDENCROWN
金冠

糖果

福建金冠集团有限公司创建于1988年，于1994年组建集团公司，注册资金5389万元。是一家以食品为龙头，集研发、生产、销售、出口为一体的集团公司。集团公司下辖服装、包装、食品行业四个具有独立法人资格的子公司，截至2003年末，集团公司员工总数4810人，年产值突破10亿元(组织结构见附件)，是福建省农产品加工业的龙头企业。

泉州金冠食品有限公司是福建金冠集团旗下的核心企业，位于福建省晋江市新塘街道办事处湖格工业区，厂区占地面积60000平方米，建筑面积180000多平方米，现有职工2602人（生产旺季达到3800人），各类专业技术管理人员193人。糖果是金冠集团的核心产业，10多年的专业化制造经验和实力奠定了金冠集团“糖果专家”的市场地位。2001～2003年，公司开发生产各类花色品种糖果535种，占居了整个糖果市场的大半江山，被誉为全国“花色品种最齐全的糖果企业”。

Fujian Golden Crown Group Co., Ltd. was established in 1988, formed a group company with registered capital of RMB53, 890, 000 in 1994, managing all process of developing, producing, marketing and exporting. Golden Crown has four individual filiale in garment, packing and foodstuff industry. In the end of 2003, as the leading enterprise of agriculture processing of Fujian province, Golden Crown have 4810 staffs and broken the record of 1 billion of the annual production value (Please see the organization tree at the attachment).

Located in Huge Industrial District of Xitang Block in Jinjiang City, Fujian Province, with 60,000 square meters as factory area, and with 180,000 square constructing building area, the core enterprise of Golden Crown Group--Quanzhou Golden Crown Foodstuff Co., Ltd have 2,602 staffs (3,800 staffs in high season) and including 193 professional talents from technology, administration and other areas. Confectionery is the core industry of Golden Crown Group. With 10 years specialized experience in producing confectionery and with powerful strength, Golden Crown became “the expert of confectionery” in China market. During in 2001 to 2003, Golden Crown developed 535 new items that covered 12 kinds of confectionery, taking the most shares in China confectionery markets and honored as “The Best Confectionery Manufacture With Full Range”.

# 东莞徐记食品有限公司
# 徐福记牌糖果

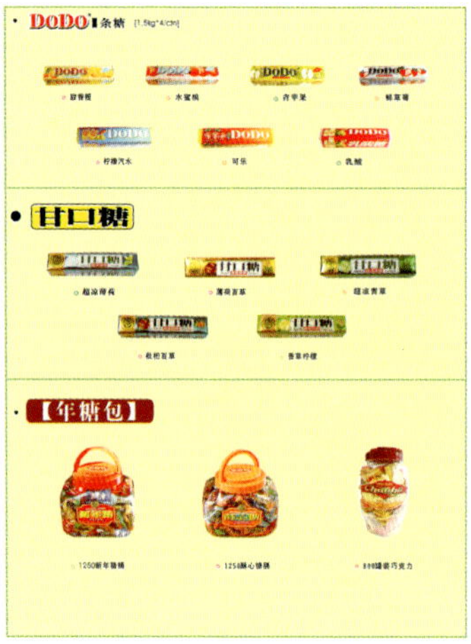

糖果

东莞徐记食品有限公司注册成立于1997年，主要生产和销售糖果、巧克力、糕点、果冻布丁、沙琪玛。

公司总占地面积：50万平方米；生产车间数量：33个大型生产车间；生产线：120多条；包装设备：300多台。公司拥有一大批专业的技术人才，有100多位食品本科生，生产设备主要以德国BOSCH、荷兰AQUARIUS、日本ISHIDA等世界一流的设备为主，并不断引进国内外先进的生产技术，积极研发，技术力量雄厚，产品质量稳定。产品分为五大类：精制糖果、高级巧克力、精致糕点、高级果冻布丁、沙琪玛。每日总产量达770吨，可同时生产100个以上品种，随着公司不断增设先进设备，预计年内日产量可超过1000吨以上。各类产品产能分别为：精致糖果：264吨/天；高级巧克力：33吨/天；精致糕点：143吨/天；高级果冻布丁：210吨/天；沙琪玛：120吨/天。

is the master manufacturer of confectionery and snack in China, as the subsidiary of BVI Hsu Fu Chi International Group. Located at zhouwu industrial park, dongcheng district, Dongguan city, Guangdong province, PRChina.

Area: More than 500,000 square meters.Workers: More than 4,000.Workshops: 33 huge workshops.Production Lines: More than 120 advance lines imported from Bosch(Germany), Aquarius (Holland), Ishida(Japan) and so on.Packing Machine: More than 300sets.Certification: ISO9001:2000, HACCP(achieve in June of 2004), KOSHER(be in proceeding)

Up to 770tons daily of a variety of products, more than 100 varieties of different products simultaneously.264tons per day of Candy includes Gummy, Jelly bean, Marshmallow, Lollipop, Chewing candy, Bubble gum, Jelly candy, Character candy, other hard candy.33tons per day of Chocolate.143tons per day of Cookies & Cakes.210tons per day of Jello & Pudding.120tons per day of Sachima (one kind of Chinese traditional cake)

# 广东笑眯眯食品有限公司
## 笑眯眯牌糖果

笑咪咪®
XIAOMIMI®

糖果

广东笑咪咪食品有限公司创建于1983年，经过二十多个春秋的艰苦创业，现已成为广东省乃至全国专业生产糖果的骨干企业。

目前，公司拥有现代化厂房4.6万平方米，企业总资产15572万元，其中固定资产9649万元。公司员工1652人，其中科研工程技术人员162人。

近年来，公司着力推行科技进步和技术创新。引进了德国产EXPLORER200型硬糖高速生产线、S—31型旋转成型糖果生产线和S—37新型滚圆糖果生产线等10多条具有国际先进水平的糖果生产线，不断扩大糖果生产规模。先后研制开发了具有国内领先水平的粉质夹心菠萝糖、香蕉糖、柑橘糖等粉质水果硬糖系列，并生产高级奶糖、粉质夹心棒棒糖和粉质夹心胶糖等四大类糖果系列，共150多个品种。

Guangdong Xiaomimi Foodstuff Co., Ltd. was founded in 1983. After over twenty years of arduous struggle, our company has become an important candy manufacturing enterprise in Guangdong Province and even in China.

Nowadays, our company owns modern workshops of 46,000sq. ms and total assets of 155.72 million RMB, including fixed assets of 96.49 million RMB. Our company owns the staff of 1652 persons, including engineering technicians of 162 persons.

In the recent years, our company exerts itself to the scientific progress and technical innovation. We have imported more than ten world-leading candy production lines from Germany, such as EXPLORER200 type hard-candy high-speed production line, S-31 type rotary moulding candy production line and S-37 new-type rounded candy production line and have enlarged the production scale continuously. We have also researched and developed four candy series with leading level in China and over 150 varieties. They are farinaceous fruit hard candy series of filling-pineapple candies, banana candies, orange candies, as well as top-ranking milk candy series, farinaceous filling-lollipops series and farinaceous filling-chewingsweets series.

# 福建雅客食品有限公司
# 雅客牌糖果

yake
雅客

糖果

福建雅客食品有限公司创办于1993年8月，早在成立之初，公司就立志依靠高起点的研发资源和品质管理，坚持做大做强糖果、巧克力主业，适时向周边产业横向发展，多层次构建公众信任的强势品牌，最终发展成一家为全球消费者提供优质健康食品的产业集团。

经过11年的迅速成长，雅客公司迄今已成为一家产权清晰、管理规范，集研发、生产、分销为一体的综合性大型民营企业，年产各类糖果3万多吨，营业收入5.1亿元人民币，是中国最大的糖果、巧克力专业生产厂商之一。公司同时还涉及果冻、蜜饯、小食品和农副产品深加工等周边产品的生产和分销，年产量近万吨。公司目前拥有80000多平方米的现代化花园式综合厂房以及蜜饯、糖果四个规模化分厂和下属9家控股子公司，各类固定资产2亿多元。与此同时，一座占地面积220亩，建筑面积达到15万平方米的现代标准工业园区正在全面建设中。

Fujian Yake Food Co., Ltd was established in August in 1993, at the beginning of establishment, Yake company sticks with taking candy and chocolate as main products, develop other close products, build Yake as strong brand that the public believe, and then develop into a industrial group offering the high-quality healthy food to global consumer finally.

After 11 years of rapid development, Yake company has already been a comprehensive large-scale private-owned enterprise who has a clear property right, standard management and integrate R&D, production, sales. Its annual output is more than 30,000 tons, business income is 610 million yuan. It become one of the largest specialized manufacturers in China's confectionery and chocolate industry. The company is at the same time involved in the production and distribution of relevant products, such as jelly, candied fruit, small foods and agricultural byproducts etc., annual output is nearly ten thousand tons. At present, it has a modern garden-like comprehensive factory building and four subsidiary factories of candy and candied fruit and nine subsidiary companies in a area of 70000 square meters, total fixed assets is more than 200 million yuan. Meanwhile, one industrial garden which covered an area of 220 herctares, construction area reaching 150,000 square meters is under construction.

# 深圳金帝食品有限公司
# 金帝牌巧克力

金帝

深圳金帝食品有限公司成立于1990年6月，位于国际花园城市——中国广东省深圳经济特区内，占地28410平方米，是一家专业从事巧克力和糖果生产及销售业务的大型食品企业。公司拥有国内一流水平的产品研发体系，生产制造体系和市场营销体系，综合实力在中国巧克力糖果行业位居前列。公司现有员工近1000人，巧克力年生产能力近10000吨，太妃糖1500吨。经过十多年的艰苦创业、精心耕耘，公司生产的“金帝”“Leconte”品牌的巧克力和糖果，已深入人心，“金帝”“Leconte”品牌的知名度和美誉度不断提高，国内市场占有率连续多年在同行业中位列三甲，去年已跃居同行业第二位。

深圳金帝食品有限公司是由中粮国际及BVI(NO.102)合资1500万元美元兴建,总投资3500万美元。中粮国际及BVI(NO.102)皆为中国粮油食品进出口(集团)有限公司的控股公司。中国粮油食品进出口（集团）有限公司是国务院国有资产监督管理委员会管辖的中央特大型企业,自1994年以来已连续9年入选世界500强，拥有两家上市公司，业务多元化，拥有众多知名品牌。

Le Conte Food Staff Co., Ltd. Company established in June 1990 lies in the international garden city - Shenzhen economic zone of China in Guangdong Province, and covers an area of 28410 square meters, which mainly engages in chocolate and candy production and distribution. The company has domestic first-class level system of research and development, manufacture system and marketing system, whose comprehensive strength occupies the front row in Chinese chocolate candy trade. It has staff nearly 1000 people, chocolate nearly 10000 metric tons of annual production capacity, toffee candy 1500 metric tons. Through hard struggle, meticulous cultivation for years, “Leconte” chocolate and candy have already rooted in the hearts of the people, and the popularity and good reputation of them improve constantly. Until last year, domestic occupation rate of market leap to second of same trade.

Shenzhen Leconte food Staff Co., Ltd. Company is joint-venture 15 million built by COFCO International and BVI (NO.102), with gross investment 35 million dollars, which are all the holding companies of the COFCO Group in 500 tops of the world since 1994.

# 江苏梁丰食品集团有限公司
# 金莎牌巧克力

金莎

巧克力

江苏梁丰食品集团有限公司坐落于全国卫生文明城市——张家港市，集团公司拥有自有资产5亿元，现有职工2200多名，专业技术人员一百三十多人。占地面积1.25平方公里，涉及食品、印刷、印铁制罐、制油等五大工业门类，公司拥有现代化奶牛养殖场，奶牛存栏3000余头，是江苏省农业产业化龙头企业。去年集团公司实现销售额超5亿元。

企业始建立于1968年，自创建之初即确立了“以一流产品，做一流品牌，创百年企业”的经营理念；以“为消费者提供放心产品和满意服务”为发展宗旨；坚持“自我配套、自我完善、自我积累、自我发展”，走出了“种养加一条龙，牧工贸一体化”的可持续发展之路。

公司一贯重视品牌建设和品牌运营。其主导品牌“金莎”是公司产品得以畅销全国市场的支柱品牌。“金莎榛果巧克力”投产于1991年，近三年的销售额均超亿元。“金莎”产品是江苏名牌产品，2001年获江苏省著名商标称号。“金莎”巧克力曾被选为国家领导人出访欧亚六国的国宾礼品。

Jiangsu Liangfeng Food Group Co., Ltd. located in the ZhangJiaGang city, which is a national hygiene city, national environmental protection model city and national park city. the group has now self-owned assets amounting to 400,000,000 RMB and has formed their own industry development pattern. Accurately speaking, the breeding of cow is basic industry and processing food is main industry. Employs more than 1100 staff members and workers, including 330 persons with different specialties. In addition, 5,600,000,000 RMB was gained from sales and the tax was more than 50,000,000 RMB in 2003.

Shanghai Foreign Trade Shengang Foodstuff Factory and Montresor (Zhangjiagang) Food Co., Ltd. are core enterprise of Liangfeng Food Group.The group was a dairy farm which was set up on March,1968. It started with three milk cows. Through the hard working, accumulation and rolling development of more than 30 years, people has caved out an rather wonderful company with advanced product line of chocolate fetched in German, Japan and Belgium . and now the company is the main member of this industry in China.

Its product- “jinsha” chocolate is the famous brand and protection product in Jiangsu province, and as gifts for state guests during the tour to six countries in Europe and Asia of Jiang Zemin, the President of China in 1996.

中国名牌产品年鉴

# 广东喜之郎集团有限公司
# 喜之郎牌果冻

广东喜之郎集团有限公司成立于1993年，总部设在广东阳江，由阳江喜之郎食品有限公司、阳东喜之郎实业有限公司、南京喜之郎食品有限公司等下属公司组成，是世界上最大的专业生产和销售果冻布丁的食品企业，拥有“喜之郎”、“喜之郎—CICI”、“喜之郎—水晶之恋”等知名品牌。2000年9月“喜之郎”商标被国家工商行政管理局商标局认定为“中国驰名商标”。2003年9月喜之郎果冻被广东省质量技术监督局评定为广东省名牌产品，1999～2000年获中国消费者协会推荐商品。2003年7月,中共广东省委授予阳东喜之郎实业有限公司党支部为模范基层党组织。

集团公司在内地20多个省、市、自治区、香港特区设立40多个销售分公司、办事处，建立了遍布全国的销售网络及完善的售后服务体系、客户投诉体系和产品召回制度，为经销商和消费者提供优质的售后服务。喜之郎果冻产销量自1994年以来，一直稳居国内果冻行业第一位。

Strong Foods Group, established in 1993, is the world's largest manufacturer in jelly and pudding products. The head-office is located in Yiangjiang Guangdong, and holds subsidiaries of Yiangjiang Strong Foodstuff Co., Ltd, Yiangdong Strong industry Co., Ltd, Nanjing Strong Foodstuff Co. Ltd. Its major products, packaged jelly and pudding, are marketed under brand names as “Strong”, “CiCi”, and “Crystal Love”.

In September 2000, Trade Mark Office of National Industry and Commerce Administration Bureau awarded the brand “Strong” as “China Famous Brand”. In September 2003, Strong Jelly was granted as “Guangdong Famous Product” by Quality & Technology Supervising Bureau of Guangdong province. The products were also endorsed by “China Nutrition Society” and “China Consumer Association” in year 1999-2000. In July 2003, Guangdong Party Committee honored the party team in Yiangdong Strong Foodstuff Co., Ltd as model party organization.

The group establishes over 40 branches or sales offices in more than 20 cities in Mainland China. With sales network all over country, after-sales service system, consumer claim system and products re-call system, Strong provides high quality products and serve to distributor and consumer. From 1994, Strong stands the No. 1 position in China Jelly industry.

# 蜡笔小新（福建）食品工业有限公司
## 蜡笔小新牌果冻

果冻

蜡笔小新（福建）食品工业有限公司在其前身晋江市味力食品有限公司的基础上，经过多年来的不懈努力，业已成为中国最大的果冻生产商之一。公司位于晋江市五里科技工业园区，现已拥有花园式厂区占地面积138亩，员工1600余人，专业技术人员44人，果冻产品研发人员23人，品质管理专业人员30余人，拥有180余条先进生产线；2003年生产各类果冻52153.1吨，市场销售额46937.8万元，出口创费1256万美元。产品深受消费者的喜爱，公司品牌“蜡笔小新”成为仅次于“喜之郎”的第二大果冻品牌。随着公司的发展壮大，公司业已确立了清析的发展方向、高新的技术研发、高效的信息管理平台、周全的品质管理体系、科学的推广策划、成熟的销售网络、真诚的服务保证，为将来的飞速发展奠定了坚实的基础。

Labixiaoxin (Fujian) Foods Industry Co.Ltd., its original body was Jinjiang Weili Foods Company, with many years' hard work, has become one of the largest jelly manufacturers in China .It locates in Jinjiang Wuli Technology Industrial Zone. It covers a gardern-like area of 138 mu with more than 1600 employees,44 special technical personnel,23 jelly researchers ,30 special quality administrators. It owns more than 180 advanced assembly lines. In 2003, it produced various jelly 52153.1 tons with sales turnover of RMB 4.69 billions and foreign exchange earnings US$12.5 millions. The products have gained the favor of the consumers , the brand of “Labixiaoxin” has been the second jelly brand just behind “Xizhilang”. With its developing and expanding , the company has established the clear marketing orientation, hi-tech researching and development, effective information managing platform, perfect quality managing system, scientific marketing scheme, mature sales net and the sincere service guarantee . This has offered a solid foundation for the future development.

# 派类产品行业及生产企业综合情况说明

派类食品虽然是20世纪90年代中期开创出的新型食品，但由于该产品具有高档次、高蛋白、低油脂、低糖分、优质、保健、新颖的特点，并且口感松软，营养丰富，味道芳香，组织细腻，包装方便华丽，保质期长（达九个月以上），即可作为早餐食品，也可用于旅途（飞机、轮船、汽车）的用餐，也可作为时尚的访亲探友的赠送礼品，消费面广，受到众多消费者的喜爱。近几年发展很快。2001年总销量为26.15万吨，市场销售总额35亿元。2002年总销量为31.87万吨，市场销售总额46.67亿元。2003年总销量为42.6万吨，市场销售总额58.6亿元。三年平均增长率达31.14%。

该行业的市场消费增长快、集中度高，排列前10名企业，2001年总销量为17万吨，总额为22.8亿元，占派类食品行业总额的65.14%，2002年总销量为21万吨，总额为26.46亿元，占派类食品行业总额的62%，2003年总销量为25万吨，总额为33.97亿元，占派类食品行业总额的59.8%，三年市场销售量平均增长率为24.5%。预计2004年后三年内市场总量将平均每年以20%-25%的速度增长。

派类产品的主要原料为精面粉和鲜鸡蛋，两者用量分别占产品净重的62%和36%。2003年蛋黄派产品达43万吨左右，用精面粉达28万吨，用鲜鸡蛋达16万吨。经测算必须种植近1百万亩小麦才能满足派产品所需的精面粉，必须养殖近960万头蛋

鸡才能满足派产品所需的鲜鸡蛋。按派类食品的效合效益分析，产品销售利润率可达18%以上，上缴税率在7%以上，就2003年派类食品行业的利税总额达14.2亿元左右。因此，派类食品的快速发展，是实现农副产品深加工、农业产业化发展目标的重要途径。

另外，国产派类食品以它高档次、时尚、中低价位、优美包装的特点引起了进口商的高度重视，同国外同类产品（韩国、日本等）比较，具有“高品质、低价位、保质期长的优势，受到了国外市场的关注，部分企业产品已成功进入我国港、澳、台，东南亚及中东、加拿大、美国等市场，受到众多消费者的欢迎，被誉为时尚、实惠的“软饼干”。出口前景很是看好，甚至有些产品目前出现供不应求的局面。

# 福建达利食品有限公司
# 达利园牌派类食品

福建达利食品有限公司创办于1989年9月，始终秉承以科技为先导、以先进的现代化管理为依托、以“顾客满意第一”为宗旨的经营方针，发展成为一家致力于研发和制造健康美味食品的大型集团化企业。公司总占地面积1200亩，拥有员工12000多人，年产派类食品73865多吨，各类饼干50000多吨，各类膨化食品及薯片类产品50000多吨。现拥有福建达利食品有限公司、泉州嘉禾食品有限公司、达利食品成都分公司、达利食品湖北分公司、达利食品济南分公司、达利食品长春分公司共六个食品生产基地；同时，所拥有的惠安达利包装有限公司是目前福建省内规模最大的彩印企业。

福建达利食品有限公司将秉承“为顾客创造价值、为员工创造机会、为社会创造效益”的企业宗旨，福建达利食品有限公司将继续发扬“诚信、创新、团结、务实”的企业精神，以“研制最美味的健康产品，提供最好的质量，创建最好的品牌”三个最好作为竞争策略，不断进行经营变革和管理创新，增强企业的整体素质。

Established in September 1989, FuJian DaLi Food Co., Ltd continues to hold the objects of “science-first”、“modern management” and “customer satisfaction first” and have developed and became a large collectivize enterprise devoting to R&D and making healthy and tasty foods. The company covers an area of 1200 MU and owns more one thousand two hundreds employees. We are able to produce more 73,865 tons Pie series、50,000 tons biscuits、50,000 tons puffed foods. The company now has seven production basis including FuJian DaLi Food Co.,Ltd. 、QuanZhou Harvest Foodstuffs Co.,Ltd. 、FuJian DaLi Food Co.,Ltd. ChengDu Branch 、FuJian DaLi Food Co., Ltd. HuBei Branch、 FuJian Dali Food Co.,Ltd.JiNan Branch、FuJian DalLi Food Co.,Ltd. ChangChun Branch、DaLi Packing Co.,Ltd. with the most large color printing enterprise. (Please view accessory head page)

FuJian DaLi Food Co., Ltd uphold tenet of “To create value for customer、TO create change for employee、To create benefit for society” and continuous to carry forward enterprise spirit of “Good faith、Innovation、comity and to deal with concrete matters relating to work”; at he same time, we insist on the “three best” competition strategy of “To research the best healthy product、To provide the best quality、To create the best trademark”. The company whole diathesis gains buildup in the condition of tenet, enterprise spirit, competition strategy, running- transform and management innovation.

# 福建福马食品集团有限公司
## 福马牌派类食品

福馬®

福建福马食品集团有限公司坐落于人杰地灵的闽南侨乡——晋江市。公司始创于1979年，经过25年的艰苦创业，公司已发展成为集研发、制造、营销、贸易、资本运作、品牌经营为一体的专业化食品企业集团，是福建省农业产业化龙头企业。公司注册资本为10880万元，现拥有固定资产总额15000万元，占地面积达23万平方米，固定员工2500多人，下设3家国内子公司，2家海外子公司。

公司主营产品有："福马"牌派类食品，"福马"牌油炸休闲小食品，"咪咪"牌油炸休闲小点心，"福马"牌营养棒类食品及巧克力，糖果、饮料等。营销网络覆盖全国省、市、自治区，产品出口至韩国、美国、加拿大、东南亚、中东等世界各地和我国港、澳、台地区。

公司已涉足金融领域投资，成为兴业银行股东之一。为做大做强企业，公司规划投资2.5亿元，在晋江市科技园，兴建一座占地15000多平方米的现代食品科技园。公司将全力打造中国"闲点家族食品"第一品牌，发展成为中国"闲点家族食品"的龙头企业。

Fujian Fuma Foods Group Co. is located at Minnan Overseas Chinese hometown---Jinjian,Quanzhou. It was established in 1979, originally it produced canned food. In the past12years, the companyhas developed to be a professional food enterprise with their own R & D and brand name developing departments. The area of the whole group is more than 230,000 square meters. The group has more than 2500 staffs, with 3 branches, and 2 overseas branches.

The main products of the company are coco pie, potato chips, casual snacks,drink, confectionery, chocolate, jelly and juice. She has a strong sales network including more than 1000 retail agents which cover every province of China. The annual sales volume is more than RMB 500,000,000. With developing the company, we export most of our products to many foreign markets,such as Thailand, Korea, Malaysia, Indonesia,Canada, America,Vietnam and so on. Now some European customers still in negotiation with us now.

The company also enganged in financial investment, it's one of the shareholders of XINGYE BANK.In order to futher develop the company,they are planning to invest 25 million in jinjiang city. They will built a technical food garden with 15,000 square meters. The company will put full effort on creating Chinese first brand of snacks food to become a leading enterprise in casual food area.

# 我国肉类行业及生产企业综合情况说明

2004年中国肉类行业在面临突发高致病禽流感疫情冲击、畜产品原料及肉价大幅上涨、肉类出口遭遇各种技术壁垒阻碍的情况下，在各级政府大力支持下，广大肉类企业克服重重困难，在狠抓肉类食品安全，促进畜禽生产发展，扩大市场销售规模，推动行业改革与发展等方面都取了新的成就。主要表现在：肉类生产持续增长，市场规模逐年扩大，企业生产经营有较快发展。2004年我国肉类总产量达7244万吨，比上年增产311万吨，增长4.5%；肉类蛋品市场交易量4864万吨（占肉类总产量的67%），比上年增加93万吨，增长2%；肉类蛋品市场交易额4750亿元，比上年减少163亿元，下降3.3%。肉类行业（2180家）国有及规模企业，2004年资产总额1014亿元，比上年增加164亿元，增长19.3%；商品销售总额1656亿元，比上年增长444亿元，增长36%；实现税利49.4亿元，比上年增加10.1亿元，增长25.6%。

肉类行业实施名牌战略以来，在国家质监总局和中国名推委统一安排和指导下，经行业推荐、企业申报、逐级评审，最后由国家质监总局和名推委审定，2002年肉类行业有6家企业（双汇、金锣、雨润、德大、邦杰、希望集团公司）生产的高温火腿肠荣获中国名牌产品。2004年又有7家企业（双汇、雨润、得利斯、金锣、众品、唐人神、喜旺集团公司）生产的低温肉制品被评为中国名牌产品。三年中，肉类行业有10家企业共获13种中国名牌产品。两年来，取得了明显的名牌效应。2003～2004年高温火腿肠与低温肉制品生产经营情况如下表：

| 项目<br>年度 | 肉制品总产量/万吨 | | | 其中：<br>高温火腿肠/万吨 | | | 低温肉制品/万吨 | | |
|---|---|---|---|---|---|---|---|---|---|
| | 行业合计 | 10家名牌企业 | 比重% | 行业合计 | 6家名牌企业 | 比重% | 行业合计 | 7家名牌企业 | 比重% |
| 2004 | 655 | 405 | 61.8 | 157 | 144 | 91.7 | 245 | 69 | 28.1 |
| 2003 | 614 | 369 | 60.0 | 134 | 122 | 91.0 | 230 | 58 | 25.2 |
| 比较(±) | +41 | +36 | 87.8 | +23 | +22 | 95.6 | +15 | +11 | 73.3 |
| 增长(%) | +6.6 | +9.7 | | +17.1 | +18 | | +6.5 | +18.9 | |

从上表可以看出，肉制品总产量：(1)2004年全行业肉制品总产量655万吨，比上年增加41万吨，增长6.6%，其中：10家(13种名牌产品)企业肉制品产量405万吨，占全行业总产量的61.8%，比上年增加36万吨，增长9.7%；(2)高温火腿肠：2004年6家名牌产品企业产量144万吨，占全行业同类产品产量的比重为91.7%；(3)低温肉制品：2004年7家名牌企业产量69万吨，占全行业同类产品产量的比重为28.1%;(4)实现税利：2004年10家(13种名牌产品)企业实现税利35亿元，占全行业实现税利总额49.5亿元的比重为70%；(5)企业资产总额：2004年10家(13种名牌产品)企业资产总额241亿元，占全行业资产总额1014元的比重为23.7%。总的来看，10家(13种名牌产品)企业在资产总额、实现税利、肉制品总产量，特别是高温火腿肠和低温肉制品两类中国名牌产品总量等各项主要经济指标，在全行业处于领先地位，集中度较高，增长速度较快，取得了显著的名牌效应。对推进科技进步，调整产品结构，促进行业整体发展，发挥了重要的龙头示范带动作用。

# 河南省漯河市双汇实业集团有限责任公司
# 双汇牌低温肉制品

双汇集团是以肉类加工为主的大型食品集团，目前总资产63亿元，员工3万人，在全国十多个省、市建有二十多家现代化的肉类加工基地，年屠宰生猪能力1500万头、年销售冷鲜肉及肉制品180多万吨，是中国最大的肉类加工基地。

双汇集团是从一个地方小型肉联厂发展起来的。改革发展二十年来，双汇集团始终坚持围绕“农”字做文章，围绕肉类加工上项目，在漯河内陆特区良好的环境支持下，企业实现了高速、高效的发展：20世纪80年代中期，企业年销售不足1000万元，1990年突破1亿元，1995年突破20亿元，2000年突破60亿元，2003年突破100亿元，达到120亿元，成为中国肉类加工企业和河南省首批超百亿的企业集团，在国家统计局2004年公布的全国大型工业企业排序中列77位，食品行业第一位。

双汇集团是农业部等八部委认定的首批国家农业产业化重点龙头企业，国家质检总局授予的“国家质量管理卓越企业”，双汇肉制品是“中国名牌产品”、“国家质量免检产品”，双汇冷鲜肉及肉制品是“国家安全食品”。

Shineway Industrial Group is a large food enterprise mainly in processing meat products in china. It has a total asset of 6.3 billion RMB and employee for thirty thousand. After setting up about twenty meat processing subsidiaries throughout the state, it became the largest meat processing enterprise in china with the capacity of slaughtering 15 million head of pork and sale for 1.8 million tons of fresh meat product per year.

Shineway Industrial Group has developed from a small local meat company in Henan,china. Concentrating on the agricultural products and meat further processing projects, it has achieved a rapid and efficient development for twenty years with the help of desired policy from the Luohe Special Economical Area. In the middle of 1980s', its' sale was less than 10 million RMB per year, but it improved the sale value to 1billion RMB in 1990 and 2 billion RMB in 1995. Furthermore, It got the yearly sale for 6 billion and 12 billion RMB in 2000 and 2003, separately. As the one of companies with billion sale value in Henan province and China meat processing industry, Shineway Group ranked 77th among all of China large industrial enterprises and number one in the food industry in China.

Shineway Industrial Group was one of the most important enterprises approved by the Department of Chinese Agriculture and other eight relevant authorities. The State Quality Bureau awarded Shineway Group as the Eminent Enterprise in Quality Control. Its meat products also got other Chinese prizes, such as China Famous Brand, State Products Exempting from Quality Inspection, and China Food-Safety Products.

# 河南众品食业股份有限公司
# 众品牌低温肉制品

低温肉制品

河南众品食业股份有限公司是国务院八部门确认的首批151家农业产业化国家重点龙头企业之一，是专业从事农产品加工与食品制造、低温物流，集科工农贸于一体的综合性食品企业。

公司现有员工3260人，其中各类专业技术人员586人。2003年，公司总资产4.56亿元，资产负债率50.01%，农业银行信用等级AAA级，全年完成销售收入116575万元，利润4314万元。

公司的前身是1993年组建的国营长葛市肉联厂。1997年、1999年经过两次体制变革，成为股份有限公司。10年来，公司经历了自然发展阶段、自觉发展阶段和战略发展阶段。销售收入和利润年均增长率达50%以上。

Henan Zhongpin Food Industry Limited Company is one of 151 national key leading agricultural industrialization enterprises that firstly ratified by eight departments of the State Council, and is a comprehensive food enterprise integrated science, industry, agriculture and trade into one, which is specially engaged in agricultural product processing and food manufacturing, low-temperature physical distribution.

The company now has 3260 employees including 586 professional technicians of variety. In 2003, the company had the total assets of 456 million Yuan and the asset-liability ratio of 50.01% and has AAA credit in Bank of Agriculture, the total sales income reached 11.6575 billion Yuan and the total profit 43.14 million Yuan.

The former of the company is state-owned meat combination factory of Changge City that was established in 1993. Through the two system reforms of 1997 and 1999, it becomes limited company. In the recent decade, the company undergoes natural development stage, self-conscious development stage and strategical development stage. The annual growth rate of sales income and profit reaches over 50%.

# 临沂新程金锣肉制品有限公司
# 金锣牌低温肉制品

临沂新程金锣肉制品有限公司位于山东省临沂市兰山区半程镇，成立于1994年，是一家以肉制品生产为主的大型企业，是“全国农业产业化重点龙头企业”之一。公司现有员工20000多名，其中各类专业技术人员1500余名；拥有总资产32亿元，在全国设有42家销售办事处，并在日本、俄罗斯、新加坡等国家和我国香港特区设有分公司或办事机构。

公司现已形成年屠宰加工生猪1000万头、肉鸡4500万只；年产火腿肠30万吨、保鲜肉10万吨，低温肉制品6万吨的生产能力，是中国最大的生猪屠宰加工和肉制品生产基地。2003年实现销售收入50亿元，利税6.5亿元。

新程金锣先后被列为“山东省农业产业化龙头企业”、“国家农业产业化重点龙头企业”、“山东省高新技术企业”、“全国乡镇企业创名牌重点单位”、“全国乡镇企业质量管理先进单位”，被授予“省级重合同守信用企业”、“沂蒙功勋企业”、“中国明星企业”等荣誉称号，公司生产的金锣牌高温火腿肠产品被评为“中国名牌产品”。

Established in 1994, Linyi Xincheng Jinluo Meat Products Co., Ltd.(the Company) is a conglomerate focusing on the production of meat products. The Company is located at Bancheng Town, Lanshan District, Linyi, Shandong Province. As one of the “National Leading Enterprise for Agricultural Industrialization”, the Company, with total assets of RMB 3.2 billion, has approximately 20,000 employees, of which over 15,00 are technical staff. The Company has established 42 sales offices throughout the country as well as branches or offices in Japan, Russia, Singapore and Hong Kong.

Currently, the Company has an annual slaughtering capacity of 10,000,000 pigs and 45,000,000 chickens respectively, and an annual processing capacity of 300,000 tons of sausages, 100, 000 tons of chilled fresh pork and 60,000 tons of low-temperature meat products respectively. Being the largest production base for live pig slaughtering and meat product processing in China, the Company achieved sales of RMB 5 billion and profit before tax of RMB 650 million in 2003.

The Company has received many awards and accolades such as “Leading Enterprise for Agricultural Industrialization in Shandong Province”, “National Leading Enterprise for Agricultural Industrialization in China”, “High and New-tech Enterprise in Shandong Province”, “National Key Township Enterprise for Establishing Famous Brand in China”, “Leading Township Enterprise for Quality Management”, “Creditable Enterprise in Shandong Province”, “Yimeng Meritorious Enterprise”, and “Star Enterprise in China”,“Jinluo” brand high-temperature meat by our company has been appraised as “Chinese famous brand products”.

# 江苏雨润食品产业集团有限公司
# 雨润牌低温肉制品

中国名牌产品年鉴

江苏雨润集团总部设立在南京市建邺区，是一家以食品为主业的集团企业，下属59家子公司，分别设立在江苏、安徽、北京等二十八个省、直辖市。作为国家级农业产业化重点龙头企业，目前，雨润集团拥有总资产63.4亿元，职工总数23000多名；2004实现工业总产值79亿元，利税8亿多元。2001年国家人事部批准雨润集团成立“博士后工作站”。

目前已形成年屠宰生猪800万头，年加工熟肉制品25万吨的生产能力。集团现有雨润、旺润、福润、大众等多个品牌十大系列共1000多种产品，在全国建有230多个办事处；产品出口俄罗斯、朝鲜及东南亚等国家和我国港澳地区。

雨润集团在国内肉食品行业中率先通过了“五个认证”：ISO9001国际质量体系认证；ISO14001环境管理体系认证；OHSMS18001职业健康安全管理体系认证；HACCP认证和QS食品质量安全市场准入认证。

雨润人奉行“真诚如雨，滋润万家，不断创新，赶超一流”的质量方针，为广大消费者奉献更安全、健康、营养、美味的食品，为实现“创造中国食品工业辉煌”的目标而努力奋斗。

The headquarters of Jiangsu Yurun Group located in JianYe district of Nanjing city, the group takes food industry as core and focus, with 59 subsidiary copanies set up in such 28 provinces, municipalities directly under the Central Government as Jiangsu, Anhui, Beijing, Shanghai, etc. As the key leading enterprises of national-level agricultural industrialization, Yurun group has 6, 340 million yuan total assets for now, total workers are more than 23000; It realizes total industrial output value of 7,900 million yuan in 2004, profits tax is more than 800 million yuan. The national personnel department approved Yurun group for establishing “post-doctor's work station” in 2001.

We have already formed and butchered 8 million live pigs every year at present, have processed the production capacity of 250, 000 tons of familiar meat products every year. The Group owns brands as Yurun Wangrun, Furun, and Dazhong, including 10 major series, over 1000 kinds of products sold in more than 230 offices around the country; the products are exported to Russia, Korea, Southeast Asia, Hong Kong and Macro etc.

Yurun group takes the lead in passing in the domestic meat products trade “Five authentication”: ISO9001 international quality system authentication; ISO14001 Environment Management System authentication; OHSMS18001 job healthy and safe management system authentication; HACCP authentication and QS food quality safety market access authentication.

Yurun's people follow the“sincere like the rain moistening all, innovating constantly, overtaking the first-class”quality policy, we provide more safe, healthy, nutritional and delicious food for the masses of consumers. We also work hard for achieving the goal of “it is brilliant to create the resplendence of Chinese food industry”.

# 湖南唐人神集团股份有限公司
## 唐人神牌低温肉制品

唐人神®
TANG REN SHEN

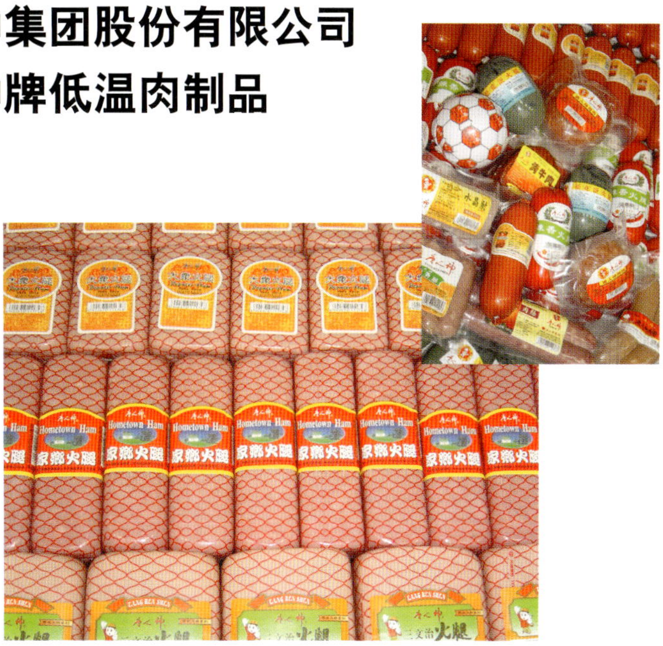

低温肉制品

湖南唐人神集团股份有限公司是一家以科技领先、以质量为纲的大型股份制企业，系湖南省重点高新技术企业和农业产业化国家首批重点龙头企业，集团下属42家子公司，总资产5.8亿元人民币，2003年销售收入18.5亿元，集团成立17年来，每年以增长一个亿的速度向前跳跃式发展。集团注册员工总数为2152人，具有大学本科、硕士、博士学位的专业技术人员占员工总数的46%以上，集团形成了种苗、饲料、动物保健、肉品加工、连锁销售五大产业一条龙经营发展格局。“骆驼”饲料和“唐人神”肉品已成为国内的两大知名品牌。“唐人神”肉制品先后被评为湖南省名牌产品、湖南省消费者信得过品牌、全国用户满意产品，并被国家卫生部列为首批公示安全卫生食品之一。集团以过硬的产品质量和良好的经济效益荣获2001年度全国食品行业质量效益型先进企业，并于2001年1月通过了ISO9001（2000版）质量管理和质量保证体系国际认证。

Hunan TangRenShen Group Co., Ltd. is a large-scale joint-stock company with advanced scientific technology and excellent quality. As the key high-tech enterprise of Hunan Province and the first key enterprise of national agricultural industry, the group has 42 subordinate companies with its total property RMB 580 million Yuan. In 2003 the total sales reached RMB 1,850 million Yuan. Since the establishment the group has been increasing by leaps and bounds forward with a speed of RMB 100 million Yuan each year for 17 years. The number of the employers of our company is 2,152 and more than 46% of them are professionals with the degree of Bachelor, Master or Doctor. The group has developed a business framework including seedling, feed, animal health caring, meat processing and chain sales. “Luo Tuo” Feed and “TangRenShen” meat have become two domestic well-known brands. “TangRenShen” has successively chosen as Hunan Province Famous Brand, Hunan Province Consumers' Trustworthy Brand and the National Users' Satisfactory Product and it is listed as one of the first-batch safe and healthy foods by the Ministry of Health. In 2001, the group was awarded the title “Advanced Enterprise with High Quality of National Food Business” for the high quality in the products and the good economic performance. In January 2001, she passed the quality control and the quality guarantee system international certification ISO9001 (2,000 Edition).

# 得利斯集团有限公司
# 得利斯牌低温肉制品

得利斯®

低温肉制品

得利斯集团创立于1986年。创立伊始，即探索和坚持贸工农一体化、农业产业化的战略方针，1989年率先在国内研制成功低温肉制品并进行工业化生产；1997年建立以北极神海狗为原料的天然海洋生物保健食品工程；2000年建成国际先进的生猪屠宰和冷却肉加工基地，在中国倡导冷却肉消费理念；2002年培育出肌间脂肪为4%～5%、瘦肉率为59%～60%的“欧得莱”良种猪，并以此为基础打造500万头生态生猪产业基地；2003年建立无油煎炸低温肉食——汉堡肉饼生产基地。目前发展成为集生猪繁育、屠宰、饲料加工、低温肉制品、冷却肉、调理食品、生物保健品为一体的国家大型一档企业、国家农业产业化重点龙头企业。

得利斯以“制欲感恩”为生存理念，以“增强国人体魄，提高民族素质”为宗旨，创新、诚信、自律，不断攀登肉食科学高峰，改善大众饮食营养。公司倡导高标准做人、高档次做产品，先后通过ISO9001认证、HACCP认证、国家安全食品认证、中国认证认可监督委员会认证等，被评为中国驰名商标、中国名牌，成为深受广大消费者信赖的肉食企业

At the beginning of its founding in 1986, Delisi Group had been pursing the strategy of integrating trade, industry and agriculture and the industrialization of agriculture .Thus in 1989, it took the lead in china in searching and producing the cryogenic meat products which later turned into mass producing. In 1997, the health food project of oceanic biology with the Arctic fur seal as resources was launched .In 2000, an industrial base of advanced international level for pig slaughtering and cooling meat processing was established to promote the consumption concept of cryogenic meats .In 2002, the company bred the “oudelai” pig of European variety with 4% to 5% inter-muscle fat and the cut ability of 59% to 60%.On the basis of this, a base with the capacity of raising 5 million ecological pigs was set up .In 2003 ,anther base was set up which produces low temperature fried hamburgers via the oil-free approach. As a result, the company now has become one of the A-level State-owned enterprises capable of pig breeding, slaughtering, feed-processing, production of cryogenic meats ,cooling meats, accessory and health foods, playing the leading role in the industrialization of agriculture in china.

Following the principle of “checking mean desires and feeling gratitude” and the mission of“ improving the health and quality of the people”, the company has always been striving for creativity, honesty, self-discipline, scaling the heights of meat production and providing nutritious foods to the customers, By placing high expectations on its employees and products ,the company has successfully passed the certifications of ISO9001 and HACCP , the National Safe Food Certification ,China Certification Supervising Commission Certification and recognized by the customers as one the most famous and reliable trade marks and brandnames of china.

# 烟台市喜旺食品有限公司
# 喜旺牌低温肉制品

低温肉制品

喜旺公司成立于1996年11月26日，工业园区占地面积400余亩，现代化的生产车间占地近2万平方米，现正在扩建8万平方米；在各级政府、各主管部门的支持下，喜旺公司快速成长为一个集科研、生产、销售于一体的、富有朝气的现代化企业集团；

目前，喜旺公司主要从事畜、禽肉的原料生产及其肉食品加工，公司90%的设备自欧美进口；公司生产的“喜旺”牌系列肉制品，是一种中西结合、技术含量高，融营养、美味于一体的安全健康食品；2003年奥罗拉国际商务信息调查公司调查显示，“喜旺”牌产品满意度在山东省排名第一。

喜旺公司现已全面通过了ISO9001：2000质量体系认证、HACCP食品安全管理体系认证、OHS18000职业健康安全认证；首批通过了卫生部颁发的国家食品卫生A级单位，首批通过肉制品QS食品安全市场准入；2004年“喜旺”牌低温肉制品获得“中国名牌”产品。

Xiwang Company was set up on November 26, 1996. The area of factory is more than 400mu; the production workshops area is about 20,000m2 and now is extending to 80,000m2. Under the strong support of municipal party committee and municipal government, Xiwang rapid grown up into a company which combined scientific research and production, sale into together, which becomes an attractive modern group company.

At present, Xiwang Company is mainly engaging producing livestock and fowl material and process of meat products. About 90% equipment of the company is imported from Europe and America. According to the Aurora International Business Research INC records, the customers' satisfaction degree about “Xiwang” is the number one.

Xiwang Company has passed ISO9001: 2000 Quality System Certification, HACCP Food Safety Management System Certification and OHS18000, and firstly be authorized as A grade enterprise of National Hygiene Certicification and pass the meat production QS system, obtaining the market access. In 2004, “Xiwang” Brand is obtained the “China Top Brand” honor.

# 农用聚乙烯大棚膜行业概况

农用聚乙烯大棚膜是农用塑料大棚膜中的一种，是以聚乙烯（PE）为主要原料制成的塑料薄膜，建造为达到最佳气候条件以适应各种经济农作物生长或养殖而建的暖棚，称为塑料大棚，使棚内达到透光（控光）、保温、保湿、防老化、防雾滴等环境条件。

1958年我国开始生产和推广应用农用聚乙烯棚膜，1966年开始使用和推广大棚膜，用于生产蔬菜，在取得反季生产蔬菜经验后，大棚膜的应用得以迅猛发展。大棚膜应用范围也极大扩展，不仅在蔬菜生产中应用，在花卉、果品、药材、树木等也得到广泛应用，并应用到养殖业。农用塑料大棚膜的生产发展和推广应用是20世纪我国仍至世界农业科技进步的重大成果之一，已成为农业发展不可缺少的生产资料，并在有的工业生产中得到应用，如海盐生产中也应用大棚膜防止雨雪天气对海盐生产的影响；又如用大棚膜建造临时仓库等等。

2004年我国农用聚乙烯大棚膜的应用约有1500万亩，使用了聚乙烯大棚膜约60万吨。2004年全球的塑料和辅料大幅涨价，涨价幅度近一倍，使大棚膜的价格也大幅提升，影响农业对塑料大棚膜建设的投入和更新，大棚膜的产量和应用量在减少。近几年农用聚乙烯大棚膜的质量得到大幅提高，技术得到巨大进步，大棚膜的功能已多样化，使用寿命大大加长，为农业节省大量投资。随着我国人民生活水平的提高和农产品国际市场的开拓，农业塑料大棚的建设会更多，必然促使农用聚乙烯大棚膜生产的增加。

我国塑料大棚的建设面积在世界是第一，各种功能化的大棚膜基本能生产，大棚膜产量世界第一。农用大棚膜用户希望生产的产品能“耐老化、薄型化、多功能、低成本、易回收”，所以我国产品比国外普遍偏薄。在我国不添加各种功能性助剂的普通膜的比例还较大，约占70%，多功能膜主要为长寿、无滴、防雾、转光、杀菌、防酸等，仅占30%，与国外先进国家相比多功能膜所占比例小，与国外先进水平相比还有一定差距。

## 农用聚乙烯大棚膜

2004年农用聚乙烯大棚膜被列入中国名牌产品目录，经专家评审和中国名牌战略推进委员会及国家质量监督检验总局批准，佛山塑料集团股份有限公司的双象牌、北京华盾雪花塑料集团有限责任公司的华灯牌、河北宝硕股份有限公司创业塑料分公司的宝硕牌、山东清源集团有限公司的清田牌被授予中国名牌产品。这些获得名牌产品的企业深感承担了行业和对农业用户的责任和义务，这些名牌是我国塑料行业第一次获得的名牌，为了保证名牌产品的质量并提高产品信誉，获得名牌称号的四个企业，纷纷加强产品的生产质量管理，加强科技投入，同时做到优质不乱提价，受到用户好评。这四家企业是我国农用聚乙烯大棚膜生产量最大和质量最好的企业，被众多生产农用聚乙烯大棚膜企业所接受，并当成学习的榜样。

农用聚乙烯大棚膜被评为国家名牌产品后，众多生产农用大棚膜的企业争先恐后地要求被列入名牌产品，希望名牌评选能扩大范围和领域，如是否可再多评几个牌子、是否名称扩展为“农用塑料大棚膜”，将聚氯乙烯（PVC）和乙烯-醋酸乙烯（EVA）为主要原料生产的大棚膜囊括进名牌之中。名牌已是企业追求的重要目标之一，这为提升我国行业总体水平将起到深远意义。

# 佛山塑料集团股份有限公司
# 双象牌农用聚乙烯大棚膜

SHUANGXIANG
双 象

农用聚乙烯
大棚膜



佛山塑料集团股份有限公司（下称佛塑股份）是一家为现代工、农业、科技、通讯、建筑等领域提供新型材料的高新技术企业，主要生产经营各种塑料薄膜、塑料编织复合制品、塑料建筑工程与装饰材料及其它功能性高分子新材料等系列产品。佛塑股份成立于1988年，经过十余年的发展，目前总资产超过30亿元，年销售额超过35亿元，已经成为拥有四千多名员工、分支机构遍布全国各地的特大型企业集团。2000年5月，佛塑股份在中国深圳证券交易所挂牌上市。至2003年底，公司总股本37345万股，是目前国内同行业上市公司中资本规模最大的一家。1996年被国家经贸委确定为全国512家重点扶持大型国有企业；1997年被国家科委认定为“国家火炬计划重点高新技术企业集团”；1998年被广东省经委列为首批11家技术创新优势企业；1999年被广东省科委评为高新技术企业集团试点单位；2002年被广东省政府确定为50家工业龙头企业中惟一的战略发展新材料企业；2003年被国家科技部再次认定为广东省高新技术企业；2003年被中国企业家联合会和中国企业家协会评选为“中国500强企业”之一；2003年被广东省轻工业协会评为“广东省轻工业质量效益型先进企业”。

Foshan Plastic Group Co Ltd (hereafter being abbreviated as FSPG) is a high-tech enterprises offering new materials of the field , such as agriculture , science and technology , communication , building ,etc.. Produces and manages all kinds of plastic sheeting, the plastics woven constractional and compound products , constructional plastic product and ornament materials and other functional new materials of high polymer ,etc.. FSPG was found in 1988. After ten years development, FSPG has total capital over 3 billion RMB, with annual sales revenune more than 3.5 billion RMB. It has around 4000 employees and branches all over China .The total assets at present exceed three billion yuan, over 3.5 billion yuan , already become and more than 4,000 employees , branches spread all over the super-huge enterprise groups in all parts of the country in the annual sales amount. In May of 2000, FSPG [I1] shares and was listed in Chinese Shenzhen Stock Exchange. To the end of 2003, the Group became the largest stock company in Chinese plastic industy , as an result of 373,450,000 sharehoding equity. In 1996,FSPG was one of the top 512 state-owned enterprises prioritized for support from the government by the National Ecomomy and Trade Committee. In 1997,FSPG was identificated as the high-tech enterprises groups in the National Torch Project by the National Science and Technology Committee. In 1998,the Guangdong Economy and Trade Committee recognized FSPG as one of the first 11 enterprises with technological innovative superiority. In 2002 FSPG was the only one of the 50 leading enterprises that identified as the strategic new materials manufacturer by the Guangdong Provincial Government. And was recertified as is Guangdong Province High-Tech Enterprise by Guangdong Province Science and Technology Department in 2003 again. At the same year,it was assessed as one of China's 500 Powers in strong enterprise [I2]by both China Entrepreneur Combination Committee and China Entrepreneur Association. And in 2003,it received a special award for quality-oriented excellence enterprise by the Guangdong Quality Management Association.

# 北京华盾雪花塑料集团有限责任公司
## 华灯牌农用聚乙烯大棚膜

农用聚乙烯大棚膜

该公司塑料制品加工专业企业，集农地膜、土工膜、工业及食品包装薄膜、功能性塑料母粒、农用滴灌带、管材、大、小型中空容器、注射产品等多种产品生产、经营为一身的综合性塑料集团公司。

该公司为“中国农用塑料应用技术学会农用塑料制品分会”理事长单位。中国原轻工总会、国家经贸委认定的农膜、土工膜定点生产企业。固定资产超亿元，加工能力6万吨，年销售额4个亿。技术力量雄厚，专业技术人员25%以上；国家级专家3人，高级技术职称8人，中级职称30人。1999年通过ISO9001质量体系认证，2001年2000版转换成功。

历年接受市、部、国家的各级监督抽查时，产品质量100%达标，在各省、市自行组织的各类测试、评比中，多次位列首位，受到好评：1989年获国家银奖；1990年获首届全国轻工博览会银奖；1994-2002年连续四届保持“北京市名牌产品”称号；1997年获北京市技术监督局好产品称号；1998年高保温无滴长寿系列棚膜获北京市科技进步奖；2003年获中国中轻产品质量保证中心“中国知名薄膜产品质量公证十佳”称号；2003年获国家质检总局“国家免检”产品称号。

Beijing Huadun Xuehua Plastics Group,former name is Beijing Huadun Plastics Co.Ltd.After assets recombined in 2002,the investments from Beijing Plastics products factory of former Beijing Xuehua Electrical Appliance Group.Our Company is an important Plastics manufacturing enterprise confirmed by Administration of Trading and one of large Scale backbone enterprises confirmed by Beijing municipal government.

Our Company established in 1965,involved in plastics products manufacturing for nearly 40 years,Our main products include : agricultural plastic film building material,plastic pipes,plastic packing material,plastic vessel,tray and syringe.the annual sales volume of dominant product,the functional agricultural film has been maintained the first in the domestic continuingly more than 20 years.The market occupying building materials,blowing plastictray and large scales vessels as well as stands at the leading position.In 1999,the company passed the quality of ISO9001,In 2000,we set up the first class products quality examine center,meantime we gained the honorable reputation of Beijing City advanced unit for quality management and Consumer Satisfied,and now is the plastic products unit,branch director of council by China Agricultural Plastic Applied Technology Association.

We have abundant technical force,we own 3 state level specialists,8personnels with advanced technical professional title,middle level over 30,and other 120 technical personnels, occupy 20%of the whole employees,among them,mid-aged. youth occupyfor more than 70%.

# 河北宝硕股份有限公司创业塑料分公司
# 宝硕牌农用聚乙烯大棚膜

**宝硕**

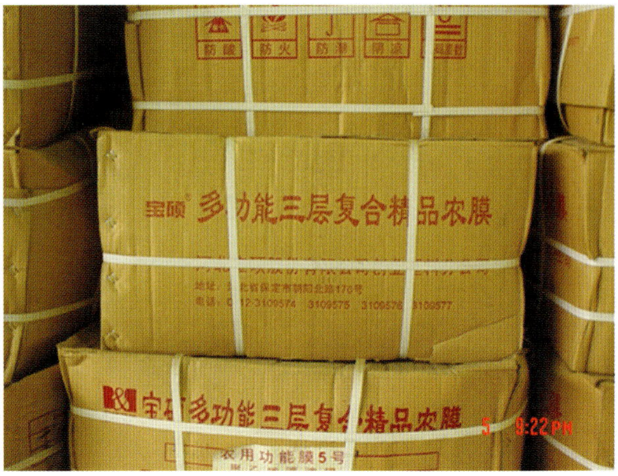

农用聚乙烯大棚膜

创业塑料分公司隶属宝硕股份有限公司，前身为保定塑料总厂，具有40多年历史。主要生产经营“宝硕”牌聚乙烯薄膜、功能性薄膜、土工膜等产品，已被国家列入支农产品基地，年生产能力7万吨，居全国同行业前茅。

目前，公司具有完备的现代化办公设施；拥有员工500多名，大专学历以上工程技术人员120多名，技术力量雄厚、工艺完善，拥有70多台套国内国际先进农、地膜加工设备，其中土工膜、20m幅宽棚膜引进德国莱芬豪舍(Reifenhauser)最新技术设备；8-12m宽箱装功能膜，采用韩国优金（YOOJIN）箱装设备；8-12m卷装功能膜产品引进美国戴维斯—标准公司（Davis--standard）三层共挤吹膜生产线；1-4m宽卷装功能膜引进日本普拉克双层、双色生产线；若干双层双色地膜设备和间色地膜设备，可充分满足用户的不同需求。

我公司本着“用户永远是正确的”宗旨，坚持“产品出厂合格率100%，用户满意100%”的质量目标，以优质的原料、稳定质量、成熟工艺、完善售后服务积极开拓市场，产品已覆盖整个华北地区，并远销新疆、甘肃、广州、东北地区、湖北、内蒙古、陕西、山西等省市自治区。

Chuangye plastic Co.Ltd is a part of Hebei Bosoar group Co.Ltd, It has history of more than 40 years. Main products are PE film ,functional film ,geomembrane etc. Chuangye has been placed in Leading agriculture source of China now.The year production is 70000 tons,standing on leading position of the same trade or occupation in China.

Chuangye has morden equipment and more than 500 persons (with 120 high technical staffs of it ) there are 70 set equipments for 20m wide film is introduced from Reifenhauser(German), for 8-12m wide functional film( roll and boxing type)are introduced from YOOJIN(south korea)and Davis-standard (U.S.A), for 1-4m wide roll function film is introduced from Japan. It has much film equipment for double layers with white processing to meet customer's varied needs .

“Buyers are always correct” is chuangye 's service aim. “The product is up to standard 100%” and “Customer satisfied 100%” is the principle to insist forever. The Co. will open more and more marketplace with stable quality, high technology and best after-sale service. The products have covered North China and remote sell to Xinjiang, Gansu, Guangzhou, North-east China, Hubei, Neimenggu, Shanxi etc.

# 山东清源集团有限公司
# 清田牌农用聚乙烯大棚膜

山东清源集团有限公司坐落于中国历史文化名城——临淄的中国齐鲁化学工业区，是一家集塑料薄膜的科研、生产为主的集团性民营企业。公司成立于1996年，下辖山东清田塑工有限公司、淄博彩虹源塑料制品开发有限公司、淄博绿园塑料制品有限公司、临淄旺农塑料制品有限公司、淄博清田置业有限公司、山东清源沥青科技有限公司、山东清源集团母料厂、淄博清源塑化有限公司等九个生产、科研、经营性企业。

随着公司严格的管理和不懈努力，“清源人”用自己非凡的业绩赢得了社会的认可，“清田”牌农用塑料薄膜产品也获得了一系列的荣誉：被农业部农业技术推广服务中心列为推广产品；被全国最大的菜篮子消协——寿光市消费者协会连续三年评为“优质农膜推荐产品”；荣获中国专利高新技术产品博览会“金奖”；2002年被山东省工商局评定为“山东省著名商标”；被山东省质量技术监督局评定为“山东省质量免检产品”；2003年又光荣的被国家质量监督检验检疫总局评定为“国家免检产品”。2004年9月，跨进了中国名牌的行列。

Shandong Qingyuan Group Co.,Ltd. which situated in historical cultural city of China--linzi, Qilu chemical Industrial Area of China, is a group enterprise run by the local people. The scientific reaserch , production of collecting plastics sheeting and bitumen ar the main facts of the enterprise. The group established in 1996 commanding such 9 production operationnal enterprises such as Shandong Qingyuan Plastics Industrial Co., Ltd. and Shandong Qingyuan Bitumen Science and Technology Co.,Ltd. It also has been the plastic vice president's unit of Association of Processing Industry of China, director's units of China Agricultural Plastics Application Technology Society, China Technology Market Association, China Plastic Package Association and China Invest Association.

With company's strict management and untiring efforts,“ Qingyuan Ren” have won the approval of the society with the outstanding achievement. It has already passed the certification of ISO9001 intenationnal quality system in 1998 and in 2001. The agricultural plastics for sheeting of “Qingtian” Brand also has a series of honors: as one of the extensioning product by Nationnal Agro-Technical Extension and Service Centre Ministy of Agriculture.P. R.C; the recommended product of high-quality agricultural plastic for sheeting for 3 years continously by the biggest consumers' association of vegetable basket in Shouguang District; gold medal of China's Patent New High-tech Product Fair. It has been confirmed as the famous brand of Shandong Province and provincial products without examination in 2002. And, it has been awarded the national products without examination in 2003 and the national famous brand in Sep,2004.

# 果汁饮料业概况

2004年是中国饮料业快速发展的一年，与2003年的2374.41万吨相比，全国饮料总产量提高了22.66%，达到了2912.43万吨，再一次达到了新的高峰。

2004中国饮料工业发展迅速：(1)就饮料品种结构而言，"总体稳定、果汁及果汁饮料与碳酸饮料互补调整"是2004年饮料品种结构的特点。2004年瓶装饮用水、碳酸饮料和果汁饮料依然是饮料的主体和龙头老大，三者的产量合计达到了82%，比2003年上升了1个百分点。瓶装饮用水是最稳定的产品，其产量达到1205.94万吨，占饮料总产量的41%，比重上升了1个百分点。果汁及果汁饮料产量达到500万吨，产量比重为17%，比上年增加了4个百分点。碳酸饮料产量为671.23万吨，与上年基本持平，产量比重为23%，比上年下降了5个百分点；(2)按地区分析：大省市领衔、集中度分流是2004年饮料生产的又一特点。2004年浙江省和广东省遥遥领先，产量分别达到了553.96万吨和557.14万吨，在全国的比重均为约19%，与上年基本持平。浙江、广东、上海、河北、江苏、山东等六省市的饮料总产量比重由上年的66%下降到了60%。随着中小城市、农村GDP的增长及企业对二三线城市、对农村市场的开发，全国饮料的生产中心将不断下移、分散。2004年浙江省摘取了瓶装饮用水的冠军，产量达307.35万吨，在全国的比重为25.49%；广东省则同时摘取了碳酸饮料和果汁类饮料的产量冠军，产量分别为132.96万吨和105.70万吨，在全国的比重分别为19.81%和21.13%。

但在饮料企业产量迅速增长的同时，也暴露出一些问题：(1)"产量高，售价低"。2004年饮料全行业的销售收入达到了878.18亿元，比2003年增长了13.40%，远远低于22.66%的产量增长幅度。其中碳酸饮料以23%的产量份额获得了30%的销售收入份额；果菜汁及果菜汁饮料以17.17%

的产量份额获得了19%的销售收入份额；瓶装饮用水以41%的产量份额只得到10%的销售收入份额；其它品种销售收入的份额如下：含乳饮料和植物蛋白饮料为9%，固体饮料为15%，茶饮料及其它饮料为17%。(2)“产量增加利润下降”。2004年饮料行业利润为63.40亿元，比去年同期下降了1.5%，与产量22.66%的增幅形成巨大反差。在利润增加的品种中，除果菜汁及果菜汁饮料利润增幅为107.88%外，含乳饮料和植物蛋白饮料、固体饮料的利润增幅较小；茶饮料及其他饮料的利润降幅达34.31%。

2004年饮料行业的中国名牌工作，得到了政府及有关组织部门的高度重视和支持，在2003年植物蛋白饮料、瓶装饮用水类产品10家企业11个产品获得中国名牌之后，果汁饮料也列入评价目录。经过果汁饮料专家委员会评选，最终汇源、娃哈哈、统一公司生产的果汁饮料获得了2004中国名牌产品称号，这对饮料行业的品牌提升起了积极的作用。2004年三家公司饮料总产量543.54万吨，其中果汁饮料产量135.01万吨，销售收入161.17亿元，利润19.8亿元，税金总额11.25亿元，在全国比重分别为18.66%、27.00%、18.35%、31.28%、27.39%。汇源、娃哈哈、统一作为果汁饮料的名牌产品，以其雄厚的企业资本，完善的质量保证体系、新产品开发体系和售后服务体系，为消费者确立了提供高质量饮料的体系架构,是果汁饮料加工企业当之无愧的“领头羊”企业。

在国民经济保持快速增长的今天，我国饮料工业将不断寻求更新、更广阔的发展空间，以更多、更具特色的饮料，满足日益增长的消费者的需求，引导消费者的消费结构。

# 北京汇源饮料食品集团有限公司
# 汇源牌果汁饮料

北京汇源饮料食品集团有限公司创立于1992年。是中国最具实力的大型果汁饮料生产企业之一。主要致力于果（蔬）汁及其饮料各种水果原浆、浓缩汁、含乳饮料、茶饮料、婴幼儿食品等的开发、研制、生产和销售。从创业之初，将追求高起点、高品位、高质量、争创中国乃至世界名牌作为自己的奋斗目标。采用产区加工、消费区灌装的科学生产布局，进行规模化、标准化经营。12年来，公司投巨资从瑞典、德国、意大利、西班牙、挪威等国引进100多条无菌灌装和榨汁生产线。在全国建有27座现代化工厂。年设计生产能力达200多万吨。特别是新近引进的12条PET无菌冷灌装生产线，开创了中国果蔬汁饮料无菌冷灌装的先河。

十几年来，汇源集团总资产达42亿元，品牌价值55.956亿元，已成为中国果蔬饮料行业的旗舰。获得了100多项荣誉和奖项。其中主要如："汇源"商标被认定为中国驰名商标，连续6年获得"AAA级信用企业"、五连贯"中国饮料工业十强"，荣获"全国五一劳动奖状"、"农业产业化国家重点龙头企业"等。

Beijing Huiyuan Beverage & Food Group Co., Ltd. was founded in 1992. It is one of the strongest fruit juice producing enterprise of China.

It is mainly engaged in the development, research, production and sale of different kinds of fruit and vegetable juice and juice drinks, such as fruit puree, concentrated fruit juice, diary fruit juice drinks, tea drinks and baby foods. Since its establishment, it has been seeking for high standing point, high grade, and high quality. Endeavoring to create China Famous Brand and even the world famous brand is its great goal. It has established the scientific layout of processing in the raw materials bases and filling in the consuming areas to exercise scaled and standardized production. Since 12 years, Huiyuan Group has spent huge amount of money to introduce more than 100 advanced aseptic filling lines and concentrated juice production lines from Sweden, Germany, Italy, Spain, Norway and etc. Huiyuan has established 27 modern plants and companies all over the country with the designed production capacity reaching more than 2 million metric tons. In particular, the 12 lately introduced most advanced PET Cold Aseptic Filling Lines have made Huiyuan the pioneer in Cold Aseptic Filling technology in the juice industry of China. In the recent decade of years, the total property of Huiyuan has reached 4.2billion Yuan and the brand values 5.5956Yuan. It has become the flagship in China's juice industry. Huiyuan has won more than 100 honors, prizes and awards. The most important ones are: Huiyuan Brand has been recognized as "hina's Famous Brand"; Huiyuan Company has, for six years, been graded as "AA Grade Credit Enterprise" and grown as one of the "Top 10 Strongest Companies in China's Beverage Industry" for 5 years. The Company has been rewarded the "National May 1st Labor Award", and the honorary credential of "Dragon-Head Enterprise in Agro-industrialization".

中国名牌产品年鉴

# 杭州娃哈哈集团有限公司
# 娃哈哈牌果汁饮料

WA HA HA

Wahaha

娃哈哈

杭州娃哈哈集团有限公司创建于1987年，现已发展成为中国最大、全球第五大的饮料生产企业，在全国27个省、市、自治区建有70余家全资和控股子公司，总资产达76亿元。

娃哈哈坚持走“品质高档化、价格大众化”的品牌路线，成为最受消费者信赖和喜爱的品牌，“娃哈哈”商标被认定为中国驰名商标。主导产品有含乳饮料、饮用水、碳酸饮料、茶饮料、果汁饮料、八宝粥罐头、医药保健品等七大类六十多个品种，产品畅销国内市场，并出口日本、意大利、加拿大、美国、英国、法国、俄罗斯等国家和我国香港、澳门地区。其中乳饮料、饮用水、八宝粥产销量已连续数年位居全国同类产品第一，娃哈哈纯净水、娃哈哈果汁饮料被评为中国名牌产品。

娃哈哈秉承“健康你我他欢乐千万家”的经营理念，始终以领先变革首创的精神和行业领跑者的行事风范，锐意进取，不断创新，在打造中国饮料第一品牌的事业中取得了令人瞩目的成绩。2004年公司实现营业收入114亿元，利税18.8亿元，饮料产量约占全国饮料总产量的16%，即全国每产销6.25瓶饮料中就有一瓶是娃哈哈的饮料，在产量、销售收入、利税、利润等指标上已连续7年位居全国饮料业首位，成为中国最大、效益最好的饮料企业。同时娃哈哈在回报社会上不遗余力，18年累计支助教育和各类公益事业达1.8亿元。

Hangzhou Wahaha Group Co., Ltd was founded in 1987, which is now the No. 1 beverage corporation in China, and ranks No. 5 worldwide. It has more than 70 subsidiaries in 27 provinces and cities throughout China, with total assets of 7.6 billion RMB.

With its branding strategy of “High Quality with Favorable Price”, Wahaha has become one of the most favorite and reliable brand in China, and the brand name of “Wahaha” has been classified as “ China Top Brands”. Its main products cover 8 categories with over 60 products: milk drinks, bottled water, CSD, tea drinks, juice drinks, canned food and health food. Wahaha products are very popular in domestic market, and they are also exported to Hongkong, Macau, Japan, Italy, Canada, America, Britain, France and Russia and so on. The output and sales of Wahaha milk drinks, bottled water and mixed congee have been in No.1 position in China for many consecutive years. Wahaha Purified Water and Wahaha Juice Drinks have been honored with the title of “Brand Name of National Fame”.

With the doctrine of “ Bring happiness and health to every family”, Wahaha has made outstanding achievement on its way to the No. 1 brand in Chinese beverage industry with its spirit of innovation and exploration. In 2004, the sales revenue of Wahaha reached 11.4 billion RMB, with 1.88 billion RMB of profit and tax; the output of Wahaha beverage accounted 16% of the national output, which means in every 6.25 bottles of beverage, there is one bottle of Wahaha. Wahaha's indexes of output, sales revenue, profit and tax have been on top in domestic beverage industry for consecutive 7 years, and it is now the greatest and most profitable beverage corporation in China. At the same time, Wahaha also contributed to the society with a total donation of 180 million RMB to the education and public welfare in the past 18 years.

# 统一企业（中国）投资有限公司
# 统一牌果汁饮料

健康快乐

统一企业

统一®

1992年1月，统一企业在祖国西北边陲——新疆，投资建立番茄加工生产基地，拉开了统一企业（中国）投资有限公司食品事业发展的序幕。

秉持着“三好一公道——品质好、信用好、服务好，价钱公道！”的经营理念，本着“造福乡里、嘉惠地方、并为祖国人民开创健康快乐的明天而努力”的原则，在多元化经营、宏观眼光、重视人才等企业经营理念的带动下，历经十二年的努力，目前集团公司在全国投资超过26亿美元，在东北、华北、西北、西南、华中、华东、华南区域共建立25个生产基地，现有员工18000余名，从事粮食、油脂、饲料，方便面、糕点、饼干，饮料、乳品，酱油，啤酒，蛋制品等产品生产销售。

企业发展，管理先行。公司下属各生产厂都先后通过了ISO9001：2000版质量管理体系认证，并屡屡获得“高新技术产业”，“先进技术企业”等技术先进单位称号，继广州、新疆之后，其他各厂均已启动HACCP体系认证，计划在2005年所有生产厂均通过HACCP认证。对质量要求之严格，得到产业界一致的赞赏。公司利用各地丰沛的原物料资源，以先进的技术与设备，一流的人才与管理方式，研发出适合当地口味的食品，以满足当地消费者的需求，深受当地消费群体的认可和喜爱。

With the first tomato sauce production base founded in Xinjiang in Northwest China in January 1992, Uni-President Enterprise Corp. started its exploitation in Mainland China. For over 12-years' business operation, Uni-President Enterprise has been upholding the “Three Good” and “One Fairness” philosophy (namely good quality, good credit, good service and reasonable pricing) set forth by Mr. Wu Hsiu-Chi, president of the board. The company, based on the principle of “benefiting neighborhoods and endeavoring to create the healthy and happy future for natives” and driven by the philosophy of diversified operations, farseeing planning, and attaching great importance to human resources, has become one of the leading enterprises in China' s food industry.

So far the company has invest in the mainland USD$2.6 billion and more than 50 ventures, mainly in food manufacturing sectors including the processing and making of instant noodles, beverages, daily foods, grease, beer, soy sauce, feedstuff, and flour. It has set up 25 production bases, employing 18,000 stuffs. The company also finds itself active all over the country in investing in large-sized supermarket, biological science, canned packaging, and chain cafes.

Every factory has passed ISO9002 verification together with other related quality controlling system certified process and enterprises management certification. Nearly all the factories has got QS certification, High- Technology Enterprise certification, Advanced Technology Enterprise. By doing these all the factories are managed and controlled efficiently. The company is famous for its strict requirement on quality control and committed themselves to developing and providing consumers with high quality products suitable to local tastes and satisfying various needs.

# 黄酒业概况

中国黄酒是世界上著名酿造酒之一，是中国独有的酒种。它具有五千年悠久历史和极期丰富的文化内涵。从历史有文字记载起，直至今天，黄酒一直是重大典礼、国宴和民间的饮品，是我国的国酒、国粹。

黄酒酒精度低，且耗粮较少。富含多种氨基酸、蛋白质、维生素和对人体有益的矿物元素，营养丰富，是一种集享用性和保健性为一体的酿造酒，并具有烹饪、药用等功效。因而被国家列为重点扶植和发展的饮料酒之一。是我国最有发展前途的酒种。

**一、黄酒行业的现状和发展趋势**

（一）黄酒行业的现状

目前全国黄酒生产企业有1500余家，占全国酒类生产企业5%左右，其中年产在万吨以上的企业30余家，年产千吨以下的小厂占80%左右，据2004年统计，全国黄酒产量为180万吨，销售收入37.7亿元（规模以上企业统计数据）利税6.7亿元（规模以上企业统计数据）出口创汇3000多万美元。

1、企业规模

黄酒行业大型企业不多，生产能力在10万吨以上的只有一家（中国绍兴黄酒集团有限公司），生产能力在5万吨以上的三家（上海金枫酿酒有限公司、东风绍兴酒有限公司、浙江加善黄酒股份有限公司）生产能力在二万吨以上的近10家，万吨以上企业近20家，而产量不足1000吨的企业则占全行业的80%左右。

2、产品结构

全国黄酒产量为180万吨，其中干型酒65万吨左右，半干型酒80万吨左右、半甜型30万吨左右、甜型5万吨左右。

3、技术结构

全国1500余家黄酒生产企业中，极大部分依然承袭手工生产方式，工艺落后，设备简陋。目前实行机械化生产企业约为100余家，占企业总数的7%左右，黄酒生产企业技术落后的状况，尚未得到普遍改变。

4、行业布局

黄酒行业的主要产区和消费地区集中在浙江、江苏、上海三个省市，其占全国总产销量的80%左右。年产销量在万吨以上的省市有：山东、湖北、湖南、江西、河南、福建、安徽、陕西等八省，占全国总产量15%左右，其它16个省市的产量占全国总产量不到5%，说明黄酒市场区域性特征十分明显。

（二）发展趋势

黄酒行业发展趋势是：一是小型生产与规模生产并存，逐步向规模生产转变，大型黄酒企业将进一步增大，并在黄酒行业中占主导地位；二是干型黄酒和甜型黄酒并存，干型（包括半干、半甜）黄酒将比甜型黄酒更受市场欢迎；三是高、中、低档产品并存，高档产品所占比重将会越来越大，其中陈年高质量、高品位产品将占相当比重。低质量、低价位的黄酒将逐渐被市场淘汰；四是传统产品与新产品并存，新产品吸引新的消费群体将有较大发展；五是黄酒的出口量将有较大增长。六是企业品牌意识进一步增强，品牌竞争日趋激烈，品牌效应更加明显。

我国黄酒行业2005年在以下方面将会有较大的发展：

（1）继续深化改革，企业转制、改制的力度将进一步加大，大部分黄酒生产企业转制，国有企业、国家控股企业将逐渐减少，股份制企业、民营企业将进一步增加和发展。大型黄酒企业将进一步做大做强。这将给黄酒业带来新的活力和生机。

（2）黄酒产品将趋向多样化，添加营养成份的、保健物的产品进一步增加。黄酒的酒精度也趋向低度化。

（3）黄酒出口将继续稳步增长。加入WTO后黄酒出口渠道进一步增加，出口量也将有明显增长。

（4）黄酒产品的技术含量将有较大程度的提高。

**二、“古越龙山”荣获“中国名牌”产品对行业发展的作用**

2004年9月，“古越龙山”荣获“中国名牌”产品称号，品牌价值明显提升，黄酒区域外市场增长迅速，“古越龙山”企业2004年其北方分公司销售额增涨33.46%，西部地区（川渝线）增长85.70%。“古越龙山”品牌将加速向全国拓展。

2004年，黄酒列入“中国名牌”产品评价目录，突破了“黄酒是地域产品”的观念，使黄酒行业上了一个台阶，使黄酒行业的品牌意识得到进一步加强，企业对“名牌战略”意义和推动企业发展的作用更加明确和重视，绍兴黄酒集团有限公司“古越龙山”荣获“中国名牌”后，即于当年11月18日，首次参加央视黄金时段广告竞标，一举夺得中央电视台黄金时段总值6000万元的二个广告标段，打响了黄酒行业“叫板”央视黄金时段广告的第一枪。打开了黄酒行业广告宣传的新局面。黄酒行业骨干企业在“古越龙山”的影响下，纷纷走出区域，开拓全国市场，开拓黄酒市场的处女地，黄酒全国化步伐和国际化步伐将进一步加快。

黄酒发展形势喜人，全国黄酒继2002年、2003年高速开展的基础上，2004年各项经济指标又创新高，据有关方面统计，2004年全国黄酒销售额比去年同期增长16.11%，利润总额比去年同期增长18.38%，连续三年呈二位数增长，黄酒进入发展的快车道。

我国经济正处在持续发展时期，人民的生活水平和生活质量不断改善，购买力不断上升，人们的消费理念不断成熟，健康、绿色逐渐成为食品消费的主流，绿色、营养、保健的“中国黄酒”已被起越来越多的人们所认识、所接受、所喜爱，全国黄酒发展形势喜人，黄酒的春天已经来临。

# 中国绍兴黄酒集团有限公司
# 古越龙山牌黄酒

中国绍兴黄酒集团有限公司系全国520家重点企业之一，中国酿酒工业协会黄酒分会理事长单位。总资产29亿元，员工3000余人，集团公司以黄酒为主业，积极发展黄酒相关行业，开发黄酒延伸产品，涉足高新技术。

由中国绍兴黄酒集团有限公司独家发起组建的浙江古越龙山绍兴酒股份有限公司，是我国最大的黄酒生产、经营、出口企业，拥有国内一流的黄酒生产工艺设备和全国惟一的省级黄酒技术中心，聚集多名国家级评酒大师，黄酒年生产能力11万吨。主要产品"古越龙山"、"沈永和"、"鉴湖"牌绍兴酒是国家优质产品，多次荣获国际国内金奖，是中国首批原产地域保护产品。"古越龙山"是黄酒行业惟一中国驰名商标，钓鱼台国宾馆国宴专用黄酒；具有340多年历史的"沈永和"老字号和"鉴湖"是浙江省著名商标。产品畅销全国各大城市，远销日本、东南亚、欧美等三十多个国家和地区。

China Shaoxing Yellow Rice Wine Group Co., Ltd. is one of the state-520-key enterprises, as well as a member of Yellow Rice Wine Branch of China Brewing Industry Association. The Group posses total assets of 2900 million yuan, with more than 3000 staffs. On the base of yellow rice wine,the Group Corporation not only develops related industries, new yellow rice wine products, but also deal with high technique centering .

Zhejiang Guyue Longshan Shaoxing Wine Co., Ltd , initiated and founded by group corporation, is the largest enterprise which specializes in producing, managing and exporting of rice wine in China. It also possesses the first-class rice wine producing equipment with an annual output of 110 thousand tons and the unique provincial rice-wine scientific research center in China, and gets together many national-level, in the field of appraising wines. The main products, branded "Guyue Longshan" and "Shen Yonghe", are national high quality products and have been awarded international and national golden prize in all precious competitions It is also the first to be awarded protective products of initial area in China. "Guyue Longshan" is the only famous trade mark in yellow wine industry, and is chosen for national banquet specially; in addition, "Shen Yonghe" with more than 300 years' history and "Jian Lake" are awarded famous trade mark of Zhejiang Province Enjoying the reputation of being the "champion of the Famous Orient Wine", Shaoxing Wine branded "Guyue Longshan" and "Shen Yonghe" is well sold far more than 30 countries and districts such as Japan, Southeast Asia and Occident etc. The company begins to invest some other new industries, such as software, biology product and semiconductor to enhance the industry structure and nuclear competition. All of these will let the company strengthen its main industry with more powerful might.

# 皮革服装企业概况

## 一、2004年该行业现状和发展趋势

1、概况

全国皮革服装企业有2000多家，从业人数30万人左右。据2004年统计，规模以上（全部国有企业及年销售收入500万元以上非国有企业）皮革服装企业416家，从业人员12万人；产品销售收入237亿元，同比增长13%；利税总额18亿元，同比增长20%；产销率98%，销售利润率5%。皮革服装行业以民营企业、小型企业为主，但大中型企业所占比重在上升。据统计，在规模以上皮革服装企业大中型企业仅占9%，比上年提高了6个百分点；中，小型企业占91%。民营企业数量占规模以上皮革服装企业总数量的57%，三资企业数量占36%，集体企业数量占5%，国有企业数量占2%。

2、产量

2004年规模以上皮革服装产量为7740万件，同比下降10%。

3、中国皮革服装市场分析

据统计2004年中国皮革服装出口数量占总产量70%以上。

4、中国皮革服装进口情况

2004年中国进口皮革服装数量大幅度下降，但出口金额大幅度增长，表明皮革服装的进口单价较大幅度提高。2004年皮革服装进口5.9万件，同比下降5%；进口金额1107万美元，同比增长99%。

5、中国皮革服装的出口情况：

2004年中国皮革服装出口数量和金额有不同程度下降，出口数量6128万件，同比下降11%；出口金额23亿美元，同比下降2%；平均出口单价37.61美元，比上年提高3.65美元。

6、中国皮革服装贸易额在世界贸易额的比重

1991年至2002年中国皮革服装出口额占世界贸易额比重　　　单位：万美元

| 年份 | 世界贸易额 | 中国贸易额 | 份额 % | 排位 |
|---|---|---|---|---|
| 1991 | 315845 | 24611 | 7.8 | |
| 1992 | 391626 | 57866 | 14.8 | 2 |
| 1993 | 365256 | 79626 | 21.8 | 2 |
| 1996 | 355523 | 144098 | 40.5 | 1 |
| 1997 | 361525 | 161239 | 44.6 | 1 |

皮　衣

| | | | | |
|---|---|---|---|---|
| 1998 | 334264 | 140102 | 41.9 | 1 |
| 1999 | 306119 | 121621 | 39.7 | 1 |
| 2000 | 417919 | 185493 | 44.4 | 1 |
| 2001 | 440034 | 200210 | 45.5 | 1 |
| 2002 | 389121 | 192518 | 49.5 | 1 |

据联合国统计资料显示，近十几年来中国皮革服装出口额在世界贸易额中所占比重连年增长，1991 年仅占 7.8%，到 2002 年已占 49.5%，居世界第一位。

随着人民生活水平的不断提高和社会商品的日益丰富，皮革服装的市场需求向多元性和个性化方向发展，皮革服装已经由传统的御寒产品变成时尚服饰品，皮革服装可以说和消费者密切相关。

**二、国内和国际比较**

我国皮革服装产品的总体质量水平和国外先进水平尚有一定的差距。对于皮革服装来讲，主要存在于产品的设计水平低，品牌的知名度小，尚未形成在国际上具有竞争优势的品牌队伍。但国内已经具备规模的企业，其产品质量和国际先进水平的差距在不断缩小，其产品的研发能力比较强，产品质量稳定且达到国际先进水平。中国成为世界皮革服装的加工中心，中国有不少的企业在为世界知名品牌加工生产，说明皮革服装产品质量已经达到国际一流水平。

**三、荣获中国名牌产品企业在整体行业发展所起的作用**

我国加入 WTO 后，我国皮革服装行业迎来了新的发展机遇。皮革行业是劳动密集性行业，中国皮革服装在国际市场上具有强有力的竞争优势和比较优势，但皮革服装行业存在着品牌差，产品的附加值低，迫切需要营造一批皮革服装知名品牌，进一步拓展国际市场，推动皮革服装行业的持续发展，而营造名牌需要政府和中介组织的共同扶植，帮助企业扩大其品牌知名度。

荣获中国名牌产品对企业的作用：

（1）导向和示范作用。荣获中国名牌企业是行业的排头兵企业，企业在市场竞争中，有时比较迷茫，缺乏清晰的思路，中国名牌企业的发展模式就成为其他企业的发展中的参考模式。

（2）增强了行业的名牌意识。许多企业感到中国名牌是可望不可及的事情，同行取得中国名牌的称号后，激励其他同行的名牌和品牌意识。

（3）提升了产品的核心竞争力。中国名牌的取得，增强了荣获企业的历史使命感和社会责任感，立足长期发展，放弃短期效益的想法，成为获得中国名牌企业的共同愿望，企业不断提升产品核心竞争力。

（4）促进行业的健康持续发展，中国名牌为行业发展和企业发展提供的目标和信心，企业注重公平竞争，从而促进行业健康发展。

# 天津市应氏服饰有限公司
# 应大牌皮衣

YINGDAK
應大

皮衣

天津市应氏服饰有限公司坐落在天津市东丽区，公司成立于1995年，是国内专业化的大型服装企业。始终以“高品质、高标准”的经营理念为企业的发展目标。

目前，我公司建筑面积约15000平米，拥有高素质的员工1000多人。公司从日本、德国等国家引进了多种先进的生产设备。每年出口100000多件皮装。“应大”品牌以其优秀的品质以及典雅的设计风格赢得了国内外顾客的喜爱，并且获得了众多国内知名奖项。

良好的品牌影响力，吸引了来自全国的经销商，现今，应氏公司在国内拥有了240多家专卖店，遍布全国23个省市。公司通过了ISO9001国际质量管理体系认证。在其内部实行着一套完备且有效的管理体系。为保证与外界交流的及时与顺畅我们利用电脑及其它科技手段构建了全球化的网络系统，及时地改进企业的设计、迅速地适应市场需求的变化。现代化的管理手段保证了公司的稳步发展。

Tianjin Ying Shi Garments Co.,Ltd is located in dongli district, Tianjin, China and was built in 1995, which is a Chinese large professional clothing enterprise, adhering to “high quality, high standard” management ideal improve the enterprise development. At present our company has 15000 square meters. Have about 1000 highly qualified staff members. Our company has imported many different kinds of advanced production equipment from Japan, Germany, etc. Annual total output is more than one hundred thousand pieces of leather garments. The domestic and overseas markets consumers are in favor of “yingdak” brand series of garments, which depends on the best quality and elegant style. Our products repeatedly win supreme honors in china.

At present we have more than 240 chain stores throughout the china, can be found in over 23 provinces. We have had a high rate of success in creating a good image for all our products in the market. We obtained ISO9001 international quality authentication. We have an all-around comprehensive intelligence administrative system which has been implemented. We rely on advanced computer and communication technology to set up an overall network system for contacting each other within the company. Continual improving the correctness of enterprise designs and rapidly adjusts to the changing demands of the market. The company develops steadily with scientific modernized administrative. Ying Shi co., ltd. depends on management and administration while the force at the core is the enterprise culture. We progressively become the particular idea of value, standard of conduct, sense of management and strategic administrative.

# 河北辛集束兰集团有限公司
# 束兰牌皮衣

束兰集团有限公司始建于1986年，于1992年正式成立集团公司。公司坐落在美丽的冀东平原河北辛集皮革商城中心。设束兰制衣有限公司、束兰裘皮有限公司、束兰集团硝染厂。其中固定资产七千多万元，年产皮衣30万件，产值达3亿多元。由于公司拥有雄厚的经济实力和技术力量，以及先进的生产设备和广泛的市场份额，使束兰集团跻身于我国皮草行业的领先地位。

公司从创建伊始，就把潮流时尚、质量精湛、创优争先作为集团的奋斗目标。先后荣获：国内贸易部中国皮革产品博览会金奖、河北省名牌产品、消费者满意产品称号。2002年被认定为河北省著名商标。2002、2004年荣获中国皮革协会双王、中国真皮衣王称号、中国真皮标志名牌产品，2004年束兰皮衣首批被评为中国名牌产品称号。“束兰”皮装享誉国内外。

公司在生产经营管理中，始终奉行“针针想顾客、线线系诚信、件件保质量、款款寄深情”的宗旨，并以“品质高雅、优质服务、高效出众、交货及时”深受海内外客商的好评和信赖！不断创新、发展的束兰集团正朝着创世界名牌产品的目标迈进！

Shulan Group Co.,Ltd.was founded in 1986 and grew into an official group in 1992. the group lies in the center of hebei xinji leather trade town, which possess shulan leather clothing making co., shulan leather co., shulan leather dying plant. the group has over 7000,0000 yuan permant assets and produces 30, 0000 leather clothes per year. Its total assets reach over 300 million yuan. the shulan group has mounted a leading position among china leather industry for its solid assets and technology, advnce equipment and abroad market.

From beginning the group makes a developing goal:fashion style, fine quality, advancing and innovating. it winnes civil trad ministry leather products exhibition gold prize, hebei name brand product and consumer approving product title. In 2002 the group gains famous brand from hebei province. In 2002 and 2004 wins double first in leather association, chinese leather clothing first and leather nameplate product title. shulan leather clothing are popular in home and abroad.

During management, the company always pursuing the tenet of “try every means to satisfy the needs of the consumer”, and win the good reputation and trust of our customers in the world as “high quality, honest service, rapid efficiency,prompt delivery”! innovating and developing shulan Group Co.,Ltd is stretching to international name brand.

# 凯撒（中国）股份有限公司
## 凯撒牌皮衣

凯　撒

皮衣

凯撒（中国）股份有限公司，是旅港潮人郑合明先生投资中国的皮衣生产基地。

郑合明先生于20世纪70年代末期在香港从事皮衣生产、销售生意，积累了丰富的技术经验和经济实力，自创“凯撒”品牌并成立了凯撒国际集团香港有限公司。随着中国的改革开放和经济腾飞，郑先生于1990年在广东省汕头经济特区成立“凯汕皮毛制衣厂”，并在此基础上扩大规模，组建了凯撒（汕头）有限公司，1995年在汕头市珠津工业区征地50亩自建“凯撒工业城”，厂房面积达4万平方米，产业工人近2000人。1997年5月，凯撒（汕头）有限公司经国家工商行政管理总局批准，更名为凯撒（中国）有限公司；2002年5月经国家对外经济贸易委员会批准，国家工商行政管理总局核准登记，更名为凯撒（中国）股份有限公司。

凯撒产品庞大的终端销售网络覆盖全国，在各大、中城市设立的专卖店（柜）达300多家。

Introduction of Kaiser (China) Co., Ltd. is a Chinese leather clothing production base invested by Mr. Zheng Heming, a Chaoshanese in Hong Kong.

Engaging production and sales of leather clothing in late 1970's in Hong Kong, Mr. Zheng Heming was well equipped with rich technical experience and rich capital. So he established the brand of Kaiser and founded Kai International Holdings (Hong Kong) Co. Thanks to the reform and opening-up and economic take-off of China, Mr. Zheng set up Kaiser Fur & Leather Clothing Factory in Shantou Special Economic Zone of Guangdong Province in 1990, and invested and established Kaiser (Shantou) Ltd. in December of 1994. In 1995, Mr. Zhang set up a Kaiser Industrial City of 50 mu in Zhujin Industrial District of Shantou, which has plant area of 40,000 square meters and staff of about 2000 persons. In May of 1997, with the approval of China Industrial and Commercial Administrative Bureau, Kaiser (Shantou) Ltd. changed its name to Kaiser (China) Ltd. In May of 2002, with the approval of Commission for Foreign Economic Relation and Trade and the Industrial and Commercial Administrative Bureau of China, the company further changed its name to Kaiser (China) Ltd. Co.

Enjoying a huge terminal nation-wide sales network, Kaiser has more than 300 collection stores in many large- and medium-sized cities in China.

中国名牌产品年鉴

# 浙江兽王集团有限公司
# 兽王牌皮衣

兽 王
SHOUWANG ®

浙江兽王集团有限公司创办于1988年4月，是一家专业产销皮革服装的企业，经过17年的发展，目前是国家大型二档企业、浙江省省级文明单位、浙江省“五个一批”重点骨干企业，是商务部重点支持和发展的名牌出口商品企业和质量效益型先进企业，从1995年开始一直是银行信用AAA级企业。是浙江省首批诚信示范企业，浙江省知名商号。

主导产品为兽王牌皮衣，产品在国内外市场具有较高的知名度，兽王皮衣名列全国皮革行业产销量第一、出口量第一。

企业1999年通过ISO9001：1994质量体系认证，2003年通过ISO9001：2000质量体系换版认证，2003年获得世界服装协会WRAP认证。

兽王集团目前拥有7800多名员工，集团下属有皮衣生产分厂2个，有投资控股的皮衣生产企业6家；由浙江兽王集团贸易有限公司（改制后本公司不参股）负责兽王皮衣内销业务。由控股的浙江兽王进出口有限公司从事皮衣外贸出口业务。

Zhejiang Shouwang Group Co., Ltd. was established in April1988 and is an enterprise especially engaging in producing and marketing of leather garments. Through 17 years' efforts it is now developed into a state-level large-sized grade II enterprise, AAA bank credit-rank enterprise, one of the first lot of good faith demonstration enterprises of Zhejiang Province, and also a famous firm of Zhejiang Province.

Its main product of Shouwang Brand leather garment enjoys high prestige in domestic and international markets and its output, sales volume and export volume rank the first in Chinese leather trade.

Zhejiang Shouwang Group Co., Ltd. was qualified in certification of ISO 9001: 94 and ISO 9001: 2000 quality system in 1999 and 2003 respectively and also qualified in WARP certification of World Garment Association in 2003.

Zhejiang Shouwang Group Co., Ltd. employs 7800 workers and staff, and has 2 subsidiary leather garment factories and 6 holding leather garment enterprises. Zhejiang Shouwang Group Trade Co., Ltd. mainly engages in domestic trade of leather garments and Zhejiang Shouwang Import and Export Co., Ltd. (Holding) engages in export of leather garments.

皮衣

# 雪豹集团公司
# 雪豹牌皮衣

雪豹集团公司位于世界闻名的观潮胜地、钱塘江北岸的“中国皮衣之都”浙江省海宁市，雪豹是一家闻名中外的花园式的现代化企业，在全国皮革行业中其规模经济、市场份额、技术创新、品牌效应、出口创汇、经济效益等各项指标均名列前茅。本公司是中国皮革工业协会皮衣专业委员会第一届主任单位、第二届惟一的名誉主席单位。

20年的风风雨雨，伴随着“雪豹”不断壮大，“雪豹”品牌在中国大地具有较高的知名度。雪豹牌皮衣先后荣获“中国十大名牌服装”、蝉联五届“中国十大真皮衣王”、“中国真皮标志名牌产品”，持续十年保持“浙江省著名商标”、“浙江名牌”称号。其市场占有率及经济效益在全国同行中分别排列第二位和第三位，成为“沃尔玛”、“杰西潘尼”等国际连锁业巨头的供应商，产品远销美国、法国、日本等30多个国家和地区。

1998年，公司完成了现代化企业制度改制，现拥有三家核心层企业：海宁雪豹皮件服装有限公司（专业从事皮衣生产销售）、海宁佳联皮革有限公司（主要从事牛皮沙发套及皮衣生产销售）和海宁佳禾家有限公司（主要从事沙发布及牛皮成品沙发生产销售）。

Xuebao Group Company was established in 1984 which is specialized in making and marketing leather productions. It is situated in Haining, Zhejiang, well known as tide-observation spot and the hometown of leather.

For the last twenty years, its aim is to satisfy its customers demand, quality is its principle. For the purpose of improving products quality, it increase the input in science and technology, import advanced equipment, developing new products. Set up the information application of the computer network and have made a lot of achievements. Xuebao brand leather garments is Chinese top 10 famous brand clothing , it continues to hold five terms as king of Chinese top 10 genuine leather garments, also as the Chinese genuine leather marks leading brand products, leading brand products of Zhejiang province etc. It won the special awards of national genuine leather competition many times, and also it won the gold medal of Rouen international fair. Its products is highly appreciated by domestic and international customer which makes its economical scale, market share, technical innovation, brand effect, export volume and economical benefits take one of the first places in Chinese leather industries.

Up till now it has three core enterprises: Haining Xuebao Leather Garments Co., Ltd (engaging in producing and marketing of leather garments), Haining Nice-Link Leather Co., Ltd. (specialized in producing and marketing of cow leather sofa covers and leather garments) and Haining Nice-Harvest Furniture Co., Ltd. (specialized in producing and marketing of sofa fabrics and cow leather upholstery), all its subsidiary enterprises were all qualified in certification of ISO9001: 2000 quality system.

# 海宁蒙努集团有限公司
# 蒙努牌皮衣

蒙努

皮衣

海宁蒙努集团有限公司，地处中国皮衣之都——浙江省海宁市，前身为浙江海宁蒙努皮革制衣总厂，创建于1993年7月，1999年4月，企业转制为海宁蒙努制衣有限公司，2001年6月以海宁蒙努制衣限公司为核心组建蒙努集团，是一家集皮革服装、革皮、沙发及进出口贸易于一体的全国大型企业。截至2004年5月底，集团占地面积20万平方米，建筑面积8.5万平方米，员工3300余名，总资产7.2亿元。2003年度集团实现销售收入10.26亿元，利税9854万元，出口创汇4585万美元。企业先后荣获了“全国轻工行业质量效益型先进企业”、“浙江省‘五个一批’重点骨干企业”、“浙江省AAA级‘重合同、守信用’单位”、“浙江省三星级企业”、“省级先进企业”、“省皮革行业利税超千万元企业”、“浙江省省级企业技术中心”、“'96皮装质量行优胜企业”等多项荣誉称号。2004年4月，集团生产的皮革服装用轻修牛皮仿古革、高强度全粒面装饰革等3个产品通过了省级新产品鉴定。

Haining Mengnu Group Co., Ltd. (Mengnu Group), locates in the Leather Garment Capital of China - Haining City, Zhejiang Province, was found in July 1993 in name of Haining Mengnu Leather Garment Factory, and was transferred from Haining Mengnu Leather Garment Co. Ltd in April 1999. In June 2001, grouped basing on the leather garment plant, it started to run leather garments, leather hides, upholstery furniture and Imp&Exp trade. Now it has 200,000M2 of land, 85,000M2 of constructions, 3300 employees and 720,000,000RMB of assets. In 2003, it got sales value over 1,026,000,000RMB, profit and duty 98,540,000RMB, export 45,850,000USD. It has been awarded “The Best Enterprise of Quality-Benefit for Chinese Light Industry”, “The Key Enterprise of Zhejiang Province”, “High Credit Enterprise of AAA grade in Zhejiang”, “Three-Star Enterprise of Zhejiang Province”, “The Enterprise of over Ten Million RMB Profit-Duty” and “The Technology Center of Zhejiang Enterprises”.

# 玩具行业童车概况

## 一、童车行业现状和发展趋势

在我国玩具行业发展中，童车占有重要地位。目前，童车类产品生产企业有500家左右，占全国玩具生产企业的6.25%，从业人员达到20余万人。工业总产值为100亿元左右，占全国玩具工业总产值的10%。企业的经济效益和利税水平逐年提升,为国家解决了大量的剩余劳动力。

1、童车出口情况

2004年全国玩具出口总额为119.62亿美元，其中童车类产品出口额为10.46亿美元，比2003年增长了10%，占全国玩具出口总额的8.74%。

2、市场覆盖率

（1）国内市场：国内品牌的童车类产品，市场覆盖率达到90%左右。由于比国外同类产品在价格上占有优势，因此占据着国内的主要市场，面向大、中城市的产品质量水平基本上为中、高档，面向乡镇的产品质量水平基本上为中、低档。

（2）国外市场：国内品牌的童车类产品，在欧美等主要市场的平均覆盖率达到30%左右。由于国外市场的需求，近几年童车类产品已大量出口到欧美等先进国家和地区，出口产品的质量水平已达到国外同类产品的质量水平。

3、发展趋势

随着我国国民经济的增长，人们的消费水平正在逐年提高，消费者将会对产品提出更高的要求。因此，今后童车行业的发展趋势应向高质量、高档次、高附加值方面发展，不断提高产品的科技含量和对产品的

升级换代，迎合市场的需求。促进企业的发展还应从以下几方面入手：

（1）学习先进的生产加工技术，寻求国外企业的投资和技术合作，引进先进的技术和管理理念，以使企业在较高的起点发展，增强企业核心竞争力。

（2）努力追求高质量和高品质，保证产品的高合格率，提高产品的附加值，赢得新的客户群和市场，使玩具出口逐步从单一的数量型增长转向质量效益型增长。

（3）加强对设计技术人才的培养，不断提高产品自行设计、开发创新的水平。

（4）立足长远发展，在不断开拓海外市场的同时，逐步提高在国内的市场分额，走市场多元化道路。

**二、国内和国际比较**

由于国内同行业成本低、价格低的产品在市场上的恶性竞争，束缚了童车行业整体质量水平的提升，加之研发人员的欠缺以及研发力量的不足，造成我国童车产品在技术含量、款式潮流等方面与国际先进水平相比还有一定的差距。为缩短这种差距，企业已在技术创新、产品开发上下工夫，并且进行了大量的资金投入。目前，在全国涌现出了一批优秀的童车生产企业，他们注重产品的研发和技术创新，国内和国际市场两手抓，着力开拓海内外市场，注重培育自己的品牌，积极打造童车品牌知名度，为中国玩具行业的健康发展起到了积极的表率作用。

**三、名牌企业在玩具行业发展中所起的作用**

在2004年中国名牌产品的评选过程中，玩具行业在中国名牌产品上有了“零”的突破，童车被列入评选范围，经过各级评选，好孩子儿童用品有限公司的“好孩子”童车当选为2004年中国名牌产品，为玩具行业树立了榜样，为更多的中国玩具企业冲击中国名牌发挥了积极的作用。带动了我国童车行业的快速发展，促进了我国童车出口的大幅提升。

# 好孩子儿童用品有限公司
# 好孩子牌童车

好孩子®

儿童推车

儿童三轮车

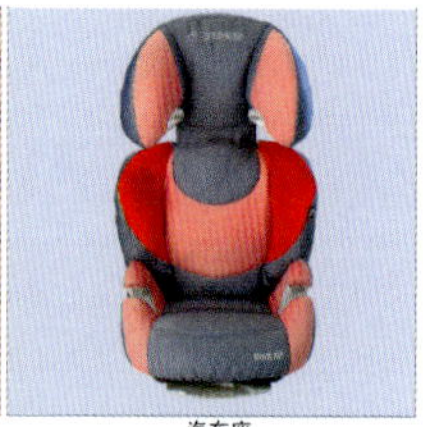
汽车座

儿童自行车

儿童学步车

电动童车

童车

好孩子集团创建于1989年。

好孩子集团是专业从事儿童用品研发、制造和销售的企业集团。产品包括：婴儿推车、自行车、学步车、三轮车、电动车、婴儿汽车座、童床、童装、餐椅、纸尿裤、哺育用具、浴具、安全用具等十几个门类，几千个品种。好孩子在中国家喻户晓，是中国儿童用品第一品牌、中国驰名商标。

公司通过不断引进大量的国际资本，建成了一个颇具规模的现代化、多元化工业园区；公司一直专注于科学育儿事业，不仅建立了国内第一个“育儿研究所”和众多的“好孩子俱乐部”，还投入巨资成立了国内第一个专业的育儿网站www.goodbaby.com，一百多位资深的医学、心理学、生理学和教育学专家，通过好孩子育儿网为消费者服务。

公司依托强大的研发力量，拥有国内外专利1600多项，在国内同行中遥遥领先。好孩子童车在中国市场连续十一年销量第一，市场占有率超过60%；好孩子童车在美国市场连续五年销量第一，市场占有率接近40%。好孩子产品70%出口，销往美国、南美、欧洲、东南亚、俄罗斯、日本等国家和地区，80%以上的出口产品拥有自主知识产权。

Goodbaby Group was founded in 1989.
Goodbaby is a professional children's products designing, manufacturing and selling group, Their products add up to over 10 categories and several thousand varieties, such as Bicycle, Baby Walker,Tricycle,Electric Vehicle,Child Carseat,Crib, Children's Garments, High Chair, Sanitary Diaper, and Feeding, Bathing , Safety Products. Goodbaby is known to every family in China, it is the NO.1 brand of China's children's products and China's “well known” brand .

By means of continually attracting large amount of foreign capital investments, Goodbaby group has built up its largescale, modern and diversifying industrial park. Goodbaby has always been concentrating on educating children scientifically. Goodbaby not only established the first “infant research institute” and many“Goodbaby parent-child clubs”, but also invested a large amount of money to set up china's first specialized nursing website www.goodbaby.com. There are over 100 experienced medical, psychological and educational scholars to serve the consumers through this website.

Goodbaby has got more than 1600 Chinese and International patents by powerful designing force, and get a good head in internal profession. The sales volume of Goodbaby stroller has ranked NO.1 for continuous 11years in China and market occupancy percentage is over 60%; The sales volume of stroller has ranked NO.1 for continuous 5 years and market occupancy percentage is close to 40%; 70% of Goodbaby's products are exported to USA, South America, Europe, Southeast Asia, Russia, Japan and so on. Goodbaby owns intellectual asset in the form of copyright and/or patent on 80% of export products.

# 洗涤用品行业概况

洗涤用品是人们日常生活的必需品。随着人民生活质量的提高，人们对洗涤用品的要求也在提高。洗涤用品工业的发展已成为人民生活水平和清洁卫生水平提高的标志。与此相适应，洗涤用品的种类日趋多样化，产品功能由洗涤清洁向洗涤清洁护理的方向发展。

洗涤用品包括个人清洁用品、家庭清洁用品、工业和公共场所清洁用品三大类。其中个人清洁用品包括肥（香）皂、洗手液、沐浴液等，家庭清洁用品包括洗衣粉、洗衣液、衣物柔顺剂、蔬果、餐具洗涤剂、厨房及厕所清洁剂等，工业和公共场所清洁用品包括机械及零部件清洗剂、宾馆、医院用的清洗剂等。

2004年，在国家宏观调控政策以及煤、电、油、运紧张的双重影响下，企业生产成本大幅上升，我国洗涤用品行业承受了前所未有的经营压力。然而，尽管困难重重，全年洗涤用品产量仍保持了一定的增长速度，各项经济指标均创近年最好水平。洗涤用品名牌产品在行业发展中起到了中流砥柱的作用。

## 一、2004年洗涤用品行业基本情况

1、行业概况

2003年，我国共有肥皂和合成洗涤剂制造企业353家(轻工行业全部国有企业和年产品销售收入500万元及以上非国有企业)，工业总产值496亿元，从业人员8.58万人。

2004年洗涤用品工业继续稳步发展，增长势头强劲。据国家统计局统计，2004年全国洗涤用品总产量为501.85万吨，同比增长11.61%；

其中，肥（香）皂65.50万吨，同比降低6.79%；合成洗涤剂436.35万吨，同比增长15.02%。合成洗涤剂中液体洗涤剂163.71万吨，同比增长8.26 %，这一成绩来之不易，因为2003年液体洗涤剂市场在抗击“非典”需求的强力拉动下，较上年超常增长了24.41%。

2、生产运营特点

2004年行业运营的一个突出问题，就是原材料价格的大幅上扬，煤、电、油、运的普遍紧张也给企业生产带来负面影响，企业在生产成本和销售价格两方面承受着巨大的压力，经营十分困难。尽管如此，行业经济效益总体水平仍比上年大幅增长，这反映企业经营管理水平有所提高。产品质量总体较好。从国家质检总局的几次抽查结果来看，2004年洗涤产品质量情况仍然较好。今年一季度国家质检总局抽查了45家洗衣粉生产企业的72种产品，产品合格率为97.2%。餐洗产品质量状况也继续保持良好态势。今年二季度国家质检总局对63家餐洗企业的86种产品进行了监督抽查，产品合格率为96.5%。

产品结构继续优化。2003年抗击“非典”带动特殊需求，肥皂产量增幅较大，比例上升。但是，洗涤用品产品的结构变化趋势依然是肥皂比例逐年下降，合成洗涤剂比例上升，而其中又以液体洗涤剂上升最快。这与国际上的整体趋势是一致的。

3、重视解决环境问题

环境污染是一个社会性问题。洗涤用品行业由于生产工艺及产品自身的特点，也存在不同程度的环境问题。生产过程中洗衣粉生产的粉尘污染、原料4A沸石生产废渣排放、磺化过程废气排放等问题比较突出。另外，含磷洗涤剂对封闭性水域水质的富营养化也引起社会高度关注。1999年太湖流域开始展开禁磷工作，2000年山东省全省范围内禁磷，辽宁、天津、河北、江苏等省市也陆续颁布禁限磷通告或规定。

出于社会责任感，有关企业在生产过程中认真做好环保工作，严格按照“三废”排放标准和要求实施。同时，针对各区域禁限磷的问题，企业积极配合相关地区的有关规定，力争开发无磷高效新产品满足消费需

求。坚持科学发展观、坚持可持续发展方针，已经成为洗涤用品行业企业，特别是名牌产品生产企业的共识。

由于客观条件的影响，无磷洗衣粉质量普遍偏低，洗涤用品行业在无磷洗涤剂的生产中要注意提高产品质量。国家质检总局最近几次抽查结果表明，部分洗涤用品产品质量出现下滑迹象，这已引起业内人士关注。产品质量是企业信誉和企业生命力的保证，是行业、企业真正实现可持续发展的源泉。

4、依靠科技创新，促进产业升级

未来的市场竞争归根结底就是科技的竞争、创新能力的竞争。企业要想做大做强，获得长期发展，就必须加大科技投入，依靠科技创新，积极采用新材料、新工艺、新装备，大力进行新产品开发。目前，制约国内洗涤用品生产企业发展的一个主要问题就是自主创新能力的薄弱。国际大公司每年都在研发上投入巨资。与国外跨国公司相比，国内企业长期以来对研发工作有心无力，投入力度不够，创新能力未得到充分发挥，新产品开发跟不上市场变化的需求。可喜的是，这些中国名牌企业都非常重视这方面的工作，均给予了大力扶持，建立了先进的研发体系，并重视发展和完善。

**二、国际国内比较**

我国洗涤用品行业与老百姓生活密切相关，生产发展很快。目前，我国洗涤用品总量已跃居世界前列，但人均消费水平较低。2004年我国人均年使用量3.8公斤左右，仅相当于发达国家人均消费水平的1/5。同时，在产品品种、产品档次以及消费习惯等方面与国外相比均存在差距。

我国洗涤用品国内市场国际化局面已初步形成。从1986年起世界跨国公司开始进入我国洗涤用品市场，1993年宝洁、联合利华、汉高、花王等著名跨国公司已相继进入我国洗涤用品生产领域，建立本地化生产体系，这些国际公司凭借其雄厚的实力及独特的营销方式，在国内洗涤

用品市场迅速占据了相当大的市场份额。2003年这些在华合资（独资）企业的合成洗衣粉产量占当年全国合成洗衣粉总量的21.91%。

在与这些跨国企业的激烈市场竞争中，纳爱斯、南风集团、立白集团、白猫集团、全力集团、开米股份、传化集团、浪奇实业等一批优秀的民族企业脱颖而出并发展壮大。目前，我国洗涤用品行业主要企业的设备和生产技术已达到国际先进水平，产品质量与国外产品差距逐渐缩小。部分企业已经有实力走出国门，参与国际市场竞争。

近几年来我国洗涤用品的出口创汇增长较快，2003年合成洗涤剂（含表面活性剂，不含肥、香皂）出口26.27万吨，其中洗衣粉出口8.1万吨，同比增长了46.54%。

### 三、洗涤用品名牌产品概况

改革开放以来，我国洗涤用品行业生产集中度及品牌集中度逐年提高，区域性发展越来越显著。生产向优势地区、优势企业和优势品牌集中，涌现出一批获得国家和地方名牌产品的企业。据统计，2004年合成洗涤剂产量超过10万吨的省市自治区有北京、河北、山西、上海、江苏、浙江、安徽、山东、河南、湖南、广东、广西、四川、陕西等14个，合计产量391.76万吨，占全国总产量的89.78%。

至今获中国名牌的产品有合成洗衣粉5个，2003年产量占全国的69.70%；液体洗涤剂7个，2003年产量占全国的36.87%。消费者对雕牌、奇强、立白、白猫、全力、开米、传化、浪奇等“中国名牌产品”的认可程度很高。洗涤用品名牌产品在提高产品质量、采用新技术、开发新产品以及引导市场消费方向等方面都走在行业的前列。

进一步推进中国名牌战略，通过扶优扶强一批民族洗涤用品名牌产品，将更加有力地推动我国洗涤用品工业的全面发展。

# 西安开米股份有限公司
# 开米牌液体洗涤剂

Kami 开米®

西安开米股份有限公司成立于1997年7月31日，主要从事高科技环保型家庭日用液体洗涤剂及个人护理产品的研制开发、生产与销售，是中国最早全面开发环保型液体洗涤剂的高科技环保化工企业，也是目前国内最大的环保型液体洗涤产品专业生产厂家。

开米公司坚持科技创新为企业可持续发展战略，建立了以市场为导向的产品研究开发中心，依靠科技进步研制成功的系列环保型液体洗涤产品，其技术和品质达到国际先进水平，具备对环境无污染、对人体安全性高、实用功效优良的综合特点。

开米公司的经营业绩和对中国洗涤行业发展所做的贡献得到了国家各级政府、行业和有关专家的肯定和赞扬，获得了多项重要的国家荣誉。公司发展战略和经营项目符合国家产业政策、符合环境保护的基本国策、符合国际洗涤行业的发展趋势和市场需求，具有良好的发展前景和强劲的发展潜力。

Xi'an Kaimi Co., Ltd. was founded on July 31,1997. Its business scope ranges from research and manufacturing to sales of hi-tech and environment-friendly household chemical consumer and personal care products. Kaimi was the first, and is now the largest, high-tech enterprise specialized in developing and producing environment-friendly liquid detergent products in China.

Kaimi has consistently regarded technical innovation as its strategy for sustainable growth. A market-driven R&D was established to develop series of environment-friendly detergent products. The product technology and innovation are reaching the international advanced level.

For its achievements and contributions to the Chinese detergent chemical industry, Kaimi has received plaudits from government, industry and experts at all levels. In addition, Kaimi has received several important national honors. Kaimi's development and business strategies are in sync with the state industrial policy and environmental protection; furthermore, it matches the development trend of international detergent chemical industry and market demands. Kaimi has a great potential for future development and growth.

# 上海白猫（集团）有限公司
# 白猫牌液体洗涤剂

白猫®

上海白猫（集团）有限公司（以下简称白猫集团）1995年10月由上海合成洗涤剂厂改制建立。20世纪50年代末生产了中国第一包合成洗衣粉，填补了国内洗涤剂生产的空白。在几代白猫人的卓越努力下，创造了中国合成洗涤剂工业历史上许多个第一。在2003年度上海集团公司销售收入排名百强企业中白猫集团位列第69位。

白猫集团目前主要生产洗衣粉、液体洗涤剂、牙膏、各种清洁剂、纸制品、日用卫生用品、硬脂酸、甘油及精细化工系列产品。

2003年，以“白猫”为商标的液体洗涤剂市场综合占有率、市场销售份额、市场覆盖面均在同类产品中荣列第一名。其实物质量在同类产品中处于国内领先水平，产品技术紧跟世界同行发展趋势。白猫牌洗洁精、洗涤用品（含其他液体洗涤剂）是1995年至今的上海市名牌产品，白猫牌液体洗涤剂在2003年被国家确认为免检产品荣获国家质量监督检验检疫总局颁发的产品质量免检证书，在2004年又被确认为中国名牌产品。

面对激烈的市场竞争，白猫集团实施名牌战略，加强企业管理，建立ISO9001质量管理体系、ISO14001环境管理体系和HACCP产品安全质量保证体系，始终把顾客满意放在经营活动和质量管理的首位。几年来，公司获得了全国五一劳动奖状、上海市最佳工业企业形象单位、上海市文明单位、上海市建设工业新高地优秀企业、上海工业优秀企业等荣誉称号。

Shanghai Whitecat Group Co.,Ltd (Whitecat Group) was founded in Oct.1995. Its former was the Shanghai Synthetic Detergent Factory. As early as 1950's, Whitecat produced the first product of synthetic laundry powder, filled the vacancy of Chinese laundry detergent industry. By now, Whitecat has made many breakthroughs after many years' effort and dedication. The Goup sales income ranked the 69th of the top 100 industrial companies in Shanghai in 2003.

Now, Whitecat Group's core products include laundry powder, liquid detergent, toothpaste, all kinds of cleaners, tissue products, daily sanitary products, stearic acid, glycerin and fine chemical series.

In 2003, the “Whitecat” brand liquid detergent ranked the first place in the fields of comprehensive market share (in volume and in value) and sales areas in China. The product quality took the lead in the domestic detergent industry; the technique followed the international updated trend. Whitecat dish wash detergent, detergents (including liquid detergents) won the reputation of Shanghai Famous Brand products since 1995. In 2003, Whitecat liquid detergent was awarded the certificate for product exemption from quality surveillance inspection by AQSIQ, and in 2004, it was confirmed to be Chinese Famous Brand products.

Facing the severe market challenge, Whitecat Group launch brand strategy, strengthen enterprise management, establish the ISO9001, ISO14001 and HACCP certificate systems. We always dedicate to winning the wholehearted satisfaction of the consumers. During these years, Whitecat Group has gained many honors such as National May Day Labour Diploma, Shanghai Excellent Industry Enterprise, Shanghai Model Company etc.,

# 广州立白企业集团有限公司
# 立白牌液体洗涤剂

Liby

广州立白企业集团有限公司是近几年迅速崛起的大型日化企业，成立于1994年，经过10年的发展，目前已拥有10家全资企业和6家合资企业，员工3000多人，经营有洗衣粉类、液洗类、牙膏类、皂类、消杀类、纸类、化妆品类等7大类60多个品种的系列产品，其中洗衣粉、液体洗涤剂、洗衣皂三大类产品销售在国内位居前列，从2001年到2003年，立白集团液体洗涤剂的销售量增加了1.3倍，销售额增加了1.25倍。2002年，立白合成洗衣粉被评为中国名牌产品后，对企业的发展起了明显地推动作用，集团总资产增加了36.6%，税额增加84.3%，销售额从2002年11亿元增长到2003年的15亿元，增加了36.4%。

Guangzhou Liby Enterprise Group Co. Ltd., founded in 1994, is a large and fast grown-up enterprise dealing in daily chemical. After 10 years' development, it has owned 10 subordinate whole invested enterprises and 6 joint venture enterprises, staff of over 3000 people, dealing in a series products of more than 60 varieties, 7 category, which are laundry powder, liquid detergent, toothpaste, soap, disinfectant, tissue and cosmetics respectively, among which the sales amount of three category, laundry powder, liquid detergent and soap are the top ones of its kind in China. Especially for liquid detergent, from 2001 to 2003, the sales volume and sales amount have increased 130% and 125% respectively, thus the total capital of Liby group has increased 69.2% accordingly.

# 传化集团有限公司
# 传化牌液体洗涤剂

传化集团创建于1986年10月，经过十多年快速稳健的发展，现已形成了日用化工、精细化工、高科技农业、现代物流四大产业为核心，资本运营与实业经营互动发展的现代企业集团。传化集团建有省级企业技术中心和国家人事部企业博士后科研工作站，拥有国家级高新技术企业1家，浙江省高新技术企业1家。"传化"商标被认定为"中国驰名商标"。

传化集团主要生产销售家居洗涤用品、纺织化学品、皮革化学品、荧光增白剂、造纸化学品、塑料化学品、建筑涂料、种子种苗、花卉等；从事农业资材贸易、植物转基因、旅游观光、专业运输、仓储、物流配送和交易服务等业务。传化各生产企业均已通过ISO9000质量体系认证。

传化集团坚持稳健务实的发展战略，在十几年实业经营实践中，积累了生产管理、技术创新、市场营销的经验；建立了适应市场激烈竞争的营销网络、激励机制和约束机制；摸索出了适应企业发展的绩效管理体系；形成了规范的管理规章和制度。所有这些不仅使传化具有了一定的技术储备，而且凸显出实业经营与管理的特色以及营销策划的优势，为传化业务拓展和集团稳健发展奠定了基础。

Transfar Group is located in Hangzhou Xiaoshan Economic & Technological Development Zone, a national-level one situated at Yangtze Delta Region, which is the most developed area of China. Due to the adjacent Xiaoshan International Airport and Shanghai-Hangzhou-Ningbo Expressway, Transfar enjoys great transportation convenience. The area is also the industrial and trade center of Hangzhou, Transfar therefore enjoys great geographical, informational, cultural and historical advantages.

Transfar Group was established in October 1986. After over ten years fast and steady development, Transfar has become a modern enterprise whose business covers daily-use chemicals, specialty chemicals,high-tech agriculture and modern logistics. Besides plentiful production experience, Transfar is also known for its excellent capital operation capability. Now the Group owns a provincial-level R&D Center and a postdoctoral research program cooperated with the Ministry of Personnel. One of its subsidiaries has been certified as National High-Tech Enterprise, another as Provincial High-Tech Enterprise. Transfar brand was officially recognized as the "National Famous Brand Name".

The main products of Transfar include family use detergents, chemicals for textile, chemicals for leather, fluorescent whitening agents, chemicals for paper and plastics, paint, seedlings and flowers. Transfar has also made remarkable progress in such areas as raw material trade, genetic modified vegetables, tourism, transportation, storage, distribution and other services. Every Transfar subsidiary has been awarded the ISO9000 certificate for quality control.

# 南风化工集团股份有限公司
## 奇强牌液体洗涤剂

南风化工集团股份有限公司，是一个跨全国八省区，跨化工、轻工和药业三大行业的特大型企业集团。公司1996年4月组建，1997年发行股票，成为国有控股上市公司。现拥有5个分公司、16个子公司，总资产达32亿元。

集团公司以生产无机化工、日用化工、钾肥三大系列产品为主，年产无水硫酸钠（元明粉）135万吨，合成洗涤剂50余万吨，硫酸钾15万吨、另有复混肥10万吨，分别占全国市场份额的60%、17%、30%，是中国最大的无机盐、钾肥生产基地，南风集团合成洗涤剂在行业占举足轻重的地位，洗涤产品的性能价格比一直名列前列。

集团公司拥有覆盖全国、功能齐全、体系完备的营销网络，在全国各地设有200多个办事处和2000多家经销商，销售队伍1000多人。"奇强"牌洗衣粉销量连续四年排名全国前茅，性能价格比全国领先，被国家质量监督检验检疫总局评为免检产品和中国名牌产品。同时设有自营进出口公司，在国外拥有稳定的用户，产品出口世界27个国家和地区。公司形成了以"运"字牌为代表的无机化工名牌产品和以中国驰名商标"奇强"牌为代表的日化产品，在国内外市场上享有较高的信誉。

南风集团以"挑战未来，追求超越"的精神，在继续做大做强传统优势产业的同时，进军高技术产业领域，决心在新世纪把南风建成国际化经营的现代化大集团、大公司，为民族工业再铸新的辉煌。

Nafine Chemical Industry Group Co., Ltd. is a large-scale, state-owned and share holding corporation. It is among the 512 enterprises supported by the state,and Posessed of 3.20 billion RMB asset. It has 22 branches those are involved in chemical, daily-chemical detergent, pharmaceutical, high-tech and travel industries, and the primary products are Sodium Sulphate, Detergent, Potassium Sulphate with output respectively 1.60, 0.50 and 0.20 million tons. The Nafine Group has become the largest manufacturing base of inorganic chemical,detergents and fertilizers in China and the No.1 supplier of Sodium Sulphate in the world .The export market covers 27 countries and regions.

As a backbone industry of the Group — daily-use chemicals: "KEON" is a Chinese famous brand. It is always deserve to trust to the consumers and win a considerable market share relying on the reliable quality, strict administration and good service. As a result of the support from the government and the effort-concerted of the all Nafine employees, The detergent powder of brand "KEON" gained the 2001 National test exempted product and the 2002 China Top Brand . Taking this chance Nafine Group will continue to forge ahead and simultaneously, and have much splendid future.

# 广州市浪奇实业股份有限公司
# 浪奇牌液体洗涤剂

浪奇

液体洗涤剂

广州市浪奇实业股份有限公司(以下简称广州浪奇公司),地处广州市天河区，占地面积13万平方米，是广州市股份制试点企业首批上市公司，经中国证券监督管理委员会批准，于1993年在深圳证券交易所挂牌上市，是广东省惟一的日化行业上市企业，更是中国洗涤行业第一家上市公司。

广州浪奇公司始建于1959年，其前身为“广州油脂化工厂”、“广州油脂化学工业公司”。经过四十余载的风雨历程，现已发展成为国内生产洗涤用品的大型骨干企业。目前公司拥有总资产5亿7千万元，员工891人，其中，获得各类专业职称人数198人，大专以上学历的员工有179人，占员工总数的20%，公司具有雄厚的产品开发能力，研发机构包括广州市日用化学工业研究所、浪奇公司研究所。具有年生产能力洗衣粉20万吨，香皂2.5万吨，液洗洗涤剂8万吨，工业表面活性剂2.5万吨。

广州浪奇公司拥有“浪奇”、“高富力”、“维可倚”、“天丽”、“万丽”等多个知名品牌，其中“浪奇”、“高富力”均为广东省著名商标，“万丽”为广州市著名商标。公司的产品包括五大系列：“织物洗涤用品系列”、“个人洗护用品系列”、“家居洗涤用品系列”、“工业及公共设施清洗用品系列”、“工业表面活性剂及精细化工产品系列”；产品包括：浪奇洗衣粉、高富力洗洁精、浪奇洗衣液、维可倚洗发乳、浪奇洗手液、浪奇木瓜香皂、天丽漂渍液、万丽洁厕精等畅销产品，公司的产品屡获省市名牌产品以及部优产品称号，其中浪奇高富力液体洗涤剂荣获国家免检产品称号，浪奇牌洗衣粉和高富力牌洗洁精荣获广东省名牌产品称号。

Lonkey Industrial Co., Ltd. Guangzhou, located in Tianhe District of Guangzhou and with the area of 130, 000 square metres and with the original of Guangzhou Oil Chemical Industry factory, was founded in 1959 and is one of the first manufacturing enterprises of detergents in South China. Currently, Lonkey has become one of the key manufacturing enterprises of detergents in China, with registered capital of RMB 229, 350, 000 and assets of more than RMB 700 million. In 1993 our company came to be one of the fist listed companies, and it was the sole one in Guangdong. In March 2003, Lonkey was elected as “unit of keeping its word and complying with Contracts awarded Continuously for fifteen years” by Guangzhou Industry and Commerce Bureau.

Lonkey has well-known brands as follows: Lonkey, GFL, Vcare, Tianli and Wanli, among which “Lonkey” and “GFL” are famous brands in Guangdong. Our company specially offers a various kinds of Fabric Cleaning and Care products, Personal Cleaning and Care products, House-hold Cleaning products, industry and public facilities cleaning and fine chemical products. And there are sellers such as Lonkey Detergent powder, Gaofuli Dish Detergent, Vcare Moisture Cream Shampoo, Lonkey Hand Cleaner, Lonkey papaya facial soap, Tianli Liquid Bleach, Wanli Toilet Detergent, etc. Our products have always been recognized with a famed brand products in Guangdong and even in China.

# 纳爱斯集团有限公司
# 雕牌液体洗涤剂

纳爱斯集团前身是成立于1968年地方国营“丽水五七化工厂”， 1993年底改制为股份公司。集团总部位于中国“浙江绿谷”丽水市。纳爱斯集团占地129万平方米，共有员工10000余人，专业从事洗涤用品生产。今天，纳爱斯集团已拥有世界上最大的洗涤用品生产基地，分别位于华东的浙江、华南的湖南、华北的河北、西南的四川和东北的吉林。纳爱斯集团为洗涤用品专业生产企业，年产洗衣粉100万吨、液体洗涤剂30万吨、香肥皂28万吨、95%-99%的工业与药用甘油2万吨、牙膏2亿支，形成纳爱斯、雕牌两大名牌三大系列一百多个品种产品。其中“纳爱斯”为著名商标，“雕”牌为驰名商标，“雕”牌洗衣粉为中国名牌产品，“雕”牌洗衣粉、“雕”牌液体洗涤剂同时又是国家免检产品，另外，公司还是洗涤行业中率先通过ISO9000质量保证体系认证的企业。

集团采用先进的分销物流管理系统，通过互联网与银行、商家实行电子订单结汇、发货，快速便捷地通过集团在全国设立的40多个销售分公司和国外销售渠道为超过10亿的消费者提供市场服务。纳爱斯集团是肥皂和洗衣粉两个行业的“龙头”，洗衣粉占有中国市场40%以上的份额，肥皂占有超过67%的市场份额，液体洗涤剂产销量多年来稳居行业前茅。目前，集团多种产品已进入欧洲、非洲、东南亚、西亚、美国、新西兰等国市场。

Established in 1968,Nice Group grew from LiShui Chemical Company. By the end of 1993,it had become a private share holding company. The headquarter of Nice Group is situated in LiShui-a “green valley” city in Zhejiang province. P. R. China. Specializing in washing products, Nice Group covers an area of 1,290,000 square meters and has over 10,000 employees.

Today, Nice Group owns the biggest hygiene products manufacturing in the world which based in East (Zhejiang province), Southwest (Sichuan province), Northeast (Jilin province), South (Hunan province) and North China (Hebei province) which has production capacity of 1,000,000 tons of powder detergent, 300,000 tons of liquid detergent, 280,000 tons of all kinds of soap, 20,000 tons of 95%-99% glycerin both for industrial and medical usage, and 200,000,000 toothpaste. Altogether, it markets 3 categories of more than 100 types of products. Nice Group spearheaded the ISO9000 quality system in the industry and its brands “Nice” and “Diao” have won “Top Brand” certified by the nation and become household names.

Nice Group adopts the advanced IDM-Intelligent Distribution Management system, which links through Internet for order and bill handling, goods delivery. It supplies excellent products and services to more than 1,000 million consumers through its over 40 subsidiaries and sales channels both home and abroad. Nice Group is the market leader both in soap & detergent making, the group has obtained more than 40% of market share on detergent products, whereas 67% of market share on the laundry soap .A lot of Products have been exported to Europe, Africa, Southeast Asia, West Asia, America, New Zealand, etc.

# 圆珠笔、铅笔概况

笔类用品是人们物质文化生活的必需品。经过几代人的卓越拼搏，制笔行业已经形成相当规模和水平、门类比较齐全，既能基本满足国内需求又有一定国际竞争能力的生产体系，从原材料供应、元部件配套、模具设计、加工生产到产品包装、营销网络都比较健全的小产品大产业、小商品大市场、小企业大集群的特色行业。制笔行业的产业链越来越长、社会分工越来越细、专业化程度越来越高、企业关联度越来越紧密、技术创新能力越来越强、笔文化意识越来越浓。

改革开放以来，我国制笔业每年以骄人的速度发展，我国已经成为世界笔类生产大国和出口大国。2004 年我国笔类产品的产销值和出口创汇值均呈较大幅度的增长趋势。2004 年笔类产品销售值为 113 亿元，同比增长 26.4%。出口创汇值为 8.292 亿美元，同比增长 35.96%。其中：圆珠笔 总产量 88 亿支，销售值 49 亿元。同比增长分别为 18% 和 28.9%；出口量为 65.48 亿支，出口创汇 3.479 亿美元。铅笔 总产量 102 亿支，销售值 14.8 亿元。同比增长分别为 14% 和 19.35%；出口数量为 78.8 亿支，出口创汇 1.212 亿美元。

圆珠笔、铅笔的年产量均居世界首位。有这样的一篇新闻报道，全世界五支笔有四支是中国制造，反映了我国制笔行业的进步和我国制笔业在世界的地位。世界的制笔中心正在向中国转移，中国的制笔业正在昂首阔步地走向世界。求质、求新、求快、诚信经营，争创世界名牌、建设制笔强国成为行业快速发展的一个重要标志。

目前，我们笔类产品与国际知名品牌还有相当大的差距：①经营理念上的差距，全球化市场的需求具有地区性和个性化，新的经济理论强调要满足不同客户的需求，而不仅是市场占有份额。所以，有针对性的根据不同地区和民族特点进行研究、开发，才能满足不同客户的特殊要求，才能在占领市场这个竞争核心中争取主动。及时掌握准确的供求信息手段与国际竞争对手的差距还很大，特别是通过网络进行交流和研讨，对电子商务的认识和应用方面我们还有很大的差距。②品牌价值上的差距③经营规模上的差距④市场占有率和产品销售价格上的差距⑤市场全球化程度上的差距；是指覆盖面和覆盖深度的差距⑥技术发展水平上的差距。

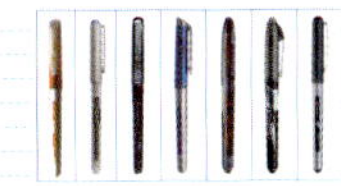

应该承认，通过改革开放，国内品牌和国际名牌的差距正在缩小，只要继续拼搏，差距就会更小，甚至超越，对此我们充满了信心。

2004年，笔类产品有四个中国名牌，其中圆珠笔3个，铅笔1个，从目前情况看，发展趋势都非常好，在本行业中也都起到了很好的示范、引领、推动作用。具体情况如下：

**一、“中国名牌”带给贝发的机遇和挑战**

宁波贝发用十年左右的时间，走过了国外同行往往几十年走过的历程，已经成为全国制笔行业规模最大、创汇最多、发展最快的企业之一。2004年生产圆珠笔11亿支，其它种类笔1亿支，实现工业总产值7.8亿元人民币，其中出口交货值7.5亿元人民币。

贝发集团的“BEIFA”牌圆珠笔以其优秀的产品质量、满意的售后服务、卓越的性价比和突出的市场占有率，赢得“中国名牌”的桂冠。为企业提供了一个非常好的快速发展平台。

1、“中国名牌”进一步提升贝发的品牌形象

2、“中国名牌”进一步坚定贝发走科技创新之路

公司平均每年投入销售额的5．38%作为研发费用。目前共申请专利460项，已授权380项，其中美国专利37项，欧盟专利19项。贝发拥有精密模具制造技术、精密机械加工技术、精细化工技术、机电一体化技术、表面特种处理技术等五大核心技术。

3、“中国名牌”为贝发进一步开拓国际国内市场拓宽了销售渠道

贝发商标已在世界60多个国家注册，已和世界100多个国家和地区的800家客户形成稳定的战略伙伴关系，在这些客户中有12家为全球500强企业，如WAL-Mart、TARGET、K-MART、TESCO等大型国际零售商。

4、“中国名牌”更加促使贝发优化产品质量

贝发是制笔业较早通过ISO 9002标准的企业，2002年完成ISO 9001：2000质量体系改版工作，并通过挪威船级社DNV认证。目前已经通过了22家世界主流厂商的供应商资格认证，60%产品进入国际主流市场，被英国STATIONERY公司授予全球最佳供应商，美国STAPLES公司授予全球惟一的产品创新奖。

5、“中国名牌”需要贝发加快信息化建设

2003年2月，公司决定实施ERP项目，实现信息流、物流、资金流、价值流和业务流的有机集成和提高企业竞争力。经过一年多的实施，贝发ERP实施基本达到了预期的目标，提高了工作效率，提高了贝发的市场竞争力、市场知名度和美誉度。

6、“中国名牌”激发贝发不断加强企业文化建设

十年来，已经形成业界先进的企业文化理念。在企业管理上，不仅是使员工在技能上满足公司需要，更重要的是消除员工的精神贫困；让贝发员工笑起来，满足员工人生价值的追求和精神富足的追求。不断挖掘企业的个性，提升贝发品牌文化的内涵，找到贝发、笔与现代文化的汇合点。我们秉承过去，面向未来，努力打造世界级“贝发”品牌，做行业的引领者，成就民族品牌的代言人，为中国文具产业的更高更快更强地发展做出新的贡献。

**二、“白雪”成就了大“产业”**

“白雪 SNOWHITE”品牌的拥有者是青岛昌隆文具有限公司。公司现有员工 1700 人，总资产 22884 万元。日前，青岛白雪工业园已开工。一期工程投资 4000 余万元，建筑面积达 2.5 万多平方米。“白雪”要抢占经济全球化先机，打造中国制笔大王，争创中国制笔行业第一品牌。

“白雪”牌圆珠笔是人们喜爱的圆珠笔。“白雪”品牌作为文具行业的主流品牌，在中国市场一直有很好的市场占有率、美誉度。2004年白雪牌圆珠笔荣获中国名牌产品荣誉称号，商标也被认定为中国驰名商标，“白雪”成为同行业首家同时获得两项殊荣的企业。“白雪”的成功与其严格的管理、积极创新、正确的决策密不可分。

1、以质取胜，引领行业新潮流

白雪文具在多年的创业、发展历程中，始终以质量为基础、品牌为核心、市场为导向，牢固树立“以质取胜”的观念，按照“今天的质量就是明天的市场”的思想，在二十道生产工序中全部建立了生产责任制、质量责任制、考核责任制；通过对检测中心的软硬件建设，增设检测仪器、改进检测方法、增加成品制笔检测项目、规范检测流程、加强对检测人员的考核和培训，有力的促进了产品质量的不断提高。坚持“以质取胜”不仅是白雪文具过去的产品准则，也是昌隆文具今后不变的承诺。

2、标准领先，推动产品国际化

为顺应国际市场的要求，公司在进行 ISO9001 质量体系认证的同时，开展了 ISO14001 环境管理体系和 OHSAS18001 职业健康安全管理体系的认证，并于 2002 年 12 月通过了 SGS 雅斯利国际认证公司的审核。作为国内同行企业首家获得三项认证的企业，为带动中国文具行业向国际化迈进并与国际化接轨起到了中坚作用，在中国文具行业发展史上树立了新的里程碑。

3、技术创新，为发展提供新动力

重视技术创新，不断提升产品的科技含量和附加值，是“白雪人”矢志不渝的追求。近几年，公司年年推出新产品、新成果，以回报广大消费者对白雪的厚爱。目前，公司的技术中心已成为山东省技术中心的基础，正着手组建山东省惟一的一家“制笔工程研究中心”，为企业的技术创新提供坚实的后盾。

4、公司以“突出提升品牌、优化产品结构、体现白雪形象、促进品质提高、强调区域细分”为新产品开发的指导思想。在产品的系列化、档次化、个性化上狠下功夫。在“直液式笔”等核心技术方面，仍处于同行业领先水平。

5、启动了信息化建设工程

为顺应时代的要求，加强公司与社会之间的信息联系，改善公司内部运营效率，提高企业把握市场的能力，2000 年启动了信息化建设工程。其核心项目 ERP（企业资源计划）被列为重点技术创新项目。并成为行业中首家使用 ERP 管理系统并得以成功实施的企业。

6、持续改进，追求顾客更满意

加强信用建设，坚持诚信为本、顾客至上原则，建立和完善售后服务机制，维护消费者利益，维护市场经济秩序，塑造企业良好形象。

将传统和现代相结合、艺术和技术相结合、中国文化和欧洲文化相结合，以高新技术提升传统行业，不断根据市场的变化和消费者需求的变化，开发新产品、开拓新领域，不断调整结构，推陈出新，始终保持旺盛的创造力和生命力，开发出个性化、配套化的系列笔，引领国内笔类消费潮流。

7、名牌战略，引导企业创辉煌

“白雪”坚持以“品质”为基础，以“品种”为切入点；以市场网络建设及“品牌”形象提升为动力，最终将“白雪”塑造成为国内“个性化”系列笔类产品第一品牌。在立足国内市场的基础上，积极开拓国际市场，力争“白雪”品牌产品遍及世界各地。

创立名牌是战略性、长期性的工作，白雪文具必将跟上世界经济发展的潮流，充分发挥品牌和技术优势，不断创新，生产更加优质的产品，以最好的质量和信誉服务于消费者，推动文具事业持续发展，在国际大市场中跻身世界名牌的行列。

**三、金万年——梅花香自苦寒来　十年磨砺著名牌**

金万年集团创建于1992年，目前主要经营中性笔、签字笔、圆珠笔、中油笔、白板笔、记号笔、荧光笔、自动(可削)铅笔、涂改液、修正带、剪刀以及适合少年儿童绘画使用的蜡笔、油画棒和水彩笔等文具用品。

“参与竞争，我们一直在进步”一句简单的企业口号，已经成为企业为之努力的目标。

2004年获得“中国名牌产品”光荣称号。企业在成绩面前倍感责任重大，变压力为动力，不断地强化各系统的运作能力并延伸至经销商队伍。重点建设海外市场。确定了成为世界最强、最大书写工具提供商的目标。确定建设上海、广东两大生产基地，十大区域分公司和海外营销事业部作为支撑，把产品目标，经营管理和市场营销战略定位在名牌产品上。

名牌战略成就了金万年品牌，无情的质量管理培育了金万年的核心竞争力，通过走集约化经营之路，形成集团式的管理模式。进一步构造大、优、强名牌企业集团。

**四、追求卓越打造国际名牌——中华牌铅笔**

中国第一铅笔股份有限公司制造的“中华牌铅笔”被评为全国铅笔行业委员惟一的中国名牌产品。2004年铅笔产量110762万支，销售量115884万支，其中出口49374万支。公司在取得荣誉的同时，也深刻体会到21世纪我们已进入竞争性质量和战略性质量的时代，市场竞争更为激烈，产品质量显得尤为重要，质量是打造卓越品牌的基础和保证。为此，公司及时提出打造国际名牌新的战略目标，不断给“中华牌铅笔”赋予新的内涵，以创造更高的价值核心。

追求卓越，打造国际名牌。“中华牌铅笔”将依托近百年的生产历史，完整的技术质量管理体系，质量核心价值观等都将为“中华牌铅笔”打造国际名牌提供良好的基础。

# 中国第一铅笔股份有限公司
# 中华牌铅笔

铅笔

中国第一铅笔股份有限公司创建于1935年，主要生产“中华”、“长城”、“爱丽丝”和“古雷马”四个品牌的笔类文化用品和笔类化妆用品以及相配套产品。

1992年以来，公司紧紧抓住机遇，改制为发行A、B股的股份制企业，把企业推向市场。企业充分依托名牌优势，在同行业中一直保持规模、产量、技术、质量、出口和效益七项第一。2002年3月被中国制笔协会评为“中国制笔王”企业。

1997年公司被上海市政府列入全市54家重点扶持的大型企业集团。1999年4月公司率先在铅笔行业通过ISO9002国际质量体系认证和产品质量认证。

公司专业生产的“中华”、“长城”二大产品的木制铅笔是我国轻工产品最具有代表性的老字号国有著名品牌之一，曾荣获多项荣誉称号。其中“中华牌”曾获得全国铅笔行业唯一的“国家银质奖”和全国最畅销的国产商品“金桥奖”称号，并且一直保持上海市名牌产品和上海市著名商标称号。产品受到了广大消费者的喜爱，是消费者首选的名牌和优质国货精品。

1999年，“中华牌”、“长城牌”铅笔和“爱丽丝”化妆笔被国家技术监督局列入第三批“121”计划重点保护名优产品名单。2000年在全国打假会议上，经制笔协会推荐被评为1999年度最高奖——“保护消费者杯”。到2000年，公司“中华牌”已集国家工商局、国家技术监督局、海关总署的重点保护商标于一身，成为受国家重点保护的著名品牌之一。

China First Pencil Co.,Ltd. Was founded in 1935. It is specialized in manufacturing and sales pencil and cosmetics which pencils which brand is “CHUNGHWA” “GREAT WALL” “ALICE” “GLAMOR”.

The company has been transformed from the state-owned in 1992 and from that time China First Pencil has won many item honor in different area such as production , technical, quantity, brand, exportation, benefit etc. It March of 2003. China First Pencil was obtained “The King of Pencil Manufacture in China” form China Pen Manufacture Association.

In1997, the company was listed as one of the 54 most importantly enterprises supported by Shanghai Government. It has also worked wonders of “Little Product Lager Market, More Earning Foreign Exchanges High Benefit”.

The Chunghwa Brand and great wall Brand pencil are the famous brand among with history in Chinese wooden pencil industry the products have won many items of honor, among which Brand CHUNGHWA pencil was awarded National Quality Product. Silver Medal, the only one in the trade and National Best-seller Gold Bridge Medal and has kept the titles of the Shanghai Reputed Product and Shanghai Famous Brand Trademark.. In1999, Brand Chunghwa, Great Wall pencil and Brand Alice cosmetic pencil were listed as most importantly Protect products.

In 2000, being recommended by pencil association, the company won the highest reward of Year -99 “Protecting Consumer Cup .” Until 2000, “chunghwa” brand has been the one of most famous and important of state brands protected by the state bureau industry and commerce, the state bureau of technology supervision and customs general administration.

# 宁波贝发集团有限公司

## BEIFA 牌圆珠笔

BEIFA®

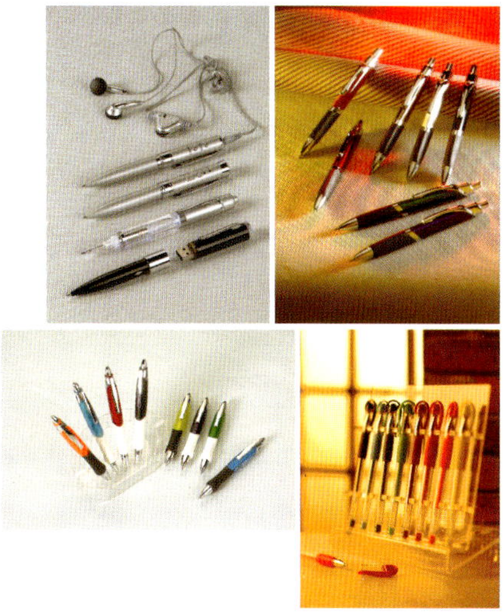



宁波贝发集团有限公司成立于1994年1月,成立时注册资金为18万美元，目前是一家集文具的研制开发、生产销售和国际商贸服务于一体的大型制笔集团,2002年被列入全国大型工业企业。公司生产规模已连续7年居全国同行第一，成为制笔行业规模最大、创汇最多、发展最快的企业。经过10年的发展，现注册资金1005万美元，资产5.12亿元，员工人数4000人，占地面积126000平方米，目前已投入使用的世界最大的单体制笔生产厂房被国家授予“贝发中国制笔城”称号。

公司主要产品为“BEIFA”牌圆珠笔、记号笔、荧光笔、白板笔、活动铅笔、多功能笔、钢笔、精品笔等九大系列1000多个品种，产品性能居世界先进水平，多次荣获国内嘉奖。1999年被外经贸部列入重点支持名牌出口商品，是上海APEC会议指定用笔，这是中国笔首次成为国际会议用笔，2000年被评为浙江省名牌，同年“BEIFA”商标被评为浙江省著名商标，并在世界56个国家申请注册。

公司拥有五大制笔核心技术：精密模具制造、精密机械加工、精细化工、机电一体化和表面特种处理，经国内制笔业专家认定贝发制笔技术水平已达到国内领先水平，部分技术指标已达到国际先进水平。公司于1999年11月率先通过ISO9002质量体系认证，2002年完成ISO9001：2000质量体系改版工作，并通过挪威船级社DNV认证。连年被评为全国轻工业质量效益型企业、外经贸质量效益型先进企业。公司在国内主要城市设立了销售分公司，在美国、俄罗斯、迪拜、巴拿马、西班牙设有5个海外分公司，全球稳定客户已发展到800余家，“BEIFA”在欧美、俄罗斯、非洲等地已成为当地同类中国产品中占有率第一的品牌。

Ningbo Beifa Group is a state-level high-tech group specialized in R&D, production and sales of writing instruments as well as providing international trade services. By 10 years' hard working, the registered capital has reached USD 10.05 million from USD 0.18 million of 1994. BEIFA capacity, sales volume, exports volume and profit performance are all the NO.1 of China writing industry. Now BEIFA has the total asset of RMB 512 million, 4000 staffs, and 126,000 M2 area. In 2002, BEIFA production facility was awarded as “BEIFA WORLD MANUFACTURING CENTER” which is the biggest integrated production facility in the writing industry.
The Beifa's major product covers over 1000 items of 9 main product lines, including gel ink pen, ballpoint pen, liquid ink pen, highlighter, permanent marker, board marker, mechanical pencil, multi-functional pen and metal pen. Beifa products have reached international standard and got many prizes. In 1999,“BEIFA” is awarded the titles of National Celebrated Export Commodity To Be Given Special Support and was designated as the APEC Shanghai meeting. It is the first time that China writing instrument is designated as the international meeting. As a provincial top brand, BEIFA brand has been registered in 56 countries.

BEIFA has five core writing technologies of precision moulding, precision mechanism processing, precision chemistry, special surface treatment and mechanism & electronics technology, which are certified as the leading ones in China, and some of them meet the international standard, by the writing experts in China. In November 1999, Beifa Group passed the ISO9002 Quality System Certification In August 2002, Beifa Group passed the ISO9001:2000 QM System Certification issued by DNV. In the recent years, BEIFA is awarded as the quality & profit well-performed company by China light industry association and China foreign trade committee. BEIFA has set up 31 sales branches in China and 5 overseas branches in Russia, United States, Panama U.A.E and Spain. The company now has more than 800 regular customers. BEIFA product has occupied the largest market share in regions like Russia, Africa, and Central Europe compared with other Made In China products.

# 青岛昌隆文具有限公司
# 白雪牌圆珠笔

白雪

“白雪”牌商标的拥有者是青岛昌隆文具有限公司，公司创立于1988年，是集设计开发、生产、销售为一体的专业文具生产企业，产品包括系列笔、笔芯、修正液、修正带等。

“白雪”牌圆珠笔产品国内销售区域遍及全国各地，市场占有率大大领先同行业其他企业。同时，公司致力于开拓国际市场，已经初步形成一个以东南亚、中东、欧美为主体，辐射世界各地的国际销售网络。“白雪”牌系列笔2003年获得山东名牌产品称号，“白雪”商标于2004年被认定为中国驰名商标。

白雪文具在实施名牌战略的同时，注重对产品质量的严格要求和企业自身管理的提升。2003年成为同行业中首家同时通过IS09001：2000质量管理体系、ISO14001环境管理体系、OHSAS18001职业健康管理体系三项认证的企业，2004年公司技术中心获得省级技术中心的称号。2003年,白雪文具成为中国文具行业首家使用ERP管理系统并得以成功实施的企业。

“白雪牌”圆珠笔产品的书写长度等主要指标均达到或超过国际标准，且安全和环保等指标不断提高，已通过了SGS等国际认证机构的MSDS（物资安全资料表）检测。当前，圆珠笔产品主要有：油性圆珠笔、中性圆珠笔和水性圆珠笔等三大类，300多个规格品种。大部分产品均通过EN71安全标准测试。

Qingdao Changlong Stationery Co., Ltd., holder of Snowhite Brand, is a famously professional stationery manufacturer specializing in developing, producing and selling stationery. It was founded in 1988. The main products of it are ball pen and series, correction fluid and correction tape etc.

The domestic selling areas of Snowhite cover everywhere of China. Its market-occupying ratio keeps ahead of other enterprises in the same line. At the same time, Changlong Stationery Company focuses its energy on extending overseas market. With its effort, an international selling net mainly covering Southeast Asia, Middle-East, Europe and U.S.A. has already been established. In 2003, Snowhite was rewarded as Shandong Famous Brand and also was recognized as China well-known trademark in 2004.

With its extending and actualizing of Famous Brand Strategy, Snowhite focuses its attention on strictly controlling its quality and upgrading its administrating. In 2003, Snowhite became the first enterprise in its line which successfully passed ISO90001:2000 Quality Administration System, ISO14001 Environment Administration System, OHSAS18001 Employment Health Safety Administration System. In 2004, its Technology Center was recognized as Provincial Grade Technology Center. In 2003, Snowhite became the first manufacturer which using ERP Administration System and has already successfully put it into practice.

The main indexes of Snowhite ball pen, including the length of the writing, have reached or exceeded international standards, and its safety and environment administration standards have been strengthened. And it has passed the MSDS inspection of SGS and inspection of other International Authentication Organizations. At present, the main products of ballpoint pen are: gelball pen, gel pen and roller pen, with more than 300 specifications and types. Most of them have passed the EN71 Safety Standard Inspection.

# 广东省潮阳市金万年文具有限公司
# 金万年牌圆珠笔

金萬年
金万年 GENVANA

金万年（集团）创建于1992年，是目前国内规模最大，科技含量最高，技术设备最优的大型文具企业之一，是中国百货商业协会（文专委）副主任单位；中国文教体育用品协会副理事长单位；中国制笔协会副理事长单位。

（集团）公司先后分别荣获：中国制笔协会的“制笔名牌”和“中国制笔王”称号；中国文教体育用品协会的“中国十大文具品牌”称号及“中国十大文具品牌企业3.15防伪重点保护品牌”和“广东省著名商标”称号。

集团旗下有两大生产基地：上海金万年工业城和广东金万年工业城。

（集团）公司总部潮阳市金万年文具有限公司专业制造圆珠笔、中性笔、签字笔。下属航大公司、金万年实业发展有限公司专业制造记号笔、荧光笔、自动（可削）铅笔、涂改液、修正带、剪刀以及适合少年儿童绘画使用的（精装版）蜡笔、油画棒和水彩笔等文具用品。

公司具备强大的研发队伍，研发能力强，新产品层出不穷。生产规模大，拥有一批先进的全自动设备，销售服务能力硬，国内各地区设有分公司及办事处。

Established in 1992, Genvana (Group) is one of the largest stationery manufacturers in China with the largest production scales, highest technological contents, and best technical equipments. Genvana (Group) is the Deputy Director Unit for China Commerce Association for General Merchandise (the professional committee of the educational and cultural goods); the Vice Director Unit for China Stationery and Sporting Goods Association; and the Vice Director Unit for China Writing Instrument Association.

Genvana (Group) has won: “Chinese King of Pen Manufacturers” and“Chinese Famous Brand of Writing Instrument” by China Writing Instrument Association,“A Top Ten Stationery Brand of China” and “3.15 Anti-Counterfeit Specially Protected Trademarks” by China Stationery & Sporting Goods Association. Also it is a “Famous Trade Mark of Guangdong Province”.

Genvana (Group) has two manufacturing bases: Shanghai Genvana Industrial Zone and Guangdong Genvana Industrial Zone.

Genvana Stationery Corp. Ltd headquarter Chaoyang city Genvana Stationery co., Ltd is make a specialty of gel ink pens, ballpoint pens and roller pens. Underling filiales Hangda Stationery Co., Ltd and Genvana Industrial Development Co., Ltd is make a specialty of whiteboard pens, markers, highlighters, mechanical pencils, correction fluids/tapes, scissors, wax crayon suitable for children's painting (hard-cover edition), oil pastel, water-color paint brush, etc.

Genvana (Group) has a strong R&D team responsible for product research, development and innovation to ensure its new products are continuously developed and introduced into the market. Our fully automatic equipments ensure our production in large scales; and our sales and distribution network covering every area in the domestic market improves our services standard constantly.

# 炊具行业概况

【压力锅】产品是轻工行业的重要产品，与消费者的日常生活息息相关。近年来，在经历了产品与行业结构的调整后，整个压力锅行业步入健康发展的轨道，行业骨干企业的经济效益、利税等均达历史最高水平。全行业的品牌集中度已经达到相当高的水平，全国获得生产许可证的五十多家企业，其年总产量已达1700万～1800万口，其中前六位的企业约占市场的70%以上。在市场上，苏泊尔、双喜、爱仕达等知名品牌逐步成为主导压力锅市场的中坚力量。

20世纪90年代初期以前，压力锅曾经是事故较多的轻工产品。在各有关领导部门的关心支持下，全行业齐心协力，在提高国家标准水平的基础上，进行了产品结构调整和技术创新，积极引进国外的防爆锅技术，不仅在材质上进行了创新，而且在结构上进行彻底更新，目前90%的产品采用了复合铝材，锅身、锅盖的开合处从结构上进行了改进，彻底解决了安全问题。不仅如此，随着技术力量的壮大，一些骨干企业还在节能与营养方面做文章，研制成功智能压力锅，走在了世界前列。近几年，在国家监督抽查中，压力锅产品的合格率一直保持较高水平，骨干企业的合格率已达100%。目前实施的强制性国家标准《铝压力锅安全及性能要求》和《不锈钢压力锅》中主要技术要求如安全性能（破坏压力、合盖安全性、密封圈、表面处理、破坏压力、耐内压力等）及表面处理技术均采用德国日本的技术，属国际先进水平。主要企业的产品已开始大量出口，除为世界知名品牌做OEM外，一些企业已经开始以自己的品牌进入发达国家市场。

【家用燃气灶具】）自20世纪60年代在我国出现以来，已经走过了半个世纪的历程，近年来，家用燃气灶产品发展速度很快，各种品牌、档次的燃气灶产品层出不穷，数百元至上千元各种款式的嵌入式灶具备受青睐。同时，随着农村液化石油气大面积普及，燃气灶具在农村也受到了欢迎。可以说，家用燃气灶具已经成为每一个家庭必备的日用消费品。据统计，目前我国燃气灶生产企业约有1000多家，年产量在2000万台以上，经过多年的市场竞争，该产品虽然品牌较多，但集中度也相对较高，前10名企业的市场占有率已达到60%以上。

为了保护消费者人身安全，国家质量监督检验检疫总局连续对家用燃气灶产品质量进行了国家监督抽查。抽查结果表明，大中型企业的产品质量稳定可靠，合格率为100%，并且在历次抽查中产品质量较好。这些企业普遍生产规模较大，质量意识高，售后服务有较好的保

证，深受用户好评。目前国家强制性标准 GB16410《家用燃气灶具》的修订稿基本完成，主要技术要求指标均采标自日本和欧盟的标准，属国际先进水平。根据中国人的烹饪习惯，有些指标还远远高于国外标准，如热负荷、热效率等。从产品实物对比情况看，国内骨干企业的产品其内在质量和外观设计，特别是近年新开发的嵌入式产品，决不逊色于国际知名的品牌。

近两年，国内工艺水平提高较快，加之加工成本的优势，出口情况非常喜人，年出口额已超过 1 亿美元，出口地区也早已不局限在东南亚、香港地区，欧洲、南北美、非洲都已成为我们的市场。

【不粘锅】不粘锅在我国诞生于 20 世纪 80 年代，经过近二十年的发展，不粘锅已经成为老百姓家家户户必备的厨房用具，是烹饪器具中的主力军。据不完全统计，目前国内不粘锅生产企业已达百余家，主要产地是浙江和广东。近年来，随着企业技术创新、产品创新力度的加大，不粘锅系列产品的内在质量和产品外观都有了很大进步。现在，不粘锅的种类已不局限于生产初期的单柄平底煎锅，已经基本形成了单柄、双柄、铝及铝合金不粘压力锅、复合底锅、蜂巢底煮锅、汤锅、奶锅、炒锅、内涂外搪不粘锅、电磁炉用不粘锅等系列，花色品种繁多，规格配套齐全。随着花色品种不断丰富、功能的不断完善和质量的不断提高，不粘锅产品的市场需求大幅提高，生产呈现迅猛发展的趋势，2000 年全国各类不粘锅产量大约为 8000 万口左右，到 2003 年已经突破 1 亿口，大约占了全世界总产量的 20%，已经成为名副其实的不粘锅生产大国。不粘锅产品不仅在国内市场上购销两旺，近年来产品出口也迅猛增加，出口额从 2001 年的一千多万美元猛增至 2003 年的七千万美元，产品远销欧美、日本、东南亚等地。出口主要集中在“爱仕达”和“苏泊尔”等骨干企业。全国最大的不粘锅生产企业浙江爱仕达电器有限公司 2003 年出口创汇近五千万美元，其中有 15% 以“爱仕达”品牌销往海外。

加入 WTO 以后，不粘锅生产企业迅速融入全球化的炊具市场，产品技术水平和质量水平稳步提高。有的已达到国际同类产品水平，质量的提高，吸引着国外品牌的关注，纷纷把生产加工转入中国。通过与国外企业深入、广泛的合作，也促进了我国不粘锅产品的技术水平，如爱仕达公司生产的可用铁铲的硬质氧化炒锅，改变了原不粘涂料怕刮的弱点，可充分适用于中国的烹饪方式。目前，国内生产企业执行的标准 QB/T2365-1998《铝及铝合金不粘锅》，其主要性能指标均采标自欧美、日本，属国际先进水平。国际市场上，最知名的不粘锅品牌主要有：NEWELL（纽威尔）、TEFAL（特福）、美亚等。在与这些知名品牌的实物对比测试中，国内骨干企业的不粘锅产品在不粘性、附着牢度、耐碱性等指标上分别达到或接近国际先进水平，而耐热骤冷稳定性、剥离牢度及厚度等关键指标均已达到国际先进水平。近几年，骨干力量非常重视新技术的开发利用，掌握了多项核心专利。其中仅苏泊尔一家获得的专利就已达到七项之多。由于不粘技术的特殊性，经过多年的市场竞争，不粘锅的生产已经步入良性健康发展的轨道。一些骨干企业充分利用技术优势、资金优势、市场优势，树立起了品牌优势，爱仕达、苏泊尔等已经成为消费者耳熟能详的不粘锅品牌。据不完全统计，国内不粘锅前 10 名企业的市场综合占有率已经达到 70%-80%。

# 广东省湛江市家用电器工业有限公司
## HONG 牌电饭锅

HONG

电饭锅

广东省湛江市家用电器工业有限公司是一家以研究生产中高档家用电器为基础，以电饭煲行业为龙头，集科、工、贸为一体的大型民营科技先导企业，是广东省新技术企业，是中国企业最佳形象AAA级企业，曾先后荣获广东省连续十年“重合同、守信用”单位、广东省“优秀民营企业”、湛江市“文明单位”、“消费者信得过单位”、“质量管理标兵企业”等十项荣誉称号，最近被国家工商总局授予中国守合同、重信用单位殊荣。公司已通过ISO9001：2000国际质量体系认证，公司主导产品HONG红牌电饭锅年产600多万台，家用燃气灶具300多万台，不粘锅300多万只，电磁炉近200万个。其中HONG红牌电饭锅、家用燃气灶具属广东省优质产品、广东省名牌产品、中国消费者信得过产品、广东省著名商标，HONG红牌电饭锅荣获国家免检产品证书，公司拥有多项自主知识产权，拥有多项国家专利和科研成果，是湛江市惟一被广东省知识产权局、广东省人事厅、广东省经济贸易委员会授予“广东省专利工作先进企业”和“专利试点企业”的企业。

Guangdong Zhanjiang Household Electric Appliances Industrial Co., Ltd. is based on research and produce high-middle grade home electronic, based on the competitive product-electric rice cooker, gathering science research、industry、trade for an integral whole of large private technology guide enterprise, is a new technology enterprise, is a top image AAA grade enterprise of China, is a Trustworthy in Contracts and Obligations enterprise from 1994 to 2004, is a excellent private enterprise of Guangdong, etc. Recently, the enterprise awarded “Trustworthy in Contracts and Obligations enterprise of China”. The enterprise already received the certificate of ISO9001:2000 international quality system approval. The annual output of leading product “HONG” brand rice cooker is over 6,000,000 pcs, home gas appliances is over 3,000,000 pcs, non-stick cooker is over 3,000,000 pcs, electromagnetic stove is about 2,000,000 pcs, and “HONG” brand rice cooker、home gas appliances are the excellent products of Guangdong ,are the famous products of Guangdong, are Chinese consumer trust products, are the famous trademark of Guangdong,“HONG” brand rice cooker honored the reputation free from inspection in China, the enterprise got many nation product patent and research achievement, is the only enterprise awarded “patent work advance enterprise” and “Patent Experiment Enterprise”.

# 佛山市盛发电器有限公司
# 三源牌电饭锅

电饭锅

佛山市盛发电器有限公司是一家拥有15年专业生产小家电历史的生产企业，以生产电饭锅为主，以及生产电子瓦锅等其它小家电，年产电饭锅超过360万台。产品畅销全国各地，并大量出口创汇。公司现有职工692人，其中技术人员有66人，占职工总数的9.6%。

佛山市盛发电器有限公司占地一万多平方米，建筑面积超过五万平方米，是一间专业生产小家电的民营企业。拥有现代化的办公大楼、厂房和实验设施。花园式的工厂绿化，景色宜人，让你心旷神怡之余感受到现代化企业的气息。公司主要产品以电饭锅为主，兼产电热锅、电子瓦锅、开水瓶等。拥有十五年专业生产小家电的历史。年产电饭锅369万台，产品畅销全国各地；并大量出口。是佛山市家电行业的龙头企业之一。目前设有国内营销中心、海外营销中心、研发中心、生产部、采购部、品管部、人力资源部等部门以及属下电饭锅厂、电热多用锅厂、电子瓦锅厂、开水瓶厂、塑料厂、五金厂等六大分厂。

Foshan Shengfa Electrical Appliance Co, LTD, is a comprehensive enterprises with 15 years in the small electrical appliance, specialized in the rice cooker and other small electrical appliance: such as slow cooker、multi-functional cooker、air cooker and so on. The annual output reaches 3. 69 million pieces. All the products find a good market in home and also exported to abroad. Now, the total employee is 692 person including 66 technicians, which amount 9.6 percent of the whole. Our company owns

# 广东美的集团股份有限公司
# 美的牌电饭锅

美的 Midea®

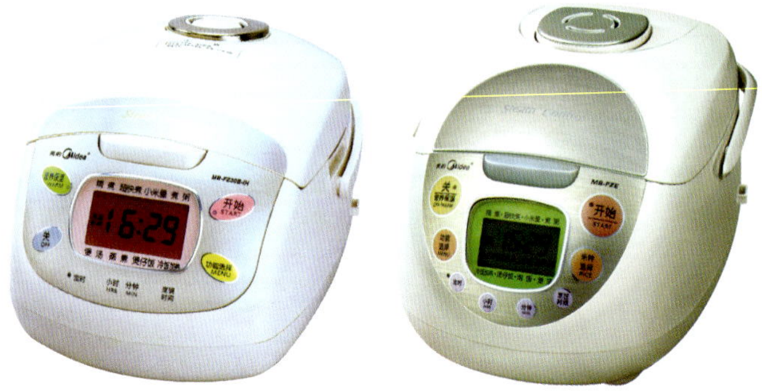

电饭锅

美的集团创建于1968年。1980年，正式进入家电业。1981年，开始使用美的品牌。1993年，集团下辖的广东美的集团股份有限公司在深交所上市，成为全国第一家由乡镇企业改制而成的上市公司。2001年，美的转制为民营企业。2003年，美的相继收购云南、湖南的客车企业，正式进入汽车业。2004年，美的将通过并购重组进入电力、机械、基础设施等行业。

美的一直保持着健康、稳定、快速的增长，20世纪80年代平均增长速度为60%，90年代平均增长速度为50%。

2003年美的集团实现销售收入175亿元，同比增长30%，其中出口创汇5亿美元，同比增长60%。经过三十多年的不断调整、发展与壮大，如今美的已成为以家电业为主的大型综合性现代化企业集团，是中国最具规模的家电生产基地和出口基地之一。

目前，美的集团总资产达105亿元，员工3.5万人，拥有由总部（66万平方米）、总部工业新区（23万平方米）、顺德大良（13万平方米）、安徽芜湖（42万平方米）、广东中山（32万平方米）、湖北武汉（54万平方米）六大生产基地，总面积达230万平方米。拥有遍布全国的市场营销网络，并在美国、德国、日本、韩国、加拿大、俄罗斯及我国香港等地设有分支机构。

Midea group was es tablished in 1968 and it began to shift its business toward electric home appliance in 1980. On August 30, 1981, Midea brand was registered and come to use. On November 12, 1993, Midea was listed on Shenzhen Stock Exchanges, becoming the first listed township enterprise approved by China Securities Regulatory Commission. In 2001, Beijiao Town Government, the biggest shareholder, withdrawing completely from the company, Midea turned into a private enterprise. In 2003, purchased 3 enterprises of Yun Nan and Hu Nan province, of which manufacturing passenger car, Midea expand its business scale to car industry. Further more, Midea will enter the electricity, mechanics and basal facilities vocations.

Midea has maintained a healthy, steady and rapid growth which in 1980s 60% and 1990s 50%.

In 2003, Midea had realized USD1.75 billion sales in total (30% increase), to which overseas market contributed well over USD500 million (60% increase). After 30 years continuous adjusting and developing,

Midea has a total asset of 10.5 billion Yuan and a strong workforce of 35,000 at present. Midea has six major production bases which total area reaches 2,300,000 sq.m. : Midea Industrial Town (660,000 sq.m.), Shunde New Beijiao Industrial Zone (230,000 sq.m.), Shunde Daliang Base (130,000 sq.m.), Shunde Zhongshan Base (320,000 sq.m.), Hubei Wuhan base (540,000 sq.m.) and Anhui Wuhu Base (420,000 sq.m.). Midea has already set up a nationwide marketing network in the domestic market, and further more, branches selectively include HK, U.S. A., CANADA, GERMANY, UK, JAPAN, RUSSIA, KOREA in key home appliances markets.

# 吴川市宏达电器有限公司
## 浩特牌电饭锅

广东省吴川市宏达电器有限公司位于325国道广东省吴川路段旁边的大山江镇岭圩开发区，是一间通过ISO9001:2000质量管理体系认证的现代化集家用电器研制、生产、销售于一体的规模化、专业化中型民营企业，经营范围包括电饭锅、电磁炉等家用电器产品的研究开发、制造和销售。公司拥有符合ISO9001:2000质量管理体系标准要求的10万多平方米的安全环保型的花园式厂区、6万多平方米的标准厂房及2万多平方的及生活服务区。按照ISO9001:2000质量管理体系要求建立的精简高效管理机构，用现代企业管理模式管理和营运企业。公司设立电热器具研究工作所，专门的开发研究人员和广泛的科研合作及充足的科研资金，构建技术优势，强化产品的开发研制，保证了公司产品在质量及技术性能等始终保持在同类产品的前列；采用目前国际先进或国内最先进的生产技术、生产设备和工艺流程并实行严格质量管理，执行国际标准和国家标准，生产和服务现场规范化，质量控制一体化，都是有记录的和可追溯的，产品质量是可控、稳定及优良的。公司完善的产品销售网络和售后服务网络及让利消费者及经销商的销售策略，创造了公司产品良好的性能价格比和强大的市场竞争力；良好的售后服务工作，确保消费者的利益。

Hong Da Electrical Equipment Co., Ltd., Wuchuan City, Guangdong Province is located in Lingxu Development Zone, Dashanjiang Town at the side of State Highway 325 of Wuchuan section, Guangdong Province. It is a medium type of private enterprise for modern household electrical equipment research, processing and sale in one body with scale and professional level through the authentication of ISO 9001:2000 quality control system. Its legal representative is Liang Hongsheng and its business scope includes electrical rice cooker, electrical magnet oven, etc. household electrical equipment and product in research, development, manufacturing and sale. It has over 100,000 square meter of safe and environment type garden style plant area, over 60,000 square meter standard plant building and over 20,000 square meter residence service area according to the standard of ISO 9001:2000 quality control system. It set up a simplifying administrative structure up to the standard of ISO 9001:2000 quality control systems, manages and operates enterprise in modern enterprise model. It set up research station for electrical heating equipment and has special development researchers, broad research cooperation and has enough funds for its science and research, establishes technical force, intensifies development, research and manufacturing to ensure that the product quality and performance of the company are ranked in the first place in similar lines. It employs current advanced international processing technique and most advanced processing technique, processing equipment and technical process to perform strict quality management at home. It executes international standard and national standard, standardize processing and service site, quality control in one body to be furnished with the record and to be able to retrospect. The quality of product can be controlled for its stability and excellent. The company has a perfect product sale network, service network after service, preference for consumers and sale strategy of marketer to create good performance, price comparison and stronger competition force in the market for the product of the company. The good service after sale guarantees the benefit for the consumers.

# 沈阳双喜压力锅有限责任公司
# 双喜牌压力锅

DOUBLE HAPPINESS

压力锅

沈阳双喜压力锅有限责任公司成立于1998年，属民营股份制企业，注册资金5000万元。由沈阳双喜公司、珠海双喜公司、珠海双喜炊具销售公司组成。现有员工2319人，总资产25589万元。公司以生产经营民用压力锅系列产品为主，涵盖压力锅、不粘锅、汤奶锅、厨房小家电等相关炊具领域产品的生产和销售。1997年通过ISO9001质量体系认证。自共和国第一口压力锅在双喜问世以来，已累计生产各种压力锅近亿口。双喜产品不仅遍布大江南北，而且飘扬过海，远销欧亚非等世界40多个国家和地区，并在世界7个国家注册双喜商标。在饱受“非典”疫情困扰下，2003年产量依然突破280万口，实现产值2.7亿元。

沈阳双喜压力锅有限责任公司的前身是成立于1956年的沈阳黎明铝制品厂。1964年，新中国第一口压力锅就诞生在这里。1972年，双喜商标经由辽宁轻工业品进出口公司正式冠名注册。伴随着共和国民族工业的成长，双喜从第一代铸铝压力锅到第三代复合型压力锅，从普通氧化技术到硬质氧化技术，从单一压力锅炊具到全方位厨具系列，双喜一步一步从手工作坊式“微型”集体企业，走向国家大二型企业。双喜品牌也由名不见经传逐渐成为压力锅的代名词。

Shenyang double Happiness Company was founded in Shenyang china in 1956.over 45 years of development has enabled her to grow much bigger and stronger, and now has become one of the leading cookware manufactures in china. In 1999,Shenyang Double Happiness Company was reconstructed to be Shenyang Double Happiness Pressure Cooker co ,.Ltd, changing from a public owned company to a privately owned one. In January 2000, Zhuhai double Happiness Pressure Cooker co., Ltd was established in Zhuhai .In August Shanghai Double Happiness Cooker Distribution Co.,Ltd was founded in Shanghai, and in December 2001, Mascot Industry (PTY) Ltd was founded in the republic of south Africa , in 2004 Shanghai Double Happiness Cooker Distribution Co.,Ltd moved to Zhuhai ,thus ,the group develops from a company that had the only product of pressure cookers to an international one that had manufactures pressure cookers, non-stick pots , stockpots as well as household electric appliances.

Shenyang Double Happiness Pressure cooker Co.,Ltd is the producing base of stainless steel pressure cookers, bent on the research, design and production of stainless steel pressure cookers. Its stainless steel pressure cooker production lines, imported from Italy, are the most advanced ones in the word. The company has the production capacity of 2 million units (sets) of stainless steel pressure cookers.

# 浙江苏泊尔炊具股份有限公司
## 苏泊尔牌压力锅

SUPOR
苏泊尔

浙江苏泊尔炊具股份有限公司是国内最大一家集炊具高新技术研发及产品生产于一体的民营股份制省级高新技术企业，目前公司旗下已拥有五家控股子公司、四家销售分公司及遍布全国的营销服务网络。公司一直致力于成为中华饮食文化倡导者，不断研发适合中国消费者需求的产品，引领炊具行业新理念新潮流，并为全球著名炊具品牌提供生产供应服务，先后获得浙江省四星企业、省科技先导型企业、省工行AAA资信企业、省级“重合同、守信用”先进单位等多项荣誉；1999年12月，“苏泊尔”商标被认定为浙江省著名商标；2002年3月“苏泊尔”商标被国家工商总局认定为中国驰名商标。公司主导产品——“苏泊尔”系列压力锅于1997年10月被认定为浙江省名牌产品，并在全行业率先通过中国方圆标志认证、ISO9002质量管理体系认证和美国UL安全认证。公司以其过硬的产品质量、稳定的安全性能和完善的产品售后服务，市场份额逐年上升，根据国家行业企业信息发布中心的权威统计数据显示，苏泊尔近年来以超过50%的国内市场占有率遥遥领先于同行业其他竞争对手，成为国内炊具行业当之无愧的第一品牌。2003年公司实现销售收入83452万元，实现利润7647万元，税金5631万元，出口创汇3178万美元，企业取得了较快的发展，经济效益十分明显。

Zhejiang Supor Cookware Co., Ltd. is the largest cookware maker in China, which engages itself in the high tech research and manufacturing of cookware. Supor is a private joint stock province level high tech enterprise. Now the company holds shares of 5 companies and 4 sales branch companies and the marketing and service network all over China. Supor engages itself into being the urger of Chinese food culture. It keeps studying and researching products to the needs of Chinese consumers and takes lead in new conception and trends in the cookware industry. Supor serves global cookware brands by OEM. It has been honored Four Star Enterprise of Zhejiang Province, Leading Technological Enterprise of the Province, AAA Credit Enterprise of the ICBC Zhejiang Branch, Province Level Contract Conscious and Faithful Unit, etc. In December 1999, Supor was granted the honor ofthe Famous Trademark of Zhejiang Province. In March 2002, Supor was granted by the National Industrial and Commercial Administrative Bureau the honor of the Famous Trademark of China. The company's main product, Supor pressure cooker series was authenticated as Zhejiang Famous Brand Product in Oct. 1997. It passed the authentication of the China Square and Round Mark, ISO9002 Quality Management System and UL Safety of USA. With its good quality products, stable safety and good after sales service, Supor's market share has been rising every year. According to the authoritative statistic by the National Guild and Enterprise Information Release Center, Supor has already been the no. 1 cookware brand in China, with a market share of over 50% and leaving its competitors far behind in recent years. The company's turnover in 2003 is 834.52 million Yuan with 76.47 million Yuan's profit and 56.31 million Yuan's tax. The export turnover in 2003 is USD31.78 million. The company is developing fast and with a good economic efficiency.

# 广东顺达不锈钢器皿实业有限公司
# 顺达牌压力锅

顺達
SHUNDA
SND

压力锅

当今不锈钢行业熠熠生辉的“群星”中，那一颗最璀璨、最明亮的“星”就是“广东顺达不锈钢器皿实业有限公司”。广东顺达不锈钢器皿实业有限公司（下称顺达公司）是我国不锈钢器皿制造业首批企业中的佼佼者，顺达公司以其过硬的产品质量和良好的信誉，依靠科技进步、不断改革创新，努力做到“人无我有、人有我精、人精我变”，一直起着不锈钢器皿制造行业的先锋作用。

回首历史，20世纪80年代初期，揭阳大地乘着改革开放的春风兴办起了多少家制造业的小工厂，凭着一腔热血，顺达公司创始人带领众弟兄开办了仅有十余人的加工不锈钢小餐具的“家庭小作坊”。一步一个脚印，通过自强不息的奋斗，到1992年的时候，“家庭小作坊”已成长为在不锈钢器皿制造业中具有发展实力的“广东顺达不锈钢器皿实业有限公司”。通过顺达人近二十年的努力拼搏，顺达公司现已拥有建筑面积达5万多平方米的现代化厂房；拥有国际先进水平的生产设备和生产流水线。主要产品包括二十大系列、近三百个品种的不锈钢压力锅、厨具、电热器具。在北京、成都、广州等二十多个城市设有营销和售后服务机构，产品大量远销日本、美国、东南亚及我国香港和台湾地区。

顺达公司从一家名不见经传的企业成长为我国不锈钢器皿行业的一颗璀璨的明珠，源于顺达公司领导人的远见卓识，以质量求生存，以质量求发展，瞄准国际先进水平，为推进企业的名牌战略打好坚实的基础。

The Introduction of "ShunDa" Brand Stainless Steel Pressure Cooker Applying For "Famous Brand Product In China"

In the brightness Start group of Stainless steel utensils industry of China, there is one more shining & brightly start calling “Shunda Stainless Steel Household Utensils Industry Co., Ltd. Guangdong” (named as Shunda Co. below). who Is one of pioneer in the stainless steel utensils industry of China with his high products quality and reputable honor. The goal of “Produce the newest products for market, take into refinement and turn to change before the market action” by technologic promotion & continuous innovation of development is “Shunda Co.” pursuing for! The result is that “Shunda Co.” is always standing on the leader step of stainless steel utensils industry of China.

Review the history of 1980s, toke advantage of the spring wind of Innovation & Open of China. Lost of small factory was growing up on the JieYang Land, The originator of “Shunda Co.” & his brother catch this chance to establish a “Small Family Factory” with only 10 workers to process some small stainless steel kitchenware. Up to 1992, with continuously struggle, the“Small Family Factory” was grow as “ShunDa Co.” owning strong develop strength in the stainless steel utensils industry of China. By shunda people's continuously effort & exploring on the past 20years, nowadays “Shunda Co.” is having more than 50.000.00 Sq.M of modernized factory & office building, operating the advance international level equipment & producing line. The main products include twenty series three hundred varieties, such as stainless steel pressure cooker, kitchenware, electric home appliance etc. Many marketing & after-sales service structure have been set up in more than 30 city around China, such as Bejing, Shanghai, Chendu, Guangdong etc. and the products are hot sell in many country & zones such as U.S.A, Japan, Hongkong, Taiwan and southeast Asia etc.

# 潮安县顺发五金制品有限公司
# 顺发牌压力锅

潮安县顺发五金制品有限公司创建于1993年1月是一家集科、工、贸于一体，产、供、销一条龙的科技先导型企业。公司现有厂房面积56800平方米，职工人数近800人，其中专业技术人员135人。配备外加工厂十几个。公司技术设备和生产能力雄厚，拥有先进生产设备、管理模式，专业生产各式不锈钢压力锅系列厨餐具制品，各项性能指标均按国家标准GB15066-1994执行，产品质量指标处于国内领先地位，并达到国际先进水平。

公司在不断完善产品的同时，凭着雄厚的技术力量，精心制造，不断创新，使产品获得国内外消费者的一致好评，公司曾荣获“ISO9001国际质量体系认证”、“计量保证体系认证”、“广东省高新技术企业”、“农业部全面质量达标单位”、“全国产品质量、售后服务信誉双保障企业”；同时不锈钢压力锅等产品荣获“日本国家安全协会SG认证”、“国家监督抽查合格产品”、“2000-2004年国家质量检测合格产品”、“中国名优产品”、“全国产品质量五星级压力锅”、“中国知名不锈钢产品质量公证十佳品牌”。

ChaoAn Shunfa Hardware Products Co., Ltd was established in January 1993. It is a technique-oriented enterprise that integrates technology, industry and trade together and forms a streamline from production, supply to sale. Currently the company occupies an area of 56.8 thousand square meters and owns almost 800 workers with 135 professional technicians among them. It also is contracted with more than ten outer-processing factories. The company features in its strong technical equipment and output capacity, and it owns a lot of advanced production equipment and a administrative pattern, which enables it to specialize in different kinds of kitchenware of stainless-steel pressure cooker series. Its performance index adopts national criteria of GB15066-94, which enable product quality index to get the leading place in the domestic and reach the advanced international level.

By continuously perfecting our products, our company, based on our strong technical force, provides the elaborate products and keeps innovation, which make our products gain the consistent praises from both foreign and domestic consumers. Our company has been awarded “Authentication of ISO9001 International Quality System”, “Authentication of System of Measurement Warranty”, “High-tech Enterprise of Guangdong Province”, “Overall Quality Standard-reaching Unit of Agriculture Ministry” and “National Enterprise of Dual-warranty for Product Quality and After-sale Service ”. Besides, our stainless-steel pressure cooker series have been awarded “SG Authentication of Japan National Security Association”, “Qualified Products of National Supervision and Selective Inspection”, “Year2000-2004 National Qualified Product Through Quality Inspection”, “China Well-known and Excellent product”, “National Quality Five-star Pressure Cooker “and “Top Ten Brand of Quality Notarization of China well-known stainless-steel products”.

# 浙江苏泊尔炊具股份有限公司
# 苏泊尔牌不沾锅

SUPOR 苏泊尔

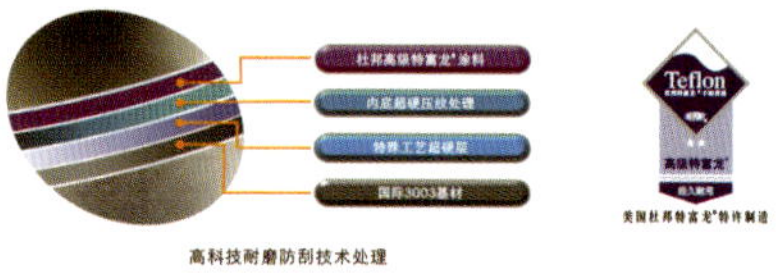


不沾锅

浙江苏泊尔炊具股份有限公司是国内最大一家集炊具高新技术研发及产品生产于一体的民营股份制省级高新技术企业，目前公司旗下已拥有五家控股子公司、四家销售分公司及遍布全国的营销服务网络。公司一直致力于成为中华饮食文化倡导者，不断研发适合中国消费者需求的产品，引领炊具行业新理念新潮流，并为全球著名炊具品牌提供生产供应服务，先后获得浙江省四星企业、省科技先导型企业、省工行AAA资信企业、省级“重合同、守信用”先进单位等多项荣誉；1999年12月，“苏泊尔”商标被认定为浙江省著名商标；2002年3月“苏泊尔”商标被国家工商总局认定为中国驰名商标。公司主导产品——“苏泊尔”系列压力锅于1997年10月被认定为浙江省名牌产品，并在全行业率先通过中国方圆标志认证、ISO9002质量管理体系认证和美国UL安全认证。公司以其过硬的产品质量、稳定的安全性能和完善的产品售后服务，市场份额逐年上升，根据国家行业企业信息发布中心的权威统计数据显示，苏泊尔近年来以超过50%的国内市场占有率遥遥领先于同行业其他竞争对手，成为国内炊具行业当之无愧的第一品牌。2003年公司实现销售收入83452万元，实现利润7647万元，税金5631万元，出口创汇3178万美元，企业取得了较快的发展，经济效益十分明显。

Zhejiang Supor Cookware Co., Ltd. is the largest cookware maker in China, which engages itself in the high tech research and manufacturing of cookware. Supor is a private joint stock province level high tech enterprise. Now the company holds shares of 5 companies and 4 sales branch companies and the marketing and service network all over China. Supor engages itself into being the urger of Chinese food culture. It keeps studying and researching products to the needs of Chinese consumers and takes lead in new conception and trends in the cookware industry. Supor serves global cookware brands by OEM. It has been honored Four Star Enterprise of Zhejiang Province, Leading Technological Enterprise of the Province, AAA Credit Enterprise of the ICBC Zhejiang Branch, Province Level Contract Conscious and Faithful Unit, etc. In December 1999, Supor was granted the honor ofthe Famous Trademark of Zhejiang Province. In March 2002, Supor was granted by the National Industrial and Commercial Administrative Bureau the honor of the Famous Trademark of China. The company's main product, Supor pressure cooker series was authenticated as Zhejiang Famous Brand Product in Oct. 1997. It passed the authentication of the China Square and Round Mark, ISO9002 Quality Management System and UL Safety of USA. With its good quality products, stable safety and good after sales service, Supor's market share has been rising every year. According to the authoritative statistic by the National Guild and Enterprise Information Release Center, Supor has already been the no. 1 cookware brand in China, with a market share of over 50% and leaving its competitors far behind in recent years. The company's turnover in 2003 is 834.52 million Yuan with 76.47 million Yuan's profit and 56.31 million Yuan's tax. The export turnover in 2003 is USD31.78 million. The company is developing fast and with a good economic efficiency.

# 浙江台州爱仕达电器有限公司
## 爱仕达牌不沾锅

ASD 爱仕达

浙江台州爱仕达电器有限公司（以下简称爱仕达公司）是目前中国最大的厨具生产基地之一，始创于1987年，至今已发展成为一个集科研开发、信息集成、生产配套和市场营销于一体、拥有国内外先进设备和最新技术的现代化高新技术企业。

爱仕达公司是美国杜邦公司“特富龙”特许制造商，致力于不粘锅、压力锅、焖烧锅、小家电、硬质炊具、不锈钢炊具、刀具、杯具、餐具等厨房用具的研发、生产、销售、服务。

公司现有员工3800多人，中高级技术人员所占比例为10%，拥有国内领先、国际一流的应用于各类生产线的关键设备和核心技术，是浙江省高新技术企业，具有年产3600万套炊具的生产能力。拥有各项专利68项，是不粘锅行业标准、压力锅国家标准的权威起草单位之一。

自1999年以来，“爱仕达”不粘锅产品连续数年被评为浙江省名牌产品，2004年2月，“爱仕达”商标被国家工商行政管理总局认定为“中国驰名商标”；据中国五金制品协会的年度的统计数据表明，目前，“爱仕达”牌不粘锅和“爱仕达”牌压力锅国内市场综合占有率分别名列第一、第二名。在沃尔玛、家乐福、麦德龙等国际性连锁卖场同类产品销量第一，并已纳入这些国际性连锁卖场的全球采购体系。在保持内销市场持续高速发展的同时，在国际市场上，“爱仕达”不粘锅系列产品已进入Macy、Walmart、Kmart、Target等一流商场和卖场。

Zhejiang Taizhou Aishida Electrical Equipment Co., Ltd. (hereinafter referred to as ASD) is recently one of the largest cookware manufacturers in China, which is founded in 1987. Currently, ASD is an up-dated high technology enterprise integrated researching, information collection, manufacture and sales market.

ASD is an authorized cookware manufacturer with "Teflon" non-stick coating licensed by Dupont, researching, producing, selling and service on non-stick cookware, pressure cooker, hard anodized cookware, knife set, etc..

There are over 3800 employees in ASD with 10% in middle or senior technical management positions. It owns various key advanced international equipment and core technology. The total productivity is 36 million sets per year. Furthermore, ASD possesses 68 patents and is one of the five original parties that drafted the National Standard for Pressure Cooker and Non-stick Cookware.

Since 1999, ASD is continuously awarded as the famous brand in Zhejiang and crowned the Top Trademark of China by State Administration For Industry & Commerce. The market share of ASD`s non-stick cookware is the first and pressure cooker is the second in China, indicate China Hardware Association statistic. The total sales stands the primacy in the similarity production in the International Chain Supermarket such as Wal-Mart, Caffour and Metro, which also consider ASD`s production into their global purchasing system.

# 广东万家乐燃气具有限公司
# 万家乐牌家用燃气灶具

广东万家乐燃气具有限公司1987年建成，占地面积10万平方米，建筑面积8万平方米，是中国最大的燃气具生产基地之一，目前已形成的主导产品有：燃气热水器、燃气灶具、电热水器、太阳能热水器以及抽油烟机等产品，产品远销东南亚、南美等地区，出口创汇近年来已大幅上升。投产16年来，已向社会提供2000多万台优质产品。

作为业内公认的龙头企业，燃气具市场占有率位居行业前列。实现利税、工业成本费用利润率、资产贡献率均居行业前列的水平。引进日本、德国、瑞士等具有国际先进水平的生产设备，目前拥有15条自动化生产线，主要生产燃气热水器、燃气灶具、电热水器、太阳能热水器等产品，年生产能力近300万台。拥有4套从日本进口的最先进的连续性快速配气装置、国内最先进的氮氧化物检测仪、国内最先进的气密性检漏仪等以及其它国际领先水平的实验设备。公司现有员工1200人，工程技术与管理人员占公司员工的35%，技术力量在国内同行中最为雄厚，技术水平业内领先。

Guangdong Macro Gas appliance Co., Ltd. was founded in 1987, covering an area of around 100,000 square meters; building area is around 80,000 square meters. As one of the largest gas appliance manufacturer in China, Macro is specialized in Gas water heater, gas stove, electric water heater, solar water heater and kitchen hood series. In the past 16 years, Macro has sold over 20,000,000 units of quality products to the market. Macro is also exporting to South East Asia, North Africa...etc. The exporting value has been steadily increasing in the latest years.

Macro is a recognized leader in the company with top market share in gas appliance industry in China. It is also in the leading position in terms of tax, profit and contribution rate of asset in the gas appliance industry. Macro owns international advanced production facilities imported from Japan, Germany and Switzerland. We have 15 automatic production lines specialized in manufacturing gas water heater, gas stove, electric water heater and solar water heater series. Our annual production capacity is around 3,000,000 pieces.We have 4 continuous instant gas distributor facilities imported from Japan, nitrogen oxide detector, gas leakage detector, which are the most advanced in China, and other international advanced test facilities. Our company has 1200 employees with 35% of technical engineers and management personnel. As a leading technology in the area in China.

# 帅康集团有限公司
# 帅康牌家用燃气灶具

Shuaikang 帅康®

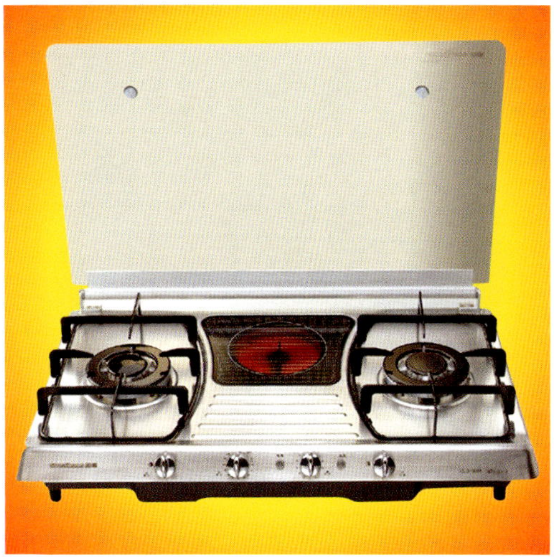



帅康集团坐落在杭州湾南岸余姚境内329国道两旁，是一家以生产厨卫电气产品为主的大型企业集团。集团公司主要生产高档吸油烟机、家用燃气灶具、电热水器、家用食具消毒柜、现代橱柜等产品。2003年集团创产值12亿元，利润1.2亿元。公司现为中国五金制品协会副理事长单位，中国五金制品协会吸油烟机分会理事长单位。

集团现有员工3290余人，总资产8.2亿元，厂区占地面积60万平方米，建筑面积21万平方米。形成了门类齐全、技术领先、生产设备先进、检测手段完备的厨卫电气产品生产基地。

集团主导产品吸油烟机自1996年至今已连续八年市场综合占有率位居全国同行第一，并于2002年3月被国家质检总局评为国家免检产品。2002年，帅康电热水器被评为中国名牌产品，帅康家用燃气灶被评为浙江名牌产品，2003年燃气灶具市场综合占有率位居全国同行第二。1998年、2001年帅康商标被连续两次评定为浙江省著名商标。

1999年集团投巨资开发家用燃气灶具，拥有多项国家专利。几年来通过不断创新，以领先的技术优势，完备的市场销售服务网络，优秀的产品质量，良好的品牌形象，逐步在家用燃气灶具领域抢占越来越高的市场份额。产品畅销全国各省、市、自治区，并远销东南亚、中东等地区。产品自1999年进入市场以来，每年以翻番的速度快速增长。帅康牌家用燃气灶具已走进千家万户，并得到了用户和社会的肯定。2003年帅康牌燃气灶具被评为全国用户满意产品，成为全国家用燃气灶具行业中惟一获此殊荣的企业。

Shuaikang Group located by the No. 329 State Highway in Yuyao on the southern bank of the Hangzhou Bay. It is a large-sized enterprise group mainly producing household electrical appliances and kitchen equipment serial products. The main products are high range range hood, gas hobs, electrical water heater, disinfecting cabinets, advanced furniture, and some other products. In 2003, the group got a production value of 1.2 billion RMB, and the profit is 0.12 billion RMB. Now the group is the vice director company of hardware production committee, range hood branch committee.

Today the group have more than 3290 employees, have capital of 820 million RMB. The plant covers an area of about 600,000 square meters with a floorage of about 210,000 square meters, the group have been the base of possesses the advanced production and detection equipment.

The main product range hood share the largest market in China from 1996 for 8 years, and from March, 2002, the range hood became the inspection free product by the country inspection committee. And in the same year, the Shuaikang electrical water heater became the China top brand products, the gas hobs became the Zhejiang famous brand products. in 2003 Shuaikang gas hobs ranged the 2nd position in the market.In 1998 and 2001, Shuaikang brand name was selected as famous brand name.

In 1999 the group invests a lot in gas hobs, and has many national patents. For several years, Shuaikang share larger and larger market by advanced technology, good market network, excellent product quality, famous brand name. The products are sold well in all of the country, and also export to South east Asia, middle east and many other countries and regions. From 1999 when the products enter into the market, the sales quantity increased for times. Shuaikang gas hobs have been entered into thousands families, and get the high prestige. In 2003, Shuaikang gas hobs was selected as user's satisfied product, and it is the only one company in gas hob field.

# 中山华帝燃具股份有限公司
## 华帝牌家用燃气灶具

感受创意生活

家用燃气灶具

中山华帝燃具股份有限公司成立于2001年11月28日，其前身中山华帝燃具有限公司成立于1992年4月，位于中国经济前沿阵地广东珠江三角洲腹地中山市，所在地小榄镇是中国最大的五金产品制造基地之一。公司由多个紧密型企业群体集合组成的、以从事燃气用具、厨房用具、家用电器的专业制造及经营的股份公司。

目前，华帝产品已形成燃气灶具、热水器（电热水器和燃气热水器、太阳能热水器）、吸油烟机、橱柜、消毒柜、刀具等系列产品为主的近500多个品种，其中燃气炉具以年产销超过100万台、连续8年中国销量第一，成为中国灶具第一品牌；燃气热水器进入全国行业三强、烟机进入行业四强。1999年销售额比上年同比增长15%以上，2000年销售额同比增长15%，其中热水器销售增长40%以上。2002年底，由华帝股份公司控股的华帝集成厨房有限公司成立，华帝股份宣布进军整体厨卫业。2003年，公司整体销售额同比2002年增长34%。

was established on November 28, 2001, whose predecessor Zhongshan Vantage Gas Appliance Co., Ltd. was established in March, 1994 and was located in Zhongshan City, in the center of Guangdong's Pearl River Delta named as the front of China's economy. The company's location --- Xiaolan Town is one of the biggest handwares production bases in China. As a stock enterprise, the company is composed of several groups and is engaged in gas appliances, kitchen ware and household electrical appliances.

Currently, Vantage has produced over 500 varieties of gas stove, water heater (electric water heater, gas water heater and solar energy water heater), smoke discharger, kitchen cabinet, sterilizing cabinet and knives, among which, the sales volume of gas stoves was ranked the first for continuous 8 years in China owing to the production and sales volume exceeding 1 million, becoming the first brand in stove in China; the gas water heater was one of the top three strongest in China, and the smoke discharger was one of the top four in China, The sales volume in 1999 increased at 15% compared with the year ago period, and 15% in 2000, and the sales volume of water heater increased over 40%. At late 2002, The Vantage Integrated Kitchen Co., Ltd. invested by Vantage Stock Co., Ltd. was established, and entered the integrated kitchen industry. In 2003, the sales volume of the company increased at 34% compared with the same period 2002.

# 湖南迅达集团有限公司
# 迅达牌家用燃气灶具

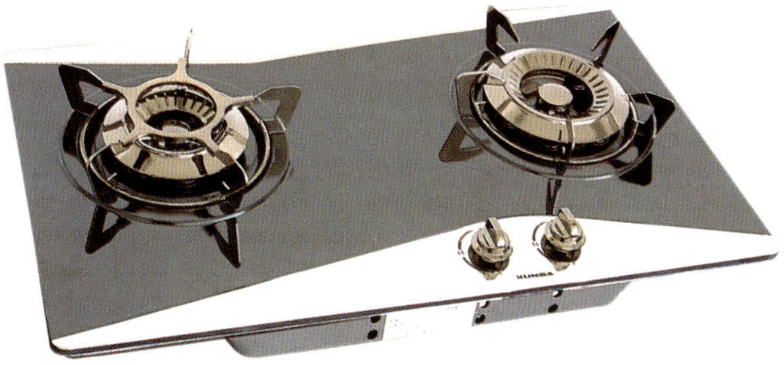

湖南迅达集团有限公司地处湘江之滨的伟人故里湘潭，朴实厚重的湘楚文化孕育了迅达人诚实、守信、高效、严谨、创新的经营口风格，1984年由公司创始人，首届全国优秀企业家伍尚魁先生，靠借款2000元成立了湘潭新产品开发研究所。凭着他的胆识、智慧和顽强拼搏的精神，企业一步一个脚印发展壮大，1992年以湘潭新产品开发研究所为核心成立了湖南迅达集团，1997年成立了湖南迅达集团有限公司。湖南迅达集团由湖南迅达集团有限公司、湘潭迅达器皿制造有限公司、湘潭迅达厨柜有限公司、湘潭健车行汽车行服务公司、浙江迅达电器有限公司、湖北迅达工业科技有限公司、湖南迅达康赛普燃气有限公司、深圳轻工有限公司等7家子公司组成，是一个集科研、生产和销售于一体的大型高科技民营企业集团。公司林寄人篱下、一无所有发展到今天拥有土地面积343亩，总资产7.68亿元，年销售额过6.8亿元，年出口创汇上千万美元的规模。员工由最初的5人发展到1200多人，其中各类高、精、尖复合型科技人才占30%，企业积极倡导产、学、研结合的方式，通过与专业高校的合作，使企业研究开发和自主创新能力得到进一步巩固和加强。

Hunan Xunda Group Co., Ltd. Located in great man's hometown Xiang Tan, in bank of Xiang River, it's management style of honest, sincere, efficiency and serious and innovations is pregnant by Xiang Chu Culture. In 1984, the founder of our company, one of the first circles of National Excellent Inventor and Enterpriser, has established the new product development research institute of Xiang Tan by the borrowed money of RMB2000.00. According to his courage and insight, intelligence and tenacious spirit, the enterprise work steadily and make solid progress and development. In 1992, regarded the new product development research institute of Xiang Tan as the core and established Hunan Xunda Group in 1992. In 1997, established Hunan Xunda Group Co., Ltd. The Group Company include Hunan Xunda Group Co., Ltd. , Xiangtan Xunda Vessel Manufacture Co., Ltd. , Xunda Kitchen Cupboard Co., Ltd. , Xiangtan Jianchehang Auto Service Co., Ltd. , Zhejiang Xunda Electrical Appliances Co., Ltd. , Hubei Science Technologies Co., Ltd., Universal Concepts Ltd (China), Shenzhen Light Industry Co., Ltd. ,etc. 7 subsidiaries. It is one large-scale private enterprise group of Hi-Tech that collects scientific research, production and sale. From depend on somebody for living and penniless, the company developed to have land area of 22.867 hectares until today, total assets of 768 million yuan, annual sales amount exceeds 680 million yuan, and export sales up to ten million dollars every year. The staff grow from 5 initial people to more than 1200 people, among them all kinds of high, precise, sharp compounding type skilled personnel accounts for 30%. The company advocate the way of combination of production, learning and research actively, pass the cooperation with university, make enterprise's research and development and independent innovation ability consolidated and strengthened further.

# 海尔集团公司
# 海尔牌家用燃气灶具

Haier

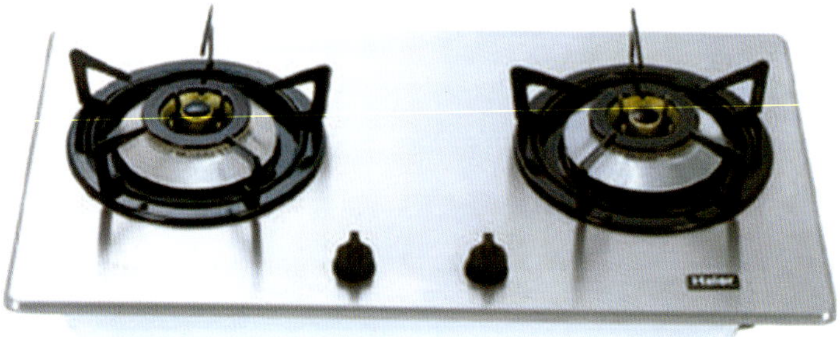

海尔集团创立于1984年，19年来持续稳定发展，已成为在海内外享有较高美誉的大型国际化企业集团。产品从1984年的单一冰箱发展到拥有白色家电、黑色家电、米色家电在内的96大门类15100多个规格的产品群，并出口到世界160多个国家和地区。2003年，海尔全球营业额实现806亿元。2003年，海尔蝉联中国最有价值品牌第一名。2004年1月31日，世界五大品牌价值评估机构之一的世界品牌实验室编制的《世界最具影响力的100个品牌》报告揭晓，中国海尔唯一入选，排在第95位。排行榜上，可口可乐荣登榜首，麦当劳排名第二，诺基亚排名第三。

海尔集团坚持全面实施国际化战略，已建立起一个具有国际竞争力的全球设计网络、制造网络、营销与服务网络。现有设计中心18个，工业园10个,海外工厂及制造基地22个，营销网点58800个。在国内市场，海尔冰箱、冷柜、空调、洗衣机四大主导产品的市场份额均达到30%左右；在海外市场，海尔产品已进入欧洲15家大连锁店的12家、美国前10大连锁店。在美国、欧洲初步实现了设计、生产、销售“三位一体”的本土化目标。海外工厂全线运营。

Haier was incorporated in 1984 only producing household refrigerators. Over the past 19 years, the company has witnessed significant prosperity and is now a transnational organization widely recognized in the world community. Haier currently manufactures a wide range of household electrical appliances, 15,100 varieties of items in 96 product lines, and exports products to more than 160 countries. In 2003, Haier's global sales hit RMB80.6 billion and Haier brand topped all Chinese trademarks at a nationwide survey. On January 31, 2004, Haier was named one of the World's 100 Most Recognizable Brands in a global name brand list edited by the World Brand Laboratory, one of 5 world's brand evaluation organizations. As the only Chinese brand on the list, Haier was ranked 95th after such household names as Coca-Cola, McDonald's and Nokia, which were the top three.

Haier's international promotion framework encompasses global networks for design, production, distribution and after-sales services. Haier has established 18 design institutes, 10 industrial complexes, 22 overseas production factories and 58,800 sales agents worldwide. Haier's current domestic market share for refrigerators, freezers, air-conditioners and washing machines is around 30%. Haier products are marketed in 12 out of 15 European chain supermarkets and 10 America's. Haier design, production and sales facilities in the United States and some European countries are staffed by local employees. All Haier overseas factories are in operation. To implement its globalization strategy, Haier has established multilateral cooperation with many international rivals. On 8th January and 20th February, 2002, Haier signed agreements with Sanyo and SAMPO for win-win development and benefit utilizing joint investment and combined resources.

# 中国茧丝绸产业状况

丝绸是中国的瑰宝，丝绸文化是中华5000年文明史的组成部分，是中国人民对世界的一大贡献。我国茧丝绸业也如中国的近代史一样曾历经沧桑，新中国成立后重现生机，经过改革开放，生产规模总量取代日本，名列世界第一，成为能够主导世界茧丝绸市场趋势的优势产业，是具有发展前景的可持续发展产业。

据统计，2004年我国蚕茧产量55万吨、蚕丝产量12万吨、真丝绸缎产量7亿米，分别占世界生产总量的80%、80%和45%；全年真丝产品出口32.45亿美元，比上年增长28.7%，其中真丝绸缎出口2.52亿米、出口金额5.9亿美元，比上年数量增长29.2%、金额增长42.8%；真丝服装及制成品出口3.45亿件套、出口金额21.3亿美元，分别比上年增长22.3%和27.2%。

统计数据表明，2004年我国茧丝绸行业在党中央国务院的领导下，通过茧丝绸行业广大干部职工的共同努力，积极开拓市场，扩大丝绸消费，加快科技进步，提升产业结构，提高国际竞争能力，使全行业保持了良好的发展态势，主要经济指标在2003年恢复性增长的基础上，继续保持了较大幅度的增长。特别是在国家宏观调控的作用下，茧丝价格已摆脱2003年大幅波动的阴影，保持了较长时间的稳定。我国茧丝绸行业在经过艰难的企业改组改制以及产业结构调整后，全行业充满生机和活力的迹象已经显现。在丝绸工业生产中销售收入突破10亿元的企业有浙江的金鹰股份、万事利集团、嘉欣股份、丝得莉集团以及江苏吴江丝绸集团等，另外，浙江达利凯地、富润集团、神鹰集团、巴贝公司以及江苏海安鑫缘公司等生产企业的销售收入也在5亿元以上，这些企业在多年的结构调整和创新开拓中，逐步成为行业的骨干和龙头，此外，还有相当一批销售1亿～5亿元、效益好的生产企业形成中间力量，为全国茧丝绸行业的稳定和健康发展发挥了重要的作用。

近年来我国丝绸行业通过科技攻关和技术改造提高了技术装备水平，使丝绸产品的质量水平比过去有了较大的提高，欧、美、日等国家和地区也逐步将丝绸加工业务转移到我国。行业中涌现出了一批优势企业，一些知名丝绸品牌在国内外市场已有了较大影响，其产品质量已经接近或达到国际先进水平，如江苏的茶花、苏豪、鑫缘，浙江的金鹰、凯喜雅、万事利、富润、喜得宝、臣臣、嘉欣、金富春、达利发等。这些企业是丝绸行业中的龙头企业，不但是企业的规模，还是其产品的生产与服务体系都非常完备和健全。这些企业在自身发展的同时，还通过其行业的模范带头作用，促进了其他企业的发展。

综观影响国际国内经济走势的因素，特别是国内市场消费需求增长的因素，我国茧丝绸行业将会继续保持稳定增长的发展趋势。蚕茧产量、工业生产和外贸出口都将继续保持稳定增长，特别是丝绸内销将会有一个较快的增长。在丝绸制成品的生产与出口中，绸缎、服装等传统消费品生产在继续保持增长的同时，针织产品、家纺产品、蚕丝被等非传统性产品生产增长幅度将会更大一些，随着一系列政策措施的落实，丝绸商品的出口增长模式将会改变过去量增价跌以及靠量取胜的低档次出口方式，在2004年出口呈现出价增大于量增的基础上，未来丝绸出口商品的价格增长仍将高于数量的增长，制成品出口数量的增长将高于原料商品出口数量的增长。

我国丝绸工业总体水平与世界丝绸强国相比（如法国、意大利、日本、韩国等）还有一定的差距，特别是在后整理工艺技术、深加工产品同发达国家有较大差距，在技术装备及技术创新能力方面存在明显差距。在拥有自主知识产权和品牌知名度方面差距更大。虽是生产大国，但无国际品牌。近几年来虽然我国丝绸企业重视了品牌的塑造，出现了在国内小有名气的品牌。但是还没有在国际市场上叫得响的品牌，更没有世界名牌，OEM是我国丝绸制成品出口的主要方式。我国丝绸服装出口价格相当于韩国的1/2，意大利和法国的1/6，吃亏主要在品牌上。

21世纪世界市场上产品的竞争很大程度上是产品品牌的竞争。不改变这种落后状况。不仅中国丝绸强国梦难以实现，世界丝绸业全面进步也难以实现。现在，很多丝绸企业也认识到了产品品牌的重要性，开始重视自有品牌的建设，参加中国名牌产品评选活动的积极性很高。

在中国名牌战略委员会的引导和支持下，我国丝绸业的名牌发展战略得到了较大提升。2004年，丝绸行业的“真丝绸”产品被列入中国名牌产品评价目录，并有吴江丝绸股份有限公司的“茶花”牌、万事利集团的“万事利”牌、富润集团的“富润”牌、杭州金富春丝绸化纤有限公司的“金富春”牌、江苏海安茧丝绸集团股份有限公司的“鑫缘”牌等5家企业的真丝绸产品被评为“中国名牌”产品，这些品牌在我国丝绸行业中具有较高的地位和作用。这些企业不但具有规模优势，更是在市场竞争中的佼佼者，在国内外市场享有很高的声誉和核心竞争力，是中国丝绸由生产大国走向世界丝绸强国的生力军。

# 吴江丝绸股份有限公司
# 茶花牌真丝绸

吴江丝绸股份有限公司坐落于江苏省吴江市盛泽镇。公司由“江苏吴江丝绸集团有限公司”，联合“江苏省丝绸集团有限公司”、“中国丝绸工业总公司”、“中国服装集团公司”和“苏州市对外发展总公司”共同发起设立。

经中国证监会核准，公司通过深交所分别于1998年和2000年成功发行上市了2亿元的“丝绸转债”和10500万股的“丝绸股份”A股。2002年，公司再次发行了8亿元的“丝绸转2”，完成公司的三次融资，共募集资金超过14个亿。

2003年底公司注册资本为46665万元，总资产300100万元，资产负债率为51.91%;现有职工4056名，专业技术人员301名。2003年公司实现销售收入211375万元，实现利税22639万元，其中利润14584万元。

公司主要从事高档真丝绸织造、特种纺丝生产、电脑绣花、仓储、公路货物运输、丝绸市场交易服务、水电汽生产以及与之相关的进出口贸易，生产设备中有60%以上为进口先进生产设备。公司的真丝绸生产量和销售额，在全国丝绸行业中位居榜首。2003年公司真丝绸生产量占江苏省的60%以上、占全国的20%以上。

公司主要注册商标有“茶花”牌真丝绸及“龙之练"牌各类产品，“茶花”牌真丝绸于1996年被认定为江苏省“名牌”产品并连续至今，同年获江苏省“著名”商标，2002年该商标经国家质量监督检验检疫总局认定为“原产地标记产品”。2003年在“2003中国国际丝绸博览会”期间获全国丝绸新产品金奖。

Wujiang Silk Co., Ltd. locates in Shengze Town, Wujiang City, Jiangsu Province. The company is launched by “Jiangsu Wujiang Silk Group Co., Ltd.”,“Jiangsu Silk Group Co., Ltd.”, “China Silk Industry Co.,”,“China Garments Group Co.,” and “Suzhou Foreign Development Co.,”.

After the approval of China Securities Regulatory Commission, Wujiang Silk Co., Ltd. issued stocks three times and totally collected more than 14 billion funds.

By the end of 2003, Wujiang Silk had 466.65 million registered capitals, 30.01 billion assets with balance rate of 51.91%. Now Wujiang Silk has 4056 stuffs and 301 technicians among them. In year of 2003, Wujiang Silk fulfilled 2113.75 million turnover, 226.39 million profit and tax, 145.84 million profit.

The main businesses of Wujiang Silk are high-level silk weaving, special yarn making, embroidery, storage, silk market trade services, production of water, electricity & vapor and the relative imp. & exp. trades.

“Camellia” silk fabric and “Long Zhi Lian” are the chief registered trademarks of Wujiang Silk. “Camellia” silk fabric has been awarded “Name Brand” products and “Famous” trademark from 1996 till now. In year of 2002 this trademark was awarded “Original mark product” by General Administration of Quality Supervision, Inspection and Quarantine and won the gold medal of National Silk New Products at “China International Silk Expo” in 2003.

# 万事利集团有限公司
# 万事利牌真丝绸

万事利集团有限公司，前身为杭州笕桥绸厂，创办于1975年。经过近30年的发展，现已成为一家以丝绸、纺织服装产业为主业，文化产业、生物科技产业、房地产产业为新增亮点的国家大型一档企业。集团现有员工2273名，下辖全资、中外合资、股份制等跨所有制、跨地区、跨行业的公司28家，并在北京、上海、香港特区和美国设有分支机构。公司生产的真丝绸、服装产品畅销全国各地，出口美国、日本、意大利、德国等三十余个国家和地区。

凭借雄厚的技术优势，先进的工艺设备，一流的产品质量，万事利集团先后荣获"全国质量效益型企业"、"全国管理先进示范单位"、"全国服装行业百强企业"等殊荣，并被评为首批杭州市信用AAA企业。"万事利"商标1999年被国家工商总局认定为"中国驰名商标"，成为目前我国丝绸行业惟一的一个驰名商标。

集团董事局主席沈爱琴的卓越成绩也得到了社会的充分肯定，她为慈善事业捐款250余万元，被评为"全国三八红旗手"、"全国劳动模范"，荣获"紫荆花杯杰出中国企业家成就奖"、第八届全国优秀企业家"金球奖"等多项荣誉，并当选为九届、十届全国人大代表，受到党和国家领导人江泽民、朱镕基、胡锦涛、温家宝、李鹏、吴仪等人的亲切接见。

公司主要产品有各类高档真丝绸、仿真丝绸的织造、染色、印花及丝绸服装、方巾、领带、真丝艺术品等产品的生产。其主导产品万事利丝绸服装推出以来，为中国丝绸服装市场带来了一个高品位、高品质的丝绸品牌，在消费者心目中树立了企业品牌的良好形象。

Wensli Group Group Co., Ltd. was founded in 1975 as Hangzhou Jianqiao Silk Factory. After nearly 30-year development, it has developed into a national large-scale enterprise of silk, textile, garment production as developing some new highlights on biology science, culture and real estate, with the total 2,273 employees and there are 28 enterprises for cross-industry, cross-regions and cross-proprietorship under the jurisdiction of our group, as well as some branches in Beijing, Shanghai, Hong Kong and the U.S.A. Wensli Group Group's silk and garment products are in great demand in domestic and overseas markets while being exported to over 30 different countries and regions, including the U.S.A., Japan, Italy and Brazil.

Relying on the strong technological advantages, advanced equipments and first-rate qualities, Wensli Group was awarded the honors as Nation-wide Quality Efficiency Enterprise, Advanced Management Demonstration Unit in China, One of 100 Chinese Strong Garments Enterprises, Hangzhou AAA Credit Enterprise. In 1999, State Administration of Industry & Commerce has authorized the brand of Wensli as nation-wide famous brand, which is unique in China's silk industry.

Wensli Group's main products are all sorts of top-grade silks, synthetic silk production, dyeing, printing and silk garments, kerchiefs, ties, silk handicrafts and so on. With the successful sale of silk garments as Wensli Group's leading products, Wensli Group has been a new silk brand standing for products with high level and good quality, and meanwhile built up a good reputation among consumers.

# 富润集团有限公司
# 富润牌真丝绸

富润

富润集团有限公司坐落于风景秀丽的西施故里浙江省诸暨市，紧邻上海、杭州、宁波等开放城市，地理位置优越，交通便捷。集团公司由浙江省人民政府直接授权委托经营，拥有总资产12亿元，净资产6.4亿元，职工10800余人。集团紧密层企业中的浙江富润股份有限公司的公众股已于1997年6月4日在上海证券交易所上市。2003年，富润集团有限公司获得销售收入68520万元，实现利税9551万元，出口创汇3500万美元。集团公司拥有进出口公司，设有国家级博士后科研工作站、省级技术中心和自备型保税仓库。

“富润”商标是浙江省著名商标和首批知名商号。集团现有国家专利产品5个，国家级重点新产品7个，省级高新技术产品5个。精纺呢绒毛织物面料是中国名牌国家免检产品，桑蚕绢丝是浙江名牌产品，多项技术获得浙江省科技二、三等奖。桑蚕再生丝技术开发应用于浣纱绸新型面料项目，列入国家级重点火炬计划项目和浙江省技术创新重点项目。近年来，集团先后完成国家级火炬计划、国家级星火计划和省级技术创新重点项目等一些科研项目，集团公司生产的全部产品通过ISO9001:2000质量体系认证、ISO14001:1996环境管理体系认证、OHSMS18000职业健康安全管理体系认证和中国环境标志认证。经考核被认定为浙江省绿色(清洁生产先进)企业。2003年，企业获得浙江省质量管理奖。因此，企业生产的产品工艺技术先进，产品质量稳定，且不断开发新产品供应市场，以适应客户的需要，已深受广大用户的欢迎，为进一步扩大国际市场做好各方面的基础准备。

Furun Group is located at Zhuji, the beautiful hometown of Xishi, Zhejiang Province, closed to Shanghai, Hangzhou and Ningbo. Its transportation is very convenient. It is a wholly state owned company with total assets RMB1200 Million, net assets RMB640 Million and employee 10800 persons. There is country's post-doctor study station, province's technology study center and bonded warehouse.

Printing and Discharge Printing on pure silk are traditional printing technology. Printing shows reach and bright color, while discharge printing can realize light or white pattern effect on deep color ground and also shows the lifelike and fineness of the patterns.

Our silk printing products have a wide range: crepe georgette, jianhong crepe, power woven habotai, crepe de chine in all sizes, doupioni silk, spun silk habotai, plain crepe satin and so on.

Crepe georgette is light and soft. It feels hazy and graceful. Jianhong crepe is enhanced twisted silk fabric which has advantage of wrinkle resistance, drapery and tensile properties. Power woven habotai is thin, delicate and smooth. Crepe de chine is also enhanced twisted silk, which is elastic and stringy, full hand feeling. Doupioni silk is warp style that is straight and hand feeling rough. Spun silk habotai is heavy. It has a layer of thin fizzle piles after sand washing. Plain crepe satin is one-side bright that enrich the colors, add the color brightness and degree of saturation. It is the brightest and most colorful in the silk fabric series.

# 杭州金富春丝绸化纤有限公司
# 金富春牌真丝绸

杭州金富春丝绸化纤有限公司位于浙江省杭州富阳市，前身为富阳丝厂，创建于1969年。在2000年10月，改制成立杭州金富春丝绸化纤有限公司，注册资本为3000万元，是一家以生产销售丝绸面料为主业、涉足化工、化纤、房地产的有限责任公司。公司拥有全资子公司4家、控股企业4家、参股企业5家。其中，富阳天马织造厂是全资企业，浙江绿神布艺有限公司(原海宁金富春织造有限公司，2003年更名)和杭州金富春包覆制品有限公司是控股公司，这三家是专业生产“金富春”牌真丝绸面料的企业。我公司在浙江省富阳市和广东省徐闻县均有桑园基地，在丝绸领域基本上实现了农、工、贸一条龙，茧丝绸一体化生产。

主要生产设备均具有国际、国内先进装备水平，有自动缫丝机、倍捻机、包缠机、剑杆织机等。公司主要产品有：丝及其制品、真丝绸面料、高档家用纺织品、涤纶短纤等。2003年实现销售收入37378万元，出口创汇1400万美元，实现利税4423万元。

Hangzhou Jinfuchun Silk & Chemical Fiber Co., located in Fuyang City of Zhejiang Province, China, is originated from Fuyang Silk Factory that was set up in 1969, and its system was converted in October, 2000 with registe capital of 30 million Chinese Yuan. The Company' s major business is to produce silk, in addition, it also goes into the chemical industry, chemical fiber and real estate. The Company owns 4 subsidiary companies, 4 holding companies and 5 share companies. Fuyang Tianma weaving factory (subsidiary company), Zhejiang Lvshen Cloth Co. Ltd and Hangzhou Jinfuchun Covering Yarn Co. Ltd (holding companies) are especially for “jinfuchun” silk fabric processing. The Company has established the mulberry bases both in Fuyang City of Zhejiang province and in Xuwen county of Guangdong province, which makes Company be the comprehensive enterprise from raw material production to final products. So It has been one key enterprise, including raw material production, processing and commercial activities.

The Company owns the advanced manufacture equipments from domestic and international markets, such as automatic cocoon-reel machines, twisting machines, covering machines and rapier weaving machines, etc. The main products include silk and silk fiber, spandex silk fabrics, home-used fabrics and ethylene fiber. In 2003, total sale income reached more than RMB 373 million; including export value of US$14 million, and got profit of RMB 4,4230,000 that includes the paid taxes.

# 江苏海安茧丝绸集团股份有限公司
## 鑫缘牌真丝绸

鑫缘
XINYUAN

真丝绸

江苏海安茧丝绸集团股份有限公司地处素有“中国茧丝绸之乡”美誉的江苏省海安县城，是1994年经江苏省人民政府批准成立的以产品为龙头，茧丝绸贸工农一体化，产加销一条龙的跨地区、跨部门、跨所有制的省级企业集团公司，2000年被国家农业部、财政部、计委等8部委联合确认为首批“农业产业化国家重点龙头企业”，是全国茧丝绸行业中惟一获此殊荣的企业，2003年再次通过国家9部委组织的监测复评。集团公司先后通过了ISO9001：2000国际质量管理体系和ISO14001：1996国际环境管理体系认证，2003年被中国特产之乡暨宣传活动组委会评为全国茧丝绸行业惟一的“中国特产之乡优秀企业”，被南通市委、市政府表彰为“双超”贡献奖，2004年被江苏省发展和改革委员会认定为“江苏省重点骨干龙头企业”，被江苏省科技厅认定为首批“江苏省星火龙头企业”，连续多年被江苏省计划经济委员会评为“江苏省农业产业化经营辐射带动先进集体”。

Jiangsu Haian Cocoon Silk Group Co., Ltd, is situated in Haian Town, Jiangsu Province with a good reputation of “China's Hometown of Cocoon & Silk”. Founded in 1994 after being ratified by Jiangsu People's Government, it is a trans-regional, trans-departmental and trans-ownership provincial-level enterprise group company headed by products, forming a conglomarative production management system in producing, processing and selling and making a special way of integrating cocoon silk with its trade,agriculture and industry. In 2000, the group was granted the honor of “The Emphasis Agricultural Enterprise Group of the Nation” by the Ministry of Agriculture , the Ministry of Finance, Planning Council and 5 other ministries, which is a unique honor in the area of cocoon silk in China. In 2003, it passed the second monitoring inspection by 9 national ministries. The group company has continuously passed ISO9001,2000 international quality management system identification , ISO14001 and 1996 international environmental management system identification. 2003 saw it appraised as “Excellent Enterprise of China Special Product Towns”by China Special Product Towns and Propaganda Activity Organized Committe, a unique honour in nationwide cocoon silk walks and honoured as “Double Outnumber Contributions Prize” by Nantong Manucipal Government. In 2004,it was appointed as “Jiangsu Key Backbone Emphasis Enterprise” by Jiangsu Development & Reform Committee and “Jiangsu Spark Emphasis Enterprise” by Jiangsu Science & Technology Department. It has consecutively been commended “The Advanced Unit of Jiangsu Agri-industrialised management Radiation Drive”.

# 服装行业概况

服装行业是我国重要的传统支柱产业，从20世纪80年代初服装行业进入快速发展期，目前我国已经成为世界上最大的服装生产国、消费国和出口国，为我国现代化建设做出了重大贡献。

**一、2004年服装行业现状**

根据国家统计局统计，2004年我国规模以上服装企业14645家，比2003年增加了1758家，累计年产服装118.33亿件，比去年同期增长15.1%。根据中国服装协会调查推算，我国服装生产企业数量已超过11万家，服装生产总量达418亿件，其中，梭织服装产量为150亿件,针织服装产量为268亿件。服装行业属于外向型产业，2004年服装及衣着附件出口金额616.16亿美元，进口金额15.31亿美元,贸易顺差600.85亿美元，这对拉动全国贸易实现顺差有着其他行业无法替代的重要作用。

近几年,中国服装制造业的竞争已从单个企业战略逐步向全方位的集聚地战略演变，中国服装产业分布上最突出特点就是产业集聚。根据中国服装协会的调查，中国现有44个服装产业集聚地，主要分布在珠江三角洲、长江三角洲、环渤海地区和东南沿海地区。服装产业集聚地区的发展速度明显高于其他地区。初步推算,中国服装业有近77%的生产能力集中在服装产业聚集地,服装的主要产区集中在我国的沿海地区,主要有广东省、浙江省、江苏省、山东省、上海市、福建省、河北省、天津市、辽宁省、湖北省、北京市、江西省、安徽省、湖南省、四川省、河南省，这16个地区的服装产量占中国服装总产量的98%。

**二、国内和国际比较**

中国名牌衬衫、西裤和羊绒大衣生产企业均采用的是国际或国家标准，经国家和省市服装质量监督检验部门检测，产品均达到优等品或一等品质量，达到或超过国际先进水平。这些产品以不同形式出口到亚洲、欧洲、北美洲、拉丁美洲、大洋洲和非洲的一百多个国家和地区，在国际中低档服装市场上具有较强的竞争力。但是与国际名牌服装相比，我们国家在产品附加值、品牌知名度和营销方式等方面还存在一定的差距。

**三、中国名牌服装企业在整体行业发展所起的作用**

2004年中国名牌服装共评价三类，分别为衬衫、西裤和羊绒大衣，中国名牌衬衫

(20家)、西裤（7家）和羊绒大衣（2家），重新评价的20家中国名牌衬衫企业总生产量约为1亿件，占全国企业生产总产量23.5亿件的4.3%，出口创汇额约3亿美元，占我国衬衫出口总额50亿美元的6%。2004年7家中国名牌西裤企业总生产量约为3900万件，占全国企业总产量21.17亿件的2.2%左右，出口总额6.2亿美元。2家羊绒大衣总生产量约为380万件，销售总额18亿元。

这些中国名牌企业是我国服装行业中的佼佼者、重点生产销售单位和龙头骨干企业，企业的规模较大，经过多年市场竞争，在全国享有较高的声誉，同时在国际市场上也赢得了较高的信誉，是中国服装创世界名牌的生力军，是中国服装业中最优秀的企业，是中国服装由生产、出口和消费大国向服装强国迈进创世界名牌服装的核心竞争力。

**四、服装行业发展趋势**

（1）2004年由于土地资源、电力资源、人力资源等紧缺，企业经营环境的变化，促使服装企业开始以不同的方式进行战略转移。生产基地转移主要流向土地、电力供应等成本相对较低，劳动力充裕的地区，如江苏、江西、湖南、河南等省。企业总部和设计部分转移主要流向上海、北京、深圳、中山等市，向这些地区迁移的大多是资本运作成熟，具有一定规模和经济实力的品牌企业，是服装产业升级的重要步骤之一。

（2）国内及国际市场竞争核心为品牌竞争。2004年的国内服装市场，总体情况是总量供给有余，但有效供给不足，产品的结构性矛盾依然突出；地区市场供求矛盾突出，个性化产品价格偏高。女装、职业装、女士内衣需求旺盛，服装消费逐渐转为品牌消费为核心，品牌服装的市场前景极好。国内的服装市场品牌消费已经成为一种氛围，各类服装的名牌效应正在逐渐形成。国际市场更加注重品牌竞争，但中国服装具有国际竞争力的品牌极少，这也是中国服装的致命弱点，创世界品牌已成为中国整个服装行业的最重要使命。

（3）2004年服装行业的利润空间虽然在缩小，但是为挑战后配额时代的竞争，企业加大人才、装备、科技等方面的投入力度，业内优质资产大幅增长。跨国公司将国际竞争带到国内，在中国重新布局，呈现采购趋向集约化、采购链和采购周期不断缩短的特点。跨国公司为了减少中间环节，选择设备比较先进、管理正规、规模较大，并与有一定影响力和信誉度的企业。国内企业也积极主动地与跨国公司配套协作，建立战略同盟，顺利融入跨国公司的产业链和供应链。企业与国际品牌积极寻求合作，相互借力发展的势头更加明显，中国本土市场国际化趋势越来越突出。虽然我国是世界上最大的服装出口国，但自己的品牌不多，附加值不高。解决这一问题的主要方法，就是要不断调整产品结构，提高产品的设计水平，树立品牌意识，创立世界品牌，提高产品的附加值，在高水平上竞争。

# 江苏AB集团有限责任公司
# A&B牌内衣

A&B®

内衣

江苏AB集团有限责任公司（以下简称AB）的前身是昆山正仪针织内衣厂，这是一家成立于1979年的乡镇小厂，当时靠为上海工厂代工维持生计。1987年初，周惠明果敢引进中纺大陈美华教授的抗菌织物技术，开辟了一条新路。1989年6月，成立"昆山AB保健织品总厂"，AB品牌之路由此而始。在各级领导的关心和支持下，AB乘改革开放之风不断成长壮大。1995年6月，组建江苏AB集团公司。2000年底，AB改制成为有限责任公司，企业进入一个新的发展时期。经过AB人的共同努力，目前，AB已发展成为集织、染、成衣、销售和研发于一体，年生产规模为各类针织品近1亿条（件），总资产（包括AB商标价值）已经超过5亿元、员工总数接近3000人的集团公司。

AB现有全资和控股的生产企业共11家，分别是：江苏AB股份公司、AB泽尔比印染公司、AB三峡公司、AB仙桃公司、佳纶（昆山）公司、佳尼（苏州）公司、爱彼辅料包装有限公司、爱彼线带公司、AB纺织品公司、昆山运动衣厂、上海舒依公司。AB走混合经济之路，通过资本纽带扩张主业。集团所属企业中有民资股份、国资股份和外资股份。AB在国内有近八十家销售公司，并有二十几家专业配套生产企业，形成一条较好的供销链，为企业发展提供了良好的保证。

Jiangsu AB Group Co.,Ltd. (hereafter abbreviated as "AB") originates from Kunshan Zhengyi Knit Underwear Factory, which was a small township plant founded in 1979. In early 1987,Mr. Zhou Huiming bravely introduced the anti-bacterial fabric technology of Professor Cheng Meihua of China Textile University, thus opening a new path. In June, 1989 , "Kunshan AB Health Knitwear Factory" was established, hence AB as a brand commenced. In June ,1995, Jiangsu AB Group Company was formed. At the end of 2000, AB was transformed into Limited Liability Company. Today AB Group integrates knitting, dyeing, garment making, sales, R&D, with an annual production capacity of 100 million pieces of knitwear. Total asset (including the value of AB trademark) has exceeded RMB 500 million , and the number of employees is close to 3000.

There are totally 11 production enterprises which are wholly-owned or stake-controlled by AB. They are: Jiangsu AB Shareholding Company, AB Zerbi Dyeing & Printing Company, AB Three-Gorge Company, AB Xiantao Company, Jallon (Kunshan) Company, Jammy (Suzhou) Company, AB Accessories and Packing Co.,Ltd., AB Elastics Co., AB Fabric and Textiles Co., Kunshan Sportswear Co., Shanghai Shuyi Co. Of these enterprises, there are civilian, state, and foreign shares. AB has nearly eighty sales companies in China, and more than twenty specific supportive production plants, forming an excellent supply and sales chain.

# 上海三枪（集团）有限公司
## 三枪牌内衣

中国驰名商标
三枪®

上海三枪（集团）有限公司是以上海针织九厂为母体的品牌集团，主要生产经营“三枪”针织内衣、“THREEGUN”休闲装、“SU（苏）”精品内衣及“寿南”针织坯布。年销售额在十亿元左右，国内市场占有率达到25%，居全国同行之首。产品远销七十多个国家和地区。

1996年1月，三枪在国内同行中首家通过ISO9001质量认证体系。1999年1月，“三枪”商标被国家工商行政管理总局商标局认定为驰名商标；同年4月，“三枪”又被列入国家外经贸部首批33个“重点支持和发展的名牌出口商品”品牌名单。三枪还是美国杜邦公司“在中国大陆内衣领域惟一的战略合作伙伴”。2003年5月，三枪还顺利通过了ISO14001环境管理体系和OHSAS 18001职业安全健康管理体系的认证。

三枪集团为加大拓展国内外市场的力度，强化市场竞争能力，投入3.02亿元在上海浦东建立了“三枪工业城”，引进国内外最先进的设备，形成具有一流设备、一流技术、一流管理、一流产品的现代化针织工业基地！

Shanghai Three Gun (Group) Co., Ltd. mainly produces and sells THREE GUN knit vest series, casuals, SU top-grade underwear and SHOUNAN fabrics, which the annual sales volume beyond 1 billion RMB yuan. The domestic market occupation ratio of THREE GUN reaches 25 percent, ranking the first in the country for the same trade. The products are also sold in more than 70 countries and regions in the world.

In January 1996, Shanghai Three Gun (Group) Co., Ltd. was the first to pass the ISO 9001 international quality authentication in China's knitting sector. In January 1999, THREE GUN brand was recognized as a famous trademark by Trademark bureau of State Administration of Industry and Commerce and in April of the same year, it was regarded as one of 33 exports brands deserving great support and development. Furthermore, the company has become “the only strategic partner in the underwear field in Mainland of China” of U.S. Du Pont Corp. In May 2003, Shanghai Three Gun (Group) Co., Ltd. were awarded ISO 14001 Certificate in Environment Management of System and OHSAS 18001 certificate with the standard of OSHMS (Occupation, Security, Health Management of System).

In order to tremendously develop domestic and foreign markets, and strengthen the ability of market competition, Shanghai Three Gun (Group) Co., Ltd. invested 302 million RMB yuan to set up “Three Gun Industry City” in Shanghai Pu Dong Area. The “Three Gun Industry City” will become a modern knitting base with the first grade equipment, technology, management and products.

# 青岛即发集团股份有限公司

## 即发牌内衣

即 发

内衣

青岛即发集团股份有限公司（以下简称即发集团）创建于1955年。现为国家大型企业、山东省重点企业集团，是国家外经贸部重点扶持的自营进出口企业之一。集团辖设30个内外资企业，职工5000多人，资产总额近17亿元，占地面积约130万平米。其生产的产品80%以上出口欧洲、美国、日本等国家，其中针织品生产从纺纱到织布、染整、印花、绣花、成衣等工序配套齐全，具有年产1亿件生产能力。2003年，即发集团完成销收入238801万元，利税32045万元。其中，针织内衣产量11052万件，实现销售收入230656万元，创汇20184万美元，居全国同行业榜首。企业先后荣获全国出口创汇先进企业、全国自营出口创汇百强企业、全国外经贸质量效益型先进企业等荣誉称号。

集团技术中心被认定为国家级技术中心，有多项成果获得国家专利、新产品奖和技术进步奖。“海洋生物甲壳质纤维及针织品”项目，获得国家专利，荣获国家科技进步二等奖和国家级新产品奖。

企业通过了ISO9001质量体系、ISO14001环保体系、“绿色环保标志产品认证”和“国际环保纺织品标准100认证”，“即发”商标被国家工商行政管理总局认定为“中国驰名商标”。

Qingdao Jifa Group Co. Ltd. (hereinafter called Jifa group) established in 1955 has gained such honors as national large-scale enterprise, Shandong emphasized group, one of export backbones supported by the national foreign economic relations and trade ministry, national export model, one of 100 strongest enterprises of self-export amount and efficiency. At present, it has 30 domestic and Sino-foreign subsidiaries, 5,000 workers and staff, RMB1, 700,000,000, capital, 1,300,000 sqm2 coverage. It has set a complete and complicated garment production system, which combines yarn spinning, dyeing and finish, knitting, printing, embroidering, sewing, washing and packing with annual capability of 100,000,000 pieces, 80% of which are exported to Europe, America, Japan and other foreign countries. In 2003, the sales income and taxation of Jifa group respectively reached RMB2, 388,010,000 and RMB320, 450,000, of which 110,520,000 pieces knitting underwear covers RMB 2,306,560, 000 and USD201, 840,000 in terms of sales income and export amount, then it ranks first nationally in the knitting line.

Jifa nation-level technological center has gained such honors as national patents, new product prizes and technical progress prizes. Additionally, our project of ocean biological chitin fiber and knitted wear has got the national patent, national new product prize and the second prize of national technological progress.

The group not only has passed the appraisal of ISO9001, ISO14001, green environment-protection symbol product and Standard 100 of international environment-protection textile, but also its own brand-JIFA was granted as the China well-known one by the National General Bureau of Commerce and Administration.

# 上海南极人企业发展有限公司
## 南极人牌内衣

NGĠGN
南极人

南极人
NGĠGN

内衣

上海南极人企业发展有限公司是国内一家以保暖内衣产品为主的知名内衣企业，其注册商标“南极人”是行业内惟一一枚中国驰名商标。

该公司创立于1998年,历经7年的发展，现拥有两个大型的研发、生产基地，600多名员工、1500多万消费者，20000多个销售终端遍布全国30个省、市、自治区，累计实现零售数十亿元；在国内品牌知晓率高达88.9%，“南极人”现已成为家喻户晓的全国知名品牌。近年来，该企业成功地涉足内衣、羽绒服、衬衫、西裤、羊毛衫/裤、T恤等服装领域，已经成为中国保暖内衣产业的领导企业和中国服装行业的航空母舰。

该企业拥有占地120亩的南极人工业城和占地50多亩的涟水生产基地，是国内惟一一家有自主生产能力的保暖内衣企业。

Shanhai Ngggn Enterprise Co., Ltd is a famous underwear enterprise in the country, the main product of which is warm underwear and the registered trade mark “Nan Ji Ren” is the only far-famous mark in the trade.

Founded in 1988 and after seven-year's developing, Nan Ji Ren have two large study and manufacture bases, more than 600 employees, more than fifteen million consumers and 20000 sales stations round the whole country. The progressive retail amount reaches to several billion and the trademark well known in the country more than 88.9%. Now, “Nan Ji Ren” grows to a widely known trademark. Recently, the company has set foot in the field of underwear, feather clothes, shirt, trousers, knitted sweater/trousers, T-shirt and etc successfully. It is also a lead enterprise of Chinese warm underwear industry and the aircraft carrier in Chinese rag trade.

The enterprise has a Nan Ji Ren Industry Town with an area of 80000 m2 and a Lian Rever manufacture base with the scale of more than 33000m2, which is the only one warm underwear manufacturer having independent manufacture capacity.

# 武汉爱帝集团有限公司
## 爱帝牌内衣

武汉爱帝集团有限公司系一家以生产、销售“爱帝”牌高级内衣为主，集服饰、面料于一体，兼营纺织品贸易的大型民营针织企业。公司成立于1995年，现总资产逾4亿元，下属员工3000余人，并在湖北省内设有两个分厂及全国40多家协作加工厂。公司拥有爱帝、温馨等品牌，营销网络遍及全国。2003年，公司实现销售6.8亿元，实现利税6937.5万元，出口创汇1435万美元。公司秉承“以诚取信，服务大众，锐意拓宽，追求卓越”的宗旨，突出针纺主业，艰苦创业，不断创新，自1999年已连续五年进入全国针织企业综合实力十强行列，2002年、2003年集团综合实力位居全国同行业第四，2001年至2003年进入全国服装行业双百强行列，其中2003年企业的“产品销售收入”位居全国服装行业第三十九，“利润总额”居于全国百强企业四十一位，2002年、2003年均被评为武汉市百名诚信纳税人，爱帝集团一跃成为湖北省针织行业领军者。

爱帝集团已逐步形成了独具特色的管理模式，公司已通过了ISO9001：2000质量管理体系、ISO14001环境管理体系认证，为了适应WTO的市场规则和绿色壁垒的挑战，公司切实转变管理模式，建立起适应国际市场的经营方式和运作机制，通过了欧洲生态标志Oeko-Tex Standard 100认证，取得国际市场准入证。目前，公司又通过了OHSAS18001职业健康与安全体系认证，是为数不多的已通过此项认证的针织企业之一。

Wuhan Love God Group Co., Ltd., a large private enterprise manufacturing garments and fabrics both knitted and woven, mainly engages in the production and sales of “Love God” brand high-class underwear, further in the textiles trade. Established in 1995, the Co. has a total assets of more than 400 million yuan, 3000 employees, two sub-factories in Hubei and over 40 sub-contracted factories in many cities of China. The Co. owns two brands of “Love God” and “Winsome” and a selling net with many branch companies all over the country. In 2003, the sales income of the Co. reached 680 million yuan, the tax rendered to the country 69.38 million yuan and the export amount 14.35 million USD. With the policy of “reputation from honesty, service for the people, strive to expansion, pursue outstanding”, the Co. has emphasized in the knitting industry, worked hard and innovated continually. The Co. has been one of the top 10 knitting enterprises in China for 5 years since 1999 and had been one of the best double 100 enterprises in garments industry of China from 2001 to 2003. Further more, it was designated as “the honest taxpayer” by Wuhan government in 2002-2003. Now the Co. is the leading company in the line in Hubei province.

The Co. has got the certificates of ISO9001:2000 quality system, ISO14000 environment system, OHSAS18000 vocation healthy and security system and OEKO-TEX standard 100 of Europe. The “Aidi Industrial Garden” which has the most advanced technology and equipments is now the largest knitting industrial base in Central and West area of China.

# 中山市康妮雅服饰有限公司
# 康妮雅牌内衣

CONLIA
康妮雅

康妮雅公司是一家集设计、生产、出口贸易河国内营销于一体的大型服装零售企业，经过多年潜心经营，康妮雅公司成功创立了“康妮雅 Conlia”和“CY”两个国内知名服装品牌。准确的品牌理念，广泛的市场网络，高效率的经营支援，庞大的生产基地，优质的品质保障，现代化的物流资讯系统，鲜明的形象推广，成功的市场运作经营，使“康妮雅 Conlia”和“CY”在市场占有举足轻重的位置，并居于中国服装行业的领导地位。

As a great costume retail and wholesale enterprise whose business lines vary from fashion design, manufacturing, foreign trading and domestic market, “CONLIA” has succeeded in building up two famous brands, “CONLIA” and “CY”, and ranked as one of the top fashion brands in China by its precise brand identity, broad marketing networks, high efficiency operation support, huge manufacturing capacity, guaranteed quality of product, modern logistic and informative system, distinct visual identity and fruitful marketing experience. These have made “CONLIA” and “CY” play a vital role and being the leader in China fashion industry.

# 北京铜牛针织集团有限责任公司
# 铜牛牌内衣

铜牛
TONGNIU

北京铜牛针织集团有限责任公司始建于1952年，其前身为北京针织总厂。1997年底，以品牌为龙头，组建铜牛集团。经过图强求变、锐意进取的风雨征程，成功实现了九家企业的重组整合。现已发展成为以针织服装研发、生产、销售为核心业务、进出口贸易等具有综合实力的大型现代企业集团。

集团生产的“铜牛牌”针织内衣产品以“绿色、自然、健康”为主题，注重高科技含量，体现人文关怀。铜牛牌系列针织产品蝉联三届“北京市名牌产品”和“北京市著名商标”；2000年被中国针织工业协会评为“中国针织名牌产品”；2002年铜牛品牌被国家外经贸部列为“重点支持和发展的名牌出口商品”；2001年和2003年连续两次被评为“北京市质量管理优秀企业”；2004年被授予“中国环境标志贡献奖”。2003年在全国纺织行业率先通过ISO9001质量管理体系/ISO14001环境管理体系/OHSMS18001职业健康安全管理体系认证。

The Beijing Topnew Knitting Group Corporation was first established in 1952, as a successor of the former Beijing General Knitwear Mill. Since implementation of the reform and opening policies of the country, especially for the six years since its establishment, the Group has succeeded in consolidating nine enterprises through a long and difficult process of reforms with keen determination and finally turned to be a large modern enterprise group specializing in knitwear R&D, production and marketing, and featuring strong capacity for import and export business.

The 'Topnew Brand' knitwear is made by the Group with high technology, designed to meet requirements of 'green, natural and health-beneficial' theme to embody humane solicitude and has for three consecutive sessions been awarded titles of 'Famous Brand Product in Beijing', 'Famous Trade-Mark in Beijing' (by the China Knitting Industry Association) and the 'Famous Knitwear Export Commodity Deserving of Support and Development' (by the State Ministry of Foreign Trade and Economic Affairs in 2002). The Group was continuously awarded the title of 'Beijing Excellent Quality Control Enterprise' in 2001 and 2003.and 'China Environment Mark Contribution Prize' in 2004. The Group was also the first in the country's textile trade that succeeded in obtaining certifications over ISO9001 Quality Control System, ISO14001 Environmental Management System and OHSMS18001 Occupational Health Security Management System in 2003.

# 浙江袜业有限公司
# 丹吉娅牌袜子

Danjiya 丹吉娅®

袜子

浙江袜业有限公司创建于1991年，位于“中国袜都”一大唐镇，是一家集生产、销售、科研、产品开发于一体的大型袜子生产企业。公司下属有诸暨市织成有限公司、诸暨市中凯袜业科技创新服务中心有限公司、荆州久代房地产开发有限公司、诸暨市中科袜业研究所有限公司等企业。公司注册资金为3080万元，总资产达到40975.82万元，厂房占地面积达15万平方米，各类进口袜机及辅助设备1000余台，现有员工3985人。年产袜子系列产品15413万双，实现销售38162.5万元，实现利税6230.5万元，出口1954.1万美元。公司生产的袜子有男袜、女袜、童袜三大类，种类有棉质单针筒袜、棉质双针筒袜、棉质连裤袜、五指袜、毛圈袜、丝质短袜、丝质中统袜、丝质长统袜、丝质连裤袜、运动袜等十个系列三百多个品种，是国内系列最全、品种最齐、质量最稳定的专业袜子生产企业。

Zhejiang Socks Co.,Ltd has established in 1991 which is located in Datang Town --a China's sock capital . It is a big sock manufacturer with combining production, sales , technology and products development together .There are following subsidiaries : Zhuji textile Co.,Ltd ,Zhuji Zhongkai Sock Technology Service Co.,Ltd, Jingzhou Jiudai Real Estate Development Co., Ltd ,Zhuji Zhongke sock research Institution co., Ltd, etc .

The registered capital of the company is 30,800,000 Yuan (RMB) .The total assets reaches 409,758,200 Yuan(RMB) .The area of the workshop occupies 150,000 SMs. There are more than 1000 imported sock machines and its supplementary equipment. Now there are 3985 employees. The output of the sock products are 154,130,000 pairs annually now. The turn over of the sales has reached 381, 625,000 Yuan(RMB) annually. It reaches the profit and taxes for 62,305,000 Yuan(RMB) annually. The turn over of the exporting products reaches USD19,541,000 .There are three categories of the products: men's socks ,women's socks , children's socks , Overall they are 10 series with more than 300 different kinds of products such as cotton single needle stocking ,cotton double needles stocking ,cotton trousers-stocking ,socks with five toes ,fur-circle socks ,filament materials stocking ,filament materials middle-long socks , filament materials short socks ,filament materials trousers-stocking ,sports socks etc .It is the firm that has the most complete series products , most varieties of the products, the most stable quality products in China .

# 浪莎针织有限公司
# 浪莎牌袜子

浪莎针织有限公司成立于1995年7月，现已经发展为中国袜子行业最大的企业。"浪莎"牌袜子是国内同行业强势品牌，其系列产品行销全国各个省市自治区，2003年销售收入4.96亿元，2004年销售收入5.8亿元，2005年力争完成销售收入7亿元，"浪莎"牌袜子是中国名牌产品，"浪莎"商标是中国驰名商标。公司是浙江省"五个一批"名牌产品企业、浙江省四星级企业。2002年又相继被评为浙江省首批信息化企业、浙江省首批诚信示范企业、浙江省首批绿色企业、浙江省先进技术企业、金华市高新技术企业、绿色生态清洁生产企业。并通过ISO9001—2000版质量体系认证、ISO14001认证，也是全国创名牌重点企业。

浪莎公司具有国际上最先进的意大利全电脑织袜机设备3000台套及一流的管理、技术人才数百名，利用公司独创的"1234567"管理思想，严格实施ISO9000质量认证体系，实施全面质量管理，大力引进国际顶尖人才，潜心研究消费者需求，逐步实现管理现代化、经营理念国际化。从而使公司在10年间迅速发展，在中国市场上脱颖而出，一举获得"十个第一"引起国家、省市领导人的关注。公司目前可生产80个大类（按照功能分类）近1000个花色品种的产品，日产袜子达100万双。有时尚、动人、高雅的女袜系列，包括对袜、长统袜、连裤袜等；有舒适、大方、美观的男袜系列，包括运动袜、绅士袜、丝光袜、高级男袜、休闲袜、纳米防臭袜等，还有鲜艳、别致的童袜系列，包括婴儿袜、学生袜、小孩连裤袜、艺术袜等，

langsha knitting Co., Ltd. is it on will it be July 1995 , develop into Chinese socks trade most heavy enterprise already now to establish. The"langsha"brand socks are domestic same trade's surging brand, its all provinces and cities on sale throughout the country of series of products , autonomous region, the income from sales is 4 in 2003. 9,600 million yuan, the income from sales is 5 in 2004. 800 million yuan, will strive to finish the income from sales of 700 million yuan in 2005,"langsha" brand socks are Chinese leading brand products, the trade mark of "langsha" is China's famous trade mark. The company is "a number of five" leading brand product enterprises , four-star enterprises of Zhejiang Province in Zhejiang Province. Chosen as the first batch of information-based enterprises of Zhejiang Province in succession in 2002, first batch of sincere demonstration enterprises of Zhejiang Province, Zhejiang Province first batch of getting green enterprise , new high-tech enterprise , getting green ecology clean manufacturing enterprise , enterprise possessing advanced technology of Zhejiang Province and city of Jinhua. And quality system authentication , ISO14001 authentication , create key enterprises of the famous brand in the whole country through ISO9001-2000 edition.

# 泉州九牧王洋服时装有限公司
# 九牧王牌西裤

JOE|ONE
九牧王

西裤

泉州九牧王洋服时装有限公司(九牧王总部所在地),是中国服装协会理事单位，是福建省服装行业重点骨干企业、全国服装行业重点企业，达到“绿色环境保护企业”的标准。

公司成立15年来,始终坚持以质量和品牌为发展的主旋律，以“求实、创新、高效，发展民族制衣工业”的创业之路，规模不断扩大，已形成专业从事西裤研发、生产、销售一体化的大型企业。至2003年底，我公司已发展成为在泉州拥有2个生产西裤的所属公司，泉州、晋江、德化有4个生产基地。公司现有资产总额8.8亿元，厂房总面积12万平方米，员工总数15600人，其中农民工、下岗工15391人，分布在公司和全国销售网络上岗。公司拥有世界一流的服装生产线60条，自动和全自动电脑控制裁料设备24台/套，各种先进服装生产设备2604台/套，各种进口电脑拉布裁床机、长缝机、开袋机、单针平缝机等1300台/套。年生产西裤650万件，年销售额达12.2亿元，年出口金额2517万美元，年利税达18188.9万元。

AS a member of China Apparel Association Jiumuwang (Fujian) Apparel Development Co.,Ltd (Jiumuwang's general headquarter is in which). is a emphases skeleton enterprise of the clothing trades in Fujian, is a emphases enterprise of the clothing trades in China, and a green environmental protection corporation. The corporation always use quality and brand as their dominant ideas, according to “Be realistic、Make innovations、High efficiency, Develop the nation-clothing produce industry as their responsibility”, At the past fifteen years , it became to a large-scale clothing producing enterprise.

Now, the corporation has four facilities Which are located in Quanzhou, JinJian, Dehua city of Fujian province , three subsidiary company for production of trousers, and three exploitation institution which located in China、HK and RP. Sales net spread all over 31 province、City 、Municipality, Amount of detailer sales stores has over 2647 in china. The capital total amount 8.8 hundred million, possessing an area of about 120000 square meters include salesman 10580 ,staff more than 15600. As well as wholly imported 60 pieces high-tech productive line , 24sets automatic Spreader & Cuter machine,1300 pieces automatic welting machines and lock stitchers with fhred tinmer, and 2600sets advanced productive equipment . In 2003, the annual productivity reaching 6.41million pieces/sets, annual sales amount 12.2 hundred million Yuan, annual ratepaying 181.88 million Yuan ,the export 25.18 million dollars .

# 步森集团有限公司
## 步森牌西裤

BUSEN®
步森服饰

西裤

步森，中国驰名品牌之一，专注于男士衬衫、西服、西裤以及茄克衫、T恤衫等服装服饰系列产品的生产和销售。自1984年创建，步森集团持续稳定而快速地发展，奠定了步森服饰在服装领域的主导地位，成为优秀的大众化强势品牌。

步森集团拥有十五家分公司和两家海外国际贸易公司，步森的优秀员工队伍达4500名，其网络不仅覆盖中国省级、地级和县级城市，而且遍布北美洲、南美洲、欧洲、亚洲、中东、非洲、大洋洲中的大部分国家和地区，展现了美好的国际市场发展空间。

步森服饰集七大国家级荣誉于一身，成为业界备受关注的焦点。步森被国家工商行政管理总局认定为中国驰名商标，步森衬衫、西裤被国家质量检验检疫总局评定为中国名牌，步森衬衫、西服、西裤被认定为国家免检产品；步森被国家商务部确定为重点支持和发展的名牌出口企业。

Busen Group, the owner of Busen Brand, one of China Famous Brands, commits itself to the production and sales of men's clothing series, such as shirts, suits, trousers, jackets and T-shirts. Since its establishment in 1984, Busen Group has been maintaining a steady and rapid development and has established Busen clothing as a leading brand in the clothing industry, and Busen has become an excellent popular highly-competitive brand.

With its excellent staff numbering 4,500,Busen Group owns 15 subsidiary companies and 2 overseas-based international trading companies. The networks of Busen Group not only have covered most provincial-level, prefecture-level and county-level cities across China but also have spread to most countries and areas all over the world, including North America, South America, Europe, Asia, Mid East, Africa, and Oceania. Busen Group is demonstrating a promising developing space in the international market.

Busen Group boasts state-level honors, hence attracting tremendous attention from fellow clothing-makers in the same industry. The brand of Busen has been verified as China Famous Brand by the State Administration of Industry and Commerce. Busen shirts and Busen trousers have been assessed as China Top Brand by the State Bureau of Quality Inspection and Quarantine. Busen shirts, suits and trousers have been assessed as products exempt from state inspection or examination. Busen products have been determined by the Ministry of Commerce as top-branded, export products enjoying special support and developing priority.

# 虎都（中国）服饰有限公司
## 虎都牌西裤

西裤

虎都（中国）服饰有限公司系国家大型服饰企业，地处福建发达的沿海城市——泉州。公司始创于1988年，建筑面积6万多平方米，资产总值超过13亿元，职工人数6800余人，其中中高级专业技术人才700多人，各种先进自动化机台设备高达千套，公司拥有多条国外现代化生产线及各类先进生产设备，能够满足各类服装、服饰的生产需要；并拥有国内顶尖的服装设计师、打版师和一批专业的生产管理、质量监控等技术人才。公司秉乘“只有疲软的产品，没有疲软的市场”这一营销理念，在激烈的市场竞争中，审时度势，生产工艺日益精湛。目前，虎都是中国西裤最大的生产基地之一，已成为一家集产品开发、设计研究、生产制造、市场营销为一体的专业化系列服饰外资企业。

进入新千年，人类历程也推开了新的篇章，虎都也在这个时候进入国内服装行业领先企业，从资产到年销售额均以数倍剧增，也给“虎都”这个品牌走向中国名牌之路奠定了基础，2000年泉州虎都制衣有限公司更名为福建虎都服饰有限公司，注册资金2200万港币。2001年3月“虎都”商标再次被省著名商标认定委员会认定为福建省著名商标，鉴于福建虎都为泉州创名牌工作做出了贡献，成绩显著，2001年8月泉州市人民政政府授予其“创名牌先进企业”的称号。

FORDOO(China) Garment co., Ltd is national garment enterprise, located in developed seaside city-Quanzhou. Founded in 1988, more than 60,000 construction, capital value more than 1300 million yuan, about 6800 workers, over 700 middle, high-level techinical talents, different kinds advanced & automatic machines, many overseas modern production lines and advanced production equipment meet the demand of different kinds garment & apparel production. Also we have superior international garment designers and professional production management, quality inspection, techniques. We insist on the sales idea: no weak market, only weak products, imporve the products fashion design and success in the drastic market competition.

In the new century, FORDOO enter the local garment lead period, the capital drastic increase by times, the FORDOO brand set up the foundation for the China Famous Brand road, In 2000, Quanzhou FODOO Garment Co., Ltd renamed to be Fujian FORDOO garment Co., Ltd, registered capital is 22 million H.K dollar. In the March of 2001, FORDOO brand appinted to be the Fujian Province Famous Brand by Fujian Famous Brand Appintment Committee. As per the great effort in creating QuanZhou famous brands, the QuanZhou Government award “Advanced company in creating famous brand”.

# 威兰西服装发展有限公司
## 威兰西牌西裤

西裤

威兰西服装发展有限公司坐落于著名侨乡“中国休闲服装名城”——石狮，由香港威兰西（集团）公司投资创建于1991年，注册资金1000万元人民币，占地面积25308平方米,建筑面积38050平方米,现有员工2232(包括市场销售人员)人，其中本科以上学历职员35人，大专以上学历职员28人,中专以上学历职员218人,是一家实行总经理负责制,集设计开发、生产、销售女式西裤为主导、时尚女装系列为配套的综合性服饰公司。

公司自1991年成立以来，以市场为导向，建立规范的管理体系，加强市场推广，提高产品研发水平，企业规模不断发展壮大,“威兰西”产品覆盖了国内近三十个省市、自治区，设立了数百家“威兰西”品牌专卖店、店中店、商场专柜及多家分公司；同时,“威兰西”女式西裤产品远销欧美、中东、港澳台等二十多个国家和地区,并为国内外几大著名女装品牌设计、开发、加工产品,如:意大利的世界著名品牌服装DIESEL SPORT；美国的著名女裤品牌ECKO、FUBU；加拿大的著名服装品牌AIRWALK、KIDZ；德国的著名服装品牌MANGOON；土耳其著名服装品牌RODI、COLINS等等。目前已经发展成为具有先进的生产工艺流水线48条，总资产规模1.17亿元、年生产能力530万件、年销售额达6.25亿元的中国女式西裤龙头生产企业。

Weles Garments development Co.,Ltd. is located in the famous casual garment manufacturering base Shishi QuanZhou.It was estalished in 1991 and was invested solely by HK Weles Group Company. It is a company that combines design,development, manufacturing and sales as a whole,it has been named as ladies' pants specialists in china since its over ten years' dometstic market existence ,its products has already covered about 20 counthies all over the world.It has over 2232 employees at present and a fix asset of 1 hundrad and 17 millions Yuan,48 advanced production lines,and an annual production capacity of 5 million and 30 thousands pieces,based on all these,has already grown into a relatively scaled modern woven garments manufacturing enterprise.

By fully using its highly professional design standard and exquisite craftsmanship,It is mainly pushes and set up its own brand name Weles ladies'pants and casual garments series to make all the ladies best show their unique character and charm. In material selection,it has in the products design and development, it not only keeps up with the pace of internationl fashion trend but has already grasped the subtle changes of body shape and has already made out the markers that fit body products.It has already developed nearly 1000 styles of ladies' and men's jeans, 100% cotton pants、mid-length pants multi- pocket pants、beach shorts and sports wear,at the same time,it also develops and produces casual pants and jeans special series to cultivate the special and elegnat dressing-up culture.

# 恒柏集团有限公司
# 恒柏牌西裤

恒柏集团有限公司始创于1984年，总部位于联合国环境规划署授予的“全球生态500佳”——绍兴县夏履镇，属国家大型企业、国家二级企业、全国500家最大乡镇企业、全国出口创汇先进企业、全国乡镇企业管理先进单位、中国服装协会常务理事单位、省十家质量效益型乡镇企业、省质量管理奖企业、浙江省诚信示范企业，是绍兴市首家国家级集团企业，被农业部列入全国现代企业制度试点单位。集团公司全资拥有绍兴恒柏制衣有限公司、浙江恒柏服饰股份有限公司、浙江新三江印染有限公司、浙江环洋纺织服装有限公司、浙江恒景置业发展有限公司、恒柏集团美国公司等一批密集型企业。公司连续六年获中国服装行业销售收入、利税“双百强”前列，其中2003年列入全国服装行业产品销售收入第14位，利润总额第5位。连续六年经国家服装质量检验中心检测达到国家标准优等品指标。“恒柏”牌西裤先后荣获浙江省名牌、浙江省著名商标、国家免检产品、中国服装协会推荐知名品牌、向欧洲市场推荐产品、连续两届中国国际服装服饰贸易博览会金奖、全国用户满意产品等荣誉。产品远销英、法、美等国家。公司拥有完善的生产和服务管理体系，先后列入检察院、法院、航空、技监、银行等系统制服定点生产单位。因而，恒柏已成为一个具有鲜明时代气息、超前流行意识的服饰品牌。

Humboug Group Co.Ltd, founded in 1984, is a large state-second-class company. With its 20-year development, Humbug group now wholly controls six subsidiary companies — Shoaling Humbug Garment Co.Ltd, Zhejiang Humboug Clothing Co.Ltd, Hewing Xinsanjiang Dyeing Co.Ltd, Zhejiang Huanyang Textile and Clothing Co.Ltd, Zhejiang Hengjing Estate Co.Ltd, and Humboug Group (America). Xialu town (Shaoxing) is home to the group, which is titled as Global Ecology Top 500 for its good living environment.As a Standing Member of China Garment Association, the group took many awards for its excellent performance, in the past years — State Township Enterprise Top 500, State Top Export-based Company, and State Township Enterprise Effective Management, Provincial Quality Management, Provincial Credibility Model Company, etc. Humboug group was also the first company listed as a pilot for practicing State Modern Enterprise System in Shaoxing. In the past six years, the group was six times awarded Double Top 100 of sales revenue and profit in China's garment industry, and especially in 2003, the group ranked 14 in product sales revenue and 5 in total net profit among all companies of the same industry in China.

The quality of group's garment products was proved by China State Garment Quality Inspection Center to satisfy the indices of State Best Quality Product. Humboug-brand trousers were awarded Zhejiang Brand Product, Zhejiang Brand Trademark, State Inspection-free Product, Customer Satisfaction Product, and Golden Pride in the past two China International Garment Trade Exhibits. The products were also exported to European and American markets. Because of its complete system and service management for trousers production, the group is appointed to produce work suits for the staff of Procuratorates, Courts, Airlines, Banks and Technique Supervision Organizations. Today, Humboug comes to a well-known garment brand of trend and fashion in the public.

# 雅戈尔集团股份有限公司
## 雅戈尔牌西裤

YOUNGOR
雅戈尔
youngor
雅戈尔

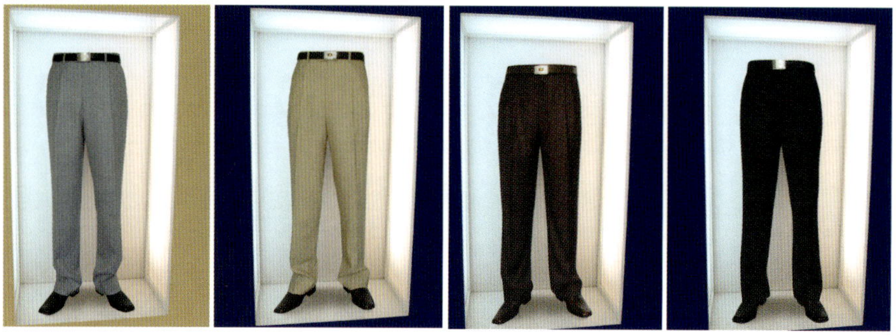

创建于1979年的雅戈尔集团是以纺织服装为主业，房地产开发、国际贸易为两翼的大型企业集团。2003年集团共完成销售101.19亿元，实现利润6.58亿元，出口创汇5.2亿美元，连续三年位居中国服装行业销售和利润双百强企业第一名，集团现拥有净资产36亿元，员工20000余人，旗下的雅戈尔集团股份有限公司为上市公司。

衬衫是雅戈尔服饰的主导产品之一，公司引进开发的雅戈尔“HP棉免熨衬衫”和“VP棉免熨衬衫”，先后被评定为国家级产品和“国家级重点新产品”。

1994年，雅戈尔衬衫被评为全国衬衫十大名牌第一名，并连续七年(1997-2003年)获市场综合占有率第一位。2001年9月，雅戈尔衬衫被国家质量监督总局、中国名牌战略推进委员会评选为首批衬衣类“中国名牌产品”。

“创国际品牌，铸百年企业”是雅戈尔的发展目标。雅戈尔在全国设立了150余家分公司，开设了400余家自营专卖店，2000多个商业网点，形成了强大的销售能力，并加快以信息技术提升营销网络。雅戈尔集团还积极拓展国际市场，目前雅戈尔服饰产品远销六十多个国家和地区。

Incorporated in 1979, Youngor Group has established its business mainly in garment production and accompanied by real estate development & international trade. In 2003, sales revenue of the Group has been 10.119 billion Yuan, and 0.658 billion Yuan as the profit and 0.52 billion USD as the foreign currency earned. Therefore, the Group has certainly become the leading enterprise in Chinese garment-making industry. Moreover, it has ranked the first position among Top 100 Enterprises respectively in sales revenue and in profits in Chinese garment-making industry continuously for 3 years. Now, the Group has a net asset of 3.6 billion Yuan and a workforce of 20,000. Youngor Group Co.,Ltd., a branch of Youngor Group, is a listed company.

The shirt is one of main products of Youngor."HP cotton noniron shirt" and "VP cotton noniron shirt" developed by the company have been awarded as "state-level new products" and "state-level special & new products" successively.

In 1994, Youngor shirt was recommended as No. 1 among Top 10 shirt brands in China, and held largest comprehensive market shares continuously for 7 years from 1997-2003. In Sep. 2001, Youngor shirt ranked "The National Famous Trademark"of the industry awarded by State Quality Supervision Bureau and Chinese Top Brand Development Committee.

# 山东新郎·希努尔股份有限公司
# 新郎·希努尔牌西裤

SINOER
新郎·希努尔

西裤

山东新郎·希努尔股份有限公司是以服装经营生产为主业，家居系列产品生产销售、房地产开发为两翼的综合性企业集团。目前，公司总资产15亿元，在职员工12600名，企业占地总面积75万平方米，服装年综合生产能力1500万(件)套。

公司自始终坚持“经营的是品质，销售的是信誉”的经营理念，全面加强企业各方面建设。高起点引进德国、意大利、日本、西班牙、瑞典引进当今世界最尖端的服装生产流水线及配套设备。公司设计研发实力雄厚，先后有16位国际服装名师加盟。公司在日本、香港、北京、上海等地区设立了分公司和设计研发机构。公司采用特许连锁加盟的营销模式，在中国境内建立了800多家专卖营销机构和一流的售后服务网络。率先推出西装终身免费干洗服务，形成了独特的售后服务风格。

按照国际化企业建设标准，新郎·希努尔不断加速与国际接轨的速度，完全建立起现代化企业的运作模式，先后通过了ISO9001、ISO14000和OHSAS18000国际标准体系认证。连续五年进入中国服装行业百强企业行列，先后荣获中国驰名商标、中国名牌、国家免检产品等多项荣誉称号，是中国服装业最具规模势力的企业。

Shandong Xinlang Costume Co.Ltd takes management and production of the clothing as the main business in the large – scale enterprise group and takes development and sales of the serial products of house as complementing industry. By now, the total asset of our company has reached 1.5 billion.yuan There are 12, 600 employees. The factory covers 750,000 square meters.

Our company insists on the managing system “Quality is first Priority, Reputation is first Concern”to strengthen the construction of all aspects. We have brought in the world first---class clothing producing equipments in high starting point. We have successively imported the most advanced perches up assembly line and accessories equipment from Germany, Italy, Japan, Spain and Sweden. We also have an excellent designer team, and of them16 are international famous designers. We have set up developing centers and branch companies in Japan, Italy, Hong Kong, Beijing, and Shanghai. We also adopt Retail Alliance System to sell our products. Over 800 chain stores have been developed in China and with our customer priority service we have formed first --class sales & service network in China. We are the first to create the ideal of “Buy Suit Here, Dry Clean Free for Life” and more ideals besides that have become our spectacular characters.

According to International Operation Standard, we continue and accelerate the operation like the big Foreign Enterprises. Now we have formed Modern International Enterprise Operation. We have successively passed Iso9001, ISO14000&OHSAS18000. We have been listed in Top 100 companies in China Garment Field for five consecutive years. Also we have won the honor of “Best Reputation” “Best Quality”, “China Famous Brand”, “China Free – Inspection Products” and we are widely recognized as “Best Company”. Xinlang Sinoer has become a star in China Garment field.

# 奉化市爱伊美服饰有限公司
# 爱伊美牌羊绒大衣

该公司成立于1979年，前身为奉化滕头服装厂，2000年更名为奉化市爱伊美服饰有限公司，经20多年持续发展，已成为一家设计、制造、销售爱伊美品牌系列服装的大型生产企业。公司现有员工3200名，占地面积26万平方米，建筑面积12万平方米，生产设备2000多台（套），总资产5亿元。2003年，实现销售收入8.17亿元，出口交货值4.4亿元，创汇5300万美元，利税1.06亿元。公司从1996年至2003年，历年为中国服装销售、利润双百强企业，并为全国出口创汇先进乡镇企业，全国民营500强企业。

公司以羊绒大衣为龙头产品，形成西装、休闲服、时装、职业装、风衣系列化生产，年产量达200万件（条），其中主导产品羊绒大衣年产量100余万件，销售于国内和日本、欧美、中东、东南亚等国家，尤其是出口日本的羊绒大衣占我国出口日本羊绒大衣总量的60%左右，成为国内最大的羊绒服饰生产出口基地。

Our company was founded in 1979, and growing out of FENGHUA TENGTOU GARMENTS FACTORY, and was named Aiyimei Garments Co., LTD in 2000. After developing continuously for more than 20 years, it has become a large-scale group enterprise engaging in designing, producing and marketing the products with AIYIMEI brand. It covering an area of 260 thousand square meters, with its construction area 120 thousand square meters, it possesses 3200 employees and owns production equipment over 2000 sets. Its total assets reached RMB500 million. In 2003, its sales output reached RMB817 million, exporting commodity value RMB440 million, earning foreign exchange of USD53 million and profit and tax 106 million. From 1996 to 2003, the company had been one of the top 100 enterprises both of garments sales, and profits and taxes of China. And it is one of the top 500 private enterprises in China.

We are producing a series of products, including western-style suits, leisure clothes, fashionable clothes, office clothes, dust coat, The annual output reaches 2 million pieces (sets).The cashmere overcoats as our leading products, with its annual output of over 1 million pieces, has a ready market throughout China and Japan, European, American and Mid-East countries. In particular, the quantity of cashmere products exported to Japan takes up about 60% of total export quantity. Therefore, Aiyimei group has become the biggest production and export base of cashmere products all over the country.

# 上海斯尔丽服饰有限公司
# 斯尔丽牌羊绒大衣

羊绒大衣

上海斯尔丽服饰有限公司，创建于1993年。在中国女装企业中率先获得ISO9001：2000国际质量管理体系认证，同时也是中国最早并专业生产女装大衣的企业、2001版中华人民共和国国家标准女西服、大衣GB/T2665-2001标准起草人之一。

公司现拥有雄厚的产品开发设计、生产能力，销售渠道覆盖国内外，有效零售终端达1807家，在同行业中具有不可比拟的产品优势和渠道优势。公司拥有一支团结、高效的经营管理团队，现有员工3500余人，管理人员70%具备大专以上学历。其所生产的女大衣连续九年全国市场同类产品销量第一。

2001年公司在浙江永嘉工业园耗资八千万元，征地近百亩，作为斯尔丽女鞋的生产基地。2002年末公司在投入1.4亿元巨资，在上海奉贤区奉浦工业园区置地近200亩，兴建一座现代化的女式服饰工业园区，一期工程于2003年末全面动工，从而将揭开打造中国女装新旗舰的新序幕。

Shanghai Sierli Garments Co., Ltd. was founded in 1993. It is the first enterprise of women garments production achieved ISO9001:2000 international qualification management system authentication, meanwhile it is the first professional women overcoat manufacturer, draftsman standard women suite of the People's Republic of China version 2001 and overcoat GB/T2665-2001 standard.

The company now possesses strong capacities in products development design and production, and sales channel covers home and abroad, effective retail terminal reaches the number of 1807, enjoying incomparable products advantages and channel advantages in the same industry. The company has a united and highly efficient management group, more than 3, 500 staffs, in which 70% of the management staffs having the educational background over college. The Sierli women overcoat has reached the top of the sales output of same type of products in the domestic market for a successive 9 years.

In 2001, the company invested RMB80,000,000.00 and inquired nearly 100mu land in Zhejiang Yongjia Industrial Park to build the production base of Sierli women shoes. In the end of 2002, the company invested again RMB140,000,000 to buy nearly 200mu land in Shanghai Fengxian Industrial Park to build a modern women garments industrial park. The first phase project will be launched fully in the end of the year 2003 so as to create a new prelude of the flagship of Chinese women garments.

# 黄金首饰行业概况

珠宝首饰行业是一个传统古老的行业，黄金首饰在古代是王公贵族显示其财富地位和权力的奢侈品。随着时代的发展，首饰开始走向平民大众，从清朝末年开始，国内已经出现了专卖首饰的金店银楼。

改革开放以来，随着我国经济的飞跃发展，珠宝首饰行业的发展也突飞猛进，成就瞩目，已进入了成长期。我国珠宝首饰生产企业从不足百家发展到目前的3000多家，零售企业20000多家，从业人员超过300万人。目前，我国珠宝玉石首饰国内总销售额达到1000多亿元人民币，出口达44亿多美元。其中，黄金首饰产品占20%以上。

我国用于珠宝玉石首饰的黄金总量大约280吨，其中：黄金首饰产品的用量大约200吨，占70%以上。我国黄金的消费量居世界第三位。目前，珠宝玉石首饰的销售网络已覆盖全国大、中、小城市，形成了很多全国性和地区性的品牌企业。黄金首饰有：爱得康、同心、安盛华、老凤祥、宝亨达、明牌、金皇、翠绿、福辉等著名品牌。

黄金首饰的年出口量也已有相当的规模，且势头强劲。内地一些著名生产企业为台湾、香港等地区的首饰品牌企业进行大量的来料加工。尽管珠宝首饰的销售量快速增长，但同经济发达国家相比，我国的人均占有量还很低，美国人均黄金拥有量达到15克，我国人均不到1克。所以国内消费市场具有巨大的潜力，这是任何一个国家所无法比拟的。从人均GDP与人均黄金消费量的关系上来看，二者存在着正相关变化关系，因此只要国家经济发展良好，首饰市场的前景必然看好。我国人均GDP的逐年增长也将进一步促进珠宝首饰行业发展。

**2004年中国名牌产品——黄金首饰企业包括：**

深圳市甘露珠宝首饰有限公司——爱得康首饰

该公司是2000年3月经中国人民银行及深圳市工商行政管理局批准成立的具有法人资格的有限责任公司，为中国宝玉石协会副会长单位。黄金首饰销售量达到18900Kg，销售额达到16亿元人民币以上。

佛山市工艺总厂有限公司——同心首饰

该公司建于1969年3月。1972年被中国人民银行确定为首批黄金饰品生产定点厂，为中国宝玉石协会常务理事单位。现有员工2500余人，其中工程技术人员280余人，总资产人民币2.5亿元。黄金首饰销售量达到18627Kg，销售额达到13亿元人民币以上。

深圳市安盛华实业发展有限公司——安盛华首饰

该公司成立于1996年，为中国宝玉石协会副会长单位，是集黄金、白银、铂金、钻石、珠宝首饰、金银手表、工艺摆件、奖章制品等设计、生产、加工、批发、零售、连锁加盟及承接境外来料加工为一体的大型企业。黄金首饰销售量达到12932Kg，销售额达到12.99亿元人民币以上。

上海老凤祥有限公司——老凤祥首饰

该公司前身是凤祥裕记银楼，建于公元1848年，是中国珠宝首饰业惟一延续至今的最古老的银楼，距今已有155年的历史，为中国宝玉石协会副会长单位。黄金首饰销售量达到18220Kg，销售额达到15.68亿元人民币以上。

深圳市宝福珠宝首饰有限公司——宝亨达首饰

该公司成立于1998年，注册资本1000万元人民币，是从事黄金、铂金、翡翠、K金、镶嵌珠宝首饰制造、加工、批发、销售和自营进出口业务的大型企业之一，为中国宝玉石协会副会长单位。黄金首饰销售量达到12208Kg，销售额达到11.89亿元人民币以上。

浙江日月首饰集团有限公司——明牌首饰

该公司系中国首饰制造业的龙头企业，为中国宝玉石协会副会长单位，是惟一进入中国工业企业综合评价500优企业（1995年国家统计局、国家经贸委统计公告）的珠宝首饰企业，连续多年产销量稳居国内同行前列。黄金首饰销售量达到11980Kg，销售额达到13.92亿元人民币以上。

武汉市金凰珠宝有限公司——金皇首饰

该公司前身为湖北金皇珠宝首饰实业有限公司(成立于1994年)，于2002年重新注册，为中国宝玉石协会副会长单位。黄金首饰销售量达到10008Kg，销售额达到12亿元人民币。

深圳市翠绿珠宝首饰有限公司——翠绿首饰

该公司成立于1996年8月，注册资本1680万元人民币，为中国宝玉石协会副会长单位。公司立足实业发展，致力资源整合，着眼品牌经营，使公司由原来一家主要经营铂金饰品的小型贸易公司发展成为集黄金、铂金、K金、镶嵌珠宝首饰生产、加工、批发、零售和自营进出口于一体的企业。黄金首饰销售量达到10557Kg，销售额达到10.35亿元人民币以上。

福建省福辉珠宝有限公司——福辉首饰

该公司的前身是福建省珠宝首饰进出口公司，成立于1984年，为中国宝玉石协会副会长单位。公司创办以来，相继成立了6家福辉系列首饰生产加工基地和一个经国家技术监督部门授权的福建省诚信珠宝首饰检测中心，从业人员上千名，形成集团化、专业化的珠宝首饰生产加工、出口、内销的经营网络。黄金首饰销售量达到9298Kg，销售额达到10.22亿元人民币以上。

黄金首饰既能美化生活，又有保值功能，深受消费者的喜爱；而且对繁荣市场，拉动内需，引导消费，促进经济发展有相当大的作用；藏富于民、藏金于民是世界许多国家作为稳定社会的基本政策之一。纵观历史，凡是国家政局动荡，发生战乱，消费者对首饰的购买力便锐减，行业也衰败，凡是国家安定团结，经济繁荣，市场兴旺，首饰购买力便激增，行业也迅猛发展。因此黄金首饰行业的发展也在一定程度上反映了社会经济的发展。

# 深圳市甘露珠宝首饰有限公司
## ADK爱得康牌黄金首饰

深圳市甘露珠宝首饰有限公司是一家专业从事黄(K)金、铂金、钯金、银饰、钻石、珠宝镶嵌首饰等产品的研发、生产、加工及销售服务，集技、工、贸为一体的大型黄金珠宝首饰企业。公司生产经营的“ADK爱得康”黄金珠宝首饰，畅销大江南北，深受广大消费者青睐。2004年9月1日荣获国家质检总局“中国名牌产品”称号。

公司创建至今，不断地引进、吸收、消化国际上最先进的首饰制作加工理念、技术与机械设备；建立、健全国际先进的质量管理体系（英国UKAS认证的ISO9001：2000标准）；采用先进的企业信息化系统（ERP企业资源计划），促使“ADK爱得康”首饰的产品质量得以高起点、高姿态、高水准的腾飞，取得了在中国珠宝首饰行业的领先地位。

经过数年励精图治，甘露公司已经迅速崛起为国内知名的黄金珠宝首饰企业，秉承“立足国内、拓展海外”的发展战略理念，秉承“让人间多点爱，让世界充满爱”的企业文化理念，甘露公司将以不断创新、追求人类“健康、美好、真爱”的精神生活为己任，继续发扬"敬业、诚信、团结、创新"的企业精神，不断进行经营变革和管理创新，增强企业的整体素质，在赢得“中国名牌产品”这一巨大荣誉的基础上再接再厉，努力实现创建世界级名牌的宏伟目标。

Shenzhen Ganlu Jewelry Co., LTD is a large jewelry company that specializes in R&D, production, process and sales of gold, karat-gold, platinum, palladium, silver, diamonds, gem-set etc products. The brand of “ADK” produced by us is very popular all over the country, which have been enjoyed deeply by lots of consumers. On September 1st 2004, we got the honor of“China Top Brand” awarded gloriously by General Administration of Quality Supervision, Inspection and Quarantine of the People's Republic of China.

Since its foundation, Ganlu continuously imports、absorbs and digests the international leading concepts、technology and mechanical equipments of jewelry industry, and which also has set up the comprehensive international advanced quality management system of ISO9001: 2000 (British UKAS certificate) as well as adopts advanced ERP (Enterprise Resources Planning) to spur that ADK is able to rise with higher beginning, higher position, and higher level. Those lead ADK to the leading position in jewelry industry in China.

Through years of efforts, Ganlu has developed rapidly to be the well-known company in gold jewelry in China. Our development strategic concepts is “Root in China and expand worldwide” and the company culture concepts is "more love to the human and world". Ganlu will take continuous innovation and pursue the spiritual life of “healthy, beautiful, true love”. We will continue to carry forward the spirit of “devotion, sincerity, united, innovation” and keep on the revolutions and innovations of management to strengthen the power of us. On the basis of winning the glorious honor of“China Top Brand”, we will devote ourselves to realize the great purpose of becoming the famous brand in the world.

# 佛山市工艺总厂有限公司
# 同心牌黄金首饰

佛山市工艺总厂有限公司地处广东省第三大城市——佛山市禅城区，园林式建筑环境，占地面积1.5万平方米，厂房面积3.8万平方米。现有员工2500余人，其中工程技术人员280余人，总资产达人民币2.5亿元。2003年黄金产品销售量达18.8吨，销售额达12亿元，实现利税2339.22万元，出口创汇501万美元。2001年起，上交国家税金连续三年超千万。

佛山市工艺总厂有限公司始创于1965年，由数名民间手工艺人联合生产自救组组建而成，1969年正式成立佛山市工艺厂。1972年被中国人民银行和轻工部确定为全国首批黄金饰品定点生产厂。70年代初，产品在香港中艺国际展设展，受到香港各界的欢迎。80年代开始，分批选送技术骨干前往香港、新加坡等地进行培训，并引进大量新设备，开发新产品。1987年在国家工商局注册“同心牌”产品商标，是国内最早的首饰品牌之一。90年代，先后与美国莱利珠宝有限公司、香港谢瑞麟珠宝有限公司、香港周大福珠宝有限公司、周生生珠宝有限公司、台湾郑金匠企业有限公司台湾李氏首饰制造集团、台湾光兴珠宝公司等进行贴牌来料加工、合资、合作生产等多种形式的合作，开国内黄金首饰行业与外商合作的先河。1994年进行现代企业制度改造，组建佛山市工艺总厂有限公司。

Foshan Arts & Crafts Works Co., Ltd. locates at Chancheng District of Foshan, the third biggest city of Guangzhou province, which total assets reaches 25 million, possesses an area of 15000 square meters and a 38000-square meters area's factory and has a strength of over 2500 employees among them more than 280 are engineers. In 2003, the quantity of sales of gold products came up to 18.8 tons and brought about 23 million profit tax and 5.01 million dollars through export. Since from 2001,the quantity of profit tax handed over to the State has exceeded 10 millions for the recent three years in succession.

During nineties, our company cooperated successively with America Laili Jewelry Co., Ltd. 、HK Zhou Dafu Jewelry Co., Ltd. 、Zhou Shengsheng Jewelry Co., Ltd. 、Taiwan Zheng Jinjiang Co., Ltd. 、Taiwan Lishi Jewelry Manufactory Group, Taiwan Guangxing Jewelry Company. By means of processing materials supplied by customers, jointly operated and some other ways of cooperation. It is a forerunner to realize the cooperation between domestic gold Jewelry industry and foreign businessmen. In 1994,it began to carry on modem enterprise system reform and then formed Foshan, Arts & Crafts Works Co., Ltd.

# 深圳市安盛华实业发展有限公司
# 安盛华牌黄金首饰

ANSHENGHUA
安盛華

深圳市安盛华实业发展有限公司是集金银、铂金、钻石珠宝首饰设计、生产、加工、批发、连锁加盟及承接境外来料加工为一体的大型企业。2001年公司顺利通过了ISO9001：2000国际质量管理体系认证。2002 12月，安盛华投资控股企业——山东安盛华珠宝有限公司正式投产，注册资金1000万元人民币，投资1亿元人民币。2003年7月，公司与上海华通铂银交易市场合作建立的上海华通铂银交易市场广东分市场正式启动开业。同年9月，安盛华旗下“高得牌”金银表隆重上市。10月，由安盛华公司主办、历时半年之久的“安盛华杯”全国首届首饰模特形象大赛在深圳大剧院圆满地落下帷幕。此次大赛不仅在业内引起了巨大的反响，在全国也引起了轰动。通过此次大赛，安盛华赢得了社会各界人士的一致好评，吸引了广大投资商的热心加盟。公司始终以“时尚、精细、诚信、高效”的质量方针为指导，以合理的价格、优质的产品服务于广大消费者。

Shenzhen AnShengHua Industry Development Co., Ltd collects the gold and silver, platinum, diamond jewellery design , produce , process , authorize for dispatch, chain join and accept the outside material in the border to process as a organic whole full-length enterprises. The company passed ISO9001:2000 International Quality Management System Authentication smoothly in 2001. In December 2002, AnShengHua invested holding enterprises --Shandong AnShengHua jewellery Co., Ltd. goes into operation formally , registered capital is 10 million yuan, invests 100 million yuan. In July 2003, Shanghai HuaTong platinum silver trade market Guangdong branch Set up by company and Shanghai HuaTong platinum & silver trade market started to open formally. In September the same year, under the flag AnShengHua “GAODE Brand” gold and silver watches began to come into the market ceremoniously. In October, the First “AnShengHua Cup” Jewellery Model Image Match of the whole country Sponsored by AnShengHua Company, lasting for half a year, lower the curtain satisfactorily in Shenzhen Grand Theater. This match has not only caused the enormous response in the field of business but also caused the sensation in the whole country. Through this match, AnShengHua has won unanimous favorable comment of personages of various circles of society in China, have attracted the enthusiastic investor to join us. All the time, company directes with quality policy on “fashion , meticulous , sincere company high- efficient”, at rational price, the high-quality products serve the extended consumers.

# 上海老凤祥有限公司
# 老凤祥牌黄金首饰

老鳳祥®

老凤祥银楼是全国惟一的由一个半世纪前相传至今的百年老店。上海老凤祥有限公司正是由创始于1848年的老凤祥银楼发展沿革而来，其商标"老凤祥"的创意，也源于老凤祥银楼的字号。

上海老凤祥有限公司成立于1996年4月，注册资本人民币13661万元，公司主要生产经营工艺美术品、金银制品、珠宝、钻石与相关产品、设备以及商业、贸易服务等业务。

2003年底公司总资产额为85614.31万元，其中：固定资产7172.33万元，流动资产72009.93万元，净资产15059.52万元。

创立于1848年的"老凤祥"，已有157年的历史。她从原来一家十几个人的前店后工场，如今已发展成为集科工贸于一体的全国首饰行业最大企业集团之一。目前，公司拥有老凤祥银楼有限公司、老凤祥珠宝首饰有限公司、老凤祥首饰研究所有限公司、老凤祥钻石加工中心有限和老凤祥新事业发展有限公司五个主要子公司，以及首饰厂、礼品厂、型材礼品厂三个专业分厂，并拥有市内外独、合资及加盟连锁银楼56家。现有职工1348名，其中获中国工艺美术大师、高级工艺美术师、技师以及中级职称以上人员在百人以上。

公司主要生产经营黄金饰品、铂金饰品、钻石珠宝镶嵌饰品、银制品、工艺摆件礼品等五大类产品，2003年工业总产值为9.65亿元，销售收入18.65亿元，利润实现2347万元。产品的注册商标"老凤祥"。

Founded in 1848, Lao Feng Xing has a history of more than 156 years. It is a century brand in China ornament industry.LaoFeng Xiang has developed into an enterprise group. With a Combination of science, processing and trade, it possesses about 50 series retail stores and more than 1000 asles shops.

LaoFeng Xiang has won the title of Shanghai Famous Products Six times serially. It is also a Shanghai famous trademark,as well as a China famous trademark.

With a collection of outstanding talents, Lao Feng Xiang has won more than 130 different prizes in varied ornament design and processing contests at home and abroad during recent 3 years. It enjoys a reputation as "Ornament Oscar"

The gold ang silver furnishings of Lao Feng Xiang have come to No.1 in the country for their novel design and perfect craftsmanship.

The diamond and jewelry ornament, gold and platinum ornament, silverware,gold and silver gift,tourist souvenirs processed by LaoFeng Xiang are warmly welcomed by the customers.

# 深圳市宝福珠宝首饰有限公司
# 宝亨达牌黄金首饰

深圳市宝福珠宝首饰有限公司成立于1998年(原深圳市宝亨达首饰有限公司)，注册资本1000万元人民币，是一家专业经营黄金、铂金、翡翠及K金、镶嵌珠宝首饰生产、加工、批发、销售和自营进出口业务的大型珠宝企业，同时也是上海黄金交易所的大型综合类会员。公司生产、设计、开发、科研实力强大，拥有标准厂房6000多平方米，各类专业工程师、技师、技工1000余人，还拥有多名资深翡翠加工专家，从欧美、日本及东南亚等地区引进各类先进珠宝首饰加工设备5000多万元，加工制造的黄金、珠宝首饰达80000多个花色品种。

公司注册商标“宝亨达”品牌首饰是国内珠宝首饰行业较早的品牌之一。公司自成立之日起，就立足于发展实业；注重质量；加强品牌建设，公司面向全国700多家珠宝首饰商供货，并在北京、上海、南京、武汉等地 设立了300多家“宝亨达”品牌的珠宝首饰销售专柜。“宝亨达”首饰以“质量上乘、款式新颖、工艺精湛、服务周到”等特点深受广大消费者喜爱与青睐，产品覆盖率达到全国80%以上的省、市、自治区等大中城市，形成广泛而成熟的营销网络体系。

作为国际铂金协会指定的协力推广商，中国宝玉石协会和深圳市黄金珠宝首饰行业协会副会长单位，宝福公司以传播中华民族首饰文化和玉石文化为已任，致力于将中国的珠宝首饰行业做大做强，致力于首饰花品种的研发和设计，致力于首饰人性化和个性化的文化内涵的体现，对于启动中国珠宝首饰市场，普及珠宝、玉石首饰的消费做出了积极的贡献。

As a major enterprise designated by the People's Bank of China, Main Branch to engage in the production, processing and wholesale of gold, platinum, jewelry and ornaments, Shenzhen Bo Fook Jewelry Co., Ltd. is granted with the Gold and Silver Operating Permit according to law and is authorized to engage in their imports and exports in the capacity of a principal.

The Company's BHD Jewelry, which is already registered with the Trademark Bureau of China, is much welcomed and sought after by the vast consumers across the country, as can be demonstrated by the numerous BHD Jewelry counters nationwide, the Company adopts state-of-the-art platinum jewelry production and processing techniques from Italy, Japan and other countries, the workmanship and quality of its gold and platinum jewelry series rank at the forefront in China.

In pursuance of perfecting the quality of its jewelry by the entire staff, the Company was granted the ISO9002 International quality certificate in early 2000. The BHD Jewelry is mainly comprised of gold ornaments,platinum series,as well as other jewelry series mounted with diamond, ruby, sapphire and other gemstones. All BHD Jewelry products are authenticated by competent state authorities and issued with relevant certificates.

As always, the promotion of genuine Chinese jewelry culture and the creation of a perfect human life will remain the motto of Shenzhen BO FOOK Jewelry Co., Ltd. as one of the largest and most sophisticated jewelry and ornaments enterprises in China.

# 浙江日月首饰集团有限公司
# 明牌黄金首饰

明®
MING

浙江日月首饰集团有限公司（以下简称日月集团）是我国乃至亚洲集设计开发、生产加工、销售服务于一体的大型首饰制造企业。系我国首饰行业惟一进入中国工业企业综合评价500优企业（1995年国家统计局、国家经贸委统计公告），国内行业首家通过ISO9002国际质量体系认证企业，连续多年产销量居国内第一。

日月集团始创于1987年10月，现有总资产超过10亿元，其中净资产超6亿元，员工2000多人。系中国宝玉石协会副事长单位、浙江省“五个一批”重点骨干企业。下属浙江明牌首饰股份有限公司（前身为浙江老凤祥首饰厂）等30多家企业和一个省级技术中心，涉及首饰、电子科技、房地产、连锁专卖等行业，拥有自营进出口权。

集团目前主营业务为生产、加工、批发明牌系列首饰（千足金、K金、铂金、镶嵌钻饰、工艺礼品五大系列）50000多种产品，产品以“成色足、工艺精、款式新、色泽美”四大特点入主市场，以优良的品质和良好的服务赢得了全国各地及海外消费者的青睐。16年来，明牌首饰从未有过质量事故与纠纷，在历次国家级权威机构的专门检验和抽检中，为惟一质量次次合格单位，这在行业内是极为罕见的。“明”牌首饰系浙江省名牌产品、浙江省著名商标、中国珠宝首饰业驰名品牌；另据业内权威《中国黄金报》刊登的研究报告显示，明牌首饰已成为我国国内首饰业的第一品牌。

Zhejiang Sun & Moon Jewelry Corporations (NYSE: Sun & Moon Corp.) is one of the world's largest producers of jewelry. It serves customers in jewelry worldwide with a unique portfolio of products, designs, services and solutions, providing 50000 varieties of full-purity gold, platinum gold, K-gold, inlaid gold articles and artificial furnishings.

Founded in 1987, Sun & Moon Corp. has built leading positions in jewelry markets and is recognized for its fine process design, pure quality, fashion style and nice color. Sun & Moon is the only jewelry company listed among the top 500 best corporations in P.R China, and also the No. one brand of jewelry in China. With an assets value of RMB 0.6 billion and 30 operations in electronics & real estate in all over the country, the company's 2000 employees build lasting relationships with their customers based on understanding, integrity and passion.

# 武汉市金凰珠宝有限公司
# 金皇牌黄金首饰

金皇珠宝
KINGOLD JEWELRY

武汉市金凰珠宝有限公司位于交通便利、经济发达的湖北武汉，是上海黄金交易所首批会员单位，生产、加工、批发“千足金、足金、铂金、18K白金及镶嵌”五大系列珠宝饰品，产品远销东南亚及欧美市场。现黄金饰品、铂金饰品以及18K黄铂金饰品的产量、产值、实物质量水平等都居于全国同行业前列。

经过10多年的建设和发展，公司已形成集黄铂金及镶嵌首饰设计、制作、批发和零售于一体的综合性珠宝首饰生产经营企业。公司现有总资产2.33亿元，净资产1.92亿元。在激烈的市场竞争中，公司坚持“款式新、成色足、色泽美、工艺精”原则，采用美国、日本、意大利等国先进设备和工艺技术，使公司技术装备和制作工艺始终保持国际先进水平，为公司不断发展壮大奠定了基础。公司注重新产品的开发，重视新款式产品的设计和推广，及时跟踪流行时尚，始终保持产品的时尚性，使金皇首饰能引导消费时尚。公司建立了完善的销售网络和售后服务体系。致力打造“金皇”品牌，以卓越的品质和完善的服务，展示首饰独特魅力，引导首饰时尚潮流，赢得了社会的广泛认同，“金皇”牌系列饰品产品质量上乘，一直供不应求，深受广大消费者喜爱。公司被推举为“中国宝玉石协会副会长单位”，“金皇”牌系列饰品被中国宝玉石协会评为“中国珠宝首饰业驰名品牌”。

Wuhan Jinhuang Jewelry Co., Ltd., located in Wuhan, Hubei with convenient transportation and advanced economy, is the first batch of member unit of Shanghai Gold Exchange, which is mainly engaged in production, processing, wholesale of Super Gold, Pure Gold, Platinum (PT), 18K White Gold (WG) and besetment five series jewelry, with products being sold to Southeast Asia and Euro-American market.

In furious market competition, sticking to the principle of New Type, Solid Purity, Brilliant Color, Exquisite Technology, adopting advanced equipment and process technology of America, Japan, Italian and other countries, the Company is dedicated to creating Jinhuang brand to display unique glamour of jewelry, guide fashion tide of jewelry with excellent quality and perfect service, and has eventually won extensive social affirm. The Company has been elected as Vice President Unit of Gem Association of China, and Jinhuang brand series jewelry has been titled as Well-known Brand in Jewelry Industry of China by Gem Association of China. With excellent quality, the Company's products have been fallen short of demand all along, and won the favor of consumers of wide scope.

# 深圳市翠绿珠宝首饰有限公司
# 翠绿牌黄金首饰

翠綠首飾
CUILU JEWELLERY

CUILU

深圳市翠绿珠宝首饰有限公司成立于1996年8月，是一家集黄金、铂金、K金、镶嵌等珠宝首饰的生产、加工、批发、零售和自营进出口于一体的专业首饰类企业。

公司实力雄厚、人才济济。注册资本3000万元，标准厂房6000平方米；生产技工、技师1000余人，荟萃了国内外首饰设计，加工的精英；拥有意大利、日本和我国香港、台湾等地先进生产加工设备，生产的黄金、铂金、K金、镶嵌等珠宝首饰逾60000个花色品种；质量、款式均受到客户好评，获国内贸易部“消费者信得过商品”荣誉称号和深圳市质量技术监督局颁发“质量计量信誉好企业”证书；业务覆盖全国逾70%地域，形成纵横交错的“大中华”销售网络。

公司秉承“诚实经营、精益求精”的经营宗旨，以“客户的满意，我们的追求”为服务承诺，以款式新颖、工艺精湛、质量上乘，价格合理服务优质、信誉至上的营销方略，与业界同仁携手并肩，打造中国首饰民族品牌，传播中华民族首饰文化，创造21世纪首饰业之新辉煌。

Established in Augusts 1996, Shenzhenculiu Jewellery Co., Ltd. Is a professional Jewellery companny whose business scope includes the production, processing, wholesale, retail, sales as well as import and export of gold, platinum (pt), K gold and ornaments set with jcwcls, etc.

Cuilu Jewellery possesses abundant economic strength and enjoys rich human resources. Its registered capital is RMB30 million Yuan; current facility measures 6000 square meters. It has attracted more than 1000 master designers and craftsmen from both home and abroad. Equipped with the up-to-date leading facilities imported from Italy, Japan, Hong Kong and Taiwan, Cuilu Jewellery produces a great variety of over 60000pcs gold, pt, K gold and jewels inlaid ornaments. Being well received by the customers for its super quality and fine design, Cuilu Jewellery is awarded the title of “Consumer Trust-worthy Products” by the Domestic Trade Department and “Excellent Reputation For Standard Quality And Accurate Measurement” issued by Shenzhen Bureau. With the extensive sales network, the business has covered over 70% area of the country.

Cuilu Jewellery`s philosophy and commitment: Honest Business and Constant improvement customer's satisfaction is our primary goal the ways to success: attractive design, exquisite craftsmanship. Super quality, reasonable price, excellent service and prestige first.

Joined hands with friends of the same trade, Cuilu Jewellery strives to build its brand with national characteristics and advertise the Chinese jewellery culture, to develop a bright future of jewellery in the new 21st century.

# 福建省福辉珠宝有限公司
# 福辉牌黄金首饰

福建省福辉珠宝有限公司是一家省级外贸进出口公司，公司以珠宝首饰为传统主营商品，在北京、沈阳、武汉等三十多个大中城市设有数十家珠宝金行及专柜，现已拓展为一个经营多元化产品为一体的综合性公司。

产品远销我国香港、澳门和东南亚、日本、美国、加拿大、欧联盟和中东等40多个国家及地区，每年的进出口额为壹亿伍仟万美元。

公司拥有的“珠宝城”占地6000平方米，建筑总面积达26000平方米，下属7个生产性加工基地。

福辉品牌2000年被认定为中国驰名商标、2004年被评定为中国名牌。公司已通过ISO9001质量体系认证。并获得IQNET证书。

我们热忱欢迎世界各地贸易界的朋友前来洽谈业务，进行交流与合作，共谋发展。

Fujian Fuhui jewellery Co.Ltd. is a professional foreign trade company. The company gives first place to sales of jewellery. There are more then ten jewellery special sale counters in more than thirty's big city for example: Beijing, ShenYang, WuHan and so on. The enterprise has become comprehensive group corporation with become many-faceted step-profession.

This corporation's products have been sold in more than 40 countries and regions such as China Hongkong ahd macau,The southeast asia,japan ,usa,conada,european community and the middle volume reaches 0.15 billion us dollars.

we also have 7 production bases in this our own buliding “jewellery city”. the city covering 6.000 sq.m.and the all-around land together with a gross floor area are 26.000 sq.m.

the “fuhui” is assessed as “China Famours brand” in 2000 and “China top brand” in 2004. the enterprise has pass the iso9001 standard admisster and acquire certifcate of iqnet.

our company adheres to the principle of offering excellent services, common development,credit and customers first,friends around the world are cordially welcome to establish a friendly relationship with us.

# 乒乓器材行业发展现状

**1、2004 年乒乓行业现状和发展趋势**

乒乓运动作为中国的“国球”，在国际国内具有相当大的影响力，多年来中国的乒乓器材市场在良好的体育氛围下有着稳定的发展，2004 年全球的乒乓器材行业发展比较稳定，在以中国、日本、韩国为主的东亚地区和德国、瑞典等国家为主的欧洲地区，由于该地区乒乓运动比较强势，市场发展已很成熟，特别是中国，产品技术水平成熟，各类产品档次齐全，市场广阔。目前有近 10 亿元销售额的市场容量，国际市场也有大量的器材由中国制造，尤其是中国制造的乒乓球，长期以来有着良好的声誉，全球 80% 的乒乓球产自中国。

乒乓器材行业已经进入健康、有序的发展轨道，并呈现向高科技化、专业化、人性化发展的趋势，各种材质在器材上的运用以及产品的独创造型等都显示了中国的乒乓器材已向科技、专业化发展，特别是在运动员使用的个人器材上，各厂商都积极利用现有的科学技术，开发出独特的产品帮助运动员提高成绩，创造辉煌。同时在比赛中，利用更符合人性化的器材来满足观众的欣赏需要。

**2、国内和国际比较**

中国是世界上最大的乒乓器材市场，由于有着广大的消费人群，历来是兵家必争之地，目前中国国内有乒乓器材生产企业近百家，成规模的企业占 50% 左右，其中又以“红双喜”、“双鱼”品牌为龙头。近年来，海外知名厂商，如“Butterfly Joola Nittaku 等，纷纷把眼光对准了中国市场。使中国的乒乓器材行业遇到强劲的挑战，但中国的乒乓器材产品的质量、品牌的号召力和生产能力是非常强大，如红双喜、双鱼等品牌通过顶级赛事赞助等途径在欧洲、日本等乒乓生产和消费强势地区建立了较强的国际销售网络，塑造了良好的国际品牌形象，长期以来一直同世界的一流乒乓器材品牌进行抗衡。尤其是2000年国际乒联对乒乓球（38mm改为40mm）进行改革，来自中国上海的红双喜帮助国际乒联率先研制成功，红双喜乒乓球产品标准被采用成为国际通用标准；在国际赛场上以红双喜、双鱼为主的中国品牌近年来几乎垄断了世乒赛、世界杯、奥运会等重大赛事的赞助权。海外厂商有一定的区域品牌和资金的优势，但中国的乒乓器材厂商有生产能力的优势，我国乒乓球的生产在世界市场占有主导地位，乒乓球台、乒乓球拍也有相当的竞争力。同时乒乓器材已经具备了成为一流品牌的实力，使我国不但是乒乓球器材生产大国和生产强国，也是推动世界乒乓球运动发展的强国。

**3、中国名牌称号对乒乓行业发展所起的作用**

中国名牌产品在国内受到了很大的重视，中国名牌产品的称号近年来成为市场上最响亮的招牌。2004年乒乓行业进入中国名牌评审范围，红双喜和双鱼被评为中国名牌产品，这对整个乒乓行业来讲，从众多乒乓器材企业里评出最优秀的名牌，对规范市场，引导消费起到积极作用。

# 广州双鱼体育用品集团有限公司
# 双鱼牌乒乓球运动器材

双鱼 DOUBLE FISH ®

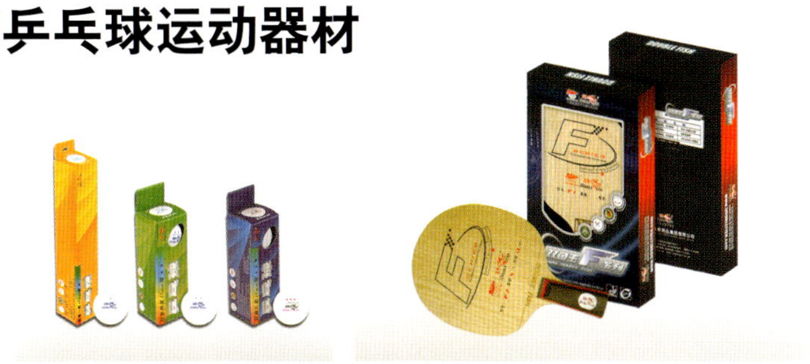

广州双鱼体育用品集团有限公司是中国最大的体育器材和设备生产商之一。主要产品有乒乓球运动器材系列、羽毛球系列、足篮排三大球、运动服装、箱包以及各类群体运动器材。在2001年第九届全国运动会使用的乒乓球、羽毛球、足球、水球、曲棍球、手球、体操七大类共40项比赛器材均由双鱼集团提供。成为有史以来为全运会提供最多比赛器材的体育用品生产企业。双鱼集团的主要设备和生产线由德国、意大利引进，企业员工700多人,有近百名各类高、中级管理人员和工程技术人员，产品通过ISO9001：2000质量管理体系认证。

双鱼集团今年申报中国名牌的乒乓球运动器材主要包括乒乓球台、乒乓球板和乒乓球三大类产品。双鱼牌乒乓球台共有47个规格品种，曾荣获国家轻工业部颁发的优秀新产品奖、优秀工业设计金龙腾飞一等奖，广州市经济委员会颁发的优秀新产品银奖、优秀新产品新技术奖。双鱼牌乒乓球台经过国际乒联的严格检验，被批准为国际比赛用台。其中,99-45G/B球台多次在1998、1999年男子世界杯、1999年、2000年第45届世界乒乓球锦标赛、2001年第九届全国运动会等重大国内国际赛中使用。2003年研制开发的新概念展翅型球台，在2003年国际乒联职业巡回赛总决赛上使用，受到国际乒坛专业人士和运动员的一致好评。

Guangzhou Double Fish Sports Goods Group is one of the biggest sports equipment and facility manufacturing companies of China. The main products are Table Tennis series, badminton series, football, basketball & volleyball, sports wear, cases, bags and various group sports equipment. Double Fish Group provided the sports equipment for 40 competitions of the 9th National Sports Game in 2001 including Table Tennis series, badminton, football, water polo, hockey, handball and gymnastics. It is the sports Goods manufacturing company that provided most competition equipment for the national sports games. The main equipment and production lines of Double Fish Group were imported from Germany and Italy. The company has nearly 700 senior and medium management personnel and engineers. The products have pass ISO9001:2000 quality management system authentication.

The mainly series Table Tennis equipment of Double Fish to apply for "The famous brand of China" is including Table Tennis Table, Table Tennis bat and Table Tennis Ball. There are 47 item products of Double Fish Brand Table Tennis Table. Double Fish Brand Table Tennis Table has awarded as “Excellent new product”、“Golden dragon flying excellent industry design” by China light industry ministry, “Sliver reward of excellent new product”、“New technique of excellent new product” by Guangzhou Economic Committee. Double Fish Brand Table Tennis Table is approved by ITTF after the strict inspection of ITTF. Meanwhile 99-45G/B Table is the official table for the 1998 & 1999 Men's World Cup, the 45the World Table Tennis Championship of 1999 & 2000, the 9th National Game. Double Fish launch a new concept table named “Volant Table” in 2003.Meanwhile the table is the official table for the 2003 ITTF Pro Tour Grand Final. The Volant table is sing high praise for International table tennis professional players.

# 上海红双喜冠都体育用品有限公司
## 红双喜牌乒乓球运动器材

红双喜
DHS

红双喜品牌始于1959年。为了在我国第一次举办的国际大赛——第26届世界乒乓球锦标赛上使用中国人自己生产的器材，原上海乒乓球厂等单位联合研制成功了具有世界先进水平、符合国际比赛要求的乒乓器材。由于正值国庆10周年，同时为了纪念容国团为中国首夺世界冠军，周总理亲自命名“红双喜”。1960年，“红双喜”乒乓器材被国际乒联批准为国际比赛器材，并被指定为19961年北京第26届世乒赛比赛器材。

一直以来，红双喜都以专业化的标准来开拓和发展品牌。从1961年的世界乒乓球锦标赛开始，红双喜已经成功地赞助了许多国际性重大赛事，如2000年悉尼、2004年雅典奥运会；第43届天津、45届爱因霍恩及吉隆坡、47届巴黎及多哈世乒赛以及2005年在上海举行的第48届世乒赛；国际乒乓球联合会（ITTF）的国际巡回赛总决赛等等。在中国国内，历届的全运会、重大的乒乓球比赛或联赛、举重比赛、击剑比赛以及足球比赛等等都是红双喜的专业器材大显身手之地。

红双喜始终将产品与服务的专业化和运动的专业化发展有机地融合在一起，用比赛来不断地创新自己的产品，用产品来不断支持体育运动的发展，在这样一个互相促进的良性循环下，红双喜在技术标准制定和产品创新上不断发展。1998年，红双喜研制40mm直径乒乓大球成功，相应的技术标准也被遵循为国际技术标准，为世界乒乓运动里程碑式的改革发挥了关键作用。红双喜也是中国第一家获得国际举重联合会认定国际A级举重杠铃的品牌。

As the most famous brand in Chinese professional sports field, DHS(Double Happiness Sports) was given birth in 1959 whiel Mr. Rong Guotuan got the first world champion. In the same year. A set of new equipment of table tennis was researched in China and was approved by the International Table Tennis Federation(ITTF) for the 26th World Table Tennis Championships(WTTC). To memorize the 10th anniversary of china and the first world champion by Mr. Rong Guotuan , this set of equipment was named 'DHS' by Mr Zhou, the first Prime Minister of The People's Republic Of China.

The Professional Drive has always been the tenet of 'DHS'. From the World Table Tennis Championships in 1961, we have sponsored or supported many major international games, such as 2000Sydney Olympic Games, 2004Athens Olympic Games, 43rd, 45th, 47th, 48th W.T.T.C, the international tournament, etc. In China, during all the National Games and important table tennis matches or leagues, weight lifting, fencing and football, our equipments is well known in application.

The DHSI(Double Happiness Sporting Goods Institution) is always at the frontier of the innovation of products and technique. And in the past 40 years, in the most representative field of table tennis, many Chinese table tennis players has been achieving the world champion by using our equipment. Today, about 90% players in Chinese National Table Tennis Team are using DHS equipment. Now DHS not only supplies the professional sporting equipment for players, but also pay much more attention to the innovation of the sporting equipment. Our new “rainbow” table tennis table and surrounds used in the 47th W. T.T.C have made much more contribution to Table Tennis.

# 中国保险箱行业概况

**1、2004年保险箱行业现状和发展趋势**

2004年全国保险箱产量760万台，销售额43亿元，其中出口创汇1.8亿美元，其中前十位龙头骨干企业销售额14亿元，占整个行业的32.5%，销售额比2003年增长43%；在行业中，有国家级高新技术企业1家，承担了2项国家级火炬计划项目，获得了4个中国名牌产品，7个省、市级名牌产品，3个省、市级著名、知名商标，1个省级箱柜研究开发中心，拥有自主知识产权的专利70多项。目前，国内保险箱生产企业与国际上著名品牌的企业在同一平台上竞争，以“永发”为代表的企业，产品质量、技术指标等已达到了国际先进水平，并且产品更新速度远远快于国外品牌，生产成本比国际上同类产品低。

**2、国内和国际比较**

中国的保险箱行业目前根据GB10409-2001标准以及等同美国UL国际标准组织生产，所有规模型的生产企业，全部通过ISO9000认证。部分还通过美国UL、ETL及欧洲的CE等认证，产品质量得到了国外客户和国际同行的认可，部分产品的性能指标远远超过国际同行的同类产品。如保险箱的防火性能，根据美国UL国际标准，在规定的环境条件下，箱内温度≤180℃。国际著名品牌的同类产品达到80℃，我国的宁波永发集团有限公司生产的同类产品箱内温度<50℃，并通过美国UL认证，填补了国内空白，一些龙头企业跨入了国际先进的行列。

**3、荣获中国名牌产品企业在整体行业发展所起的作用**

荣获中国名牌产品的企业在全国1000多家的保险箱生产企业中脱颖而出，企业所拥有的生产和质量检测设备先进，具有国际一流水平的数控加工中心及自动化生产流水线和电子化管理系统，拥有强大的技术研发队伍，有高超、快速的新品开发体系，庞大而严密的营销网络，完善的售后服务机制，使中国的保险箱行业走上了良性的发展轨道。

保险箱行业的龙头企业，由于设备先进、管理完善、研发力量强劲，与国际保险箱行业的著名企业合作交流频繁，使中国保险箱研发始终处在国际领先的地位。省级箱柜研发中心实行资源共享，覆盖整个行业，提升了保险箱行业的科技含量，引导整个行业进行以品牌竞争为主的质量、技术、服务综合竞争，提高服务水平，同时在行业协会的正确引导下，调整经营策略，修订保险箱行业标准，积极实施名牌发展战略，走可持续发展之路。随着国内保险箱行业在国际上的竞争优势进一步扩大，欧美等保险箱行业国际著名品牌的企业与中国的一些有品牌、有一定知名度的优秀生产企业进一步加大合作力度，中国将成为保险箱的制造强国。

# 哈尔滨飞云实业有限公司
# 飞云牌保险柜

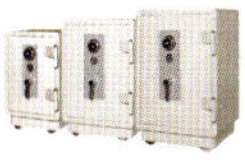



哈尔滨飞云实业有限公司有20多年保险柜生产历史，为中国最早生产保险柜产品的企业之一，总资产2亿元，拥有国内一流的总装、喷涂、浇注生产线及处于国际先进水平的AMADA数控冲床，激光切割机，拉伸成型和CAD计算机辅助产品设计等设施。年生产保险柜、文件柜、防盗门40万（套）是国内一流的钢制保险柜等安全器材专业生产企业。

主导品保险柜共八大系列，40多个品种，100多个规格。产品经公安部检测中心符合GB10409—2001A国家标准。公司遍布全国的26个销售分公司、100多个销售网点，实现了销售体系网络化。

经过二十年的不懈努力，先后荣获“国家工商行政管理总局2002年全国守合同重信用企业”等称号。“飞云牌”产品是全省、全国“用户满意产品”，连续多年被誉黑龙江省名牌产品。飞云商标被授以“黑龙江省著名商标”。在长期贯彻全面质量管理的基础上，1999年被评为全省质量管理先进企业，全国“质量无投诉企业”2000年又通过了ISO9001质量体系认证，实现了与国际先进标准的接轨。公司已具备年产80万台（套）产品，4亿元产值的生产能力，成为同行业的佼佼者。

Harbin Feiyun Industrial Co., Ltd has the production history of the safe deposit box for more than 20 years, produce the enterprises of the safe deposit box products first for China, total assets are 200 million yuan, there are domestic and first-class assembly , spraying , pour the production line and AMADA numerical control puncher in the international most advanced level, laser cutting machine , draw the facilities , such as shaping and CAD computer's auxiliary product design ,etc.. Produce safe deposit box , filing cabinet , 400,000 burglary-resisting door (set ) domestic first-class steel safe deposit box ,etc. safe professional manufacturing enterprise of apparatus every year.

Eight major series altogether of safe deposit box of leading product , more than 40 varieties, more than 100 specifications . The products are accorded with GB10409-2001A national standard by Ministry of Public Security monitoring center. The products can be defended hammers pound , the flame is cut, TNT is blown up . 26 selling branch companies , more than 100 commercial networks spreading over the whole country of the company, have realized selling the system networkedly.

Through untiring efforts for twenty years , harbin feiyun enterprise won “ the whole country watch over in weight credit enterprises of contract national 2002 such as General Administration for Industry and Commerce” title successively. “ Feiyun brand” products the whole province, the whole country “ user satisfied products”, for years leading brand products of Heilongjiang Province of reputation. The feiyun trade mark is awarded with “famous trade mark of Heilongjiang Province”. Chosen as advanced enterprises of quality control of the whole province in 1999 on the basis of carrying out total quality control in long-term, the whole country “ quality is it complain enterprise to have” through ISO9001 quality system authentication , realize with international advanced integrating standard 2000. Company is it produce 800,000 (set ) products , 400 million production capacity of output value per year to possess already, become the outstanding one of the same trade.

# 宁波永发集团有限公司
# 永发牌保险柜

永發
YONG FA

保险柜

宁波永发集团有限公司是一家生产防盗、防火保险柜、银行金库门为主导产品的专业型安防生产企业，是目前国内最大的保险柜生产基地和出口创汇基地之一。

公司成立于1988年，现有职工660多人，专业技术人员68名，其中高级职称技术人员12名，有下属6个子公司及三十多家分公司。企业占地面积102000平方米，建筑面积55000平方米，拥有数控机床、喷漆流水线等国际先进的生产和检测设备。

永发产品畅销北京、上海、广州等全国30多个省、市、自治区，并设立30多个销售分公司和售后服务中心，其中部分产品还远销美国、英国、法国、澳大利亚、比利时等70多个国家和地区。2003年，公司实现销售20452.9万元，其中出口创汇额1446.6万美元，利税3462.6万元，2003年，根据中国安防协会统计，永发保险柜在国内市场占有率和覆盖率在同行业内名列第一。

回顾过去，创业维艰；展望未来，任重道远。永发人决心在激烈的市场竞争中居安思危，奋发图强，在新的世纪里继续发扬“同心协力、争创一流、励精图治、永不停顿”的企业精神，继续实施品牌发展战略，积极争创中国名牌产品，走管理、技术创新之路，不断提高企业创新能力，在巩固和提高保险柜主导产品的同时，积极向高科技的安防产品领域拓展，使企业纳入持续、稳步的轨道发展，为中国安防行业的发展作出贡献。

Ningbo Yongfa Group Co.,Ltd as a professional safe group specializing in theftproof safe,fireproof safe ,mini bank and other security products, currently is one of the largest safe production bases and export bases in China .

Established in 1988,the company has workers more than 660 and 68 professinal technician ,including 12 high -level technicians ,and 6 subsidiaries and other small distributors more than 30. The company occupied the groud area 10200 m2 , with the contruction area 55000 m2, having digital controlled machine, painting and spring line and such international advanced production and inspection unit.

Yongfa products sell well to Beijing ,Shanghai,Guangzhou and other provinces and mayors more than 30,and set up distributed companies and after-sale services more than 30 in addition to some products sell far to America,British,France,Austrarian,Belgium and such countries and regions more than 70. In the year of 2003,the company achieve the sale of 204529000 yuan ,with the export exchange amount $4466000 ,and interest tax 34626000 yuan. According to Chinese Security Association statistics, Yongfa safes is considered as the top one among the domestic markets on the rate of coverage and occupying.

Looking back ,it is hard to be a pioneer : Looking ahead ,we have a long way to go .Yongfa people make their minds to develop in the acute struggling of the markets , during the new century, keeping to exalt the company spirit of “work together,try to do the best ,never stop”, taking the measure in further developing strategy, and try to creat Chinese Famous Brand and work on the managerial and technical road,never stop increase the company's creation ability .At the same of consolidating and increasing the lead safe group, try to develop to the advanced level of security products ,to make the company walk on the persist and stable road ,with the contribution to Chinese Security line.

中国名牌产品年鉴

# 洛阳花都金柜集团有限公司
# 花都牌保险柜

HUADU 花都 ®

洛阳花都金柜集团有限公司，是一个以研制、开发、生产、销售防盗保险柜为一体的专业集团公司，位于河南省偃师市庞村工业区花都路1号——龙门石窟东15公里207国道与顾龙公路交汇处。创办于1992年3月，占地面积180000平方米，建筑面积130000平方米，员工998名，专业技术人员120人，高级工程师20名，专业质检队伍51人，注册商标为“花都”牌。主要产品有电子、机械全钢防盗保险柜等。2001——2003年，花都防盗保险柜的产量分别为14万台、15万台、16.5万台；产值分别为8400万元、9000万元、9900万元；销售额分别为7800万元、8400万元、9600万元；位居我国中西部地区同行业之首。

为了保证防盗保险柜出厂合格率达到100%，花都集团率先通过ISO9001国际质量体系认证，建立完善了质量体系，严格按照国家标准（GB10409-2001）对公司从事与质量有关的管理、执行、检验工作的岗位与人员，明确职责、权限及相互关系，使其各司其职，通力协作，确保质量目标的实现。

Luoyang Huadu Safe Group Co., Ltd is a special one integrating with research, development, production and sales of safes against theft, which is located in No. 1, Huadu Road, Pangchun Industrial Area, Yanshi City, Henan Province-----15 km to the Longmen Grotto, the intersection of State Highway 207 and Gulong Railway. It was set up in March 1992 with an area of 180000 m2 and a floorage of 130000 m2 as well as 998 employees, including 120 professional technical personnel, 20 senior engineers and 51 special quality-checking personnel with its registered trade mark of "Huadu." Its main products cover electronic and mechanical steel safes against theft, etc. From 2001 to 2003, the output of "Huadu "safes were as 140000 sets, 150000 sets and 165000 sets and the production values were as 84 million yuan, 90 million yuan and 99 million yuanand the sales amount were as 78 million yuan, 84 million yuan and 96 million yuan, ranking the first in the Central and Western regions in China among the same trade.

In order to ensure a 100% yield of ex-factory safes, Huadu Group Took the first lead in passing ISO9001 International Quality System Certification, establishing a perfect quality system by strictly abiding by the State standard (GB10409-2001) upon the relevant management, implementation and supervision for every employee by appointing one's responsibility and related relationships as well as the complete cooperation,

# 江西金虎保险设备（集团）有限公司
# 金虎牌保险柜

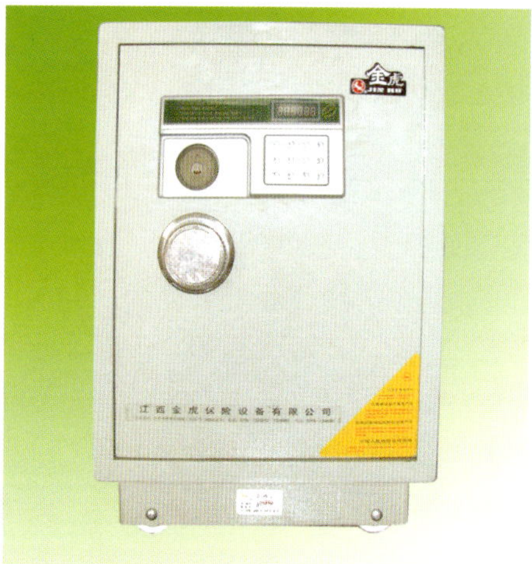

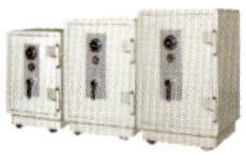

保险柜

江西金虎保险设备（集团）有限公司座落在江西中部古今闻名的药都——樟树市，国家农业部划型为中型企业，是我国金融保险设备行业中的大型骨干企业之一。公司注册资金5118万元，占地总面积113000多平方米，建筑面积为59000多平方米,现有员工828人,其中：具有高级职称12人，中级职称158人,初级职称以上技术骨干286人。2003年公司实现销售收入23250万元,实现利税3518.3万元。公司拥有四条钣金流水线和两条九工位全自动喷塑流水线，为产品质量国标化提供了软件、硬件的可靠保障。

公司的主导产品有“金虎”牌全钢保险柜、金库门等两大系列200多个品种。其中主导产品保险柜品种齐全,有机械型、电子型、数字显示电子型、磁卡开锁型、指纹识别开锁型等150多个品种。

金虎公司强化内部管理，狠抓产品质量，建立完善的现代企业制度和售后服务体系。各类产品均以良好的信誉,迅速周到的售后服务，牢牢地奠定了市场领域中的地位,销售网络遍布全国。

Jiangxi Jinhu Safe Equipment (Group) Limited Company lies in the city of Zhangshu,which is in the centre of Jiangxi province and famous as the capital of medicinal crops in ancient and modern times. It is one of the large key enterprises in the financial safe equipment trade of China.The company has registered a fund of 51,180,000 yuan.it covers an area of over 113,000 square mteres. The total area of its buildings is more than 59,000 square metres. There are 828 staffs in this company. Among them 178 people are senior and intermediate-level managers and skilled workers，286 above primary-level and about 300 workers above high school education.In 2003,the total sales reached 232.5 million yuan , and its profit tax reached nearly 21 million yuan. There are four assembly lines which are used for cutting metal board and two assembly lines for auto-spraying plastics. All that offer a soft and hard dependable guarantee for the quality of products' internationalization.

There're two big series leading products, which are Jinhu pure copper safe and the door for gold warehouse, etc. The main products are various in kind 150 types at least. Such as the mechanical, the electronic ,the digital electronic and the one whose door is unlocked by magnetic card or by fingerprint.

In order to strengthen the inner management, Jinhu company firmly grasps the quality of products, establishes and completes the modern enterprise system and after-sell services. With its good credit and rapid, thoughtful after-sell services, the company firmly establishes its place in the market field. Now its sales-net lies throughout the country.

# 程控交换机行业概况

至2003年10月份，我国的移动电话用户和固定电话用户分别达到25693.8万户和25513.89万户，移动电话用户数首次超过固定电话用户数，我国公众电信网成为世界最大的电信网。数字程控交换机产业作为我国通信产业一个成熟的重要组成部分，为我国通信产业的发展壮大作出了重要的贡献。经过十几年发展，国产程控交换机已成为我国电信网上一个重要产品，从原来纯进口已基本被国内生产的产品取代，并且民族工业占据了较大份额，如华为、中兴两家公司已占据50%的份额。

2001年程控交换机生产销售9432万线，其中上海贝尔1737万线、华为1659万线、中兴1153万线、北京国际交换系统（BISC）1135万线。

2002年程控交换机生产销售5663万线，其中上海贝尔1340万线、华为1098万线、中兴582万线、北京国际交换系统（BISC）580万线。

2003年1-8月程控交换机生产销售3212万线。

目前电信网的程控交换机主要包括三类：国外直接进口、国产合资以及自主开发生产。国内程控交换机厂家（包括国产合资）共计44家，年生产能力在6000线以上，从2001年开始，基本没有进口，市场主要由国产合资和民族企业生产的程控交换机占领。合资企业主要包括：上海贝尔、北京国际交换系统（BISC）等，民族企业主要包括：华为、中兴、大唐、巨龙、金鹏等，他们产量占总量的90%以上，程控交换机供应结构已是本土企业主导市场。

中国程控交换机市场品牌结构：华为30.06%、上海贝尔29.70%、

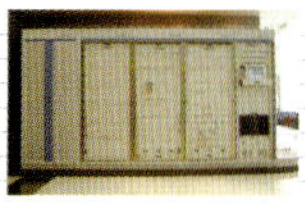

中兴通讯 19.60%、北京国际交换系统（BISC）10%、其他 10.10%。

国内从20世纪90年开始制定程控交换机的标准，至今为止随着程控交换机功能的不断增强，有关程控交换机的标准已有数十种。国家对程控交换机实施进网许可证制度，国内有三家交换机检测中心，这十多年的质量监督检测，国产交换机的质量水平和国外先进水平相当，进网检测合格率 100%。

在出口方面，2003 年上半年我国共出口程控交换机 49839 台，出口额达 15816 万美元，同比增长 441%。目前，我国程控交换机出口量已跃居世界第一。2003 年我国程控交换机出口量占总销量的 20%，这是由以下几个因素决定：（1）在经历两年低谷后，国际通信市场开始恢复性复苏，企业出口定单逐步增加；（2）民族通信企业在国内市场低迷的状况下，积极拓展海外市场取得良好销售业绩；（3）跨国巨头将加工环节更多地向中国转移，在我国设立工厂或委托国内企业为其贴牌生产再出口。

以华为为例，其从一个交换机领域的后起之秀，发展成为全球固网领域主导企业。2003 年，华为交换机和接入网在全球市场销售超过 2500 万线，连续三年全球出货量第一，累计网上应用 1.3 亿端口，产品覆盖 50 多个国家和地区，出口额达到 10 亿美元。

# 深圳市中兴通讯股份有限公司
# ZTE 中兴牌程控交换机

ZTE中兴

程控交换机

中兴通讯是中国最大的综合性通信制造上市公司、中国政府重点扶持的520户重点企业 之一。1985年公司成立。1997年，中兴通讯A股在深圳证券交易所上市（SZ 000063）。2004年实现合同销售额340亿。

中兴通讯实施以人为本的人才战略，建立了一整套引进、培训、使用、激励人 才的机制。18000名员工中，研究开发人员占42%，市场工程人员占32%，生产管理 人员占26%。拥有博士、博士后500多人，硕士5500人，本科以上学历占员工总数的 80%。平均年28岁。

中兴通讯在向全球用户提供多种通信网综合解决方案的同时，还可以提供专业 化、全天候、全方位的优质服务--设备安装、网络优化维护、技术支持培训。中兴 通讯作为中国通信设备制造业的开拓者，拥有无线产品、网络产品、终端产品（手 机）三大产品系列。 中兴通讯实施以人为本的人才战略，建立了一整套引进、培训、使用、激励人 才的机制。18000名员工中，研究开发人员占42%，市场工程人员占32%，生产管理 人员占26%。拥有博士、博士后500多人，硕士5500人，本科以上学历占员工总数的 80%。平均年28岁。

ZTE iscmp2003@ now China's largest network solution provider and one of 520 key enterprises supported by the Chinese Government. Founded in 1985, it was listed on the Shenzhen Stock Exchange two years later. In 2003 alone, ZTE achieved revenues of RMB 34 billion,

Talents are the most precious resources. ZTE recruits and trains outstanding people in a way that follows the first class standards. Of its 18,000 workforce, R&D staff accounts for 42%, marketing and engineering staff 32% and management and production 26%. ZTE has over 500 doctors and post doctors and over 5500 masters. More than 80% of its staffs are bachelor degree holders, with an average age of 28 years old.

ZTE not only provides telecom system equipment, it also provides full services such as engineering installation, network maintenance & optimization, service development, technology support, training, as well as financing. As the leading telecom vendor in China, ZTE is now devoted to three major product areas: wireless, networks and handsets. Talents are the most precious resources. ZTE recruits and trains outstanding people in a way that follows the first class standards. Of its 18,000 workforce, R&D staff accounts for 42%, marketing and engineering staff 32% and management and production 26%. ZTE has over 500 doctors and post doctors and over 5500 masters. More than 80% of its staffs are bachelor degree holders, with an average age of 28 years old.

# 华为技术有限公司
# 华为牌程控交换机

华为技术

程控交换机

华为技术有限公司成立于1988年，专门从事通信网络技术与产品的研究、开发、生产与销售，致力于为电信运营商提供固定网、移动网、数据通信网和增值业务领域的网络解决方案，是中国电信市场的主要供应商之一，并已成功进入全球电信市场。2003年，华为的销售额为317亿元人民币，目前有员工22000多人。

华为在全球建立了30多个分支机构，在美国达拉斯、印度班加罗尔、瑞典斯德哥尔摩、俄罗斯莫斯科以及中国北京、上海等地建立了研究所。华为产品已经进入德国、法国、西班牙、巴西、俄罗斯、英国、日本、埃及、泰国、新加坡、韩国等40多个国家。

华为每年将不少于销售额的10%投入研发。华为在坚持在自主开发的基础上进行开放合作，现在已经与TI、摩托罗拉、英特尔、AT&T、ALTERA、SUN、微软等世界一流企业广泛开展技术与市场方面的合作。

从1997年起，华为开始系统地引入世界级管理咨询公司，建立与国际接轨的基于IT的管理体系。在集成产品开发(IPD)、集成供应链(ISC)、人力资源管理、财务管理、质量控制等诸多方面，华为与Hay Group、PWC、FhG等公司展开了深入合作。经过六年多的管理改进与变革，以及以客户需求驱动的开发流程和供应链流程的实施，华为具备了符合客户利益的差异化竞争优势，进一步巩固了在业界的核心竞争力。

Established in 1988, Huawei Technologies is a high-tech enterprise which specializes in research and development (R&D), production and marketing of communications equipment, providing customized network solutions for telecom carriers in optical, fixed, mobile and data communications networks. Huawei's customers include China Telecom, China Mobile, China Netcom, China Unicom as well as Thai AIS, Telefonica, SingTel, Hutchison Telecom, PCCW HKT, SUNDAY, Etisalat (UAE), Telemar (Brazil), Rostelecom (Russia), etc. Huawei's contracted sales in 2003 reached 3.83 billion USD, an increase of 42% year on year.

In order to support its global operations Huawei has set up 32 branch offices worldwide. Eight regional headquarters and a host of customer support and training centres have been established. Several research institutes including Dallas (USA), Bangalore (India), Stockholm (Sweden), Moscow (Russia), Beijing and Shanghai have been set up. Huawei's products are in deployed in over 40 countries, including Germany, France, UK, Spain, Russia, Brazil, Thailand, Singapore and Egypt.

Among Huawei's 22,000 employees, 46% are engaged in R&D. Each year, Huawei invests no less than 10% of its sales revenue into R&D. To ensure a steady and sustainable growth and to sharpen the core competitive edge, Huawei emphasizes the importance to partner with leading global players in the industry on both product development and marketing. Huawei has been cooperating with Texas Instruments, Motorola, Microsoft, Intel, Sun Microsystems and others.

Since 1997, Towers Perrin, Hay Group, PwC and FhG have been acting as Huawei's consultants on employee stock option plan, human resource management, financial management and

# 锂离子充电电池行业概况

锂离子充电电池广泛运用于移动通信手持机（GSM、CDMA、3G）、小灵通、无绳电话、笔记本电脑、数码相机、数码摄像机、迷你DVD等电子信息产品，随着信息技术发展，应用越来越广泛，特别是这几年移动通信手持机的发展。据信息产业部有关资料统计，至今年7月底我国移动电话用户已达到2.4亿，为世界第一；专业网对讲机用户虽不是非常多，但用户群已涉及到政府机关、公安、交警、城管、军队、武警部队、抢险救灾、医疗救护、商业经营、安全保卫、交通运输、港口航空、宾馆、建筑等领域；而无线市话/小灵通业务已经在全国各地全面开通。以平均每部手机配备1.8块电池计算，用户就需要超过4.3亿块电池！同时，手机电池是一种消耗品，其保用循环寿命300至500次，寿命完了需换新电池。另外，手机的更新换代快，也加速了手机电池的更换速度，这极大地刺激了移动通信手持机用电池的发展。

充电电池的大量生产和广泛使用，使该产业越来越受到人们的关注，电池和电芯的年总产值估计已高达300多亿元，预计近几年还将高速增长，经济效益十分可观。充电电池开始于欧美发达国家、发展于日本、韩国等地区，目前大生产发展在中国。全球一半的产量在中国。如：比亚迪、飞毛腿、天津力神、惠州德赛等国内品牌在技术上和质量上已经基本达到甚至超过洋品牌。

目前我国充电电池（主要是移动通信手持机用电池）主要生产厂家大约有100余家，含充电电池和电芯生产厂，其余的小企业、小作坊则多达上千家，生产的产品以锂离子电池和镍氢电池为主，主要以手工加工为主。这些企业以民营（独资、合资、私营、股份制）为主体，主要集中在广东、福建等沿海地区，以及北京、天津等大城市。行业发展较为不平衡，大企业的生产成本、产品质量等均明显优于中小企业，虽然电池厂遍地开花，但产量产值越来越集中到少数几家大型企业中，如：比亚迪、飞毛腿、惠州德赛等。

目前，充电电池主要应用于移动电话，称手机电池，其中也包含手持对讲机电池、无绳电话机用电池和无线市话/小灵通用电池等。从电池材料上可区分为锂离子电池、聚合物锂离子电池、镍氢电池、镍镉电池；镍镉电池由于污染环境、有记忆效应和体积大等原因，作为手机电池已几乎不再生产，而锂离子电池、聚合物锂离子电池、镍氢电池以其轻薄及性能、环保上的优势已成为我国现阶段手机电池的主流产品，锂离子电池由于较好的性价比，更是目前市场上最常见的手机电池。

手机电池的研发及生产较电芯的技术含量要低。相对而言，手机电池行业水平主要集中体现在电芯的研制和生产上。就目前我国现阶段手机电池的主流产品锂离子电池、聚合物锂离子电池和镍氢电池，大部分大中型企业的电芯均采用进口原材料，产品从产品设计、原材料采购及验证、生产装配到成品检验出厂均有一套严格完整的生产工艺、工序控制程序及检验程序，选用优质的电芯和控制电路，加上行之有效的严格管理，产品质量超过、达到或部分达到国外同类手机电池的水平。主要衡量的技术指标是20℃放电性能（即容量）和循环寿命。相同体积（或容积）的电芯容量越大越好，越难做；循环寿命越长越好，现国产和国外电池最好的均超过500次左右。比亚迪股份有限公司、天津力神电池股份有限公司和哈尔滨光宇电源有限公司等生产的电芯在该两项指标上已达到国际先进水平。

该行业近几年产品的出口约以50%年的速度增长，由于我国国产电芯质量的提高，性价比优于进口电芯，国内生产的手机电池大部分已采用国产电芯。虽然进口电芯的价格在国产电芯的冲击下有所下滑，但还是高30%以上。总体看近几年电池产品的出口不断增加，进口稳中有降。

我国加入世贸后，随着关税的进一步降低乃至零关税，我国国产手机电池的生产和销售将面临前所未有的冲击。由于生产电芯的许多重要原料如隔膜纸、钴酸锂、电解液等仍需进口，在没有关税的保护后，面对日本等全自动化生产和东南亚一带低生产成本的竞争，我国国产电芯的生产就有可能没有优势可言。整个行业面临的国际形势是严峻的，同时机遇也是显而易见的，只要作好充分的准备，加大科研投入，整个行业就有可能实现飞跃。

# 比亚迪股份有限公司
## BYD牌锂离子电池

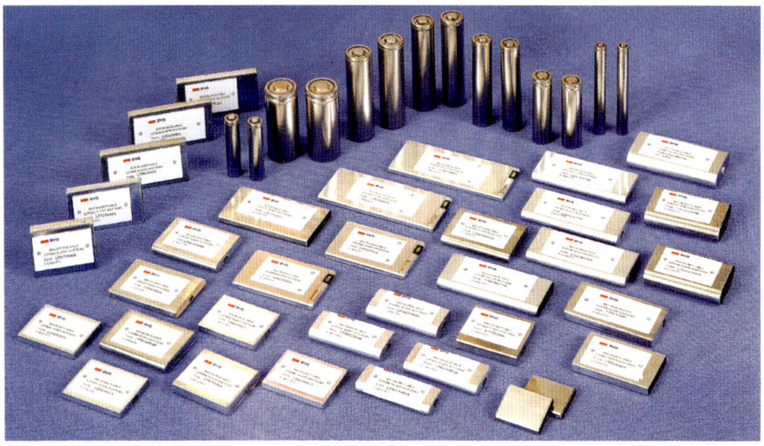



比亚迪股份有限公司主要从事二次充电电池的研究、开发、制造和销售，是全方位的便携式能源解决方案供应商，产品大多应用于便携式电子设备之上。公司成立于1995年2月，于2000年9月迁入位于深圳市龙岗区葵涌镇的新工业园，占地面积达42万平方米，员工人数已达30000多人。

公司主要产品为各款型号的锂离子及镍二次充电电池，可应用在手提电话，无线电话，电动工具，手提电脑及其他便携式电子产品上。目前，比亚迪充电电池日产量达300万粒。2003年锂离子、镍镉、镍氢电池销售量分别居全球第二、一、三位。比亚迪现已成为全球第二大充电电池制造商。

比亚迪致力于成为客户的全球供应商，在欧洲、美国、日本、韩国、香港、上海等地设立了分支机构，遍及全球的销售和服务网络为客户提供便捷的技术和商务支持。

除了核心电池业务，比亚迪近年亦积极开拓与电池相关的业务范畴，其中包括生产手机配件，如手机显示屏及塑胶外壳及模具等。2003年，集团更将业务扩展至汽车领域，并以“比亚迪”品牌进行销售，成为集团新的增长动力及收入来源。

BYD Company Limited (“BYD” or the “Company”; together with its subsidiaries known as the “Group”; stock code: 1211) is principally engaged in the research, development, manufacture and sales of rechargeable batteries for portable electronic devices and is a total portable solution provider. BYD was founded on February, 1995. BYD moved to the new industrial park in September of 2000, which locates in Kuichong Longgang, ShenZhen. It covers an area of 400,000 square meters, and over 30 thousand employees work here.

The Group currently produces various models of Li-ion and Nickel rechargeable batteries, which can be applied on mobile phones, cordless phones, power tools, notebook PC and other kinds of portable electronic devices. Current BYD daily output is around 3,000,000 pieces. In 2003, BYD output volume of Lithium-ion, Nickel-Cadmium and Nickel-Metal hydride batteries ranked NO.2, NO.1 and NO.3 respectively. BYD now is the one of the leading providers of portable power solution in the world.

We are committed to become a global supplier of our customers. We have set up branches in Europe, USA, Japan, South Korea, Hong Kong, Shanghai and Beijing. Global sales and customer service system has helped us to provide our customers with prompt technical and business support.

Apart from its core batteries business, BYD has also further extended into the manufacturing of other battery related products, which include mobile handset components such as mobile phone display as well as plastic housing and tooling. In 2003, the Group also extended into the automobile business regime under the brand name “BYD” to create new growth drive and income source.

# 飞毛腿（福建）电子有限公司
# 飞毛腿（SCUD）牌锂离子电池

飞毛腿（福建）电子有限公司创建于1997年，位于福州市经济技术开发区风景如画的闽江之滨，是一家集研制、开发、制造和销售为一体的高新技术企业。公司总投资3000万美元，具有年产1亿只锂离子充电电池、1亿台充电器生产能力，主要产品包括锂离子充电电池和电池充电器，服务于移动电话、笔记本电脑、数码相机、摄像机、移动DVD、无线商务电话等产品领域，已经形成精密模具、塑料成型、高级表面处理、精密五金结构件以及SMT加工的锂离子充电电池配套产业链，为最大限度满足客户需求提供了强有力的保证。

经过短短几年的艰苦创业，公司产品行销全国30个省、直辖市、自治区，并远销美国、日本、韩国、新加坡、南非、尼日利亚、荷兰、法国等十几个国家与地区，“飞毛腿”系列产品凭借稳定的性能、优良的品质和完善的售后服务，在业界形成了良好的声誉，并与国内外著名手机制造厂商建立了长期合作关系，与其实现优势互补、双赢发展。2001年、2002年、2003年锂离子充电电池产品市场占有率分别为11%、17.6%、19.8%，逐年攀升，公司的销售额也实现了连年翻番。

SCUD (Fujian) Electronic Co., Ltd, which is located in Fuzhou Economic & Technology Development Zone by the side of beautiful Ming River, founded in 1997 as an advanced technological corporation and engaged in research, development, manufactory and sales. The total investment has received 30 million dollars. The annual production of Li-ion rechargeable battery and charger is 1000 million respectively. The main products include Li-ion rechargeable batteries and chargers, which take service for mobile phones, notebooks, digital cameras, mobile DVDs and wireless business telephones. Its branches of precision mold, plastic type, superior surface process, precision hardware component making and SMT processing have formed into a production chain of Li-ion rechargeable battery and provide the powerful guarantees to meet customer's need as much as possible.

After several year's arduous pioneering work, SCUD's products have been selling in 30 provinces and municipalities, they also reached into America, Korea, Singapore, north Africa, Nigeria, Holland, France and other countries and areas. SCUD's products have achieved a good fame in the field by the stable function, superior quality and perfect after-sale service. It has constructed long-term cooperation with several domestic mobile phone manufacturers to achieve superiority complementary and win-win development. The market occupied rate of Li-ion rechargeable batteries in 2001, 2002 and 2003 are respectively 11%, 17.6% and 19.8%. The rate is increased annually and the sales volume also doubled annually.

# 惠州市德赛集团有限公司
# 德赛牌锂离子电池

DESAY 德赛

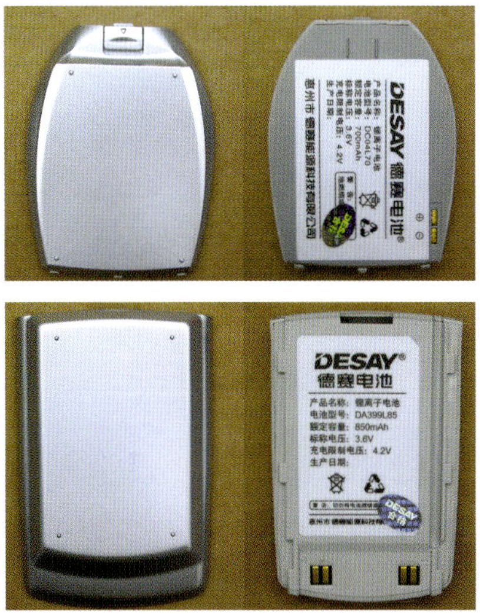




德赛集团创立于1983年，前身为惠州市工业发展总公司，从起步到今天，德赛始终与世界一流的技术和管理同步。以科技创新实现大众对高品质现代文明生活的追求，是德赛持续发展的永恒目标。

德赛集团现拥有各类合作、合资、全资公司近50家，在美国、香港等国家和地区建立了分支机构，入围国家500强企业，跻身中国电子信息百强企业前列，是广东省重点扶持的50家大型工业龙头企业之一，年工业总产值超百亿。

Established in the year 1983, DESAY Corporation has been expanding during the course of China's reform and opening-up. It has developed into a large electronics and IT corporation in China, widely cooperating with other companies all over the world. DESAY has successively established more than 30 joint-ventures and collaborative industrial enterprises with renowned multinationals including SIMENS VDO (Germany), GE (US), Gerard (Australia), Toshiba (Japan), GP (Hong Kong), Wong's (Hong Kong) and Tandy (US). Apart from cooperation with overseas enterprises, DESAY is committed to developing its own industries and brand names. So far, DESAY has more than 10 wholly-owned enterprises with a wide range of products in the fields of digital AV, communications terminals, environment-friendly batteries, optoelectronics and financial electronics.

DESAY is one of China's 520 Major Enterprises, one of Guangdong's 20 Most Excellent Enterprises (2002), one of Guangdong's Leading 50 Industrial Locomotives and one of Guangdong's 50 Most Internationally Competitive Enterprises. DESAY is listed No.21 at the 17th rating of Top 100 Chinese Electronics and IT Enterprises, held by the Ministry of Information Industry in China.

# 大中型客车行业状况

**一、中国大中型客车行业基本情况**

根据中国汽车工业协会的产销数据统计，2002年和2003年，大型客车的产销量继续保持增长势头。2003年大型客车产销量分别为1.96万辆和1.90万辆，增幅分别为13.4%和14.0%。中型客车产销量为5.36万辆和5．31万辆，在2003年“非典”对旅游和公路客运产生较大影响的情况下大中型客车增幅虽然放缓，但是在前两年较高增长的基础上，大型客车的增长仍保持在两位数，实属不易。

2003年，我国大中型客车企业有100多家，产量从十几辆到万辆不等，都分别树立了自己的品牌形象。并且像宇通、中通、亚星、金龙、常州客车等已经形成行业优势。

根据中国汽车信息网《2002年度世界汽车发展报告》统计分析，全球范围内，大中型客车2001年产量达到了172948辆，中国为59665辆，2002年大中型客车产量全球范围内达到了192502辆，中国为81871辆。从统计看，2001年以及2002年中国大中型客车产销在所有国家和地区中均排在第一。

**二、大中型客车行业在国民经济中的地位和作用**

随着国民经济的快速发展，公路运输里程的持续增长（全国公路里程在2003年达到了180万公里，高速公路达到了2.95万公里），公路的运输能力也在稳步增长。截至2002年底，全国在运管部门登记注册的公路运输汽车达826.3万辆，比上年增加61.9万辆。其中载客汽车289.6万辆、2972.3万客位，分别比上年增加34.4万辆、270.6万客位；2002年底，全国拥有大型运输客车16.1万辆，客运量达到了300多亿人次。

作为客运、旅游业、城市交通运输业等产业的产品提供者，客车业在国民经济中具有重要的地位。特别是“九五”之后，随着中国经济的持续发展，大中型客车企业出现了大量的衍生产品，比如采血车、防疫车、冷藏车、移动办公车、移动家居车等，随着产品品种的扩展，品牌也不断向不同领域渗透。

客车工业具有高投入、高产出、高效益、高就业、联带广泛等特点，是同汽车工业的其它产业共同构成关系到一国一地的综合实力的支柱产业，它技术密集、关联度高、规模效益明显。客车企业的发展需要大量的配套厂家，一家整车客车企业一般来说拥有300多个配套厂家，是带动国民经济发展和地区经济发展的重要原动力。大中型客车业的快速发展不但使以汽车为主的交通运输设备制造业快速增长，而且对工业增长的拉动力也明显增强。

## 三、大中型客车行业的产品集中度

从2000年、2001年、2002、2003年的统计数据看：2000年全国销售大中型客车4.21万辆，其中宇通、常客、亚星、苏州金龙、桂客、中通、合客、金旅等10家的集中度共为59%；2001年全国销售大中型客车7.05万辆，以上10家的集中度共为55%；2002年全国销售大中型客车8.08万辆，以上10家的集中度共为61%；2003年全国销售大中型客车7.86万辆，以上厂家集中度也在60%以上。

在发达国家，客车企业基本上都依附于大的汽车集团而存在，如Neoplan（尼奥普兰）归属欧洲第三大商用车制造商MAN（德国曼公司），Setra(凯斯鲍尔)、Mercedes—Benz(奔驰)归属Daimler—Chrysler（戴姆勒—克莱斯勒公司），Scannia则属于Volvo/Renault(沃尔沃/雷诺集团)，VDL集团则垄断了荷兰客车企业生产和销售。在欧洲，除了上述四个集团公司，目前尚存的五家小公司：Van Fool、Bova、Dennis、Autodromo和Bredamenarinibus，经营状况都不是很好，能独立运营多久，实在是个未知数，但整个欧洲不超过10家客车企业，行业结构同轿车工业一样，比较集中。在巴西，客车工业相当集中，巴西奔驰公司年产30000辆客车专用底盘，在巴西市场占有量高达66.7%；马可波罗公司客车产品在巴西的市场占有率也高达50%。

## 四、大中型客车行业的出口状况

目前，中国大中型客车主要出口到发展中国家，2003年1－9月份，大中型客车（30座以上）出口总计321台，出口创汇1100万美元，出口量绝对值虽然较少，但相对比例好于轿车情况（据中国汽车工业产销快讯统计，2003年1－11月份中国小轿车共出口2548辆）。其中主要以宇通、中通、金龙、三湘等企业为主。

## 五、大中型客车行业的质量水平以及与国外先进水平的比较

在世界客车制造业中，欧洲客车企业的生产设备、技术测试手段及其车型，继续保持着领先优势，如奔驰、沃尔沃等公司。他们在市场竞争环境的推动下，不断推出新一代先进车型。北美地区企业的客车性能改进与提高的速度，则相对低于欧洲企业。对比国内外客车技术装备，可以发现：虽然国内技术在某些方面目前和先进国家还有一定差距，但部分技术已经与世界先进技术同步。根据国家科委研究中心“技术创新课题组”对我国131家汽车生产企业的调查，我国汽车产业的PNP值为21．9%，比我国的集成电路、程控交换机和移动通信产业的PNP值要低，比传统产业——钢铁产业的PNP值要高,但作为大中型客车行业来说，随着行业的快速发展，近几年其PNP值则具有明显优势，远远高于小汽车和货车，如郑州宇通等近几年基本都在40%以上；在新技术采用方面，许多大中型客车企业除了CAD/CAM外，还采用了UG、SAP等技术。这一切说明：在多年的磨砺中，中国客车工业的设计技术和制造技术取得长足的发展；随着技术合作的逐渐深入，中国大中型客车企业已逐步具备技术创新能力。

国外客车集团早就瞄准了中国的市场，与中国大中型客车企业合资的公司目前已达到20多家，有的引进大量核心技术，有的还联合成立技术中心，开始从纯技术引进向联合研发发展。在技术创新投入方面，目前前十位的厂家都超过销售额的3%。进入2000年后，大中型客车企业独立研发能力不断得到加强，在同国际客车巨头的竞争中，中国客车工业利用自身的优势在竞争中已经开始处于领先地位，特别是郑州宇通等优势企业在确立行业龙头地位的同时发展势头异常迅速，目前该企业已具备相对独立的产品研发能力，并且依据其博士后站及在建的国家级技术中心、实验中心，在部分项目上开始拥有自主知识产权，单厂客车产量已位居世界第一位，这同中国轿车工业相比，具有质的区别。

**六、 加入WTO后大中型客车行业面临的国内竞争形势和产业发展的需要**

随着中国加入WTO，单兵作战的中小企业开始面临生存危机。中国目前的大中型客车行业还比较散乱，整车企业100余家，零部件企业1000多家，行业整合势在必行。目前国内部分企业在技术、资金、管理等方面已经具备行业整合的实力而且已经或正在进行行业整合。

随着经济全球化，客车工业全球化将不可避免，它包括客车开发全球化、采购全球化、销售全球化、售后服务全球化、人力资源全球化和管理全球化。并且值得注意的是，世界依附商用车集团的大中型客车基本上都在人口和地域比较辽阔的国家建立了自己的基地，并将技术和制造中心逐步转移到这些国家。中国作为世界上人口最多的国家，由于特殊的地理分布，近年来随着中国高速公路的兴起、城镇化进程的加快、旅游业的发展，交通运输迅猛发展，大中型客车产销规模不断扩大，可以预测10年以后，在中国高速增长的经济形势下，由于中国自身的国情因素，以及大中型客车本身的特点（劳动密集型产业），必将吸引世界客车工业的技术和制造中心从西欧转移到像中国这样的发展中国家，中国客车民族品牌也必将晋升世界客车巨头之林。

# 河南少林汽车股份有限公司
# 少林牌大中型客车

河南少林汽车股份有限公司是中国汽车工业产品公告目录内生产企业、国家二级计量合格单位。公司下设四个生产厂区(豪华客车及城市客车分厂、中型客车分厂、专用车分厂、汽车模具分厂)、三个子公司(郑州市金根汽车饰件有限公司、郑州市少林特种玻璃有限公司、荥阳万里汽车配件有限公司)、一个分公司(少林汽车销售公司)。公司现有直属员工1800人;厂区占地面积55.33万平方米,建筑面积12.8万平方米;拥有总资产4.5亿元,固定资产1.4亿元。

2000年6月,SLG6733C型客车获外观设计专利;2003年11月,厢式专用车装卸升降装置获实用新型专利;2004年6月,客车及垃圾自卸车外观设计专利获得授权;多功能客车、自然空调客车、垃圾收集自卸车等三项实用新型专利已于2004年1月申请并获受理。

2000年6月,公司通过了中国汽车产品认证委员会质量体系认证中心的认证审核验收;2002年公司被河南省质量技术监督局评定为全省质量管理先进单位,"少林"牌客车被河南省名牌战略推进委员会授予"河南省名牌产品"称号。

Our company belongs to producing enterprise within the announcement catalogue of Chinese vehicle industrial products, the second grade measurement unit qualified for the state. There are 4 producing areas: luxurious bus and city bus factory, middle bus factory, special vehicle factory, vehicle mould factory; and the following 4 subsidiaries: Zhengzhou Gold-root Auto Decoration Limited Company, Zhengzhou Shaolin Special Glass Limited Company, Zhengzhou Shaolin Auto Repair-service Limited Company, Henan Xinlong Complex Developing Limited Company; Shaolin Auto Sales Company is a branch under our headquarters. There are 1800 persons under direct staff in the company; the factory area is totally 553,300m$^2$ the construction area is 128,000m$^2$ The total capital is close to RMB 480 million; the fixed asset is RMB 360 million.

SLG6762CF wined the honor title of the fair star on Asia Exhibition of the World Bus Fair in March 2001. SLG6120CH acquired honorably the copper award of road bus and travel bus, SLG6100CA acquired honorably excellent award of road bus and travel bus, SLG6100CGH acquired honorably the copper award of city bus on the 4th Beijing international commercial vehicle, special vehicle and parts exhibition in March 2004. SLG6733C get the design patent of appearance in July 2000; load-unload and up-down equipment on Van special vehicle get the patent of practical new style in November 2003. Our company has applied for 5 patents, multifunction bus, natural air conditioner bus, automatic unload vehicle of the rubbish etc., and the relevant departments have accepted them in January 2004.

The quality system approval center of Chinese vehicle product approval committee accepted our company after approval, examining and checking in July 2000; our company was evaluated provincial advanced unit in quality management by Quality Technology Supervising Bureau in Henan Province. Shaolin Brand bus was awarded the title of Henan Provincial Product with famous brand by Promotion Committee of famous strategy in Henan Province.

# 郑州宇通客车股份有限公司
# 宇通牌大中型客车

宇通客车

YUTONG

郑州宇通客车股份有限公司是1993年在郑州客车厂的基础上成立的一家股份制公司，1997年在上海证券交易所上市（股票代码600066），是国内大中型客车行业首家上市公司。公司总部设在郑州市。至2003年末，公司总股本1.36亿股。

公司厂区占地面积100万平方米，建筑面积32万平方米，年设计生产能力为12000辆整车和6000辆客车专用底盘。2003年度，宇通客车共计完成销售12460台，销售收入38.02亿元，市场占有率超过21%。公司主要经济指标连续九年平均以超过50%的速度增长，连续7年获得郑州市“振兴杯”金奖，连续8年获得中国工商银行AAA级信用等级，被中国企业形象认定委员会认定为AAA级企业。并被世界客车联盟授予2002年度最佳客车制造商称号。2003年10月国家统计局颁布的国内最大500强企业中宇通是中国客车业惟一入选的单位，企业综合实力居国内同行业之首。

Zhengzhou Yutong Bus Co., Ltd is a share-holding company, established in 1993 on the basis of the former Zhengzhou Bus Manufacturing Works. The headquarter of Yutong is located in Zhengzhou City. The stock named YUTONG entered Shanghai Securities Exchange in 1997(the stock code is 600066) is the first company of China large and medium bus company. By the end of 2003, the total stock share reached 136 million.

Company occupies the area of 1 million square meters with the building area of 32,0000 square meters and the production ability of 12000 units complete bus and 6000 units bus chassis。By the end of 2003, 12460 units of CBU have been sold and the bus sale amount reached 3.802 billion RMB Yuan, a share of 21 percent of the domestic market. Yutong's major economical index increased consecutively at the speed of 50 percent annually in the consecutively nine years and has been awarded the title of AAA, the high credit category by China Industrial and Commercial Bank for 8 years and awarded the best bus manufacturer of 2002 and the best manufacturer of deluxe tourism coach of 2003 by BAAV. Yutong Bus is presently one of the Top 500 Enterprises in China and also the largest modernized bus manufacture base in Asia.

# 金龙联合汽车工业（苏州）有限公司
# （苏州）金龙牌大中型客车

金龙
KING LONG

大中型客车

金龙联合汽车工业（苏州）有限公司是苏州创元集团有限公司（原苏州市机械局）与厦门金龙联合汽车工业有限公司于1998年底合资组建而成的新型客车制造企业，现有注册资本4800万元，总资产6亿元。公司现有员工1300多人，其中各类专业技术人员400多名。现在产品涵盖从6至12米不同车长，覆盖客运、旅游、公交和团体公务用车等各种客车市场领域。2003年销量达到8236台，销售额达18.76亿元；凭借自身的强大实力，入围中国机械工业100强，通过了国际ISO/TS16949、国家强制3C认证。

2003年，苏州金龙斥资3亿元人民币，在苏州工业园区建成了占地40万平方米的新生产基地，设计生产能力年产1.5万辆客车及底盘。整个基地是一座集底盘装配、整车生产、零部件安装及车辆检测于一身，融生产制造、科研开发、职教培训等多种功能为一体的现代化汽车工业园。

2001年率先将康明斯6缸机用于8米系列，率先在中巴客车中使用前盘后鼓式制动，2002年与国内著名动力企业山东潍坊柴油机厂携手推出国内首辆最大功率达360马力的12米豪华大客，率先在中型客车上使用6气囊空气悬架系统；2003年与韩国大宇通力合作推出了豪华大客。开辟了一条“内外兼修”企业“高技术”发展之路。

Kinglong United Automotive Industry(Suzhou) Co. Ltd., a joint venture of Suzhou Chuang Yuan Group and Kinglong United Automotive Industry(Xiamen) Co. Ltd, is a young bus manufacturer established in 1998. With the fast development, now there are registered funds of RMB 48,000,000 and the total assets of RMB600,000,000 and more than 1300 members, among which over 400 are technicians. It manufactures all kinds of buses and coaches in length of 6 to 12 meters. In 2003, the sales amount increased to 8236 worth RMB 1,876,000,000 and it gained the certificates of international TS16949 and national compulsory 3C.

In 2003, Suzhou Kinglong set up a new manufacture base of 400,000 square meters in Suzhou Industrial Park with an investment of RMB300,000,000, which ensures the manufacture capability of 15,000 buses and coaches annually. The base is a modern auto park including workshops of chassis assembly, complete buses and coaches assembly, parts installment as well as inspection. Meanwhile, it performs functions in manufacture, B&D and training.

Suzhou Kinglong positively adapts advanced technologies by combining self-oriented development with international cooperation. In 2001, it took the leading role of putting the Cummis six cylinder engine and the break of front disc rear drum into the medium buses and coaches. In 2002, it developed 12-meter luxury coach with 360 horsepower and medium coaches with air suspension of six air springs. In 2003, the luxury coaches developed by Suzhou Kinglong and Korean Dawoo were put into market. In July, 2003, Haiger Series stepped onto the bus arena as a brand new style and became the mainstream of the products of Suzhou Kinglong.

# 厦门金龙联合汽车工业有限公司
# （厦门）金龙牌大中型客车

金龙客车
KING LONG

厦门金龙联合汽车工业有限公司于1988年12月成立，是客车行业最早的中外合资企业之一。公司总占地面积50多万平方米，现有员工2660名，各类工程技术人员近600名，其中博士1名，硕士39名，分别在产品开发、信息技术、生产管理、质量控制、财务、销售及售后技术服务等岗位担任骨干工作。

自公司创立始，一直信守“培养人、尊重人、服务人”的宗旨。在经营上坚持“高品质、高效率、多品种”，逐步形成了行业内称之为“金龙模式”的发展体系，并与世界知名企业如德国MAN、ZF、美国康明斯、德纳、纽威、法国泰尔玛、日本尼桑、三菱、日野等保持深层次合作，研发了一代代高技术含量的客车产品，使得“金龙”不仅是优质客车产品的代名词，更是客车行业先进市场化的象征。

Xiamen King Long United Automotive Industry Co., Ltd., established in 1988 as a Sino-foreign equity joint venture of Dongfeng Auto, Huaneng Comprehensive, Xiamen Motor and Chong Hing International, is specializing in manufacturing of coaches for tourism, passenger transportation and bus service. Taking up an area of 600,000m2, the Company can produce 20000 large and medium-sized coaches every year. It has set up four plants in Xiamen Fanghu, Xiamen Songbo, Shaoxing and Nanjing, and a branch company in Suzhou. Now the Company has a staff of over 2000 personnel, including 400 various technical personnel. Additionally, the company has recruited excellent managerial personnel nationwide to support work on product strategy planning, information technology, production control, quality control, finance, marketing and after-sale service.

Ever since its establishment, King Long has been adhering to the development of independent research/development and establishment of its own brand. It places stress on adoption and absorption of world-advanced technologies. For about 15 years, it has established close relationship with Germany ZF, MAN, U.S. Cummins, Dana, Neway and other world famous part suppliers, so as to develop a series of hi-tech products highly adapted to the practical situation of China's roads. In particular, King Long advances side by side with those leading the world's development of environment-friendly products.

# 汽车玻璃行业概况

**一、2004年汽车玻璃行业现状及发展趋势**

全国共有汽车玻璃企业约150家，主要分布在福建、上海、广东、河北、浙江、吉林等省，从业人员约2.5万人，其中非国有企业占90%以上。全行业利税约7.5亿元，上年销售额在5000万元以上的企业十四家，上年销售额在1亿元以上的企业八家。2004年全国汽车玻璃产量2250万平方米左右，占世界总产量的7.5%以上。福耀玻璃工业集团股份有限公司2004年度已进入汽车玻璃行业全球排名第六（《英国皮尔金顿与世界玻璃工业2004年度报告》）。全国汽车玻璃品种达两万多种，部分企业的产品质量已达到或超过先进国家的水平，2004年度中国汽车玻璃工业以中国名牌企业－福耀玻璃工业集团股份有限公司为代表在世界汽车玻璃工业中的影响力及技术水平正在进一步提升。

**二、国际及国内比较**

世界汽车玻璃行业年产销量约29000万平方米，整个行业的产值约在130亿美元，其中80%是由前六大企业提供，行业集中度很高。近年来，随着新技术应用，汽车玻璃朝功能化、集成化、环保性、大球面、深弯方向发展，技术要求越来越高，因此，行业参与者的研发投入将决定其在行业里的竞争态势及地位。

2004年我国汽车玻璃行业产值在38亿元左右，汽车玻璃行业已是玻璃工业的第二大产业，仅次于建筑玻璃行业，随着近年来汽车工业的高速发展，汽车工业已发展成为国民经济的支柱产业，汽车玻璃是汽车的外观件，在整个汽车行业中，是最接近国际先进水平的行业。

汽车玻璃规模最大的前十家企业2004年产量2000万平方米，约占全国总产量的90%，行业集中度也较高，但行业中的小企业仍较多，随着产品降价压力的增加，成本下降难度的增大，技术投入的增大，该行业的进一步整合将很快就会到来。

其中福耀玻璃工业集团股份有限公司是世界上第六大汽车玻璃生产企

业，2004年其产量约为1250万平方米，占全国总量的55 %。

因本行业在国际比较中具有较前的行业比较优势，因此对于研发及技术投入大、产品质量好的本行业企业，出口具有较好的前景，2004年汽车玻璃行业出口量达到500万平方米，出口额约1.55亿美元，同比分别增长25%、15 %，整体上占世界汽车玻璃工业的比重还是较小。但可喜的是，福耀集团2004年度已为韩国现代起亚、澳洲通用、日本三菱，日本铃木等提供OEM整车配套业务，意味着行业的国际竞争力进一步提升。福耀集团等前几位的生产厂家有十余年国际竞争经验，对产品质量有更严格的要求，满足ECE、DOT、JISR、TL957等国际标准和汽车行业的标准要求，产品质量已达国际先进水平，现在福耀集团已成功地为国际知名汽车厂商配套。本行业与国外同行相比同步开发能力仍然较弱。

**三、名牌产品企业在整体行业发展所起的作用**

由于中国汽车玻璃行业的大部分企业都是在改革开放后发展壮大起来的，企业和品牌在国际上的知名度不高，出口价格与国外名牌产品相比还有一定的差距，但由于像福耀集团这样的名牌产品企业的带领下，不停地加大对研发投入及技术改造，引进先进浮法玻璃生产技术，从材料供应的质量控制入手，同时不停地加强管理水平、减员增效，降低成本，从提升质量水平的角度出发参与国际竞争，推动民族工业健康发展，而且有利于提高中国产品的出口价格，提高中国企业参与国际的能力。

从实践上看，这是一条正确的竞争之道，福耀不但取得了国际第六的行业排名，而且较成功进入国际OEM整车配套领域，客观地看，荣获“中国名牌产品”称号对福耀集团的进一步发展及国际化起到推动作用，中国名牌产品企业－福耀集团对中国汽车玻璃行业的发展做到了带动作用。

# 福耀玻璃工业集团股份有限公司
# 福耀牌汽车玻璃

福耀集团坐落于中国著名的侨乡——福清市，这是一个古老而又现代的城市。

福耀集团占地100万平方米，建筑面积约78万平方米。1987年，福耀集团第一个工厂建成投产，如今17个年头过去了，集团由偏偶一方的小企业成长为一家现代化程度极高的汽车玻璃业巨人。在国内有福清事业部、长春事业部、重庆事业部、上海事业部、通辽事业部、双辽事业部、浮法事业部7个生产基地，集团现有资产总额达35亿人民币，员工6000名。

作为中国最大的汽车玻璃生产基地，福耀集团结束了中国汽车玻璃依赖进口的历史，不仅如此，这里生产的汽车玻璃还源源不断地卖往世界各地。

作为中国汽车玻璃行业惟一一家获得“中国驰名商标”的企业，福耀集团是第一家通过TS16949、ISO14001质量管理体系认证的中国汽车玻璃制造商。此外，福耀集团还通过了中国国家标准GB9656、美国MFVSS205标准、澳大利亚SAA标准和欧洲ECE标准认证。这样福耀集团获得了进入全球市场的通行证。

福耀集团高层管理人员清楚地认识到随着全球经济一体化进程的进一步加深，中国的企业只有通过不断的努力，才能在竞争激烈的国际市场占得一席之地。为此，福耀集团确立了“质量第一、服务第一、效率第一、信誉第一”的企业经营宗旨，福耀集团董事长曹得旺先生强调“我们必须永争第一，因为福耀肩负着提升中国汽车玻璃制造业在全球市场竞争力的历史使命”。

Fuqing, is the famous hometown for overseas Chinese. Fuyao Group is located at the peripheral of this ancient and modernized city.

Fuyao Group occupies 1,000,000sqm with construction area of 780,000sqm. Since the establishment of its first production of plant in 1987, the Group have been evolving to a giant and modernized enterprise in 17 years, with production and sales base in Fuqing, Changchun, Chongqing, Shanghai, Tongliao & Shuangliao, Fuyao float, etc. all across China. It possesses an asset value of RMB3.5billion, and almost 6000 workforce.

Fuyao group is the biggest automotive glass production base in China. It ends the history that all the automotive glass in China must be relied on import. Chinese made automotive glass are originated from here and reaching out to the world.

As the only receiver of “China famous Brand”, Fuyao Group was the first automotive glass manufacturer in China to obtain TS16949, ISO14001 quality management certification, and Fuyao's products also meet the China's GB9656, USA's MFVSS205, Australia's SAA and EU's ECE product certification, and thus have the pass to market and sell the products globally.

Fuyao's top management clearly realizes that with today's economy globalization, China's brand need to work harder so as to maintain its foothold in the international market. Fuyao Group has set out its operating objective i.e. Top quality, Top Service, Top Efficiency and Top Credibility. Chairmen and CEO of Fuyao Group-Mr. Cho Tak Wong says that, we must be no.1 rather than no.2, because Fuyao Group has the mission of increasing the competitiveness of China's automotive glass industry in the global market.

# 铝合金车轮行业状况

随着我国汽车产业的快速成长，汽车零部件行业得到高速发展。2002年中国汽车产量325万辆，摩托车产量1288万；2003年汽车产量达430万辆，摩托车产量超过1350万；汽车、摩托车销售收入突破8000亿元，零部件产值超过5000亿元。铝合金车轮是汽车、摩托车重要零部件之一，由于铝合金的质轻、散热性能好和良好的安全环保性能等特点，钢制车轮在轿车领域已被替代，铝合金车轮占据市场主导地位，成为国家重点扶持的零部件产品。2003年中国铝轮产量将近3000万件，产值超过100亿元，利税超过20亿元。

随着汽车行业的快速发展，铝合金车轮将以每年40%以上的速度继续保持高速增长。目前主要铝合金车轮生产厂家的产量占总全国总量的三分之二以上，具有明显的产业集中度。

中国整车制造同发达国家相比还较落后，国产汽车还没有形成知名品牌，而中国零部件行业已经具有国际竞争力，中国铝合金车轮产品在国际汽车零部件市场已形成较大影响，具有较强的比较优势。国内主要铝合金车轮生产厂采用美国、德国等发达国家产品标准，实物质量已达到国际同类产品先进水平。

中国铝合金车轮2003年近1000万件铝轮出口美国、德国和日本等发达国家，铝合金车轮出口将继续保持以每年50%以上的速度增长。铝合金车轮同样面临加入世贸后国际著名品牌车轮制造公司的挑战，他们用自己的品牌巩固在世界上的地位，并在国内合资、合作建立生产工厂。打造中国汽车零部件的世界名牌将促进中国汽车零部件工业的发展，更好地参与国际竞争。

# 万丰奥特控股集团有限公司
## ZCW 牌铝合金车轮

铝合金车轮

万丰奥特控股集团是一家以铝合金车轮为主导产品的民营股份制企业集团。集团自1994年起步，经济效益以每年70%的速度高速增长，经过9年的发展，集团现已成为拥有16.3亿元资产、4100余名员工，年创利税2.2亿元的经济规模。2003年销售收入161000万元，全年出口创汇4281万美元。

万丰奥特控股集团是亚洲最大的铝合金车轮生产基地、国家级重点高新技术企业、全国机械工业管理进步示范企业，享有自营进出口权，通过ISO9001、ISO/TS16949、QS9000、VDA6.1、SFI、VIA/JWL等国际认证。

万丰奥特控股集团遵循“以信息化改造工业化，以高科技改造传统产业”的发展原则，建立了良好的科技创新体制，走出了一条以科技求发展的创业之路。通过“产、学、研”相结合的方式，与国家科技部、北大、清华、中国机械科学研究院、中国汽车技术研究中心、中国汽车零部件生产力促进中心等权威科研机构实现全面合作，加速科技成果向现实生产力转化。建成国家级技术中心、博士后工作站、国家级车轮设计实验室和检测实验室，提升自己的自主创新体系。

公司秉承“以顾客为中心，以体系为基础，实施领跑战略，营造国际品牌”的质量方针，推行“不仅是要让今天的顾客满意，更重要的是要让明天的顾客满意”的用户满意工程，充分考虑顾客目前的要求和未来的期望。

万丰奥特将依托“135”人才工程，积极推行现代企业制度，充分利用国内外资源，实施全球化经营战略，营造国际品牌，建设具有强大综合竞争能力的企业集团。

Wanfeng Auto Holding Group is a private joint-stock company, whose major products are the aluminum alloy wheels. It started in 1994 and has experienced a high-speed economic growth by 70% per year. After 9-year development it has been a group, which has had an asset with a worth of RMB1.48 billion, a staff of 4500 people and contributed an annual revenue and profit of RMB 220 million. In 2003, it has a turnover of RMB 1.61 billion, and an export of USD 42.81 million.

Wanfeng Auto Holding Group has been awarded China's National High & New technology Enterprise, National Management-Example enterprise in Machinery Industry, National Excellent Quality & Benefit Firm, and National Example Unit in Patent, China's Excellent Private Technical Firm, Example Honesty & Credit Enterprise of Zhejiang Province, and Green Enterprise of Zhejiang Province. What's more, it ranked inside the Great 50 in China's Automotive parts, the Great 100 in China's competing capacity in machinery industry, the Great 100 of China's rapid development enterprises, the Great 500 of China's private enterprises, and the Great 500 of China's enterprise informationization.

Wanfeng Auto Holding Group already took self-support import & export authority, also it got international certifications such as ISO/TS16949、ISO9001、QS9000、VDA6.1、SFI、VIA/JWL. More than 2000 products now are exported to North America, Asia, Europe, Oceania and other countries all over the world. Product from Wanfeng honored high credit and reputation.

# 佛山市南海中南铝合金轮毂有限公司
# ZNA 牌铝合金车轮

ZNA
ZHONGNAN ALLOY-WHEEL

佛山市南海中南铝合金轮毂有限公司（简称“ZNA”）成立于1991年，原名南海中南铝合金轮毂厂，1992年更名为广东中南铝合金轮毂厂，1996年与新加坡佳适国际控股有限公司合资，更名为南海中南铝合金轮毂有限公司，2004年5月更名为佛山市南海中南铝合金轮毂有限公司。其中佳适国际控股有限公司控股57.1%，盐步经济发展总公司控股42.9%，现拥有1家独资公司和2家合资控股公司，是目前中国最大的铝合金车轮制造企业之一，国家认定的大型II档高新技术企业。

公司的主导产品为高技术含量的铝合金汽车轮和摩托车轮，公司全套引进国际先进的生产设备和检测设备，拥有中频熔炼炉、低压铸造机、CNC数控机床、加工中心、连续式热处理炉、喷漆线、喷粉线等先进的生产设备和光谱仪、X射线探测仪、三坐标测量仪、综合测量仪、气密性试验机、冲击试验机、滚动疲劳试验机、弯曲疲劳试验机、盐雾试验机、材料试验机等先进的检测设备。

秉承“效益源于市场，管理优化成本，质量决定生存，人才构筑未来”的经营理念，公司向全体员工灌输“市场永远是新的，客户永远是对的，管理永远是无止境的，要力求顾客、股东和员工三赢”的企业价值观，在企业员工中倡导“创新、求实、拼搏、奉献”的企业精神。

Nanhai Zhongnan Aluminium Wheel Co., Ltd (ZNA) was established in 1991, originally named Nanhai Zhongnan Aluminium Wheel Factory, and changed its name to Guangdong Zhongnan Aluminium Wheel Factory in 1992. In 1996, it became a joint venture with investment of Gacosia International Holdings (BVI) Co., Ltd and changed its name to Nanhai Zhongnan Aluminium Wheel Co., Ltd, in which, Gacosia holds 57.1% shares and Nanhai Yanbu Economic Development Corp. holds 42.9%. It is one of the largest alloy wheel manufacturers in China and has one full-invested branch and two cooperated branches. It is also a High-tech company in Class II approved by the nation.

The main products of ZNA are high-tech alloy auto wheels and motorcycle wheels. The company adopted a full set of advanced producing and test equipment, including producing equipments such as intermediate frequency furnaces, low-pressure die casting machines, CNC lathes, machining centers, continuous heat-treatment line, oil painting line and powder painting line and test equipments such as spectrum analyzer, X-ray inspector, three-dimension measurement machine, wheel uniformity analyzer, air leakage tester, impact tester, dynamic radial fatigue tester, cornering fatigue tester, salty spray tester, material tester and so on.

Taking it as central management theory that “benefit comes from market, management optimizes cost, quality decides survival and brains construct future”, ZNA infuses kernel value to its staff such as“the market is always new, the customer is always right, the management always needs improving and it is best that customers, partners and staff win together”. ZNA also proposes enterprise spirits like innovation, faithfulness, enterprise and dedication.

# 戴卡轮毂制造有限公司
# 戴卡牌铝合金车轮

戴卡
Dicastal

戴卡轮毂制造有限公司是中国国际信托投资公司全资子公司中信兴业信托投资公司投资控股的合资企业，始建于1988年，是中国大陆第一家，也是最大的汽车铝合金轮毂专业生产厂家。戴卡公司引进了国际先进技术和生产检测设备，采用德国、美国、日本等世界著名汽车厂的技术标准生产低压铸造铝合金车轮。其产品除供应上海大众、一汽大众、广州本田、天津丰田、沈阳宝马、天津夏利、长安铃木等国内主要汽车厂外，在国际市场上，为德国奥迪、美国通用、美国福特、美国克莱斯勒、日本丰田、日本本田等国际上著名主机厂上线配套，同时供给欧洲、美国、加拿大、日本、澳大利亚、韩国、中东和东南亚等国家和地区的售后服务市场。

戴卡公司陆续通过了ISO9001、美国三大汽车公司QS-9000和德国汽车工业联合会的VDA6.1、汽车行业的的质量管理体系ISO/TS16949质量体系认证，并且是德国奥迪、上海大众、一汽大众、长安铃木、广州本田、天津丰田等国内汽车厂的A级供应商，戴卡公司的产品也通过或满足美国SFI、德国TUV、日本JWL等国际标准。目前，戴卡公司达到年产300万只铝合金汽车轮毂的生产能力，并且正在引进国际最先进的锻造生产线，到2004年底可达到生产50万只锻造铝合金车轮生产能力。

Dicastal Wheel Manufacturing Co.LTD is a whole owned subsidiary of CITIC Development Corporation. Located in Qinhuangdao, the famous harbour city of China, about 200 miles east away of Beijing.

With most advanced technique and over twelve years experience in the production of aluminium alloy automobile wheel , we are bound to provide our customers with first class products and service.

A well established quality assurance system is the prerequisite for consistent quality.

In 1995 Dicastal passed the ISO 9001 certification. In 1998 Dicastal passed the QS 9000 quality certification. In 1999 Dicastal passed the VDA 6.1 quality certification of Germany.The product of Dicastal also passed the SFI (USA),JWL(Japan) and TUV (Germany) certification.

# 轮胎行业概况

## 一、行业现状与发展趋势

中国轮胎生产始于1935年，至今已有70年的历史，特别自改革开放后，我国轮胎工业有了长足的进步。2004年，全国轮胎产量约2.1亿条，成为世界第二大轮胎生产国，其中子午线轮胎有1.04亿条，占轮胎总量的50%。目前，我国能生产子午线和斜交两大结构，载重、轻载、乘用、农用、工程工业五大系列近二千个规格品种的轮胎，基本满足了国内汽车工业、交通运输事业的发展和人民生活水平的提高对轮胎的需求，而且轮胎出口达6875万条，约占轮胎总产量的三分之一，跃居世界第一位，为我国国民经济的稳步快速增长作出了重要贡献。

到2004年底，我国生产的汽车轮胎通过了“中国强制认证”即“CCC”认证的轮胎企业有296家，其中国有企业不到20家，外资企业近20家，其他都是民营企业。中国轮胎企业虽然很多，但大型企业不多，按国家统计局大型企业的标准来划分，轮胎行业只有21家。在轮胎行业中现有7家上市公司，他们是上海轮胎橡胶（集团）股份有限公司、青岛黄海股份有限公司、桦林轮胎股份有限公司、贵州轮胎股份有限公司、风神轮胎股份有限公司、青岛双星橡胶股份有限公司、梅雁股份有限公司。

中国的轮胎市场已成为世界轮胎市场的一个重要组成部分。在世界前十一位的大轮胎公司，已有法国米其林轮胎公司、日本普利司通轮胎公司、美国固特异轮胎公司、日本横滨轮胎公司、日本住友橡胶轮胎公司、美国库珀轮胎公司、韩国轮胎有限公司、锦湖轮胎有限公司、日本东洋轮胎公司等九家公司进入中国，还有德国大陆轮胎公司、意大利倍耐力轮胎公司也正在积极寻找合作伙伴。现在中国大陆做的规模较大的外资企业还有佳通轮胎有限公司。

从发展趋势看，我国轮胎工业仍将随着我国公路、交通运输以及汽车工业的发展而发展，随着人们生活水平的不断提高而提高。据专家预测，到2010年，轮胎生产总量将达到3亿条，子午化率由现在的50%提高到70%；到2015年轮胎生产总量在4亿条。子午化率再提高到80%；到2020年轮胎生产总量在5亿条，子午化率进一步提高到90%左右。在基本完成轮胎企业结构、产品结构调整的同时，轮胎生产技术产生较大的变化，在产品水平、材料、能源消耗、劳动生产率等方面均成为轮胎生产强国，在中国众多的轮胎企业中会有一、二家企业脱颖而出进入世界轮胎业前十位。

**二、国内轮胎与国际轮胎比较**

我国是世界轮胎生产大国，但还不是轮胎生产强国。

从企业规模看，以单个工厂比，我国轮胎企业也有年产几百万条轮胎的，与国外大轮胎公司的单个工厂相比并不逊色，特别是全钢载重子午胎单体工厂产量上海轮胎双钱载重公司名列前茅。但从整个公司看，国内轮胎企业，基本上一家公司一个厂，只有少数公司有2-3个厂，而国外轮胎公司有几十个厂。目前我国还没有一个轮胎企业成为跨国公司。因此，国内单个轮胎企业年销售收入最高只有近6亿美元，根本无法与国外大公司年销售收入148亿美元相比。

从产品质量和适用性看，载重子午胎国内好的品牌与米其林、普利司通的轮胎差距不大，而且在国内轮胎交通运输方面适用性显得更好；轻载子午胎则国内轮胎与外资轮胎各有千秋，国内轮胎在货车上用得多，外资轮胎在乘用车上用得多；轿车子午胎则外资轮胎占有较大优势，特别是高性能的轿车轮胎生产的稳定性、质量的均匀性要好；工程工业轮胎、农用轮胎则国内轮胎占有较大优势，称得上价廉物美。

从科研开发看，国外大轮胎公司都有自己的轮胎研发中心，每年要投入大量的科研开发费用，因此在研发高端产品的方面走在世界轮胎业的前头。国内大轮胎公司在近几年也开始重视轮胎研发工作，目前有五个企业的研发中心被评为国家级轮胎技术研发中心，增强了自主开发能力，强化了企业核心竞争力，但无论是在资金、设备，还是在开发能力检测手段等方面还存在较大的差距。

**三、十大中国名牌轮胎企业在整个行业发展中所起的作用**

2004年，广州华南橡胶轮胎有限公司的万力牌、三角集团有限公司的三角牌、青岛双星轮胎工业有限公司的双星牌、上海轮胎橡胶集团股份有限公司的双钱牌、风神轮胎股份有限公司的风神牌、成山轮胎股份有限公司的成山牌、贵州轮胎股份有限公司的前进牌、山东玲珑橡胶有限公司的玲珑牌、青岛黄海橡胶集团有限责任公司的黄海牌、杭州中策橡胶有限公司的朝阳牌等十大民族品牌产品，荣获中国名牌产品称号。这十大品牌是我国轮胎工业的主要骨干、中坚力量，也是上交利税最多的企业。十家企业2004年轮胎产量合计5187万条，占全国轮胎总产量2.1亿条的24.7%；其中子午线轮胎合计3065万条，占全国子午线轮胎总产量1.04亿条的29.37%；特别是载重子午线轮胎合计1225万条，占全国载重子午线轮胎产量1800万条的68%。去年，十家企业上缴利润总额合计13.88亿元，占全行业利润总额37.5亿元的36.99%，上缴利税合计29.24亿元，占全行业上缴利税69.53亿元的42.06%。

它们是我国轮胎工业科技发展的带头人。这十家企业的自主开发能力不断增强，产品设计已自成体系。近年来在载重子午胎方面，开发应用ECO理论，结合有限元分析方法，设计水平已达到国际先进水平，花纹低噪音设计已达国际先进水平；采用纳米技术的低生热配方的开发应用已接近德国大陆公司的水平；炼胶工艺已接近米其林公司的水平；轮胎氮气硫化已达世界先进水平。在轿车子午胎方面，我国拥有自主知识产权的40、45系列，15"以上的17"、18"、20"的E级、Y级、W级的高性能子午线轿车轮胎已开发成功。在全钢丝工程子午线轮胎方面，国内已经研制成功并且开始大量生产，填补了国内缺口，而且还远销欧美发达国家和地区。

# 广州市华南橡胶轮胎有限公司
# 万力牌全钢子午线轮胎

万力轮胎
WANLI TIRE

全刚子午线轮胎

广州市华南橡胶轮胎有限公司，成立于1988年10月，位于广州市番禺区，品牌为“万力”牌，是我国出口创汇最大的、效益最好的子午线轮胎基地。生产的万力轮胎囊括了轿车、轻卡、载重轮胎等400多个规格花纹，是目前国内子午线轮胎规格花纹最齐全的厂家，部分规格更是填补了国家空白，生产和研发能力一直在国内同行业中处于领先地位，为省级技术中心。技术、设备装备分别从发达国家引进，与国际先进水平同步。

严格的质量管理才能生产出高质量的产品。“万力(WANLI)”牌轮胎技术含量高，具有高速性能优越、行驶里程高、耐磨耗、稳定性好、低噪音、节油节燃、污染小、行驶安全性高等特点，适用于奔驰、红旗等多种车型。在国外，“万力”轮胎的销售网络囊括了全球90多个国家和地区，在国内，包括台湾省在内的所有省、市、自治区都有完整的销售网络。同时，在国内先后与一汽大众、一汽红旗、长丰猎豹、海南马自达、郑州日产等多家国内知名汽车厂家配套。同时，万力轮胎已经在全国建立了近140个技术服务网点，为顾客提供了全面的技术、售后服务。

SCTR (South China Tire & Rubber Co., Ltd.), established in October 1988, is located in Panyu District, Guangzhou City — the heart of the Pearl River Delta (PRD) where the environment is beautiful and the economy prospers. It is one of the top radial tire production bases in China, ranking first in profitability and generating foreign currency through exporting. SCTR produces “Wanli” brand tires and has one of the most complete product ranges in passenger, light truck, and heavy truck tires. Totaling more than 400 sizes and patterns, SCTR's product line has filled critical gaps in Chinese domestic tire production. It has been in a leading position in domestic industrial production and research and development capabilities and acknowledged as a provincial-grade technical center. SCTR maintains world-class technology through use of advanced equipment from countries such as the U.S.A., Germany, Italy, Britain, Japanese and others.

Owing to a developed sales network,“Wanli”tires enjoy a broad export market of over 90 countries and regions. Domestically, “Wanli” tires are represented in all districts, provinces, cities, and autonomous districts, including Taiwan.“Wanli” tires are supplied at the OEM level to many famous Chinese automobile manufacturers such as FAW-Volkswagen Automotive Co. Ltd., FAW-Red Flag Automotive Co. Ltd., Changfeng Leopard, Hainan Mazda, Zhengzhou Nissan Motor Co. and others. The customer service network is also developing and maturing. Currently, 3500 technical service network points have been established nationwide, serving customers with highly technological service centers.

# 三角集团有限公司
# 三角牌全钢子午线轮胎

三角®
TRIANGLE®

全刚子午线轮胎

三角集团有限公司始建于1976年，现有员工5400人，资产总计29亿元，是以轮胎生产经营为主导，兼营精细化工、机电维修、三产服务的大型企业集团。公司的经济效益连续多年居国内轮胎行业首位，销售额位居世界轮胎行业50强第12位。是全国520家和山东省24户重点企业集团之一，全国质量管理先进企业，全国27家“最具国际竞争力,向世界名牌进军的中国企业＂之一。

二十多年专业生产轮胎的历史，企业已形成较为完整的产品系列。目前主要生产轿车轮胎、载重汽车轮胎、工程机械轮胎、农业轮胎、工业车辆轮胎、沙漠轮胎等六大类80多种规格150多个品种的子午胎和100多种规格400多个品种的斜交胎，能够满足国内外主要车型及专业化需求，现已形成1000万套轮胎(其中全钢子午胎260万套)的生产能力，居全国同行业前列。

集团推行以技术、质量、市场为核心的名牌战略,企业形象和品牌价值不断提升，“三角”是国内轮胎行业第一个中国驰名商标，是山东省重点培植的九个国际知名品牌之一，三角牌全钢载重子午线轮胎荣获“中国名牌产品”荣誉称号。

Triangle Group Co. Ltd was initially founded in 1976, and now it has 5400 staffs and workers with a total asset of 2.9 billion RMB. As the large-scale enterprise Group, Triangle Group takes the production and marketing of tires as its main business while also engages in the industries of fine chemicals, mechanical and electrical equipments repairing and other subsidary services. The group takes the first place in economic efficiency in national tire industry continuously and ranks 12nd among the top 50 tire manufacturers in the world. The group is listed on the top of the 520 national key enterprise groups, the 24 key enterprise groups of Shandong Province and the 27 national enterprises with the most international competitive capacity and entering the world famous brands.

With more than 20 years history of tire production, Triangle Group has formed the complete product series. At present, Triangle Group mainly produces over 80 sizes of radial tires with over 150 varieties and over 100 sizes of bias ply tires with over 400 varieties in 6 sorts such as passenger car tires, truck tires, OTR tires, agricultural tires, industrial tires and desert tires, which can meet the demand of main domestic and international vehicle types and specialization. With a production capacity of 10 million units of tires (including 2.6 million units of all steel radial tires), Triangle Group has occupied the first position in domestic tire industry.

Triangle Group keeps proceeding with its famous brand strategy of taking science and technology, quality and markets as its core work, so its enterprise image and brand value keep raising. At present, “TRIANGLE” brand is the first “Chinese Well-known Trademark” in domestic tire industry, and it is also one of the nine international well-known brands strongly fostered by Shandong Province.

# 青岛双星股份有限公司
# 双星牌全钢子午线轮胎

全刚子午线
轮胎

中国名牌产品年鉴

双星集团是一个以“双星”名牌产品为龙头，鞋类、运动服装、轮胎三大支柱产业并举的综合性集团，建有十个生产基地，拥有三万余名员工。双星集团拥有世界一流的制鞋设备和技术，同时具备热硫化鞋、冷粘鞋、皮鞋、布鞋、注射鞋、专业运动鞋等六大类鞋的生产能力，并拥有国家级技术开发中心，这在制鞋行业是惟一一家。产品多达四十多个系列，3000多个品种，年产量6000万双。1995年，“双星”商标被评为全国驰名商标；同年通过ISO9001-1994质量体系认证，2001年又通过了ISO9001-2000版的换版审核；1998年，双星牌热硫化鞋、冷粘鞋被国家出入境检验检疫局认定为出口免验产品，这在行业内是第一家；2002年双星牌皮鞋被国家质量监督检验检疫总局评为全国免检产品；双星牌旅游鞋被评为“中国名牌产品”，双星集团被评为“全国质量管理先进企业”。

Doublestar Group Corporation, leaded by Doublestar products of the national well-known brand, is a comprehensive corporation dealing in the production of three support industries, namely, shoes, sports clothing and tyres. With a staff around 30 thousand and 10 production bases, holding first-class shoe-making equipments and technology around the world, she has over 130 production lines engaged in the manufacturing of shoes in six categories, namely, vulcanized shoes, cement shoes, leather shoes, cloth shoes, injection shoes and professional shoes. With a National Technological Development Center, the only one in the shoe-making industry, the annual output exceeds 60 million pairs in over 40 series, 3000 styles. Doublestar was ISO9001-94 certified in as early as 1995 and selected as a National famous Brand. In the year 2001, she got ISO9001-2000 authorized. In 1998, Doublestar vulcanized shoes and cement shoes were first granted in the shoe-making industry the exemption from quality inspection by the State Administration for Inspection and Quarantine. In 2002, Doublestar leather shoes were granted the exemption from quality inspection by the State General Administration for Quality Supervision and Inspection and Quarantine of the People’s Republic of China (AQSIQ), and Doublestar sports shoes were awarded as “National Well-known Brand”, and Doublestar Group Corp. was awarded “National Outstanding Corporation on Quality Control”.

# 上海轮胎橡胶（集团）股份有限公司
## 双钱牌全钢子午线轮胎

DOUBLE COIN

全刚子午线轮胎

上海轮胎橡胶（集团）股份有限公司是由上海大中华橡胶厂和上海正泰橡胶厂联合组建的上市公司，拥有驰名中外的“双钱”、“回力”品牌，所属双钱载重轮胎公司、大中华正泰轮胎公司、东海轮胎有限公司等企业，主要生产经营全钢载重胎、全钢工程胎、全钢工业胎、乘用子午胎、轻卡子午胎、斜交载重胎、斜交工程胎、农业胎。2003年，工业总产值37.79亿元，销售收入35.39亿元，为我国500强工业企业。

上海轮胎公司拥有国家级企业技术开发中心，研发力量雄厚，技术装备先进，产品质量稳定可靠，规格品种较为齐全，在国内外市场上具有很强的竞争能力，国内市场分布31个省、市、自治区，并为30多家汽车制造厂配套；产品销往国外80多个国家和地区，出口创汇7600多万美元。

双钱载重轮胎公司建立了完善的质量保证体系。产品较早获得美国国家公路交通安全管理局“DOT”、欧洲经济委员会“ECE”及巴西INMETRO的质量认证，通过了中国轮胎产品认证委员会ISO9002产品认证、中国国家强制性产品认证（CCC认证）和ISO14001环境管理体系认证。

Shanghai Tyre & Rubber Co., Ltd. is a listed company jointly established by Shanghai Great China Rubber Factory and Shanghai Zhengtai Rubber Factory. With its brands of Double Coin and Warrior famous in both China and abroad, it owns Double Coin Truck Tyre Company, Great China Zhengtai Tyre Company, Donghai Tyre Co., Ltd. It is mainly engaged with production and sales of all-steel truck tyre, all-steel engineering tyre, all-steel industrial tyre, radial tyre for passenger bus, radial tyre for light truck, lorry bias tyre, engineering bias tyre and agriculture tyre. In 2003 its gross output value was RMB 3,779,000,000 and sales revenue was RMB 3,539,000,000. It is listed among the 500 top industrial organizations in China.

With a country-level enterprise technological development center, it has a strong research force, advanced technique and equipment, stable and reliable quality of its products and various kinds of tyres, so it is of very strong competitive strength in the markets in both China and abroad. Its domestic market is distributed among 31 provinces, central directly controlled municipalities and autonomous regions. It cooperates with more than 30 manufactories. Its products are sold to more than 80 countries and areas and it has earned foreign exchange of more than US$ 76,000,000 from exportation.

The Double Coin Truck Tyre Company has established a perfect quality assurance system. Its products has, in earlier time, got the quality certification of “DOT” of the National Highway Traffic Safety Administration of U.S., “ECE” of Economic Commission for Europe and INMETRO of Brazil, and has passed the ISO9002 product certification of Tyre Product Certification Commission of China, China Compulsory Certification (CCC) and ISO14000 environmental management certification.

# 风神轮胎股份有限公司
# 风神牌全钢子午线轮胎

风 神
AEOLUS

风神轮胎股份有限公司是国家520户重点企业，轮胎出口基地，世界轮胎75强，全国百家质量管理先进企业，全国首批“守合同、重信用”企业，全国百家最佳汽车零部件供应商。“风神”轮胎是河南省名牌产品，“风神”商标是河南省著名商标，“风神”品牌是全国十大轮胎民族品牌。

2003年9月，公司股票成功发行，股票简称“风神股份”。公司是全钢载重子午线轮胎的优势企业。2003年7月，80万套全钢载重子午胎生产线建成投产，创下了全国子午胎生产线建设速度、调试投产速度、试生产成本、一次投产合格率4个全国第一，并节约固定资产投资9000多万元。子午胎产品由引进时5个规格、10个品种发展到现在的31个规格、21个花纹系列、125个品种，被河南省科委认定为高新技术产品，并畅销全国各地和100多个国家与地区。

公司120万套轻卡及载重子午线轮胎年底将形成生产能力。经过技术改造，届时，公司的全钢载重子午线轮胎将形成300万套的生产规模，成为国内最大的全钢载重子午线轮胎生产企业。

公司拥有博士后科研工作站，河南省橡胶产品检测中心，商检注册试验室。是全国轮胎行业极少数通过QS9000、VDA6.1、ISO14001环境管理体系和职业安全健康管理体系认证等12个认证的企业之一。

Aeolus Tyre Co., Ltd is one of 520 key enterprises and the export base in China, one of top 75 enterprises in world tire circle, one of national 100 advanced enterprises for excellent quality management, one of who firstly approved to be the creditworthy enterprise, the best automobile components supplier. Tire products of "Aeolus" brand is famous products in Henan province and the trademark of "Aeolus" is also the famous trademark in Henan province and Aeolus brand is one of top ten national brands.

In Sep. 2003, our stock have successfully listed in Shanghai Stock Exchange and briefly named "Fengshen Share".Aeolus Tyre Co., Ltd. is the advantageous enterprise for all steel radial truck tire products. In July 2003, the production line of 0.8 million sets of all steel radial truck tire have put into production which created four "number one" in China, namely, the speed of radial tire production line construction, the speed from trial production to real production, the cost of trial production and the qualified rate of products during first production. Furthermore, about 90 million RMR, which ought to be invested in fixed assets, have been saved. With the high speed and remarkable grow, Aeolus Tyre Co., Ltd have developed 31 product specifications, 21 tread pattern series and 125 varieties from only 5 product specifications and 10 product varieties, which have awarded the high-tech products by Henan sciences committee, and those products were promoted to every corners of China as well as more than 100 countries and regions.

1.2 million sets of radial light truck & truck tire will form real capacity at the end of 2004. Through technical improvements, at that time, all steel radial truck tire of Aeolus Tyre Co., Ltd will finally form capacity of 3 million sets and in China, it will rank number one in that yield.

Aeolus Tyre Co., Ltd. hold the postdoctor science & research workstation, Henan rubber products test center, Commodity inspection registered Lab. It's Aeolus Tyre Co, Ltd who hold 12 certificates such as the certificate of QS9000, VDA6.1, ISO14001 Environmental management system and occupational Safety&Health management, etc., which merely passed by domestic tire enterprises.

# 山东成山集团有限公司
# 成山牌全钢子午线轮胎

成 山
CHENGSHAN

全刚子午线轮胎

山东成山集团是由荣成市橡胶厂改制设立的，现有员工5000人，总资产29亿元，占地面积100万平方米，成山集团下设山东成山轮胎股份有限公司核心企业以及荣成成山钢帘线有限公司、荣成北大科技园、荣成现代装饰有限公司等六家控股子公司，产业涉及轮胎制造、钢丝帘线、工程安装、房地产开发、餐饮服务、机械制造等多个领域，是大型一档轮胎生产企业。

成山集团建有国家级技术中心和博士后工作站，多次荣获国家科技进步奖，是全国轮胎行业迄今为止荣获科技奖励档次最高、获奖项目最多的轮胎企业。企业先后被授予“全国先进基层党组织”、“全国500强”、“全国市场公众形象优良企业”、“高新技术企业”等荣誉称号，“成山”轮胎被认定为“中国驰名商标”、“中国轮胎市场用户满意度品质信誉第一品牌”。企业和产品先后通过了ISO9001质量体系认证、ISO14001环境体系认证、美国汽车工业QS-9000德国汽车工业VDA6.1标准质量体系认证、“CCC”强制性产品认证、美国DOT和欧洲ECE安全认证。畅销于世界60多个国家和地区，并为国内30多家汽车制造商配套。

Shandong Chengshan Group Company was set up on the basis of Rongcheng Rubber Factory by restructuring of the economic system. It has employees of 5,000 with total assets of 2,900 million RMB Yuan and covering area of one million square meters. Chengshan Group is a first class large-scale tire manufacture enterprise consists of the core enterprise Shandong Chengshan Tire Co., Ltd and six holding subsidiary companies such as Rongcheng Chengshan Steel Cord Company, Rongcheng Peking-University Science Park, Rongcheng Modern Decoration Company, etc, dealing with tire production, steel cord production, engineering erection, real estate development, food and beverage service and machinery manufacture, etc.

Chengshan Group has set up the State-level R&D Center and the workstation for post-doctors. A lot of achievements they developed have won National Science & Technology Progress Prize and State Grade New Product Prize. Chengshan Group is the enterprise to win the highest-grade prize for Science & Technology Progress and is awarded the most prizes in the tire industry in China up to the present. The enterprise was awarded the honorary titles of “The National Advance Primary Party Organization”,“The National Top 500 Enterprises”, “The Excellent Enterprise for Public Image in Home Market”and “High and New Technology Enterprise”. “Chengshan” trademark was determined as “China Well-known Trademark” and “ Customers are satisfied with product quality, the character and credit of the enterprise is the best in home tire market”. The enterprise and its products has passed the Certification of ISO 9001 Quality System, the Certification of ISO14001 Environment Control System, the Certifications of QS9000 Quality System of U.S.A Motor Industry and VDA6.1 of Germany Motor Industry, the “CCC” compulsory product Certification and the Safety Certification of DOT and ECE in successive years. The enterprise supplies the OE tires to more than 30 automobile manufacturers in China and its product has been sold well in more than 60 countries and regions.

# 贵州轮胎股份有限公司
# 前进牌全钢子午线轮胎

前 QJ 进
ADVANCE

全刚子午线轮胎

贵州轮胎股份有限公司坐落于林城－贵阳市，是中国化工百强企业和全国十大轮胎公司之一，现有总资产27.27亿元。公司始建于1958年，1965年由上海内迁扩建，1996年公司发行股票成为国内轮胎行业第二家上市公司，简称“黔轮胎”。公司主要生产“前进”系列品牌的汽车斜交轮胎、子午线轮胎、工程机械轮胎、农业轮胎、工业车辆轮胎、实心轮胎六大系列1000多个规格品种，年产能力达400万套。

公司始终坚持“质量第一”的方针，严格质量管理，建有完善的质量保证体系和计量检测体系，通过了国家强制性产品认证（CCC）、美国交通部DOT产品安全标志认证、欧盟ECE产品认证和ISO9001质量体系认证。

公司建有国家级企业技术中心和博士后工作站，具有国际一流水平的轮胎分析、测试设备和手段，拥有大批勇于创新和求精的科研人才，可自主设计开发客户和市场所需的轮胎。

贵轮全钢子午胎自投产以后，始终贯彻“高起点、严要求”的指导方针，引进具有当今国际先进水平的生产和检测的设备，在消化吸收国外先进技术和管理方法的基础上，形成了现有的一整套以市场和客户为中心的公司管理体系，力求以强大的技术保障，为顾客提供高品质的全钢子午线轮胎。

Guizhou Tire Corporation locates at Guiyang city that is famous for its larger forest coverage. It is one of the top 100 chemical enterprises and the top 10 great tire company in China, with the total capital of 27.27 billion RMB. It is built up in 1958 and moved from Shanghai here for enlargement in scale in 1965 and began to issue stock named “Guizhou Tire” in 1996.The main products of our corporation are the series of tires branded Advance, involved six series and more 1000 sizes and types including the bias tires, radial tires, OTR tires, agriculture tires, commercial vehicle tires and solid tires. And its annual production capability can reach 4 million tires.

“Quality First ” is the guideline to be insisted by our company. Not only is it rather strict in quality management, but also build up perfect Quality Management System and Measurement Checking System. It went through the CCC certificate, DOT certificate, the certificate of ISO9001 Quality Management System and ECE Certification.

Guizhou Tire Corporation has built up national technical center for enterprise and postdoctoral training workstation. It has the fires-class equipments and methods used for various tire analysis and tests. And it, depended on the stronger technical team they have who keeps innovation and improving spirit, can design and develop the tires the customers and market demanded.

Since it was born, All-Steel Radial Tire Company is always followed the guideline of “high start-point and strict requirements”. One hand, it is imported the top advanced equipments for production and check in the world. On the other hand, it is built up the whole set of management system, centered in market and customers we use now, on the basis of digesting and absorbing the top technology and management concept. We will do our best to supply our customs with high quality all-steel radial tires relied on stronger technical support.

# 山东玲珑橡胶有限公司
# 玲珑牌全钢子午线轮胎

全刚子午线轮胎

山东玲珑橡胶有限公司是世界轮胎30强、全国五大轮胎生产厂家和全国1000户最大工业企业之一，公司占地面积140万平方米，建筑面积60万平方米，拥有职工7000多人，工程技术人员1200多名，总资产30多亿元。主导产品轮胎有斜交胎、乘用轻卡子午胎、全钢载重子午胎十大系列、300多个规格品种，年产斜交胎400万套、乘用轻卡子午胎400万套、载重子午胎200万套。公司产品通过美国DOT和欧洲ECE以及CCC强制认证，质量管理体系通过QS9000、VDA6.1和GB/T19001.ISO9001体系认证。“玲珑”商标被认定为山东省著名商标，玲珑牌全钢子午胎被评为“中国名牌产品”，“玲珑品牌”被授予“中国最具价值500品牌”和“中国市场质量消费者首选品牌”荣誉称号，品牌价值高达38.97亿元，名列同行业榜首。公司销售网络覆盖全国各地，远销欧美、中东、东南亚、非洲、中南美洲等100多个国家和地区。2004年，实现销售收入32亿元，利税3亿元，出口创汇8400万美元，各项经济指标平均增长幅度达到70%以上。企业先后获得“全国重合同守信用单位”、“全国行业质量服务诚信示范企业”、“全国行业质量示范企业”、“中国企业形象AAA级”、“全国百家最佳汽车零部件供应商”等荣誉称号。

Shandong Linglong Rubber Co.,Ltd.is a national large grade enterprise. There are 6000 workers, including 1200 technicians working in it. Its total assets are RMB3,000,000,000, Its main products are various sizes of ,“Linglong”.“Shanling” and “Leao”brand bias tyres, passenger radial tyres and truck radial tyres, as well as various sizes of rims. It can yearly produce 6, 000,000 sets of tyres, 500,000 pieces of rims. 1,000,000 KVA power transformers for S9.SII type and 20,000 pumps for IS.D. DL type. It also produces rubber machinery and agricultural machinery etc. In 1994,it was granted the business independence right to export and import, and passed the DOT and ECE. In 2001,it took the lead in passing the QS9000 and VDA6.1 in our country certification . In 2002, it took the lead in passing the CCC certification.“Linglong” brand tyres was named as “Shandong famous brand” and “Chinese famous brand”.merchandise “successively”.“Linglong” brand was named as “Shandong province well-known brand”. The enterprise was named as “National trade examplary enterprise for quality, Service and credit”,and “National examplary enterprise for trade quality”, by the Chinese Quality Test Association, and gained the honorable title of “Chinese credit enterprise”,“Provincal advanced enterprise”, “Chemical excellent enterprise”. “Clean and civilization factory”,“Non-leaking factory”and“Star enterprise” and “the finest enterprise”.etc,and granted the title of“Chinese enterprise image AAA grade” from Chinese Council for Approval of Enterprise Image.

# 青岛黄海橡胶集团有限责任公司
# 黄海牌全钢子午线轮胎

黄 HUANGHAI 海

青岛黄海橡胶集团有限责任公司是中国轮胎行业的大型骨干企业之一，是我国轮胎产品，尤其是高性能轮胎产品的标志性生产企业。

近年来，得益于我国汽车工业的高速增长，公司实现了超常规的发展。目前公司产品已经具有全钢子午线轮胎、半钢子午线轮胎、斜交轮胎、实心轮胎四大生产门类，高性能中型载重全钢子午线轮胎系列、安全抗滑轿车子午线轮胎系列等三十余个系列、数百个规格品种的轮胎。青岛黄海橡胶集团有限责任公司生产的“黄海”牌轮胎，特别是其生产的全钢载重子午线轮胎，以其精湛的生产加工工艺、优良的生产装备、不断扩大的生产规模、遍及海内外的忠诚用户群，确立了其在国内外轮胎市场上强大的品牌影响力。目前集团公司生产的各类轮胎产品的产能可达到600余万套，子午化率达到了70%以上。公司早在20世纪60年代中期就在国内率先研发成功了全钢载重子午线轮胎，在20世纪80年代初期就实现了轿车子午线轮胎的工业化生产。是在国内轮胎企业中首批获得GB/T 19001质量保证体系和产品质量“双认证”的企业；并获得美国交通部DOT安全标志认证和欧盟ECE标准认证。2002年青岛黄海橡胶集团有限责任公司制造的各类汽车轮胎均通过了中国轮胎产品认证委员会的首批“CCC”认证。

Qingdao Huanghai Rubber Group Co.,Ltd. is one of the full-length leading enterprises in Chinese tyre industry and the significant manufacturing enterprise of tyre products of our country, especially of the high-performance tyre products. In recent years, benefit from the high growth of the auto industry of our country, the company has realized hypernormal development. At present company production have all steel radial tyre, half steel radial tyre, nylon tyre, solid tyre four great production classes already, high performance medium-sized load all steel radial tyre series, security resist slippery car radial tyre series,etc. more than 30 series, tyre of several hundred pieces of specification assortment. With consummate production processing technology, fine production equipments, expanding constantly production scale, and spreading all over the loyal users both at home and abroad, “Huanghai” brand tyre, especially the all steel load radial tyre have established its strong brand influence power on domestic and international tyre market. The annual production capacity of all kinds of tyres of group company can be up to more than 6 million sets at present, and the radial rate is more than 70%. The company took the leading in researching and developing successfully all steel load radial tyre at home in the last century middle period of the sixties and realized the industrialization production of the car radial tyre in the eighties. The company obtained the first batch of GB/T19001 quality certification system and product quality “double authentication” in the domestic tyre industry and she also got American Ministry of Communications DOT safety authentication and European Union ECE standard authentication. In 2002, all kinds of automobile tyres obtained first batch of “CCC” by Chinese tyre production authentication committee.

# 杭州中策橡胶有限公司
# 朝阳牌全钢子午线轮胎

朝阳®

全刚子午线轮胎

杭州中策橡胶有限公司是一家由杭州橡胶总厂控股的中外合资企业，前身为杭州橡胶总厂，始建于1958年，1992年与香港中策投资有限公司合资。改革开放以来，企业通过多轮技术改造，2003年工业总产值已达到37.84亿元，销售收入35.6亿元，外贸收购值9800万美元，其中,全钢子午线轮胎111.75万条,销售量101.71万条，名列行业前茅。企业目前具备了年产550万套斜交轮胎、220万套全钢子午线轮胎、600万条轿车子午线轮胎、5000万套自行车胎、400万套手推车胎、5万条橡胶履带的专业化生产规模，名列国内橡胶行业前三位，2002年列世界轮胎行业第26位。产品畅销国内除台湾外所有省、市、自治区，远销120多个国家和地区。公司坚持科技兴企，努力走质量效益型道路，先后通过了ISO9001质量管理体系认证、ISO14001环境管理体系认证、ISO10012计量确认体系认证、美国DOT标准、欧洲ECE产品认证。“朝阳”产品连续多年获得浙江省名牌产品，“朝阳”车胎为国家重点保护名优产品，“朝阳”商标是浙江省著名商标。企业在全国橡胶行业和浙江省首家获得了国家质量管理奖，2001年又获得了国家强制性产品认证和全国质量效益型先进企业荣誉称号，轮胎产品自1969年实施国家统检以来，均合格通过,企业信用等级为AAA级。

Hangzhou Zhongce Rubber Company Limited is a joint venture holding by Hangzhou Rubber General Factory. Its forerunner was Hangzhou Rubber General Factory founded in 1958 and joined with Hongkong Zhongce Investment Company Limited in 1992. Since reforming and opening, the enterprise, through many times technical transform, the industrial total output value had reached 3.78 billion yuan, the sales income 3.56 billion yuan and purchase value of foreign trade 98 million USD. Among which the whole steel radial tyre are 1.1175 million pieces, ranked the first in the trade. It possess the special producing scope of yearly 5.50 million of bias tyre, 2.20 million sets of whole steel radial tyre, 6.0 million pieces of passenger car radial tyre, 50 million sets of bicycle tyre, 4.00 million sets of wheel-barrow tyre and 50 thousand pieces of rubber track, ranked the former three in domestic rubber trade, the 26th in the world tyre trade in 2002. Its products sell well in all the provinces, municipality and autonomous region, except Taiwan, domestically and sell abroad to more than 120 countries and districts. The Company insists science and technology to develop enterprise, makes great effort to follow the way of quality and benefit. It had passed the authentication of ISO9001 Quality Management System, authentication of ISO14001 Environment Management System, authentication of ISO10012 measurement Confirm System, and US DOT Standard, Europe ECE Product authentication one after another. The "Chao Yang" bicycles are the famous superior products protected by State. "Chao Yang" brand is Zhejiang famous brand. The enterprise first won the State quality control award in whole country rubber trade and Zhejiang province. In 2001, it also won the authentication of State forced product and the honorary title of State quality benefit type and advanced enterprise. The tyre products has passed State unified examination since the examination was put into effect in 1969. The class of credit of enterprise is AAA.

# 实木复合地板发展现状及趋势

实木复合地板起源于欧洲，在欧洲具有广阔的产品市场，主要品种包括三层实木复合地板和多层实木复合地板。在20世纪90年代初期，我国陆续引进了生产线、相应的设备及生产技术。吉林森工金桥地板公司和广东宜华木业公司是最早引进欧洲三层实木复合地板的生产线的企业之一。当时大概有二三十条生产线，产品90%以上销往欧洲，目前80%的产品也是外销。因此20世纪90年代初期是中国实木复合地板的真正发展时期。从目前我们的生产能力及产量上来看，年生产能力约2000多万平方米，从企业分布上来看，主要是在我国的吉林、黑龙江、山东、广东、河北及云南等地。

多层实木复合地板产生于日本和韩国，在20世纪90年代中期，由于韩国和日本客户的需求，进一步带动了中国多层实木复合地板市场的发展。从产品结构上来讲，多层实木复合地板表层采用的是0.6毫米左右的优质木材，而基材则是速生木材的胶合板材，其用途除普通用途外，也可用于地面取暖。最初的产品主要是销往韩国和日本，进一步发展到美国，陆续欧洲的客户也逐渐对该产品产生浓厚的兴趣，现在国内的销量也在大幅度增长。从目前的生产能力及产量上看，去年大概共生产了1100多万平方米，包括大自然、福亚等龙头企业大约有100多家企业从事多层实木复合地板的生产，这些企业主要是分布在 吉林、天津、广东、浙江、上海、江苏等地，相比之下，华东、广东等地多层实木复合地板的发展势头比较强。

实木复合地板总体上来讲包括四大特点。

**一、实木复合地板符合国家和行业的产业政策**

从资源的角度考虑，我国的三层实木复合地板表层只有2~4毫米采用的是优质木材，基材11~13毫米基本上都是速生材，也就是说有75%以上的速生材，25%以下是优质木材，节约了大量的优质木材。这对于木材资源匮乏的中国而言，具有很大的竞争优势。相应的，多层实木复合地板，表层通常为0.6毫米左右，优质木材所占的比重不到10%，90%以上是速生木材，节约优质木材更加明显。

这说明实木复合地板相对纯实木地板节约了大量的优质木材，对节约使用中国的木材资源有着现实的意义，符合国家和行业的产业政策，有利于国家的可持续发展。

**二、实木复合地板的发展基础好**

三层实木复合地板的起点较高，发展之初即采用引进的设备和生产工艺生产优质的产品，并且辅料、胶粘剂和油漆也是引进的。多层实木复合地板同样也源自日本和韩国的经验、生产工艺和技术，同其它行业相比，发展基础较好。发展之初，产品基本上出口，产品质量以及环保指标都比较优越，内销国内市场产品的质量非常有竞争力。高的起点，为参与国内和国际市场的竞争，打下了良好的基础。

**三、实木复合地板的集中度比较高**

由于当初引进的是国外的先进生产线，生产规模和国外的先进生产能力相当，这对于从产销量上、集中度上创造优质产品都打下了良好的基础。集中度，是考核知名品牌的一个指标。知名品牌占有市场份额突出的现象比较明显，有统计表明，实木复合地板前十名的企业产销量占实木复合地板总生产量的 50%，说明实木复合地板有良好的集中度。

**四、实木复合地板的市场发展迅速**

近几年实木复合地板的发展速度很快，一直呈上升趋势，产销量的递增速度以每年 30%的速度递增，今年与去年相比预计有达到50%递增速度的可能。从这样的发展态势来看，在今后几年内将会有更快的发展。所以市场前景比较好，在地板产品的五大类中，实木复合地板目前是市场发展速度最快的一类产品。此外，目前我国地板的市场产销量约为 20000 多万平方米，而实木复合地板占的市场份额只有 10% 左右，这决定了实木复合地板尚有巨大的发展空间。

实木复合地板产品的发展趋势：

（1）产品结构更加科学化，有利于进一步提高产品的性能。

（2）向更加节约木材的方向发展，资源利用率更高。

（3）表面耐磨性能今后会进一步提高。

（4）耐磨性能较好的其它饰面材料将代替油漆饰面。

（5）用改良以后的速生材来做为实木复合地板的表层，向更加经济的方向发展。

（6）向功能化方向发展，如地热、抗菌等。

实木复合地板行业的发展具有以下六大态势。向品牌化发展；向规模化发展；向产品结构多元化发展；向市场国际化发展；向产品标准化发展；向售后服务规范化发展。

# 广东省宜华木业股份有限公司
## YIHUA 牌实木复合地板

实木复合地板

广东省宜华木业股份有限公司前身是创办于1996年12月的广东泛海木业有限公司，2001年5月转制为股份制公司，注册资本184 329 093元，现有总资产6.46亿元，职工1500多人，占地面积13万平方米，建筑面积达6万多平方米。公司主要生产木地板、木家具等产品，木材干燥能力居亚太地区前列，木地板生产能力居国内同行业前列。

公司继承控股公司宜华集团的经营理念，坚持走品牌发展路线，与南京林业大学、中南林学院、暨南大学达成技术协作关系，不断提高技术、管理水平。公司拥有专利16项，其中地板专利14项；同时公司还拥有“回旋干燥法”、“木材改性”等专有技术。

公司实木复合地板生产设备和技术来自德国，生产过程用电脑全自动控制；产品执行标准GB/T180103-2000，甲醛释放量严格按照GB18580-2001执行。产品以自有品牌“YIHUA”销往欧美、日本、我国台湾和香港等国家和地区，国内销售网络遍布全国各大、中城市。公司顾客服务中心设立24小时服务电话，负责技术培训、跟踪指导和投诉处理，投诉有效处理率100%；产品实行“三包”，国内市场产品质量由中国太平洋保险公司承保，国外市场产品保质25年。公司在国内外参加高层次展销会，如在美国Las Vegas（拉斯维加斯）木地板展销会、美国HighPoint（高点）木制品展销会、上海国际建材博览会、广东交易会等；同时在权威媒体如中央电视台及美国地板权威杂志《HARDWOOD FLOORS》广告，取得良好的市场效应。

The company originated from Guangdong Fanhai Timber Industry Co., Ltd. in May 2001 with a registered capital of RMB 184 million. Having a total assets of RMB646 million, more than 1500 employees and covering an area of 130,000 M2 in which 60,000 M2 floorage completed, the company focuses in the production of wood flooring and wood furniture. It's one of the leading manufacturers of wood products in China while its wood drying capacity in the lead position in Asia-Pacific Region.

The company establishes a long term tech cooperation relationship with many universities so that it is able to improve its level in tech and management. Up to now it has patterned 16 designs on products among which 14 designs for flooring. Meanwhile it has monopoly technologies including Rotating Drying and Wood Nature Improving.

The equipment and technology used for parquet flooring were introduced from Germany and its processing are computerizedly controlled. The flooring standard follows GB/T180103-2000 and the dehyde release is strictly in accordance with GB/T18580-2001. The products sell to America, Europe, Japan, Hong Kong under its brand name. The home distributing network spreads over the major cites in China. The customer service center takes charge for flooring installation, maintaining and customers' complains. Quality warranty is applied to the products sold to the customers. The company's salespersons take part in specialized exhibitions such as those held in Las Vegas, HighPoint of America, DOMTEX in Shanghai and Canton Fair and at the same time advertisement widely put in mass media brings the company about sound market response and satisfying implication.

# 吉林森林工业集团金桥木业有限公司
# 金桥牌实木复合地板

GOLDENBRIDGE
金 桥 木 业

吉林森工集团金桥木业有限公司是以生产实木复合地板为主导产品的国有控股公司。2003年12月与吉林森工股份有限公司捆绑上市。

公司现有资产总额36714万元，其中固定资产17676万元，流动资产18338万元，长期投资700万元，净资产2.05亿元，资产负债率39.4%，员工总数2,150人，其中：中高级技术人员150人，研发人员20人，公司拥有5个实体生产企业，其中复合地板生产基地3个，装备4条生产线，设备全部是引进德国和意大利具有当期国际同期水平的设备，年实木复合地板生产能力220万平方米。其生产规模和综合实力及先进的技术设备在国内乃至亚洲都排位第一，在世界排名第8位。所属生产基地分布在吉林省抚松县、江源县和辽宁省大连市，同时公司在市场前沿大连市还设有专门的营销机构一金桥木业大连销售分公司。2003年公司实现销售收入26163万元，出口创汇2560.8万美元，实现利润2364万元。

金桥木业公司按照集团化经营的总体战略，致力于经营整合，谋划发展，强化市场开发，健全营销体系，立足国际市场，积极拓展国内市场。为金桥木业健康有序发展打下了坚实的基础。

Jilin Forestry Industrial Group JinQiao Wooden Floor Co., Ltd. Is a holding company which produces the cpmpound floor board made of solid wood. It rushed into the market together with Jilin Forestry Industrial Group Stock Co., Ltd. in Dec 2003.

We have the capital investment which is worth ￥367,140,000 yuan, among which 176,760,000 yuan is the fixed assets, 183,380,000 is the current funds, 7,000,000 is the long term investment and 205, 000,000 is pure investment. Now the rate of assets and liabilities is 39.4% and the number of the personnel is 2,150. The middle and senior technician are 150, and the researcher are 20. We have five esse produce corporation in which there are three produce bases producing compound floor board, equipped with 4 product line. All of the equipments that are the same as the international level are imported from Germany and Italy. We can produce the compound floor board made of solid wood as many as 2,200,000 sq.m. every year. Our company has taken the first place in China and ever in Asia for its produce scale, overall strength and the advanced equipments and we' ve got the eighth place in the world. Our produce bases distribute in Fusong county, Jiangyuan county, Jilin province and in the city of Dalian, Liaoning province. At the same time we have the special business and market mechanism in the city of Dalian, our forward position, the Dalian retail company of JinQiao Wooden Floor Co., Ltd. In 2003 our sell income was 261,630,000 yuan. We earned the foreign exchange 25,608,000 US dollar by selling our products to the foreign countries. Our net income is 23,640,000yuan.

According to the unity business strategy, now we are working for the unity business, planning the develop, strengthening the market develop, perfecting the business system, keeping a foothold in the international market and developing the civil market actively. We' ve laid a solid foundation for the JinQiao Wooden Product Co., Ltd. developing healthily and steadily.

# 广东盈彬大自然木业有限公司
# 大自然牌实木复合地板

实木复合地板

广东盈彬大自然木业有限公司（原名：佛山市顺德区盈彬木业有限公司），成立于1995年。目前是亚洲地区木地板产业大型骨干企业，现已在广东佛山市、中山市，江苏昆山市，黑龙江省牡丹江市、浙江南浔市建立了五个大型生产基地，拥有18条现代化生产线的制造体系。

同时，公司在巴西、非洲、印尼、秘鲁、缅甸建立了五个原材料加工基地，保证公司在原材料方面占有绝对的竞争优势。

2003年9月，公司“盈彬大自然”品牌木地板荣获广东省名牌产品光荣称号；2003年12月，盈彬大自然实木复合地板、实木地板、强化地板荣获国家免检产品（中国实木复合地板行业只有5家企业获此殊荣）；2003年9月，盈彬大自然实木复合地板、强化地板同时还荣获了中国环保产品标志——中国环境标志产品认证，成为中国实木复合地板领域首批中国环境标志产品，实木地板荣获Ⅲ型环境地标志认证；2004年6月，大自然地板联合中国林产工业协会、中国消费者协会联合发布首部《中国实木地板消费白皮书》，11月发布《中国强化地板消费白皮书》；2004年7月，被评为中国最具品牌价植的500强之一，品牌价值达8.52亿。2004年9月，实木复合地板荣获中国名牌产品光荣称号。

YingBin-Nature (Guangdong) Wood Industry Co Ltd. (the former name was Yingbin (Foshan) Wood Industry Co., Ltd). It's founded in 1995. The company is an industry leading wood flooring manufacturer based in Asia.

The Company has set up 5 large-scale factories and 18 productions lines. The production lines are located in Foshan and Zhonshan in Guandong province, Kunshan in Jiangsu, Hanzhou in Zhejiang, Mudangjiang in Heilongjiang.

Also, the company takes sources advantages of its own supply requirements and thus has 5 raw materials processing plants located in Indonesia, Brazil, Peru, Burma and Africa.

In September of 2003, Yingbin-Nature engineered flooring achieved famous brand first in Guangdong and followed by the national famous brand in December. Yingbin-Nature products have got inspection exemption for solid flooring, engineered flooring and laminate flooring (only 5 companies in the industry obtained this). At the same time, Yingbin- Nature engineered flooring and laminate flooring obtained Chinese environmental friendly product symbol certificate. It's the first company in China to get this certificate. The solid wood flooring acquired the certificate of type Ⅲ environmental symbol. In June 2004, Nature together with China Wood Industry Association and China Consumers Association issued the first white paper for 《consumers' white paper for solid wood flooring in China》. In July of 2004, Yingbin-Nature was honored one of the top 500 most valuable branded goods in China with its value over RMB8. 52 billion and the brand is honored as “China Famous Branded Products” in the same time.

# 6～35kV 交联聚乙烯绝缘电力电缆

交联聚乙烯绝缘电力电缆主要用于电力系统中传送和分配电能的线路中，如城市的地下电网、发电站的引出线路、工矿企业的内部供电线路，以及过江、跨海的水下输电线路。它具有埋设于土壤中或敷设于室内、沟道、隧道中，线间绝缘距离小；受气候条件和环境条件影响小，传输性能稳定，可靠性高；具备向超高压、大容量发展的有利条件等特点。交联聚乙烯绝缘电力电缆产品中以电压等级划分，量大面广的是中低压交联电缆，而其中6～35kV交联聚乙烯绝缘电力电缆则主要采用干法化学交联工艺装置生产，是城市电网、各个产业运转所必需的重要产品。2004年6～35kV交联聚乙烯绝缘电力电缆产品被正式列入中国名牌产品评价目录。

我国额定电压6～35kV交联聚乙烯绝缘电缆的生产始于20世纪90年代初期，当时主要通过引进、消化国外先进的化学法交联电缆生产线（悬链线）和技术，使我们逐步掌握了中低压交联电缆的制造技术，90年代初期，为了完善和提高国内交联电缆的质量水平，原国家机械工业部组织上海电缆研究所、中国电器工业协会电线电缆分会牵头并由各个制造企业参加对当时国内十多条交联电缆生产线进行了以规范生产工艺、质量管理等为主要内容的“交联电缆生产线整顿”，通过此次“整顿”，整体提高了国内交联电缆制造技术和产品质量，产品质量基本达到国外同类产品的水平，提高了用户对国产交联电缆的认知度，从而推动了国产交联电缆的实际应用水平，为以后国产交联电缆产品确立国内市场的主导地位打下了扎实的基础。

进入90年代后期，随着国民经济的快速发展以及国家城乡电网的改造等大规模基础设施建设，交联电缆在城乡电网、工矿企业大量使用，带动了行业交联电缆生产线的投资热潮，据中国电器工业协会电线电缆分会和上海电缆研究所信息中心近期进行的行业调查，截止到2004年下半年，全行业约有200多家企业具备生产6～35kV交联聚乙烯绝缘电力电缆的能力，共装备了约250多条生产中低压交联聚乙烯绝缘电力电缆的悬链式交联电缆生产线，其中1/3的生产线为国外引进，其余为国产生产线。华东地区装备的生产线数量占全国的一半以上。按平均每条生产线年产800～1200

单芯公里的能力计算，国内额定电压6～35kV交联聚乙烯绝缘电力电缆的年生产能力为20万～30万公里。而据调查结果以及用铜量和产值估算，2004年6～35kV交联聚乙烯绝缘电力电缆的年产量约为7.5万公里。

经过这些年的发展，国产中低压交联聚乙烯绝缘电力电缆产品已确定了国内市场的主导地位，由于能力过度，目前国内交联聚乙烯绝缘电力电缆的市场竞争非常激烈，交联聚乙烯绝缘电缆的产品利润逐年下降，在3%～5%范围内。生产企业水平参差不齐，一些企业过分地追求低成本，使得交联聚乙烯绝缘电力电缆产品的质量水平出现下滑，这种现象已引起业内和用户的重视。就总体水平而言，目前国内交联聚乙烯绝缘电力电缆的能达到国际通用标准的要求，应该着力进一步提高生产和管理水平，稳定电缆质量。同时应加强行业内合作，开展10kV、35kV交联聚乙烯绝缘电缆绝缘厚度的减薄的研究工作；对防树枝交联电力电缆、阻水交联电力电缆、耐火高电压交联电力电缆、阻燃交联电力电缆、低烟无卤阻燃交联电力电缆等加强系列的产品结构、性能评定、使用寿命对比等开发研究工作。使国内交联电力电缆的制造水平和质量水平尽快达到和超过国际先进水平。

2004年6～35kV交联聚乙烯绝缘电力电缆产品被正式列入中国名牌产品评价范围，通过中国名牌产品的评选活动，特变电工山东鲁能电缆有限责任公司、江苏上上电缆集团、无锡远东电缆厂、青岛汉缆集团有限公司、江苏宝胜集团、广东中联电缆实业有限公司、广东南洋电缆集团有限公司、天津塑力线缆集团有限公司、广东电缆厂有限公司、无锡江南有限公司、广东新亚光电缆实业有限公司、特变电工新疆线缆厂等十二家企业荣获中国名牌产品。对进一步促进行业更加重视提高产品质量和服务水平起到了十分积极的推动作用，许多企业为创立名牌产品正积极努力，重视提高产品的质量水平和用户的服务水准的意识得到了进一步的强化，同时通过市场竞争逐步打造各具特色的品牌效应，并通过品牌的影响逐步扩大市场影响力，从而获得规模效应和经济效益正成为广大企业的市场竞争的法宝。在相当程度上对规范行业的市场竞争秩序、提高产品质量和服务质量、打击假冒伪劣产品起到了十分积极的作用。

# 广东南洋电缆集团有限公司
# 南（NAN）牌交联聚乙烯电力电缆

南
NAN

交联聚乙烯电力电缆

广东南洋电缆集团有限公司由创建于1985年以“广东南洋电缆厂有限公司”为核心企业组建而成，属下现有广东南洋电缆有限公司等多家控股公司。主要以生产电线电缆以及配套生产电线电缆用PVC料等产品。公司生产的NAN南牌电线电缆是国家免检产品、广东省名牌产品，NAN南牌商标被认定为广东省著名商标。生产基地总面积8万平方米，年生产能力12亿元，是广东省最大型生产电线电缆的企业，是国家经贸委全国城乡电网改造使用产品定点企业，ISO9001国际标准质量管理体系认证企业，国家级高新技术企业。产品通过中国质量认证中心安全认证，并取得CCC认证。

经过二十多年的开拓进取，企业不断发展壮大，拥有达到国内先进水平35kV及以下交联电力电缆三层共挤生产线、引进配套德国在线检测测偏仪、具有国内先进水平的电工机械和检测仪器设备300多台套，生产设备齐全，检测手段完善，技术力量雄厚，积累了丰富的生产和成熟的技术经验，不断开发新产品。现主要产品有35kV及以下交联电力电缆、低压电线电缆、控制电缆、架空电缆、耐火电缆、阻燃电缆、低烟无卤电线、特种电缆等。NAN南牌电线电缆广泛应用于全国城乡电网改造、电力工程、输配电系统；广东省部分重点工程如广州白云国际机场、深圳机场、广州火车东站、深圳火车站、广州地铁2号线、广州国际会展中心、广州新体育馆、深圳地王大厦等均选用南牌电线电缆。通过长期运行，南牌电缆质量稳定优良，赢得广大用户的信赖。

Guangdong Nanyang Cable Group Co., Ltd. was formed from former Guangdong Nanyang Cable Factory that was founded in 1985. Now there are a number of holding companies such as Guangdong Nanyang Cable Works Co., Ltd. in the Group. The main products are wires and cables as well as PVC materials The NAN CABLE products were awarded the title of National Inspection Exempted Products and Famous-brand Quality Products of Guangdong Province. NAN brand was awarded as Guangdong Famous Brand. With its 80000 square meter of production base area and the 1.2 billion annual outputs, it ranks the largest cable production enterprise in Guangdong Province. It is the nominated supply enterprise of National Urban and Rural Power Distribution Network Reform and ISO9001 International Standard and Quality Approval Enterprise, National Hi-Tec Enterprise. The products passed Quality and Safety Certification of National Quality Authentication and won CCC symbol.

With the uncommon course of more than 20years and outstanding achievement during these years, It has domestic advanced three layers co-extrusion line for XLPE power cable, a complete set of on-line cable examining system imported from Germany, and over 300 sets of production equipment. With its complete equipment and prefect testing devices and abundant technical experience, new products are continuously developed. The major products are crosslinked power cable with rated voltages to and up to 35kV, low voltage wires and cables, control cables, overhead cables, fire-proof cables, flame-retardant cables, halogen-free cables, special purpose cables etc. Various kinds of NAN CABLE are widely used in national power distribution network, power generation system, and power distribution system. The key projects in Guangdong Province are: Guanzhou Baiyun International Airport, Shenzhen Airport, Guanzhou Railway East Station, Shenzhen Railway Station, the No.2 lines of Guanzhou Subway. Guanzhou international Exhibition Center, Guanzhou Gymnasium, Shenzhen Diwang Building etc. Long period running has proven Nan cables' reliability, and has won all the customers' confidence.

# 广东电缆厂有限公司

## <AAA> 牌交联聚乙烯电力电缆

交联聚乙烯电力电缆

广东电缆厂有限公司建于1968年，是国家大二型企业、广东省高新科技企业、广东省创新优势企业。现有员工650人，占地面积12万平方米，生产能力达25万公里，集力缆、铜杆、拉丝、交联、辐照、布线、机电等车间于一体的知名企业，年生产销售达10多亿元，其中交联电缆销售6.2亿元，是华南线缆行业中规模最大、效益最好的企业之一。自建厂以来，在社会各界人士的鼎力支持下，乘着改革开放的春风，坚定不移地走质量效益型道路，公司先后获得国家二级企业、国家二级节能企业、机械工业部质量管理先进企业、国家安全级企业和国家一级计量企业。首家获得交联电缆国家金质奖企业、全国用户满意企业。全国机械工业信得过明星企业、全国机械工业名牌产品、广东省名牌产品和率先荣获ISO9002国际质量体系认证的企业。2001年在全国线缆行业中获全国质量管理先进企业称号的单位，2002年又获得机械工业质量管理示范企业，“质量管理效益型企业”，机械工业名牌产品称号，2003年又获得国家免检产品称号。由于企业坚持走品牌发展道路，使企业在激烈的市场竞争中连续8年实现“四超二增”（产量、质量、销售、利润四个超历史，上交国家的税收和员工分配有较大的增长）。2001～2002年一举取得重庆城网改造的1亿多元产值的交联电缆供货标书，经用户使用质量评为优秀。

Founded in 1968, Guang Dong Cable Works Co., Ltd. is a large class-two national enterprise, a high-tech enterprise of Guangdong Province and a innovation superior enterprise of Guangdong Province. Covering a land of 120,000 square meters, provided with 650 employees and a productivity of 250,000 km, it is a well-known enterprise integrated power cable, copper rod, wiring, cross-linking, irradiation, wire-laying and electromechanical workshops. Its annual production and sales reaches RMB 1000 million and more, including sales of cross-linking cable of RMB 620 million, making it one of the enterprises with the largest scale and best financial benefit in the cable industry in South China. Since its founding in 1968, under the great support of all walks of the society, Guang Dong Cable Works Co., Ltd. has taken advantages of the reform and opening policy and firmly and unshakably strived for the quality of product and benefit of enterprise. The company has been granted the titles of class-two national enterprise, class-two national energy-saving enterprise, advanced quality control enterprise of the Ministry of Machine-Building Industry, national safety enterprise and class-one national metering enterprise, the first national golden prize cross-linking cable enterprise, national consumer satisfactory enterprise, and national quality trustworthy star enterprise in machine-building industry, national famous brand product in machine-building industry, famous brand product of Guangdong Province and ISO9002 international quality system certification enterprise. It is titled as national advanced quality control enterprise in the cable industry in 2001, quality control demonstration enterprise in machine-building industry and "quality control and benefit enterprise in 2002. Products are titled as famous brand product in machine-building industry in 2002 and national inspection-free product in 2003. Due to the insistence on brand development policy, the enterprise has achieved “four-surpass and two-growth” (surpass on output, quality, sales and profit and growth on taxes to the state and distribution to employees) among the fierce market competition for continuous eight years). It won the bid of cross-linking cable supply for Chongqing urban network reformation with a output value over RMB one hundred million during 2001 and 2002 and rated excellent on application quality by user.

# 江苏上上电缆集团
# 上上牌交联聚乙烯电力电缆

1967年建厂，专业电线电缆设计、制造，1993年被国家统计局入选中国机械工业500强，1999年组建集团，核心企业为江苏上上电缆集团有限公司，2001年完成产权改革，成为一家股份制大型集团企业。

该公司为国家重点高新技术企业；中国机械工业核心竞争力100强企业；国家产品质量免检；国家“守合同 重信用”企业；中国企业信息化500强。

领先的技术：建立以市场为中心的研发体系，每年都有十多项技术水平处于国际先进、国内领先的新产品进入国际、国内市场，近年获国家、省级新产品18项，获国家专利22项，其中发明专利1项，获省市科技进步奖53项。

集国际电线电缆三大先进交联技术（化学、硅烷、辐照）及装备发展于一身，其中引进化学交联线5条，硅烷交联线1条，高能电子辐照交联线1条，具有当今国际最先进的交联电缆制造、检测装备水平，交联电缆的产量行业第一，为国内最具实力的交联聚乙烯电力电缆生产企业。

Established in 1967, Specializing in Cable Designing and Manufacturing,Affirmed as One of the 500 Biggest Electrical Machinery Equipment Producing Industries in china by China National ,Statistical Bureau in 1993,Incorporate the Group Corporation in 1999, the Core-Enterprise of Which is Jiangsu Shangshang Cable Group Co., Ltd.Reformed to be a Joint-Stock Large-Scale Group Corporation in 2001 Honors。

National Key High and New Tech Enterprise in China ,Top 100 on Comprehensive Competitive Ability in Electrical Machinery Equipment Producing Industries in China.Certificate For Product Exemption From Quality Surveillance Inspection,Certificate of Observing, Contracts and Keeping Promises,Top 500 on Enterprises Informatization in china。

Group sets up the R&D system in accordance with the market, dozens of new products with high technology are put into the broad and domestic market every year. In recent years, 18 new products were affirmed as national-class and provincial-class main products, and obtained 22 national patents including a invent patent.

Sophisticate Equipments：Group possesses three most advanced crosslinking technology in the international cable industry, (chemical crosslinking, silane crosslinking and irradiation crosslinking), including five chemical crosslinking lines, one silane crosslinking line, one irradiation crosslinking line. Group is the most powerful enterprise in producing XLPE insulated power cable.

# 无锡江南电缆有限公司
# 五彩牌交联聚乙烯电力电缆

五彩

交联聚乙烯电力电缆

中国名牌产品年鉴

无锡江南电缆有限公司位于经济发展迅猛、文化底蕴深厚的长江三角洲，坐落在风光秀丽、景色宜人的太湖之滨——江苏省宜兴市。公司始建于20世纪80年代初，经过二十多年的努力，目前已成为国家电线电缆行业重点骨干企业，是中国最著名的综合性电缆企业之一。公司占地面积53万平方米，拥有员工2100多人，其中各类专业人员500余人，具有中、高级职称的289人，总资产近6亿元，年生产能力超过25亿元，已发展成为我国高新技术企业并成为我国电线电缆重要的生产与销售基地。

公司于1997年完成改制后，目前已成为国家大型电线电缆生产和销售企业，境外上市已进入募股阶段。并被列入国家经贸委《城乡电网建设与改造所需主要设备及生产企业推荐目录》，"五彩"商标也被列入全国重点保护品牌，并获得江苏省著名商标。公司董事长芮福彬同志被评为2003年中国乡镇企业十大新闻人物。随着公司的发展壮大，各项管理工作不断趋于完善和规范，几年来，公司连续通过了ISO9001：2000版质量管理体系认证（2002年3月份换证）、ISO14001环境管理体系认证（2003年4月份取得）、OHSAS18001职业健康安全管理体系认证（2004年3月份通过现场审核）。公司内部实行ERP（信息资源计划管理系统）管理系统，在电线电缆行业中率先实行了对购、销、存、生产、质量、技术、财务及人力资源等的全过程动态监控管理，保证了生产经营活动的正常有序进行。以一流的装备、一流的技术、一流的人才、一流的管理创一流的产品，最大限度地满足客户的需求。

Wuxi Jiangnan Wire & Cable Co., Ltd., established in the early 1980s, is located in Guanlin Town, Yixin City, Jiangsu Province, a place far-developed and cultured-informationized, beside Taihu Lake which is beautiful and fascinating. After over twenty-year's development, now it has become one of key backbones in the wire and cable industry in China, a large comprehensive enterprise, State High-tech Enterprise and an important base for manufacture and sales of wires and cables in China, with more than 2,100 employees, of whom, 500-plus of all kinds of professionals, 289 of middle or high class technical and professional titles, covering an area of 530, 000m2, possessing total assets of near 600 million yuan and yearly productivity of over 2.5 trillion yuan.

Finished reform in 1997, the company now is a large-sized manufacturer and sales enterprise with its name listed in the Catalogue of the Equipment Required in the City-Rural Electric Network Construction and Updating and the Enterprises recommended by the State Economy & Trade Commission, its brand "Five-color" evaluated as China Key-preserved Brand, China Famous Trademark and Named Brand of Jiangsu Province, its Chairman of Board Mr. Rui Fubin awarded one of Ten Well-known Celebrities of Township Business of China in 2003, and has entered into share-collecting period of the item for listing in foreign stock exchange. The Management of company is continuously improved and standardized along with the development. In these years, the company has past ISO9001: 2000 Quality management system certification, ISO14001 Environmental management system certification, OHSMS18001 an assessment specification for Occupational Health and Safety Management Systems. The ERP (for enterprise resource project) management system first implemented inward in the industry of wires and cables has dynamically monitored and controlled purchase, sales, storage, produce, quality, technology, finance and HR in all processes, and ensure formal manufacture and business with order. So that to satisfy the requirement of users maximally with advanced equipments, high technology, experienced professionals, first-grade management and excellent products.

# 青岛汉缆集团有限公司
# 汉河（HanHe）牌交联聚乙烯电力电缆

汉河®
HanHe

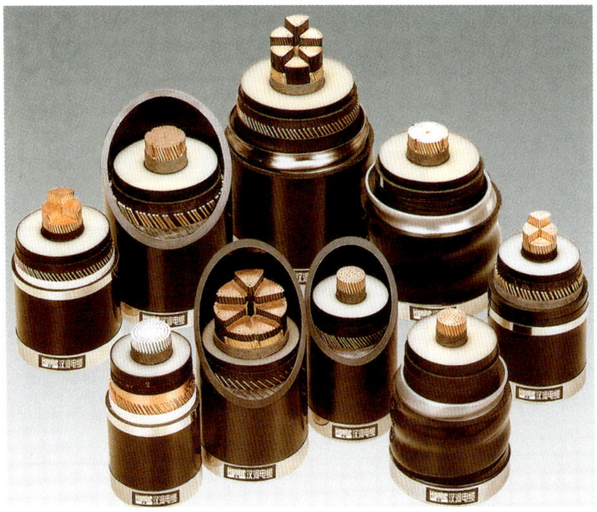

青岛汉缆集团有限公司（原青岛电力电线电缆厂）位于青岛崂山旅游风景区高科技工业园内，是原国家电力部和机械部定点生产电线电缆的专业厂家，国家经贸委首批推荐的全国城乡电网建议与改造所需设备产品生产企业，国家经贸委520户重点企业，是“全国最佳经济效益企业”、“国家火炬计划重点高新技术企业”、“青岛十强企业”、省级“重合同，守信用”单位，连续多年被评为“AAA”级企业，是2002年至2003年青岛市首批“诚信纳税A级企业”，荣获2003年“国家免检产品”称号。公司占地面积30万平方米，现有职工1362人，其中高中级技术人员271人，拥有净资产7.6亿元，集团拥有大连汉河电缆有限公司、新疆疏勒汉河电缆有限公司、长沙汉河创业电缆有限公司、青岛汉河电缆有限公司四个控股子公司，在北海和贵阳分别建立青岛汉缆集团北海分公司、青岛汉缆集团贵阳分公司，集团还拥有一所市级科研机构—青岛电缆研究所，为企业研制开发多元化产品奠定了基础。

Qingdao Hanhe Cable Group Co., Ltd., the former Qingdao Power Wire & Cable Works, was located in Qingdao High Science & Technology Industry Park of Laoshan Tourism Scenery District. It is the appointed wire and cable manufacturer by the former China National Power Department and Machinery Depatment, manufacturer recommended by China National Economy & Trade Committee for construction and reconstruction of City and Rural Network, one of 520 Important Enterprises appraised by China National Economy & Trade Committee. Hanhe was dubbed titles of “China Top Economic Enterprises”, “Important High & New Technology Enterprise for China National Torch Plan”, “Good Reputation Enterprise of Shandong Province” and “Top Ten Enterprises of Qingdao”. It has been appraised as “AAA Class Enterprise” annually by Bank,“Rate Paying A Class Enterprise” of Qingdao in 2003 and “China National Product Exemption from Quality Surveillance Inspection” in 2003. The company contains 300 thousand square meters, 1362 staff members, including 271 senior technicians. Its net assests is RMB Yuan 760 million. Hanhe Cable Group owns four subsidiary holding companies as Dalian Hanhe Cable Co., Xinjiang Shule Hanhe Cable Co., Changsha Hanhe Chuangye Cable Co. and Qingdao Hanhe Cable Co. , two branch companies as Qingdao Hanhe Cable Group Beihai Branch Company in Beihai and Qingao Hanhe Cable Group Guiyang Branch Company in Guiyang. Furthermore, it owns Qingdao Cable Research Institute, which is the base for research and development of new product.

# 天津塑力线缆集团
# 讯捷牌交联聚乙烯电力电缆

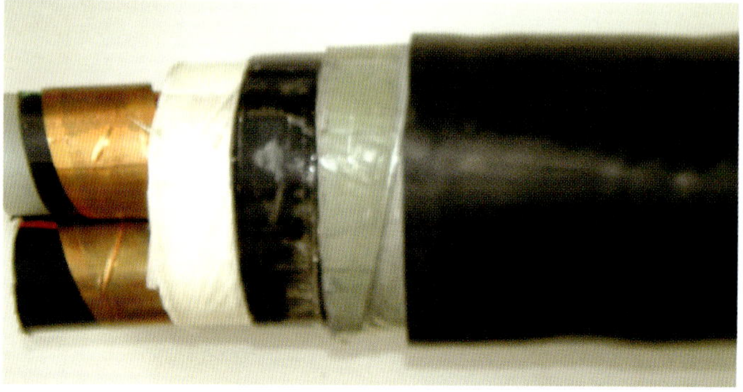

交联聚乙烯电力电缆

天津塑力线缆集团是以电线电缆制造为主导产业，集科、工、贸和资本经营为一体的大型企业集团，集团母公司是天津塑力线缆集团有限公司，下辖九个子公司，其中从事电线电缆制造的有四个子公司，分别是：天津市祥云电缆厂、天津市雅禄线缆有限公司、天津市琦特电力物资供应有限公司和贵州塑力线缆有限公司。集团母公司与上述四个子公司的总注册资金为3.21亿元，资产总额11.6亿元，拥有员工1200余人，其中高级技术、经营、管理人员235人，2003年产品销售收入14.2亿元，其中6～35kV交联聚乙烯绝缘电力电缆达12.67亿元。

集团电线电缆产品注册商标“讯捷”，拥有3条35kV交联电缆生产线，1条66kV交联电缆生产线，分别是1999年、2001年、2002年、2003年引进并投产的，生产能力达到月产三芯10kV交联聚乙烯绝缘电力电缆540千米。主要产品有：35kV及以下交联聚乙烯绝缘电力电缆、聚氯乙烯绝缘电力电缆、35kV及以下架空绝缘电缆、电气装备用电缆电线和软线及派生的低烟低卤系列、低烟无卤系列、阻燃系列、耐火系列电缆等，其中35kV及以下交联聚乙烯绝缘电力电缆是集团的主导产品，其销售额占集团电线电缆产品销售额的90％左右。

Tianjin Suli Wire and Cable Group is a big enterprise group that combines science, industry, trade and capital management, with its leading industry being the manufacture of electric wires and cables. Its parent company is Tianjin Suli Wire and Cable Group Co., Ltd., to which nine subsidiaries are subordinate. Among them, three engage in the manufacture of electric wires and cables and all of them are the sole subsidiaries of the group. They are Tianjin Xiangyun Cable Works , Tianjin Yalu Wire and Cable Co., Ltd., Tianjin Qite Electric Power Goods and Materials Supply Co., Ltd. and Guizhou Suli Wire and Cable Co., Ltd. Together with the four subsidiaries, the parent company owns a registered capital of 321 million Yuan totally, with its total assets reaching 1.16 billion Yuan. The group employs more than 1,200 employees, among whom are 235 senior technical and management personnel. In 2003, its product sales revenue totalled 1.42 billion Yuan, in which that of 6～35kV cross-linked polyethylene insulation electric cables reached 1.267 billion Yuan.

With the registered trademark of its electric wire and cable products being "Xunjie", the group possesses three 35kV cross-linked electric cable production lines and one 66kV cross-linked electric cable production line, which were imported and put into production in 1999, 2001, 2002 and 2003 respectively. Their monthly production capacity reaches 540km (three core 10kV cross-linked polyethylene insulation electric cables). Its key products include: ⩽ 35kV cross-linked polyethylene insulation electric cables, polyvinyl chloride insulation electric cables, ⩽ 35kV overhead insulation electric cables, electric cables and wires and flexible wires intended for electric equipment, as well as derived low smoke and low halogen, low smoke and halogen-free, flame-retarding and fire resistant series electric cables, etc. Among them, ⩽ 35kV cross-linked polyethylene insulation electric cables are the leading products of the group and their sales volume accounts for around 90% of the total sales of electric wire and cable products of the group.

# 远东电缆厂
# 远东牌交联聚乙烯电力电缆

交联聚乙烯电力电缆

远东电缆厂是专业生产电线电缆的企业，主要生产裸电线、电气装备用电线电缆、电力电缆、控制电缆、通信电缆五大类、160多个品种、16000多个规格的产品。这些产品除按中国标准（GB、JB）外，还可按国际电工标准（IEC）、英国标准（BS）、德国标准（VDE）、美国标准（ICEA）和日本标准（JIS）等组织生产。企业综合实力居全国5000家同行企业前列，并创下了同行业几个全国第一，即：第一个成为“全国用户满意企业”，第一个进入“中国电工行业销售100强”，科技投入和新产品开发数量名列全国第一，电力电缆和电气装备用电线电缆产销连续多年居全国第一，并名列世界电线电缆制造业中国入选企业第一名。

远东电缆厂是中国电线电缆行业重点骨干企业、全国重合同守信用企业、AAA特级信用企业、全国重点高新技术企业和全国用户满意企业。“远东”牌电缆是江苏省重点保护名牌产品，江苏省著名商标。长江三峡工程、上海地铁、中央电视台等工程用户使用远东电缆后都给予高度评价，目前的固定用户达5万余家。

企业拥有当今国内外先进的生产设备和检测设备600多台（套），其中中高压交联电缆生产线3条，最高电压等级可达110KV，电缆最大截面可达2500平方毫米，年产销能力达40亿元。

企业通过了ISO9001质量体系认证、ISO10012计量体系认证、ISO14000环境体系认证、美国FMRC、UL认证。

Far East Cable Factory（FE）is a company mainly producing electric wire & cable, one of top-listed enterprises in the Chinese electric wire & cable industry and the key enterprise in Jiangsu Province. FE also is one of the listed hi-tech and technical enterprises and national satisfactory enterprises in the country. It has passed ISO9001 Quality System Authentication、USA FMRC Quality Approval and ISO1400 Environment Management System .

FE possesses over 600 sets of advanced manufacturing equipments and testing instruments that provide annual sales of 40 billion Yuan (RMB). FE produces five categories of produces, i.e. bare wire, installation wire and cable, power cable, control cable and telecommunication cable etc., Totally 160 assortments, 17,000 specifications of quality products. The wire and cable products are made in compliance with China National Standard GB and JB as well as IES, BS, VDE, ICEA and JIS or other international standards to meet the needs of customers from power, information, railway, automobile, electrical appliances, construction, petroleum, chemical, metallurgy and other industries. Its products have been exported to over 10 countries and regions with highly reliable reputation.

# 宝胜集团有限公司
# 宝胜牌交联聚乙烯电力电缆

寶勝

交联聚乙烯电力电缆

宝胜集团有限公司系国家机械工业局、电力总公司、铁道部、信息产业部定点生产电线电缆、干式变压器等输变电器材的国有大型企业，是国家520户重点联系单位和机械工业经济效益三十佳企业，拥有国家级技术中心和企业博士后科研工作站，是国家级高新技术企业。1995年通过ISO9000质量管理体系认证，2002年通过ISO9001质量管理体系转版复评、ISO14001环境管理体系认证和ISO10012计量检测体系复评。

宝胜集团有限公司的前身是江苏宝胜电缆厂，始建于1985年5月，经过18年的发展，企业在同行业中脱颖而出，规模不断壮大，固定资产由建厂初期的1700万元，发展为固定资产达16.8亿元的国家大型企业。在激烈的市场竞争中，宝胜坚持“外争市场、内抓管理”的管理理念，保持良好的发展态势，根据电线电缆行业统计，宝胜在全国同行业中综合效益、产品市场占有率均居行业领先位置。

Baosheng Group is a large scale state-owned enterprise for long produce electricity conveying and transforming equipments such as electrical wires & cables and dry transformers for National Mechanism Industry Bureau, Head Office of Power, Railway Office, Information Industry Office. It is one of the most important 520 contacting companies in China and also one of the 30 enterprises with best mechanical industrial economical benefit. We have state technical center and postdoctoral scientific research station. We are the enterprise of high and new technology in China. We got the ISO9000 certification in 1995 and ISO9001 certification in 2002. Besides, we have passed the ISO14001 and ISO10012 certifications.

Baosheng Group is mainly formed of Jiangsu Baosheng Cable Factory, which was created in May, 1985. After 18 years' development, it now keeping ahead in Chinese cable market. When founded in the early days, Baosheng had only 17,000,000 yuan capital assets, the capital assets has achieved to 1.68 billions. In the furious market competitions, Baosheng insists the management method of “attach importance to the whole market and also to administration in the enterprise itself”, so it keeps growing well. According to records, Baosheng is in the highest fight compared with other cable producers not only for its benefit, but also for the market shares of its products.

中国名牌产品年鉴

# 特变电工山东鲁能泰山电缆有限公司
# 泰山牌交联聚乙烯电力电缆

泰山牌

交联聚乙烯电力电缆

特变电工山东鲁能泰山电缆有限公司(前身是山东电缆厂)位于山东省新泰市，始建于1966年。公司于2003年7月由特变电工股份有限公司以现金方式出资2.7亿元持股75%、山东鲁能泰山电缆股份有限公司以经营性净资产出资9000万元持股25%的方式强强联合组建的大型电线电缆研发、制造企业。公司现有员工1454人，总资产10亿元，年产值15亿元。

根据我国城市电网发展需要，我公司跟踪世界线缆发展先进技术，开发研制了1-220kV交联聚乙烯绝缘电力电缆，110kV交联电缆于1996年通过两部鉴定；220kV交联电缆于1998年通过两部鉴定，国内首家220kV交联聚乙烯绝缘电力电缆通过预鉴定实验，2000年国内惟一通过产品鉴定厂家。交联聚乙烯绝缘电力电缆具有高机械强度、耐环境应力好，优良的热老化性能和电气性能。而且具有重量轻、结构简单、使用方便、介损小、耐化学腐蚀和敷设不受落差限制等特点。

Located in Xintai City, Shangdong Province, the former Shandong Cable Factory founded in 1966, Tebian Electric Apparatus Shandong Luneng Taishan Cables Co., Ltd. is one large-scaled enterprise in research, development and manufacture of cables and wires ,also the win-win cooperation enterprise established jointly by Tebian Electric Apparatus Stock Co., Ltd. investing 270 million yuan in cash,holding 75% of shares,and Shandong luneng Taishan Cables Co.,Ltd . investing 90 million yuan in net assets,holding 25% of shares,in july 2003 . The company possesses total assets of 1 billion yuan with annual output value of 1.5 billion yuan,and 1454 employees.

According to the requirement of our country city electric net, our company tracks the wire & cable development seniors technology in the world , developed 1-220KV XLPE Insulated Power Cable. 110KV XLPE Cable passed the two national department authentication in 1996, 220KV XLPE Cable passed the two national department authentication in 1998, 220KV XLPE Power Cable has passed the beforehand authentication experiment, our company is the first in china. the unique passed production authentication factory in china in 2000. XLPE Insulted Power Cable not only has high mechanical strength, withstanding environment stress well ,good heat aging function and electricity function., but also has light weight, simply instruction, easy use , little dissipation loss , withstand chemical corrosion and without the limit of drop performance.

# 广东新亚光电缆实业有限公司
# 新亚牌交联聚乙烯电力电缆

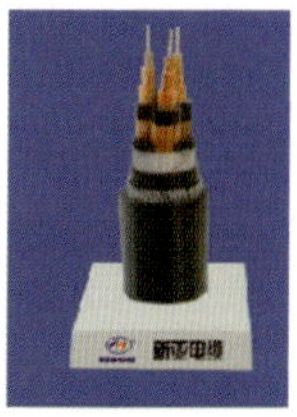

交联聚乙烯电力电缆

广东新亚光电缆实业有限公司是广东省优秀民营科技企业。前身为有30多年历史的广州电缆厂第一分厂，于1997年经收购重组后，通过更新理念，引进人才等一系列优化组合，迈开了“以技术求发展，以质量创品牌，向管理争效益”的改革创新步伐，企业的综合实力得以迅速壮大。

公司生产的产品严格按照IEC、BS、UL、GB等国际、国家标准进行生产，能根据客户需要设计、生产有特殊要求的产品；并具有完整IS09001：2000标准国际质量体系作为保证，产品列入国家经贸委、国家电力公司推荐产品目录。公司生产的“新亚牌聚氯乙烯绝缘电力电缆”和“新亚牌额定电压450/750V及以下聚氯乙烯绝缘电线”被认定为“广东省名牌产品”称号。2003年被省授予为“优秀民营企业”、“广东省信息化示范企业”、“广东省民营企业现代企业制度示范单位”。董事长陈小焕被评为“优秀民营企业家”。公司主要产品有：高中压交联电力电缆、聚氯乙烯绝缘电力电缆、架空绝缘电缆、稀土铝绞线及钢芯稀土铝绞线、控制电缆、阻燃电缆、耐火电缆以及B、R系列塑料绝缘电线电缆、500KV输电线路用大截面钢芯铝绞线。

Guangdong Shine Cables Co., Ltd, a Guangdong Outstanding Private-owned Sci-Tech enterprise, was previously the First Branch Workshop of Guangzhou Cables Factory with a history of more than thirty years. With a series of mergers and reconstruction in 1997, Shine Cables optimized itself with advanced ideas, innovative management and bringing in elites. Implementing “Technology-based development, Quality-based branding, Profit-based management” strategy, Shine Cables has been growing all-round rapidly.

The company carries out production in strict compliance with IEC, BS and UL international standards and GB State standard. It can also design and manufacture products of special requirements according to the needs of customers. Supported by the entire ISO9001:2000 International Quality Assurance System, its products were listed in the catalogue of recommended products by State Economic and Trade Commission and the State Electric Power Corporation. The “SHINE polyvinyl chloride insulated power cables” and the “SHINE polyvinyl chloride insulated cables and wires of rated voltage up to including 450/750V” were titled “Guangdong Renowned Products”. In 2003, The company was titled “Guangdong Outstanding Private-owned Enterprise”,“Guangdong Model Enterprise of Informationalizaion” and “Guangdong Model Unit of Private-owned Enterprise with Modern Enterprise System”. Chen Xiaoshi, director of the board, was titled as “Prominent Private-owned Entrepreneur”. The major products include cross-linked polyethylene insulated power cables of high, medium and low voltage, PVC insulated power cables, aerial insulated cables, aluminum stranded conductors and steel core aluminum stranded cores, control cables, flame-retardant cables, fire-resistant cables and polyvinyl chloride insulated cables and wires and cords of rated voltage up to including 450/750V.

中国名牌产品年鉴

# 特变电工股份有限公司新疆线缆厂
# 新特牌交联聚乙烯电力电缆

TBEA 新特

交联聚乙烯电力电缆

特变电工股份有限公司是中国变压器行业首家上市公司，国家级重点高新技术企业，拥有对外经济技术合作经营权，是中国最大的变压器、电线电缆研发、制造和出口企业，中国最大的高压电子铝箔新材料生产基地和中国最大的太阳能核心控制部件组装基地，是中国重大装备制造业首家获得“中国驰名商标”的企业。

特变电工经过十六年的创业发展，公司总资产已超过60亿元，拥有4个全资子公司、9个控股公司、15个参股公司。特别是2003年特变电工成功实现与中国变压器、电线电缆行业大型企业——沈变、鲁缆的强强联合后，形成了以输变电为主导，以新材料为源头，以新能源为亮点的三大支柱产业互为依托、互为支撑的产业链群。公司在新疆、四川、湖南、天津、山东、辽宁、西安等地建成了七个现代化的工业园区，变压器产品年产量居全球第一位；线缆产品的年产能已达到25亿元，居中国领先地位；至此，遍布中国版图“西北—西南—华南—华北—华东—东北”遥相呼应的制造格局全面完成，已承担起中国重大技术装备国产化及振兴中国民族工业的历史重任。

Tebian Electric Apparatus Stock Co., Ltd is the first listed company in the China transformer industry. As the national major high-tech enterprise with external economic & technical cooperation rights, the company is not only the biggest exporting enterprise for development, manufacture and supply of transformer, wire and cable, but also the biggest manufacturing and assembling base for HV electrical Aluminum foil material & solar control components in China. The company is the first one that gains “National Famous Brand” honorary title in the key assembling & manufacturing industry of China.

With the sixteen years of pioneering work & development, now the company consists of 4 branch companies, 9 holding companies and 15 participating companies with total assets of over 6 billion. Thanks to the successful union with Shenyang Transformer Company and Shangdong Luneng Cable & Wire Factory which are both the biggest ones in transformer and cable manufacturing industry of China, Tebian Electric Apparatus Co., Ltd has formed dependent and mutual-supporting industrial chain of three pillar industries with transformer industry as the dominant, the new material as the fountainhead, and the new energy as the glistening point. Now the company owns seven modernized industrial centers in Xinjiang, Sichuan, Hunan, Tianjin, Shandong, Liaonin and Xi'an with transformer annual turnover as the top internationally and cable & wire annual turnover of RMB 2.5 billion Yuan as the top in China. National wide manufacturing layout of Northwest, Southwest, South of China, North of China, East China, Northeast renders the company of the responsibility of nationalizing key technology assembling and vitalizing China national industry.

# 广东中联电缆实业有限公司
# 牌交联聚乙烯电力电缆

交联聚乙烯电力电缆

广东中联电缆实业有限公司前身是南海市中联电缆厂，始建于1982年，经过二十多年的发展，已经形成一个大型企业集团，属下企业包括中联电缆厂、广东华力通变压器有限公司、中联铜材厂、中联塑料厂、中联宾馆、中联大酒店、黄飞鸿中联武术龙狮团，企业占地面积20万平方米，员工1500人，销售额11亿元。

公司主要产品包括：1~35kV交联聚乙烯电力电缆、塑料绝缘电力电缆、控制电缆及电线、铝绞线及钢芯铝绞线、架空绝缘电缆、纸包扁线、铜杆、PVC塑料和S11变压器，另外生产阻燃、耐火、低烟、无卤等特种电线电缆。

企业在发展过程中获得了诸多荣誉，主要包括国家免检产品，全国质量管理先进工作者、广东省名牌产品、广东省质量信得过单位等。公司通过ISO9002：1994、ISO9001：2000和ISO14001质量和环境管理体系认证，另外获CCC认证和出口产品质量认证。公司现已发展成为华南地区最大电线电缆生产企业，其各项经济指标在国内同行业中均名列前茅。

Guangdong Zhonglian Cables Industrial Co., Ltd., originated from Nanhai City Zhonglian Cables works, established in 1982, have formed lager group through its development and reconstruction over 20 years, its former included of Zhonglian Cables works, Guangdong Hualitong transformer Co., Ltd., Zhonglian Copper works, Zhonglian plastics works, Zhonglian Hotel, Zhonglian Restaurant, Huangfeihong Zhonglian Martial Art Dragon & Lion Dace Troupe. It covers an area of 200,000 square metres, employs 1500 stall, its total sales achieved RMB 1,100,000,000 yuans.

The main products of our company included: XLPE power cables with rated voltages 1 to 35 kV; plastic insulated power, control cables and wires; Aluminum stranded conductors and conductors steel-reforced; plastic insulated cables overhead; paper insulated flat cables; copper rods; PVC plastics and S11 transformers; including of flame-retardant, fire-resisting, low smoking and halogen-tree wires and cables, etc.

We have obtained many honours, included mainly: the product exempted from quality surveillance inspection of China, the advanced worker for quality management of China, the famous product of Guangdong province, the quality trust unit of Guangdong province, etc. our company had gained ISO9002: 1994, ISO9001: 2000 and ISO14001 system certification, besides ccc certification and quality licence for export. Our company is the largest professional wire and cable producing factory in south China region. Its all economic index is among the best of the successful candidates internal wire and cable industry.

# 钢丝绳行业状况

钢丝绳是以高碳钢热轧线材为主要原料的深加工产品，在国民经济中占有重要地位，几乎所有的行业和部门都离不开它，特别是在矿山、冶金、石油、煤炭、海洋运输、林业、港口、建筑等部门中更为重要。除用于捆绑、拖曳、吊索外，主要用于各种形式的传动和提升装置中承载提人、提物，使用范围广，其质量优劣直接关系到工业生产及人身财产安全。随着国民经济建设的迅速发展，我国钢丝绳行业也得到快速发展。目前国内钢丝绳生产企业约200家，设计能力约100万吨，产量约80万吨，并继续保持着稳定发展的态势。截至2004年底取得生产许可证的企业134家。

从企业类型来看，多数属中小型企业。从企业性质来看，大多数为乡镇、集体或私营企业；国有企业数量虽较少，但产品品种多为高技术含量、复杂结构、重要用途的钢丝绳。从品种上讲，点、线、面接触钢丝绳及三角股、密封钢丝绳应有尽有，基本满足了国内市场的需求，并有大量钢丝绳产品出口进入国际市场。

钢丝绳生产企业广泛分布地域集中的特点比较明显，其中以江苏省生产企业最为集中。江苏省钢丝绳生产企业具有明显的特点：企业数量多，江苏省目前是钢丝绳产品的主要生产地，生产企业数量约占全国的70%。地域比较集中，主要集中在南通地区，约占全国钢丝绳生产总产量的一半以上，在南通地区已形成钢丝绳区域生产优势，有市场、设备、技术、人力资源等方面优势，有原材料供应及价格优势。因此钢丝绳成本也相对低廉，具有明显竞争力。生产中、小规格产品多，普通结构、中小规格、点接触钢丝绳占比例大，生产镀锌类钢丝绳的企业多，出口量大。

目前，有10余家钢丝绳生产企业获得冶金产品实物质量金杯奖；已有70%以上的钢丝绳生产企业通过了质量体系认证。

2004年贵州钢绳股份有限公司、法尔胜集团公司、湖北福星科技股份有限公司3家企业生产的钢丝绳被评为中国名牌产品。贵州钢绳股份有限公司钢丝绳年产量8.5万吨，结构规格齐全，在高强度、高韧性、特粗、特长、特殊结构和特殊用途钢丝绳的生产方面具有突出优势，该公司是国内商品钢丝、钢丝绳产销量最大的专业生产厂家，公司研制和生产的特殊结构、特殊用途钢丝绳更具有无可替代的优势，有效地缓解了国内钢丝绳高端产品依赖进口的现状，一批高技术含量的产品先后用于多个国家重点工程，并出口到美国、欧盟、澳大利亚等国家和我国香港地区。法尔胜集团公司在成为全国最大的光纤预制棒生产基地。湖北福星科技股份有限公司已形成年产13万吨金属制品的生产能力，钢丝绳产量排名第二，是我国主要金属制品材料生产企业之一。

近几年，在政府的监督引导下，开展冶金产品实物质量金杯奖、生产许可证、ISO9000质量体系认证、中国名牌产品等质量管理活动，极大地推动了重点企业的关键产品实物质量向国外先进水平靠拢，有效的促进了生产企业提高质量管理水平、完善质量管理体系，对促进企业健全制度，提高产品质量起到了积极的推动作用，对中小型企业向正规化生产经营转变也起到了有力的推动作用，我国钢丝绳生产无论品种结构或是质量都取得了长足的进步。

# 贵州钢绳股份有限公司
## 巨龙牌钢丝绳

钢丝绳

贵州钢绳股份有限公司是中国目前最大的钢丝绳专业生产企业，位于贵州省遵义市，现有员工2955人，系全国大型工业企业，冶金行业重点企业。公司主体设备由德国和日本引进，金属制品年生产能力13万吨。其中，钢丝绳年产销量近年来在国内同行业中一直名列前茅。2004年5年月14日，贵州钢绳股份有限公司股票在上海证券交易所正式上市。

公司拥有配套齐全的高水平整体装备、先进的生产工艺和完善的质量管理体系。生产的主要产品范围为：ϕ 0.6mm－ϕ 110.0mm各种结构钢丝绳、ϕ 0.15mm－ϕ 9.0mm各种用途商品钢丝具有生产高强度、高韧性、特粗、特长、特殊结构、特殊用途钢丝绳的突出优势。生产的“巨龙”牌圆股、异型股、线接触、面接触等光面、镀锌、涂塑钢丝绳及各种商品钢丝等产品广泛使用于煤炭、石油、冶金、船舶、桥梁、电力、军工等行业；一批高难度的产品先后用于葛洲坝水利枢纽工程、龙羊峡水电站、武钢、宝钢、广州虎门大桥、汕头海湾大桥、厦门海沧大桥以及海上石油钻探、著名旅游区载人索道等国家重点工程，大量替代了进口。产品出口到美国、英国、加拿大、丹麦、荷兰、新加坡等国家。经过近40年的发展，公司已成为国内钢丝绳结构品种最为齐全、产品规格范围最为广泛、销售量名列前茅的钢丝绳专业化生产企业，形成了首屈一指的规模优势。

Guizhou Wire Rope Incorporated Company, the largest manufacturer which is specializing in producing steel wire rope in China at present, is located in Zuiyi city, Guizhou province, its total stuff is 2955, is big scale industrial enterprises, the most important one in metallurgy industry. Its main equipments were imported from German and Japan, the total production ability for metalwork reach to 130,000 tons per year, and thc company is the top one for the produce and sale for steel wire rope in the metallurgy industry. On May 14, 2004, Guizhou Wire Rope Incorporated Company successfully came into Shanghai Stock Market.

Guizhou Wire Rope Incorporated Company has complete advanced equipment, technology and quality system. The main products range is: various wire rope 0.6mm-110mm Dia., steel wire for various applications 0.15mm-9.0mm, which has the outstanding advantage for manufacturing steel wire rope of high strength, high ductility, extra big diameter, extra long, special constructions and special applications etc. The products of "JULONG" brand, which is produced in Guizhou Wire Rope Incorporated, such as round strand, shaped strand, linear contacted rope, facial contacted rope, ungalvanized, galvanized, pvc-coated wire rope and all kinds of wire rope are widely used in coal, petroleum, metallurgy, shipping, bridge, power, military etc. industries. A lot of high difficulty products have been used on Gezhouba hydro engineering, Longmenxia hydro power station, Humen Bridge in Guangzhou, Wuhan Steel Compay, Baoshang Steel Company, Santo Bay Bridge, Haichang Bridge in Xiamen, offshore petroleum drilling, ropeway for lifting person in scenery traveling area, which take the place of imported products. The products are exported to USA, UK, Canada, Denmark, the Netherlands and Singapore etc. After development of 40 years, Guizhou Wire Rope Incorporated Company has been the specializing manufacturer of China for producing the most complete in constructions, the widest applications of products and the biggest quantity of sales amount. It has been the biggest manufacturer for producing steel wire and wire rope.

# 法尔胜集团公司
# 法尔胜牌钢丝绳

钢丝绳

法尔胜集团公司创建于1964年，目前以江苏法尔胜股份有限公司为核心企业，辖有下属企业50多家。

公司坚持“以人为本、科技立厂、以质取胜、管理求实”的经营理念，实现了从小到大、从无到有的创举，目前已成为国家重点高新技术企业、国家一级企业、国家520家重点企业、国务院批准的第一个钢丝绳出口基地、ISO 9001质量认证企业。

公司现有主产业包括金属制品、光通信和新材料三大领域，其中金属制品包括钢丝绳、商品钢丝、大桥缆索等18大系列800多个规格品种，公司自1990年开始一直名列国内金属制品同行第一名。

Established in 1964, with a list company, Jiangsu Fasten Co., Ltd, as its core company, Fasten Group now is the share controller of more than 50 companies.

Since its establishment, Fasten Group has always sticking to its policy of“talent essential, science and technology fundamental, quality superior and management practical”. It has completed a great undertaking from small to big. Now Fasten Group is State major High & New-tech Enterprise, State First Grade Enterprise, One of the 520 State major Enterprise, First Steel Rope Export Base Authorized by the State Council, Enterprise abstaining ISO 9001 Certificate.

The main products of Fasten Group include metal product industry, optical communication industry and new material industry. Among them, metal product industry include steel wire rope, steel wire and bridge cable, total 18 series, more than 800 specifications. Fasten Group has become the biggest metal product manufacturer of China since 1990.

# 湖北福星科技股份有限公司
## 福星牌钢丝绳

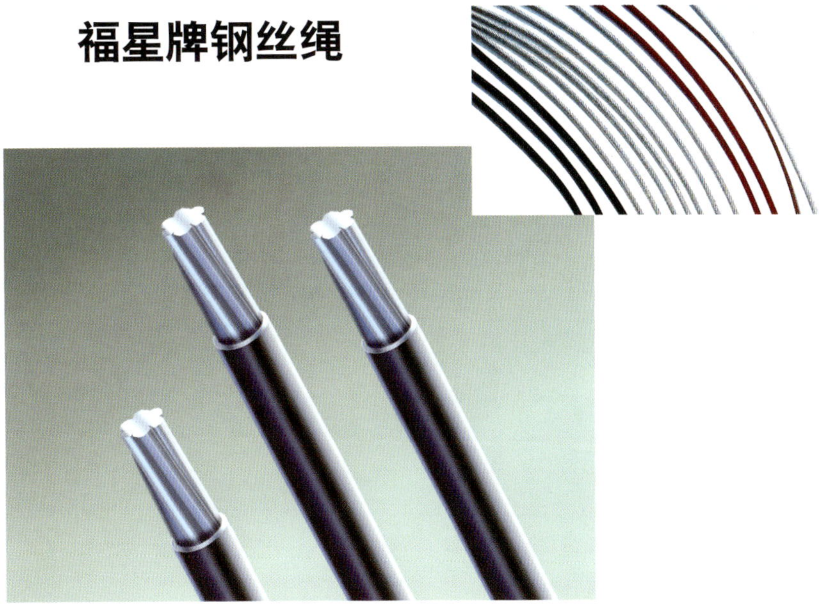

钢丝绳

湖北福星科技股份有限公司是国家大型企业、高新技术企业和湖北省“巨人工程”企业，A股上市公司。公司拥有资产总额17亿元，净资产7.8亿元。连续多年被评为“湖北省十强企业”，被湖北省国税局评定为“百佳诚信纳税企业”，1996年荣获全国“五一”劳动奖状，1998年被中共湖北省委、湖北省人民政府评定为“最佳文明单位”，连续十二年被湖北省农行认定为特级信用企业和AAA级信用企业，被湖北省工商局评定为“重合同、守信誉”先进单位。2002年被国家农业部认定为首届“全国诚信守法乡镇企业”。公司注册的“福星”商标被湖北省工商局评定为“湖北省著名商标”，

公司质量管理体系通过了ISO9001-2000质量体系标准认证，，被评为国家二级计量合格企业，其钢丝绳产品通过了湖北省技术监督局组织的采用国际标准验收。企业生产规模居全国同行业第二位，经济效益居全国同行业第一位。被国家对外经济贸易合作部赋予产品自营进出口业务权，产品覆盖全国并出口东南亚、欧美等30多个国家和我国港澳地区。

Hubei Fuxing Science & Technology Co.,Ltd is a large-sized, state-owned and high-tech enterprise, a key business for "Giant Project" of Hubei Province and a A-stock listed company. With total assets of approximately RMB 1,700,000,000 and net assets 780,000,000, the enterprise has been listed among' Top Ten Enterprises of Hubei Province', praised as one of 'Top One Hundred Faithful Tax Payers' by the Hubei Provincial State Taxation Bureau for years consecutively, awarded 1996' National May 1st Certificate of Labor Merit, praised as '1998' Optimal Civilized Enterprise' by Hubei Provincial CPC Committee and People's Government, identified as superfine credit enterprise and Grade AAA credit enterprise by Agricultural Bank of China Hubei Branch for twelve years consecutively and praised as ' Advanced Enterprise Strictly Abiding by Contracts and Credit Standing' by Hubei Provincial Administration of industry and Commerce.

On real estate development, her holding company--- Wuhan Fuxing Huiyu Real Estate Co.,Ltd, attaches equivalent importance to brand creation and premium quality all the time and shapes corporate brand identity of “capability plus credit standing', Therefore, the Enterprise is provided with tremendous impetus of developing real estate, with current annual development capability of 300,000 m2, sales income of RMB800,000,000 and profit payments and tax turnover as well as dynamic land reserve of 2,000 mu, the Enterprise is listed among top five real estate developers of Wuhan.

# 磁性材料行业概况

中国磁性材料工业经过四十年的建设和发展，特别是改革开发以来，发展速度举世瞩目，令人震惊，现已基本上形成了自己的产业体系。从产量来看，2004年永磁铁氧体能达到15万吨、软磁铁氧体达到6万吨、钕铁硼磁体达到5000吨，铝镍钴磁体达到3000吨，各种磁性材料的产量将居世界第一，成为了磁性材料生产大国。据统计，到目前中国的永磁铁氧体产量从1980年的1万吨增加到12万吨，软磁铁氧体产量从3500吨增长到6万吨，稀土永磁（钐钴磁体）从500公斤增长到5000吨。中国磁性材料产量几乎每5年要翻一番，平均增长率超过50%。

目前，中国的磁性材料生产企业和科研院所有近500家，工业总产值达到近100亿元；但从占的比例看，国有企业、乡镇企业和独资、合资企业各占三分之一，而且国有企业占的比重在缩小。从产量来看，排例次序为：乡镇企业、国有企业和合资企业。从产品的档次和质量看，大体上，独资（合资）企业的产品档次高、质量优异；国有企业的产品档次属于中高、质量好；乡镇企业大部分以中低档为主。

现在，中国磁性材料工业在产量方面已经初具规模，中低档产品占据了较大的国际市场，但在高档产品方面还没有形成较强的实力，缺少国际竞争能力。从行业整体看，中国磁性材料工业与国外先进国家相比，存在着管理水平低、制造工艺落后、产品档次低和质量差的问题。

磁性材料是各种电子产品主要的配套产品，无论是消费类家电产品和工业类整机：如计算机、通讯设备、汽车，以及国防工业均离不开磁性材料。据专家分析，世界磁性材料市场将以15%的年增长率发展，今后5年内，中国的磁性材料工业主要将在质量和性能方面得以提高，在产量方面增长的速度会较慢。但是，一些发达国家以及港台地区的磁性材料工业向中国转移，总产量查能会突破预测的数字。

现在世界汽车产量为5500万辆左右，按每辆汽车使用电机数从目前的20只，到2005年增加到30只，预测需要电机从8亿只增加到16亿只。随着汽车生产量和使用扬声器数量的增加，汽车用的扬声器产量从目前的1.6亿只增加到2.3亿只。预测与上述器件配套需要铁氧体永磁25万吨。

由于汽车向小型化和轻量化发展，以及为了保护环境采用非汽油驱动汽车，需要应用新材料提高电机的功能和减小尺寸，促使了各向异性黏结钕铁硼磁体的加快发展。假如，汽车中有50%采用黏结钕铁硼磁体，如雨刷电机、窗冲洗电机、反光镜电机、门锁

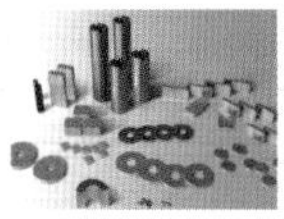

和座位调节电机等方面应用，就需要黏结钕铁硼磁体102克/辆。到2005年，世界生产汽车以5540万辆计算，就需要黏结钕铁硼磁体约5540吨。估计到2005年世界永磁体的产值将超过100亿美元。

计算机的发展带动了相关配套元件的发展，硬盘、软盘驱动器全球产量分别为1.2亿台和2.7亿台，CD-ROM和DVD-ROM驱动器在800万台，打印机250万台，是使用钕铁硼最大的市场之一，约年需求量在4000吨。显示器需要各种高档次铁氧体软磁、多媒体音响对永磁材料的需求量也是很大的。随着信息时代到来，近几年工业发达国家正形成计算机进入家庭的热潮。据美国市场调查，2000年国际微机市场为1亿台，2005年约达2亿台。预测国际市场需要高档软磁铁氧体2万吨，高档永磁铁氧体2万吨。

通讯业的发展，电话和移动电话装置需要越来越多的抗干扰磁芯、片式微型化电感，以及传声器和扬声器，这对软磁和永磁材料带来了良好的市场。这方面需要高磁导率软磁铁氧体材料3万吨，钕铁硼磁体近千吨。

在消费类产品方面，到2005年，全世界彩电市场为2亿台、录像机为6000万台、摄像机为2000万台、家用音响市场达1.7亿台、汽车音响市场达7157万台。新一代的DVD机，到2005年，其市场需求量将达到4000万台、MD录音机市场总销量将达2990万台。将需要的软磁铁氧体3万吨、永磁铁氧体5万吨、钕铁硼磁体1千吨。总之，从市场发展看，21世纪全球磁性材料市场发展在目前的基础上翻一番，发展前景是乐观的。

根据国家21世纪规划目标来看，电子产品的发展趋势大约在15%年增长率。规划目标程控交换机总容量在4.1亿门、移动通信电话手机1亿部、彩电6000万台、黑白电视机1500万-1600万台、录像机440万部。预计2005年摩托车总产量突破1500万辆，需要起动电机1000万套/年。据电声行业的发展规划，21世纪初国内市场将需扬声器12亿只，受话器3.6亿只,耳机300万付。世界电声器件市场需要配套扬声器33亿只,送受话器约4亿只,传声器约2.9亿只,要满足和达到配套能力，磁体需要量是很大的。

随着环境保护的要求，发展无油汽车、摩托车是世界发展方向，这将对稀土永磁体的发展带来广阔的市场。为了减少发电厂二氧化硫的排放量，国际上实施“绿色照明工程”来节电，从而达到减少发电量；所以节能灯的应用在国外发展很迅速，这也是我国的一项重大工程。节能灯的发展，需要使用大量高档的铁氧体软磁滤波磁芯、抗干扰磁芯等；根据专家分析，如我国全面推广使用节能灯，需求量将在约5亿支。

根据预测，2005年本行业铁氧体永磁市场将达到21万吨左右，铁氧体软磁市场将达到9.4万吨左右，稀土磁体在8000吨。按行业的发展来看，这些指标有可能达到。

根据市场发展的需要，今后中国的磁性材料工业应该重视以下几点。

1、消费类产品档次提高

随着消费类产品向数字化和高性能发展，对磁性材料产品提出了更高的要求。如彩电高清晰、数字化，对软磁铁氧体的功率损耗、磁导率、使用频率的要求均比模拟机高。

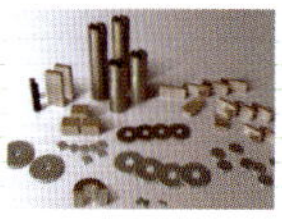

其它的数字摄录像机、音响设备、变频空调等要求的高档次的磁性材料。

2、工业类产品是主导市场

汽车、通讯、计算机工业发展，带动国内高档磁性材料的发展。企业应该重视科技进步和技术改造，使产品的档次能上一个新台阶。铁氧体永磁要有美国陶 8 标准以上的产品，铁氧体软磁应有日本 TDK 的 PC40 牌号产品和高导磁材料（大于 10000），钕铁硼磁体要生产 N38 以上材料，另外粘结磁体的开发生产要加快发展

随着钕铁硼磁体的专利在21世纪初失效，将对钕铁硼磁体的应用发展提供了新的机遇，中国的钕铁硼磁体必将迎来一个迅猛发展的新时期。由于中国稀土资源的优势，劳动力成本低，并且具有一定的技术力量，在21世纪初，中国的钕铁硼磁体产量将成为世界第一，估计要超过 8000 吨。

由于国产化磁性材料专用设备的质量基本上得到保证，企业技术改造转向以国产设备为主，有力地配合了中国的磁性材料行业发展。我国的磁性材料行业发展将朝着高产品档次、大的经济规模，低的生产成本，三个方面发展，为此磁性材料专用设备开发工作应去努力迎合。今后要开发效率高、自动化程度高、能耗低的设备；来减少人为因素，确保产品性能高而稳定和单位成本下降。

20 世纪 80 年代微不足道的中国磁体产业，凭借丰富资源和廉价劳动力的优势，在十年中跃居成为 世界生产大国。新世纪，中国在世界磁性产业舞台上的地位必将进一步提高，这是历史的必然趋势。但如何从一个磁性材料生产大国转化为磁性材料生产强国，路途还是很艰难的，需要全行业的大专院校、科研院所和生产企业一起团结，努力奋斗。

# 横店集团东磁有限公司
# 东磁牌磁性材料

東磁
DMEGC

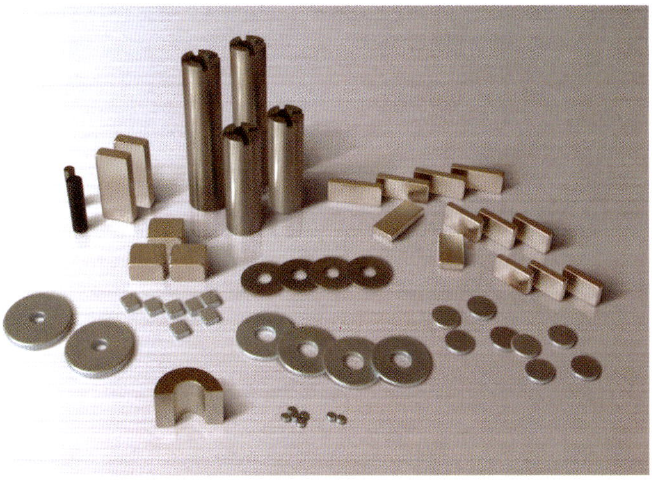

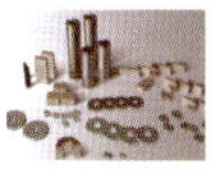



横店集团东磁有限公司（前身浙江东阳磁性企业集团公司）创办于1980年8月，是一家集生产、经营、科研、技术开发及信息服务为一体的科技先导型国家大型企业和浙江省区外高新技术企业，是全国磁性行业的龙头企业。

“全国第一、世界一流、创国际品牌”是东磁的发展目标。公司一直把名牌的着力点放在“创”字上，把功夫下在“推”字上，多层次、多领域、多方位地通过向市场推开企业形象创造名牌。公司提出“客户满意的产品才是合格的产品”公司所有人、所有过程、所有工作范围都要不断提高品质。多年来，东磁品牌已在市场上形成了较高的品牌知名度，深受广大用户的欢迎，历年来被认定为“浙江著名商标”和“浙江名牌产品”。公司积极把以“东磁”和“DMEGC”为商标的上千种规格和品种的产品推向国内外市场，现已在国内外树立了良好的产品和企业形象，商标知名度也随之不断提升，为适应公司国际化战略的需要，现已分别在马德里国际注册、美国、日本、韩国等注册，从而进一步提升了东磁在国际市场的影响力。

公司生产的磁性材料包括永磁铁氧体系列、软磁铁氧体系列、钕铁硼磁体系列产品。根据全国磁性材料与器件行业协会信息中心的统计东磁是目前世界第一永磁铁氧体生产基地、全国第一软磁铁氧体生产基地。

DMEGC (former Zhejiang Dongyang Magnetics Enterprise Group Co.) was established in August 1980. DMEGC, with its products and services range from manufacturing, sales, R&D and information technology, is the largest magnet producer in China, both by tonnage production and sales revenue.

“to be the first in China, not only in sales but also by quality and technology, and to be the first class enterprise in the world with global brand recognition” is our goal. We focus our branding effort on creativity and technology development. Quality is our life, and customer satisfaction is our objective. We believe that to the end, customer is who define how successful we can be. Through our dedicated effort started from the grass root of our manufacturing process all the way to our distribution and after sales service, DMEGC has painstakingly established its name in the global magnet market as one of the technology leader with a first class production management system admired by many peers both domestically and internationally. A series of alliance and M&A talk we are pursuing at this moment further testify this leadership position of DMEGC.

DMEGC produces high quality magnetic materials, including hard ferrite magnets, soft ferrites, NdFeB etc. According the statistics from state association for magnetic materials and devices, DMEGC ranked #1 in both hard and soft ferrite production in China.

# 铝合金建筑型材概况

铝合金建筑型材主要应用在各种建筑门窗、玻璃幕墙、外墙装饰及各种内装修，并在不断增加着产品花色品种和应用领域。改革开放二十多年来，我国铝型材行业发展迅速，目前仍保持强劲的发展势头。

近些年来，我国房地产业发展迅猛，推动建筑用材料工业的发展。2003年，我国生产铝合金建筑型材约152万吨，2004年，全国产量预计可达到180余万吨，年增长幅度超过20%。铝合金建筑型材行业发展的标志之一是采用挤压机的数量和吨位。2004年，国内掀起了第二个大型铝挤压设备的建设浪潮，在建的大挤压机生产线有9条，其中辽宁忠旺集团就有3条。中国已成为全球大型挤压机最多的国家。各企业做大做强的竞争十分激烈。

2004年，全国共有7家铝型材企业进入中国名牌，这些企业的名牌优势得到很大提升，企业做大做强的积极性进一步提高，在异常激烈的市场竞争下，资源和市场进一步向这些规模大、品牌优势明显的企业集中，市场占有率进一步上升，出口量增加。2004年，全国出口铝型材约为24万吨，已逐步成为出口大国，其中广东金桥铝业已发展成为出口主导型的高档型材生产企业，广东兴发产品出口也已占总产量的三分之一。由于质量和价格上的比较优势，国外一些标志性建筑开始使用中国产铝型材。为适应市场需求，名牌企业及一批优势企业纷纷建设新的生产基地，扩大规模。广东兴发、坚美铝业、亚洲铝业等正积极建设铝型材工业园。

挤压铝材航母——忠旺集团铝材有限公司在8个车间内拥有挤压力从4.5MN到125MN的挤压机62台，形成了结构合理的挤压机群，可以生产建筑及其它工业部门所需的一切型材。

产品最具国际市场竞争力的金桥铝材集团有限公司的铝型材在国际市场信誉高，是中国铝型材的出口大户，每年产量的80%以上销往世界各地。该公司正在大规模地高水平扩建，形成一个挤压机大小搭配得当、种类齐全的颇具特色的挤压企业。据称，在今后3年内，该公司计划进一步改扩建，到2008年生产能力将达到180kt/a。

亚洲铝业集团在肇庆建铝工业园。中国一个最大的铝加工工业园区正由亚洲铝业集团在肇庆建设，2008年基本建成后，将拥有中国机架最多的热连轧生产线与中国首条冷连轧生产线，也将是中国最大的挤压厂之一。整个工业园区铝材的生产能力可能逐步达到700kt/a。优势资源在向获得中国名牌产品的企业倾斜。

# 台山市金桥铝型材厂有限公司
## SAP 牌铝合金建筑型材

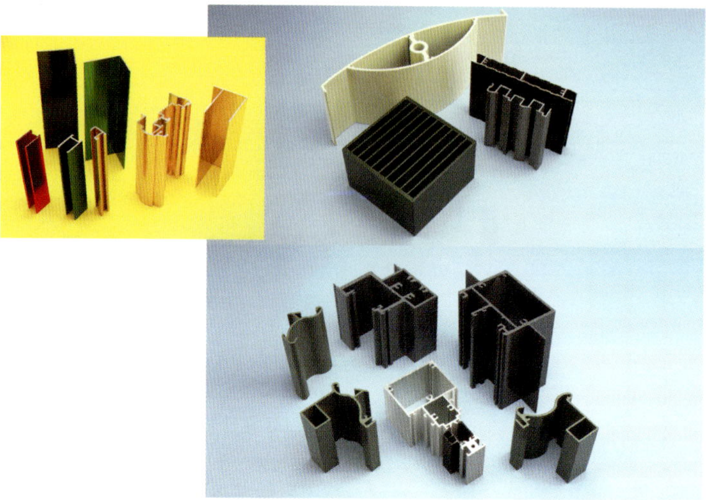

台山市金桥铝型材厂有限公司注册资金4438万美元，占地面积390,000多平方米，铝型材年生产能力达70000吨，生产经营各种铝合金建筑型材及其粉末喷涂、氟碳漆喷涂、氧化着色等表面处理；铝门窗、铝墙幕铝制品、铝质工程和模具制造。属有色金属加工行业，主导产品是铝合金建筑型材。从1993年组建至今金桥公司锐意创新，持续业绩表现卓越，连番缔造卓著辉煌成就。

1998 年入选“广东省百强企业”；

1999 年入选“广东省出口创汇二十强”；

2000年入选“2000年中国进出口额最大500家企业”之列；

2001 年为“全国出口创汇先进乡镇企业”；

2002 年为中国铝型材企业十强；

2003 年为全国铝型材出口量最大企业；

2000～2002 年为全国百家侨资明星企业；

2003 年为广东省名牌产品企业。

公司的产品主要市场是来自海外，每年产品的出口量雄居全国同业之首。金桥SAP商标铝材今已成为驰誉国际之优质铝材品牌，而金桥亦跃踞世界铝型材企业前列地位，在质量、技术、服务等领域蓄势问鼎同业之冠。

Business Activity : Manufacture and sale of aluminium alloy extruded profile
shapes,billet casting, precision tool and die making, anodic surface treatment,electrostatic wet and dry painting
Inductry : Semi-finished non-ferrous metal industry.
Honours and Awards
1998 : Guangdong province top 100 enterprise
1999 : Guangdong province top 20 exporter
2000 : Top 500 Import/Export Value Company of China in 2000
2001 : National outstanding local enterprise award in export value
2002 : Top 10 aluminium extrusion manufacturer of China
2003 : Largest aluminium extrusion exporter of China
2000-2002: Top 100 Overseas Chinese investement Enterprise in China
2003 : Guangdong province outstanding product enterprise

We operate an integrated production facility that offers a complete range of services including billet casting, precision die-cutting, anodising, powder coating, florocarbon painting and manufacture a wide range of extruded aluminium alloy profile shapes to suit customised requirements.

As an accepted brand name, our products are exported internationally and have been the largest exporter of aluminium extrusions from China in the past several years.

# 广亚铝业有限公司
# 广亚牌铝合金建筑型材

GUANGYA廣亞

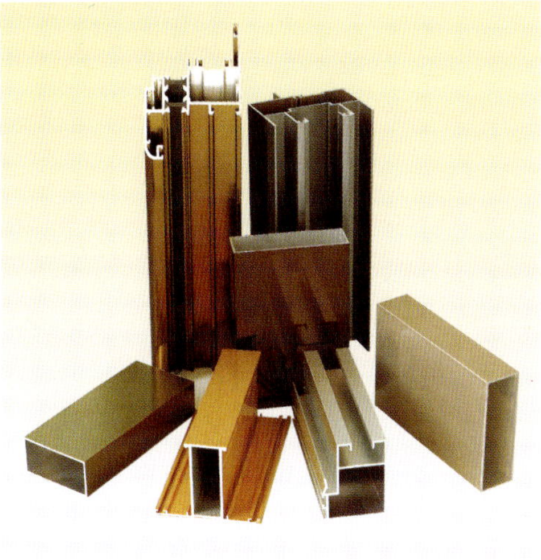

广亚铝业有限公司成立于1996年，是一家大规模、现代化的民营铝合金建筑型材生产企业。公司位于佛山市南海区，厂区占地面积26万平方米，固定资产2.9亿，员工1200多人，铝型材年产能规模达6万吨，在规模上列属国内大型现代化铝型材制造企业之一，是经国家建设部评定的“建筑铝型材定点生产企业。”

在公司董事长邝焯珍及总经理杨柏洪的带领下，现已拥有一系列国际先进的生产设备、生产线及精良的检测设备，并采用ERP系统控制生产经营过程。目前，公司有挤压生产线17条，关键生产设备数量为78台套，主要检测仪器、设备配套齐全。可生产6063、6061等10多种合金牌号的建筑型材、工业型材和装饰型材，也可生产特殊合金牌号和特殊规格的铝材产品；可生产银白、香槟、仿不锈钢、钛金、金黄、古铜、机械抛光、化学抛光、拉丝等30多种阳极氧化着色型材和电泳涂漆型材，也可生产各种颜色的粉末喷涂和氟碳喷涂型材，是经认可的阿克苏(AKZO) D2000、D525、D25超级耐候粉末和PPG氟碳涂料的使用厂家。

GUANG YA ALUMINIUM CO.,LTD is located in Nanhai District Foshan City. It is one of the most famous aluminum profile manufacturers in Zhu-Jiang Delta in China, with area of 260,000 square meters and sixty million Yuan fixed assets for the company. It has more than 1200 employees, with a production capacity of 60 thousand tons per annual., which is the advanced and modern enterprise in aluminum industry of the state and was titled as “the Key Architectural Aluminum Enterprise” by the Construction Ministry of State.

Gang Ya possesses of 28 production lines, 78 sets master production machines and well equipped with quality inspection facilities. We are capable of producing various alloy for architecture, industries and decorative aluminum such as 6063,6061 and so on. We have more than 30 colors for anodizing profiles such as silver, Champaign, stainless, and brown. Our polishing products (including mechanical polishing and chemical polishing) are widely used in abroad and received good response for the excellent surface finishing. Our powder and liquid supplier AKZO NOBEL and PPG provide us with high quality products and full set certificates, which enable us to produce powder coating finishing and fluorocarbon coating finishing at excellent mechanical performance.

铝合金
建筑型材

# 广东兴发集团有限公司
# 兴发牌铝合金建筑型材

XING FA 興發牌

广东兴发集团有限公司（以下简称公司）始创建于1984年，现下辖有三家控股子公司，分别为广东兴发铝型材厂有限公司、广东兴发创新股份有限公司、南海兴发铝型材有限公司。公司总资产7亿多元，无形资产5.76亿元，总占地面积38万平方米，员工近二千人，是现代化的民营企业公司。公司经历了20年的发展，是全国著名的专业生产铝合金建筑型材的大型企业，是国家建设部铝合金建筑型材定点生产基地。

兴发公司以生产铝合金建筑材料为主，主导产品有阳极氧化型材、电泳涂装型材、粉末喷涂型材、氟碳喷涂型材、隔热型材“五大王牌”。产品有200多个系列，13800余种规格，公司年生产铝材能力达10万吨，产值超15亿元，出口量占年产量的1/3,每年的产销量以13%～20%的速度递增。产品应用范围涉及航空用工业材、集装箱用工业材、电脑用散热器及各类建筑用型材。产品质量完全达到美国、德国、日本、意大利优质铝型材的标准，产品覆盖全国及远销美国、加拿大、欧洲、日本和东南亚等30余个国家和地区。

Guangdong Xingfa Group Co., Ltd (Shortened Form: Xingfa) which was established in 1984, is the holding company of the three subsidiary company: Guangdong Xingfa Aluminium Proflies Factory Co., Ltd, Guangdong Xingfa Innovation Co., Ltd, Nanhai Xingfa Aluminium Profiles Co., Ltd. As an popularly-joint-stock Group Co., Xingfa has become one of the large enterprises specialized in production of aluminum alloy building profiles, industrial aluminum profiles, and is the production bases of construction aluminum profiles specified by the Ministry of Construction of China. Xingfa now have an annual production capacity of 100,000 tons of aluminium profiles.

Xingfa located in the hinterland of beautiful Pearl River Delta — Foshan city, a place with convenience traffic and developing information. Covering an area of 380,000 m2, Xingfa is holding 38 production lines of Aluminum profiles. The main technical facilities and testing instruments are all imported from German, UK, USA, Japan and Italy. Xingfa has nearly 2000 employees, among which there are 200 engineering technicians and managers including academician and doctor. Aluminum alloy profiles, is Main products of Xingfa. There are over 10,000 specifications or sections of the products. The produces extended all over the country and was sold to USA, Canada, Europe, Japan and Southeast-Asia, creating an annual foreign exchange of 50,000,000 US Dollars.

# 广东坚美铝型材厂有限公司
# 坚美牌铝合金建筑型材

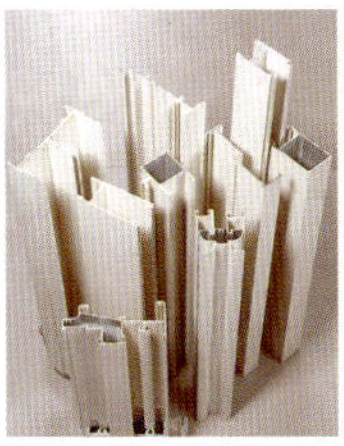

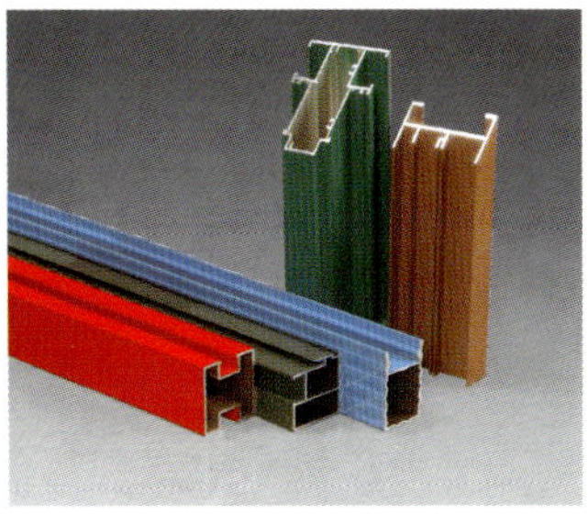



广东坚美铝型材厂有限公司是国家建设部铝门窗幕墙定点生产企业。建厂11年来，坚持“坚质献顾客、美誉扬八方”为宗旨，做强做大。在铝合金建筑型材行业中创造了“三无企业”（即无推销人员、无产品积压、无三角债）和“四高品牌”（即知名度高、信誉度高、市场占有率高、顾客满意度高）的奇迹，成为行业中规模效益显著的龙头企业。公司董事长曹湛斌也当选为广东省佛山市南海区铝型材协会首任会长。

目前，企业员工1800多人，其中冶炼、质量标准、化工、电气、金属压力加工、材料科学与工程、电脑设计、外贸和经济管理高中级专业人员150多人。先后从美国、法国、日本、瑞士、意大利和以色列引进技术装备和检测设备，使企业从铝合金熔铸、型材挤压、表面处理、模具制造和产品研发等方面都在行业内不断实现新优势，其中氧化、着色、电泳、立式生产线是目前全国规模最大、最先进的生产线、新开发的新产品—象牙白电泳铝型材是全国首创。企业生产建筑型材的规格齐全，品种配套，年产能力达8万吨以上。营销渠道遍布全国及欧美、澳洲、日本、东南亚等30多个国家和地区，销量一直稳居国内的前三名，出口量每年以15%以上的速度递增。

Guangdong JMA Aluminium Profile Factory Co., Ltd. locates in Nanhai Disctrict, Foshan City, Guangdong Province. Since established in 1993, JMA has always insisted on its principle of “creating high quality products for customers, spreading great reputation all over the world” and led its scientific and efficient way to develop itself. Up to now, JMA has been the production base for constructive aluminum profiles for Doors&Windows and Curtain Walls designated by the Ministry of Construction, as well as one of the industry leaders in China. JMA brand profiles also become to be a famous brand with high reputation and excellent quality.

Presently, JMA has over 1600 employees, including over 100 employees professional in melting, chemical, electric power, material, computer design, export, and management fields. In order to change the traditional industry with new advanced technology, JMA imported various equipment and facilities from USA, France, Japan, Switzerland, Italy and Israel. As a result, the enterprise shows its advantage in aluminum alloy melting, extruding, surface treatment, die-casting and researching & developing. The vertical anodizing & electrophoresis production line is the biggest and most advanced line in China. The ivory electrophoresis profile is a new product firstly created in China. JMA manufactures various series constructive profiles with its annual capacity reaches to more than 80,000 tons. What's more, JMA products sales to all over China and all over the world, such as Europe, America, Australia, Japan, Southeast Asia, etc. The annual turnover of JMA always keeps to be one of the first three places in China, while its export capacity grown 15% annually.

# 辽宁忠旺集团
# 忠旺牌铝合金建筑型材

铝合金
建筑型材

辽宁忠旺集团创建于1989年10月，坐落于东北老工业基地的辽宁省辽阳市，与著名的辽阳石油化纤总公司相毗邻。

集团公司下设六个子公司，是以生产铝型材、塑型材、塑编制品、模具、铝塑装饰材料及化工产品的集研发、工贸于一体的国家大型企业。在企业管理上，运用科学的管理手段，充分发挥公司的优势，历经14年的拼搏，现有员工1万余人，占地180万平方米，建筑100万平方米，总资产97.1亿元，销售网络四通八达，遍布全国27个省市自治区，公司跃居国内同行业领先地位。

2003年，忠旺铝型材公司被中国有色金属加工协会授予“中国铝型材企业十强”，忠旺塑料公司被中国建筑材料工业协会认定为全国“水泥包装袋生产定点企业”，集团被中国工商行政总局评为“重合同守信用”企业，集团公司现已成为美国金属销售协会及服务中心的会员，正在向跨国公司的方向迈进，“忠旺”牌商标被中国工商总局认定为“中国驰名商标”。

LiaoNing ZhongWang Group was established in Oct.1989, located in Liaoyang city, Liaoning province of the northeast old industrial base, near the famous LiaoYang Petroleum and Chemical Fiber Company.

The group which is the large-scale enterprise of China has 6 sub companies, is the integrity of research, development, industry and trading for producing aluminum profile, plastic profile, plastic weave bag, dies, chemical products and aluminum & plastic decorating materials. About the management of the group, we use the scientific management method, play fully advantage of the company and through 14 years' hard work, now our group has more than 10,000 working staffs, covers total area of 1.8 millions square meters, of which construction area is 1 million square meters and the total asset is RMB9.71 billions, forms a sales network extended in all directions, and spread over 27 provinces, cities and Autonomous Regions, the group is the leading company in the same industry domestically.

In 2003, LiaoYang ZhongWang Aluminum Profile Co., Ltd was selected as one of the 'Top Aluminum Profile Manufacturing Enterprises' by China Non-ferrous Metal Manufacturing Industry Institute, LiaoYang ZhongWang Plastic Co., Ltd was designated as 'Cement Packing Sack Production Enterprise' by China Building Material Industrial Bureau, LiaoNing ZhongWang Group was recognized as 'The Enterprise Abiding By Contract And Being Trustworthy' by the State Industrial and Administrative Bureau of P.R.C. The group has been a member of U.S Metals Service Center Institute, and our group is preparing to develop into a transnational company, 'ZhongWang' brand trademark was recognized as 'The China Well-known Trademark' by the State Industrial and Commercial Bureau of P.R.C.

# 山东南山实业股份有限公司
# 南山牌铝合金建筑型材

山东南山实业股份有限公司是以定向募集方式成立的股份有限公司。南山实业的7500万元股人民币A股股票（代码600219），经中国证监会批准，于1999年12月23日在上海证券交易所挂牌上市交易。

公司总股本25700万股，其中流通股7500万股。截止2003年年末，公司拥有总资产20.68亿元，职工5581余人。公司是以纺织、建材为主营业务的综合性工业企业。经营范围为：精毛纺织品、铝材制品的开发、生产及销售、电力生产及供应。主导产品为“南山牌”系列铝型材、系列精纺呢绒面料、服装、腈纶提花织巾。所属的精纺呢绒总厂、铝型材总厂1999年分别通过了ISO9002国际质量体系认证，精纺呢绒总厂2001年又通过了ISO14000环境质量体系认证，“南山牌”精纺服装 面料和铝型材连续多次被评为“最受消费者欢迎的产品”、“国家优质产品奖”、“新产品设计奖”、“全国出口商品金杯奖”等。

Shandong nanshan industial Co.Ltd.is a limited company founded with set direction collection mode ,Nanshan industrialis 75million RMB yuan stock A (code 600219),approve by chinaese security supervision committee,is listed in Shanghai stock exchange on December 23,1999.

The company has toal stock of 275,000,000,shares,among which 75,ooo,ooo is circu-lating stock.By the end of year 2003, its total assets was 2,068,000,000 yuan, total staff-number of more than 4500.The company is a comprehensive industry enterprise whith weaving,construction materials as its main business.Itss business includes:fine woolens textile,aluminum products are Nanshan brand series spinning woolen cloth, garment,arcrylic fibers jacquard towel and aluminum formed section.The spinning woolen General plant,Aluminum Materials General Plant respectively passed the ISO9002 international Quality Systyme Certification in 1999,in 2001,the spinning woolen cloth General piant also passed ISO14000 Enviroment Management System Certification,nanshan brand spinning cloth and aluminum formed section have been successively honored as most popular products,national quality products,new products designing and national exporting commodities glod cup ect.

# 广东亚洲铝厂有限公司
# 南亚牌铝合金建筑型材

南亞®

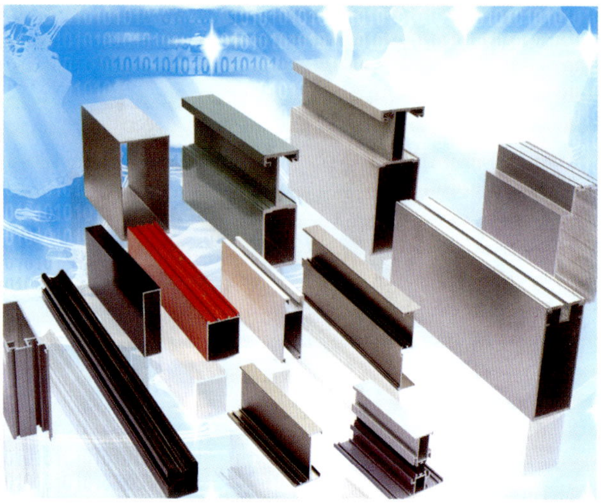

广东亚洲铝厂有限公司（原南海亚洲铝厂有限公司）是香港联交所上市公司——亚洲铝业集团旗下专业从事高质量铝型材超大型生产企业。公司于1991年正式成立，1992年1月建成投产，是国家建设部铝合金门窗幕墙型材定点生产企业，也是目前在国内同行业中规模最大的生产厂家之一。公司占地面积近20万平方米，职工1500余人，其中有中、高级技术和管理人才200多人。公司具备属世界先进水平的模具设计与行业内先进的生产线，具有完整的铝型材生产管理和质量管理系统。2002、2003年，亚洲铝业集团被美国《福布斯》杂志评选为全球最佳200强明星企业之一，也是亚洲地区惟一一家入选的铝型材生产企业。

2003年开始，亚洲铝业集团有更大的发展计划；集团在肇庆购买了1万亩土地发展一个世界级铝加工基地（亚洲铝业工业城）。集团预计总投资80亿元，分2～3期完成。集团第一期准备投入50亿元人民币，其中10亿元建一间年产25万吨挤压厂，把目前南海3间挤压厂（以广东亚洲铝厂有限公司为主）合并在新建的25万吨挤压厂里面，预计新增部份2004年底完成，2005年搬厂完成。另外，40亿元建一间年产40万吨铝板带厂，预计所有工程2005年完成投产。工程已在全面进行中，亚洲铝业集团计划3年内生产达到年产70万吨，销售额150亿元，跻身于世界铝业前五强。

Guangdong Asia Aluminum Factory Co., Ltd ( formerly named Nanhai Asia Aluminum Factory Co., Ltd) is a public listed company on the Hongkong Stock Exchange. It is one of the biggest enterprises specializing in producing aluminum profiles of superior quality. The company, which was founded in 1991 and was in operation in 1992, is an enterprise of aluminum profiles appointed by the National Construction Department of China. It has an area of 250,000 , more than 200 engineers and senior management executives out of 1500 employees. Equipped with the advanced facilities、die design capability、complete production and quality management system, Asia Aluminum was honored the best 200 companies under a billion for 2002 and 2003 by “Forbes”.

At the beginning of 2003, Asia Aluminum had a greater plan, that is: An area of 10,000 mu had been bought by us to build the world-class aluminum processing base ( Asia Aluminum Industrial City). The total investment, which is divided into two or three periods, is expected to be up to 8,000,000,000RMB. In the first period, 5,000,000,000RMB will be invested, among which 1,000,000,000RMB is used to build a extrusion factory of 250,000T and three extrusion factories now in Nanhai will be together in the new factory mentioned above. At the end of 2004, the newly increased parts will be finished and three old extrusion factories will be moved there in 2005. Additionally, 4,000,000,000RMB will be invested in a factory to produce aluminum sheet belt whose annual yield can be up to 400,000T. This great project is expected to be completed in 2005 and now it is in operation. Asia Aluminum plans to yield 700,000T annually, sales are expected to reach 15,000,000,000RMB yearly and it also plans to become the top 5 in the world aluminum industry within 3 years.

# 硬质合金行业概况

**1、硬质合金行业现状**

（1）工业体系逐步完善。20世纪80年代初期，世界硬质合金年产量在2.5万吨时，中国硬质合金年产量约5000吨，占总量的五分之一；进入21世纪，世界硬质合金年产量达到了3.8万吨，而我国硬质合金产量已快速增长到1.5万吨，超过世界硬质合金产量的三分之一。国内企业生产的硬质合金产品品种齐全，规格型号达4万个以上，产量和品种基本能满足国内各经济领域的需求，形成了较为完整的工业体系。

（2）生产装备和工艺技术水平不断提高。近几年，我国硬质合金生产企业通过不断攻关、以及引进外国先进设备，吸收国外先进技术，用于硬质合金生产的自动化制粉设备、高效球磨、喷雾干燥制粒、高精度全自动压力机、压力烧结炉、研磨涂层等一系列先进装备和工艺技术已在不同厂家得到应用。

（3）生产企业向规模化、集团化发展。国内出现一些实力较强的硬质合金生产企业，其产能、规模不断扩大，一头向资源延伸，一头向深度加工延伸。并在全国各地兼并、合资组建新的钨品公司，规模不断扩大。同时一批新的企业，特别是民营企业从小到大，从生产初级产品到生产硬质合金深加工等高附加值产品，实力不断增强，逐渐发展壮大。

（4）废硬质合金得到较好的回收利用。目前在我国仅废硬质合金经电解、锌溶等工艺技术回收的碳化钨、草酸钴、混合料，再加工利用生产中低档硬质合金的产量每年已超过3000吨，占中国硬质合金产量的20%以上。这些合金除满足中国部分产业自身需求外，也向国外提供部分性价比合理的硬质合金产品，使宝贵的钨资源得到了较合理的利用。

**2、硬质合金行业发展趋势**

（1）加强钨资源控制力和利用率。我国是世界钨资源最丰富的国家，这是硬质合金工业发展的优势。为充分利用资源，硬质合金行业将进一步向资源延伸，提高对钨矿的控制力和利用率，同时加强废合金的回收利用，大力发展循环经济，控制钨资源和低档合金产品的出口，将我国钨矿产资源优势转化为硬质合金工业经济优势。

（2）调整产品结构，向深度加工延伸。随着机械工业的发展，特别是随着数控机床、组合机床和加工中心比例的增大，以及普通机床刚性和精度的提高，可转位刀片和涂层刀片的用量必将增大。因此，我国应适时地扩大可转位刀片和涂层刀片的生产，而逐步降低焊接刀片的生产。加大超细硬质合金、先进涂层可转位刀片、功能梯度材料、高精度硬质合金、高性能金属陶瓷、陶瓷刀具等的研究与生产，加快深度加工和工具配套的步伐、加快传统硬质合金转轨改型的速度。尽快使我国硬质合金制品向高精度、高质量、高效益方向发展，形成一个较为合理的产品结构体系。

（3）加大硬质合金工业的科技投入。我国硬质合金工业发展在资源、市场、规模、劳动力等方面存在一定优势，但整个行业的创新能力差。为此企业应与高等院校、科研院所联手加大人才和资金的投入，重点在高精度、高性能研磨涂层合金及配套工具，功能梯度合金，硬质合金生产技术和工艺装备创新等重点领域开展研究，加快追赶世界的步伐，以缩短与国外先进水平的差距。

**3、中国硬质合金工业与国外比较**

经过50多年的发展，我国硬质合金工业尽管在生产规模、工艺装备、产品质量等方面取得了巨大的成绩，但在创新能力、深加水平、经济效益等方面问题依然严重，与发达国家相比存在较大差距。

（1）研发投入少，创新能力低。我国硬质合金工业至今还没有一所高水平的专业研发机构，生产规模较大的企业也存在资金及人才和管理上的差距，研发能力还较薄弱，较难产生有自主权、高水平的原创性研究成果、企业的技术改造也因此难以得到强有力的技术支撑。近年我国硬质合金工业在科技方面的投入仅相当于外国一家公司投入的科研经费。我国各硬质合金生产厂家在研发方面资金投入不足，直接导致了研发设备和仪器的不配套和不先进，也难以吸引优秀人才进入我国硬质合金企业进行高新技术与产品开发。

（2）硬质合金生产与工具生产脱节。中国硬质合金工业因历史原因，合金生产厂与工具生产厂分属于冶金和机械两个部门管理，导致合金生产与工具生产长期脱节，至今高档硬质合金工具开发问题尚未得到根本解决。

(3) 产业经济效益低下。中国硬质合金工业虽然生产规模大，但作坊式的企业均以单一产品为主，生产的大多是焊接刀片之类的大路货，国内市场上中低档产品竞争无序，伪劣产品充斥市场；高附加值及配套深加工产品如高性能超细合金、精密硬质合金数控刀具等量少、深加工配套不足，这些缺陷导致我国硬质合金生产厂家效益普遍不高。

**4、株硬和自硬在硬质合金行业发展中所起的作用**

株州硬质合金集团有限公司硬是中国硬质合金行业的龙头企业。公司的硬质合金及其深加配套工具产品方面一直处于国内领先水平，具有国内其他企业不可比拟的优势。是国内规模最大的硬质合金生产企业，产品远销全世界七十多个国家和地区，硬质合金国内市场占有率达35%，其中高性能硬质合金市场占有率更高达75%以上；通过多年的引进和技术改造，株硬拥有多项代表国际先进水平的生产工艺和专有技术，拥有近百台世界一流和数百台国内先进水平的工艺装备，拥有十多条国际先进水平和国内领先水平的硬质合金及配套工具生产线，技术装备和产品质量居国内同行之首；在研究与开发方面，科研投入大，达到了销售收入的4%，建立了“一个主体，三个层面”较为完整的科研开发体系，建有国家级的技术中心和博士后科研工作站，拥有数千名工程技术人员和数百名高级专业技术人员和专家，并且为同行输送了大批的人才。在产品质量方面，公司三证齐全，通过了ISO9001质量管理体系认证、GB/T14001环境管理体系认证和职业安全健康管理体系认证。

自贡硬质合金有限责任公司是中国最大的硬质合金生产厂家之一，在国内同行业中起着举足轻重的作用。经济总量和技术实力居全国同行第二，从80年代开始，进行了多项技术引进和技术改造，通过引进国外先进的生产技术、生产设备、分析设备，产品档次不断提高，中低档产品制造成本低，市场竞争力强，国内市场占有率达到25%，出口创汇近几年居行业之首。公司正向产权多元化、经营国际化、管理信息化的世界一流大型企业集团迈进。进入二十世纪在企业不断壮大的同时，企业信息化建设也取得了迅速发展。公司还获得了通往国外的绿色通行证，通过了质量体系认证、环境管理体系认证和职业安全健康管理体系认证。公司加大科研投入力度，通过不断创新，拥有数十项科研成果。

株硬和自硬凭借高的产品质量和良好的信誉，受到国内外客户的一致好评，在中国硬质合金行业中独占鳌头。

# 自贡硬质合金有限责任公司
# 长城牌硬质合金

自贡硬质合金有限责任公司位于中国西部文化名城和工业重镇四川省自贡市，是世界第四、中国第二、西部唯一的大型硬质合金和钨钼制品生产和出口企业，在中国乃至世界的硬质合金行业中处于举足轻重的地位。

公司始建于1964年，1970年建成投产，1998年公司按照现代企业制度要求，进行了公司制改造，正式成立了自贡硬质合金有限责任公司，1999年，公司又通过资产重组实现了部分资产上市经营。近二十年来，公司保持了两位数以上的高速发展，总资产从建厂时的3650万元增至11.9亿元；总生产能力从500吨增长到10000吨；长城牌硬质合金生产能力由300吨增加到3500吨；年销售收入突破8亿元，出口创汇突破4500万美元；2003年实现利税9261万元，成为推动中国硬质合金工业和地方经济发展的重要力量。

公司“长城”牌产品包括硬质合金、成品工具、钨钼制品及粉末制品四大门类三万多个品种规格型号。产品品质卓越，服务质量优良，先后获得“四川省名牌产品”，“全国用户满意产品”，“全国用户满意企业”。产品畅销欧美等30多个国家和地区，年出口量占到总销售量的60%，其中80%以上出口欧美等发达国家和地区。硬质合金国内市场占有率达到22.6%，出口创汇额、出口总量和硬质合金出口量居行业第一，已成为世界最大的钨品供应商之一。

Zigong Cemented Carbide Corp., Ltd is located in Zigong City, Sichuan Province, a famous cultural and key industrial city in western China. The company is a large scale tungsten carbide and W&Mo products manufacturing and marketing company, which is only one in western China, the second largest in China and the fourth largest in the world, playing a key role in tungsten carbide field in China, even in the world.

The company was established in 1964 and put into production in 1970. In 1998, according to the requirements for a modern enterprise, the company formally reconsolidated its system from a plant into a limited company. In 1999, it realized putting its partial asset on public after asset reformation. For recent 20 years, the company has kept increasing in two digital percentage ratios. Total asset increases from 36.5 million RMB at the time of establishing plant to 1.19 billion RMB now; Total production capacity increases from 500mt to 10,000mt; Great Wall brand tungsten carbide capacity increases from 300mt to 3,500mt; Revenue reaches 800 million RMB with 4.5 million USD export income. In 2003, it reaches 92.61 million tax payment and become a positive force of development of China cemented carbide industry and local economy.

The "Great Wall" brand products include tungsten carbide, finished tools, W&Mo products and powder products in 4 main areas and over 30,000 types. We can provide good quality products and well service and win "Famous Brand Product of Sichuan Province", "National Customer Satisfied Product" and "National Customer Satisfied Enterprise" in recent years. The products were sold well in more than 30 countries and areas in Europe and USA. The export sales reaches 60% of total revenue and 80% of the export goes to Europe and USA. In domestic market, the company occupies 22.6% tungsten carbide market. Now it becomes the No. 1 in Chinese tungsten field in aspect of export revenue, total products export volume and tungsten carbide export volume and one of the biggest tungsten carbide suppliers in the world.

# 株洲硬质合金集团有限公司
## 钻石牌硬质合金

钻石牌
DIAMOND BRAND

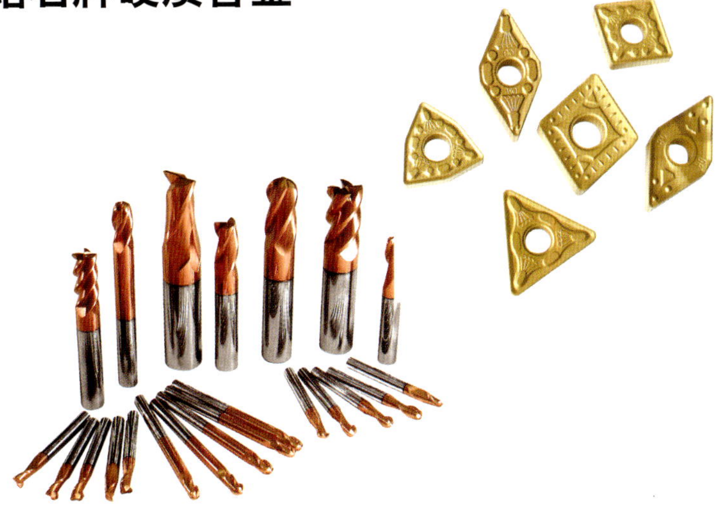



株洲硬质合金集团有限公司是由原株洲硬质合金厂整体改制成立，目前拥有4个专业事业部、7个控股子公司、一家全资子公司，是国内最大的硬质合金生产、科研、经营、出口基地。主要产品有硬质合金、钨钼制品、钽铌制品三大系列，广泛应用于冶金、机械、矿山、石化、电子、轻纺、军工及家具制造等行业，除满足国内需求外，还畅销74个国家和地区。

公司已通过GB/T19001-ISO9001：2000质量管理体系认证，"钻石"商标被认定为中国驰名商标，先后获得全国500家最佳经济效益工业企业、国家级企业技术进步奖、国家质量管理奖等40多项国家级荣誉。

株洲硬质合金集团有限公司秉承"世界工具，财富利器"的经营理念，弘扬"追求过硬，进取无限"的企业精神，不断拓展人类能力，创造共有价值。

Zhuzhou Cemented Carbide Group Corp.Ltd. (Abbreviated as ZCC) is set up based on the overall structural transformation of the original Zhuzhou Cemented Carbide Works. At the present time it has in its possession 4 specialized products departments, 7 holding companies and a 100% owned subsidiary. It is China's biggest cemented carbide scientific research, sales and export base. Its main products fall into 3 major categories and these are cemented carbide, tungsten and molybdenum products, and tantalum and niobium products, and these are widely used in industries of metallurgy, machinery, mining, petroleum-chemistry, electronics, textiles, military industry and furniture, etc. The products are well sold to 74 countries and regions and at the same time they meet the demands of the domestic market.

The Corporation has been awarded GB/T19001-ISO9001:2000 Quality Management System Certificate."Diamond"Brand has been entitled as China's renowned trademark. The Corporation has won more than 40 prizes and awards in succession, such as one of the best 500 Chinese industrial enterprises in economic benefits, technical progress of national level enterprises and national quality control system,etc.

Zhuzhou Cemented Carbide Group Corporation Ltd.adheres to the management ideology of "World's Tools. Sharp Tools for Wealth", develops an enterprise spirit of "Striving for a Perfect Mastery. Aiming at Constant Progress", and continuously taps the potentials of mankind and creates values for all to share.

# 阴极铜行业概况

## 一、2004年行业发展状况

铜是工业生产的重要原材料，与制造业乃至整个国民经济发展的关联度很高，广泛应用于电力电气、机械制造、电子、轻工，建筑、国防等各个领域。在有色金属材料的消费中仅次于铝。

2004年，我国生产阴极铜217万吨，同比增长约18.2%，产量已连续4年位居世界第二位。2004年我国铜产量约占世界总产量的13.8%。近些年来通过引进世界先进的铜冶炼技术和设备，并在此基础上自主创新，我国主要铜生产企业的技术装备水平、产品质量、生产规模、节能降耗、环境保护等各方面缩小了与世界先进水平的差距，有些指标已可与之媲美。主要铜生产企业的产品质量稳定，信誉度高，并均在伦敦金属交易所注册。原材料产品生产的发展趋势是进一步集约化、大型化。我国铜冶炼的龙头企业江西铜业集团公司2004年生产能力已达40万吨，进入世界铜行业前十强，铜陵有色集团也达到30万吨以上，云南铜业达到20万吨以上。

## 二、名牌产品生产企业在行业发展中所起的作用

2004年，江西铜业、铜陵有色、云南铜业、大冶有色四家主要铜冶炼企业进入中国名牌产品序列，对企业走品牌发展之路产生巨大推动作用。江西铜业集团公司开始以企业文化的创新来统帅企业发展，进一步巩固前些年生产经营的成绩，向国际化进军，产品质量始终保持国际一流，科技含量显著增加，经营服务意识更加明确，在国内外贸易上讲求诚信，从树立产品品牌到追求企业品牌，并培植一批优质客户，逐渐学会在国际游戏规则下

规范运作。现在，江铜的目标是进入世界铜业三强。云南铜业“铁峰”牌高纯阴极铜荣获中国名牌产品，是云南省继三个香烟品牌后的第四个中国名牌，也是云南省第一块非烟类的中国名牌，对企业走品牌之路产生极大的推动作用。公司进一步实施一系列重大举措，把产品质量作为企业和品牌的生命，把质量第一的经营方针落实到生产全过程，切实维护产品的信誉，强化内部管理，积极探索管理制度和机制的创新，建立科学的质量管理体系，提高企业整体素质，加快技术开发力度，不断创新，增强品牌保护意识，提高自我保护能力，利用经济、法律武器和各种技术手段打击假冒伪劣，加强诚信建设，强化信誉意识，围绕“创国内一流，国际知名”的企业发展目标，坚定不移地推进名牌战略。

阴极铜产品进入中国名牌，对提升行业整体水平，发挥了积极的引导作用。

# 大冶有色金属公司
## 大江牌阴极铜

阴极铜

大冶有色金属公司位于长江之滨的湖北省黄石市，域内的铜录山古铜矿冶遗址举世闻名，是华夏古青铜文化的发祥地。公司始建于1953年，属省政府直管企业，是国内五大铜原料基地之一和国家特大型企业。现粗铜、阴极铜的产值、产量、质量、企业固定资产、上缴税利均居全国同行业前列。

经过五十年的建设和发展，公司已形成地勘、采矿、选矿、冶炼、化工、发电、金属压延、综合回收、科研开发、井巷施工、工程建筑安装、机械制造、电力电讯、建材、公路铁路运输、内外贸易等以铜业为主、多种经营配套发展的格局。公司描准世界铜发展方向，引进、吸收、消化以诺兰达富氧熔池熔炼技术为代表的铜火法粗精炼、湿法铜电解、连铸连轧铜材加工以及相配套450kt/a $SO_2$烟气环保制酸，12000m3/h制氧、45t/h余热锅炉等一大批技术和装备，使公司技术装备始终保持国际先进水平。公司现有总资产34.39亿元，净资产20.48亿元，流动资产12.77亿元。

DAYE Non-Ferrous Metals Company is located in Huangshi City, Hubei Province, at the side of the Yangzi River. In the city, the Tonglu Hill ancient copper mine is worldly famous, it is the birthplace of ancient bronze Culture of China. The company was established in 1953 and now it is under the jurisdiction of provincial government. It is also one of the 5 biggest copper material bases domestically and the national super scale enterprise. The output and value of blister copper and cathode copper, the fixed assets and taxation of the enterprise are all in the front row of the same industry of the whole nation.

After the 50-year-construction and development, the company has formed the pattern of based on the copper industry with multi businesses coordinated development, which consists of geological prospecting, mining, ore dressing, smelting, chemical industry, electricity generation, metal rolling, comprehensive utilization, scientific research and development, well construction, engineering building and installation, mechanic production, power and communication, building materials, logistics transportation, domestic and foreign trade. The pyrometallurgical copper smelting and refining technology characterized by Noranda oxygen enrichment bath smelting, the copper electrolysis hydrometallurgical technology, the copper material continuous casting and rolling processing technology and plenty of coordinated technologies and facilities such as 450kt/a environmentally acid production from SO2 gas by Monsanto dynamic wave, 12000m3/h oxygen production, 45t/h waste heat boiler, etc., which are all meet the international advanced standard of the copper smelting and production at our time, and present the direction of the copper industry development. The company has total assets of RMB3.439 billion yuan, net assets of RMB2.48 billion yuan and the liquid assets of RMB1.277 billion yuan.

中国名牌产品年鉴

# 江西铜业集团公司
# 贵冶牌阴极铜

贵 冶

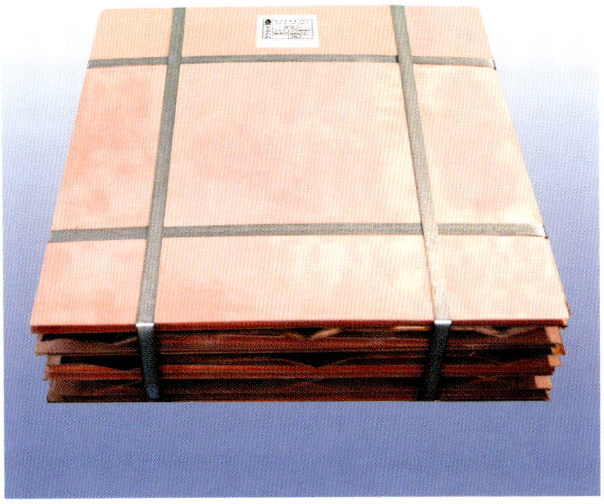

阴极铜

江铜集团，作为中国最大的铜企业之一，见证了改革开放以来民族铜工业奋力追赶世界先进铜行业的历程，并正在致力于成为具备全球性竞争力的铜企业。25年的专业化经营，江铜已成为集采、选、冶、加工为一体，初步构筑了较为完整的铜产业链的企业集团。目前，江铜的总资产已达到145亿元，2003年营业收入达到106亿元，年阴极铜产量达到40万吨，黄金12吨，白银280吨，旗下拥有近50家各类子公司，分公司，员工3万余人。其中控股的江西铜业股份有限公司分别为香港H股和上海A股上市公司。1996年，江铜的“贵冶”牌阴极铜在LME（伦敦有色金属交易所）注册，为中国首家，开启了中国铜产品及铜企业国际化经营的先声。

优良的产品品质是企业能力的综合体现，江铜集团秉持“至高、至精、至诚、至远”的核心价值，不断塑造江铜特色的质量文化。尤其是近十年来，江铜通过强化资源储备及整合优势、装备及技术优势和人力资源优势等三大优势，培育“管理和可持续发展两项能力”和关注“品质源于细节”的核心质量观，构件集团领先国内市场，参与国际竞争的质量管理体系。

Jiangxi Copper Corporation(JCC), as the one of biggest copper enterprise in China , has witnessed the process of national copper industry catching up the world advanced copper line since China's reform and opening-up to outside world and is devoted to becoming a copper enterprise capable of challenging global competition . With 25 years of specialized management, JCC has already become a group company specializing in mining, milling, smelting , and manufacturing, tentatively constructed with a comparatively intact copper industry chain. At present, the total assets of the JCC have already reached RMB14.5 billion, the turnover reached RMB10.6 billion in 2003. Annual production of cathode copper reaches 400,000 tons, and gold at 12 tons, silver at 280 tons. JCC operates nearly 50 subsidiaries and branches. There are about 30,000 employees in the company. Jiangxi Copper Company Limited, hold by JCC, is listed both in Hong Kong and Shanghai Stock Exchange. In 1996, “ Guiye ” brand cathode copper of JCC was registered in LME (London Metal Exchange) to make JCC to become the first China's mining company listed in overseas markets. JCC starts the internationalized business operation of Chinese copper products and copper enterprises.

Eminent product quality is a comprehensive embodiment of enterprise capability. Adhering to a core value sense of “high level, preciseness, sincerity and far-sight”, JCC constantly moulds the quality culture with JCC's characteristics. Especially in the past ten years, through strengthening and integrating advantages of resources reserve, equipment and technology as well as human resources, JCC fosterers abilities of “Management and Sustainable Development ” and pays attention to the key quality view that “Quality Comes from the Details” to construct a leading quality management system in the domestic market and participate in international competition .

# 云南铜业股份有限公司
## 铁峰牌阴极铜

铁峰
TIEFENG

阴极铜

云南铜业股份有限公司为云南铜业（集团）有限公司控股的上市公司，云南铜业股份有限公司股票（0878）“云南铜业”1998年6月2日上市交易。1999年4月1日入选美国道中88指数股，1999年10月8日入选深圳成份指数股。

云南铜业股份有限公司是中国闻名的铜冶炼企业，前身为云南冶炼厂，始建于1958年，属全国156个重点项目之一的东川矿的配套工程，位于祖国西南边陲的春城——昆明市西北郊。云南铜业股份有限公司目前固定资产21亿元，现有职工2800余名，已形成年产25万吨高纯阴极铜、电工用铜线坯6万吨、工业硫酸60万吨、金3吨、银300吨的年生产能力，并能回收铅、锌以及铋、硒、铂、钯等多种有色金属和稀贵金属。公司发挥自身的原料、资源优势，依托日方的先进技术与科学管理，与古河电气工业株式会社共同投资成立云南铜业古河电气有限公司，生产铜及铜合金接触网材料及相关产品等。

公司按GB/T19002-1994 idt ISO9002：1994建立的质量体系，于2000年12月通过北京新世纪质量体系认证中心及英国国家质量保证有限公司认证。

Yunnan Copper Co., Ltd. (YCC) is a listed company of Yunnan Copper Industry (Group) Co., Ltd. The Stock (Stock No. 0878) of “Yunnan Copper” of YCC was listed on the stock market on June 2, 1998. This stock was selected to be the Stock of American Dow Johns Composite Index 88 on April 1 , 1999 and the Stock of Shenzhen Composite Index on October 8 , 1999.

YCC is a well-known copper smelting enterprise in China . Its former is Yunnan Smelter which was set up in 1958 . Being the associated project of Dongchuan Copper Mine , it was one of 156 key projects in China . YCC locates in Northwest suburb of Kunming City ( called Spring City ) which is situated in the Southwest of China . At present , YCC owns 2.1 billion Yuan RMB of fixed assets and more than 2,800 workers and staffs . It is now capable of producing annually 250,000 tons of High Pure Copper Cathode , 60,000 tons of Copper Rod for electrical application , 600,000 tons of Industrial Sulfuric Acid , 3 tons of Gold and 300 tons of silver . Moreover , YCC can also recover various non-ferrous metals , and rare & precious metals , such as Lead , Zinc , Bismuth , Selenium , Platinum , Palladium and etc . After YCC took advantages of raw material & resources and based on advanced technology and scientific management of Japanese company , Yunnan Copper Furukawa Electric Co., Ltd. was established under common investment between YCC and The Furukawa Electric Co., Ltd. to produce copper contact wire , copper alloy contact wire , relevant products and so on .

Being in accordance with GB-T19002-1994 idt ISO 9002 , Quality Management System which was established by YCC gained Quality Assurance Certificate issued by Beijing New Century Registration Center of Quality Management System and England National Assurance Ltd. in December 2000

# 铜陵有色金属（集团）公司
## 铜冠牌阴极铜

T G
铜冠

阴极铜

铜陵有色金属（集团）公司（以下简称铜陵有色）坐落在我国青铜文化发祥地之一、素有“中国古铜都”之誉的安徽省铜陵市，临江近海，交通便捷，区位优势明显。

铜陵有色投产于1952年6月，是新中国最早建设起来的铜工业生产基地之一。新中国成立后建设的第一座大型露天矿即为该公司的铜官山铜矿、第一座铜冶炼厂即为该公司的第一冶炼厂。经过50多年的建设，该公司发展成为一个以铜金属采、选、炼、加工为主，集经营贸易、科研设计、机械制造、建筑安装、井巷施工、旅游服务为一体的特大型联合企业集团。现有21个分公司（事业单位）及驻外机构，11个全资子公司，27个控（参）股公司和1个集体企业，职工27161人，其中管理人员和技术人员5492人，享受政府特殊津贴专家20多名。铜陵有色拥有实力雄厚的技术中心，与国内外著名科研院所建立了长期的技术合作关系。和有关科研院所联合攻关完成的《地下矿山连续开采工艺及装备》、《常温变量喷射——动力波洗涤闪速炼铜技术》先后荣获国家科技进步一等奖。

Tongling Nonferrous Metals (Group) Inc. (hereinafter referred to as TNMG) is located in Tongling City, Anhui, one of the birthplaces of China’s bronze culture and is glorified to be an “Ancient Copper Capital of China”. It adjoins the Changjiang golden water coarse and enjoys favorable geological position and convenient communication and transportation advantages .

Since established in June, 1952, it is one of the earliest constructed copper industry bases of new China. After the founding of the People’s Republic of China, the first constructed large open pit mine in China is Tongguashan Copper Mine under TNMG and the first operated smelter is its No. 1 Smelter. Through the development of five decades, it has become a large integrated complex, which engages in mining, mineral processing, smelting and fabrication of nonferrous metals as well as business and trade, scientific research and design, machinery building and repairing, construction and installation, shaft and drift construction and tourism service. It owns 21 affiliates and offices, 11 exclusively funded subsidiaries, 27 shareholding companies and 1 collective enterprise with a total of 27161 staff and workers, which includes 5492 managerial and technical personnel and more than 20 experts enjoying government special allowance. TNMG has established a technology center with strong research and development capacity and has set up long term technology cooperation ties with some well-known scientific research institutes both at home and abroad. The have obtained the scientific research results such as “the comprehensive study of technology and equipment for high phase intensified mining of underground mine” and “the flash copper smelting of normal temperature and variable spraying — dynamic wave cleansing process ” which have won the first prizes of national science and technology progress respectively.

# 超硬材料行业经济运行形势分析

**一、引言**

1996年以来，超硬材料以年增幅30%左右的速度发展着，每年创造一个新纪录，每年攀上一个新台阶。但量的攀升过快，质的飞跃嫌慢。我们的产量早已是世界第一，质量位置未能跃迁。是否到了把产量放缓、让质量飞升的时候？是否应该按照中央的大政方针来转变经济增长方式？我们根据所掌握的2004年行业相关经济运行数据进行分析，以期引起企业家们的注意和思考，推进行业的健康、稳定和可持续发展。需要指出的是，我们所掌握的数据可能有水分，仅就我们认为水分较大的数据做了测算和调整，力求接近行业经济运行真实数据。但因水平、能力所限，无法逐项调整，谨请理解。

**二、2004 年行业发展状况分析**

2004年行业主要经济指标、研发、技术和产品产质量均刷新了历史纪录，攀上了又一个新高峰。

1、行业工业总产值、销售收入、效益仍在快车道运行

2004年行业主要经济指标如表1所示。需要指出的是：①每年的统计样本有变化，本表与往年的相应表没有对应性；②某些企业对填报数据不积极，报表有缺项，本表给出了具有可比性的企业数；③本表统计数据涵盖了行业的主要企业，具有代表性。

表1、超硬材料行业2004年主要经济指标

| 指标名称 | 2004年 | 增长率/% | 可比企业数 |
|---|---|---|---|
| 工业总产值/万元 | 515364 | 28.9 | 55 |
| 产品销售收入/万元 | 493243 | 29.6 | 55 |
| | 543496 | 28.6 | 75 |
| 利润总额/万元 | 35064 | 38.9 | 61 |
| 平均劳动生产率/万元/人 | 5.7 | 16 | 38 |
| 人均工资/万元 | 1.3 | 9.1 | 52 |

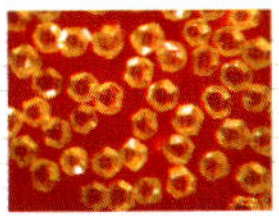



从表1可知：2004年55家企业工业总产值达51.5亿元，比2003年增长28.9%，增长率降低7.1个百分点；55家产品销售收入49.3亿元，比2003年增长29.6%，增长率降低5.4个百分点；75家企业产品销售收入达到了54.3亿元，比2003年增长28.6%；61家利润总额达3.5亿元，比2003年增长38.9%，增长率提高25.9个百分点，增幅巨大，说明高附加值产品比例扩大，经济增长方式趋好。52家企业的人均工资继2003年突破万元大关后，又增长了9.1%，达到人均1.3万元，说明职工收入和生活水平持续改善。从人均劳动生产率5.7万元可知，行业经济增长方式有待下工夫扭转。表1数据除人均工资外均大大高于2004年国家GDP9.5%的增长率，行业总产值、销售收入、效益仍在快车道运行，整体运行质量良好。

2、科研开发力度加强，经济增长方式开始转变

2004年超硬材料价格持续走低，生产所需原材料价格持续上涨，市场竞争异常激烈。逼迫企业全方位加大开发力度。一方面要自行消化原料涨价引起的成本提高，另一方面要极力开发新工艺和新产品，提高产品档次，提高市场竞争力。现根据我们所掌握的情况归纳如下：①、金刚石单晶质量大幅提高，从Ti、TTi检测指标来衡量，科研成果水平基本达到美国最高档产品指标，单产比例可达9%左右；次高档产品的Ti—TTi差值从2003年的15%降到了10%，且达到了产业化水平。单晶生产的工艺研究取得了突破性进展；②、金刚石生产的粉末工艺得到了大面积推广，因粉末工艺有其突出特点：产量高、晶形好、检测指标高、经过多年研发，2004年在行业得到较大范围应用，粉末工艺产品占总产量比例从2003年的10%左右上升到2004年底的40%。但需要指出的是：片状工艺也有其突出特点，现在要说粉末工艺产品能完全取代片状工艺产品还为时过早；③、间接加热研究如火如荼。间接加热工艺因加热体电阻变化小、合成腔温度受金刚石成核生长的影响较小，压力温度更趋匹配，从而使金刚石成核生长环境更优，所以导致生产过程消耗电功率减少、金刚石产量质量提高，综合生产成本降低，经济效益明显提高。2004年该项研究取得突破并在少数厂家普及生产；④、CBN微晶产品开发成功，现已进入中试阶段；⑤、刀具用大直径（≥ϕ40mm）PCBN聚晶片研发成功进入中试阶段；⑥、各类金刚石制品如钎焊工具、绳锯、IT业用切片、砂轮等在取代进口产品方面取得显著成绩；⑦、金刚石六面顶压机制造技术和质量大幅提高，基本达到了安装好即可正常开机运转，前些年常出现的断梁、裂缸现象已基本杜绝；⑧、多个厂家开展了利用六面顶压机模仿两面顶工况的试验研究，并在个别厂家取得成功，试验表明：可使合成压力下降5~10%，设备效能利用率可提高20~40%，金刚石单产提高30%，且质量明显优于常规六面顶合成产品；⑨、新开发成功新型高效超硬材料滚镀机、锯片应力测试仪等一批新型仪器；⑩行业呼唤多年的超硬材料冲击韧性检测标准和超硬材料制品一套料刀、精磨片标准已完成研究上报，今年将发布实施。

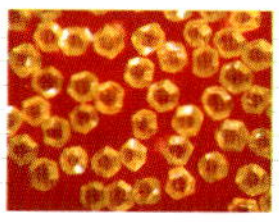



3、生产规模扩大空前，技改热潮近乎冲顶，产品产量再创新高

尽管2004年国家采取了宏观调控措施，资金信贷、基建规模均受到了不同程度的影响。但本行业总体上受影响不大，生产、销售、市场仍处在高位运行，还是蓬勃发展的大好局面。从企业个体来看，应是少数欢喜多数愁。少数资金雄厚、实力强大、人才济济、技术领先的企业高速、大规模扩产，雄心勃发，欲执行业发展之牛耳；资金和人才缺乏、实力较弱、产品没有特点的多数中小企业受到了较大冲击，有的关门歇业、有的转产、有的停掉部分机器，降低产量，艰难运行，多数中小企业对大厂的迅猛增容扩产感到巨大压力，忧心重重。技术、产品有特点、专业生产特殊产品的中小企业压力不大、效益尚好。经过多年的市场拼斗，2004年行业出现了非常明显的集团化、集约化趋势。

产品价格一路走低，以大型压机生产企业的大规模扩容，引起了众多以6MN × 12MN及以下小型压机生产企业的大规模技改热潮，据不完全统计，仅2004年安装6MN × 14MN及以上压机达到836台，远远超过了2004年初预测的500多台，一年内安装如此大量的压机是行业从来没有过的，是空前的，希望也是绝后的。

人造金刚石和立方氮化硼早已供过于求，再盲目扩大，势必导致价格进一步下滑，势必加剧恶性竞争，从资金层面看，按每台压机需资金60万元算，仅压机扩容资金就达5.02亿元，若再加上前后道工序的扩容资金，数额更大，不可小视。

2004年全国金刚石产量有多大？仅统计到的43家产量即达到27.21亿克拉，去掉部分水份，产量应达25亿克拉。根据碳片、触媒消耗量测算，片状工艺生产金刚石的总量在20.6亿~22.4亿克拉之间，若再考虑减去5%的试验损耗量，则为19.57亿~21.28亿克拉。据不完全统计2004年采用粉末工艺生产的金刚石量为13.13亿克拉，两项合计约为32.7亿~34.4亿克拉，在此我们取测算低限值，即2004年行业金刚石产量为32.7亿克拉，比2003年的25.3亿克拉增长29.2%，其中粉末工艺生产金刚石的比例从2003年的10%上升到了2004年的40%，并有继续扩大比例的倾向。

2004年立方氮化硼增势趋缓，增长率为3.3%，达到1.24亿克拉，这同样也是历史最高纪录。

超硬材料制品企业为数众多，星罗棋布，是多年的统计难点。协会要求按超硬材料消耗量计报数据，但有些企业只报件（片）数，无法汇总。据掌握的有限数据来看，超硬材料消耗量为3.6亿克拉，同比增长8.8%，实际数据要远高于此。

4、金刚石出口量成倍增长，国际市场竞争力持续攀升，但与国际先进水平差距甚远

按我国海关统计，2004年金刚石出口量为2.6亿克拉，是2003年0.93亿克拉的2.8倍，出口价格稳步增长，中高档产品比例增大。需要指出的是出口量数据并不代表出口总数，增量也非真实数据。只说明中国海关原将人造金刚石纳入钻石监管、只允许通过上海钻石交易所进出口的禁令在本协会多年反映争取就地出口的努力下有所开禁，2004年各地海关逐步开始受理该产品，越来越多的出口企业回到了海关正常出口的轨道上来。本协会统计10家企业出口量为3.6亿克拉。

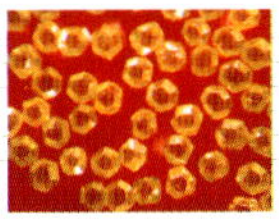

美国、日本仍是中国人造金刚石的主要市场，出口到两国市场的金刚石总量达1.43亿克拉，其中出口日本的金刚石总量为0.57亿克拉，同比增长了3.7%，占其进口总量的37.3%，比去年同期降低5.5个百分点。但产品价格从0.12美元/克拉上升到了0.15美元/克拉，增幅25%，这说明出口产品结构有了明显变化，在向好的方向发展。

出口到美国的金刚石量为0.86亿克拉，同比增长了25.2%；占其全部进口量的35.7%，比去年同期高8.3个百分点，总体价格基本持平。出口美国产品中80目以粗的金刚石量为1.55亿克拉，比2003年的1.96亿克拉降低21%，主要进口国的量均有大幅下挫，其中中国跌幅最大，达到36%，但仍占其进口市场的20%，出口价格从0.11美元/克拉上升到了0.16美元/克拉，涨幅达45%，说明该类产品质量有所提高；80目以细的金刚石达0.38亿克拉，增幅达2倍多，占其进口总量的60%，比前一年高26.7个百分点，价格与上年持平，仅有0.06美元/克拉；含金属镀层金刚石占其进口总量的91%，基本统领该领域市场，单价也从0.07美元/克拉上升到了0.10美元/克拉，增幅达43%。

此外，爱尔兰、美国和韩国出口到日本的金刚石平均价为0.52美元/克拉，占量最大的中国则只有0.15美元/克拉，比三强国金刚石单价低3.5倍；爱尔兰和韩国出口到美国金刚石的平均价格为0.41美元/克拉，量最大的中国只有0.1美元/克拉，比前述价格低3.1倍。同期中国进口金刚石0.23亿克拉，进口单价0.27美元/克拉，看来中国金刚石行业变强仍需下大工夫。

我国海关统计的金刚石制品出口情况如表2所示。由表2可知，制品增长率仅为5%，远远低于预期值，但金额增长率达到了56.9%，单价增长率高达49.2%，说明我国出口制品的质量水平在提高。但2004年进口金刚石制品为1500.0吨，进口单价为31112美元/吨，是出口同类制品单价的12.6倍，差距之大，应引起足够注意！

表2、近两年海关统计的金刚石制品出口情况

| 出口 / 年份 | 数量 /吨 | 增长率 /% | 金额 /万美元 | 增长率 /% | 单价 /美元/克拉 | 增长率 /% |
|---|---|---|---|---|---|---|
| 2003 | 4336 | 96.4 | 667.3 | 150.9 | 1539 | 27.7 |
| 2004 | 4561 | 5.2 | 1047 | 56.9 | 2296 | 49.2 |

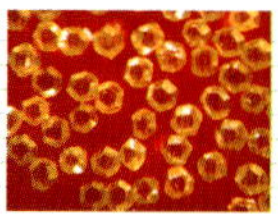



**三、两巨头对行业发展做出了突出贡献**

河南黄河旋风股份有限公司和中南工业有限责任公司是人造金刚石业的两巨头，两家均于2004年荣获人造金刚石“中国名牌“称号。两家2004年技改与扩容投资均为1亿~2亿元人民币甚至更多，产品产量和质量提升速度也名列行业一、二名。2004年两家产品的产量已占到行业总量的37%，并仍在大幅度增容扩产；具有先进技术代表的粉末工艺技术在此两家普及率最高，前者普及率约80%，后者普及率100%，两家利用粉末工艺分别研制出了主要技术指标达到世界先进水平的金刚石单晶，并分别进入到中试阶段，两家企业的技术进步，使其产品质量高、成本低，他们金刚石市场售价已成为行业价格晴雨表，他们的不断技改是行业技改热潮的激励源，预计2005年两家企业金刚石的产量和质量会更上一个新台阶。这两家企业是人造金刚石行业的主力军、领头羊，为行业发展做出了突出贡献，期望两家巨头企业继续为赶超世界人造金刚石先进水平承担更多的责任。

**四、对行业未来发展的思考**

超硬材料行业经过40多年的发展，从无到有，从小到大，从技术到规模均取得了长足进步，目前在数量上已独占鳌头，成为无可争议的世界第一！翻开行业发展的史册，不乏光辉灿烂的篇章：第一代技术开创性地使中国拥有了六面顶压机生产人造金刚石的独一无二设备与工艺，结束了中国人不能生产人造金刚石的历史；第二代技术把六面顶压机的容量提高了3~6倍，使金刚石单产提高了十倍左右，质量也有显著提高，引发了行业的迅猛发展；第三代技术融合了两面顶—六面顶合成工艺的优点，开发了粉末和间接加热等新工艺，不仅使单产翻了一番多，而且使成本降低、质量提高，增强了行业志士赶超世界先进水平的勇气和信心！但是，我们是否具备了赶超世界先进水平的技术和能力呢？近年的行业高速发展是否令我们头脑有些发热呢？我们多年高呼要实现超硬材料强国伟大目标的口号何时能够兑现？未来多少年我们能赶上世界先进水平？是五年还是十年？看看我们超硬材料与发达国家的售价差3~4倍，超硬材料制品与其差10倍以上，不能不想这些问题。为了尽快缩短和消除这些差距，是否应该从下属方面做出努力？

（1）把盲目贪大、追求数量胜于追求质量的发展模式尽力扭转成高效、高附加值模式，盲目贪大在材料制造业优为突出，几乎形成了攀比装机数量的竞赛，结果是为本来就供过于求的市场带来更大的冲击，引发更激烈的市场竞争。如果能把资金、技术、精力投入到高质、高效、高附加值产品的生产上，恐怕会事半功倍。

（2）人才培养和研发要放眼未来，重视中长期效益；从模仿跟风转向独辟蹊径，以求重大突破，引领行业高质量发展。有能力有水平的企业不要和弱小企业争夺低级市场，要开发一般企业无法胜任的高端产品，以求更丰厚的回报。

（3）向专业化、专用化方向发展，摒弃家家做通用产品、前军万马一条道的格局。尤其是中小企业、制品类企业必须有自己的特点，有自己的专业化拳头产品，否则就可能被挤出局外。事实上行业已有专业生产特殊产品的中小企业，他们一台压机创造的效益是做通用产品的十倍以上，一片砂轮创造的效益是十片甚至二十片通用砂轮的效益。要着重开发新品种，拓展应用新领域。

（4）建立健全产品应用试验室，掌握自家产品的应用性能，指导用户用好产品。多年来行业企业极少有产品应用试验室，大多以用户的生产现场作为试验基地，产品性能的研究提高靠用户反馈信息才能实施。如制造金刚石的企业不做甚至不会做锯片，更谈不上锯片应用试验；做锯片的没有石材切割试验室。世界著名金刚石企业均有工具，甚至切、磨试验室，不仅有一流的金刚石制造人才，也有一流的工具制造人才，对于自己的产品应该用于何处了如指掌，甚至可以指导用户生产工具。没有产品应用试验室是企业、特别是制品企业开拓市场的巨大障碍，应予关注。

（5）规范市场秩序，避免恶性竞争，携手共建消费大市场。国内外市场容量很大，待开发领域很多，企业要着重培养和开发新的市场空间，不要刻意夺他人已有市场。千家万户争夺已有市场，势必造成恶性竞争，恶性竞争对哪一方都是一个损害，对行业整体效益也是一个损害。

（6）提倡通过联合重组、兼并收购扩大规模，不走低水平重复建设扩大之路。强强联合、战略重组是低成本扩张、多方共赢的发展模式，而靠低水平重复建设来挤垮、吃掉他人是高成本、带些血腥味的扩张之路。弱小联合可以变强、强强联合则实力更强。何去何从，企业家需慎思。

（7）支持行业公益事业，完善公共信息平台。行业协会工作、标准化工作、网站工作需要企业支持并共享其成果。特别是企业发展中可共享的技术、经济信息多给协会提供。众人拾柴火焰高，若只想取暖，不愿添柴，火焰则难使众人暖。

**五、结束语**

2004年是超硬材料行业高速发展的一年，技术、经济、国内外市场开拓都跃上了一个新台阶，创造了新的发展纪录，攀上了一个新的高峰，缩短了与世界先进水平的差距，大好形势令人鼓舞。2005年仍将是行业高速发展的一年，技术将有所突破，但经济增幅会趋缓，增长方式将沿着中央指明的方向稳步快速前进。但是，我们不能被近年的高速发展和巨大成就冲昏头脑，要保持不骄不躁的工作作风，要清醒地认识到我们的超硬材料距国际先进水平还有3~4倍的差距，我们的制品还有高达10多倍的差距，前进的道路仍是荆棘丛生、障碍重重，惟有卧薪尝胆、励精图治，才能实现超硬材料强国的伟大目标！

# 河南中南工业有限责任公司
# 中南牌人造金刚石

中 N 南
ZHONGNAN

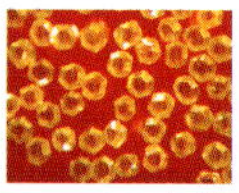

人造金刚石

河南中南工业有限责任公司隶属于中国兵器工业集团公司，是国家大型二类企业。始建于1981年，“六五”期间国家重点建设项目。2001年由原河南中南机械厂整体改制为国有独资公司。拥有固定资产原值4.1亿元。各类设备4200台(套)。公司占地面积242万平方米，现有员工2600人。其中高、中级技术人员400多人。公司下设四部一室，一个全资子公司，二个控股子公司，五个参股公司，被誉为中国超硬材料行业的一匹黑马。

公司以人造金刚石为主导产品，20世纪90年代初工厂实行“保军转民”的战略方针，充分发挥军工人才和军工生产技术管理优势，开始了人造金刚石产品的开发和生产线建设。在集团公司和国家有关部门的大力支持下，从1993年到2003年的10年时间内，先后对人造金刚石生产线进行了多次大规模的技术改造，使人造金刚石的研发和生产面貌发生了巨大的变化。

Henan Zhongnan Industrial Co., Ltd is a largescale manufacturer, which is specialized in the research and production of super-abrasives. 400 million carats of synthetic diamond can be offered each year. This plant is in the famous historic cultural city-Nanyang, having RBM 410 million fixed assets and 2600 workers. To keep technology ahead, we built up our R&D center - Zhengzhou Zhongnan Jete Superabrasives Co., ltd - located in Zhengzhou Hi-Tech Industries Development Zone. We have perfect and advanced testing equipment and our quality system is approved by ISO9001:2000. Our main product is synthetic diamond, which has been sold in home and abroad like Europe, USA, Japan and Southeast Asia, also won good comments from our users for the excellent service, we are still devoting to the exploration, development and improvement of super-abrasives business. We heartily hope create a brilliant future with our worldwide friends.

As a new kind of hi-tech product and the most rigid industrial material in the world, synthetic diamond is widely used in the field of metallurgy, oil drilling, mechanical process, instrument, electronics and modern top sciences. It's related closely to the development of industry, so synthetic diamond is praised as 'Treasure of industry'. It's rather popular among the users because of its good physical performance, like high strength, wear resistance and good thermal stability. We have excellent devices, complete testing methods and powerful technology force. Our diamond products are divided into two series - ZND2000 and ZND2100. For each series, the available sizes are from 30/35 to 325/400, types are from the lowest ZND2010 to the highest ZND2080. All the materials have stable quality, complete specifications and can meet all kinds of requirement from users.

# 河南黄河旋风股份有限公司
# 旋风牌人造金刚石

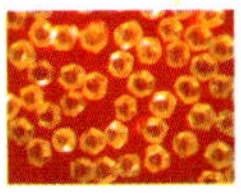
人造金刚石

河南黄河旋风股份有限公司是由河南黄河实业集团股份有限公司控股的上市企业。拥有国家级企业技术中心、企业博士后科研工作站，是第一批全国企事业专利工作试点单位，河南省高新技术企业。现有员工3200多人，中级职称科技人员760名、硕士76名、博士22名。主导产品有：人造金刚石、新一代UDS系列金刚石合成压机。旋风系列产品畅销日、美、欧等发达国家及东南亚市场，是中国超硬材料行业的排头兵，人造金刚石年产量近7亿克拉，从规模和产量上已名列世界前三强，产品批量出口日本、美国、德国等国家。近年来，公司在扩大产量的同时，不断加大科技投入力量，在合成工艺、合成设备、自动化控制等方面都取得了长足进步，研制了具有自主知识产权的UDS系列大吨位六面顶金刚石压机，金刚石系列产品已占国内生产总量的42%，产品在国际市场上具有极强的竞争力。

Henan Huanghe whirlwind Co.,Ltd. is one list enterprise which is shareholded by Henan Huanghe group Co.,Ltd.. It is the first group of test enterprises with national patent work and the tenth group high-tech enterprises of Henan Province. There are more than 3200 staffs now, including 760 technicians of the title of secondary technical post, 76 postgraduates and 22 doctors. The chief products are synthetic diamond and the new generation UDS series diamond synthesizing press. The products are exported in batches to the developed countries such as Japan, America, Europe, etc. and Southeast Asia market, it is listed NO. 1 in superhard material industry of China. Now the annual output of synthetic diamond reaches 700 million carats, and it has been listed one of the three strongest industry of the world in scale and output. In recent years, the company is expanding output constantly and meantime strengthening power in science and technology, and has made a considerable progress in synthesizing technique, synthesizing equipment, automatic control system etc. The company has researched and manufactured with patent right UDS series diamond press which are hexa-side with big tonnage. Its diamond products account for 42% of domestic general production and have better competitiveness in international market.

# 加油设备行业概况

2004年随着我国汽车工业的发展和各类燃油机动车保有量的增长，加油设备行业也得到一定的发展。据统计，2004年我国加油机整机生产企业30家，年产11万条枪，产值13亿元。行业中前10家企业年产超过2千多条枪，产值达2千多万元。加油机整机制造与配件生产所带动的相关行业市场规模约40亿元。经过几年的调整，加油机销售市场趋于平稳,加油机生产企业开始把目光投向国外市场，2004年出口额由2001年的300多万美元上升到1000多万美元，由于受技术进步和2004年中国开放成品油零售市场等因素的影响，我国加油设备行业将进入快速发展期。

2004年从国内销售市场统计，国产品牌加油机（包括合资企业）占有98%以上的市场份额，这些加油机生产企业经过多年的发展，拥有较强的新产品开发能力，生产和检测设备先进，加油机产品质量稳定，产品售后服务及时到位，能满足用户的要求。

2004年IC卡技术开始全面进入税控加油机产品的配置中，国产税控加油机产品的信息化技术应用进入了新的阶段，使成品油终端销售装备制造商由原来的销售独立的单一的加油设备逐步发展成向石油零售商提供包括高精度的加油机及其附属设备,集中快速的后台信息处理系统，便捷安全的支付手段和环保清洁的油气处理系统等在内的整套设备。

目前国产品牌加油机从产品质量方面有了显著提高，与国外同类先进产品相比，差距已经不大，百万升漂移和开箱合格率两项主要指标已经相同或接近。百万升漂移3‰为国家标准，在实际检测中一些国内领先厂家的产品此项指标达到1.8‰以内，已达到国际先进水平；开箱合格

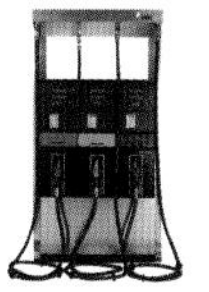

率93%为行业平均水平，作为行业龙头的一些企业已达到98%，这些企业在国内市场有较高的知名度和信誉度。从产品技术和性能方面与国外先进产品相比尚有一定的差距，主要表现在功能和产品的单一等方面，需要进一步的提高。

2004年经过中国名牌战略推进委员会综合评价，郑州正星科技股份有限公司所生产的“正星”牌产品和广州市恒山股份有限公司所生产的“恒山”牌产品被评为中国名牌产品。此项工作的实施，对提高加油机产品在国内、国际市场的知名度，进一步促进更多的中国加油机产品进入国际市场，加快我国加油机工业的发展，具有十分重要的意义。目前，荣获加油机中国名牌产品的企业，通过品牌的影响力积极拓展国际市场和寻求合作伙伴，引进先进技术和资金。为企业的进步和行业的发展，起到了推动作用。我们相信经过几年的努力，我国的加油设备行业整体水平能够得到较大的提高。

# 郑州正星科技股份有限公司
# 正星牌税控燃油加油机

正星
Censtar

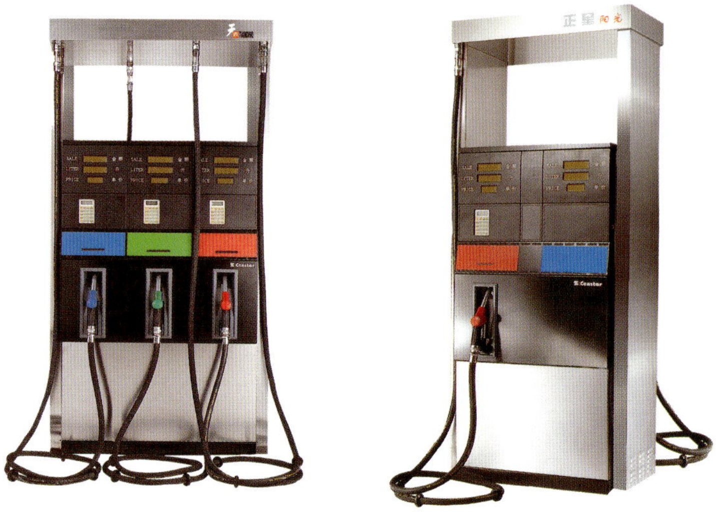

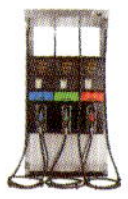



郑州正星科技股份有限公司地处有九州通衢之称的河南省会郑州市，位于国家郑州高新技术产业开发区，占地面积120亩，是目前中国最大的加油设备制造企业。

作为河南省科委认定的高新技术企业，正星公司专业从事成品油零售终端设备的生产制造，主导产品是电脑税控燃油加油机、加油站营业管理系统及IC卡结算管理系统。以郑州正星科技股份有限公司为其主体企业和生产基地，公司实行集团化管理，除在北京另有全资子公司北京博思嘉骏石油工程技术服务公司专门进行加油站管理系统的研发外，公司还在深圳设有赛利康电子厂，生产产品所需的电脑板。

从1997年开始，正星公司一直是中国加油机行业的龙头企业，其生产能力、生产规模已居亚洲前列，在世界范围内排前五名。国内市场占有率连续7年保持行业第一。2001年至2003年，正星市场占有率连续三年接近40%。

2001年起，正星开始涉足国际市场。由于产品优良的性能价格比，当年即进入东南亚市场。2002年产品出口55万美元；2003年产品出口超过110万美元。目前正星产品已出口到中亚、南亚、东南亚、东欧、北非等十几个国家和地区。

Censtar, located in hi-new tech zone of zhengzhou city, henan province, is the leading and largest fueling equipment manufacturer in China.

As a professional retail fueling equipment supplier, Censtar was approved by Henan Provincial Science & Technology Committee as one hi-new technology enterprise. The main business of Censtar is to design and produce electronic fueling dispenser, automation management system and IC card transaction system. Censtar is a group company. The main facilities of production are in zhengzhou. Meanwhile, Censtar has one branch company in Beijing, mainly for automation system development, and another one in shenzhen, for PCB boards production.

Censtar has continuously kept the no.1 position from 1997 in china. In the past three years, Censtar achieved around 40% domestic market. Now, whatever the development ability or production scale, Censtar has becoming a leading company in whole Asia market.

From 2001, Censtar began to explore the overseas market. 2002, exportation is over $0.55million; 2003, over $1.1million. Now, Censtar is more and more popular in southeast asia, south asia and centrial asia, Russia, Africa etc areas.

# 广州市恒山股份有限公司
# 恒山牌税控燃油加油机

税控
燃油加油机

1988年，由清华大学毕业的现任董事长黄志军创办了国内首家生产电脑加油机工厂（恒山公司），它是一家专业从事研发、生产、销售成品油终端销售设备的大型企业，是集科、工、贸一体的现代民营高新科技企业，拥有进出口贸易经营权，是世界石油设备组织成员。

企业生产能力，加油机年生产可达30000台，总台（油站管理系统）年产超过2500套，年生产能力位居加油机行业前列，年产值近2亿元。本公司现有职员工530人，具有初级技术职称120人，中级职称的职工人数近60人，硕士学位以上学历的10多人。副总经理以上攻读和毕业于大学MBA的有6人。

经过16年的创业，现“恒山”品牌以“超越”、“超强”系列加油机为龙头的高性能产品，赢得了客户的青睐，公司拥有二万平方米的科研生产基地，已经形成完整的机械加工和电子自动生产线，拥有先进的生产设备和检测设备，是生产、销售高精度加油机、油站配套设备，高智能的后台信息控制处理器，现代的IC卡交易支付手段，高度环保能源的油气回收装置等产品。恒山是业内公认的增长最快的加油机工业制造企业之一。

Guangzhou Hengshan Co., Ltd., a large high-tech enterprise incorporated in 1988 by currently board chairman Huang zhijun who is graduated from Tsinghua University, is devoted to the development, production and marketing of product oil selling terminals, and has acquired the permit to carry on import and export businesses. The company, as a modern privately owned enterprise combining science research, industry and trade as a whole, has been accepted the membership of world petroleum equipment institute.

With an annual production capacity of 30,000 sets of Fuel dispensers and 25,000 sets of gas station management systems. The company has now 530 employees including nearly 150 middle-rank technical titleholders and over 10 master degree holders. Six general managers or deputy general managers have finished or are pursuing MBA courses.

After 16 years of hard works, the Chaoyue and Chaoqiang series of high performance Fuel dispensers under the brand of Hengshan have won the recognition of the clients, and the company has built 20,000m2 research and production facilities to accommodate full sets of machinery processing and electronic production lines, advanced production and detection equipment and to supply gasoline retailers with such products as high precision Fuel dispensers and gas station accessories, intelligent backstage information processing systems, safe and convenient IC card payment devices and eco-friendly vapor recovery systems. Hengshan is deemed one of the fastest growing enterprises in the Fuel dispensers manufacturing industry.

# 数控车床行业概况

**一、数控车床名牌产品评价项目**

1、产品水平

数控车床名牌产品具有国际水平，在国内处于领先地位。

2、产品质量

产品质量性能稳定可靠，接近国际水平，在国内具有领先地位。质量管理中，执行贯彻ISO9000质量管理标准。权威机构质量抽查100%合格。对产品质量和用户服务中，无用户投诉，用户满意度100%。

3、产品产量

数控车床名牌产品产量在行业内占有较大的比例。

4、市场占有率

数控名牌产品具有较大的市场需求量和市场占有率。

5、出口前景

数控车床名牌产品具有良好的出口前景。

6、经济效益贡献

数控车床名牌产品不仅为本企业创造经济效益，而且为用户可贡献较大的经济效益。

**二、数控车床行业在国民经济中的地位及总体发展概况**

1、地位和作用

数控车床是当代具有高技术水平，高附加值的金属切削加工设备，是中国工业发展所需装备的重要机种，是关系国计民生、国防建设的基础工业和战略性产业。目前已在市场中成为量大面广的主流产品。数控车床以高自动化、高精度、高效率广泛应用在高科技、航空航天、军工兵器、造船汽车、交通运输、农业机械、发动机、石油勘探、能源开发、原材料等领域，是国民经济高速发展、实现工业现代化的重要金属切削加工设备之一。

2、数控车床发展概况

我国数控车床自1993年开始进入调整期，目前已进入成熟使用时期，在本行业内车

床制造企业100多家企业都具备开发制造数控车床的能力。能够批量生产数控车床的企业50多家。特别是经过近几年的产品结构调整，开发能力的提高，企业技术改造，工艺水平提高、品种、产量不断的发展，销售量不断的扩大。目前国内数控车床可供品种约500种（按型号划分）。

**三、行业发展水平，行业集中度状况**

我国自2002年起，成为世界第一大机床消费国，年消费额在60亿美元以上，而且仍呈上涨趋势。我国近年已向市场提供约3万台各种数控车床，特别是经济型数控车床是国内车床行业生产集中度较大，市场需求量较多的产品。高速、高精密、复合化、环保数控车床也已开始进入市场，为各行业用户服务。

**四、行业的质量水平以及与国外先进水平比较**

（1）我国机床企业近10年来通过技术引进、消化吸收和科技攻关、自主开发两个阶段，在数控技术软件上，一些单项技术接近或达到世界先进水平。数控系统的MTBF由5000小时达到20000小时，这一指标使国产数控系统达到世界先进水平。数控车床的MTBF已经超过400小时，接近世界先进水平。

（2）行业数控车床水平与国外产品主要差距。品种数量少，目前国内数控车床可供品种约500种（按型号划分），而日本超过1200种；高速、高精密、复合化数控车床产品可靠性低于国外产品，性能、功能还较国外先进车床有一定差距，国际先进数控车床的MTBF为500小时。

**五、数控车床进出口状况及加入世贸后面临的国际竞争**

（1）国内对数控车床的进出口仍然是进大于出，进口数控车床在国内的市场占有率在50%左右，大多是高速、高精密、复合化产品。而出口的数控车床仅占销售额的10%左右，多为经济型数控车床。但是我们也应看到我国的数控车床出口潜力巨大，数控车床的出口额和出口单价逐年上升。

（2）加入世贸后对我国数控车床行业带来了四个有利的影响。第一为我国机床出口创立了良好的国际环境；第二促进了产品水平和质量的提高；第三有利于外资和新技术的引进；第四有利于企业经营机制的转变。不利因素在于进口数控车床的数量将会进一步增加，国产数控车床的国内市场占有率提高将会更加困难。

# 大连机床集团有限责任公司
# (DMTG)牌数控车床

DMTG

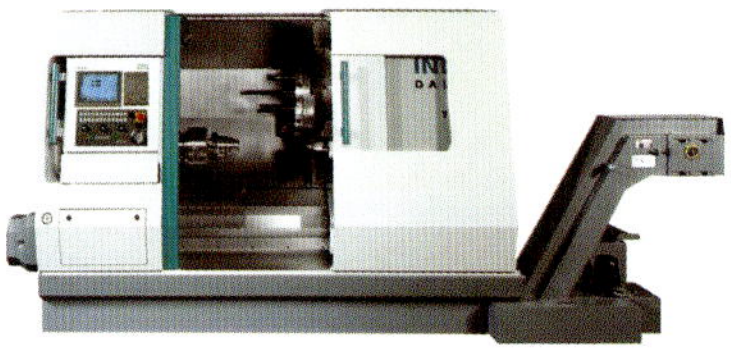

数控车床

大连机床集团有限责任公司(DMTG) 是一个有五十多年发展历史的大型现代化机床生产企业集团，是我国机床行业的排头兵企业和装备制造业的产业化基地。公司前身大连机床厂始建于1948年,建厂五十多年来为国家经济建设做出了巨大贡献，制造了第一台车床、多刀车床、组合机床等几十个全国第一。产品遍布全国并销往世界100多个国家和地区。现在集团公司主要产品有：组专机及柔性制造系统；数控车床及车铣中心；立、卧式加工中心；高精度车床和附件；各种专用机床等。在机床工具行业中产品质量、技术水平居于领先地位。与德国、日本、韩国、美国等国家的合资公司5个，收购美国英格索尔公司2个全资子公司（生产制造公司、曲轴公司）。实现了中国机床工业跨国并购国际知名公司的历史性的突破。

Dalian Machine Tool Group Corp. is a large modern manufacturer with more than fifty-years history. It is a pioneer enterprise of national machine tool industry and the industrialization base of the equipment industry. The Dalian Machine Tool Plant, which changes into DMTG, now was founded in 1948, and throughout its years, it has made lots of contributions to our nation's economy development. It manufactured the first machine tool and created tens of national first such as multi-tool lathes, special purpose machine and so on. Its production has been spread all over the country and more than 100 countries and areas. Now the company's main production lines consist of: Special purpose machines with dedicated and flexible manufacturing systems; CNC lathes including turning and milling centers; Vertical and horizontal machining centers; High speed precision lathes and machine tool accessories; Other special machines and so on. The production quality and technical level is in the leading condition of the national machine tool industry. Now DMTG has 5 joint venture companies established with partners from Germany, Japan, Korea, America and other regions. It has also successfully acquired two former world-renowned divisions of Ingersoll Internationsl- “Ingersoll Production Systems” and “Ingersoll CM systems”. So it has realized a historic breakthrough that Chinese machine tool company purchased international famous company.

# 齐重数控装备股份有限公司
# 齐一牌数控车床

齐齐哈尔第一机床厂始建于1950年，是我国第一个五年计划期间156个重点建设项目之一。经过50多年的发展，现已成为我国机床行业的大型重点骨干企业。企业现有员工4413人，工厂占地面积106万平方米。累计为国防、航空航天、能源、交通、原材料、重型机械等领域提供500多个品种、2万多台重型数控立卧式车床、深孔钻镗床、铁路车床、轧辊车床等产品，其中180种产品填补了国家空白，60项科研成果72次荣获国家、部、省级的各种奖励。许多产品被誉为“共和国的当家装备”，为国民经济的发展，维护国家的经济安全和国防安全作出了重要贡献。

工厂设有国家级重型车床研究所，拥有一支以政府特殊贡献专家、国内机床行业学科带头人和高级工程师为主，总数达720人的科研开发队伍。2000年被认定为黑龙江省高新技术企业，通过了ISO9001：2000板质量体系认证。工厂加快信息技术应用步伐，引进了美国DELL公司的网络系统、、UG公司的绘图软件，在产品设计上采用二维和三维CAD技术，在管理上开展ERP及PDM应用实施工作，2001年被确定为黑龙江省63家企业信息化试点单位。

Qiqihar First Machine Tool Works was founded in 1950,is one kf 156 key projects during our national first five-year plan.Through over 50 year development now it is becoming a key important enterprise in our national machine tool industry.Now the Works har 4413 employees and 1.06 million square meter occupied areas.Total the Works supplying over 500 pieces of machines for national defense,aviation,energy,communication,raw materials and heavy duty machines etc,and over twenty thousand pieces of heavy duty CNC vertical and horizontal machines, deephole drilling and boring machines,locomotive machines, rolling machines and etc,of them 180 varieties of machines have filled up the gaps of the nation.Many products are taken as the key products in the nation and have done contributions to the national economic development.

The Works has a national level heavy duty lathe research institute and having a team of specialists who have special contribution to the national machine tools,who are the senior engineers and head of science and technology in industry,there are 720 personnel as scie-technology developing part .and in the year 2000the Works was awarded the enterprise with high and advanced entering up to catch up the most advanced information technology in the world and introducing the net system from DELL USA,painting software from UG.Also the Works adopts the technology 3-V and 2-V in designing.And in management the Works developed ERP and PDM to instruct its work.In 2001the Works was appraised as one of the 63testing units in Heilongjiang Province.

# 沈阳机床股份有限公司
# 沈一机牌数控车床

沈　一　机

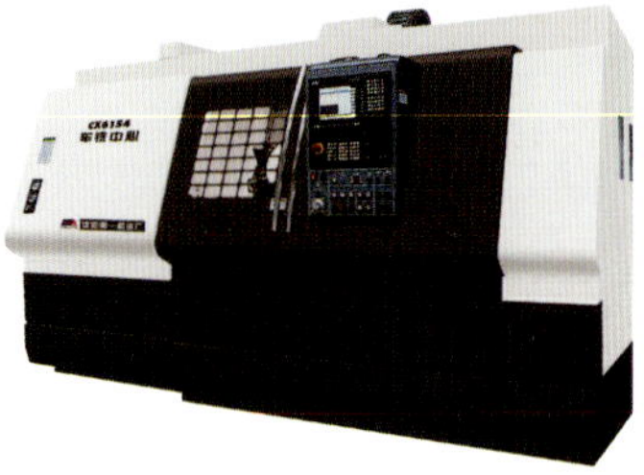

中国名牌产品年鉴

沈阳机床股份有限公司（以下简称“公司”）成立于1993年4月，通过对沈阳原三大机床厂和一个数控系统生产厂进行资产重组而成，现有员工8600余人，占地面积84万平方米。公司于1996年在深交所上市，目前总股本34091.93万股，其中国有股、流通股和法人股分别占54.42%、39.71%和5.87%。

公司是国家520户重点企业、百户建立现代企业制度试点企业和国家火炬计划重点高新技术企业之一，下辖五个生产制造事业部，两个控股子公司，一个国家级技术中心，并拥有国家车床、钻镗床两个子行业专业研究所。公司实行事业部制，所属的沈阳第一机床厂、中捷机床有限公司和中捷摇臂钻床厂分别是中国最大的车床、镗床和钻床制造商，辽宁精密仪器厂是国家指定的数控系统生产厂，其中沈阳第一机床厂是公司中规模最大的主机厂。

Through the assets recombination of the original three large-scale machine tool factories and one CNC system manufacturer, Shenyang Machine Tool Co., Ltd. (briefly called SMTCL in the following) was founded in April, 1993. Now SMTCL possesses more than 8600 workers and staffs, and it covers a floor space of 840,000 square meters. The shares of SMTCL went on the shares market on the Shenzhen Stock Exchange in 1996. At present, its capital stock is up to 340.9193 million stocks in total among them state-owned stocks take up to 54.42%, circulation stocks 39.71% and corporate stocks 5.78% separately.

SMTCL is one of the 520 key enterprises of the state and also one of the enterprises of making experiment of building 100 modern enterprises with modern managing system and the enterprises with high and new technology of the State Torch Plan. SMTCL controls five production manufacturing departments, two control share sub-companies, one state-class technical center, and possesses national sub-industry professional research institute of lathes as well as national sub-industry professional research institute of drilling and boring machines. Under the "Department System", the affiliated Shenyang No.1 Machine Tool Works, Czechoslovakia Friendship Machine Tool Co., Ltd and China Czechoslovakia Radial Drilling Machine Works are separately the largest manufacturers of lathes, boring machines and drilling machines in China. Liaoning Precision Instrument Factory is the specific manufacturer of CNC system, and Shenyang No.1 Machine Tool Works is the main-machine manufacturer with the largest manufacturing scale of SMTCL.

# 济南一机床集团有限公司
## 济一机牌数控车床

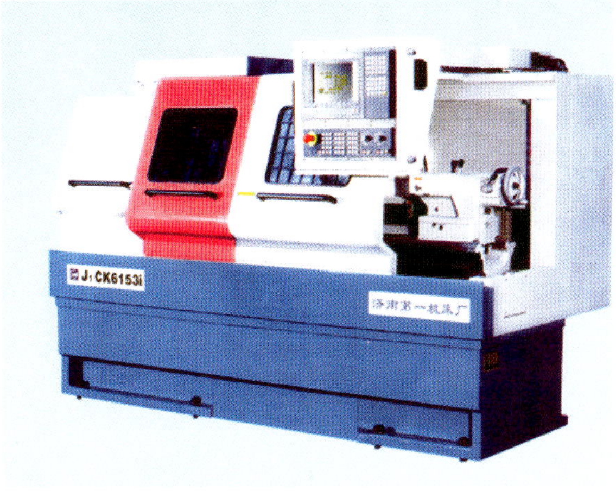

公司前身为济南第一机床厂，创建于1944年3月。1985年起与日本、德国、美国多家著名公司进行了数控机床的合作生产和联合开发，被国家确为数控机床产业化基地。公司加工与检测设备居国内一流水平，成为国家科技进步先进企业，大型一类企业，国家一级企业。1996年成立国有独资公司，2002年改制为有限责任公司。近五年来，企业连年高速增长，2001年至2003年连续获全国“数控十佳”企业，2002年超过了历史最好水平，2003年同比增长50%，数控机床跃居全国第二位，并成为国家“863”重点科技攻关项目“数控机床产业化工程支撑技术研究”三家承担单位之一。同时公司建有完善的质量保证体系，1986年荣获全国企业管理优秀奖，1993年在全国机械行业中率先通过了ISO9001质量体系国际认证，并于2002年通过2000版的质量体系认证。公司现有职工2601人，其中工程技术人员220人，销售人员93人，具有年产各类机床8000-10000台的能力。

Jinan First Machine Tool Group Co., Ltd.<the abbreviation is JFMT as fellows> grew out of Jinan First Machinie Tool Works which was established on March, 1944. Since 1985, JFMT has cooperated and jointly designed with many famous companies of Japan, Germany and USA, etc. to produce CNC lathes. JFMT become a key base of CNC lathe manufacture approved by China State. Because it has many first class of machining, inspecting and measuring equipments, JFMT had been awarded National Technical Advanced Enterprise and named National First Class Enterprise. in 1996, JFMT had become a National Monopoly Capital Company. In 2002, JFMT was changed into Limited-Liability Company. In recent five years, JFMT has continuously increased in high speed, earned the title of one of "Ten Best CNC Machine Enterprises" per year from 2001 to 2003 in China. JFMT was become the second biggest enterprise to produce and selling CNC lathes and one of three enterprises to undertake National "863" projects. JFMT has established perfect quality ensurrance system and won the award of Excellent Management in 1986. It is the first enterprise of China Mechanical Industry which had gone through ISO9001 in 1993 and also has been award ISO9001:2000 in 2002. JFMT now has 2601 employees, including 220 engineers and technicians, 93 sales people and has the capacity to produce 8000-10000 sets of various kinds of machine tools per year.

# 工业风机行业概况

工业风机是广泛应用于冶金，石化，电力，制药，污水处理，风洞试验，隧道通风，市政工程等行业工业装置中压缩并输送气体的重要设备。按其压力大小分为通风机（出口压力小于3500mm水柱），鼓风机（出口压力小于0.35Mpa）和压缩机（出口压力大于0.35Mpa）。按气体流动方式分为离心式和轴流式。离心式适用于中小流量场合，轴流式适用于大流量场合。压缩机在大型工业装置中处于核心部位，属于重大装备。例如：在钢铁行业的高炉炼铁装置中用于压缩并输送空气助燃，从而完成炼铁工艺；在石化行业，离心压缩机是大型乙烯装置的心脏设备；制药行业依靠纯净空气进行生物发酵；污水处理行业依靠鼓入大量空气，通过爆气工艺为有机物提供养料等。可见他们在国民经济中具有使用面广，用量大，重要度高。

轴流式、离心式压缩机是工业风机中技术含量最高的重要技术产品，是风机制造业水平与能力的重要标志，也是重大技术装备之一。

**一、轴流式，离心式压缩机概况**

轴流式、离心式压缩机是一种技术性很强的产品。该类产品是在引进和消化世界最先进的国外公司技术基础上生产的国产化高效节能风机，经过近20年的潜心研究，已经替代了进口，填补了国内空白，并开始进入国际市场。轴流压缩机曾获得国务院发展研究中心“中华之最”等荣誉。

**二、轴流式，离心式压缩机在国民经济中的地位**

该类压缩机具有效率高、适于大中流量和工况调节范围宽等特点，目前国内炼铁高炉以及催化裂化装置都配备了轴流压缩机或离心压缩机。在冶金，石化等工业装置中属于核心设备，其技术水平和质量直接影响工业装置的安全和可靠运行。另外工业装置中的风机是大功率耗能设备，轴流压缩机以其高于其他类型产品10%左右的效率、大调节范围等优势在国民经济中具有非常重要的地位。

**三、轴流式，离心式压缩机在行业中的集中度**

随着我国工业风机技术的日趋成熟，在国民经济各行业中得到越来越广泛的使用，轴流压缩国内市场占有率达90%以上。轴流压缩机和离心压缩机实物质量在同类产品中处于国内领先地位，并达到国际先进水平，品牌知名度较高。

近年来，国内轴流式，离心式压缩机市场容量大增，发展前景良好，预计2004年将有40亿左右的市场容量。

**四、轴流式，离心式压缩机出口创汇、节汇情况**

我国自1986年出产首台轴流压缩机以来，已出口印度、苏丹，创汇900万美元。近期已与印度，马来西亚草签价值近2000万美元的供货意向。轴流压缩机的国产化替代了进口，为国家节约了大量外汇，累计节汇达5.6亿美元以上，实现了非常良好的经济效益。部分离心压缩机也替代了进口。

**五、轴流式，离心式压缩机采标情况**

我国轴流压缩机采用的标准与国际标准和国外先进标准处于同等水平。我国的部标JB/T 4359-1994《一般用途轴流式压缩机》，等同于国际标准ISO 8011：1988(E)《流程工业用透平压缩机——设计制造规范与数据表》。轴流压缩机按该标准进行设计、制造和检验，并取得国家采标证书，从而保证了轴流压缩机的质量水平处于国际领先地位。离心压缩机也等效采用了美国API617等标准。

综上所述，轴流式，离心式压缩机以其较高的技术含量，具有环保，高效节能，安全可靠等优点，在国民经济中发挥着十分重要的作用。

# 沈阳鼓风机（集团）有限公司
# 沈鼓牌离心压缩机

沈 鼓

离心压缩机

沈阳鼓风机（集团）有限公司是我国风机行业生产规模、技术力量、工艺装备、竞争能力、经营效能居于领先地位，设计制造技术接近国际先进水平的离心压缩机、鼓风机和大型通风机的重点骨干企业，设有国家级企业技术中心、辽宁省首家企业博士后科研工作站等多个科研检测技术机构。

公司共有8个系列200多个品种规格的产品，广泛应用于石油、化工、化肥、冶金、电力、纺织、制药、国防、科研等国民经济领域，国家12项重大技术装备有6项有该公司配套产品在运行。离心压缩机产量居世界第六位。离心压缩机、大型离心鼓风机、大型通风机国内市场占有率分别约为85%、55%、25%。

近年来，公司有34种新产品获得市级以上科技进步奖（其中，国家级10项，省级21项），近20种产品被认定为国家级新产品。1995年以来，离心压缩机连续获辽宁省名牌产品称号；1997年，MCL、BCL系列离心压缩机被评为国家机械工业名牌产品；2004年，沈鼓牌离心压缩机被评为中国名牌产品。

Shenyang Blower Works (Group) Co., Ltd., who plays a leading role in many aspects, such as production scale, technical force, process tools, competitive capability and operating effectiveness, etc., is a key backbone enterprise in designing and manufacturing centrifugal compressor, blower and large-size fan with technical standard close to international advanced level; meanwhile, she owns a national standard enterprise technical center and a number of scientific research detecting technical institutions, such as the First Enterprise Post-doctor Scientific Research Working Station, etc.

Our company has the capability of manufacturing 8 series and more than 200 types of products with different specifications, which are applied widely in many national economic fields, such as petrol chemical, fertilizer, metallurgy, electric textile, pharmacy and national defending, etc. Six projects of the twelve national key significant technical equipments are equipped with our products. Our output of centrifugal compressor is listed at the sixth position worldwide. The domestic market occupancy ratio of centrifugal compressor, large-size centrifugal blower and large-size fan is 85%, 55%, and 25% respectively.

In recent years, 34 types of new products have honored Technical Advance Prize above city level, (of which, 10 prizes in national level and 21 prizes in province level); meanwhile, approximate 20 types of products are recognized as National Standard New Product. Since 1995, centrifugal compressor has won the Liaoning Name Brand Product successively; in 1997, MCL and BCL series centrifugal compressor were recognized as National Machinery Industry Name Brand Product; in 2004, SBW Brand centrifugal compressor was recognized as China Name Brand Product.

# 陕西鼓风机（集团）有限公司
# 陕鼓牌轴流压缩机

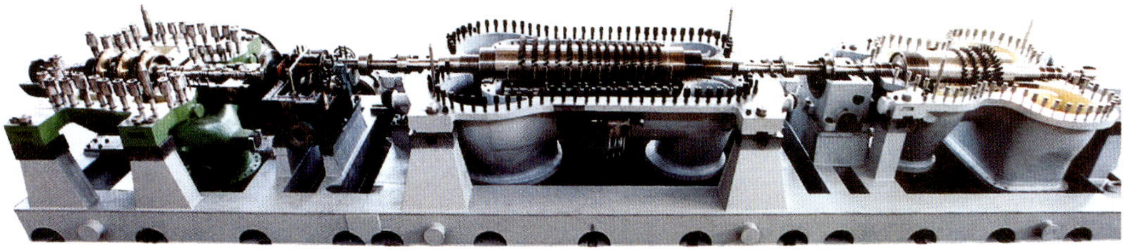

轴流压缩机

陕西鼓风机（集团）有限公司（以下简称“陕鼓”）是国内设计制造透平鼓风机、压缩机、能量回收装置的大型骨干企业。中国500家最大机械工业企业，ISO9001质量管理体系、ISO14001环境管理体系和OHSMS18001职业健康安全管理体系认证企业。位于西安市临潼区，世界第八大奇迹——秦始皇兵马俑博物馆东侧。

陕鼓创建于1968年，1996年成立集团公司，1999年以集团公司生产经营主体和精良资产为依托，发起设立西安陕鼓动力股份有限公司。陕鼓拥有总资产23亿元，职工3080人。建有行业最大的6300kW试车站，拥有各种设备2389台，其中大、精、稀设备117台，进口设备42台，数控设备29台。

主导产品为轴流压缩机及能量回收透平装置（TRT),已为冶金、石油、化工、污水处理、制药等领域提供了近四百台套装备。国内主要钢铁企业的炼铁高炉及石化行业的催化裂化装置都装备了陕鼓的轴流压缩机，填补了国内空白，挡住了进口，并出口印度、苏丹。

Shaanxi Blower (Group) Co., Ltd. (hereinafter referred to as "Shaangu") is a large and backbone enterprise in the field of design and manufacturing of turbo blowers, compressors and energy recovery expanders in China. It is one of the 500 biggest enterprises of machinery industry and also an enterprise with ISO 9001 Quality Management System, ISO 14001 Environment Management System and OHSMS 18001 Occupational Health and Safety Management System. It is located in Lintong District of Xi'an City, east of Qin Terro-cotta Warriors and Horses which is the 8'th wonder of the world.

Shaangu was founded in 1968, and in 1996 it was reshaped into a group company. And then, in1999, based on the core production and management body and fine assets of the Group Company, Shaangu Xi'an Shaangu Power Co., Ltd. was established. The total assets of Shaangu are 2,300 millionYuan and 3,080 people are employed. It possesses of the biggest test station with max. Power of 6300 kW in turbo-machinery industry in China and more than 2,389 different equipment, of which 117 are large, accurate and rare, 42 are imported and 29 are CNC equipment.

Nearly 400 sets of axial compressors and energy recovery expanders, leading products of Shaangu, have been supplied to industries such as metallurgical industry, petroleum industry, petro-chemical industry, sewage treatment plants and pharmaceutical plants, etc. All the blast furnaces in main iron and steel companies and FCCUs in petro-chemical industries are equipped with Shaangu axial compressors. The axial compressors have filled the gap in China, kept off importation and exported to other countries such as India, Sudan etc.

# 装载机行业概括

2004年，中国工程机械行业中的装载机产品参加了中国名牌产品评选，结果柳工、厦工、徐州 装载机、龙工、常林、临工、成工等七个企业的装载机产品荣获中国名牌产品称号。

装载机是工程机械中量大面广、用途广泛的铲土运输类机械，主要应用于露天矿山、水利工程 、铁路公路建设、建筑工程、农田改造、林业、工矿货场及国防建设等。其特点是机动灵活，作业效率高，可代替人工完成大量土石方工程。由于其用途广、销量大，世界各国都十分重视 装载机的发展。

我国装载机生产始于20世纪50年代中期，70年代形成行业，80年代开始大规模引进国外先进技术，产 品水平大幅度提高，行业发展迅速。目前，全国装载机行业主机生产企业近90多家，生产从0. 06立方米斗容量（0.12吨）到6.10立方米斗容量（12吨）共140多种规格型号的产品，2004年 销量达90000台，在世界上排第一位，年销售额达225亿元，社会保有量约50万台。

装载机产品由于专业化程度较高、市场需求旺盛，出现了一批中小型企业，但行业中占主导地 位的核心大企业，依靠其技术优势，规模优势，发展更为迅速。生产规模前10位的企业，其市 场占有率达87%以上；前5名的企业，市场占有率达62%；生产集中度还是比较高的。

2004年前10名企业情况见下表：

| 序号 | 企业名称 | 年销售额/亿元 | 年销售台数/台 |
|---|---|---|---|
| 1 | 广西柳工机械股份有限公司 | 34.73 | 14953 |
| 2 | 厦门工程机械股份有限公司 | 27.93 | 14216 |
| 3 | 福建龙工集团有限公司 | 23.80 | 12005 |
| 4 | 山东临沂工程机械股份有限公司 | 20.62 | 9487 |
| 5 | 徐工集团徐州装载机厂 | 16.88 | 9408 |
| 6 | 常林股份有限公司 | 15.81 | 8223 |
| 7 | 成都工程机械(集团)有限公司 | 10.67 | 6196 |
| 8 | 山东工程机械厂 | 10.51 | 5610 |
| 9 | 郑州宇通重工有限公司 | 4.7 | 2177 |
| 10 | 三九宜工生化股份有限公司 | 3.44 | 3003 |

## 装载机

我国装载机产品的质量水平，经过十多年的技术引进和消化，在激烈的市场竞争环境中，得到稳定的提高，尤其是核心企业，十分重视产品质量的提高，多数企业都通过了ISO9000质量体系认证。在整机结构中，广泛采用了无触点增压环保型发动机，免维护电瓶，全自动电液换挡操纵变速箱，先导操纵液压系统，配备点控斗放平及动臂举升限位装置及空调密封驾驶室等先进技术，整机质量水平达到国外20世纪90年代末期水平，能满足国内市场需求。2004年，装载机出口2124台，出口额达5240万美元，出口量也呈快速增长态势。多年来，国内市场上，国产装载机占有率在95%以上，其稳定的整机质量，较好的性价比和售后服务水平，是很重要的原因。

目前，和国外一流产品比较，其质量差距主要在外观设计，表面质量和油漆及部分零部件的工艺方面，各企业正在积极作进一步改进提高。

多年来，国产装载机多次在国内获奖：1998-1999年，柳工、厦工、徐工、成都工程、常林和山东工程机械厂的装载机获机械工业名牌产品称号。柳工、厦工、徐工、山工、常林和宜春工程的产品多年来获中机质协用户满意产品称号，柳工ZLG50G产品获中国科技二等奖。

2004年，全球装载机生产和销售共计15万台左右，中国装载机销售90000台，占60%份额，成为世界上最大的装载机生产国和市场。多年来，国内市场上，除少量大马力机型外，进口很少。我国加入WTO后，随着关税进一步降低，国外大公司对中国市场兴趣愈大，正在千方百计开拓中国市场。同时，由于零部件进口税的下降，国外高品质的零部件进入更方便了，这为中国企业全球采购，生产更高档次和质量的装载机创造了条件。

工程机械行业的七个装载机产品荣获中国名牌产品称号对全行业鼓舞很大。争创名牌，进一步开拓国际国内市场，已成为全行业努力的目标。2004年，在国家宏观调控的大形势下，工程机械销售的增长势头明显减缓，有些机种呈现负增长，但装载机行业仍实现了25%的高速增长，全行业正满怀信心，乘名牌东风，为把行业发展提高到一个新水平而奋斗。

# 山东临工工程机械有限公司
## SDLG 牌装载机

SDLG

装载机

山东临工工程机械有限公司（山东临工），始建于1972年，是国家工程机械行业的大型骨干企业，国家级高新技术企业。公司拥有总资产15亿元，固定资产5亿元，员工1500余人。主导产品有装载机、挖掘机、压路机、挖掘装载机、拖泵等五大类五十多个品种。其中轮式装载机被评为山东省名牌产品，中国名牌产品。公司董事长王志中先生为全国劳动模范，第八届、九届、十届全国人大代表。

公司坚持制度创新、管理创新、技术创新，不断进行大规模的技术改造，近年来共投入资金3亿多元，引进国外先进技术和关键设备，使工艺装备水平大幅度提高，在工程机械行业处于一流行列。公司建立了国家级技术开发中心和博士后科研工作站，坚持产学研结合，与国内重点院校、科研院所保持了良好的合作关系，先后与北京航空航天大学、吉林大学、北京科技大学合作建立了工程机械技术创新基地、工程机械产品开发基地、工程机械人才培训基地，同时承担了国家863项目及省级以上多项科研课题，取得了30余项国家专利。

Established in 1972, Shandong Lingong Construction Machinery Co., Ltd, now is one modernized big type of high-tech enterprise of Chinese Construction Machinery Fields, with RMB 1.5 Billion of total asset, RMB 0.5 billion of fixed asset, and 1500 employees. The main products are wheel loaders, excavators, backhoe loaders and rollers trailer mounted concerete pump. The wheel loaders are rewarded as famous brand of the nation. The 8th, 9th, 10th NPC deputy, Mr. Wang Zhizhong,is the national model worker, leading the company to continuous success as the Chairman and CEO.

The company insists or integer of manufacturing, learning and investigation. Now, the company owns the nation class technical center and postdoctoral programme, and has good relations with famous university, such as Beijing Aero and Space University, Jilin University, and Beijing Science University. With the help from these universities, the company has established bases of Product development and manpower training carrying the 863 national project, and many projects of Province. With the strong back support and advantage of manpower and technology, varies series qualified products are meeting the demand of the market.

中国名牌产品年鉴

# 常林股份有限公司

## CHANGLIN 牌装载机

CHANG LIN

装载机

常林股份有限公司始建于1961年，于1996年由原中国林业机械总公司常州林业机械厂改制成立股份制上市公司。为国家大型企业、国家级高新技术企业。公司现有总资产13.6亿元、净资产6.5亿元、在册员工1162人。公司先后荣获国家质量管理奖，全国质量效益型先进企业，全国开展TQC活动二十周年优秀企业，全国用户满意服务，装载机、平地机连续15年获建机用户满意产品和用户满意服务单位。公司分别于1996年和2002年通过了质量管理体系和环境管理体系认证。

公司以“同心多元”为产品开发战略，依托国家级的常林技术中心，积极实施技术创新，目前主要产品包括了装载机、压路机、平地机、挖掘装载机、摊铺机、随车起重运输车、混凝土搅拌运输车等工程机械多个系列数十种产品。装载机有1.5、1.8、3、4、5、6吨六种规格，工作装置有木材爪具、铲斗、推土板、板材叉、吊勾等，需要时可以方便地更换。G系列装载机是常林2003年推出的新产品，采用了当今国际先进水平的电液变速控制系统、电子监控系统、先导控制系统、湿式制动桥等技术，整机技术性能达到国际先进水平。常林的高原型装载机被指定为青藏铁路建设的标准工程机械。

Changlin Company Limited is a leading manufacturer of China’ s construction machinery. Since it was established in 1960, CHANGLIN has been devoting itself in providing domestic and overseas customers first-class construction machinery. Now it is one of the 1,000 key enterprises supported by the China central government.

In 1995, Changlin began its substantial cooperation with international giants. According to its development strategy, Changlin established 2 joint ventures with Komatsu and Hyundai with total investment of 80 million US Dollars. One Joint venture is Changzhou Hyundai, and the other is Changzhou Komatsu.

Changlin’ s earliest product only covered wheel loader, in recent years, Changlin has been expanding its product range continuously. Now Changlin main products cover wheel loader, motor grader, road roller, backhoe loader. All of them rank TOP 4 among the China’ s construction machinery manufacturers.

Quality is the life of an enterprise. Or, in other words, an enterprise lives with quality. In 1980’ s, Changlin introduced Total Quality Management conception and performed it in every aspects of management. In the year of 1990, Changlin was honoured the National Quality Management, which is the highest award in China. In 1996, Changlin was awarded an ISO9001 certificate. It was one of the enterprises in China’s construction machinery industry that got an ISO9001 certificate earliest. In 2002, Changlin was certificated ISO14001. Changlin was the first manufacturer in China’ s construction machinery industry who got both the two certificates.

# 福建龙岩工程机械（集团）有限公司
## 龙工牌装载机

福建龙岩工程机械（集团）有限公司创建于1993年，是全国著名革命老区发展起来的一个大型民营工程机械企业。2000年，龙工首开先河，在上海市松江工业园区创办了中国装载机行业第一个在沪生产基地——海龙工机械有限公司，成为行业内一颗璀灿的明星。

龙工创建以来，产、销规模连续10年快速、持续增长，平均增幅为56%。2000年，跻身中国装载机行业前3名，保持至今；2003年，龙工牌装载机产销超过8000台，销售额26.3亿元，国内市场占有率13.8%，出口创汇230万美元，利税2亿元，进一步确立了在行业中的主导地位。今年1-5月份,公司生产龙工牌装载机6101台,销售6039台,分别比去年同期增长74.86%和75.65%,预计今年可实现产销15500台。

龙工占地总面积1300多亩；员工总数为2561人；拥有世界一流的制造设备；具备年产1.8万台装载机和2万台(套)驱动桥、变速箱、变矩器的生产加工能力。

Founded in 1993, Fujian Longyan Engineering Machinery (Holdings) Corporation (hereinafter called Longgong) is a large individually--run corporation, growing in the west of Fujian province which is one of civil well-known old revolutionary base areas. In 2000, Longgong took the lead in establishing a producing base ---Shanghai Longgong Machinery Co., Ltd in Songjiang industrial zone in Shanghai. It is the first one in the field of loader industry, and has made her a famous star in the construction industry.

Since 1993, she has developed rapidly for 10 years in sales and production, increasing by 56% averagely per year. She has maintained the top 3 in the loader industry since 2000. In 2003, her sales and output of the loaders exceeded 8000 sets with a turnover of 2.63 billion RMB, with market proportion of 13. 8% and profit tax of 20 million, earning $2.3 million foreign exchange through exports, all of which has established her leading position in this field. This year from January to May, she has produced 6101 sets of loaders, among which 6039 has been sold. Compared with those of last year, it has increased by 74.86% and 75. 65% respectively, and the total number of the sales and production is expected to reach 15500 this year.

Longgong covers an area of 824,500 m2, and possesses a staff of 2561 employees. She has world-class equipment with the producing capacity of 18 thousand loaders and 20 thousand sets of driving axles, transmissions, and torque converters.

# 四川成都成工工程机械股份有限公司
## 成工牌装载机

成工®

CHENGGONG

四川成都成工工程机械股份有限公司（以下简称公司）创立于2001年10月。公司是由成都工程机械（集团）有限公司按现代企业制度的规范要求将优良资产重组后设立的集工程机械产品的研究、设计、开发、生产、销售和服务于一体的专业化大中型股份制企业。公司注册资本14000万元，总资产9亿元，现有职工1600人。公司坐落于国家级成都经济技术开发区，占地680余亩，拥有30余万平方米的现代化厂房和花园式的厂区环境及一批具有世界顶尖水平的先进设备。

公司主导产品为ZL10-ZL60系列轮式装载机、MG系列平地机、YZ系列压路机和挖掘机、液力变矩器、变速箱、湿式桥等部件产品。公司的F系列、G系列装载机产品具有国际先进水平，E系列产品是专为西部大开发而设计的新产品。“成工”牌工程机械曾历获部优、省优和部质量信得过产品，历年保持了国家、省市专业委员会、用户委员会确认的用户满意产品荣誉。

Sichuan Chengdu Chenggong Construction Machinery Co., Ltd, established in October, 2001 (hereinafter referred to as Company), is a professional large and medium-sized joint-stock enterprise integrating research, design, development, production, sales and service of construction machinery products. The company was established by Chengdu Construction Machinery (Group) Co., Ltd through restructuring of performing assets in accordance with the specification and requirement of modern enterprise system. Now, the Company has registered capital of RMB 140 million Yuan and RMB 0.9 billion Yuan total assets with 1600 employees. The company, located in National Level Chengdu Economic & Technological Development Zone, covers an area of more than 680 Mu and possesses more than 300000 square meters modern workshop, garden-style plant environment as well as a mass of advanced equipment with world top level.

The dominant products of the Company are ZL10-ZL60 series wheel loaders, MG series land leveling machine, YZ series pavement roller and excavator, hydrodynamic torque converter, gearbox, wet bridge as well as other parts and components. The Company's F and G series loaders have reached the world advanced level, and E series is new products especially designed for large-scale development of the western region. “Cheng Gong” brand construction machinery has won the reputation of “Ministry Excellent Product”, “Provincial Excellent Product”, “Quality Assurance Products” as well as key and famous brand products in Sichuan Province. Moreover, the products of the company have been enjoying the honor of “Customer Satisfaction Product” confirmed by state and provincial special committees and customer committee for consecutive years.

# 广西柳工机械股份有限公司
## 柳工牌装载机

柳工
LIUGONG

装载机

广西柳工机械股份有限公司（以下简称柳工），前身为柳州工程机械厂，1958年由上海内迁柳州建厂，厂址位于大西南的交通枢纽广西柳州市，1993年11月改制为广西第一家上市的股份制公司，股票简称桂柳工A。柳工拥有资产17.9亿元，净资产10.04亿元，下设9个生产厂、7个控股子公司和1个参股公司。公司占地面积120万平方米，职工总数2731人，其中各类专业技术人员345人，中高级专业技术职务人员315人。

柳工拥有拥有全国首批建立的国家级技术中心和博士后科研工作站，全面采用计算机辅助设计和辅助制造技术，公司的产品开发和工艺研究达到国内先进水平，并逐步从轮式装载机的研制和开发拓展至液压挖掘机、振动式压路机、摊铺机等工程机械。

柳工主营业务为：装载机、液压挖掘机、振动式压路机等系列工程机械产品的开发、生产、维修、技术、服务等。目前主要产品有0.7~5立方米CLG系列轮式装载机、履带液压挖掘机等。有近10种型号的产品荣获机械部和国家级多项奖励和荣誉称号，其质量和性能远居我国同类产品之上。目前，公司已通过ISO9001国际质量体系、ISO 14000环境管理体系和OHSAS 18001职业健康安全管理体系认证。

Guangxi Liugong Machinery Co., Ltd (hereinafter called Liugong) is one of leading large-scale construction machinery manufacturers in China, which possesses the staff of 2731 employees, and was established in 1958 and issued its public stocks in 1993. Liugong mainly deals in developing, manufacturing, marketing, supplying maintenance and technical service for construction machineries. Its leading products includes the following categories:

1. Wheel loader series, bucket capacity from 0.7 to 5m$^3$.
2. Hydraulic crawler excavator series, bucket capacity from 0.4 to 1.2m$^3$.
3. Vibratory roller series, operating weight from 0.8 to 24 Tons.
4. OEM and spare parts of construction machinery.

Liugong is honored for its huge production ability with the annual output of 12,000 units for all kinds of construction machines by possessing of many advanced processing equipment such as large-scale processing centers, automatic robot welding lines, resin sand boxless-moulding lines and the assembly lines.

In order to break into the world advanced industry lines, Liugong has been introducing world advanced technology,and builds the nation biggest wheel loader ZL100C with world advanced technology. To keep its products advanced, Liugong established a joined-venture company with Germany's ZF Corporation to manufacture transmissions and axles to equip its products. To ensure good quality for its customers, Liugong established a perfect quality control system and was awarded the certificate of ISO9001, Furthermore, Liugong has won a lot of awards and honor from the nation such as “National Enterprise to Customers' Satisfaction”, “National Product to Customers' Satisfaction” and “National Service to Customers' Satisfaction” etc.

# 徐州工程机械科技股份有限公司
## 徐工牌装载机

ZL50G装载机



徐州工程机械科技股份有限公司是徐工集团工程机械有限公司的控股子公司，是集铲运机械、筑路机械、路面机械、沥青拌和机械、道路养护机械、桩工机械等工程机械开发、制造与销售为一体的专业化、实体化公司。产品拥有5大类、12个系列、100多个品种，其中70 %处于为国内领先水平，20 %达到国际先进水平。

公司建有首批国家级技术中心、博士后工作站，具有国内一流的研发实力。徐工装载机积极采用国际标准,自主开发应用23项专利技术，开发多种融合计算机智能、机电液一体化、通信技术行业领先的高新技术产品，形成具有徐工特色的F、G型系列产品，在国内领先、达到国际先进水平。徐工科技成功地完成了国家“863计划”中的“工程机械机群智能化作业”、“机器人化装载机”等项目。公司投资近4亿元对装载机产品进行大规模技术改造，推行现代化制造和管理技术，制造水平国内领先。

Xugong Science & Technology Co., Ltd., being the holding subsidiary company of Xuzhou Construction Machinery Group Co., Ltd., is a professional and industrial company specialized in developing, manufacturing and selling the construction machinery, such as: earth-moving equipment, road building machinery, road-surface machinery, asphalt mixing plant, road maintenance machinery and piling equipment, with 5 product catalogues, 12 series and more than 100 models, among which 70% products being in leading position in domestic market, while 20% of them up to international-class.

Xugong Science & Technology Co., Ltd. has set up the first-batch national-class technical center and Post-Doctor working station, which have the national first-class research and development capability. The XCMG-brand wheel loaders adopt the international standards, with 23-patent technology, and having developed the new hi-tech. products with computer intelligence, integrated electrical and hydraulic system and with advanced IT technology.Especially the F and G series wheel loader with unique XCMG designing are being in leading class in domestic market and also up the internationally advanced level. The company has successfully accomplished the technical projects of “ Intelligent Working of Construction Machinery Group” and “ Robotized Wheel Loader” under the national technical innovation project“ 863 Project”. And it has put the investment of RMB 400 million into the technical innovation for wheel loader product line and implementation of modern manufacturing and management technology, which, being as a result, makes the manufacturing capacity for its wheel loader products be in the leading position in China.

# 厦门工程机械股份有限公司
# 厦工牌装载机

厦工机械
XIAGONG MACHINERY

装载机

厦门工程机械股份有限公司(简称厦工)创建于1951年，至今已有50多年的创业史，1964年，中国第一台轮式装载机在厦工试制成功，经过几代厦工人的不懈努力，厦工现已发展成为国家重点生产装载机、挖掘机、推土机等工程机械产品的大型骨干企业。自1992年以来先后4台厦工牌装载机远征南极，是国内登上南极的唯一的装载机产品。厦工技术中心是行业内少有的首批国家级的企业技术中心之一。厦工的博士后科研工作站，更是行业少有的首批博士后工作站，进站博士，主要从事装载机结构的有限元设计，装载机的液压系统研究设计以及装载机的热平衡研究设计等装载机基础理论研究，为厦工和装载机行业的基础研究奠定基础，厦工具有很强的基础理论研究水平和产品开发水平。已建成投产的厦工工业基地是目前国内最大的装载机制造和研发基地。厦工作为工程机械行业最早上市公司，至2003年底，厦工拥有总资产18.98亿元，净资产8.80亿元。

Xiamen Engineering Machinery Co., Ltd. (hereinafter called Xiagong) was established in 1951, it produced the first wheel loader in China in 1964, and issued its public stock in 1994. It is one of leading-scale construction machinery manufacturers in China, which produces a series of wheel loader, excavator, Forklift and roller. It possesses the stuff of 1960 employees including more than 400 technical personnel. At the end of 2003, Xiagong's total assets is 1.898 billion RMB and net asset 880 million RMB.

Xiagong company bases on the Xiamen Special Economic Zone. It covers a area of 1.34 km2, including loader plant, Forklift plant, transmission and axles plant. It is the biggest engineering equipment production base in China. It has a huge production ability with the annual output of 20000 loaders and 3000 Forklifts by possessing of many advanced processing equipment such as automatic robot welding lines, large-scale processing centers and the assembly lines and other modern equipments.

To ensure good quality for its customers, Xiagong established a perfect quality control system and was award the certificate of ISO 9001/2000 and GB/T19001:94.

# 电冰箱行业整体概括

电冰箱是20世纪80年代发展起来的家用电器。经过20年的快速发展，我国电冰箱制造企业生产水平迅速提高，产品科技含量日益加大，同时产销量迅猛增加，2004年电冰箱总产量约3033万台，较去年增长37%，其中出口1289万台，同比增长46.34%，出口额达8.16亿美元，同比增长50.6%。冰箱出口量占总产量的42%，几乎与内销平分秋色，可见，冰箱出口已变得举足轻重。

电冰箱行业的企业目前有两种不同的市场定位，一种是追求产品的高技术含量与性能的稳定性，代表性的竞争力量主要是西门子、松下和夏普以及科龙、海尔和新飞等中资公司的领先者，其他的合资品牌也具有优势。这些企业是中高端电冰箱市场的主导者。

另一种市场定位则是低成本导向，不要求产品的高性能与高附加价值，主要面向价格敏感型的消费者。美菱是这种企业的代表力量。

伴随着中国的电冰箱即将大批量进入更新期，国家已经以电冰箱为首在家电产品中推行新的能耗标准与能效标识，这对推进冰箱的节能设计，推进上游关键配件冰箱压缩机的技术进步，促进产业的升级起到重要的推进作用，是冰箱业重要的发展机遇。近年来中国冰箱压缩机的能效指标不断有大幅度的上升，包括箱体保温层改进、新型制冷剂的广泛采用、新型节流装置的应用等众多冰箱节能技术在实际生产中的运用，冰箱的节能性能也不断有突破，海尔、科龙、新飞等一些行业龙头企业的部分型号产品能效水平达到了欧洲A+、A++能效等级。

**一、名牌企业在行业中的地位**

以海尔、科龙、新飞、美菱、华凌、万宝等为代表的电冰箱主导

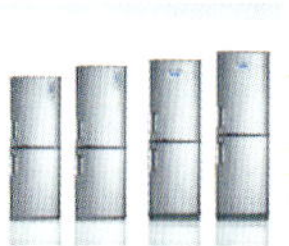



品牌2004年的产量超过全国生产总量的61%。其中海尔集团更是以700万台的年产量雄居榜首，占据了近四分之一的国内市场。多年来，新飞建立了严密、科学的成本控制体系，特别是近些年建立起来的更为先进的具有全球采购、网上招标功能的企业信息化管理系统，使企业的成本控制更为科学、高效。2004年新飞则是依靠产品差异化策略强攻中高端市场，提升品牌形象和竞争力，从而创造出市场佳绩，年产冰箱205万台，产值24亿余元，其中出口30万台。

**二、行业发展趋势**

随着人们环保意识的提高以及相关政策法规的实施，无氟冰箱将逐步取代氟里昂冰箱而成为市场的宠儿，同时高能效冰箱也将占据市场的主导地位，成为消费者购买的焦点。

1、采用高效环保压缩机

作为电冰箱的心脏，压缩机的性能决定着电冰箱的整体性能和各项指标，而提高电冰箱能效的最有效和最根本途径就是使用高效环保压缩机，随着目前能源形势趋紧以及国人节能环保意识的不断提高，使用高效压缩机的节能冰箱已经成为市场的主流产品。

2、功能多样化

从功能看，自动制冰、冷藏冷冻切换、智能多温区、保鲜除菌除臭等在发达国家的冰箱市场已是主流，日本的产品则更新变化速度要快的多。全球市场冰箱界呈现出欧洲与日本两种不同的风格，中国与日本同为亚洲，消费习惯等与日本接近，本应受日本影响更多，但中国冰箱市场则表现出对欧式风格更为接受的趋向。

# 广州万宝集团有限公司
# 万宝牌电冰箱

广州万宝集团有限公司是在广州市政府的直接组织下于2000年7月重组的，其核心企业为广州市万宝冰箱有限公司、广州冷机制冷设备有限公司、广州冷机股份有限公司、万宝冷机广州电器有限公司等。拥有广州市区、人和、从化、番禺四大生产基地共17家生产企业，与松下电器、松下电工、日立制作所、三井物产、美国通用电气等跨国企业集团有着广泛、深层次的合作。

广州万宝集团有限公司注册资金33000万元，2003年底总资产48.81亿元，职工人数9259人，其中专业技术人员共915人。广州万宝集团有限公司拥有省级重点企业技术中心。

广州万宝主要产品有冰箱、冷柜、空调（家用、商用、中央）、电熨斗、电动剃须刀、电吹风、电饭煲、电子蒸炖盅、电子中药煎煮壶、电磁灶、燃气热水器、吸排油烟机、消毒碗柜等大小家电产品，以及电冰箱压缩机、空调压缩机、商用空调涡旋压缩机、汽车空调用压缩机、冷水机组、压缩机用起动器、保护器、漆包线、特种电动机等制冷设备及配套产品，形成了中国最完整的制冷产品产业链及家电系列产品集群、具有产品系列化、规模和技术上强大的优势，连年位于全国企业500强、广东省工业50强和中国家电10强企业前列。

Guangzhou Wanbao Group Co., Ltd. (briefly as 'Wanbao Group' or 'Wanbao' hereinafter) was set up in July 2000 under the leadership and coordination of Guangzhou Wanbao Refrigerator Co., Ltd., Guangzhou Refrigeration Cooling Equipment Co., Ltd., Guangzhou Refrigeration Co., Ltd. and Wanbao Refrigeration Guangzhou Electrical Appliances Co.,Ltd. Wanbao Group owns 4 major manufacturing bases named Urban Guangzhou, Renhe, Conghua and Panyu, which includes 17 enterprises. Wanbao Group has broad and deep business cooperation with some international companies such as Matsushita Electric, Matsushita Electric Works, Hitachi, Mitsui, General Electric etc.

The registered capital of Wanbao Group is RMB330 million. It has total asset of RMB4.812 billion by the end of 2003, net asset of RMB1.79 billion. There are 9259 employees in Wanbao Group; among them 915 are technical professions.Wanbao Group has a provincial key enterprises' technical center .

The dominate products of Wanbao Group are household appliances like refrigerator, freezer, air-conditioner (residential, commercial and centralized), electric iron, electric shaver, hair dryer, rice cooker, steaming cooker, Chinese herb cooking pot, electromagnetic cooker, gas cooker, water heater, air exhauster and dish sanitizer as well as refrigerating category includes refrigerator compressor, air-conditioner compressor, commercial air-conditioner compressor, vehicle air-conditioner compressor, water-cooled chilling installation, compressor starter, compressor protector, enamel-insulated wire and special electric motor etc. The wide range of products forms a strong production chain in refrigeration industry. For years Wanbao ranks among top-500 industrial businesses of China, top-50 industrial businesses of Guangdong Province and top-10 appliance businesses of China.



CHINA TOP BRAND PRODUCTS YEARBOOK

# 华凌集团有限公司
## 华凌牌电冰箱

华凌集团有限公司是一家以生产、销售“华凌”牌电冰箱、空调器、小家电为主的家电企业集团，也是中国家电行业第一家在香港成功上市的国资控股公司。

多年来，华凌集团以振兴民族工业、塑造民族品牌为己任，坚持“高档次、高质量、严管理”的经营宗旨，生产销售的“华凌”产品以造型新颖、功能卓著、质量优良赢得国内外用户的厚爱和社会各界的好评，先后获得“国家质量金奖”、“国家首批免检产品”、“中国名牌产品”、“中国电冰箱王子”、“中国空调王子”等多项荣誉称号；华凌集团更获得“全国质量管理先进企业”、“国家重点扶持出口企业”、“技术创新优势企业”等多项殊荣。目前，华凌集团冰箱生产能力超过200万台、空调的生产能力超过120万台，并以“在3-5年内成为国内家电同行业前5强”为目标，不断提高产品在国内市场的占有率。此外，华凌集团正以每年20%以上的增长速度扩大出口，产品远销亚洲、欧洲、非洲、大洋洲、北美洲等全球多个国家和地区，成为我国民族工业的骄傲！

Hualing Group Co., Ltd. is a household electric appliance enterprise group mainly producing, marketing "Hualing" refrigerators, air-conditioners and small household electric appliance, and also the first state-funded holding company of the Chinese household electric appliance industry successfully listed in Hong Kong.

For many years, Hualing Group takes vitalizing the national industry and creating a national brand as its mission, sticks to the business philosophy of “high-grade, high quality and strict management”. The “Hualing”products are favored and praised by global users and the society for novel design, excellent function and quality, and have won the honorary titles “National Gold Prize of Quality”, “First Batch of Inspection Exempted Product”, “China Famous-brand Product”,“Refrigerator Prince of China”,“Air-conditioner Prince of China” in succession; Hualing Group have further obtained the laurels of “National Advanced Enterprise in Quality Management”, “National Key Supported Export-oriented Enterprise” and “Enterprise with Advantage in Technical Innovation”. Presently, the refrigerator production capacity of Hualing Group exceeds 2 million units, the air-conditioner production capacity exceeds 1.2 million units, and with the aim of “entering Top 5 in the domestic household electric appliance industry in 3-5 years”, Hualing Group is continuously increasing the share of its products in the domestic market. In addition, Hualing Group is increasing its export at the annual rate of above 20% with its products selling to Asia, Europe, Africa, Oceania, North America and other countries, regions of the world, and has become a pride of China's national industry!

# 合肥美菱股份有限公司
# 美菱牌电冰箱

美菱

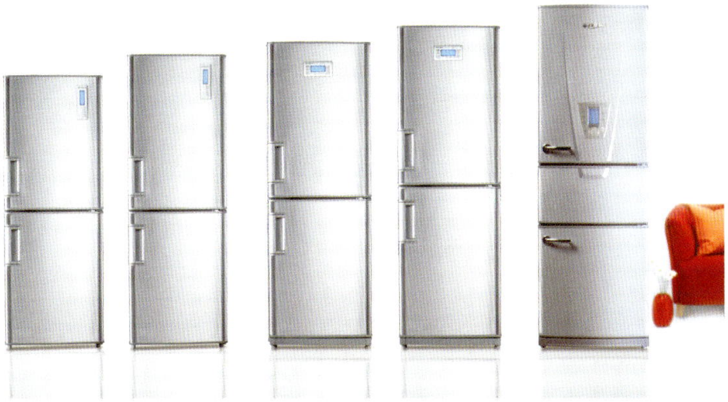



合肥美菱股份有限公司是中国最知名的电器制造商之一，工业生产具有年产180万台家用电冰箱、冰柜及深冷冰箱的生产能力。是安徽省惟一进入全国家电综合实力十强的企业。

美菱公司的前身是合肥市第二轻工机械厂，1985年正式转产家用电冰箱，在激烈的市场竞争中不断壮大，发展成为全国知名的大型企业。企业占地面积62万平方米，员工3000多人。

多年来，美菱始终坚持创新企业文化，把创新视为企业不断发展的根本动力，在观念、体制、管理、科技、产品、市场及精神文明建设等方面，因时而异，因地制宜，坚持走创新之路，不断探索和实践，取得了明显成效。

美菱积极转变思想观念，坚持以市场为导向，加快科技创新，抓紧技术改造，强化企业管理，积极调整产品结构，注重经营实效，采取积极灵活的营销策略，取得了良好的经营业绩，企业运营质量不断提高。

Hefei Meiling Company Ltd. whose annual production capacity reaches 1.80 million sets of home refrigerators, deep freezers and cryogenic refrigerators is one of the most famous home appliance manufacturers in China and it is the only enterprise from Anhui Province that is among the ten strongest home appliance manufacturers in China.

Meiling originating from Hefei No. 2 Light Machinery Factory, began to produce home refrigerators in 1985. In the keen competition, it developed gradually into a nationally famous enterprise with a staff of more than 3,000 and covering an area of 62 hectares .

Meiling Company has been persisting on innovation of enterprise culture in the past years, and taken innovation as the fundamental dynamics driving the enterprise to develop constantly. New practical methods were innovated, explored and practiced continuously in accordance with the situations in different periods and places in the aspects of idea, system, management, technology, product, market and cultural and ideological progress, and an obvious effect has been acquired.

Meiling Company has been renewing traditional thoughts and ideas positively, persisting that the enterprise is only guided by the market, speeding up technological innovation, paying close attention to technological transformation, reinforcing enterprise management, adjusting product structure actively, attaching importance to management effect, and taking energetic and flexible marketing strategies, so that it obtained good achievements and its operational quality is improving constantly.

# 广东科龙电器股份有限公司
## 容声牌电冰箱

Ronshen 容声

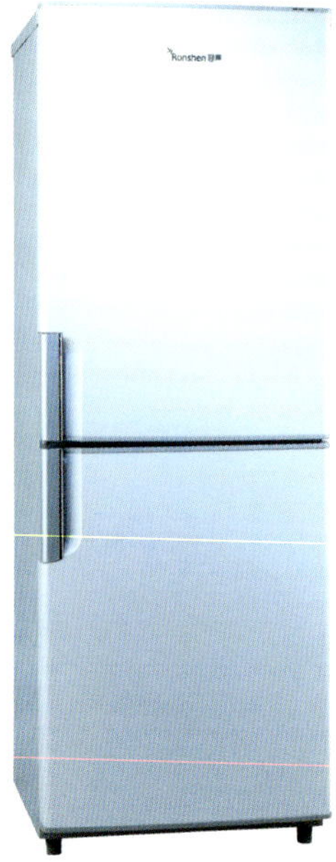



广东科龙电器股份有限公司是中国目前规模最大的制冷家电企业之一，在国内外冰箱及空调市场均处于举足轻重的地位。目前，科龙可年产电冰箱八百万台及空调六百万台，其在国内冰箱市场的占有率更是多年来独占鳌头。

科龙总部设于中国广东省佛山市顺德区，1984年开始生产冰箱，是中国最早生产冰箱的企业之一。其于1999年被“世界经济论坛组织”推举为全球新兴市场一百家最佳企业之一，在2001年更被《财富》杂志评选为中国上市公司一百强。其在2004年初更在国际权威财经杂志《亚洲货币》的“最佳管理公司”投票选举中，荣获“2003年最佳小型公司（中国）”及“2003年企业管治最佳进步奖（中国）”两个奖项。

科龙一贯注重科技领先，1996年曾凭无氟电冰箱技术，获颁行业内屈指可数的国家科技进步奖。2000年又凭碳氢物质替代CFC制造系统，成为行业内同类别企业中惟一一家获颁国家科技进步奖的企业。至2002年，科龙已有十项冰箱核心技术处于国内领先地位，其中有五项更高居世界领先水平。

Guangdong Kelon Electrical Holdings Company Limited is one of the largest domestic refrigeration appliances manufacturers in China, a market leader in the refrigeration and air-conditioning markets in China and overseas。Currently, Kelon has an annual production capacity of 8 million refrigerators and 6 million air-conditioners. Its market share for refrigerators remained the largest nationwide for many years.

Headquartered in Shunde District, Foshan City, Guangdong Province, Kelon, one of the pioneers in the industry, commenced the production of refrigerators in 1984. The Group was elected as one of the top 100 Emerging Market Companies by the World Economic Forum in 1999. In 2001, the Group received Fortune magazine's award as one of the top 100 China Listed Companies. In early 2004, Kelon received the “2003 Best Small Cap Company - China” Award and the “2003 Most Improved in Corporate Governance - China” Award in the “Best Managed Companies” poll by the world-renowned financial magazine AsiaMoney.

Kelon places continuous emphasis on leading technology. In 1996, It won one of the few State Technological Advancement Awards in the industry for its CFC-free refrigeration technology. In 2000, the Group won the same award for its system which produce hydrocarbon substances to replace CFC, and became the only manufacturer in the industry to have received this award. At the end of 2002, Kelon held ten core refrigeration technologies which are leading technologies at the national level, while five of them lead in the world Standards.

# 海尔集团公司
# 海尔牌电冰箱

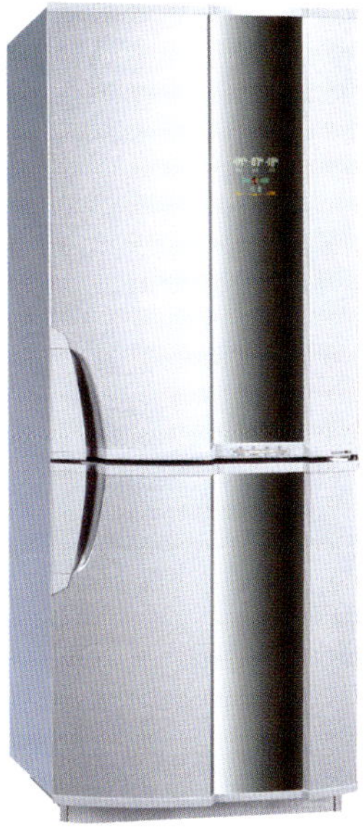



海尔集团创立于1984年，19年来持续稳定发展，已成为在海内外享有较高美誉的大型国际化企业集团。产品从1984年的单一冰箱发展到拥有白色家电、黑色家电、米色家电在内的96大门类15100多个规格的产品群，并出口到世界160多个国家和地区。2003年，海尔全球营业额实现806亿元。2003年，海尔蝉联中国最有价值品牌第一名。2004年1月31日，世界五大品牌价值评估机构之一的世界品牌实验室编制的《世界最具影响力的100个品牌》报告揭晓，中国海尔惟一入选，排在第95位。排行榜上，可口可乐荣登榜首，麦当劳排名第二，诺基亚排名第三。

海尔集团坚持全面实施国际化战略，已建立起一个具有国际竞争力的全球设计网络、制造网络、营销与服务网络。现有设计中心18个，工业园10个,海外工厂及制造基地22个，营销网点58800个。在国内市场，海尔冰箱、冷柜、空调、洗衣机四大主导产品的市场份额均达到30%左右；在海外市场，海尔产品已进入欧洲15家大连锁店的12家、美国前10大连锁店。在美国、欧洲初步实现了设计、生产、销售“三位一体”的本土化目标。海外工厂全线运营。

Haier was incorporated in 1984 only producing household refrigerators. Over the past 19 years, the company has witnessed significant prosperity and is now a transnational organization widely recognized in the world community. Haier currently manufactures a wide range of household electrical appliances, 15,100 varieties of items in 96 product lines, and exports products to more than 160 countries. In 2003, Haier's global sales hit RMB80.6 billion and Haier brand topped all Chinese trademarks at a nationwide survey. On January 31, 2004, Haier was named one of the World's 100 Most Recognizable Brands in a global name brand list edited by the World Brand Laboratory, one of 5 world's brand evaluation organizations. As the only Chinese brand on the list, Haier was ranked 95th after such household names as Coca-Cola, McDonald's and Nokia, which were the top three.

Haier's international promotion framework encompasses global networks for design, production, distribution and after-sales services. Haier has established 18 design institutes, 10 industrial complexes, 22 overseas production factories and 58,800 sales agents worldwide. Haier's current domestic market share for refrigerators, freezers, air-conditioners and washing machines is around 30%. Haier products are marketed in 12 out of 15 European chain supermarkets and 10 America's. Haier design, production and sales facilities in the United States and some European countries are staffed by local employees. All Haier overseas factories are in operation. To implement its globalization strategy, Haier has established multilateral cooperation with many international rivals. On 8th January and 20th February, 2002, Haier signed agreements with Sanyo and SAMPO for win-win development and benefit utilizing joint investment and combined resources.

CHINA TOP BRAND PRODUCTS YEARBOOK

# 河南新飞电器有限公司
## 新飞牌电冰箱

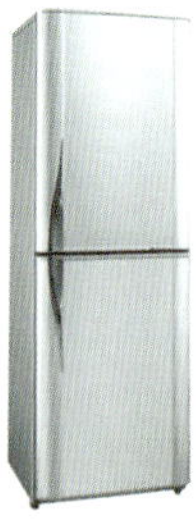

新飞电器
FRESTECH

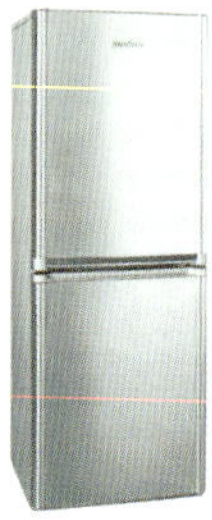



崛起于改革大潮，成长于市场风雨之中的河南新飞电器有限公司是以冰箱、空调、冷柜为主导产品的现代化家电企业，中国最大的绿色冰箱生产基地。

新飞公司技术实力雄厚，拥有1800余名专业技术人才组成的国家级技术中心和博士后科研工作站；并拥有一批引自美国、德国等居世界先进水平的冰箱、空调、冷柜制造设备。

新飞公司拥有严密科学的质量控制体系，率先通过了ISO9001国际标准质量体系认证和ISO14001环境管理体系认证。新飞还先后通过美国UL、德国GS、欧共体CE等一系列国际认证，成为世界级合格商品供应商。2004年10月，新飞冰箱、冷柜蝉联“国家免检产品”；2001年9月，新飞冰箱被中国名牌战略推进委员会认定为“中国名牌产品”；2004年9月，新飞冰箱蝉联“中国名牌产品”，2002年5月，新飞冰箱首批获得3C认证；2002年9月，新飞冷柜被中国名牌战略推进委员会认定为“中国名牌产品”。

Emerging from the country's economic changes and growing from the vagaries of market forces, Xinfei possesses the latest in plant facilities for the manufacturing of refrigerator, freezer and air-conditioner as its main products. Its "green refrigerator" base is by far the largest in China.

Technology advancement has always been Xinfei's forte and will continue to be so. The company has 1800 technician. In fact, Xinfei's status as the national technology centre and post-doctoral research station speaks of its technological importance. To complement the technological edge in its Research & Development department, Xinfei makes sure it has the latest production equipment imported from leading countries such as the U. S., Germany.

Xinfei believes in giving its customers quality. It has always set a very stringent standard on quality control. Therefore, it is no surprise that we are among the firsts in the country to receive the double certifications in ISO19001 and ISO14001 for attaining international quality standard and environment control standard. By additionally receiving certificates such as UL of the USA,GS of Germany, CE of EU,CSA of Canada, Xinfei is a recognized world-class supplier of home appliance products. In October of 2004 Xinfei was again conferred "National inspection-free Product" status. In September of 2001, Xinfei refrigerators were rated as the first series China's Renowned Brands by Chinese Famous Brand Strategy Promotion Committee .In September of 2004 Xinfei refrigerator was conferred "Chinese Most Famous Brand". In May of 2002, Xinfei refrigerators first gained establishment of China Compulsory Certification. In September of 2002 Xinfei freezers were also rated as China's Renown Brands by Chinese Famous Brand Strategy Promotion Committee.

# 洗衣机行业整体概括

洗衣机是20世纪70年代末发展起来的家用电器，经过了20多年的发展，中国洗衣机市场逐步走向成熟，随着人们对生活质量要求的不断提高，洗衣机从家庭奢侈品演变成必需品，市场的需求极大地刺激了生产的发展，2004年洗衣机总产量约2349万台，较去年增长19.2%，其中出口629万台，同比增长73.31%，出口额达5.89亿美元，同比增长118.8%。

2004年4月8日，新的《家用电动洗衣机国家标准》GB/T4288-2003（简称新标准）正式实施。新国标与10年前制定的旧国标相比有两个重要的变化，一是首次增加了用水量和用电量限定值，二是首次采用分等分级制度对洗衣机产品进行认证。从实质上说，新国标与1992年旧国标相比，更强调环保、节能和智能化，二者也正是整个洗衣机市场发展的潮流。新国标的出台一方面促使洗衣机厂家注重节水、节能技术的研发，从而提高产品的综合质量水平和国际竞争能力；另一方面也旨在正确引导消费，鼓励消费者购买更环保的洗衣机。新标准实施后，海尔滚桶洗衣机和波轮洗衣机都率先有产品获得5A级评定，之后，小天鹅等厂家也有产品通过5A级评定。

在品牌方面，虽然这几年品牌格局总体上变化不大，但面对外资品牌咄咄逼人的主动进攻，国内品牌的集体占有率有逐年下降的趋势。根据监测数据，2000年以来，外资品牌每年要从国内品牌中抢占5%左右的市场份额，对国内品牌造成不小的竞争压力，这除了国外品牌近几年着重渠道网络建设外，其价格和营销策略的本地化也是近年国外品牌成功反攻中国洗衣机市场的主要原因。更加值得注意的是越来越多的国外品牌更加重视中国市场，像LG、Whirlpool等品牌今年就大大加强了对中国市场的投入力度。同时国内一些领先家电厂商出于丰富自己产品线的目的，如TCL等，也加大了在白电领域的投资，根据监测数据，目前市场上的洗衣机品牌比2001年多了10多个，市场竞争环境越趋激烈。

在竞争手段方面，随着对国内市场环境的熟悉，目前国外品牌对价格手段的运用越来越娴熟，与国内品牌的价格差距越来越小，对国内品牌的压力也越来越大。另外国外品牌除了价格手段以外，对产品结构进行调整也是其拉近于国内品牌价格差的手段。国外品牌近几年市场份额的增长来源主要是中低档产品，随着国外品牌对中低档产品的重视，必然将对国内品牌构成更大的冲击。

2004年洗衣机产量在40万台以上规模的企业有16家，这些企业大致可划分为以

下三类：

第一类：质量与技术水平相对较高的中资领先企业，代表性的3家企业包括山东海尔，江苏小天鹅、安徽荣事达。

第二类：跨国公司在中国的合资或独资公司，主要包括南京LG、上海日立、杭州松下。外资企业在中国洗衣机市场的竞争力随着对中国市场适应程度的增加而增强，松下、西门子进入中国市场较早，是其中的佼佼者，目前在洗衣机的中、高端市场具有强大的竞争力。

第三类：其它的传统优势企业，有国有的也有合资的。近年来生产形势发展良好，在行业里有一定的影响，如金羚、新乐等企业。

其它企业：主要是江浙地区的大部分民营企业，属于行业的后进入者，规模不大，但生产成本低，产品售价也低，在市场上尤其在农村市场上很有竞争力，年产量四百万台以上。

在中国的城镇市场，2004年洗衣机的百户拥有量为97%左右，基本饱和，市场需求以更新需求和年轻人新婚需求为主，讲究产品的档次及时尚感，因此对洗衣机的需求主要是中高档的全自动波轮洗衣机和滚筒洗衣机上，而农村市场畅销机型以双缸产品为主导。

**一、名牌企业在行业中的地位**

经过二十多年的发展，我国洗衣机市场已经涌现出以无锡小天鹅股份有限公司、江门金羚集团有限公司、合肥荣事达集团有限责任公司、海尔集团公司、宁波新乐电器有限公司等为代表的众多强势企业。以海尔集团为例，2004年洗衣机产量564万余台，产值达72亿元，其中出口84万台，创汇近7千万美元。去年投产的“双动力”洗衣机，采用盆型大波轮和特设的内桶搅拌叶，波轮和内桶双力驱动、双向旋转产生的强劲水流，集波轮式、滚筒式、搅拌式三类洗衣机的优点于一身，以其洗得净、磨损低、不缠绕、省水省时等优良性能受到了消费者的青睐。小天鹅则从人性化入手，综合北方消费者更强调洗净功能，而南方消费者更看重对衣物的呵护，从而开发出了冲浪水流洗衣机，这种产品具有洗涤均匀、磨损率低、洗净度高等优点。2004年，小天鹅以300万台的产量居全行业第二位，其中出口50万台，创汇达5000万美元。海尔、小天鹅等都有产品通过5A级认定，成为新标准实施后的最先赢家。新乐电器有限公司曾有过辉煌的历史：它是国内第一批获得洗衣机生产许可证的企业，第一批获得洗衣机自营出口权的企业……随着国民经济体制改革的进一步深化，新乐也开始了自己的变革，在行业中首创“国有资产、社会法人、自然人”三位一体的运行机制，相关数据显示，转制前产销量增长率为10%左右，而转制后第一年产销量增长率高达

40%。2004 年洗衣机产量 92 万台，其中近 7 万台出口海外。新乐的市场已经从广阔的农村逐步走向城市，这意味着新乐在打造国际品牌的道路上又迈出了重要一步。冲浪式水流、碗式波轮、模糊控制、离心洗、支流无刷变频等高新技术不断应用到新品中并投放到市场。

**二、行业发展趋势**

新标准实施后，与10年前的旧国标相比有两个重要的变化，一是首次增加了用水量和用电量限定值，二是首次采用分等分级制度对洗衣机产品进行认证。而从实质上说，新国标与 1992 年的旧国标相比，更加强调环保、节能和智能化，二者也正是整个洗衣机市场发展的潮流。

1 波轮全自动洗衣机成为主流

根据家电协会及有关机构 1990 年以来对全国洗衣机重点企业的跟踪调查，现阶段中国洗衣机市场仍是波轮洗衣机占据主流，2004年滚筒机的产量在总量中的比重约 9.8%，波轮半自动与全自动合计超过 90%。2004 年半自动型（双筒机）占洗衣机总量的 39.1%，与 2003 年的 47%、2002 年的 46%、2001 年的 47%，2000 年的 55% 和 1999 年的 61% 相比，比重在持续下降；波轮全自动机型在总量中已达到 51%，首次超过半自动型成为我国洗衣机市场的主流。

2 节能节水

新国标增加了用水和用电量的限定值，这将结束洗衣机用水无度的历史，也将促使整个市场开展一轮新的节水革命。就全世界范围来开，节水洗衣机早已是市场主流，发达国家规定了严格的产品标准，甚至提升到立法的高度来强制节水。在此情况下，我国洗衣机生产厂家必须与国际接轨，把节水节能产品的研发和投放作为重点，只有为市场提供更节水、更环保的洗衣机产品，才能引导整个消费市场进入节水时代，从而改善目前我国洗衣机市场的架构。

3 技术不断创新

各企业普遍应用了电子控制技术、传感器技术、超静音技术、上排水技术、防霉抗菌技术等，靠增加功能提高产品的竞争力。改进传动机构，荣事达集团首先取得重大进展，已成功地将世界洗衣机先进技术——运用无刷直流电机用于产品设计。

# 无锡小天鹅股份有限公司
# 小天鹅牌洗衣机

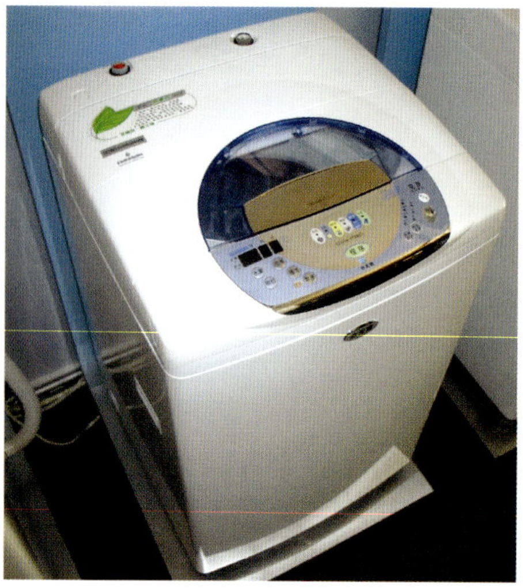



1958年无锡小天鹅股份有限公司的前身始建于1958年，1978年中国第一台全自动洗衣机在小天鹅诞生，1990年荣获洗衣机行业惟一国家质量金牌，1991年率先实现洗衣机5000次无故障运行，1997年荣获洗衣机行业第一枚中国驰名商标，1999年国内首创、国际领先的直流变频洗衣机通过国家级鉴定，2004年率先通过洗衣机新国标A级测评，2004年蝉联洗衣机中国名牌产品称号。

小天鹅成为世界上极少数能同时制造全自动波轮、滚筒、搅拌式全种类洗衣机的国际家电制造商之一。今天的小天鹅已经拥有全球5%的洗衣机市场份额，赢得一百多个国家和地区1800万用户的喜爱。小天鹅品牌价值76亿元，蝉联中国最有价值品牌榜。

In 1958 The predecessor of Wuxi Little Swan Co., Ltd. , founded in 1958.In 1978 Produced the first Chinese fully automatic washing machine.In 1990Won the only state-level gold medal for quality.In 1997 The first Chinese washing machine to have 5, 000 trouble-free washes.In 1998 Won the first Well-known Chinese Trademark in award.In 1999 The first Chinese inverted washing machine to pass the state-level appraisal.In 2004 The first washing machine to pass the new state-level A certification. In 2004 Won the Well-known Chinese Brand award for the second time.

Little Swan is one of the few international appliances manufacturers in the world that can simultaneously produce all kinds of washing machines such as impeller, front load and blend. Currently, Little Swan occupies a 5% share of the global market and is patronized by 18 million customers in more than one hundred countries and regions. The brand name is valued at 7. 6 billion Yuan, ranking successively at the top in China.

# 江门金羚集团有限公司
## 金羚牌洗衣机

JINLING®
金羚

江门金羚集团有限公司是广东省83家重点扶持发展的大型企业集团之一、江门市十强企业之一。集团成立于1996年，主要成员企业有江门市洗衣机厂、金羚电器有限公司、三菱重工金羚空调器有限公司、江门市金掌科技有限公司、金羚（棠下）电机厂有限公司和金羚日用电器有限公司等六家企业。主要产品有洗衣机、空调器、电机、小家电等产品，具有年产洗衣机100万台，空调器50万台，电机100万台的生产能力。2003年，集团工业总产值达29亿多元，销售收入11亿多元，出口额3000万美元，产品出口到七大洲60多个国家和地区。公司先后荣获“全国轻工业优秀企业”、“广东省技术创新优势企业”、“全国100家科技兴贸企业”、“广东省先进集体”、“中国1000家最大工业企业”等光荣称号。

Jiangmen Jinling Group Co., Ltd. is one of the 83 key supporting & developing large enterprise groups in Guangdong Province, and among the 10 large enterprises in Jiangmen. It was founded in 1996. Its members include Jiangmen Washing Machine Factory, Jinling Electrical Co., Ltd., Mitsubishi Heavy Industries-Jinling Air-conditioners Co., Ltd., Jiangmen Jinzhang Technology Co., Ltd., Jinling (Tangxia) Electric Motor Works Co., Ltd. and Jinling Electric Appliances Co., Ltd. Its main products are washing machines, air-conditioners, electric motors and small household appliances. The yearly productive capacity totals 1,000,000 washers, 500,000 air-conditioners and 1,000,000 electric motors. In 2003, the industrial gross output value reached over RMB 2,900,000,000 and the sales income is RMB 1,100,000,000. The export value reached USD 30,000,000; products are exported to more than 60 countries and areas all over the world. Jinling Group had honored with the titles like “Outstanding Enterprise of Light Industry in China”, “Technology Innovation Advantage Enterprise in Guangdong”, “Among the 100 National Science & Technology Driving Trade Enterprises”, “Advanced Company in Guangdong” and “Among the 1000 National Largest Industrial Enterprises”, etc.

# 合肥荣事达集团有限责任公司
# 荣事达牌洗衣机

荣事达 Royalstar

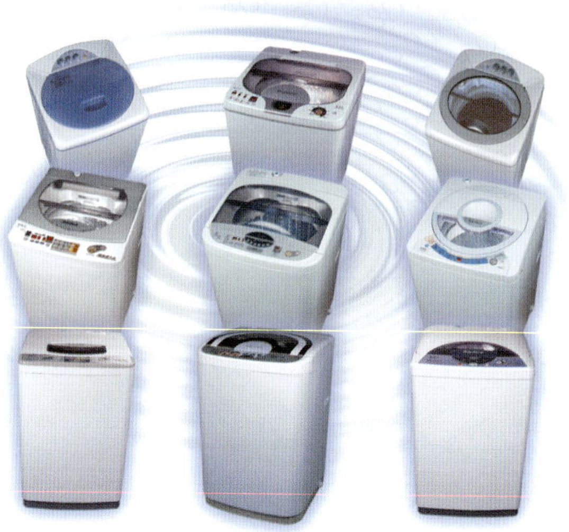

荣事达集团有限责任公司是目前中国最大的洗衣机生产基地、中国最大的综合家电制造企业之一。集团拥有15家子公司，其中中美合资公司7个，中日合资公司1个，中韩合资公司1个，中日合资荣事达三洋电器股份有限公司已获中国证监会批准上市。集团拥有员工近万名，为国家大型一档企业。

集团主产品——荣事达牌、三峡牌、三洋牌系列洗衣机，高、中、低档配备齐全，深受消费者喜爱，洗衣机产销量曾连续四年位居中国第一，是目前国内惟一具有波轮、滚筒、搅拌式全品类洗衣机生产能力的企业。1998年8月，中美合资、融合世界最新技术的荣事达冰箱诞生，以后来居上的技术优势在全国市场引起强烈反响，2003年成为国内冰箱行业成长指数第一的企业。集团所产电热水器、微波炉、新型厨卫产品也以高科技含量迅速赢得全国消费者信赖。荣事达洗衣机、电冰箱分别首批获得“中国免检产品”称号；荣事达洗衣机首批荣获“中国名牌产品”称号。

Hefei Rongshida Group Co., Ltd has the largest washing machine manufacturing facilities in China. It is one of the largest comprehensive electrical home appliance manufacturers in China. There are fourteen subsidiaries, including six Sino-U.S. joint ventures, one Sino-Japan and one Sino-Korea joint venture. The Sino-Japan JV - Hefei Rongshida Sanyo Electrical Appliances Co., Ltd - has been approved for listing by China Securities Regulatory Commission. It has nearly ten thousand employees and is a first class large enterprise in China.

Core Products: It has a full-line of Royalstar and Sanyo brand washing machines ranging from low-end to high-end models. The sales and production volume of Royalstar washing machines used to be ranked No.1 in China for four consecutive years. And it is the only manufacturer that has the pulsator, front-load and agitator type washers. In 1998, Royalstar refrigerators which had adopted the world-advanced technology were launched into market. With its technology advantage, Royalstar refrigerators became No.1 in growth indicators in refrigeration industry in China. Besides the washers and refrigerators, the other products of Rongshida Group, such as electrical water heaters, microwave ovens and kitchen products are also very popular in the market with value-added technology. Royalstar washers and refrigerators have both won the certification of Exemption from Inspection Chinese Products. Royalstar washers were also awarded Chinese Famous Brand Products.

# 海尔集团公司
# 海尔牌洗衣机

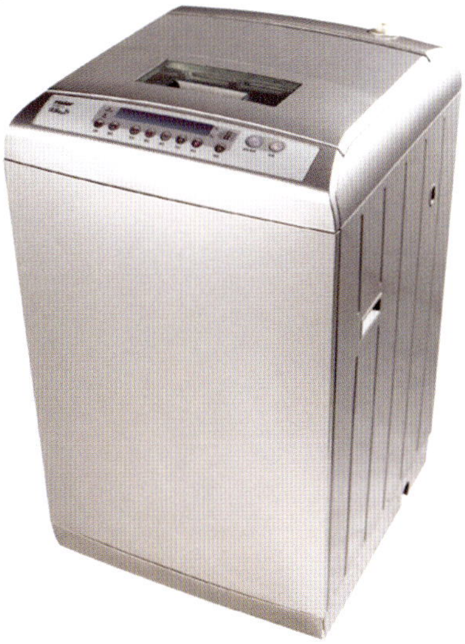

Haier

洗衣机

海尔集团创立于1984年，19年来持续稳定发展，已成为在海内外享有较高美誉的大型国际化企业集团。产品从1984年的单一冰箱发展到拥有白色家电、黑色家电、米色家电在内的96大门类15100多个规格的产品群，并出口到世界160多个国家和地区。2003年，海尔全球营业额实现806亿元。2003年，海尔蝉联中国最有价值品牌第一名。2004年1月31日，世界五大品牌价值评估机构之一的世界品牌实验室编制的《世界最具影响力的100个品牌》报告揭晓，中国海尔唯一入选，排在第95位。排行榜上，可口可乐荣登榜首，麦当劳排名第二，诺基亚排名第三。

海尔集团坚持全面实施国际化战略，已建立起一个具有国际竞争力的全球设计网络、制造网络、营销与服务网络。现有设计中心18个，工业园10个,海外工厂及制造基地22个，营销网点58800个。在国内市场，海尔冰箱、冷柜、空调、洗衣机四大主导产品的市场份额均达到30%左右；在海外市场，海尔产品已进入欧洲15家大连锁店的12家、美国前10大连锁店。在美国、欧洲初步实现了设计、生产、销售“三位一体”的本土化目标。海外工厂全线运营。

Haier was incorporated in 1984 only producing household refrigerators. Over the past 19 years, the company has witnessed significant prosperity and is now a transnational organization widely recognized in the world community. Haier currently manufactures a wide range of household electrical appliances, 15,100 varieties of items in 96 product lines, and exports products to more than 160 countries. In 2003, Haier's global sales hit RMB80.6 billion and Haier brand topped all Chinese trademarks at a nationwide survey. On January 31, 2004, Haier was named one of the World's 100 Most Recognizable Brands in a global name brand list edited by the World Brand Laboratory, one of 5 world's brand evaluation organizations. As the only Chinese brand on the list, Haier was ranked 95th after such household names as Coca-Cola, McDonald's and Nokia, which were the top three.

Haier's international promotion framework encompasses global networks for design, production, distribution and after-sales services. Haier has established 18 design institutes, 10 industrial complexes, 22 overseas production factories and 58,800 sales agents worldwide. Haier's current domestic market share for refrigerators, freezers, air-conditioners and washing machines is around 30%. Haier products are marketed in 12 out of 15 European chain supermarkets and 10 America's. Haier design, production and sales facilities in the United States and some European countries are staffed by local employees. All Haier overseas factories are in operation. To implement its globalization strategy, Haier has established multilateral cooperation with many international rivals. On 8th January and 20th February, 2002, Haier signed agreements with Sanyo and SAMPO for win-win development and benefit utilizing joint investment and combined resources.

# 宁波新乐电器有限公司
# 新乐牌洗衣机

新乐

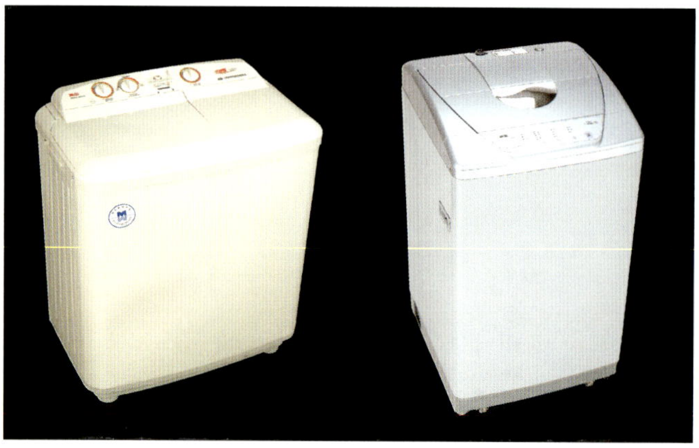

宁波新乐电器有限公司（原宁波洗衣机总厂）成立于1980年，首批获得国家生产许可证、自营出口权，至今已拥有24年洗衣机专业制造的历史。

公司坐落于中国浙江省宁波市，地处全国三大家电制造基地之一的区域优势，为企业提供了得天独厚的配套服务。2002年公司在全国同行中首家进行的机制转换，一个由国有资产占17%、社会法人占40%、自然人占43%，组成的混合型有限责任公司为企业创造了灵活的内部环境。

公司发展至今拥有总资产6.2亿元、15万平方米的生产场地、1252名高素质的员工和215名专业技术人员；年生产能力达300万台；总计共开发了20个系列200多个型号的产品，各类中、高档机型，满足了不同用户的需求；数以千计的销售服务网点遍布除台湾和西藏之外的全国各地，并远销到东欧、南美、西亚、中东等80多个国家和地区；各项销售指标在行业中名列前茅，成为浙江家电制造基地的主力军。

向用户提供质量优良的产品是新乐人坚定的信念和持久工作的目标，也是公司核心竞争力之一。公司建立的质量体系早在1999年通过德国莱茵技术有限公司ISO9001:1994认证，又于2002年再次通过了该公司ISO9001:2000的认证。积极导入“5S”、“6σ”等各类先进管理模式。

Ningbo Xinle household appliances co., ltd (original Ningbo washing machine general factory) was founded in 1980, and is one of the first group companies with export right in China.

The company locates in Ningbo city wich was one of three manufacturing bases for household appliances, and successfully finished operating mechanism adjustment in 2002. So the new and flexible mechanism (with 17% share capital holden by nation, 40% share capital holden by society artificial person, 43% share capital holden by natural person), constantly create greet economic benefit.

At present, company has total assets 620 million RMB, covers total area 150,000 sqm, and has 1252 staff with high quality including 215 technology engineers, then annual production capacity had reached 3 million sets. Accoring to different market requirements, company had launched 20 series products with more 200 models. Now company had established thousands of sale nets all of the country excluding Taiwan and Tibet, and products had been exported to more than 80 countries and regions.

Supplying superior quality products is our firm belief, also is one of our key competition power. After passed ISO9001: 1994 quality system approval in 1999, company passed ISO9001: 2000 quality system approval again in 2000, meanwhile we adopted “5S” “6ε” advanced management modes. Now all the products had passed national CCC approval, and most of model had obtained CE.CB.SASO international quality approval. As results, company also was been awarded the honourable title of “National passing without examination”, then more times obained “Zhejiang famous brand products” “Zhejiang famous brand”, and earlier passed “national 5A products approval” on April, 2004.

# 空调器行业整体概括

空调器行业是在我国改革开放后发展起来的新兴产业，20多年来特别是近10年来我国空调器产业以超过40%的平均速度发展，产业规模迅速扩大，在20世纪90年代中期超过了美国，90年代末超过了日本，成为全球空调器的制造基地，产销量居世界首位。经过这10年的发展，中国空调器产业已经拥有了占世界空调器近一半的生产规模，2004年空调器总产量约6646万台，同比增长44.4%。其中出口2334万台，同比增长42%，出口额达34亿美元。在出口高速增长的同时，国内市场增长已趋于放缓，将保持稳定增长，但市场容量仍有较大的增长空间。因为，我国城镇低收入家庭还很多，在经济不发达地区，空调器拥有率仍然较低，而农村市场尚处于导入阶段。2002年全国城镇家庭空调器百户拥有量为51.1台，高于全国平均水平的省有10个，低于全国平均水平的省有20个，气候炎热的湖南、江西、四川、广西、海南百户空调器拥有量尚不足50台。另外，与日本等发达国家相比，中国空调器拥有率还有较大差距。2001年日本百户空调器拥有量达217.4台，表明中国空调器市场还是有巨大的增长潜力的。

该产业的行业集中度相对较高，以2004年为例，以长虹、华凌、志高、春兰、科龙、美的、格力、海尔、海信、奥克斯、新科等为代表的空调器主导品牌的产量超过全国生产总量的50%。

随着科学技术的发展和人民生活水平的提高，空调器的技术含量日益提高，变频节能、清洁健康逐步成为市场的主流。

提到节能，2004年6月28日，中国家用电器协会率部分国内主要空调器制造商在北京发布了空调节能倡议。倡议指出，全国空调器企业要严格执行国家标准GB12021.3—2000《房间空调器能源效率限定值及节能评价值》，保证现有的产品都能达到限定值的要求。

经过20余年的发展，我国空调产业的竞争力有了极大的增长。首先，

出口增长速度以及在产业中的比重加大。改革开放后特别是进入20世纪90年代中期以来，中国家电的高速增长，已经取代日本、韩国成为全球主要出口基地。据海关总署统计资料，1993年我国空调器出口只有10万台，1998年超过100万台，到2004年出口量达到2334万台。其次，我国空调产品在全球市场占有着相当大的份额和比重。关键零配件的配套能力大大增强，空调压缩机的产量大幅上升，满足了空调器不断增长的需求。最后，空调器出口的市场主要集中在欧美国家及日本等发达国家和地区，这也显示出中国空调器在全球市场的重要地位。

加入WTO后，我国空调器企业面临着巨大的机遇和挑战，需要及时适应政策、法制方面的变化。一是政策的准确性和操作性问题；二是在全球经济一体化的形势下需要对国际上的一些规定和技术标准有更深刻的了解并采取相应的措施，如对CFC替代和能效标准以及废旧家电法规方面等。许多指令和标准表面看是基于环保目的的，但实际上也是针对进口产品而设置的技术壁垒，突破这些技术壁垒就要求企业具有一定的技术实力。

**名牌企业在行业中的地位**

2004年空调器名牌产品几乎占据了我国空调器市场的第一集团位置，按照产量排序，美的、海尔、科龙、志高、奥克斯、春兰等企业分列1、2、4、5、6、10位，产量均在80万台以上，而美的04年产量更是达到了800万台，产值近145亿元，其中出口286万台，创汇4.5亿美元。以美的为例，2004年高举节能、健康两大口号，推出“全健康”分体机，同时在直流变频产品方向上也做出了比较成功的尝试，推广全技术方向的产品将是美的空调未来的重要战略。此外，海尔的氧吧空调系列、科龙的“数码双效王”等产品市场反响也十分强烈。

# 四川长虹电器股份有限公司
# 长虹牌家用分体空调

长虹

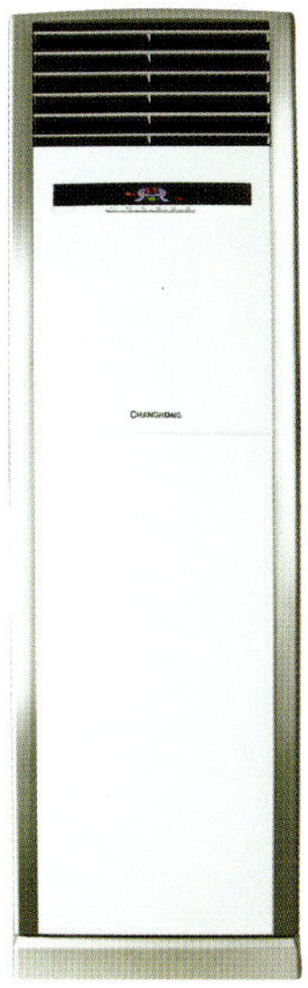

四川长虹电器股份有限公司是一家集彩电、背投、空调、视听、数字网络、电源、器件、平板显示、数字媒体网络等产业研发、生产、销售的多元化、综合型跨国企业。

在过去的40余年中，长虹取得了巨大的成功，1995年，第50届国际统计大会授予四川长虹电器股份有限公司"中国最大彩电基地",同时长虹独家荣获"中国彩电大王"称号。已连续14年在中国彩电市场保持最高份额。"长虹"品牌价值持续攀升，至2003年，已达267.06亿元。长虹还是中国视像协会会长单位，中国6家技术创新试点企业之一。目前，公司拥有8000余万户忠实长虹用户。拥有1700万台各型彩电、100万台精显背投、280万套家用空调与户式智能中央空调、800万台（套）AV产品、300万台可视电话、4亿只绿色环保电池、150万台网络产品、360万平方米印刷电路板的生产能力，并具有大规模的塑料骨架、金属卡簧、各种变压器、消磁线圈、连接器、遥控器等配套零部件的生产制造能力。

Sichuan Changhong Electric Co., Ltd. is a comprehensive multinational corporation, which does research and development, along with the manufacturing and sales of many products including Televisions, Air-conditioners, Batteries, Components, Telecommunications, Small household appliances and Video systems, plus LCD displaying, and Applied TV, etc.

Over the past fourty years ,changhong have acquired great success. In 1995, Changhong was awarded the title of the"The Biggest Color TV Base in China" by the 50th International Statistical Conference, and was uniquely awarded the "King of Color TV in China" honor at that time. Changhong has continued to hold the greater majority of market shares in this area in the past 14 years. The brand value of Changhong continued to rise and had risen all the way up to 26.7 billion yuan by 2003. Moreover, Changhong is also the president of the Chinese Video Association and one of the six pilot enterprises for the advancement of technological innovation in China. Now, Changhong has over 80 million faithful customers and great productive capacity including 17 million sets of kinds of color TVs, 1 million sets of provision rear projection TVs, 2.8 million suites of household air-conditioners and family central air-conditioners, 8 million sets of AV products, 3 million sets of videophones, 400 million units of environmental protection batteries, 1.5 million sets of network products, 3.6 million square meters of PCBs, as well as having a large scale productive capacity for necessary parts both outside and inside including plastic frameworks, metal springs, and various types of transformer, degaussing coils, connecters, remote controllers, etc.

# 华凌集团有限公司
# 华凌牌家用分体空调

華凌
HUALING

家用
分体式空调

华凌集团有限公司是一家以生产、销售“华凌”牌电冰箱、空调器、小家电为主的家电企业集团，也是中国家电行业第一家在香港成功上市的国资控股公司。

多年来，华凌集团以振兴民族工业、塑造民族品牌为己任，坚持“高档次、高质量、严管理”的经营宗旨，生产销售的“华凌”产品以造型新颖、功能卓著、质量优良赢得国内外用户的厚爱和社会各界的好评，先后获得“国家质量金奖”、“国家首批免检产品”、“中国名牌产品”、“中国电冰箱王子”、“中国空调王子”等多项荣誉称号；华凌集团更获得“全国质量管理先进企业”、“国家重点扶持出口企业”、“技术创新优势企业”等多项殊荣。目前，华凌集团冰箱生产能力超过200万台、空调的生产能力超过120万台，并以“在3-5年内成为国内家电同行业前5强”为目标，不断提高产品在国内市场的占有率。此外，华凌集团正以每年20%以上的增长速度扩大出口，产品远销亚洲、欧洲、非洲、大洋洲、北美洲等全球多个国家和地区，成为我国民族工业的骄傲！

Hualing Group Co., Ltd. is a household electric appliance enterprise group mainly producing, marketing "Hualing" refrigerators, air-conditioners and small household electric appliance, and also the first state-funded holding company of the Chinese household electric appliance industry successfully listed in Hong Kong.

For many years, Hualing Group takes vitalizing the national industry and creating a national brand as its mission, sticks to the business philosophy of “high-grade, high quality and strict management”. The “Hualing”products are favored and praised by global users and the society for novel design, excellent function and quality, and have won the honorary titles “National Gold Prize of Quality”, “First Batch of Inspection Exempted Product”, “China Famous-brand Product”,“Refrigerator Prince of China”,“Air-conditioner Prince of China” in succession; Hualing Group have further obtained the laurels of “National Advanced Enterprise in Quality Management”, “National Key Supported Export-oriented Enterprise” and “Enterprise with Advantage in Technical Innovation”. Presently, the refrigerator production capacity of Hualing Group exceeds 2 million units, the air-conditioner production capacity exceeds 1.2 million units, and with the aim of “entering Top 5 in the domestic household electric appliance industry in 3-5 years”, Hualing Group is continuously increasing the share of its products in the domestic market. In addition, Hualing Group is increasing its export at the annual rate of above 20% with its products selling to Asia, Europe, Africa, Oceania, North America and other countries, regions of the world, and has become a pride of China's national industry!

# 广东志高空调股份有限公司
# 志高牌家用分体空调

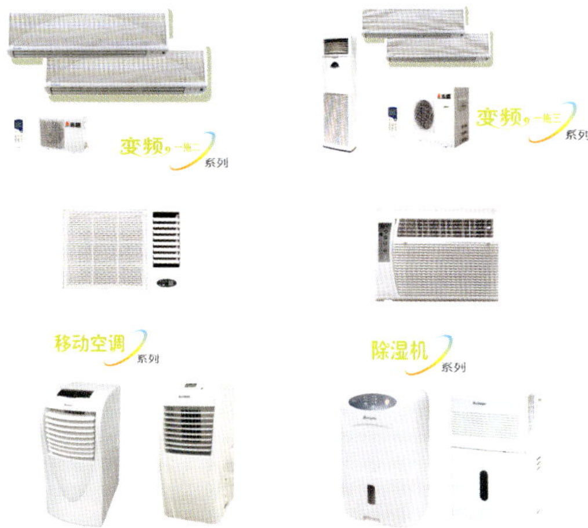


广东志高空调股份有限公司是以空调整机、配件生产、销售为主的大型现代化企业，公司占地面积4500亩，员工总数13000余人，年生产空调能力达600万套，年产值超45亿元。公司控股企业达50余家，空调所有零配件的自给率达90%以上。

在家用空调领域，志高拥有窗式、挂壁式、立柜式3大类、400多个品种的强大阵容，2004年又开发了100余款新品，并拥有多种特色技术及产品，如抗菌防护墙健康技术、消毒空调机、高能效比空调、超静音空调等。在商用空调领域，拥有CMV智能变频户式中央空调、天花嵌入式、风冷柜机、水冷柜机等十大系列。志高空调产品先后获得中国强制认证（CCC认证）、国家首批免检产品认证、中国首批节能产品论证等200多个国际权威认证及荣誉。

志高空调的销售网络已遍及全国三十一个省、市、自治区，同时在全球200多个国家和地区销售，销售一直保持50%以上的增长速度，2003年的销售达到180万套，跻身全国空调销售五强。2004年制冷年度志高全球销售目标为230万套，欲跻身国内行业前三强。

Guangdong Chigo AC Co. Ltd. is a large modern enterprise manufacturing and marketing AC complete machine and fittings. The company occupies an area of more than 3 million square meters, and has more than 13,000 staff. Its annual AC production capacity is 6 million sets with an annual output value of more than 4.5 billion yuan. The company holds more than 50 subsidiaries and the rate of self-manufactured AC parts is more than 90%.

Chigo residential AC products fall into three main categories of window type, wall-mounted and floor type, which can be further divided into more than 400 models. In 2004, the company developed more than 100 new products with several featured technologies including healthy technology of bacteria resisting protection wall. The new products include sterilizing AC, high power-efficiency ratio AC and extra silent AC. Chigo commercial AC products fall into ten major series of CMV intelligent frequency conversion central AC, ceiling concealed AC, wind cooling cabinet AC and water cooling cabinet AC. Chigo AC products obtained more than 200 international authoritative certificates and honorary titles including China Compulsory Certificate (CCC), are among the first products that are exempt from examination and first energy-saving products in China.

The marketing network of Chigo AC covers 31 provinces, cities and autonomous regions in China; its sales in more than 200 countries and areas in the world continuously grow at a speed of 50%. In 2003, the annual sales volume is 1.8 million sets, which makes the company one of the Top Five AC manufacturers in China. In 2004, the global sales target for Chigo is 2.3 million AC units and the company aims to be one of the Top Three AC manufacturers in China.

# 春兰（集团）公司
## 春兰牌家用分体空调

Chunlan春兰

春兰（集团）公司是多元化、高科技、国际化的现代企业，集科研、制造、投资、贸易于一体，名列中国最大企业集团50强。春兰设有上海总部和江苏泰州总部，下辖42个独立子公司，其中制造公司有18家，并设有春兰研究院、春兰学院、春兰博士后工作站和春兰电器研究所、春兰自动车研究所、春兰电子研究所等科研、教育机构。春兰生产基地位于江苏泰州、南京、苏州等地，春兰主导产品包括家电（空调器、洗衣机、除湿机）、自动车（中重型卡车、摩托车、电动自动车）、机械（摩托车发动机、空调压缩机）、新能源（高能动力镍氢电池）等。其中，空调形成年产300万台的生产能力，空调压缩机、波轮及滚筒洗衣机、摩托车及发动机等均已形成年产100万台以上规模生产能力。现有职工1万多人，到2003年底，实现营业额165亿元，资产总值达200多亿元。目前，通过深入推进“创新型矩阵管理”，建立信息、科研、营业、资金、采购和物流等六大公共平台，企业综合实力得到了很大提高，科技水平不断攀升，参与全球市场竞争的实力迅速增强。

As one of the 50 largest enterprise groups in China, Chunlan (Group) Corporation is a diversified high-tech and modern corporation that specializes in manufacturing, scientific research,

Investment as well as trading areas with 42 independent subsidiaries , 18 of which are involved in manufacturing. In addition, Chunlan group also boasts a wide scope of educational / research institutions including Chunlan Academy, Chunlan college, Chunlan post-Doctoral work station, Chunlan Electrical Appliance Institute, Chunlan Motor Institute and Chunlan Electronic Institute.

Furthermore, main products developed and manufactured by Chunlan range from home appliance (air conditioner, washing machine and dehumidifier), motors (truck, motorcycle and electrical bicycle), machinery(air conditioner compressor and motorcycle engine) to new energy (high-power battery).

Chunlan's outstanding achievements are highly recognized by the economic and social circles as well as the media both from home and abroad.President Jiang Zemin visited chunlan in 1992 and in 1998 respectively and wrote the inscription for Chunlan-Revitalize Enterprise Through Science and March into The Global Market.

# 广东科龙电器股份有限公司
# 科龙牌家用分体空调

KELON 科龙

广东科龙电器股份有限公司是中国目前规模最大的制冷家电企业之一，在国内外冰箱及空调市场均处于举足轻重的地位。目前，科龙可年产电冰箱八百万台及空调六百万台，其在国内冰箱市场的占有率更是多年来独占鳌头。

科龙总部设于中国广东省佛山市顺德区，1984年开始生产冰箱，是中国最早生产冰箱的企业之一。其于1999年被“世界经济论坛组织”推举为全球新兴市场一百家最佳企业之一，在2001年更被《财富》杂志评选为中国上市公司一百强。其在2004年初更于国际权威财经杂志《亚洲货币》的“最佳管理公司”投票选举中，荣获“2003年最佳小型公司（中国）”及“2003年企业管治最佳进步奖（中国）”两个奖项。

科龙一贯注重科技领先，1996年曾凭无氟电冰箱技术，获颁行业内屈指可数的国家科技进步奖。2000年又凭碳氢物质替代CFC制造系统，成为行业内同类别企业中惟一一家获颁国家科技进步奖的企业。至2002年，科龙已有10项冰箱核心技术处于国内领先地位，其中有5项更高居世界领先水平。

Guangdong Kelon Electrical Holdings Company Limited is one of the largest domestic refrigeration appliances manufacturers in China, a market leader in the refrigeration and air-conditioning markets in China and overseas。Currently, Kelon has an annual production capacity of 8 million refrigerators and 6 million air-conditioners. Its market share for refrigerators remained the largest nationwide for many years.

Headquartered in Shunde District, Foshan City, Guangdong Province, Kelon, one of the pioneers in the industry, commenced the production of refrigerators in 1984. The Group was elected as one of the top 100 Emerging Market Companies by the World Economic Forum in 1999. In 2001, the Group received Fortune magazine's award as one of the top 100 China Listed Companies. In early 2004, Kelon received the “2003 Best Small Cap Company - China” Award and the “2003 Most Improved in Corporate Governance - China” Award in the “Best Managed Companies” poll by the world-renowned financial magazine AsiaMoney.

Kelon places continuous emphasis on leading technology. In 1996, It won one of the few State Technological Advancement Awards in the industry for its CFC-free refrigeration technology. In 2000, the Group won the same award for its system which produce hydrocarbon substances to replace CFC, and became the only manufacturer in the industry to have received this award. At the end of 2002, Kelon held ten core refrigeration technologies which are leading technologies at the national level, while five of them lead in the world Standards.

# 广东美的集团股份有限公司
# 美的牌家用分体空调

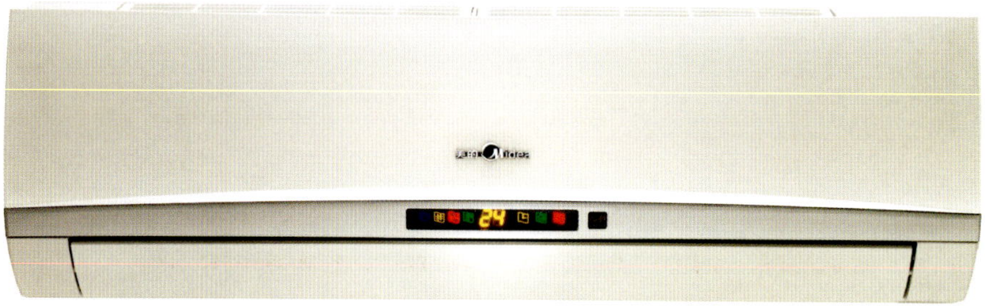



美的集团创建于1968年。1980年，正式进入家电业。1981年，开始使用美的品牌。1993年，集团下辖的广东美的集团股份有限公司在深交所上市，成为全国第一家由乡镇企业改制而成的上市公司。2001年，美的转制为民营企业。2003年，美的相继收购云南、湖南的客车企业，正式进入汽车业。2004年，美的将通过并购重组进入电力、机械、基础设施等行业。

美的一直保持着健康、稳定、快速的增长，20世纪80年代平均增长速度为60%，90年代平均增长速度为50%。

2003年美的集团实现销售收入175亿元，同比增长30%，其中出口创汇5亿美元，同比增长60%。经过三十多年的不断调整、发展与壮大，如今美的已成为以家电业为主的大型综合性现代化企业集团，是中国最具规模的家电生产基地和出口基地之一。

Midea group was established in 1968 and it began to shift its business toward electric home appliance in 1980. On August 30, 1981, Midea brand was registered and come to use. On November 12, 1993, Midea was listed on Shenzhen Stock Exchanges, becoming the first listed township enterprise approved by China Securities Regulatory Commission. In 2001, Beijiao Town Government, the biggest shareholder, withdrawing completely from the company, Midea turned into a private enterprise. In 2003, purchased 3 enterprises of Yun Nan and Hu Nan province, of which manufacturing passenger car, Midea expand its business scale to car industry. Further more, Midea will enter the electricity, mechanics and basal facilities vocations.

Midea has maintained a healthy, steady and rapid growth which in 1980s 60% and 1990s 50%.

In 2003, Midea had realized USD1.75 billion sales in total (30% increase), to which overseas market contributed well over USD500 million (60% increase). After 30 years continuous adjusting and developing, Midea has a total asset of 10.5 billion Yuan and a strong workforce of 35,000 at present. Midea has six major production bases which total area reaches 2,300,000 sq. m. : Midea Industrial Town (660,000 sq.m.), Shunde New Beijiao Industrial Zone (230,000 sq.m.), Shunde Daliang Base (130,000 sq.m.), Shunde Zhongshan Base (320,000 sq.m.), Hubei Wuhan base (540,000 sq.m.) and Anhui Wuhu Base (420,000 sq.m.). Midea has already set up a nationwide marketing network in the domestic market, and further more, branches selectively include HK, U.S.A., CANADA, GERMANY, UK, JAPAN, RUSSIA, KOREA in key home appliances markets.

# 珠海格力电器股份有限公司
# 格力牌家用分体空调

珠海格力电器股份有限公司组建于1991年，现有员工15000多人，空调生产规模达1000万台（套），在国内的江苏丹阳、重庆及南美的巴西均设立了生产基地，是中国目前生产规模最大、技术实力最强的大型专业化空调企业，也是世界上单产规模最大的空调器生产基地。

公司至今已开发出包括家用空调、商用空调在内的20大类、80多个系列、1500多个品种规格的产品，空调品种规格之多、系列之齐全居全国首位。

从1995年至今，格力空调连续9年产销量、市场占有率均居行业第一，公司致力于海外市场的拓展，产品远销世界180多个国家和地区，出口量从1995年起连续9年居全国领先地位，出口涨幅亦居全国同行前列。2004年3月，珠海格力电器股份有限公司进入了中国海关总署“红名单”，排第29位，是空调行业中惟一进入“红名单”的企业，也是被评定为“红名单”仅有的两家家电企业之一。

GREE Electric Appliances, Inc. Of Zhuhai, founded in 1991, has more than 15000 staffs and the air conditioner manufacture scope had reach 10 million units. With the manufacturing base in Danyang in Jiangsu Province, Chongqing and Brazil, GREE is a big specialized air conditioner corporation with the largest manufacturing scope and strongest technique strength nowadays, and is also the biggest air conditioner manufacturing base of manufacture only in scope in the world.

Corporation had developed 20 catalogues, 80 series, in the aggregate to 1500 models of products. The large amount of product and the complete of product series is the No.1 of China.

From 1995, GREE Electric Appliances, Inc. Of Zhuhai had becoming the No.1 in sales amount and market possession rate for series 9 years in the air conditioner industry. The corporation is applying itself to the development of the overseas market. The products are sold to more than 180 countries and districts, and the export amount had lead the corporation to the first place in China in the series 9 years, as well as the export markup. In March, 2004, Gree Electric Appliance, Inc. of Zhuhai was listed in the “Red List” published by Custom General Administration and arranged in the No.29th, and Gree is the only corporation listed in the “Red List” in the air conditioner industry, is also one of the two household electric appliance corporations listed in it.

# 海尔集团公司
# 海尔牌家用分体空调

Haier

海尔集团创立于1984年，19年来持续稳定发展，已成为在海内外享有较高美誉的大型国际化企业集团。产品从1984年的单一冰箱发展到拥有白色家电、黑色家电、米色家电在内的96大门类15100多个规格的产品群，并出口到世界160多个国家和地区。2003年，海尔全球营业额实现806亿元。2003年，海尔蝉联中国最有价值品牌第一名。2004年1月31日，世界五大品牌价值评估机构之一的世界品牌实验室编制的《世界最具影响力的100个品牌》报告揭晓，中国海尔唯一入选，排在第95位。排行榜上，可口可乐荣登榜首，麦当劳排名第二，诺基亚排名第三。

海尔集团坚持全面实施国际化战略，已建立起一个具有国际竞争力的全球设计网络、制造网络、营销与服务网络。现有设计中心18个，工业园10个,海外工厂及制造基地22个，营销网点58800个。在国内市场，海尔冰箱、冷柜、空调、洗衣机四大主导产品的市场份额均达到30%左右；在海外市场，海尔产品已进入欧洲15家大连锁店的12家、美国前10大连锁店。在美国、欧洲初步实现了设计、生产、销售“三位一体”的本土化目标。海外工厂全线运营。

Haier was incorporated in 1984 only producing household refrigerators. Over the past 19 years, the company has witnessed significant prosperity and is now a transnational organization widely recognized in the world community. Haier currently manufactures a wide range of household electrical appliances, 15,100 varieties of items in 96 product lines, and exports products to more than 160 countries. In 2003, Haier's global sales hit RMB80.6 billion and Haier brand topped all Chinese trademarks at a nationwide survey. On January 31, 2004, Haier was named one of the World's 100 Most Recognizable Brands in a global name brand list edited by the World Brand Laboratory, one of 5 world's brand evaluation organizations. As the only Chinese brand on the list, Haier was ranked 95th after such household names as Coca-Cola, McDonald's and Nokia, which were the top three.

Haier's international promotion framework encompasses global networks for design, production, distribution and after-sales services. Haier has established 18 design institutes, 10 industrial complexes, 22 overseas production factories and 58,800 sales agents worldwide. Haier's current domestic market share for refrigerators, freezers, air-conditioners and washing machines is around 30%. Haier products are marketed in 12 out of 15 European chain supermarkets and 10 America's. Haier design, production and sales facilities in the United States and some European countries are staffed by local employees. All Haier overseas factories are in operation. To implement its globalization strategy, Haier has established multilateral cooperation with many international rivals. On 8th January and 20th February, 2002, Haier signed agreements with Sanyo and SAMPO for win-win development and benefit utilizing joint investment and combined resources.

# 海信集团有限公司
# 海信牌家用分体空调

Hisense 海信

青岛海信空调有限公司是海信集团于96年投资5亿人民币、引进国际先进变频空调技术组建的大型空调公司。公司位于青岛平度市海信工业园，占地面积150，000平方米，年产空调300万套，是中国目前规模最大、技术最先进的变频空调生产基地。目前，公司拥有国际先进的变频生产设备和技术，引进世界上最先进的全自动氦检漏装置、焓差实验室、配套国内最先进的整机成套检测线。公司注重人才的引进和培养，目前拥有技术开发人员160多名，其中高级工程师、设计师80多名，可自主完成包括制冷、电控、结构和软件的全部设计工作。本着“零缺陷”的产品设计和质量理念，严格按照ISO9000质量认证体系标准加强和深化内部管理，大力推进TPI、TPM、6δ以及5S等经营管理模式，深化经营革新，先后获得“零投诉”品牌、消费者满意产品、澳洲节能之星等一系列的荣誉称号。海信空调坚持走国际化之路，同国内外大型的家电及商贸公司有广泛的技术和产品合作，变频空调远销欧美等50多个国家和地区。

展望未来，空调公司将持续不断为顾客提供更高科技含量、更人性化设计的高精产品，发展成为行业一流的专业空调公司。

Established by Hisense Group in 1996 with total investment of RMB 500 million, Qingdao Hisense Air Conditioner Co., Ltd is a large-scale air-conditioner manufacturer with strong support from introduced internationally advanced inverter technology for air-conditioner. It is located in Pingdu Qingdao Hisense Industrial Garden occupying an area of 150 thousand square meters with annual production volume of three million sets, which enable such industrial garden to be China's largest production base for inverter air-conditioner with the most advanced technology up to present. Now the Company has owned internationally advanced inverter technology and manufacturing equipments,and introduced most advanced full-automatic helium spectrum leakage detector, enthalpy difference lab, integrated and domestically advanced detection lines for complete machines. The Company has paid much concern toward introducing and fostering talents .By now it has retained one hundred and sixty technical R & D personnel including over eighty more than senior engineers and designers, providing the Company with the self-development capacity for all design tasks in aspects of refrigeration, electric control, structure and software. Following the "zero-defect" idea for its product design and quality management, the company has reinforced and deepened internal management strictly in accordance with the requirement of ISO9000 quality management and certification system, vigorously carried out advanced management and administration modes (e.g. TPI, TPM, 6 δ and 5S) and made great effects to deepen the managerial innovation. Due to such best effects our products have been successively awarded with such honorary titles as “zero-complaint brand”,“consumer satisfied product” and “Australian Energy-Saving Star”,etc. The Company will stick to its globlization stragety ,and has established extensive cooperation relations with domestic and foreign large home appliance dealers and trading companies in the aspect of product and technology. Now our inverter air-conditioner products have been exported and sold to over fifty countries and regions scattered in Europe and America.

# 宁波奥克斯空调有限公司
# 奥克斯牌家用分体空调

宁波奥克斯空调有限公司是奥克斯集团的全资企业。奥克斯集团从创立时7个人、负债20几万，在四明山下的一个牛棚中起家，目前涉足八大领域：电能表、空调、变压器、手机、汽车、房地产、医疗、物流，其中电能表年生产能力达2500万台，位居全球第一，空调年生产能力450万台，位居行业前3位，变压器生产能力420万千伏安，S11型变压器位居国内第一。2004年集团决定投资80亿元，用5年时间打造年产45万辆轿车生产基地。经过15年的努力奋斗，今天的奥克斯集团，已发展为拥有总资产45亿元，员工13000名的现代股份制企业集团，是国家重点火炬高新技术企业，并设立了国家博士后工作站。2003年集团实现销售72亿元，企业规模居全国500强第253位，居浙江民营企业50强第10位，是宁波市重点培育的大企业集团之一。

面对未来奥克斯今后的发展方向是：通过加大技改投入，打造由上游供应链、中游生产链和下游销售链完整组成奥克斯空调产业链。销量在未来3年内要达到500万台，5年内达到700万台，成为中国乃至全球最大的空调制造商。

Ningbo AUX Air Conditioning Corporation Ltd is AUX Group full-holding venture. At the beginning, with 20,000 RMB in debt and setting up in a cowshed, AUX Group was built on the basis of 7 employees. Presently AUX has already diversified electrical meters, air conditioners, transformers, mobile phones, automobiles, real estate, hospital and logistics, among which annual capacity of electrical meters is 2.5thousand, at the first place in the world; air conditioner is at the third position in domestic air conditioner industry; transformers is 420KVA, moreover, S11 ranking first one at domestic market.

Facing the future, Aux henceforth-developing direction is building an Aux air conditioner industry chain composed of the upriver supplying chain, middle river producing chain and down river selling chain. The air conditioner sales amount will reach to 5 million sets in the coming 3 years, 7 million sets in 5 years, and become the biggest air conditioner manufacturer in China even the world.

# 江苏新科电子集团有限公司
# 新科牌家用分体空调

新科
Shinco

江苏新科电子集团有限公司，是一家大型的高科技企业集团。公司以“诚信卓越，科技领先”为经营理念，以数字化和国际化为目标，形成了两项支柱产业：一是以空调、滚筒洗衣机为主的新型家用电器产品；二是数字化消费类电子产品。“Shinco 新科”商标于1999年被认定为中国驰名商标，2000年被评为“全国质量管理先进企业”，2001～2002年，出口创汇排名江苏省自营出口生产企业榜首，2003年实现出口创汇42000万美元，连续13年进入中国电子百强。

空调公司是新科集团旗下致力于空调的研发、生产、营销、服务于一体的大型支柱企业，年生产能力达480万台，拥有现代化生产线20余条，日产空调器2.5万台，在北京、上海、广州等全国35大中城市和地区建立了销售服务分公司，并在美国、欧洲、东南亚等国家和我国香港地区设立了销售服务公司，使新科空调畅销世界30多个国家和地区，逐渐成为了空调行业名符其实的后起之秀。

Jiangsu Shinco Electronic Group Co., Ltd is one of the major manufacturing bases of China consumer electronic products and air conditioners. Shinco takes “Sincerity and Superiority, Ace Science and Technology” as the company managing philosophy, “Digitize and Internationalize” as the object of development. Shinco company has been awarded “China advanced enterprise of quality management”,“China faithful enterprise” and “high achievement enterprise for export electronic information products” and so on titles. Meanwhile, Shinco brand also regarded as “China named brand”. As the company which has been awarded “Large scale Hi-Tech enterprise conveniently custom clearing” by China General Custom Bureau, during the past three years, Shinco ranked the number one in export among all those self-export manufacturing enterprises in Jiangsu province, in the year of 2003, Shinco export achievement was USD420 million, and continuously regarded as a member of“Chinese the most powerful one hundred enterprises” during the past 13 years. At present, Shinco group consist of 12 factories and has around 15000 staffs, among them more 3500 persons are engineers and technicians.

Shinco group, experiencing the fierce market competition, developed steadily. Bearing the advantages of better understanding of home appliance industry and reasonable allocation of self resource. In the year of 2000, Shinco group clearly launched “Build digitized and internationalized Shinco” company developing strategy. By now, the new image of digitized and internationalized Shinco has been built up. The two pillar industries – Consumer electronic products and new generation air conditioner have been improved a lot, Shinco air conditioner and DVD player also have been regarded as China named products

# 微波炉行业整体情况

在我国微波炉是于20世纪90年代才发展起来的，在家电大家庭里是一个新面孔，经过短短十几年的历程，我国微波炉行业已经迅速发展壮大，2004年总产量约4392万台，较去年增长17.5%，占全球微波炉总产量的75%以上。其中出口3523万台，同比增长18.45%，出口额达13.42亿美元，同比增长22. 5%。

行业中具有实力的主要竞争力量划分为两大阵营：一类是中资企业，另一类是跨国公司。

中资领先企业。中资领先企业的代表者是格兰仕及近两年快速上升的美的、海尔集团。

跨国公司。跨国公司的代表企业是韩国的LG、三星；日本的松下；及美国的惠而浦。

目前国内微波炉市场主要是中低档产品占据主流，300元至800元的产品占据78%以上的市场份额，真正的高端产品还不多。

**名牌企业在行业中的地位**

如今的国内微波炉市场集中度非常高，以格兰仕、海尔、美的组成的第一集团凭借其强大的生产能力及“作战经验”，已经牢牢占据市场50%的份额。以格兰仕为例，格兰仕电器有限

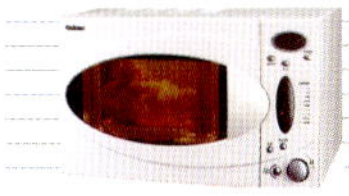

公司是中国90年代新崛起的微波炉生产企业，近年来成长迅速，不仅成为中国微波炉行业的一颗明星，而且从生产规模看已经超过了夏普、韩国三星、LG，成为全球最大的微波炉制造厂。格兰仕从全球市场供应商的定位出发，不断扩大生产能力，拥有全球领先的制造规模是格兰仕重要的核心优势。生产规模由1999年的600万台迅速增长，2003年达到1800万台；2004年产销量达到1500万台。微波炉国际市场的利润空间要高于国内市场，格兰仕不断提高出口比重，近年来出口连续保持超过50%的增长幅度，出口在总销量中的比重也不断上升，1997-1999年期间出口量占总销量的比重约1/3上下；2002年超过55%，2004年达到近70%。美的是在1999年底才涉足微波炉领域的，经过几年的发展，多款具有蓝色液晶屏、电子除味、湿控感应智能烹调等先进功能的新品已经占据了市场的主流位置，与格兰仕、海尔等知名品牌一道，共同组成了我国微波炉市场的主力军。

# 广东美的集团股份有限公司
# 美的牌微波炉

美的 Midea®

微波炉

美的集团创建于1968年。1980年，正式进入家电业。1981年，开始使用美的品牌。1993年，集团下辖的广东美的集团股份有限公司在深交所上市，成为全国第一家由乡镇企业改制而成的上市公司。2001年，美的转制为民营企业。2003年，美的相继收购云南、湖南的客车企业，正式进入汽车业。2004年，美的将通过并购重组进入电力、机械、基础设施等行业。

美的一直保持着健康、稳定、快速的增长，80年代平均增长速度为60%，90年代平均增长速度为50%。

2003年美的集团实现销售收入175亿元，同比增长30%，其中出口创汇5亿美元，同比增长60%。经过三十多年的不断调整、发展与壮大，如今美的已成为以家电业为主的大型综合性现代化企业集团，是中国最具规模的家电生产基地和出口基地之一。

Midea group was established in 1968 and it began to shift its business toward electric home appliance in 1980. On August 30, 1981, Midea brand was registered and come to use. On November 12, 1993, Midea was listed on Shenzhen Stock Exchanges, becoming the first listed township enterprise approved by China Securities Regulatory Commission. In 2001, Beijiao Town Government, the biggest shareholder, withdrawing completely from the company, Midea turned into a private enterprise. In 2003, purchased 3 enterprises of Yun Nan and Hu Nan province, of which manufacturing passenger car, Midea expand its business scale to car industry. Further more, Midea will enter the electricity, mechanics and basal facilities vocations.

Midea has maintained a healthy, steady and rapid growth which in 1980s 60% and 1990s 50%.

In 2003, Midea had realized USD1.75 billion sales in total (30% increase), to which overseas market contributed well over USD500 million (60% increase). After 30 years continuous adjusting and developing, Midea has a total asset of 10.5 billion Yuan and a strong workforce of 35,000 at present. Midea has six major production bases which total area reaches 2,300,000 sq. m. : Midea Industrial Town (660,000 sq.m.), Shunde New Beijiao Industrial Zone (230,000 sq.m.), Shunde Daliang Base (130,000 sq.m.), Shunde Zhongshan Base (320,000 sq.m.), Hubei Wuhan base (540,000 sq.m.) and Anhui Wuhu Base (420,000 sq.m.). Midea has already set up a nationwide marketing network in the domestic market, and further more, branches selectively include HK, U.S.A., CANADA, GERMANY, UK, JAPAN, RUSSIA, KOREA in key home appliances markets.

中国名牌产品年鉴

# 广东格兰仕集团有限公司
# 格兰仕牌微波炉

Galanz
格兰仕
全球制造　专业品质

微波炉

广东格兰仕集团有限公司是一家全球化家电专业生产企业，中国家电业最优秀的企业集团之一，定位于“全球名牌家电制造中心”，主要生产微波炉、空调器以及电饭锅小家电产品，2003年销售额突破100亿元、出口创汇近5亿美元。

2000年以来，以首创不锈钢豪华空调为先锋跻身强势竞争品牌行列；出口创汇晋升“中国空调出口三强”行列。产品通过3C、GS、CE、UL等多国质量认证，畅行欧、美、亚等五大洲的200多个国家和地区，格兰仕微波炉连续10年蝉联中国市场销量和市场占有率双项桂冠，连续7年夺得出口销量和创汇双冠，“中国名牌”享誉世界。

从制造的角度看，所用设备都是先进的专业设备，在生产方式上，格兰仕吸收了丰田制造精髓，并加入“超市管理”的创新元素；同时积极推行全面质量管理活动，鼓励各级人员参加全国质量工程师资格考试，在企业内部全面推行TQM教育培训，并与实施ISO9001标准有机地结合起来，展开全方位的质量策略，从而使企业产销超常规发展的同时，各经营要素的质量都获得了稳步提升。

Positioning it self as “the home appliances manufacturing center for international brands”, Guangdong Galanz Enterprises Corp. stands out as an internationally recognized manufacturer specialized in microwave ovens, air conditioners and rice cookers. In 2003, its turnover amounts to 10 billion RMB, with a foreign currency revenue equals to nearly 500 million US dollars.

Since 2000, Galanz has grown into a major brand in air conditioning industry by introducing its innovative deluxe stainless steel air conditioners and ranking among the top three Chinese air conditioner exporters. Being granted a number of quality certifications including 3C, GS, CE, and UL, its products are well-marketed in around 200 countries and regions all over the world. Galanz has secured its top one position in sales volume and market share in domestic market for 10 consecutive years. It also ranked number one in export sales volume and foreign currency revenue for 7 years on end.

While leveraging the horsepower of industry-leading manufacturing equipments, Galanz also attains the brainpower of Toyota-Style management. The company is an ardent advocate of full-spectrum quality improvement, and encourages employees at all levels to take the National Quality Engineer Certification Test. Combined with its efforts to achieve ISO9001 standard compliance, Galanz has been propelling enterprise-wide TQM education as part of its quality-assurance policy. Such policy guarantees steady and continuous improvement of its business operation, which is currently undergoing a quantum-shift.

# 海尔集团公司
# 海尔牌微波炉

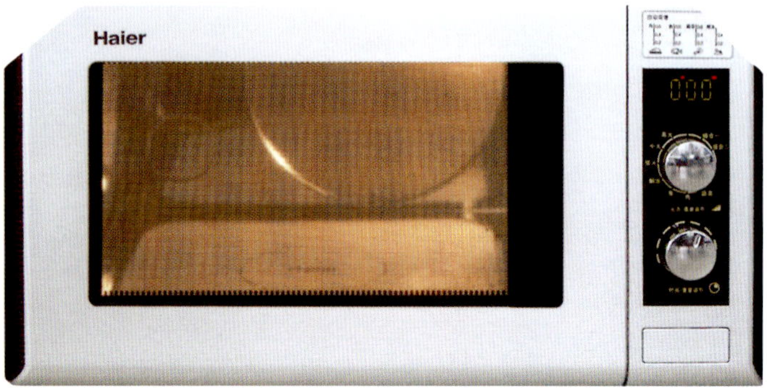

微波炉

海尔集团创立于1984年，19年来持续稳定发展，已成为在海内外享有较高美誉的大型国际化企业集团。产品从1984年的单一冰箱发展到拥有白色家电、黑色家电、米色家电在内的96大门类15100多个规格的产品群，并出口到世界160多个国家和地区。2003年，海尔全球营业额实现806亿元。2003年，海尔蝉联中国最有价值品牌第一名。2004年1月31日，世界五大品牌价值评估机构之一的世界品牌实验室编制的《世界最具影响力的100个品牌》报告揭晓，中国海尔惟一入选，排在第95位。排行榜上，可口可乐荣登榜首，麦当劳排名第二，诺基亚排名第三。

海尔集团坚持全面实施国际化战略，已建立起一个具有国际竞争力的全球设计网络、制造网络、营销与服务网络。现有设计中心18个，工业园10个,海外工厂及制造基地22个，营销网点58800个。在国内市场，海尔冰箱、冷柜、空调、洗衣机四大主导产品的市场份额均达到30%左右；在海外市场，海尔产品已进入欧洲15家大连锁店的12家、美国前10大连锁店。在美国、欧洲初步实现了设计、生产、销售“三位一体”的本土化目标。海外工厂全线运营。

Haier was incorporated in 1984 only producing household refrigerators. Over the past 19 years, the company has witnessed significant prosperity and is now a transnational organization widely recognized in the world community. Haier currently manufactures a wide range of household electrical appliances, 15,100 varieties of items in 96 product lines, and exports products to more than 160 countries. In 2003, Haier's global sales hit RMB80.6 billion and Haier brand topped all Chinese trademarks at a nationwide survey. On January 31, 2004, Haier was named one of the World's 100 Most Recognizable Brands in a global name brand list edited by the World Brand Laboratory, one of 5 world's brand evaluation organizations. As the only Chinese brand on the list, Haier was ranked 95th after such household names as Coca-Cola, McDonald's and Nokia, which were the top three.

Haier's international promotion framework encompasses global networks for design, production, distribution and after-sales services. Haier has established 18 design institutes, 10 industrial complexes, 22 overseas production factories and 58,800 sales agents worldwide. Haier's current domestic market share for refrigerators, freezers, air-conditioners and washing machines is around 30%. Haier products are marketed in 12 out of 15 European chain supermarkets and 10 America's. Haier design, production and sales facilities in the United States and some European countries are staffed by local employees. All Haier overseas factories are in operation. To implement its globalization strategy, Haier has established multilateral cooperation with many international rivals. On 8th January and 20th February, 2002, Haier signed agreements with Sanyo and SAMPO for win-win development and benefit utilizing joint investment and combined resources.

# 彩色电视机行业概况

彩色电视机在我国已有20年的生产历史，经历了引进生产线、引进国外设计方案到引进原材料、元器件，逐步实现国产化和自行设计开发出具有国际先进水平的产品，从小批量生产到大规模生产，年产能力已超过6500万台，不但全部满足了国内需求，出口量也逐年递增，我国已成为国际公认的彩电生产大国，彩电生产也成为出口创汇的主要行业之一。经过多年的产品质量认证、监督抽查等国家质量监管措施的实施，使企业对产品质量重视程度都达到了一定的高度，传统彩电功能不断增多、性能不断提高、电路芯片高度集成化，新兴的（投影、等离子、液晶）彩电技术、质量日趋成熟，生产成本不断下调。行业整体形成了高、中、低端产品齐头并进、良性发展的可喜局面。

据信息产业部经济体制改革与经济运行司统计，2003年我国彩电生产量为6521万台、销量为6500万台。出口额达到25.6亿美元。随着我国彩电产品技术水平的逐步提高、产品质量的不断完善、产品产量不断增加，打造中国品牌彩电十分必要。

国内几十家彩电生产企业，经过多年的市场激烈竞争和国家宏观质量管理，目前产量和市场占有率，已集中到（海信、TCL、创维、康佳、长虹等）十几家知名品牌大的企业，其他中小企业彩电企业多数只承担委托加工生产，还有一些中小企业彩电企业已停产、转产。

许多国际著名彩电制造商（松下、东芝、日立、SONY、飞利浦、LG、SAMSUNG、三洋等企业），看到中国巨大彩电市场和利润空间，以及中国劳动力成本低、税收低的优势，他们凭借自身的资金优势、技术优势、专利优势，通过独资、合资等方式在中国大陆建立了各自品牌的彩电生产基地，并逐步将他们的研发中心移置到中国大陆，使其研、产、销合为一体，有效的降低了生产成本，巩固了这些品牌在中国彩电市场的份额，并提高了其品牌在国际销售市场的竞争力度。

随着数字技术的应用扩展及背投、等离子、液晶显示技术的成熟，以及高端彩电消费市场的启动，良好的市场前景和丰厚的利润吸引，原有的彩电生产企业纷纷进行产品研制、小批量生产。与此同时，一些（非彩电生产企业）制造商也在积极研制、筹划生产，意图加盟高端彩电的生产，彩电产业将迎来新的竞争态势。

质量监督检验检疫总局和信息产业部历来对消费者关心的彩色电视机质量十分重视，从生产许可证、质量认证、监督抽查多方位、多角度地进行监管和治理，使得产品质量稳步提高，不少产品的技术性能水平达到了当前世界同类产品的先进水平，不但赢得了国内人民群众的信赖和国内市场需求，不少产品还打开了国际市场，成为出口创汇大户。

但我们也看到彩电的产品质量仍存在着一些问题，比如产品在安全性能、电磁兼容方面仍有缺陷；在常温电性能有些项目不符合国家推荐性标准或企业标准。分析原因有以下几个方面：

从质量认证情况看，国内彩电企业生产的产品，每一个型号都要经过产品质量认证才能生产和销售，因而有力的促进彩电产品在安全性能和电磁兼容性能质量方面的提高。由于产品质量认证是企业自行申请、自己送样品进行质量检验的管理制度，而且只做安全和电磁兼容方面的检测，不能全面反映出产品的全部质量指标，尤其是常温电性能方面的质量问题。

从1985年开始到2003年历次监督抽查的情况我们可以看出：一些中小企业的产品技术水平普遍偏低；生产的产品功能简单、机芯设计比较落后，图像、声音质量一般，甚至有一些性能指标不符合国家推荐性或企业标准。例如，某些声性能指标不合格的产品音质差，彩色同步稳定性不合格的产品使重现彩色图象不稳定。此外，常温性能中一些技术指标（如电源消耗功率、待机消耗功率依据的是企业标准）差别较大，按各自企业的标准判定其质量虽然是合格的，但实际各自的质量水平差别也较大。分析其原因既有管理问题，也有产品设计问题。

① 客观原因是多数企业不具备检测条件，设计和生产阶段质量监测不到位。尤其是声性能指标的设计和测试，使得声频响不均匀性的问题尤为突出。

②由于彩电行业进入微利状态，企业为了生存尽可能降低生产成本，影响了产品质量。

中国品牌出口量、国外品牌返销量的不断增大，造成我国彩电产品出口逐年增加，2003年彩电出口额达到25.6亿美元，形成了较大的贸易顺差，自然使得一些国家为保其自身市场及利益，以国际贸易壁垒、技术壁垒和绿色壁垒等贸易保护方式抵制中国生产的（包括彩电在内的）电子产品对其进口。另外出口复进口、出口退税滞后等现象依旧存在。

# 深圳创维-RGB电子有限公司
# 创维牌彩色电视机

SKYWORTH
创维

创维集团有限公司是以香港创维数码控股有限公司为龙头，跨越粤港两地，生产消费类电子的大型高科技上市公司，是中国三大彩电龙头企业之一。创维成立于1988年，初期名称为创维实业有限公司，主要生产电视机遥控器。1992年成立创维集团有限公司，并获得彩电生产许可证，开始生产彩电、VCD、DVD，家庭影院和卫星接收机等产品。1994年成立深圳创维-RGB电子有限公司。2000年4月，创维数码控股有限公司在香港证券交易所主板上市（代码0751），是一个由公众、世界著名投资基金及企业管理层组成的市值突破60亿元国际型企业。

创维集团总部设在深圳市南山高新科技园区的深圳创维-RGB电子有限公司，产学研基地设在深圳宝安区，营销总部设在东莞市，营销分支机构遍布全球，员工总数有16000余名。创维集团下设彩电事业部、多媒体国际公司、信息技术公司、数字技术公司、显示技术公司、光电科技公司、创维群欣安防科技有限公司等七大产业公司。研制的主要产品有：数字高清背投、DLP光学背投、LCOS电视、等离子、液晶电视、各类纯平电视、数字电视机顶盒、AV产品、安防产品以及与数字电视产业链相关的产品。2003年产销彩电820万台，影音产品及数字机顶盒200多万台，销售额120亿元，出口创汇2亿多美元，经过十几年的奋斗，创维已成功挺进世界彩电十大品牌之列，并认定为"中国名牌"产品和中国驰名商标，是中国百强电子企业的核心成员。

In April 1990, Skyworth Group Company Limited was found in Hong Kong to export business of television sets in OEM format. The Group started to sales the "Skyworth" brand television sets to China market is the pass ten year, Skyworth sales turnover increase minimum 30% year by year. Skyworth Digital Holdings Limited was listed on the Hong Kong Stock Exchange in April, 2000.

Colour television sets is the major business of the group and continued to achieve excellent results in the China and overseas market. In 1999, the Group was the 1st largest colour television exporter & 4th largest TV manufacturer in China, In the same time, the Group launched a series of new television products including pure flat televisions, 100 MHZ scanning TV 1250 lines progressive scanning Digital enhanced television sets, 2000 lines HDTV and Plasma TV, TFT TV, etc, providing lucrative income to the Group.

The production facilities of the Group are located at Gongming Town in Shenzhen, the PRC, and the Group has research and development centres in the PRC, Hong Kong and silicon valley in USA. The Group has invested a lot of resources and expertise for the establishment of a large-scale "Skyworth Research and Development Centre" in Shenzhen. Upon completion of the Centre, it will employ an additional of 1,000 engineers to coop-erate with Skyworth laboratories in the US to enhance the Digital Technology and development. The Group has a vision to be-come a leader in the PRC in terms of its information appliance businesses and technologies.

# TCL集团股份有限公司
# TCL牌彩色电视机

TCL集团股份有限公司创办于1981年，目前拥有多媒体电子、通讯、家用电器、数码电子、电工照明和部品6大产业，从事彩电、DVD、家影、显示器、空调、冰箱、洗衣机、移动电话、电话机、电池、电脑、网络设备、开关、插座、照明灯具及零部件等产品的研产销和服务工作。其中彩电、手机、电话机、家用电脑等产品在国内市场具有领先优势。集团公司下设多媒体电子事业本部、通讯事业本部、数码电子事业本部、家用电器事业本部、电工照明事业本部、部品事业本部、海外事业本部。

2002年4月18日，TCL集团股份有限公司成立。TCL集团通过股份制改造和引入战略投资者，建立了投资主体多元化、混合所有制的现代企业制度。2003年9月30日，TCL集团公布其吸收合并TCL通讯之上市方案。2004年1月30日，TCL集团整体成功上市。目前，集团公司在香港和深圳股市各有一间上市公司，即TCL国际控股有限公司和TCL集团股份有限公司。2003年11月，TCL携手汤姆逊，缔造全球最大的彩电制造商。

TCL Corporation originated in 1981, at present having six industries including Multimedia Electronics, Telecom, Digital Electronic, Home Appliances, Electric Lighting and Accessories. It is engaged in the business ranging from the R&D, manufacture and sales of colour TVs, DVDs, home videos, displays, air-conditioners, refrigerators, washing machines, mobile phones, telephones, batteries, computers, network equipment, switches, sockets, lights, spares and parts. Among these, colour TVs, mobile phones, telephone sets and home computers are leading products in the mainland Chinese market. Meanwhile TCL Corporation comprises seven SBUs - the Multimedia Electronics SBU, Telecom SBU, Digital Electronic SBU, Home Appliances SBU, Electric Lighting SBU, Overseas SBU, and Accessories SBU.

18 April 2002 saw the establishment of TCL Group. Through revamping the company's shareholding structure and the introduction of strategic investors, the Group achieved the diversification of investors and a modern enterprise system with mixed ownership. On 30 September 2003,TCL Corporation promulgate its blue print of coming into stock market through adopting and combining TCL Communication Equipment with TCL Corporation. On 30 January 2004, TCL Group 's stocks were listed on the Shenzhen Stock Exchange. At present, the Group has one company listed on each of the Stock Exchange of Hong Kong and the Shenzhen Stock Exchange - namely, TCL International Holdings Limited and TCL Group.

# 厦门华侨电子股份有限公司
# 厦华牌彩色电视机

PRIMA 厦华

XOCECO 厦华

厦华集团成立于1985年，现拥有1家控股上市公司（厦门华侨电子股份有限公司，股票代码600870）、22家合资企业及5个配套厂，整个集团员工总数6000多名。是福建省最大的电子企业和中国最大的彩电出口企业之一，2003年，厦华集团名列“中国电子信息百强”第19位。

公司产品涉及视听、通讯、IT等领域，已形成了以彩电为核心，以显示器、传真机、手机、电视导航器、社区网络服务为主导，计算机、车载视听系统、信息家电、系统集成、微波通信设备、电子商务等齐头并进的产业格局。

2002年7月，厦华数字高清晰度电视获得国家科学技术部等5个部委联合颁发的“国家级重点新产品”证书。2002年12月，厦华1.8万台34寸数字高清晰度电视打败了诸多国际彩电行业巨鳄，中标美国最大的家电连锁店。2003年5月，厦华被美国政府采购选中，5000台数字高清电视历史性地第一次进入美国政府采购系统，使用对象是美国陆军、空军。2003年10月，厦华数字高清晰度等离子电视和液晶电视获得全国第十四届发明展览会的2项金奖，这是国内惟一获得此项殊荣的平板电视，代表了中国彩电行业的最高水平。2004年4月，厦华仅在一周时间内就接到来自美国主流客商的数字电视定单达到62800台。

XOCECO Group was founded in 1985. It currently owns one publicly listed hoding company (Xiamen Overseas Chinese Electronic Co.,Ltd, transaction code 600870), 22 joint ventures, 5 in house supporting plants, and over 6000 employees. XOCECO Group is the largest electronic enterprise in Fujian province and one of the largest Color TV export enterprises in China, ranking 19th among China's top 100 electronic and IT enterprises in 2003.

XOCECO Group manufactures a wide variety of high quality electronic products covering Audio&Video equipment, communication devices and IT products. The main product of the company is color TV. Other important products and services include monitor, fax machine, mobile phone, TV navigator, communication devices and IT devices, computer, car audio, information home appliances, system integration, microwave communication devices and e-commerce.

XOCECO Digital HDTV was granted the certificate of New National Key Product by 5 national departments including National Scientific Technology Department in July 2002. In December 2002, 18000 34" PRIMA Digital HDTVs beat products from many international famous enterprises and entered the largest multiple store of home appliance in U.S. In May 2003, 5000 PRIMA Digital HDTVs were chosen by the U.S. government for its army and air force, which indicated that PRIMA had entered the U.S government purchase historically. In October 2003, XOCECO became the only enterprise whose Digital PLASMA HDTV and LCD TV were granted 2 gold prizes in the 14th National Invention Exhibition. This indicats that XOCECO Plat Panel TV has the leading technology in China. XOCECO received orders of 62800 Digital TVs from the major American distributors within one week in April 2004.

# 四川长虹电器股份有限公司
# 长虹牌彩色电视机

长虹

四川长虹电器股份有限公司是一家总部位于“中国科技城”——四川省绵阳市的大型国有控股企业集团，其业务涉及彩电(包含CRT电视、投影电视、平板电视)、空调、视听、数字网络、电源、器件、平板显示、数字媒体网络等产业的研发、生产和销售。其下辖吉林长虹、江苏长虹、广东长虹等多家参股、控股公司。四川长虹电器股份有限公司是“中国最大彩电基地”,独家荣获“中国彩电大王”称号，已连续14年在中国彩电市场保持最高份额。“长虹”品牌价值连年持续攀升，至2003年，已达267.06亿元。与此同时，长虹还是中国视像协会会长单位，中国6家技术创新试点企业之一。目前，长虹公司拥有8000余万户忠实长虹彩电、空调、视听产品用户，拥有1850万台各型彩电(其中CRT彩电1700万台各型彩电、100万台投影电视、50万台液晶和PDP电视、280万套家用空调与户式智能中央空调、800万台（套）AV产品、300万台可视电话、4亿只绿色环保电池、100万台网络产品、360万平方米印刷电路板、2400万只电子调谐器、2400万只回扫变压器、2400万只聚焦电位器的生产能力，并具有大规模的各种变压器、连接器、遥控器、等配套零部件的生产制造能力。

Sichuan Changhong Electric Co., Ltd. (hereinafter called “COMPANY”) is a big national holding enterprise group,which headquarters are in Mianyang city, which is known as the “technical city of China”, in Sichuan province.It does research and development, along with the manufacturing and sales of many products including Televisions(including CRT TVs,Projection TVs,LCD TVs), Air-conditioners,AV products,Digital network products, Batteries, Components, plus LCD displaying, and Applied TVs, etc. Changhong has many participating and holding companies including Jilin Changhong, Jiangshu Changhong, and Guangdong Changhong. COMPANY was awarded the title of the “The Biggest Color TV Base in China” and was uniquely awarded the “King of Color TV in China” honor at the same time. COMPANY has continued to hold the greater majority of market shares in this area in the past 14 years. The brand value of Changhong continued to rise and had risen all the way up to 267.06 billion yuan by 2003. Moreover, Changhong is also the president of the Chinese Video Association and one of the six pilot enterprises for the advancement of technological innovation in China. Now, Changhong has 80 million faithful customers. COMPANY has great productive capacity including 17 million sets of kinds of color TVs, 1 million sets of provision rear projection TVs, 0.5 million LCD and PDP TVs,2.8 million suites of household air-conditioners and family central air-conditioners, 8 million sets of AV products, 3 million sets of videophones, 400 million units of environmental protection batteries, 1 million sets of network products, 3.6 million square meters of PCBs, 24 million units of electronic tuners, 24 million units of FBTs, and 24 million units of focusing electric potential machines, as well as having a large scale productive capacity for necessary parts both outside and inside including various types of transformers, connecters, remote controllers, and components,etc.

# 海尔集团公司
# 海尔牌彩色电视机

Haier

海尔集团创立于1984年，19年来持续稳定发展，已成为在海内外享有较高美誉的大型国际化企业集团。产品从1984年的单一冰箱发展到拥有白色家电、黑色家电、米色家电在内的96大门类15100多个规格的产品群，并出口到世界160多个国家和地区。2003年，海尔全球营业额实现806亿元。2003年，海尔蝉联中国最有价值品牌第一名。2004年1月31日，世界五大品牌价值评估机构之一的世界品牌实验室编制的《世界最具影响力的100个品牌》报告揭晓，中国海尔惟一入选，排在第95位。排行榜上，可口可乐荣登榜首，麦当劳排名第二，诺基亚排名第三。

海尔集团坚持全面实施国际化战略，已建立起一个具有国际竞争力的全球设计网络、制造网络、营销与服务网络。现有设计中心18个，工业园10个,海外工厂及制造基地22个,营销网点58800个。在国内市场，海尔冰箱、冷柜、空调、洗衣机四大主导产品的市场份额均达到30%左右；在海外市场，海尔产品已进入欧洲15家大连锁店的12家、美国前10大连锁店。在美国、欧洲初步实现了设计、生产、销售“三位一体”的本土化目标。海外工厂全线运营。

Haier was incorporated in 1984 only producing household refrigerators. Over the past 19 years, the company has witnessed significant prosperity and is now a transnational organization widely recognized in the world community. Haier currently manufactures a wide range of household electrical appliances, 15,100 varieties of items in 96 product lines, and exports products to more than 160 countries. In 2003, Haier's global sales hit RMB80.6 billion and Haier brand topped all Chinese trademarks at a nationwide survey. On January 31, 2004, Haier was named one of the World's 100 Most Recognizable Brands in a global name brand list edited by the World Brand Laboratory, one of 5 world's brand evaluation organizations. As the only Chinese brand on the list, Haier was ranked 95th after such household names as Coca-Cola, McDonald's and Nokia, which were the top three.

Haier's international promotion framework encompasses global networks for design, production, distribution and after-sales services. Haier has established 18 design institutes, 10 industrial complexes, 22 overseas production factories and 58,800 sales agents worldwide. Haier's current domestic market share for refrigerators, freezers, air-conditioners and washing machines is around 30%. Haier products are marketed in 12 out of 15 European chain supermarkets and 10 America's. Haier design, production and sales facilities in the United States and some European countries are staffed by local employees. All Haier overseas factories are in operation. To implement its globalization strategy, Haier has established multilateral cooperation with many international rivals. On 8th January and 20th February, 2002, Haier signed agreements with Sanyo and SAMPO for win-win development and benefit utilizing joint investment and combined resources.

# 青岛海信电器股份有限公司
# 海信牌彩色电视机

Hisense
海信

彩色电视机

青岛海信电器股份有限公司[以下简称：海信电器]于1997年4月在上海证交所上市，是国内著名的家电上市公司。

目前，海信电器主要从事电视机、数字电视广播电视设备的研究、开发、制造与销售。拥有中国最先进的数字电视机生产线，年彩电产能800万台，是海信集团经营规模最大的控股子公司。

海信电器始终坚持高技术、高质量作为企业发展的根本。多年的技术积累为海信赢得了中国彩电业“技术流派”代表的美誉。2004年6月海信电器整合研发、采购和生产等优势资源成立了平板事业部，决定将平板电视作为公司今后的主攻方向，争取2007年成为全球平板电视的主流供应商，成为中国平板电视市场销售额最大的企业。

海信电器拥有国内一流的国家级企业技术研发中心，每年都有100多个数字电视新产品问世。目前公司已经陆续推出了等离子、液晶、背投和CRT等四大系列50多款数字高清电视产品，海信高清电视领先业内半年时间实现了1080P高清格式的技术升级；海信数字机顶盒率先中标北京、青岛以及山东省网的数字电视项目，并从2004年年初开始批量出口美国。

Hisense Company Ltd. is the largest professional telecommunications enterprise in East China's Shandong Province. Founded 30 years ago as a small workshop enterprise, Hisense Group has since developed into an integrated business with commercial interests spanning household appliances, telecommunications, information technology, international trade and real estate.

For years, Hisense has adhered to a philosophy of high technology, high-quality and superior service in its effort to establish its international brand name. The company has maintained high-speed growth through continuous optimization of is product mix and constant technological innovation. Hisense has also realized rapid expansion through capital injections. Its main product lines include TV sets, air conditioners, computers, mobile phones, refrigerators, computer software and network equipment.

Hisense has more than 20 subsidiaries around the world representing net assets of 2.6 billion RMB. Its sales revenue totaled 19.3 billion RMB in 2002, which ranked the Group as one of the 100 largest Chinese e-makers, and one of the 500 largest companies in terms of turnover and economic performance. Hisense has become a well-known brand name in China and, in 2001, Hisense Electrical was awarded a national quality management prize. Hisense TV, Hisense Air Conditioner, and Hisense Computer were all highly rated name brands in China's first national survey.

# 康佳集团股份有限公司
# 康佳牌彩色电视机

KONKA康佳®

康佳集团股份有限公司成立于1980年5月21日，为中国首家中外合资电子企业。1991年8月改组为中外公众股份制公司，1992年3月27日，康佳A、B股股票同时在深圳证券交易所上市。

经过24年的快速发展，康佳集团已发展成以多媒体电子、移动通信、信息网络及白色家电为主导业务的多元化大型家电信息企业。目前，康佳集团的净资产为30.53亿元，总资产达96.37亿元，年销售额超过120亿元，被列为国家重点企业及广东省、深圳市重点扶持发展的大型企业集团，是我国家电信息行业的龙头企业之一，在全国大型工业企业500强排名175位、2004年第十八届中国电子信息百强企业排名第13位。

目前，康佳已经形成了“内地——深圳——海外”三点一线的生产经营格局，分别在国内的东北、西北、华南、华东、西南建立了牡丹江康佳、陕西康佳、东莞康佳、安徽康佳、重庆康佳五大彩电生产基地，海内外参（控）股企业达20多家，彩电年生产能力超过1000万台套。其中，作为康佳五大生产基地之一的东莞康佳电子城，是我国沿海地区最大的视听产品生产制造基地。康佳于1999年在深圳建立了移动电话生产基地，先后建立了牡丹江康佳实业有限公司、安徽康佳电器有限公司、安徽安康电器有限公司等三大主要冰箱生产基地，并建立了江苏常熟康佳（FBT）、重庆庆佳（高频头）、广东博罗康佳（印制板）等相关配件企业。

Established on 21st, May 1980, Konka Group Co. Ltd. is the first joint-ventured electronic enterprise in China. Konka reformed into an open public stock company in August 1991, and released its Konka A and B Stock in Shenzhen Stock Exchange on 27th, March 1992.

Through 23 years' rapid development, Konka Group has become a multivariate household electronic and information technology enterprise based on multi-media electronic, mobile-communication, information network, and white home electronics. Konka has been listed in the National Key Enterprises as well as Key Supported and Developed Enterprise Group of Guangdong Province and Shenzhen, it is one of the leading enterprise in China's electronic and information industry.

Currently, Konka has formulated the 'Inland-Shenzhen-Overseas' (so called 'Three point and one line') production and operation mechanism, and has established five colour television manufacture bases - Mudanjiang Konka, Shanxi Konka, Dongguan Konka, Anhui Konka, Chongqing Konka in North-east, North-west, South-China, East-China, and South-west. Konka has joint-ventured and held more than 20 companies locally and globally, and has established Anhui Konka Electronic Co Ltd. in Anhui as the refrigerator manufacture base. Further more, Konka also has spare part enterprises such as Jiangsu Changshu Konka (for FBT), Chongqing Qingjia (for high frequency tuner), and Guangdong Bolo Konka (for PCB board).

CHINA TOP BRAND PRODUCTS YEARBOOK

# 熊猫电子集团有限公司
# 熊猫牌彩色电视机

彩色电视机

熊猫电子集团有限公司始创于1936年，被誉为中国电子工业的摇篮。她连续十五年跻身中国最大工业企业五百强，是国家重点高新技术企业，也是亚太地区最具成长力的高科技电子信息企业之一。“熊猫PANDA”是中国电子行业的第一个“中国驰名商标”。

集团公司拥有五个国家级工程技术研究中心、一个博士后科研工作站、10个新产品开发研究所。熊猫卫星通信、短波通信、移动通信产品、机电仪一体化设备、IT产品、彩电、小家电等家用电器产品，服务世界四十多个国家和地区的八千多万用户。

1996年，集团公司控股成立了南京熊猫电子股份有限公司，成功地在香港联交所（H股）、上海证交所（A股）发行股票。1999年，集团公司进行改革重组，大力实施产权、产业、产品结构调整，整合优势资源，积极与世界500强公司合资合作，在通信等高新技术产业取得超常规发展。2003年熊猫集团实现营业收入263亿元、出口创汇9.3亿美元，位居中国电子信息百强前列。

Founded in 1936, Panda Electronics Group Company, Ltd., widely regarded as the cradle of China's electronic industry, is a large and leading enterprise in China. The company has been entered into one of the top 500 largest enterprises for 15 consecutive years. It is one of the State core high tech enterprises and high tech electronics information enterprises in the Asian-Pacific region as well. Its trademark-“Panda” is the first famous trademark in electronics industry in China.

The company has five state level engineering R/D laboratories, one post-doctoral working station and 10 research centers for developing new products. Panda brand satellite communication equipment, HF communication system, mobile communication products, electromechanical equipment, IT related products, color televisions and a variety of small appliance products have been entered into more than 40 countries and regions as well as 80 million households.

In 1996, a great portion of the company restructured into a share-holding company--Nanjing Panda Electronics Company, Ltd., which listed separately in Shanghai Stock Exchanges (A shares) and Hong Kong Stock Exchanges (H shares) the same year. Since 1999, the company has been focusing on the restructures of existing assets, business scope and product mix for the purpose of integrating all of its advantages of assets. It has also actively cooperated with the world top 500 enterprises and achieved remarkable progress in high-tech fields such as communications. In 2003, the company's sales volume reached RMB26.3 billion with export jumped up to US$930 million. At present the company is positioned on the list of 100 most powerful electronic enterprises in China.

# 计算机行业概况

2003年是我国历史不平凡的一年，1～10月份，计算机行业克服非典疫情带来的不利影响，紧紧抓住“信息化带动工业化”的战略性机遇，使我国计算机产业在国际市场一片低靡的环境下，产销均保持了大幅度增长（见表1）。

表1　2003年1～10月计算机类产品产、销情况

| 产品名称 | 生产 | | 销售 | |
|---|---|---|---|---|
| | 实际完成 | 同比增长% | 实际完成 | 同比增长% |
| 微型计算机 | 2133.55 | 92.62 | 2098.64 | 93.34 |
| 笔记本电脑 | 511.5 | 1208.2 | 478.2 | 1155.1 |
| 显示器 | 6089.8 | 54 | 5977.6 | 54.1 |
| 服务器 | 11.6 | 27.47 | 11.6 | 27.47 |

2003年1～10月，我国的微型计算机市场以国内需求为主要拉动力量，仍然保持了稳定的增长趋势，对全行业的电子信息产业经济运行增长拉动作用明显增强，主要呈现以下几个特点。

**（一）　产、销同步增长，产业规模进一步扩大**

从信息产业部重点监测的企业情况来看，2003年以来，微机生产和销售始终保持快速、平稳、健康发展，整体规模不断扩大。累计到10月份生产、销售增速分别达到30.8%和30.8%，1～10月的产量已达到1256.18万台，超过去年全年产量，在2002年高速增长的基础上继续保持了产、销快速增长。今年我国微机增长主要得益于家庭电脑普及率的提高和教育、信息网络、电子政务等信息化工程的带动，出口也是一个重要的方面。

**（二）　产销率始终保持在较好水平**

目前各微机生产企业不断加大对市场的分析与预测能力，注重生产和销售的衔接，1～10月，每月的产销率都保持在99.7%以上的较好水平。

**（三）　出口快速增长成为拉动微机产品销售增长的重要力量**

2003年以来，我国计算机类产品出口持续保持较大幅度的增长，特别是微机出

口态势发展良好。1～10月，根据海关统计数据，我国微型计算机（不包括笔记本电脑）出口297.7万台，出口金额18亿美元，同比增长68.3%。从部监测的重点生产企业情况来看微机出口量占全部销售量的33.5%，比上年提高了7个百分点，对微机销售增长的贡献率达到了58.3%，2002年贡献率仅为47%。1～10月显示器出口4997万台，出口金额73.3亿元，同比增长65.2%。从部监测的重点生产企业情况来看，出口占全部销售的比重占到了72%以上，对销售增长贡献率也高达85%以上，是我国电子信息产品出口比重最高的一个产品，也是拉动全国电子信息产品出口增长的重要产品之一（见表2）。

表2　2003年1～10月重点企业微机、显示器出口完成情况

| | 计算单位 | 微机 | 显示器 |
|---|---|---|---|
| 出口量 | 万台 | 419.3 | 4130 |
| 同比增长 | % | 69.5 | 76.4 |
| 占销售比重 | % | 33.5 | 72.5 |
| 对销售增长贡献率 | % | 58.3 | 86.4 |

**出口主要特点：**

（1）加工区出口成为我国计算机类产品出口的主要力量，目前我国先后报经国务院批准设立有25个出口加工区，19个加工区已通过验收并投入实际运作，而加工区出口的产品70%是计算机类产品。

（2）出口加工区的产品多数来自我国台湾。江苏昆山出口加工区在全国出口加工区中第一家实行封关运作，现有34家企业入户内，其中台湾10大笔记本电脑厂家就有6家在此设厂。

（3）计算机类产品出口主要是在亚洲地区。

2003年1～10月，在国内市场日趋激烈的竞争中，国产品牌微机产销继续保持稳定增长态势，市场份额不断扩大，业绩良好的厂商中仍以国产厂商居多。国产微机厂商依靠其强大的销售渠道与服务和企业内部资源整合带来的巨大增长动力，继续保持着微机市场的优势地位。据信息产业部对重点微机生产企业的监测，2003年1～10月产、销量排在前十位的企业中，大部分为国产品牌微机生产企业，尤其是联想，始终稳居微机产销首位。

# TCL 集团股份有限公司
# TCL 牌微型计算机

TCL集团股份有限公司创办于1981年，目前拥有多媒体电子、通讯、家用电器、数码电子、电工照明和部品6大产业，从事彩电、DVD、家影、显示器、空调、冰箱、洗衣机、移动电话、电话机、电池、电脑、网络设备、开关、插座、照明灯具及零部件等产品的研产销和服务工作。其中彩电、手机、电话机、家用电脑等产品在国内市场具有领先优势。集团公司下设多媒体电子事业本部、通讯事业本部、数码电子事业本部、家用电器事业本部、电工照明事业本部、部品事业本部、海外事业本部。

2002年4月18日，TCL集团股份有限公司成立。TCL集团通过股份制改造和引入战略投资者，建立了投资主体多元化、混合所有制的现代企业制度。2003年9月30日，TCL集团公布其吸收合并TCL通讯之上市方案。2004年1月30日，TCL集团整体成功上市。目前，集团公司在香港和深圳股市各有一间上市公司，即TCL国际控股有限公司和TCL集团股份有限公司。2003年11月，TCL携手汤姆逊，缔造全球最大的彩电制造商。

TCL Corporation originated in 1981, at present having six industries including Multimedia Electronics, Telecom, Digital Electronic, Home Appliances, Electric Lighting and Accessories. It is engaged in the business ranging from the R&D, manufacture and sales of colour TVs, DVDs, home videos, displays, air-conditioners, refrigerators, washing machines, mobile phones, telephones, batteries, computers, network equipment, switches, sockets, lights, spares and parts. Among these, colour TVs, mobile phones, telephone sets and home computers are leading products in the mainland Chinese market. Meanwhile TCL Corporation comprises seven SBUs - the Multimedia Electronics SBU, Telecom SBU, Digital Electronic SBU, Home Appliances SBU, Electric Lighting SBU, Overseas SBU, and Accessories SBU.

18 April 2002 saw the establishment of TCL Group. Through revamping the company's shareholding structure and the introduction of strategic investors, the Group achieved the diversification of investors and a modern enterprise system with mixed ownership. On 30 September 2003,TCL Corporation promulgate its blue print of coming into stock market through adopting and combining TCL Communication Equipment with TCL Corporation. On 30 January 2004, TCL Group 's stocks were listed on the Shenzhen Stock Exchange. At present, the Group has one company listed on each of the Stock Exchange of Hong Kong and the Shenzhen Stock Exchange - namely, TCL International Holdings Limited and TCL Group.

# 北京北大方正集团公司
# 方正牌微型计算机

方正集团

北大方正集团由北京大学1986年投资创办，是中国著名的IT企业，在中国IT发展进程中承担着重要的角色。现拥有5家在上海、深圳、香港及马来西亚交易所上市的公众公司和遍布海内外的20多家独资、合资企业，员工近2万人。名列国家首批6家技术创新试点企业之一，500家国有大型企业集团之一，120家大型试点企业集团之一，2004年电子信息百强企业排序第八，北京企业百强第九，2004年集团销售收入220亿。

方正集团是一家真正拥有自主知识产权技术的高科技企业，拥有并发展对中国IT产业发展和大规模应用至关重要的核心技术，是中国重要的软件出口企业。在国家组织的重大科技攻关项目“748工程”中，王选教授发明的激光照排技术，经方正集团成功转化并产业化，彻底使中国印刷业告别了铅与火时代。如今，新闻出版领域的技术占据了国内85%以上的市场份额，印刷领域的相关产品成功挺进海外市场，覆盖了亚太和欧美的30多个国家和地区，市场占有率逐年提高。

Founded in 1986 with the investment from Peking University, Founder Group has come a long way to become a well-known IT enterprise in China and plays an important role in the development of China's IT industry. With a total staff of near 20,000, Founder Group now owns 5 listed public companies on the securities exchanges of Shanghai, Shenzhen, Malaysia and Hong Kong, as well as over 20 wholly-funded companies and joint-ventures both home and abroad. It is one of the first 6 government approved technique innovation units, one of the top 500 large state-owned enterprise groups and one of the 120 large selected pilot enterprise groups. In 2004, it ranked the 8th in the Top 100 State Electronic and Information Enterprises and ranked the 9th in the Top 100 Beijing Enterprises. Most importantly, it achieved revenue of 22 billion yuan in 2004.

To some extent, Founder Group is seen as the one in possession of true core technologies that is vital to China's IT industry. Moreover, Founder is one of the important software exporters in China. Of the “Project 748îloch, a key national scientific and technological research project, Prof. Wang Xuan invented the“laser typesetting technologyîloch. After the successful transformation and industrialization of this invention, Founder Group put an end to the era of lead and fire in the Chinese printing industry. So far, Founder's laser typesetting technology has occupied over 85 percent of the domestic market share. The related products have exported to the overseas, covering over 30 countries and regions in the Asia-Pacific, Europe and America, and the oversea market share is growing steadily.

# 中国长城计算机深圳股份有限公司
# 长城牌微型计算机

中国长城计算机集团公司创建于1986年12月。初创投资300万，目前净资产40亿元，2003年全国电子百强排第14位。集团控股长城科技（H股）、长城电脑（A股）、深科技（A股）三家上市公司，另有直属全资子公司14家、控股参股公司23家，中外合资公司近20家。

经过十余年的发展，长城集团现已发展成为以IT设备制造业和网络增值服务为主，集科研开发、规模生产、市场营销于一体的大型高科技产业集团。2003年，集团在深圳的企业实现产值455.7亿元，出口45.11亿美元。(含合资企业)。长城集团有五个科研生产基地，生产建筑面积由87年的6000平方米发展到今天的60万平方米。从业人数由原来的1000余人，发展到现在的二万余人。企业壮大了，产品线丰满了，培育中国名牌就有坚实的基础。17年来，长城始终突出主营，契而不舍地向核心技术领域逼近。到目前为止，长城集团是国内惟一一家能够自己设计、生产、制造类似计算机硬盘这样结构复杂、机电一体化的核心零部件的电脑生产厂家。从硬盘、显示器、电源、内存条到各种板卡、交换机、网络设备，"长城制造"不仅满足了自己的生产需要，还是国内品牌机的主要OEM供应商之一。

China Great Wall Computer Company Group was founded in Beijing on 12th December 1986. And we started with "Great Wall Model 0520CH" PCs that had the advanced technology in the world at that time. Passing hard experiences for 17 years, it has become and developed into one listed proprietary company with Stock H and two listed Companies with Stock A (e.g. "Great Wall Science and Technology [CHANGCHENG KE-JI]" and "Great Wall PC [CHANGCHENGDIANNAO]", "Shenzhen Science and Technology [SHEN-KE-JI] "). Now, we have 14 wholly owned subsidiary companies, 12 proprietary subsidiary companies, 11 participating stock subsidiary companies, and almost 20 joint venture companies. We are now engaged mainly in network added value service and IT equipment manufacture. It is one of the large-scale hi-tech comprehensive enterprise groups with operations of scientific R & D, scale production, system integration, info service, import & export trade and capital financing, etc. And it is also the largest diversified info product manufacturer and OEM provider. It has equity of 4 billion and has made 45.57 billion of production value in Shenzhen on 2003.

# 清华同方股份有限公司
# 清华同方牌微型计算机

清华同方

清华同方股份有限公司是由北京清华大学企业集团控股的高科技公司，其以自主核心技术为基础，充分结合资本运作能力，在不断推动高新科技成果产业化的进程中，逐步形成了以“技术先导，资本驱动”为核心的独特的创新孵化模式，其中信息产业和能源与环境产业是清华同方的两大主营产业。

清华同方计算机系统本部作为清华同方股份有限公司信息产业的领军企业，一直专注于INTERNET接入设备的研发、生产、销售和服务。他以高新技术为先导，紧密依托清华大学的人才、科技优势，坚持“技术+资本”的发展战略，自1997年成立以来，经历四年的奋斗即实现了超常规的发展，1997年至2001年，同方电脑销量连续四年呈100%递进式增长。2000年度，仅三岁的清华同方电脑在国内厂商产销量排名中已进入前三；2001至2003年度，同方电脑再接再厉，不仅稳固了国内三甲的地位，而且自2002年第三、四季度始，荣登IDC亚太市场个人电脑销售前八名排行榜，更于2003年第三季度，跻身亚太六强。

Tsinghua Tongfang Computer System Business Group is committed to the development, production, sales and related services of Internet access equipment. The past 6 years of development have catapulted the Group into a market leader that fully leverages the resources, capabilities and technological advantage of the Tsinghua University. Drawing on the strength of its development strategy, which attaches equal importance to technology and capital transfers, the Group is ranked among the country's 3 foremost domestic players in PC sales and output, and ranked among the first 8 leading manufacturers in Asia Pacific's PC output ( From Q3 , 2002 to 2003, IDC figures ) .

Tsinghua Tongfang Computer System Business Group prides itself on a wide range of products and offerings, the most notable of which are desktop PCs, mobile office equipment, servers and digital products. Driven by the business credo of “Serving Society with Technology”, Tsinghua Tongfang is dedicated to offering customers quality and competitively priced products of broad applicability. Its commitment to integrity, value and technological advances has contributed to the excellence and competitiveness of its R&D and marketing professionals. With a comprehensive sales/marketing network of 28 offices, over 3000 distributors and 1500 first specialty shops across the country. Tsinghua Tongfang has been pushing for technological advances, product innovation and continued improvement in competitiveness, on the basis of a healthy and speedy development momentum.

# 浪潮集团有限公司
# 浪潮牌微型计算机

浪潮®

浪潮集团是中国领先的行业IT应用解决方案提供商，同时，也是中国最大的服务器制造商和服务器解决方案提供商。2003年，浪潮连续8年蝉联国产服务器第一品牌。浪潮集团拥有"浪潮信息"和"浪潮软件"两家上市公司，业务涵盖以服务器、行业电脑为主的网络终端设备、大型行业应用软件、分行业ERP与通信运营系统解决方案等领域，用户遍及中国金融、通信、政府、教育、制造业、烟草行业等重要领域。2003年，浪潮集团的销售收入突破80亿元人民币。

浪潮是中国最早从事电子信息产业的企业之一，这段历史可以追溯到1968年，山东电子设备厂（浪潮的前身）在那时开始生产计算机外围设备和低频大功率三极管。浪潮三十余年的风雨历程，就是中国IT产业发展的缩影。作为领先的行业IT应用解决方案提供商，浪潮的想法很简单：把尖端技术产业化，使之成为最广泛的用户价值。

浪潮对中国信息产业的贡献，不仅因为他是中国IT产业的启蒙者，更重要的是浪潮始终以超前的技术、出色的管理和独树一帜的产品引导着中国信息产业的发展，满足行业用户对信息处理的全方位需求。

Langchao Group is a leading IT application solution supplier in China's IT industry, and it is also the largest manufacturer of server and the supplier of sever application solution in China. In 2003 , Langchao server had ranked NO.1 for the 8th time in Chinese domestic brands . Langchao Group has two companies in the stock market, which are “Langchao Information” and “Langchao Software”, and its business covers the following fields:severs, network terminal instruments mainly commercial PCs, the complicated software used in the large scaled industry, the sub-industry ERP and the software dealing with the communication g system and so on. The users of Langchao come from all over the important fields such as Chinese finance, communications, governments, education, manufacturing industry and tobacco industry. The total revenue of Langchao Group in 2003 is over RMB 8billion.

Langchao Group is one of the earliest enterprises to entrance the electronic information. Since 1968, Shandong Electronic Instrument Factory (the predecessor of the Group) began to produce the peripheral equipment of computers and the low-frequency high-power triode. The Group's more than 30 years course full of trials and hardships is the miniature of China's IT industry. As a supplier of the IT application solution, the principle of the Langchao Group is simple and dedicated, to industrialize the high end technology and make it the value of the most possible users.

The contribution of Langchao Group to China's information industry is not only because it is the initiator of China's IT industry, what is more important is that the Group always guides the development of China's information industry with its leading technique, excellent management and its products with its own characteristics, and meets the users' whole needs of information processing.

# 海尔集团公司
# 海尔牌微型计算机

微型计算机

海尔集团创立于1984年，19年来持续稳定发展，已成为在海内外享有较高美誉的大型国际化企业集团。产品从1984年的单一冰箱发展到拥有白色家电、黑色家电、米色家电在内的96大门类15100多个规格的产品群，并出口到世界160多个国家和地区。2003年，海尔全球营业额实现806亿元。2003年，海尔蝉联中国最有价值品牌第一名。2004年1月31日，世界五大品牌价值评估机构之一的世界品牌实验室编制的《世界最具影响力的100个品牌》报告揭晓，中国海尔惟一入选，排在第95位。排行榜上，可口可乐荣登榜首，麦当劳排名第二，诺基亚排名第三。

海尔集团坚持全面实施国际化战略，已建立起一个具有国际竞争力的全球设计网络、制造网络、营销与服务网络。现有设计中心18个，工业园10个,海外工厂及制造基地22个，营销网点58800个。在国内市场，海尔冰箱、冷柜、空调、洗衣机四大主导产品的市场份额均达到30%左右；在海外市场，海尔产品已进入欧洲15家大连锁店的12家、美国前10大连锁店。在美国、欧洲初步实现了设计、生产、销售“三位一体”的本土化目标。海外工厂全线运营。

Haier was incorporated in 1984 only producing household refrigerators. Over the past 19 years, the company has witnessed significant prosperity and is now a transnational organization widely recognized in the world community. Haier currently manufactures a wide range of household electrical appliances, 15,100 varieties of items in 96 product lines, and exports products to more than 160 countries. In 2003, Haier's global sales hit RMB80.6 billion and Haier brand topped all Chinese trademarks at a nationwide survey. On January 31, 2004, Haier was named one of the World's 100 Most Recognizable Brands in a global name brand list edited by the World Brand Laboratory, one of 5 world's brand evaluation organizations. As the only Chinese brand on the list, Haier was ranked 95th after such household names as Coca-Cola, McDonald's and Nokia, which were the top three.

Haier's international promotion framework encompasses global networks for design, production, distribution and after-sales services. Haier has established 18 design institutes, 10 industrial complexes, 22 overseas production factories and 58,800 sales agents worldwide. Haier's current domestic market share for refrigerators, freezers, air-conditioners and washing machines is around 30%. Haier products are marketed in 12 out of 15 European chain supermarkets and 10 America's. Haier design, production and sales facilities in the United States and some European countries are staffed by local employees. All Haier overseas factories are in operation. To implement its globalization strategy, Haier has established multilateral cooperation with many international rivals. On 8th January and 20th February, 2002, Haier signed agreements with Sanyo and SAMPO for win-win development and benefit utilizing joint investment and combined resources.

# 青岛海信数码产品有限公司
# 海信牌微型计算机

Hisense
海信

青岛海信数码产品有限公司（简称“海信数码”）成立于2004年1月，是海信集团实现3C产业布局的先锋企业。公司全面整合了海信集团和国际合作伙伴在IT、通信、消费电子和协同计算领域的优质资源，继承了海信集团在个人电脑市场的丰富经验，面向前景无限的3C融合新兴市场，致力于成为中国领先的3C融合产品、方案、内容和服务供应商。

海信数码拥有高素质员工、优秀管理团队、先进企业信息系统和机制优化的现代企业管理制度，凭借完善的品质管理体系，确保所有产品符合国家质量标准，具有良好的可靠性、可用性和可维护性。

海信电脑已率先通过了ISO 9000质量管理体系认证和3C产品认证，并荣获政府颁发的“国家名牌产品”和“国家免检产品”证书。海信数码坚持“3C融合”、“自主知识产权”和“以客户为中心”，致力于将国际领先的IT、通信与消费电子技术与具有自主知识产权的核心技术相结合，将面向未来的创新科技与中国用户的现实需求相结合，适时推出符合市场需要的产品、方案和服务。

Qingdao Hisense Digital Product Co., Ltd.(abridged “Hisense Digital”) was set up in January 2004, which is the first step taken by Hisense Group to realize the 3C integration industrial structure. The company integrated the high quality resources of IT, communication, consumer electronics and cooperative computing of Hisense Group and its global partners. The company inherits the rich experience of Hisense Group in the PC market and faces a brilliant 3C integration emerging market and is dedicated to develop into a leading supplier of 3C integration products, solutions, contents and services in China.

The company boasts its high quality employees, excellent management team, advanced enterprise information system and optimized management systems of modern enterprises. Featuring high reliability, usability and maintainability, all the products comply with the national quality standards thanks to the perfect quality control system.

Hisense computers have passed the ISO 9000 Quality Management System Certification and China Compulsory Certification, which were granted the certificates of “National Famous Brand” and“National Free-Inspection Product”. Persisting in the 3C integration, independent intellectual property rights and customer-centered concept, Hisense Digital Products Co., Ltd. is dedicated to integrate the international advanced IT, communication and consumer electronics technologies with the core technologies with independent intellectual property rights. The company integrates the future-oriented innovative technologies with the practical demands of the Chinese customers to provide the products, solutions and services timely.

# 联想（北京）有限公司
## Lenovo 联想牌微型计算机

lenovo联想

微型计算机

联想集团成立于1984年，由中科院计算所投资20万元人民币、11名科技人员创办，到今天已经发展成为一家在信息产业内多元化发展的大型企业集团。2003财年营业额达到231.8亿港币，目前拥有员工12000余人，于1994年在香港上市（股份编号992），是香港恒生指数成份股。2002年内，联想电脑的市场份额达27.3%（数据来源：IDC），从1996年以来连续7年位居国内市场销量第一，至2003年3月底，联想集团已连续12个季度获得亚太市场（除日本外）第一（数据来源：IDC）；2002年第二季度，联想台式电脑销量首次进入全球前五，其中消费电脑世界排名第三。

在过去的十几年里，联想集团一贯秉承“让用户用得更好”的理念，始终致力于为中国用户提供最新最好的科技产品，推动中国信息产业的发展。面向未来，作为IT技术与服务的提供者，联想将以全面客户导向为原则，满足家庭、个人、中小企业、大行业大企业四类客户的需求，为其提供针对性的信息产品和服务。

Lenovo Group is a leading IT giant founded in 1984 with 200, 000 RMB yuan of registered capital by 11 scientists of Institute of Computing Technology of Chinese Academy of Sciences. At present Lenovo has a number of diversified businesses in IT industry with sales revenue of 23.18 billion HK dollars in 2003 financial year and 12,000 employees by now. Listed in HK exchange in 1994, the company is a component of HK Heng Seng Index. In 2002, Lenovo occupied 27.3% of China's computer market (source: IDC), as the top one computer maker in China in past seven years. By the end of March 2003, Lenovo has been the No. 1 computer seller in Asia-Pacific market (excluding Japan) in running 12 quarters. In the second quarter of 2002, Lenovo hit the top fifth in the world on its desktop computer sales and hit the top third on its PCs sales.

In the past two decades, Lenovo has been following the principle of “making users feel better” to provide Chinese users latest and best products, meanwhile promoting China's IT industry. In future, Lenovo will fulfill the role of a user-oriented IT products and service provider, in order to meet various customized demands of households, persons, small and middle-sized enterprises and large industry enterprises.

# 摩托车行业概况

## 一、我国摩托车工业发展概况

从新中国建立到70年代末是我国摩托车工业的起步发展阶段。在这一时期，我国摩托车工业从无到有，得到了初步发展。当时的摩托车主要用于军队、邮政、公安等系统和企事业单位，私人几乎没有摩托车。在技术上主要是测绘仿制国外产品。生产发展缓慢，厂家少，产量小，品种少，水平低，没有规模能力，构不成一个产业或行业，在国民经济中没有相对独立的地位。

改革开放冲破了计划经济体制下对生产自主性的束缚，大大解放了生产力，也为摩托车工业的发展创造了前所未有的机遇，部分军工企业具备了生产民品的兼容性；国内安定团结的政治环境与国际上和平发展的历史潮流，造就了我国经济发展的机遇；企业的生存与发展需要寻求新的生路与新的产品；农村的生产力得到了解放，劳动力得到了自由流动和转移的条件；一般性工业由城市向农村乡镇转移，农业的发展也需要和工业相结合。随着人民物质生活和文化水平大幅度提高，生活节奏的加快，人们对出行速度提出了新的要求，自行车已不能满足需要，所以摩托车就成为首选代步工具。具有12亿人口的自行车王国，是我国摩托车工业大力发展的沃土。综合各方面的条件促成了从80年代初到90年代初我国摩托车工业的蓬勃发展，摩托车的产量从1980年的4.9万辆增加到1991年的131.7万辆，增长了近26倍。这一时期参与摩托车生产的从业人员之多，遍及地域之广，生产企业数量之大都是空前的。甚至有人称这一时期是“全国摩托车热”、“引进热”、“合资热”、“上马热”，是摩托车工业史上大发展时期。此时，全国摩托车整车厂、发动机厂、零部件配套厂大大小小的企业有上千家。到1991年全国摩托车工业总产值达70多亿元，销售收入60多亿元，利税总额3.72亿元。中国摩托车工业已初步形成了生产规模，摩托车作为汽车工业的一部分，已不再无足轻重，并充分显示出其强劲的发展势头。

80年代末90年代初，我国经济经历了改革整顿稳定提高的调整时期，摩托车工业的发展此起彼伏。1992年邓小平南巡讲话又一次极大地激励了生产力的发展，我国摩托车工业随着整个国民经济的振兴，又一次得到长足超高速发展。1991年～1995年，摩托车产量年增长速度超过50%，1996年为18.4%，1997年为8%。1997年摩托车总产量突破千万辆达到1003.7万辆，是1980年的205倍，已近全世界年产

量的一半。从1993年超过日本之后到1999年，连续7年居世界之首，成为世界瞩目的摩托车产量第一大国。

1994年3月，国务院发布了《汽车工业产业政策》。作为支柱产业汽车工业的重要组成部分的摩托车工业，为了向集约化发展，为了减少成本、提高质量、扩大规模、增加品种、注重创新，国家实行了扶强扶优、鼓励增强产品自主开发能力的政策，使摩托车工业进入了稳步发展阶段。到1999年，我国生产的摩托车已达15种排量万余种车型，截止到1999年底，全国累计产量为6631万辆，列入目录的摩托车生产企业达130家。我国摩托车工业已形成了具有一定经济实力的新兴产业，我国已成为世界瞩目的摩托车生产大国。

**二、摩托车工业在国民经济中的作用**

我国摩托车工业发展到今天，在生产规模、产量、部分工艺装备水平等方面在世界上处于前列，在产品水平、质量、品种、价格和生产组织、销售网络、售后服务以及零部件生产等方面都具有不同程度的优势，为未来的发展打下了坚实的基础。但也看到，我国摩托车社会保有量按人口计算与发达国家相比还很低，高水平的大排量车、赛车还无力生产，自主开发产品能力也未完全形成，少数零件还需进口，在世界上具备较强影响力的企业集团还未完全形成，摩托车税费负担过重、假冒产品不断出现降低了产品水平和质量，市场不规范，存在无序竞争的现象等等。

我国摩托车工业已具有相当的规模，在国民经济和人民的生产、生活中已占有了重要位置，摩托车工业已进入稳步发展阶段。摩托车工业不是夕阳工业，而是朝阳工业，在我国将有一个相当长的辉煌历程，这是国内国际的现实情况所决定的。关键在于国家政策规划指导；产品质量提升、工业设计与产品创新；市场的把握、培育、扩展和创造。这样，我国的摩托车工业再有5年～10年的时间，将会由摩托车生产大国变成强国，不但在国内辉煌，而且会遍及世界。

**三、近年摩托车行业发展特点**

国内市场竞争激化。首先，规模竞争是企业竞争的主导；其次，竞争的内容多元化，从单纯的价格竞争转化为产品质量、品牌和服务等多方位的竞争；第三，竞争方式更为尖锐，特别是新兴企业力图在最短时间内进入现有市场构架；第四，市场竞争的起点更高。新的摩托车企业一进入市场，就以其大规模、高技术、雄厚的资金实力，以及完整的配套所构成的群体优势参与竞争。合并、兼并潮流初起。伴随着市场竞争的加剧，企业合并、兼并的数量是近几年罕见的。此外，还有如下几个特点：

①产量提升速度下降；

②企业产品开发速度加快；

③企业利润下降；

④用户自我保护意识增强，对质量要求的提高。

**四、摩托车行业的产品集中度**

2002年我国摩托车工业全年产、销各完成1292.13万辆和1300.85万辆，达到历史最好水平，同比增长分别为4.91%和4.58%，但是增幅与上年同期相比分别下降了2.28%和1.18%。

从摩托车工业产、销排名前15位的企业（集团）可以看出，民营企业的数量越来越多，位置也越来越靠前。

嘉陵集团在2001年从钱江手中夺回王位后，进行了各种积极的改革和尝试，2002年以882134辆的产量和899972辆的销售业绩稳居行业榜首，表现出了较强的实力。而其他一些大型国有骨干企业，如轻骑、建设分别从2001年第7、第10的位置上再次下滑到第10、第11。同时，部分民营企业如大长江、力帆、隆鑫则以不可小视的迅猛发展势头，将企业在排行中的位置又前提了若干位，成为我国摩托车行业中举足轻重的一部分。尤其是大长江，以近80万的产销量直逼老二钱江，产销增幅均超过了65%。

2002年，随着竞争的进一步加剧，摩托车行业的生产集中度也有所提高，产量在前10名的企业的产量达到6705298辆，占总产量的51.9%，与2001年的48.3%相比，提高了3个百分点，他们的销量也达到6705253辆，比上年同期的50.1%提高了1.5个百分点。另外第一集团（前10名）各企业间的差距逐渐缩小，而与第二集团企业之间的距离逐渐拉大。这表明，经过几年充分的市场竞争后，一些大型企业的优势更加明显，行业的兼并重组已经势在必行。

总的来说，2002年摩托车工业要好于上年的情况，销量排名前10位的摩托车企业中，多数企业利润同比增加或同比减亏，全行业在2002年四季度实现全行业扭亏为盈。

2002年摩托车生产企业实现销售收入564.86亿元，同比增长10.17%，增幅比上年提高4.83个百分点；实现利润总额9068万元，由上年亏损转为盈利（2001年行业整体利润出现赤字，全行业的总利润为-74万元）。

利润额排名前10位的除了“金城集团有限公司”一家为国有企业外，其他均为民营企业，可见民企对拉动整个摩托车行业发展的贡献不可小瞧。

但是如果对比2000年全行业18582万元的利润总额，摩托车行业的形势仍然非常严峻。一些非法拼组装摩托车小作坊的存在，使全行业摩托车价格一再下滑。有关方面的统计显示，现在全国大约有近200家非法生产点，年拼装近100万辆低价、劣质摩托车严重扰乱了市场的正常秩序，这种状况也让不少规规矩矩的企业感到无奈。

由于近年来我国摩托车的排放法规不断加严，一些地方也对摩托车的环保提出了更高的要求，这四冲程摩托车在市场中所占的比例越来越大。从2002年的统计数据

可以看出，四冲程摩托车产量占摩托车总产量的90.67%，销量占摩托车总销量的90.37%，比上年同期提高1.74和1.83个百分点；二冲程摩托车产量占摩托车总产量的9.33%，销量占摩托车总销量的9.63%，比上年同期下降1.74和1.83个百分点。

从增长速度看，四冲程摩托车产销量均同比增长了近7%，而二冲程摩托车产销量则同比下降了12个百分点。这一多一少、一增一降，足以说明目前的摩托车市场已经基本成了四冲程摩托车的天下。

从产品的结构比重上看，小排量车的产销均呈现负增长，产销比例继续下降，而大、中排量车的产销增幅多在15%以上，占明显优势。

统计数据表明，11种排量的二轮摩托车中，100ml以上（包括100毫升、110毫升、125毫升、150毫升、750毫升）排量摩托车产量占总产量的84.83%；销量之和占总销量的88.65%，其中125毫升车型的产销比例均接近50%，比2001年的44%又有了进一步扩大。

2002年三轮摩托车产、销形势较好，全年生产53.84万辆，销售54.17万辆，同比增长分别为6.32%和10.23%，产量占摩托车总产量的4.17%，销量占摩托车总销量的4.16%，分别比上半年提高1.12%和1.10%。

**五、摩托车行业的质量水平以及与国外先进水平的比较**

2004年我国摩托车工业发展取得了很大成绩，无论是产量还是出口创汇，都创造了我国摩托车工业的历史最高水平。但是与世界发达国家如日本、意大利、美国、德国等相比，我国摩托车工业尚存在很大差距，还不能适应国民经济发展和世界发达国家对摩托车的需求。

首先是骨干企业规模小，而且产品雷同，同质化现象严重，缺乏拳头产品，国际竞争能力不强。第二，技术创新开发能力弱，高级开发人才严重缺乏，产品结构不合理。第三，生产的摩托车产品技术含量不高，产品附加值低，产业化能力不强。第四，摩托车出口能力弱，只能用低端产品和低价位方式开拓国际市场。第五，生产高端、大马力、高附加值摩托车产品的零部件工业基础相对薄弱。第六，摩托车产品整体质量与国际品牌相比，还有一定差距。第七，还没有产生出走向世界，具有国际知名度的摩托车品牌。

随着全球经济一体化的发展，跨国集团在摩托车产品领域和我国骨干摩托车企业的海内外竞争将必然进一步加剧。随着世界经济和中国经济发展，人均收入的不断提高，低端产品最终会退出市场的。在今后的发展中中国摩托车工业将积极主动地参与国际合作和竞争，向高端产品和高附加值产品进军，努力开拓国际市场和发展空间。

# 重庆力帆实业（集团）有限公司
# 力帆牌摩托车

重庆力帆实业（集团）有限公司是中国最大的民营摩托车制造企业。尹明善等9人于1992年以20万元资金创办重庆轰达车辆配件研究所以来，历经11载艰苦奋斗，力帆集团迅速发展成为融科研开发、发动机和摩托车整车生产、销售（包括出口）为主业并集汽车制造、足球产业、金融证券、房地产于一体的国家级大型民营企业。

目前，力帆集团已有员工5000多人，拥有10家生产企业，3家营销公司，一个国家级技术中心，具备年生产200万台发动机和100万辆摩托车的生产能力，连续三年进入重庆市工业企业50强，在重庆市民营企业50强排名中名列榜首。力帆集团已进入世界摩托车制造业500强和中国大企业集团500强，2001年产销综合值名列中国入选登记企业第一位。2003年销售收入45.8亿元，出口创汇2.03亿美元，摩托车发动机产销量200万台，截至目前已拥有国内外专利授权1080项，综合实力在全国同行业排名第一。

Chongqing Lifan Industrial (Group) Co., Ltd. is the largest private motorcycle manufacturer in China. Yin Mingshan and his 8 stuffs established Lifan Group in 1992 with 200,000 RMB Yuan. Through 11 years' endeavor, Lifan has developed into a state level large private enterprise, whose scope of business comprises science&technology development, engine and motorcycle manufacturing and marketing (including export), and also covers other business such as auto manufacturing, football industry, finance and securities, culture and advertisement, real estate, etc. By now, there are more than 5000 staffs in Lifan Group, among which more than 2000 staffs has college diploma or even higher. Lifan includes 10 factories, 3 marketing companies, 1 national technical center. The maximum production capacity can reach 2 million units of engines and 1 million units of motorcycles. It is listed in the Top 50 Chongqing Industrial Enterprises in continuous three years and ranks No. 1 in Chongqing private enterprises. Lifan group is also one member of the Top 500 Motorcycle Manufacturers in the world as well as the Top 500 Enterprises in China. Its production and sales ranked No. 1 of the listed registration Chinese enterprises in 2001. Lifan realized gross sales RMB 3.85 billion in 2001 and RMB 4.02 billion in 2002 with the profit taxation of RMB 205 million. In 2003, its revenue was RMB 4.58 billion. 4 indexes ranked NO.1 of the motorcycle industry in CHINA, which are engines production and sales, export and foreign currency earning, patents possession, and production/sales comprehensive value. By the end of 2003, Lifan Group was granted with 848 domestic and overseas patents and 188 copyrights. It has 112 registered trade marks in China and 32 registered trade marks overseas. It's ranking first in China motorcycle industry regarding self-owned intellectual rights.

# 宗申产业集团有限公司
## 宗申牌摩托车

宗申产业集团有限公司，是一家集研制、开发、制造和销售于一体的大型民营企业，也是世界最大的摩托车生产商之一。宗申集团主要产品为摩托车发动机和摩托车整车，近年来实施“热动力机械行业内相关多元化”发展战略，先后涉足微型汽车发动机、船艇发动机、通用动力汽油机、高速艇以及各类动力设备机械等领域，现具备年产摩托车200万辆，摩托车发动机500万台，通用机械500万部，汽车发动机20万台以上的生产能力，有员工5000多名。综合经济实力在中国摩托车行业中位居前列。宗申组建了博士后工作站，宗申技术中心被认定为国家级技术中心，“宗申”商标被认定“中国驰名商标”，宗申产品被认定为“中国名牌”，宗申集团被评为中国优秀民营企业。

Zongshen Industrial Group Ltd. Corporation, a private enterprise that devoted to development, research, manufacture and selling of motorcycles, is one of the biggest motorcycle manufacturers in the world. The prime products of Zongshen Group are engines and entire cars of motorcycle. It has been implementing the development strategy of "relative multi-entities within thermal power mechanical industry" in recent years, and meanwhile setting foot in the areas of minicar engine, boat engine, standard gasoline engine, speed boat as well as various kinds of power equipments. With totally 5,000 staffs, it is capable of producing 2,000,000 motorcycles, 5,000,000 motorcycle engines, 5,000,000 general machineries, and 200,000 automobile engines every year. The comprehensive economic strength of Zongshen Group has already been at the fore of China's motorcycle field. Zongshen has established post-doctor's workstation, and made its technology centre recognized as the national technology center. The Zongshen trademark is regarded as the national well-known mark, and the Zongshen products are recognized as the national name brand. Zongshen Group is judged as the national excellent private enterprise.

# 钱江集团有限公司
## 钱江牌摩托车

钱江
QJIANG

摩托车
（100CC 以上）

钱江集团有限公司位于浙江东南沿海的温岭市，系国有大型企业，国务院批准的520家国家重点企业之一，浙江省政府“五个一批”工程重点企业。公司前身是温岭化工机械厂。1985年开始生产摩托车，1993年更名为浙江摩托车厂。公司先后兼并了九家经营困难的国有企业,还与马来西亚金狮集团合资组建了四家合资企业。1996年经现代企业制度试点，组建成浙江钱江摩托集团有限公司，成为大型企业集团。1999年以集团公司为主发起人，发起成立浙江钱江摩托股份有限公司，“钱江摩托”股票同年5月14日上市交易。2000年6月，经国家工商行政管理局核准，企业名称变更为钱江集团有限公司。目前公司产业覆盖机械、电子、房地产、国际贸易等行业，主业生产摩托车及发动机。公司占地面积近1000亩，总资产规模43亿元，职工人数1万2千余人。公司拥有目前亚洲地区规模最大，国内装备最先进的摩托车生产基地之一，是国内摩托车生产及销售的龙头企业之一。三年来，摩托车产量稳居全国第二，利税指标综合排名第一，综合实力、发展后劲和科技创新能力居同行前列。

Qianjiang Group Co., Ltd. is located in Wenling City in the southeast of Zhejiang Province. She is the large state-owned enterprise, one of 520 state key point enterprises approved by State Council and the key point enterprise of “Five One-Batch” Project of Zhejiang Government.

The preceding body of the company is Wenling Chemical Machinery Plant. She started to produce motorcycles since 1985. In 1993, the name was changed to Zhejiang Motorcycles Factory. The company has annexed successively nine state-owned enterprises with difficulties in operation. Also, four joint ventures have been established with Malaysian Golden Lion Group. In 1996, by trial of modern enterprise system, Zhejiang Qianjiang Motorcycles Group Co., Ltd. was established and became a large enterprise group. In 1999, as the main founder-member, the group company set up Zhejiang Qianjiang Motorcycles Shares Co., Ltd. The stock “Qianjiang Motorcycles” was listed in May of the same year. In June 2000, as approved by State Industry & Trade Administrative Bureau, the enterprise changed her name to Qianjiang Group Co., Ltd.

Presently, the company involves in the industries of machinery, electronics, real estate and international trade. Her main business is producing motorcycles and motors.The land area of the company is nearly 1000 mu. Total amount of capital is CNY 4.3 billion. The number of employees is over 12,000.

# 隆鑫集团有限公司
# 隆鑫牌摩托车

LONCIN

隆鑫集团有限公司是一家以摩托车、摩托车发动机制造业为主体，覆盖汽车、通用机械、房地产、仓储物流、镁合金材料、人寿保险等行业的跨地域、大规模、多元化的大型民营企业集团。集团拥有33家控股企业、16家参股企业，资产总额25余亿元人民币，员工8000余人。

摩托车制造是隆鑫集团有限公司核心产业之一，现已形成摩托车及摩托车发动机、曲轴、箱体、缸头、车架、车灯、轮毂等相关重要零部件的研究开发和生产的完善体系。于2002年年末竣工落成的隆鑫、劲隆、技术中心三大工业技术园区总投资3亿人民币，总占地面积40公顷、建筑面积25万平方米，是目前国内技术领先、规模最大的摩托车研发、生产基地之一，具备年产摩托车200万辆、摩托车发动机300万台的生产能力，具备国家对摩托车产品推行的21项强制检测项目的检测能力和关键零部件质量检测检验设施设备。“隆鑫”牌摩托车和发动机产品商标于2002年被国家工商总局认定为“中国驰名商标”。各相关企业及产品均获得国家生产准入认证、国家强制性CCC认证、ISO9001：2000质量体系认证。连续三年摩托车及摩托车发动机产销量位居全国行业前五强之列；连续三年出口创汇额位居全国同行业之首；连续三年企业综合经济指标在重庆市规模企业排名位居前三(列重庆市民营企业第一位)。

Loncin Group, a large-scale private enterprise with total assets of 300 million US dollars and a staff of 8000, has 33 holding companies and 16 share companies. The main business focus on motorcycle and motorcycle engine manufacture. Meanwhile, it’s also involved in automobile, general-purpose machinery, magnesium alloy, real estate, logistics and insurance fields.

With motorcycle manufacture as its core industry, Loncin Group has developed its own system of research and manufacture of motorcycle, motorcycle engine and key parts such as crankshaft, crankcase, cylinder head, body frame, lamp and wheel hub etc.

With total investment of 37 million US dollars and construction area of 250 thousand square meters, launched in the end of year 2002, Loncin industrial park, Kinlon industrial park and R&D center have formed to be one of the largest and advanced bases of motorcycle development and manufacture with annual production capacity of 200 million motorcycles and 300 million motorcycle engines under sophisticated system of quality control.

Loncin brand was awarded as “Chinese famous trademark” by National Industrial & Commercial Administration in 2002 and successfully granted the national manufacture entrance certificate, national compulsory certificate and ISO9001:2000 certificate.

Loncin brand motorcycles and engines have successively ranked 5th in domestic market and 1st in export for 3 years. Meanwhile, the comprehensive economic data have ranked 3rd in Chongqing large-scale enterprises ( 1st in Chongqing private enterprises).

# 中国嘉陵工业股份有限公司（集团）
## 嘉陵牌摩托车

嘉陵工业
JIALING

摩托车
（100CC 以上）

中国嘉陵工业股份有限公司（集团）是中国最大的摩托车企业之一，主导产品有摩托车及其发动机、通用机械和光电产品等，现有员工 4230 人，总资产 38.28 亿元。

公司主导产品“嘉陵”摩托车及其发动机现有 50CC—600CC 共 10 余种排量数百个型号，累计产销量 1300 多万辆，是中国产销量最大的品牌，现已形成年产 200 万辆的能力。拥有 3 家摩托车子公司、1 家中日合资企业、2 家海外子公司，协作企业 300 余家，营销网点近 4000 家、服务网点近 6000 家；本部拥有 1 个国家级企业技术中心、1 个博士后科研工作站、1 个摩托车质量检测站。

“嘉陵”具有完善的摩托车及其发动机研发、试验、制造、品质、配套、营销体系，技术装备先进、完善，拥有从日本、美国、德国等国家引进的发动机、化油器、热处理、工装制造、压铸、车体及油箱焊接、涂装、成车总装等数十条生产线和完善的检测装备。嘉陵是 ISO9001（2000 版）质量体系、ISO14001 环境体系认证企业，中国摩托车行业首家获得“CCC”认证和国家摩托车“生产准入”认证的企业。

China Jialing Industrial Co., Ltd (Group) is one of the largest motorcycle manufacturers in China and also a national-grade enterprise complex, whose leading products include motorcycles and their engines, general machinery and photoelectric products. At present, Jialing Group has 4230 staff members, with the total assets of 3.828 billion Yuan.

The Jialing motorcycles and engines nowadays are composed of over 10 displacements (50CC—600CC) and hundreds models, with an accumulative total of over 13 million that has been produced and sold by the group. It's output and sales volume of motorcycles is highest in China. Presently its annual production capacity has reached 2 million motorcycles. Jialing owns 3 motorcycle sub companies, 1 Sino-Japan joint venture, 2 overseas sub companies, over 300 suppliers, near 4,000 marketing branches and 6,000 services points. In the headquarter of Jialing there are one national technical center, one postdoctoral scientific research working station and one motorcycle quality testing center.

With advanced technique and technology and complete equipment, Jialing possesses a complete network of developing, producing and marketing of motorcycles and engines. It owns the production lines and perfect testing equipment of engine, carburetor, heating treatment, tooling manufacture, die casting, vehicle body and coating/painting, welding and assembly, which were introduced from Japan, US and Germany etc. Jialing has obtained the approval of ISO9001, the quality system and of ISO14001, the environmental protection system. What's more, Jialing was the first enterprise that has won the authentication of CCC and that of Production Admittance in China motorcycle industry.

# 江门市大长江集团有限公司
# 豪爵牌摩托车

Haojue

GZ125HS

EN125-2

HJ110

HJ125-2

大长江集团有限公司，是一家专业生产经营摩托车及其零部件的大型企业，创建于1991年11月。公司占地面积46万平方米，建筑面积约15万平方米，现具有年产160万辆摩托车、200万台发动机的生产能力，是中国最具规模的摩托车制造企业之一。

公司先后开发、研制了具有国际水平的AX100、HJ100T-2、HJ110、GN125、HJ125T、EN125、HJ125-A、HJ125-2等16大系列、36种车型、132个品种、500多个花色的豪爵系列摩托车。1997年我公司产品被国家技术监督局确认为采用国际产品标准生产，并颁发了“采用国际标准产品标志证书”。

2001年“豪爵”牌摩托车被评为首批“中国名牌产品”称号后，公司呈现出跳跃式发展。产销量、上交国家税金每年以30%以上的速度增长。2003年公司产、销量双双突破100万，产销量、上交国家税金、综合经济效益位居全国同行业首位，并进入中国企业500强行列。

Grand River Company Limited, founded in November 1991, is a large professional enterprise manufacturing and selling motorcycles, as well as motorcycle parts. The Grand River Group covers a land area of 460,000.00 square meters and a floor area of 150,000.00 square meters. As one of the largest motorcycle manufacturor in China, the company has the capacity of producing 1,600,000.00 motorcycles and 2,000,000.00 engines per year.

The company has researched and developed Haojue brand motorcycles with international quality standards. It includes 16 families such as HJ125T, EN125, HJ125-A, HJ125-2, as well as 36 models, 132 types and over 500 styles. In 1997, the State's Technological Supervision Bureau certified that Grand River Group's products were produced with the international standards, and the bureau also awarded an Adopting International Standard Marking Certificate to the company.

In 2001, Haojue motorcycle families were awarded the decoration of China Top Brand, becoming one of the earliest enterprises to be awarded this title. Since that, the company grows leaps and bounds. The quantity of production and sales, as well as the amount of tax payable is increasing by 30 percent every year. In 2003, both of the company's production and sales has gone over one million set. The quantity of production and sales, tax payable, profitability have been ranked No.1 in the field of countrywide, meanwhile, the company become one of the 500 Best Enterprises of China.

# 味精行业概况

近几年来，我国味精工业取得了令人瞩目的成绩，味精产量逐年增加，味精成本大幅度下降，利润逐年提高，中国已成为世界上第一味精生产大国。

数据如下：

| | 2001 年 | 2002 年 | 2003 年 1～9 月 |
|---|---|---|---|
| 商品味精 / 吨 | 71366 | 847395 | 632701 |
| 年增长 /% | 9.45 | 18.74 | 3.02 |
| 利润 / 万元 | 20209 | 40203 | 28669 |
| 年增长 /% | -50.56 | 98.94 | 2.94 |
| 成本 / 元 / 吨 | 6414 | 5957 | 5615 |
| 年增长 /% | 1.68 | -7.30 | -6.70 |

经过几年的市场调整，行业的集中度逐年提高，大部分中小企业退出味精行业，规模前几位的企业发展速度超过行业的平均发展速度，味精产量主要集中在山东、河南、江浙、东北地区。

近几年，通过技术进步和技术改造，味精行业技术水平不断提高，指标如下：

| | 2001 年 | 2002 年 | 2003 年 1～9 月 |
| --- | --- | --- | --- |
| 糖化收率 /% | 97.81 | 98.05 | 98.44 |
| 发酵转化率 /% | 57.26 | 57.86 | 57.61 |
| 平均产酸 /g/dl | 9.50 | 10.34 | 10.10 |
| 提取收率 /% | 94.20 | 94.55 | 94. 82 |
| 精制收率 /% | 95.06 | 95.58 | 95.65 |
| 纯淀粉消耗 /t/t | 1.39 | 1.39 | 1.36 |

由丁各部收率的提高，使味精半成品糖液、5.6 液质量不断提高，因此成品味精质量明显提高。99% 味精谷氨酸含量都在 99% 以上。可以说日前国内味精行业技术质量水平已达到或超过国际先进水平。

但是，国际味精市场现主要垄断在日本的味之素、韩国的希杰和我国台湾的味丹等几大生产企业之手，市场集中度较高，具有规模优势，加之国外主要以糖蜜为原料，价格低于玉米淀粉，自动化水平高与国内，使其成本较低，具有很大的竞争优势，给国内企业带来巨大的压力。

近几年出口味精逐年降低，出口味精 2002 年比 2001 年下降 50.35%；2003 年 1～9 月比同期下降 12.52%。

# 广州双桥股份有限公司

## 双桥牌味精

广州双桥股份有限公司是由广州味精食品厂转制成立的股份有限公司。在改革开放的大潮中，企业通过深化改革，转换经营机制，推进技术进步，严格科学管理，在激烈的市场竞争中显示出勃勃生机。多年来，企业的全员劳动生产率、资金利税率、人均创税利名列全国同行业前列，各项技术经济指标居于全国同行业先进水平。被评为全国质量效益型先进企业、全国500强最佳经济效益工业企业，获全国五一劳动奖状，成为全国食品工业行业首家国家一级企业。双桥牌味精被评为国家质量金质奖，成为全国首批中国名牌产品。

广州双桥股份有限公司是广州市高新技术企业，被评为中国淀粉糖20强企业。公司生产的淀粉糖产品，采用玉米、大米、麦芽等为原料，应用国际先进的双酶法工艺精制而成，色泽清亮、透明，甜味温和、口感纯正。广泛应用于糖果、口香糖、饮料、啤酒、味精、鸡精、奶粉、果酱、果冻、烧烤、饼干、冰淇淋食品的生产，受到广大客户的赞誉，并通过了ISO9000质量体系认证。

Guangzhou Shuangqiao Co., Ltd. (the Company) is a joint stock limited company established after the system transformation of Guangzhou Monosodium Glutamate Factory. Conforming to the trend of reform and opening, the Company has transformed its operation mechanism through furthering reform, promoted technological progress, practiced strict sound management and showed strong vitality in fierce market competition. It has come out in the top in food industry in china in terms of overall labor productivity, profit & tax ratio and profit & tax per capita. All its technical and economic indicators are in the leading position in this industry in China. The Company has been appraised as a national model enterprise with high quality and efficiency and one of top 500 industrial enterprises with the best economic result in china. It has won the national May 1 labor prize and become the first state-level in national food industry. Monosodium glutamate of Shuangqiao Brand has won gold prize of national quality and become one of the first group of famous-brand products of China.

The Company, a high-tech enterprise in Guangzhou, has been appraised as one of the top 20 starch sugar enterprises in China. The starch sugar products of the Company are made of raw materials including maize, rice and malt with internationally advanced double-enzyme technology, featuring crystal-clear color, transparency, mild sweet and pure taste. Its products have been widely applied to the production of foodstuffs including candies, chewing gums, beverages, beers, monosodium glutamate, chicken sauce, milk powder, jam, jelly, barbecue food, biscuits and ice cream and praised by customers. The Company has passed ISO 9000 quality system certification.

# 沈阳红梅企业集团有限责任公司
## 红梅牌味精

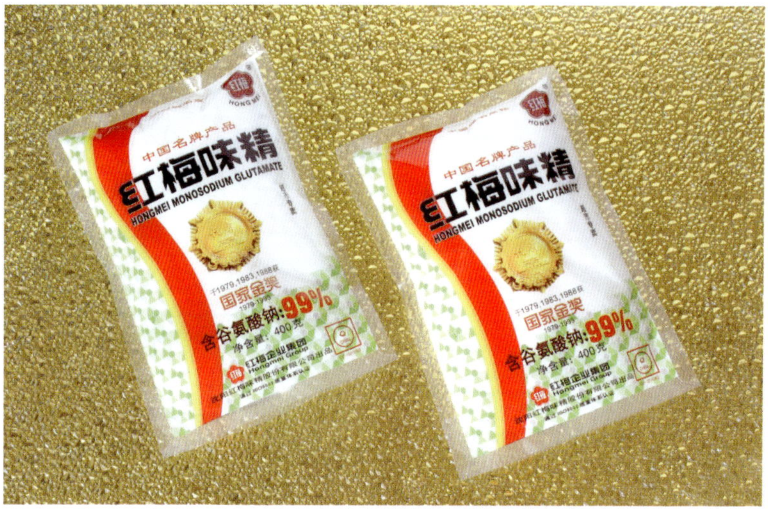

沈阳红梅企业集团有限责任公司前身是沈阳味精厂，是国内最早生产味精的企业之一，红梅企业集团是以优势企业为核心，名牌产品为龙头，资产为纽带，改制组建的大型国有独资公司。是中国味精行业协会理事长单位，省、市重点扶植的大型企业集团。

红梅企业集团红梅企业集团下设沈阳红梅味精股份有限公司等7个子公司，主要产品有味精、酱油、醋、鸡精（粉）、蛋白饲料、塑料印刷制品、多品种营养盐、酒类等。主导产品红梅牌味精以其“色泽白亮、晶粒匀整”等特点深受广大消费者的青睐，良好的品牌形象，优秀的品质，“红梅”牌于1997年行业首家被认定为“中国驰名商标”，红梅味精于2001年荣获“中国名牌产品”称号。

红梅企业集团将以生物发酵技术为主线，市场、纵向、相关技术“三个一体化”的发展原则，实现以红梅味精为龙头，调味品和包装制品为两翼，食品和粮食加工为发展后劲，氨基酸等高新技术产品为储备的综合性企业集团。

Shenyang Hongmei Enterprise Group Co., Ltd., whose predecessor is Gourmet Powder Company, is one of the earliest enterprises in China that produce Gourmet powder. The company has restructured its system and developed into a large state-owned individual proprietorship company with the advantage being the core, famous-brand products as the flagship, capital as connecting band. It is a large-scale enterprise group that is supported by the provincial and municipal government, holding the council chairperson of China Monosodium Glutamate Industry Association,

There are seven subsidiary companies, and the major products includes Gourmet powder, soy sauce, vinegar, chicken essence (powder), protein feeds, plastic printing products, various kinds of nutritional salt, wine and so on. The leading product“Hongmei” brand Gourmet powder is popular with multitudinal consumers by the feature of “the white and bright, well-distributed crystalline grain”. Because of the excellent image and quality, “Hongmei”brand Gourmet powder was firstly issued the honor of “China's Well-know Trademark” by this industry in 1997, and “China's Famous-brand Product” in 2001.

Hongmei Enterprise Group will go on its way with bio-ferment technology as the main line, and“Three Integrations”, that is to say, market integration, longitudinal integration and relevant technology integration, as the developing principle. Taking “Hongmei”brand Gourmet powder as flagship, flavor and packaging products as two flanks, food and grain procession as sustainable development, amino acid and other advanced technological products as the storage, we will finally realize to be a comprehensive enterprise group.

# 江苏天香集团有限公司
# 香雪牌味精

江苏天香集团有限公司座落在江苏省武进区漕桥镇，是一家社会福利企业。公司自1990年创办以来，到目前为止已发展成为跨越食品、纺织、化工、建材等行业，具有1家母公司、5家子公司的集团公司，江苏天香集团有限公司生产的“香雪”牌味精在全国调味品行业中具有相当知名度。

公司目前占地面积20多万平方米，拥有总资产5.13亿元，员工1520人，其中残疾人员263人，年生产味精能力已达到15万吨。2003年生产味精118660吨，实现销售收入7.5亿元，实现利税5263万元。公司主产品“香雪”牌味精品种有无盐味精、增鲜味精、加鲜味精、特鲜味精等十多个系列，产品畅销江苏、浙江、上海、福建、江西、安徽、河南等全国二十多个省市，在国内市场占有率近10%。“香雪”味精在2000年和2002年获得“江苏名牌产品”、2001年获得“江苏省著名商标”等荣誉称号；公司先后被评为“江苏省明星企业”、“江苏省农业产业化龙头企业”，2003年被列为“全国食品行业百强企业”；公司在1999年通过了ISO9002质量管理体系认证，2002年转版通过了ISO9001质量管理体系认证，拥有自营进出口权，2003年12月在行业中率先通过了HACCP食品安全体系认证。

Jiangsu Tianxiang Group Co.Ltd locates in Caoqiao town, Wujin district. She is a welfare business enterprise.Since its establishment in 1990, till now, it has developed into a group company with one headquater and five subsidiary companies involving food, textile, chemistry and building material etc. industries. The “XiangXue” brand gourmet powder it produces enjoys high reputation in the national flavouring field.

Now the company occupies more than 200 thousand square meters area, owns 513 million Yuan total property. Own the employee 1520 people,among them263 people of personnel of incapacity. Has the 150 thousand tons of gourmet powder production ability annually. In year 2003, its gourmet powder production volume reaches 118,660 tons and carries out RMB750 million sales income and RMB52.63 million tax. The main product-"XiangXue" gourmet powder has more than ten series, such as salt-free gourmet powder, delicate flavor-increase gourmet powder, delicate flavor-add gourmet powder, and special delicate flavor gourmet powder etc. The product is sold to more than 20 provinces and cities, including Jiangsu, Zhejiang, Shanghai, Fujian, Jiangxi, Anhui and Henan etc. and gets nearly 10% domestic market.“XiangXue” gourmet powder was awarded as “Jiangsu Famous Brand Product” from 2000 to 2002. It is also authorized as “Jiangsu Star Enterprise”, and “Jiangsu Agricultural Industry Leading Enterprise”. In year 2003, it was listed among “100 Top Enterprises in National Food Trade”, passed ISO9002 quality management system authentication in 1999 and got the certificate of ISO9001 in 2002. The company has the self-operation import and export right and was the first one to pass HACCP Food Safety System Test in Dec.2003.

# 河南省莲花味精集团有限公司
## 莲花牌味精

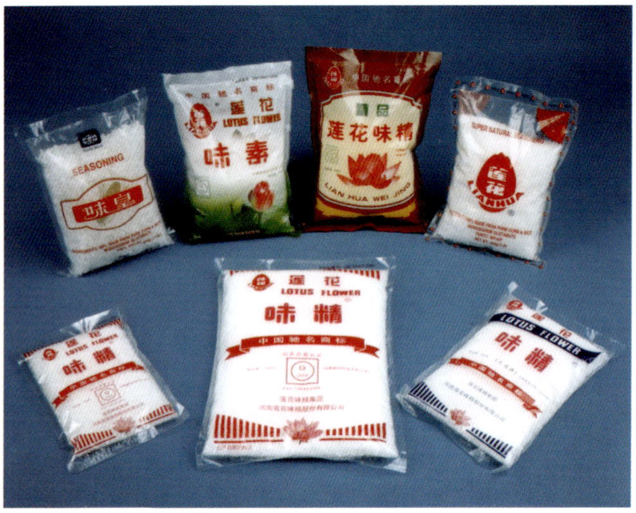

河南省莲花味精集团有限公司(以下简称莲花集团)是国务院确定的520家重点企业之一，被农业部等8部委认定为全国第一批151家农业产业化龙头企业，现有资产总额55亿多元，职工1.6万多人。核心企业河南莲花味精股份有限公司于1998年8月在上海证券交易所挂牌上市。

莲花集团自1983年创建以来，以“服务人类的生活和健康”为已任，紧紧围绕粮食深加工做文章，目前已成为我国最大的味精和谷朊粉生产与出口基地，主导产品形成了年产30万吨味精、5万吨医用葡萄糖、4万吨谷朊粉、30万吨等级面粉、20万吨饲料、20万吨复合肥生产能力，年转化小麦100多万吨。同时，具有内部综合配套优势：拥有装机容量8.5万千瓦、年产蒸气220万吨的热电联供电厂，年产2000万只纸箱的纸箱分厂，年产值超亿元的彩印分厂，年加工皮革100万张、皮鞋50万双的皮业公司等，有利于最大限度地抵御市场风险，提高企业综合效益。

Henan Lotus Gourmet Powder Group Company Ltd.(Hereafter referred to as the Lotus Group), with a total capital of more than 5.5 billion yuan(RMB) and over 16 thousand workers and staff members, is one of the 520 top enterprises identified by the State Council and is among the first 151 leading agricultural industrialization enterprises approved by the 8 ministries including the Ministry of Agriculture.Its key enterprise, Henan Lotus Gourmet Powder Limited-liability. Company was publicly listed in Shanghai Stock Exchange inAugust 1998.

Since its founding in 1983 ,the Lotus Group has been sticking to the principle of“Serving human life and health”, working around the center of grain deep processing. It now has become China's largest gourmet powder and wheat gluten production and exporting base, the annual production of its leading priduction being 300 thousand tons of gourmet powder, 50 thousand tons of medical gluecose, 40 thousand tons of wheat gluten, 300 thousand tons of quality wheat powder, 200 thousand tons of fodder, 200 thousand tons of compound fertilizers, and over 1 million tons of wheat being inverted per year. Moreover, the Lotus Group holds internal comprehensive supporting advantages:it owns a thermoelectric cogeneration power plant with an installed capacity of 85 thousand kw and an annual steam production of 2.2 million tons, a branch paper box plant having an annual production of 20 million paper boxes, a branch color printing plant with an annual output value of over 100 million yuan, aleather industrial company processing 1 million pieces of leather and producing 500 thousand pairs of leather shoes yearly, which helps to resist the market risks and improve enterprise overall benefits.

# 山东齐鲁味精食品集团有限公司
# 骏马牌味精

山东齐鲁味精食品集团有限公司（原山东茌平味精厂）组建于2001年4月28日，坐落在美丽富饶的鲁西平原，是一家以粮食深加工为主，涵盖微生物发酵、淀粉、热电等多元产业的国家大型企业。现拥有总资产8.55亿元，固定资产4.8亿元，员工2800多人，其中各类工程技术人员299人，年味精生产能力12万吨，淀粉20万吨，发电2.8亿度，供热150万吨。山东齐鲁味精集团下属有山东三九味精有限公司、茌平春华淀粉有限公司、山东润峰热电有限公司等10个企业。主导产品“骏马”牌味精为“山东名牌”产品，集团拥有独立的进出口自营权，产品畅销全国各地并出口到十几多个国家和地区。企业通过了ISO9001:2000质量管理体系认证。2003集团完成销售收入7.57亿元，实现利润7332万元，2003年9月集团被国家统计局工业交通统计司、中国食品工业协会评为“中国食品工业（食品制造业）100强”企业。

The Shandong Qilu Monosodiumglutamate Company was found in 4.28 ,2001, lies in beautiful and rich Luxi Plain.It is a big company which mainly pursuit in deep food mamsfecture , include microbe,ferment,flours electricity and so on . The company has a total asset of 8.55 billions, its fixed asset is 4.8 billions and 2800 workers. It has 299 technology workers,a product ability of 0.12 million tons,flour 0.20 million tons.It also can generate electricity 2.8 billion kw/h,heat supply 1.5million tons. Shandong Monosodiumglutamate Company has three affiliates, contains 999monosodiumglutamate company,Chunhua Flour Company and Shandong Runfeng Electricity Company etc. ten small companies. Its main product “Horse Monosodiumglutamate”is a famous product in Shandong. The company has input and expert right,it products familar with more than ten countries all over the world. The company has passed ISO9001:2000 quality manigment system.In 2003, its total income was 7.57 billion,profit 0.7332 billions.In september of 2003,it was regarded as one of the 100 strongest company of China by the National statistical Berau. For many years , the company stick“Vigilant in peace time, the honesty keep promise, the industry management, diligence amass a fortune” of principle, mold “expand creative, pursue outstanding, the high quality is efficiently, ”of business enterprise spirit..After ten years struggle, we changed a small company which products less than 100 tons a year company to a big and effect company of China.

# 江苏菊花味精集团有限公司
## 菊花牌味精

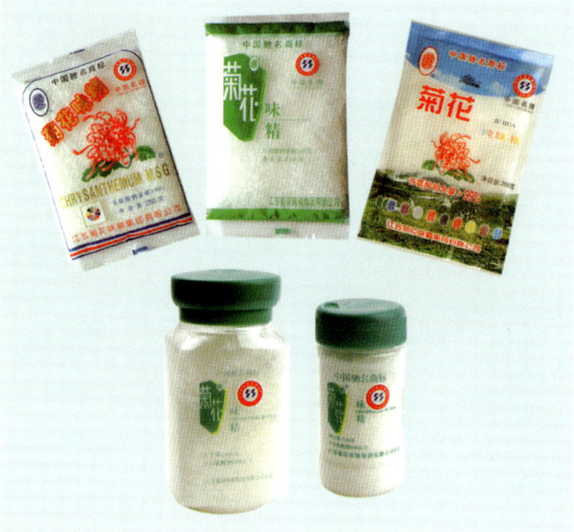

江苏菊花味精集团有限公司是国内味精行业大型企业，主要产品为菊花牌味精、鸡精、氨基酸和蛋白饲料，是集生产、经营、商贸和科研于一体的集团型企业。企业始建于1977年。多年来，企业先后被评为江苏省明星企业、全国最佳经济效益乡镇企业和江苏省高新技术企业等称号，1995年被农业部评定为首批全国性乡镇企业集团，1997年被评为中国江南最大的味精生产企业。目前，公司下属味精一厂、味精二厂、热电厂、氨基酸厂和污水处理厂五个成员厂，拥有固定资产2.8亿元，年产味精8万吨，氨基酸3000吨，蛋白饲料4000吨，味精产销规模在国内同行列第三位。

近年来，企业坚持发挥规模效应、科技效应和管理效应，有力促进了经济发展。2001年，公司实现销售总收入6.08亿元，创利税3928万元，2002年实现销售收入7.37亿元，创利税5347万元，2003年实现销售收入7.81亿元，创利税5836万元。

Jiangsu chrysan the mum gourmet powder group Co., Ltd is a large scale enterpris of msg (monosodium glutamate) industry in China, which is integrated mannufactuering, managing, trading and scientific researching, and its main produucts are chrysanthemum brand msg, chicken seasoning, amino acid and feed grade protein product.the company was established in 1977 and was awarded jiangsu star enterpris, best economic return company and jiangsu high-tech company ect, in 1995 it became one of companies firstly awarded national group companies,in 1997 it was awarded the largest mag facturer of south China .at present ,the company has five sub-fatories ,NO.1 msg fatory, NO.2 msg factory, heat powder plant,amino acid and liquit waste treatment plant, with 0.28 billion registered capital it has an annual output capacity of 80,000 metric tons of msg ,3000 metric tons of amino acid and 4000 metric tons of feed grade protein, the scale of production and marketing ranks the third in the same industry.

recently, company insistsin the development in scale, science and technology and effeciently promot economic development. the company sucessfully achieved the sales total volum of 608, 000,000RMB and profit tax 39,280,000RMB in 2001, in 2002 the total sales was 737,000,000RMB creating profit tax 53,470,000 and in 2003 the yare 781,000,000 RMB and 58,360,000 RMB respectively.

# 菱花集团公司
# 菱花牌味精

菱花牌味精是具有代表性的味精厂家生产的调味精品，是优质纯粮与现代先进的生物发酵技术的结晶。以纯净、自然的优良品质，受到广大消费者的喜爱。1992 年获智利国际博览会金奖，1993 年获亚太国际博览会金奖，被指定为人民大会堂宴会专用味精，1999 年通过 ISO9002 国际质量体系认证，2002 年经复评通过 ISO9001:2000 国际质量认证，2000 年“菱花”商标被认定为中国驰名商标，2001 年被评为中国名牌产品，2003 年被评为全国同行业首家“绿色产品”，并通过了海拉尔认证。现包括菱花、小厨师、仙奇三大系列，大晶、中晶、小晶、细晶、粉面五种规格，20～500g 及 1kg、2.5kg、5kg、25kg 不同包装。其中金菱花、银菱花、菱花特鲜味精专供超市、连锁店，大晶、中晶两种规格，400 、1000g 两种包装。

Linghua M.S.G. is the seasoning produced by the representative gourmet powder producer in China.It's the perfect combination of high-quality food and the advanced biological technology. With its excellent quality of purity and naturalness ,it has gained the welcome of large consumers in the market. In 1992,linghua M.S.G. won the gold medal on the 1992 Chile International Expro. In 1993,Linghua M.S.G. won the gold medal of Asia-Pacific International Expro and was appointed the monopoly product for banquet use in the Great Hall of the People's Congress. In 1999,it obtained the ISO 9002 certification .In 2000,Linghua brand was recognized the famous brand in China. In 2002,it gained the ISO 9001:2000 and Linghua M.S.G. was evaluated the famous product in China. In 2003,Linghua Group has passed the review and verification at Grade A Level of Green Food Standards and is authorized to use Green Food Label. At the same time, it got the certification of Kosher and Halal. Its main products include the three series of Linghua,Little Chief,Xianqi and five specification of big crystal, medium crystal, small crystal, fine crystal and powder crystal, among which Golden Linghua and Silver Linghua mainly supply to supermarket and multiple shop,including two specification of big crystal and medium crystal, and two packages of 400g and 1000g.

# 福建才子集团有限公司
# 才子牌衬衫

福建才子集团有限公司创建于1988年(前身为莆田县衬衫厂)，位于素有“文献名邦”之称的福建莆田，其总部“中国才子服装城”座落于湄洲湾北岸——莆田市东海镇。注册资金5000万元，占地面积6.8万平方米，资产总额3亿元，在册员工2816人，拥有各类技术人员252人。年销售额超6亿元，生产“才子”牌男装系列产品，年生产能力达600万件(套)以上。才子衬衫在全国衬衫行业中名列第三，自1995年开始，才子以其优势荣跻全国服装百强之列。“才子”品牌入选中国五百最具价值品牌，“才子”商标是全国服装行业的驰名商标，在国内享有盛誉。

公司历经二十年艰苦创业，至今已发展成为跨地区、多层次、多功能、多元化经营的经济实体，是集工业、商贸、文化娱乐，服务于一体的企业集团。2003年在莆田市荔园工业区首期投资1亿元，征地308亩，建设才子服饰高科技工业园区，开辟新的发展蓝图。

在商海中搏击、奋进的才子人在无数的荣誉面前，继续秉承“追求不止、惟有才子”的经营理念，以创新的精神、务实的作风，不断拼搏进取，在竞争中不断自我完善，在发展中不断自我提升，实施“强才子、强发展、强管理”的品牌战略，不断改革产品、行销、管理大领域，创名牌、争驰名，提高企业整体形象。才子将以规模宏大、功能齐全、设施配套、资金雄厚、管理规范、质量可靠而跃居全国同行前列。

Fujian Tries Group Co.,LTD was found in 1988,which lies on Fujian Putian. The headquarters lies on Donghai town Putian, the North coast of Meizhou Bay. It covers an area of 67000 square meters. With the registered capital of 50 million yuan and fixed assets of 300 million yuan, it has annual output of 600 million yuan. Tries Group has total staff members of 2816 and 252 works for many kinds of technicians. The product with Tries Brand for Man's Garments and yearly production capability of 600 million pieces. The tries shirt is the third of the whole shirts production industry in Country. Tries Group is one of the rank &file of the Hundred Strong enterprises and the Tries Brand is one of the 500 Best valuable Brand in China.

With the 20 years hardworking, Tries Group became with the combination of industry, business entertainment and service trades. In 2003, it investing 100 million in the area of 301 itches to liyuan industry of Putian to develop the Company.

Struggling in the business circle, the enterprising staff of Tries Group never rest on their laurels .The Group consider “China's Tries will never stop seeking” as its management idea, achieving improvement during its development. Giving full play to its advantages, Tries Group will maintain the leading position among their competitors for its large scale, complete function; abundant funds standardize management and steady quality.

# 宁波太平鸟投资集团有限公司
## 太平鸟牌衬衫

PEACEBIRD
太平鸟

宁波太平鸟集团是以时尚休闲服饰的研究、设计、制造和营销为主业，兼营投资拓展、进出口贸易、医疗保健、印务包装物流、市场等综合性企业集团。公司创业开始于1989年，太平鸟品牌创立于1995年，集团正式成立于1997年。目前集团形成了以投资、控股、拓展为龙头，以时尚休闲产业为目标，以太平鸟品牌为旗帜，以时尚休闲服饰为主体，以实业为基础的休闲产业为多元拓展领域的多元化发展专业化经营的现代企业集团，集团核心企业为投资、控股中心——宁波太平鸟投资集团有限公司，旗下控股和全资企业及机构有：宁波太平鸟股份有限公司、宁波太平鸟时尚女装有限公司、宁波同和医院、宁波盛邦服装制造有限公司、宁波太平鸟进出口有限公司、宁波大江印务有限公司、宁波时尚科技投资有限公司，宁波鑫源不锈钢物流中心有限公司、宜昌太平鸟集团公司和宜昌太平鸟品牌基地，以及宁波东方时尚中心（筹），宁波东钱湖国际健康中心（筹），中国服装设计研究中心休闲服分中心设置在本公司。集团目前总资产超6亿元人民币，净资产近3亿元人民币，员工1500名左右，2003年，集团销售收入10.26亿元人民币，利税总额1.1亿元人民币，自营出口额8000万美元。

Ningbo Peace Bird Group is a comprehensive enterprise group that engages in the research,designing.styling and marketing of the fashionable casual garments as its main business,but concorrently engages also in investment,exploration and import/export trade, medical health-keeping,printing/packing/logistics service and marketing,etc..The group commenced its enterprise in 1989,while the PEACEBIRD brandname was created in 1995,and the group was formally established in 1997.Today the group has grown into an enterprise group of modern times with the investing,share holding and exploring as her leading activities,with the voguish and casual products industry as its goal of business,with the PEACEBIRD brandname as her flag of command,with the fashionable and casual garments as the mainstay and with the multiplicate-sector exploration based on the industrial undertakings for a multiplicate business operation.The backbone enterprise of the group is the investing and share-holding center-Ningbo Peace Bird Investment Group Co., Ltd.,under which there are enterprises and organizations,prevailingly or wholly invested by the former,including Ningbo Peace Bird Co.,Ltd.,Ningbo Peace Bird Fashionable Women's Garment Co., Ltd.,Ningbo Tonghe Hospital,Ningbo Shengbang Garment Co.,Ltd., Ningbo Peace Bird Import & Export Co.,Ltd.,Ningbo Dajiang Printing Co.,Ltd.,Ningbo Voguish Sci & Tech Investment Co.,Ltd.,Ningbo Xinyuan Stainless Steel Logistics Center Co.,Ltd.,Yichang Peace Bird Co.,Ltd.,Yichang Peace Bird Brandname Base,etc. Besides, Ningbo Orient Voguish Center(in preparation),Ningbo Dongqian Lake International Health Center(in preparation), the Casual Garment Branch under China Garment Design & Research Center have been also established in this group.The gross assets worth of the group today has exceeded RMB600 million yuan,its net assets worth amounts to approx.RMB300 million yuan.Its employees' number accounts for about 1500 persons,In 2003 the group registered RMB1.026 billion yuan of sales income,RMB110,000,000 yuan of the gross profit and tax-payment and USD 80 million of the self-export volume.

# 上海开开实业股份有限公司
## 开开牌衬衫

衬衫

上海开开实业股份有限公司前身是建于1936年的开开百货商店，当时是一家自产自销衬衫、羊毛衫的“前店后工场”式的商店，经过数十年的变革与成长，特别是改革开放以来，取得了快速的发展。1987年成立开开百货公司，1992年改制为定向募集股份有限公司，1996年经国务院证券委员会批准，公司向社会公众发行8000万股外资股，成为国内一家具有境外上市外资股（B股）资格的从事制衣业的国有控股公司。2001年经中国证监委和上海市证券管理办公室核准，公司又向社会公众增发4500万股人民币普通股（A股），成为既有B股，又有A股的以服装业为主的上市公司。

2001年以来，随着市场经济的深入发展，通过一系列资本运作，公司已从服装制衣业为主发展到医药业、百货业、外贸和出口加工业、房产业，成为跨地区、跨行业、多种经营、投资多元化的集生产、批发、零售于一体的大型产业企业。2003年公司总资产规模达20.8亿元，净资产8.69亿元，与1987年的20万元净资产相比，整整翻了四千多倍。2003年公司主营业务收入达21.8亿元，利润总额达4477万元。

Shanghai kai kai Industrial Co.,Ltd is one of the Ten-Top Garment Companies in China, and be honored as “Competitive Company in China Garment Industry”. The company is the first ajoint stock company of foreign capital list in Chinese Rag Trade.

The shirts with “kai kai” Brand won the title of “the famous brand production in shanghai” for nine years, and the company becomes one of the Hundred-Top enterprises with famous production in shanghai..The shirts with “kai kai” Brand won the title of “China Top Brand” first in China, and the tittle of “Shanghai Quality-Top Enterprises”. Other “kai kai” brand is assessed as the “Chinese Farfamed Brand” by the ChineseGeneral Industry and Commercial Committee.

“Kai Kai”brand shirts, paying attention to the consumers feeling, are chosen to use the top-grade quality fabric with lustrous in color, supple, light, comfortable to wear from the native market and foreign market. With many exciting colours, up to date styles with European designs, coupled with the super workmanship the products meet the different requirements.

The products have extend from shirts and sweater to western style clothing, knitted underwear, sportswear, T-shirt, neckties, etc. so as to form a clothing series of the “kai kai” brand. Because of the most advanced technology and the top-grade quality, the products are warmly welcome by consumers. The sales network of the Company covers all over the country, and among products of their kinds the performance in sales has ranked first in Shanghai market, ranked second in the whole market of China. The Products of the Company are sole as USA, Japan, Australian, Spain, Russia and Hong Kong, etc.

# 红豆集团有限公司
# 红豆牌衬衫

HONGDOU

红豆集团位于江苏省无锡市港下镇，是江苏省重点企业集团，拥有九家子公司，其中一家为上市公司，八十五家三级企业及美国纽约、洛杉矶两个分公司，员工20000余名，产品涉及服装、橡胶、机械、地产、生态农业五大产业。2003年产销达到60.54多亿元，利润5.46亿元。

对于企业来说质量就是生命线,打响一个品牌首先质量要过硬,一个企业想要持续稳定发展,惟有步步为营抓质量。红豆是这样认为也是这样做的，我们参照国外制衣业和国内行业部门的质量管理标准和细则，制定了一整套严密的质量管理体系和标准化管理制度。一件小小的衬衫要经过复杂的工序，每一道工序的制作要符合近乎苛刻的要求，正是由于这样红豆衬衫的产品质量有了保证。1997年12月，红豆衬衫一次性通过ISO9002质量体系认证；2002年10月，红豆衬衫顺利通过了ISO9001:2000质量体系认证。近年来多次被国家质检总局在国家级行业抽检中评为优等品。

Hongdou group is lie in Gangxia town Wuxi city Jiangsu Province , is a key enterprise group of Jiangsu Province, have nine subsidiaries, one of them is listed company, two branch companies in New York and Los Angeles, 85 tertiary enterprises and more than 20000 staff, products involve five major industries , including the clothing , rubber , machinery , real estate , ecological agriculture. Sales amount were up to more than 6,054 million yuan in 2003, the profit is 546 million yuan.

For an enterprise, quality is life, to create a renounced brand is based first on its reliable quality; and the only way for developing stably for an enterprise is just to keep carefully up the quality. Hong Dou thinks so and does do so. In reference with costume industrial quality control standard and details from home and abroad, we set up a whole series of strict quality control system and standardized management system. It is that each piece of shirt shall be tempered by sophisticated and rigorous processing procedures that ensure the quality of Hong Dou shirt. In December 1997, Hong Dou shirt passed in one stroke the certification of ISO 9002 quality system authentication; in October 2002, Hong Dou shirt passed successfully the certification of ISO9001: 2000 quality system. In recent years, the National Quality Inspection General Bureau evaluates it as fine products repeatedly in multiple times of sampling inspection on the national level.

# 上海杉杉服装有限公司
## 杉杉牌衬衫

FIRS 杉杉衬衣
N A T U R A L

衬衫

杉杉集团，2004年中国最具生命力百强企业，2004国家520家重点建设企业，2000年世界服装业500强企业，中国企业500强，杉杉集团——中国服装业的“梦之队”，是杉杉企业旗下以服装、服饰、纺织品等产业公司为基础构建的国际化时尚产业集团。杉杉企业作为国家520家重点建设企业排行榜中的中国企业巨子，拥有国内服装业第一品牌，五大事业板块，两家上市公司，形成了欣欣向荣的多元化、专业化的产业群落。以中国驰名商标、中国名牌“杉杉”为依托发展壮大起来的杉杉集团，在十五年时间内，以独特的“自信、创新、卓越”的企业文化，汇聚11000余名中外员工，关注全球新经济的发展和新生活秩序的建立，通过不断的创新和变革，迅速成长为中国服装界最具规模、最受瞩目、最高水平的行业领导型集团公司。1998年开始，杉杉集团实施“多品牌、国际化”战略，通过与日本伊藤忠、大东纺织、迪桑特、意大利法拉奥、法国高级时装公会、克里斯汀·拉夸、美国杜邦、卡拉威等国际一流公司和组织合作，以不同风格和定位的品牌服装满足不同层次的消费者，目前杉杉集团旗下运行杉杉、法涵诗男装、玛珂·爱萨尼、瑞诺玛、卡拉威、万星威、Le coq、莎喜、纪诺思、法思迪萨、法涵诗女装、菲荷女装、卡莎迪娅、菲莱、梵尚、意丹奴休闲、贝儿森、小杉哥童装、马基堡、麦斯奇莱、玫瑰黛薇等品牌。

Shanshan Group 100 Most Vital Enterprises in China of520 National Key Enterprises . The World's 500 Most Powerful Manufacturers in the World's Line of Clothing of 2000. Chinese 500 Most Powerful Enterprises。Shanshan Group--- “Team of Dream” in Chinese clothing line. It is an international group of fashion industry founded on the base of clothing, adornment, textile manufactures under the name of it. A great figure on the list of China's 520 enterprises of key projects, it has the Number One Brand in domestic clothing line, five modules of its business, two companies in the stock maket, forming a flourishing tribe of multifaceted and specialized industries. Basing on Chinese famous brand Shanshan, Shanshan Group is growing and flourishing. During the last decade, it has developed its corporate culture of “Confidence, Creation, Exceleence”, engaged more than 11000 domestic and foreign staff, attached great importance to the development of global economy and the establishment of new life regulations. Through constant creation and reform, now it has grown into the most remarkable leading group in Chinese clothing line with largest scale and highest standard. Since 1998, Shanshan Group hs implemented the strategy of “Multi-brands, Internationalization”, Through the cooperation with first-class international companies such as Japanese Yitengzhong、Eastern Textile、Desanta, Italian Falao、the Union of French Top Grade Fashion, ChristineLakua、American DuPont、Karawe,etc. It satisfies its consumers of different classes with branded clothing of different styles and orientations. Nowadays under the name of Shanshan Group the operated brands are Shanshan, Fahanshi men clothing, Make Aisani, Rinome, Karahwe, Wanxingwei, Le coq, Sasi, Genos, Fasidisa, Fahanshi women clothing, Feihe women clothing, kasadiya, Feilai, Fanshang, Yidannu Leisure, Bellson, XiaShange children's clothing, Makinu, Miskilai, Rose Devi, and so on.

# 步森集团有限公司
# 步森牌衬衫

BUSEN®
步森服饰

衬衫

步森，中国驰名品牌之一，专注于男士衬衫、西服、西裤以及茄克衫、T恤衫等服装服饰系列产品的生产和销售。自1984年创建，步森集团持续稳定而快速地发展，奠定了步森服饰在服装领域的主导地位，成为优秀的大众化强势品牌。步森集团拥有十五家分公司和两家海外国际贸易公司，步森的优秀员工队伍达4500名，其网络不仅覆盖中国省级、地级和县级城市，而且遍布北美洲、南美洲、欧洲、亚洲、中东、非洲、大洋洲中的大部分国家和地区，展现了美好的国际市场发展空间。

步森服饰的良好品质，不仅源于德国、意大利、日本等国的先进制衣、后整理设备及检验检测仪器，还取决于步森的卓越管理机制。步森服饰是较早通过ISO9001质量管理体系认证、ISO4001环境管理体系认证及绿色纺织品认证的企业。步森服饰的三级质量保障制度确保了步森的品质完全达到甚至超过国家质量检验标准。

步森服饰倡导实用、美观和物超所值的经营理念，在完美的实用主义中尽现青春的价值。

Busen Group, the owner of Busen Brand, one of China Famous Brands, commits itself to the production and sales of men's clothing series, such as shirts, suits, trousers, jackets and T-shirts. Since its establishment in 1984, Busen Group has been maintaining a steady and rapid development and has established Busen clothing as a leading brand in the clothing industry, and Busen has become an excellent popular highly-competitive brand.

With its excellent staff numbering 4,500,Busen Group owns 15 subsidiary companies and 2 overseas-based international trading companies. The networks of Busen Group not only have covered most provincial-level, prefecture-level and county-level cities across China but also have spread to most countries and areas all over the world, including North America, South America, Europe, Asia, Mid East, Africa, and Oceania. Busen Group is demonstrating a promising developing space in the international market.

The high quality of Busen Clothing is not only based on the advanced sewing equipment, after-trimming equipment and checking and testing apparatus imported from Germany, Italy and Japan; but also dependent on the superexcellent management system within Busen Group. Busen Group is one of the first enterprises which have been ISO9001, ISO14001 and certified and authorized to use the mark of Green Textile.The three-level quality guarantee system implemented within Busen Group ensures the quality of Busen products fully up to, even superior to, corresponding state standards on quality testing.

Busen clothing embodies the managerial concept characterized by practicality, beauty and worthiness. The value of youthfulness will find full expression in perfect practicality embodied in Busen clothing!

# 北京绅士服装有限公司
## 绅士牌衬衫

北京绅士服装有限公司是2000年12月由始创于1982年的北京绅士衬衫厂改制后成立的股份制企业。公司总部位于北京市海淀区高科技园区内，占地面积25000平方米，共有员工1200多人。是集设计、生产、销售于一体，拥有衬衫、西服、领带、羊绒衫、茄克、T恤等系列产品的集团化服装企业。现有成员企业：北京富雷姆制衣有限公司、北京绅士服饰制作有限公司、北京酷绅服装有限公司、绅士包装厂、绅士汽车修理厂等七家。生产基地：北京狂飙服装厂、天津宁河服装厂、长城衬衫厂、辛营服装厂等十余家。由德国、日本、美国引进的先进的生产设备1000余台，年产优质成衣350万件（套）。绅士服装全国各地经销商47家，销售专柜200余家，出口英国、美国、日本和东南亚等国家、地区，被铁路、公安、航空、航天、电信、银行等大型企事业确定为服装定点生产企业，年销售收入2.5958亿元，利税总额1154万元。

Beijing Shenshi Garment Company Limited is a joint stock enterprise founded in December 2000 through restructuring of Beijing Shenshi Shirt Factory, which was established in 1982. Headquartered in Beiijing Haidian High-Science & tech Park, the company has a floor space of 25,000 sq.m. and over 1,200 employees. Now the member enterprises include: Beijing Fuleimu Garment Company Limited, Beijing Shenshi Garment Fabrication Company Limited, Beijing Kushen Garment Company Limited, Shenshi Packaging Factory and Shenshi Garage. It has over ten production bases, including Beijing Kuangbiao Garment Factory, Tianjin Ninghe Garment Factory, Greatwall Shirt Factory and Xinying Garment Factory. As a group garment enterprise with the comprehensive capability of design, production and sales and series products of shirts, western-style suits, neckties, cashmere sweater, jackets and T-shirts, the company fabricates 3.5 million high-quality ready-made clothes each year with over 1,000 production facilities imported from Germany, Japan and US. The company has 47 distributors throughout the country and its products are exported to UK, US, Japan and Southeast Asia. The company is specified as dedicated production enterprise for railway, public security, aviation, spaceflight, telecom and bank, producing an annual sales revenue of RMB 259.58 million and profit and tax of RMB 11.54 million.

# 罗蒙集团股份有限公司
## 罗蒙牌衬衫

罗蒙集团始创于1984年，是一家以设计、生产和销售中高档西服、衬衫及系列服饰的现代化大型股份制企业集团。现有高素质员工万余名，固定资产10亿元。集团下属10家核心企业，5家海外办事机构，160家全国销售分公司，并通过先进的ERP管理体系运作，罗蒙集团建立了国内最大规模，最规范的销售网络。2003年销售西服、衬衫600万套(件)，其中罗蒙衬衫售量355万件，实现销售3.5亿元。同时公司还积极拓展国际市场，产品销往美国、德国、意大利、日本等20多个国家和地区。2003年罗蒙集团实现销售18.26亿元，利税2.55亿元，出口交货值2.8亿元，是中国服装行业销售利润“双百强”企业，罗蒙品牌为中国驰名商标，中国名牌产品，罗蒙衬衫、西服获国家质量免检。

Founded in 1984, ROMON Group Co. Ltd is a modern large-scaled stock group aiming at the design , manufacture and sale of medium and top grade business suits, shirts and a series of apparel, enjoying qualified staff and workers of about ten thousand and total assets of one billion yuan RMB. The group consists of 10 leading enterprises, 5 overseas offices, 160 sale branches throughout the country, boasting an operation under an advanced ERP management system.. It has already established a sale net of the largest scale and the best standard in China. In 2003 , including 355 million ROMON shirts, it sold 600 million suits and shirts, a sale of RMB 350 million yuan. Meanwhile, products are promoted on international markets, being sold to over 20 countries and areas like America, Germany, Italy and Japan, gaining a sale profit of RMB 1.826 billion yuan, a profit tax of 255 million yuan and an export delivery value of 280 million yuan. It is awarded as the best of enterprises for its sale profits with the most famous brand ROMON and the products, which are examination-exempt.

# 江苏虎豹集团有限公司
# 虎豹牌衬衫

HUBAO®

崛起于长江之滨的虎豹集团，是近年来中国服装行业的个中翘楚，是中国民族工业的一个成功的典范，其飙进的发展势头，在国内服饰市场犹如一股强劲的旋风，短短几年间获得诸多风光的殊荣。

从名不见经传的乡镇小厂到名闻遐迩的大型服装企业集团，从“江苏名牌”到“中国名牌”，从“江苏省著名商标”到“中国驰名商标”，从“江苏省明星企业”到“中国服装行业十强企业、优势企业”，从拥有自营进出口权到拥有名牌出口商品，虎豹人创造了中国服装史上一个又一个奇迹。时至今日，虎豹集团已拥有总资产7亿元，员工3600多人，占地近30万平方米，年产衬衫1000多万件，西服120多万件/套，西裤100多万条，茄克300多万件，针织服装200多万件，成为中国服装业的一颗璀璨明星。2003年，虎豹集团实现销售18.2亿元，实现利税3.45亿元。

HUBAO Group, raised in the bank of Yangtze River, is an outstanding enterprise in China's clothing industry and a successful model of China's national industry in recent years. Its rapid development likes a powerful whirlwind in the domestic clothing market and it has won special honors within a few years.

From a little unknown factory of township to a large-scale famous group enterprise, from a famous brand of Jiangsu Province, to a famous brand of China, from a famous trade mark of Jiangsu Province to a famous trade mark of China, from a star enterprise of Jiangsu Province to the Ten Strongest Enterprises of Clothing Industry of China, the people of HUBAO have created one and another miracles in the Chinese history of clothing industry. Till now, HUBAO Group has total assets of 700 million RMB, more than 3600 staff, covers an area of approx. 300,000 square meters, with an annual capacity of 10 million shirts, 1.2 million western-style clothes, over one million western-style trousers, 3 million jackets and 2 million knitted dresses, and has become a dazzling star in Chinese clothing industry. HUBAO Group realized sales of 1820 million RMB, and realized profits and tax of 345 million RMB in 2003.

# 河北鸣鹿服装集团公司
# 鸣鹿牌衬衫

鸣鹿 MINGLU

河北鸣鹿服装集团公司（原名石家庄市新华服装厂）始建于1951年，经过53年的建设与发展，目前拥有总资产32769万元，其中固定资产17089万元。拥有各种优良专用生产设备2000多台（套），其中包括国际领先水平的日本高速平缝机、立体整烫设备、全自动电脑裁床、拉布机、验布机、多点喷淋机等。年产各类服装500多万件，总产值51145万元。1983年国家外经贸部授予“出口服装品质优良”荣誉证书，1987年荣获河北省优秀企业称号，1988年10月企业获得自营进出口经营权，1992年被国家评为大型二类服装企业，2003年荣获国家工商行政管理局授予“重合同，守信用”企业称号，并连续十三年保持河北省“重合同，守信用”称号。本企业在河北省服装行业中率先通过了ISO9002质量体系认证。“鸣鹿”牌商标是河北省著名商标。“鸣鹿”牌全棉防皱衬衫为河北省重点名牌产品。2004年被评为中国名牌产品。

集团公司董事长、总经理吴砚田为九届全国人大代表，荣获“全国劳动模范”、全国“五一”劳动奖章获得者、“全国模范军队转业干部”等国家和省级光荣称号30多个。

Hebei MingLu Clothing Group Company (also SHIJIAZHUANG MUNICIPAL XINHUA GARMENTS FACTORY ) was founded in 1951 , After 53 years of construction and development , it owns 327 million yuan assets right now , including 171 million yuan fixed assets . Hebei MingLu Clothing Group Comany has 2000 sets of advanced production equipments , including world-level high frequency sewing machines imported from Japan , Iron equipments according to the human body , Auto computer cutting machine , spreading and shrinking machine , cloth inspection machine , high class sprayer machine and large curing oven and so on . It can produce 5 million clothing of all kinds garments which valued 511 million yuan . In 1983 , it was awarded “High Quality for Export Garments ” Certification by Economic & Foreign Trade Committee of China . In 1987 , It was certified as provincial-class advanced enterprise . On Oct. 1st 1988 , It owns the authority to import and export directly . In 1992 , It became a state-large-two enterprise . In 2003 , It was awarded “Conform to Contract , trustable enterprise ” by State Industry Commerce & Administration Bureau and kept this title for 13 years . It was first implemented ISO 9002 Standard Quality System Certification in Provincial garments industries .“Minglu” is provincial famous brand . Our “Minglu” brand pure cotton wrinkle-free shirts are TOP BRAND in HeBei Province . In 2004 It was awarded “ China Top Brand ”

The Chairman of the board and the general manager of Hebei MingLu Clothing Group Company Mr. Wu YanTian is deputy of the 9th National People`s Congress , winner of May`s Labor medal , State model worker , Advanced state armyman transferred to civilian work and others more than 30 provincial and state titles .

# 宁波洛兹集团有限公司
## 洛兹牌衬衫

洛兹
Rouse

洛兹集团是国内服装界具有较大规模和影响力的现代化股份制民营企业之一，拥有实业、制衣、国贸、科翔、置业等子公司10余家，集系列服装设计、开发、生产、销售和外贸经营于一体，同时涉足经营高科技产业和房地产业。公司连年跻身全国销售、利税双百强服装企业行列，名列2003年全国服装行业"产品销售收入"百强企业第13名，洛兹衬衫在2001年荣获中国名牌产品称号，市场占有率连年稳居全国前二位。"洛兹"系列服饰遍销全国辐射海外，企业形象良好、品牌信誉卓越。2003年集团实现销售总额13.3亿元人民币，公司总资产达7亿元。

集团坚持"科技先导"的生产理念，生产设备精良。按照国际一流标准，投巨资引进德国、意大利、日本的先进设备，组织成性能优异的高级西服及各类服饰生产流水线。目前具有年产衬衫1200万件，西服80万套和其他服饰1600万件（套）的能力。严格贯彻ISO9001：2000质量管理体系，确保产品的一流品质。

With the features of having large scale and great influence on producing clothes in domestic market, Rouse Group is organized under the mode of modernized joint-stock enterprise, which has more than 10 subsidiaries that operate industry, clothing, trading, KEXIANG and etc. respectively. The group has the ability of designing serial style garment, making development, production, marketing and foreign trade; meanwhile it sets food in doing hi-tech products, and real estate. The amount of its sales value, profit and contributed tax has been listed in the rank of "double hundred strong garment enterprise" every single year and the thirteen among "the one hundred garment giants of the whole nation"in 2003.ROUSE SHIRT has been awarded the title of China Famous Brand Product in 2001. The market share has been stably listed as No. 2 for the years running. "ROUSE" serial dress and personal adornment are popular all over the country with the radiation to the overseas countries. It has sound enterprise image and outstanding brand reputation. In 2003 its gross sales exceeded 1.33 billion RMB. Its total assets reach to 0.7 billion RMB.

Its production philosophy is "technology first" while equipped with sophisticated apparatus. On the purpose of staying in line with world first-class standard, it has invested a huge amount of fund to introduce the advanced equipment from Germany, Italy and Japan, which makes up an advanced assembly line for producing higher quality and top grade suits as well as other various clothes. At present it annually produces 12million shorts, 800,000 Western-style suits, 16 million PCS of other dress and personal adornments, while strictly carrying out the quality management system of ISO9001:2000 to ensure all its products made in super quality.

# 上海海螺服饰有限公司
# 海螺牌衬衫

上海海螺服饰有限公司是专业生产各类服装的品牌企业。现有全资、控股、参股企业10余家，2000名职工，企业总资产6.6亿元。1997年7月以上海第二衬衫厂为母体，进行资产重组，优势扩张，改制更名为上海海螺(集团)有限公司。1998年5月，在上海纺织资产重组中，海螺服饰公司以优质资产进入龙头公司。为发展“海螺”品牌，2000年10月经国家工商局商标局批准，上海海螺服饰有限公司受让“海螺”商标。2002年，明确海螺集团由海螺服饰托管。在“海螺”品牌运行上，上海海螺服饰有限公司与上海海螺（集团）有限公司实行一体化策划和操作的企业经营模式。在2001年中国名牌评选时，以上海海螺（集团）有限公司申报。今年评选，应以上海海螺服饰有限公司申报。企业的一些荣誉和资料有些仍是上海海螺（集团）有限公司的。但是，品牌经营和运行的实质是没有矛盾的。

海螺服饰主要生产和经销海螺衬衫等。2003年产量686.4万件（套），年销售额6.706亿元，外贸创汇2054万美元。全国衬衫销售排名第三位，全国商业统计市场销售份额占有率6.6%。

Shanghai Conch Apparel Ltd. Company is a professional garment manufacturer. It holds more than ten subsidiary companies and has over 2,000 employees at present. The total capital is 660 million RMB.

Conch Apparel specializes in manufacturing and distributing shirts. In 2003, the produce capacity was 6.864 million pcs, the value of sales was 670.6 million RMB, the foreign exchange was 20.54 USD. “Conch” is the third best selling in shirts in China. It occupied 6.6% of its field through the country.

Establishing “Conch” brand and making it well-known. It has been awarded a lot of honors and medals such as Shanghai Famous Brand, Chinese Top Brand and Golden Medal of Quality etc. Conch brand has become widely known in China.

Spreading distribution network all over the country. 5 subsidiary companies and 18 branch offices were founded to run 1,000 distribution departments and a large number of franchisers through the country.

Abundant experts and human resources make Conch enhancing constantly. There are over 200 experts, such as chief designer Yufeng Zhao, one of the ten outstanding designers in China, being engaged in designing and developing new products.

Innovating Science and Technology to creating new technics. There are more than 200 new products have been exploited every year. Various kinds of products make conch different from others.

# 益鑫泰麻业服装实业有限公司
# 益鑫泰牌衬衫

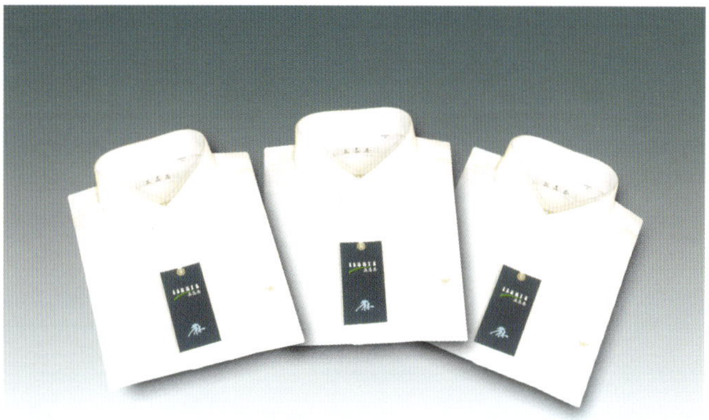

益鑫泰麻业服装实业有限公司创建于1980年，品牌创立1996年初，企业资产总额达6.8亿元，占地千余亩球惟一一家从原麻到纺织、印染、成衣生产的大型全能企业集团，在职员工3500余人，年生产能力面料1200余万米、成衣600余万件，核心企业有益麻厂、纺织印染公司、服装公司。公司以麻类衬衣为主营产品，营销网络覆盖全国40多个大中城市的600多家知名商场，已在60多个国家和地区注册“益鑫泰”商标，在欧洲、美洲、亚洲三大国际市场设立企业分支公司。1998年5月，“益鑫泰”A股股票正式上市发行，成为中国麻纺行业惟一一家上市公司和中国服装行业最大的一支股票。企业先后已通过了ISO9001：1994和ISO9001：2000质量管理体系认证。2001年至2003年，利税总额达7434万元。2003年度，企业实现销售收入3.7亿元，实现利税2267.4万元，创汇764万美元。

HUNAN ISUNTE RAMIE GARMENT INDUSTRIAL CO., LTD. is so far the only large scale enterprise with whole capacity which integrates raw material processing, weaving, dyeing and printing, and garment-making with area about 1000 mu,assets RMB 680 million, workers about 3000 and annual production ability of fabrics 12 million meters and garments 6 million pieces. It was formerly HUNAN YIYANG RAMIE TEXTILE PRINTING AND DYEING FACTORY which established in 1980. The brand “ISUNTE” was born in 1996. Its core enterprises are: YiYang Ramie textile mill, printing and dyeing factory and garment company. With ramie shirts as its dominant products, its sales net covers more than 600 stores in 40 big cities. The brand ISUNTE has been registered in more than 60 regions and countries. Several branches were established in European, American and Asian market. In May 1998 ISUNTE was listed in Shanghai Stock Exchange and we issued A-share. So the company became the only listed enterprise in Chinese hemp linen and ramie textile industry and also the largest listed one in Chinese garment field. It has passed ISO9001: 94 and 2000 quality management certification. From 2001 to 2003, the total profit tax reaches RMB74.34 million. In 2003, the sales volume was RMB 370 million, tax of RMB 22.67 million and export value USD 7.64 million.

# 浙江能达利集团有限公司
# 能达利牌衬衫

NENGDALI
能达利

浙江能达利集团是中国服装协会团体会员、中国服装协会常务理事级单位、浙江省服装协会副会长级单位、义乌市服装协会会长单位。

集团公司1995年至2003年连续9年进入中国服装行业"双百强"企业行列，公司年生产衬衫600多万件、西服（西裤）50多万套，茄克50万件、T恤60万件、领带200万条。"能达利"服饰系列在全国市场中享有较高盛誉，在消费者心中有较高的知名度。1999年3月被浙江省政府命名为"三星级"企业，被授予浙江省"五个一批"重点骨干企业、浙江省重点私营企业。能达利商标是浙江省著名商标，能达利服饰是浙江省名牌产品。

"能达利"牌服饰系列产品自1995年至2003年连续9年通过国家服装产品质量监督抽查检验获得优等品；"能达利"牌衬衫2003年12月被国家质监总局认定为国家免检产品；获得第五届中国新技术新产品博览会金奖；被中国轻工总会、中国消费者保护协会、中国保护消费基金会授予"中国消费者信得过名优产品"。集团公司通过ISO9002质量体系认证，为进一步占领国内市场、开拓国际市场取得了可靠的产品质量保证。

"能达利"牌系列服饰畅销全国30个省市自治区，在全国的百余座城市设有销售网点1000多个，能达利专卖店600余家，深受广大消费者的青睐，还远销欧美、中东、东南亚、大洋洲等地。

Zhejiang Nengdali Group is the member of China National Garment Association.It is confered the honors such as the Director of China National Garment Association,The Vice chiareman of Zhejiang Province Garment Association, The chairman of Yiwu City Garment Association.

The group entered the China garment of "Double top 100 enterprices". The year-procucing ability is 6 million pcs shirts,0.5 million pcs trousers,0.5 million jackets, 0.6 million pcs T-shirts, 2 million pcs neck-ties."Nengdali"Garment series have gained high reputation in Chinese market & high rekown by consumers.

The group is conferred "Three Star Enterprise" & "Emphasis Enterprise","Emphasis Erivate Enterprise" by Zhejiang province government.

"Nengdali" trade-mark is the famous trade-mark in Zhejiang Provnice. The "Nengdali" garment is the famous products in Zhejiang Province. The"Nengdali"brand garment series have gained the superior products by CQI China, gained the Golden-award of 5th Chinese New technology & New products exhibition fair, gained "The trusted superior products" by China consumers Association & China National Light Industry.

The group passed the ISO9002 successfully and got the reliable products quality protection for occupying the domestic market & exploiting the international market.

# 浙江高邦服饰集团有限公司
## KOBRON 牌衬衫

KOBRON.

衬衫

浙江高邦服饰集团有限公司创建于1996年，是以经营休闲服饰为主，兼营百货连锁、仓储贸易、房地产业的民营企业。集团现有员工1500多名，拥有南部、西部、东部、北部四大区域公司、两大生产公司和一个设计中心。公司以自营和特许加盟为主要经营方式，目前已在全国设立了近500家专卖店，拥有完整的特许营销网络和物流配送系统。

本着“高质建业、名牌兴邦”的企业理念，高邦集团全面实施名牌战略。作为我国最早一批从西方引进“虚拟经营”模式的企业之一，高邦主抓品牌经营和营销网络建设，走品牌连锁经营的发展道路。2003年销售额达5.813亿元，预计2004年全系统销售额将会有新的突破。

管理上，高邦积极创新、优化企业管理质量，不断完善现代企业管理制度。集团现已通过ISO9001：2000国际质量体系认证，实现电子商务信息网络化.集团总部建立培训基地，定期对员工和加盟商进行培训，并在全国民营企业中率先引入“双推双考”，实施激励机制，使优秀人才脱颖而出，增强企业活力。

Zhejiang Koborn Garment Group Co., Ltd. Was established in 1996. Is is a civil-operation enterprise dealing with casual garment mainly, meanwhile it is involved in general merchandise chain , storage trade , real estate. Now this enterprise owns more than 1500 enployees four area enterprises in south、west、east and north of China ,two big production companies as well as a design center. Self-operation and licensed league are main operation modes. At present almost 500 monopolization stores with integral licensed marketing network and goods distributing and providing system are set up all across the country.

n light of the idea of high quality and name brand are the base of company , Koborn group actualizes all the name brand strategies roundly. As a pioneer introducing dummy operation mode from western world in out country , Kobron group emphasizes on the establishing name brand operation and marketing networks, also the line of brand chain operation is taken to develop the group. In 2003,the annual sales amounts to 600 million Yuan approximately, and it is anticipated that in 2004 the total sales of the whole system will open a new record.

In terms of management, Koborn group innovates actively, improves the quality of management and consummates the modern management The ISO9001:2000, and has actualize obtaining e-business information through network.. Training base has been founded in the head quarter to train employees and leagued partners . Besides, this group took the lead to introduce recommended and examined twice each year to implement stimulant system, so that outstanding talents can show themselves fully and more ginger will be input to the enterprise.

# 浙江情森制衣有限公司
# 情森牌衬衫

情森服饰

公司创建于1987年，下设衬衫、裤业两个分公司，拥有总资产1.7亿元，员工1877人，厂房面积2.1万平方米，生产设备先进，全部采用日本重机等国际一流先进设备组织生产。公司年产衬衫680万件，西裤400万条，休闲裤300万条，西服50万套，产品畅销全国各地，并出口美国、日本、俄罗斯、英国、法国、新加坡、马来西亚等其它国家和地区。去年，衬衫销售额达5.8亿元,利税9145万元,位于全国同行业第八位,产品在全国市场占有率为8 %，企业经济效益和产品销售量排名全国同行业前列，并且凭借情森衬衫可靠的质量和完善的销售服务体系，在国内外市场上供不应求，产品深受客户的青睐。

公司领导层在抓好生产管理、营销管理、组织管理的同时，高瞻远瞩提出“以人为本促发展”的口号，围绕这一思想，开展全员思想政治教育，举办多形式、多层次的质量知识培训和业务技能培训，并以定期和不定期的各类技能竞赛和质量考核，促进和提高员工的业务素质水平，形成一支善打硬仗、善打胜仗的高素质队伍。同时，积极引进人才，用好人才，以事业和感情留住人才，并创造良好的环境发挥其作用，使企业走上一条快速发展之路。

Zhejiang Qingsen Garment Processing Co.,Ltd is Located in “Chinese Famous Product Shirts Town” —— Zhuji City

The compang was established in 1987,which has two branches: shirts and pants. It has total assets for 170 million yuan and a staff of 1877 employees with a floor space of 21000 square meters.The company adopts international first-class equipments to organize production which introduced from Japan.Its products are well sold in all over the China,and also export to USA, Japan, Russia, England, France, Singapore, Malaysia, etc other countries and districts. Last year, the total sales of shirts reached 580 millionYuan ,and profit with tax 91.45 millonYuan,It ranks the number 8 in same line.Its products cover 8% in national market,the economic effect and product sales Volume of our enterprise ranks in the forward class, Based on the reliable quality of Qingsen Shirts and sales service system, its products are well sold in domestic and foreign market, and well persued by all the customers.

On one hand, the company's lead manage production well, organize sales, give the bolicy of “based on persons for development”, taking this idea, processes political education, hold various quality knowledge training and business skill training, and also attend skill race and quality checking, improve the quality level. At the same time, actively introduce special persons, keep the good person by enterprise and feelings, and creates good environment, make enterprise go to a fast development road.

# 富绅集团有限公司
# 富绅牌衬衫

Virtue®

衬衫

富绅集团有限公司(原名广东富绅服装有限公司)是国内著名民营服装生产企业，其前身惠州市富绅服装实业有限公司1990年成立于广东省惠州市。富绅公司主营男式服装的生产、销售与开发，是男装衬衫的专业生产厂家，中国服装协会男装专业委员会的副主任委员单位，也是广东省服装协会副会长单位、惠州市服装协会会长单位。富绅公司现有职工人数2000多人，具有日产3万件衬衫的生产能力，公司主要产品为“富绅”牌衬衫及其他“富绅”牌男士系列服装。

富绅公司建立了完善的企业现代化管理制度，把产品质量视为企业的生命，使“富绅”牌衬衫的质量全面达到甚至超过了国家标准，符合国标JISL4117衬衫技术标准，并在国家的历次抽检中荣获“优等品”称号。2000年公司通过ISO9002国际质量保证体系认证；2001年富绅被确认为“全国服装质量过硬十佳品牌”；公司被中国质量万里行活动组委会授予“中国质量万里行活动光荣榜荣誉企业”。2002年，公司被《中国质量万里行》授予“产品质量、服务质量无投诉用户满意品牌”。

Fushen Group of Companies Ltd. is a well-known privately-run garment-making enterprise. Its predecessor, Fushen Garment Industry Co., Ltd., was established in Huizhou, Guangdong in 1990. Founded in 2003, Fushen Group of Companies Ltd. (hereinafter referred to as Fushen Company) majors in the development, production and sale of men's garments and is a professional manufacturer of men's shirts. Fushen Company is concurrently a Vice Chairman of Men's Garments Committee of China Garments Association, a Vice Director of Guangdong Garments Association and Director of Huizhou Garments Association. Presently Fushen Company has a total of more than 2000 employees and has a capacity of producing over 30, 000 shirts daily. The major products of the company are“Virtue” shirts and other “Virtue” men's garments.

Fushen Company has established a modern enterprise management system. The company has always viewed product quality as the life of the enterprise so that the quality of its “Virtue” shirt has reached and even exceeded the national standard. The “Virtue” shirt complies with the national standard JISL4117 and has won the title of “Best Quality” in each of the nation's spot checks. In 2000, the company obtained the certification of ISO9002. In 2001, “Virtue” was confirmed as “One of the Nation's 10 Best Quality Garment Brands”and the company was honored as an“Enterprise in the Honor Board of the Quality Checking Activity All Over China” by the Quality Checking Activity All Over China Committee. In 2002, the company was honored as a“Satisfying Brand with No Complaint in Product Quality or Service Quality” by the Quality Checking Activity All Over China Committee.

# 江苏琴曼集团有限公司
# 琴曼牌衬衫

QINMAN 琴曼®

座落于古城扬州西部新区中心的江苏琴曼集团有限公司（2004年4月因企业改制由“江苏琴曼集团公司”更名而来）是国家著名服装企业，专业生产衬衫、西服、西裤、休闲服、茄克、内衣、T恤、羽绒服等系列服饰。经过十多年的努力，已在全国人民面前成功展示出一个民族品牌的新形象。

服装就是一种品位、一种时尚、一种文化现象，这是琴曼人从十多年的市场竞争中总结出的企业理念。基于这样的理念，琴曼集团从22万元集资款起家的乡镇小厂发展成闻名遐尔的著名服装企业集团，从只求做出产品卖得出去到衬衫成为国家免检产品，从引进ISO9001国际质量管理体系（强调做好产品）到导入ISO14001国际环境管理体系（逐渐认识到企业的社会责任和必须实施可持续发展战略）；从做产品（市场服装、行业服装、外贸服装）到做品牌（立足衬衫、跳出衬衫，立足品牌、经营品牌）再到谈规模（跳出衬衫谈服装、跳出服装谈品牌、跳出品牌谈规模）。琴曼在风雨和砺炼中不断成长、不断壮大。现如今，琴曼集团已拥有总资产2.58亿元，员工近2000名，占地面积12万多平方米，年产衬衫300多万件，西服40万件套，西裤50万条，成为中国服装业一颗耀眼的明星。

Located in the centre of the west economic development zone of Yangzhou, Jiangsu Qinman Group Co., Ltd (original name: Jiangsu Qinman Group) is a famous clothing enterprise that specializes in clothing production including shirts, western-style suits, pants, casual clothes, jackets, underwear, T-shirts etc. Through ten years' efforts, Qinman Group has successfully set up a new national brand.

“Clothing represents a kind of taste, vogue as well as cultural phenomenon.” This is Qinman people's enterprise concept drawn from ten years' experience of market competition. By virtue of this concept, the company has developed from a township enterprise with a starting capital of 220,000 yuan to a well-known clothing group, whose shirts are inspection-free products of nation. The company has developed from bringing in the ISO9001 international quality system (stressing the quality of products) to adopting the ISO14001 international environmental management system (stressing the social responsibility of an enterprise and the sustainable development strategy), from manufacturing products to setting up famous brand and then to carrying out scaled management. “Qinman” has been growing stronger and stronger by overcoming hardships in the course of development. For the time being, Qinman Group has total assets of 258 million yuan, with a staff of 2000 and an area over 120,000 square metres, annually producing 3,000,000 shirts, 400,000 western-style suits, 500,000 western-style pants. “Qinman” has become a dazzling star of Chinese clothing industry.

# 雅戈尔集团股份有限公司
## 雅戈尔牌衬衫

YOUNGOR
雅戈尔
youngor
雅戈尔

创建于1979年的雅戈尔集团是以纺织服装为主业，房地产开发、国际贸易为两翼的大型企业集团。2003年集团共完成销售101.19亿元，实现利润6.58亿元，出口创汇5.2亿美元，连续三年位居中国服装行业销售和利润双百强企业第一名，集团现拥有净资产36亿元，员工20000余人，旗下的雅戈尔集团股份有限公司为上市公司。

衬衫是雅戈尔服饰的主导产品之一，公司引进开发的雅戈尔“HP棉免熨衬衫”和“VP棉免熨衬衫”，先后被评定为国家级产品和“国家级重点新产品”。

1994年，雅戈尔衬衫被评为全国衬衫十大名牌第一名，并连续七年(1997-2003年)获市场综合占有率第一位。2001年9月，雅戈尔衬衫被国家质量监督局、中国名牌战略推进委员会评选为首批衬衣类“中国名牌产品”。

“创国际品牌，铸百年企业”是雅戈尔的发展目标。雅戈尔在全国设立了150余家分公司，开设了400余家自营专卖店，2000多个商业网点，形成了强大的销售能力，并加快以信息技术提升营销网络。雅戈尔集团还积极拓展国际市场，目前雅戈尔服饰产品远销六十多个国家和地区。

Incorporated in 1979, Youngor Group has established its business mainly in garment production and accompanied by real estate development & international trade. In 2003, sales revenue of the Group has been 10.119 billion Yuan, and 0.658 billion Yuan as the profit and 0.52 billion USD as the foreign currency earned. Therefore, the Group has certainly become the leading enterprise in Chinese garment-making industry. Moreover, it has ranked the first position among Top 100 Enterprises respectively in sales revenue and in profits in Chinese garment-making industry continuously for 3 years. Now, the Group has a net asset of 3.6 billion Yuan and a workforce of 20, 000. Youngor Group Co.,Ltd., a branch of Youngor Group, is a listed company.

The shirt is one of main products of Youngor."HP cotton noniron shirt" and "VP cotton noniron shirt" developed by the company have been awarded as "state-level new products" and "state-level special & new products" successively.

In 1994, Youngor shirt was recommended as No. 1 among Top 10 shirt brands in China, and held largest comprehensive market shares continuously for 7 years from 1997-2003. In Sep. 2001, Youngor shirt ranked "The National Famous Trademark" of the industry awarded by State Quality Supervision Bureau and Chinese Top Brand Development Committee.

# 鲁泰纺织股份有限公司
# 鲁泰格蕾芬牌衬衫

LT·GRFF

世界上较有影响的高档色织面料生产厂家之一，A、B股上市公司，公司产品为纱线、色织面料、衬衫，拥有品牌“鲁泰格蕾芬”面料为中国出口名牌、国家免检、山东省著名商标、山东名牌，“鲁泰格蕾芬”衬衫为中国名牌、山东名牌。

通过ISO9000质量管理体系认证，通过ISO14000环境管理体系认证，通过OHSAS18000职业健康安全管理体系认证，通过欧洲环保纺织品OEKO-TEX STANDARD100认证。

LuThai is one of infiuential advanced yarn-dyed fabric companies in the word.A shares and B shares issued company. Products:Yarn,Thread ,Yarn dyed fabrics,Shirts.“LUTHAI GRIFFN” is a famous brand of Shandong province.“LUTHAI GRIFFN”Yarn dyed fabrics is China exports the famous brand, the product quality country is exempt from inspection. “LUTHAI GRIFFN” shirt brand “LT GRF” is China's famous brand .

ISO9000 Quality Administrative System.ISO14000 Environment Administrative System.OHSAS18000 Occupationhealth Safety Administrative System.Europe environmentai protection fabric OEKO-TEX STANDARD100.

中国 名牌

# CHINA TOP BRAND PRODUCTS YEARBOOK

中 国 名 牌 产 品 年 鉴

# 第五部分

# 中国名牌年鉴大事记

# 2004年中国名牌产品企业联系名录

## 1 大米

东南香（E-SFragrance）牌大米

**莆田市东南香米业发展有限公司**

地址：福建省莆田市涵江区国欢东路269号
电话：0594-3290303
（总机）3294889 3296888
销售热线：0594-3296888
传真：0594-3298919
邮编：351111
http：//www.dnantion.com
E-mail：Ptdxn@163.com

五常牌大米

**黑龙江省五常市绿风优质米开发（集团）有限公司**

董事长：任占东
手机：13329512999
联系人：赵风恒
手机：13329305399
总部地址：五常市物资路68号
车间地址：五常市文化路2号
邮编：150200
电话：0451-53584096
传真：0451-55807956
http：//www.lvfengjituan. com
E-mail：lsspbgs@mail.china.com
开 户 行：中国银行黑龙江省五常市支行
帐号：254602825908091001

北大荒牌大米

**黑龙江省北大荒米业有限公司**

地址：黑龙江省哈尔滨市南岗区赣水路28号
邮编：150036
电话：0451-82281406 82281407
82281977 82281877
传真：0451-82362205
http：//www.china-bdh.com
E-mail：bdhmy@0451.com

玉珠牌大米

**江西省樟树粮油公司**

地址：江西省樟树市药都北大道15号
邮编：331201
电话：0795-7349213
传真：0795-7349257
http：//www.jxzsly.com
E-mail：jxzss@sohu.com

金佳牌大米

**江西金佳谷物股份有限公司**

地址：江西省南昌市省政府大院南一路5号
邮编：330046
电话：0791-6285601 6295777
传真：0791-6280992
http：//www.jxjinjia.com
E-mail：jxjinjia@jxjinjia.com

金健牌大米

**湖南金健米业股份有限公司**

地址：湖南常德德山经济科技开发区崇德路
邮编：415001
电话：0736-7308619 7308661
传真：0736-7308693 7308666
http：//www.600127.cn
E-mail：wbqxx@sohu.com

梧桐牌大米

**黑龙江泰丰粮油食品有限公司**

地址：黑龙江省鹤岗市东山区国防路8号
邮编：154107
电话：0468-3569777
传真：0468-3564869
E-mail：taifeng1688@yahoo.com.cn

## 2 小麦粉

五得利牌小麦粉

**河北五得利面粉集团有限公司**

地址：河北省大名县城东环路西侧
邮编：056900
电话：0310-6592569
传真：0310-6590266
http：//www.hbwudeli.com.cn
E-mail：hbwudeli@sina.com
danzhiguo@china.com

天山牌小麦粉

**新疆天山面粉（集团）有限责任公司**

地址：新疆昌吉市健康西路27号
邮编：831100
电话：0994-2358098
传真：0994-2340145
E-mail：tianshan586@126.com

古船牌小麦粉

**北京古船食品有限公司**

地址：北京市宣武区广安门内大街251号
邮编：100053
电话：010-63025846 88215656
传真：010-63025775
http：//www.guchuan.com.cn
E-mail：zjb@guchuan.com.cn

巨嘴鸟牌小麦粉

**德州巨嘴鸟工贸有限公司**

地址：山东省德城区高速公路立交桥东路北
邮编：253040
电话：0534-2796269 2796336 2796412
传真：0534-2796612
http：//www.juzuiniao.com

甲家牌小麦粉

**华龙日清食品有限公司**

地址：河北隆尧华龙食品城
邮编：055350
电话：0319-6591858
传真：0319-6591858
http：//www.hualong.com
E-mail：mfsyb@hualong.com

白樱花牌小麦粉

**青岛白樱花实业有限公司**

地址：山东省青岛市四方区开平路45号
邮编：266042
电话：0532-4880808 13708988505
传真：0532-4853685
http：//www.baiyinghua.com
E-mail：fangkeqiang968@163.com

利达牌小麦粉

**天津利金粮油股份有限公司**

地址：天津市红桥区西青道58号

邮编：300122

电话：022-27323832 27328566

传真：022-27323832

http：//www.lijin.com.cn

E-mail：lijin@lijin.com.cn

苏三零牌小麦粉

**江苏三零面粉集团公司**

董事长：刘奇章

地址：江苏省泰兴市泰兴镇鼓楼东路162号

电话：0523-7632302

传真：7632371（传真）

联系人：夏北平

邮编：225400

E-mail：jsslmf_30@163.com

金苑牌小麦粉

**郑州金苑面业有限公司**

地址：郑州市南阳路北段宋砦工贸苑区

邮编：450053

电话：0371-63266005

传真：0371-63266062

网址：http://www.jinyuanmy.com.cn

E-mail：jypkb@jinyuanmy.com.cn

金像牌小麦粉

**蛇口南顺面粉有限公司**

地址：中国广东省深圳市南山区蛇口港湾大道南康路南顺大厦

邮编：518067

电话：86-755-2668 1092

传真：86-755-2668 2801

http：//www.lamsoon.com

E-mail：lsfm@lamsoon.com

神象牌小麦粉

**郑州海嘉食品有限公司**

地址：河南省郑州市城东路263号

邮编：450004

电话：0371-6310525 6316035

传真：0371-6316496

http：//www.zzhj.com.cn 或 www.haijia.cn

E-mail：hjsp@371.net

廊雪牌小麦粉

**河北廊雪面粉有限责任公司**

地址：河北省廊坊市枣林路1号

邮编：065000

电话：0316-2012108 0316-2035574

传真：0316-2015053

http：//www.langxue.com

E-mail：langxue@langxuemf.com

福临门牌小麦粉

**东海粮油工业（张家港）有限公司**

地址：江苏省张家港市金港镇

总经理：张东风

联系人：左英秀

电话：0086-512-58381018（总机）

传真：0086-512-58380755

邮编：215634

http：//www.eogi.com.cn

E-mail：zuoyingxiu@eogi.com.cn

## 3 糖

QT牌白糖

**广西来宾东糖迁江有限公司**

地址：广西来宾市兴宾区迁江镇

邮编：546131

电话：0772-4900018

传真：0772-4900038
E-mail：GXQTscc@sohu.com

云鸥牌白糖

**南宁糖业股份有限公司制糖造纸厂**
地址：广西南宁市亭洪路48号
邮编：530031
办公室电话：0771-4912302
企管办电话：0771-4912292
传真：0771-4918861
http：//www.nnsugar.com
E-mail：nnty@nnsugar.com
nntygs@public.nn.gx..cn

四方牌白糖

**新疆四方实业股份有限公司**
地址：新疆霍城县界梁子
邮编：835219
电话：0999-3122511（公司办）
传真：0999-3122249
http：//www.sifang-group.com.cn
E-mail：Ytl-yn@xj.cninfo.net

白莲牌白糖

**东莞市东糖集团有限公司**
地址：东莞市东城东纵大道
邮编：523243
电话：0769-8812123
传真：0769-8813664
http：//dongtanggroup.com.cn
E-mail：dtgc@dongguan.gd.cn

网山牌白糖

**黑龙江北方糖业股份有限公司**
地址：黑龙江省讷河市拉哈镇
邮编：161342
电话：0452-3721469　3722116
传真：0452-3721469
E-mail：ZhgLc123@163.com

莲花牌白糖

**江门甘蔗化工厂（集团）股份有限公司**
地址：广东省江门市甘化路56号
邮编：529030
电话：0750-3277777
传真：0750-3277666
http：//www.ganhua.com.cn
E-mail：jmganhua@pub.jiangmen.gd.cn

大白兔牌糖果

**冠生园（集团）有限公司**
地址：上海市新闸路1418号
邮编：200040
电话：86-21-62727878
传真：86-21-64700604
http：//www.gsygruop.com
E-mail：office@gsygroup.com

金丝猴牌糖果

**金丝猴食品股份有限公司**
地址：河南省沈丘县付井镇工业园区
邮编：466321
电话：0394-5322568
传真：0394-5322451
http：//www.golden-monkey.com.cn
E-mail：bgs@jinsihou.com.cn
quanzhiban@163.com

金冠牌糖果

**福建金冠集团有限公司**
地址：中国福建省晋江市新塘街道湖格工业区

电话：0595-8128888 8129999
传真：0595-8182666
邮编：362200
http：//www.jinguan.com.cn
E-mail:jinguan@public.qz.fj.cn

徐福记牌糖果

**东莞徐记食品有限公司**
地址：广东省东莞市东城区周屋工业区
邮编：523118
电话：0769-2268952
传真：0769-2264864
http：//www.hsufuchifoods.com
E-mail：hsultd@hsufuchi.com

笑咪咪牌糖果

**广东笑咪咪食品有限公司**
地址：广东省潮安县庵埠镇砚前环城南路与潮汕公路交界处
邮编：515638
电话：0768-5925263
传真：0768-5925273
http：//www.xiaomimi.com.cn
E-mail：xiaomimi@pub.chaozhou.gd.cn

雅客牌糖果

**福建省雅客食品有限公司**
地址：福建省晋江市罗山社店工业区
邮编：362200
电话：0595-8182808 0595-8192808
传真：0595-8186808 0595-8170618
http：//www.yakefood.com
E-mail：yake@yakefood.com

金帝牌巧克力

**深圳金帝食品有限公司**
地址：广东省深圳市福田区梅林工业区梅秀路1号
邮编：518049
电话：0755-83115772
传真：0755-83310971
http：//www.leconte.com.cn
E-mail：CHAIZM@LECONTE.COM.CN

金莎牌巧克力

**江苏梁丰食品集团有限公司**
地址：张家港市杨舍镇振兴路9号
邮编：215600
电话：0512-58180330
传真：0512-58180117
http：//www.liangfengfood.com
E-mail：jslf@publicl.sz.js.cn

喜之郎牌果冻

**广东喜之郎集团有限公司**
地址：广东省阳江市阳东县城湖滨南路1号
邮编：529900
电话：0662-6615078
传真：0662-6616019
联系人：周震
http：//strongfood.com.cn

蜡笔小新牌果冻

**蜡笔小新（福建）食品工业有限公司**
地址：福建省晋江市五里科技工业园区
邮编：362216
电话：0595-5739999
传真：0595-5738888
http：//www.wl139.com
E-mail：weili@pub1.pz.fj.cn

## 4 派类食品

### 达利园牌派类食品

**福建达利食品有限公司**

地址：中国福建省惠安林口

电话：0595-7335077 7333507

传真：0595-7332088

邮编：362100

E-mail：dalifood@pub2.qz.fj.cn

http：//www.dali-group.com

### 福马牌派类食品

**福建福马食品集团有限公司**

地址：福建省晋江市东环路缺塘工业区福马大厦

邮编：362200

电话：0595-88186888 13559556019

传真：0595-88185377

http：//www.fumafood.com.cn

E-mail：kyk@fumafood.com.cn

## 5 低温肉制品

### 双汇牌低温肉制品

**河南省漯河市双汇实业集团有限责任公司**

地址：河南省漯河市双汇路1号

邮编：462000

电话：0395-2622616

传真：0395-2623398

http：//www.shuanghui.com.cn

E-mail：glzx@shuanghui.net

### 众品牌低温肉制品

**河南众品食业股份有限公司**

地址：河南省长葛市长社路21号

邮编：461500

电话：0374-6229829 6226316

传真：0374-6219321 6227818

http：//www.zhongpin.com

E-mail：zhongpin@zhongpin.com

### 金锣牌低温肉制品

**临沂新程金锣肉制品有限公司**

地址：山东省临沂市兰山区半程镇

邮编：276036

电话：0539-2977800

传真：0539-2977889

http：//www.jinluo.com.cn

E-mail：jinluo @ jinluo.com.cn

### 雨润牌低温肉制品

**江苏雨润食品产业产业集团有限公司**

地址：江苏省南京市建邺区雨润路17号

邮编：210041

电话：025-86802757

传真：025-86802612

http：//www.yurun.com.cn

E-mail：office@yurun.com.cn

### 唐人神牌低温肉制品

**湖南唐人神集团股份有限公司**

地址：湖南省株洲市芦淞区古大桥唐人神工业园

邮编：412002

电话：0733-8591144 0733-8591298

传真：0733-8591118 0733-8513853

http：//www.tangrenshen.com.cn

E-mail：oceandeep1@163.com

### 得利斯牌低温肉制品

**得利斯集团有限公司**

地址：山东省诸城市昌城镇

邮编：262216
电话：0536-6339999
传真：0536-6401233
http：//www.derisigroup.com

喜旺牌低温肉制品
**烟台市喜旺食品有限公司**
地址：山东省烟台市芝罘区新桥西路25号
邮编：264000
电话：0535-6834283
传真：0535---6855036
http：//www.xiwangfoods.com/
E-mail：xw@xiwangfoods.com

## 6 农用聚乙烯大棚膜

双象牌农用聚乙烯大棚膜
**佛山塑料集团股份有限公司**
地址：广东省佛山市汾江中路82号
邮编：528000
电话：0757-83985202
传真：0757-83985216
http：//www.fspg.com.cn
E-mail：jigl@fdf.com.cn

华灯牌农用聚乙烯大棚膜
**北京华盾雪花塑料集团有限责任公司**
地址：北京市丰台区黄土岗马家楼119号
邮编：100070
电话：010-83728283
传真：010-83729098
http：//www.bjhuadun.com.cn
E-mail：info@bjhuadun.com.cn

宝硕牌农用聚乙烯大棚膜
**河北宝硕股份有限公司创业塑料分公司**
地址：河北省保定市高新技术开发区朝阳北大街176号
邮编：071051
联系电话：0312-3109562 3109583
传真：0312-3109568
http：//www.baoshuo.com.cn

清田牌农用聚乙烯大棚膜
**山东清源集团有限公司**
地址：山东省淄博市临淄区齐鲁化学工业区清田路
电话：0533-7488888 7488999
传真：0533-7480388 7483888
邮编：255410
http：//www.chinaqingyuansuhua.com
E-mail：qingyuan@chinaqingyuansuhua.com

## 7 果汁饮料

汇源牌果汁饮料
**北京汇源饮料食品集团有限公司**
地址：北京市顺义区北小营镇汇源路
邮编：101305
电话：(86-10)60483388
传真：(86-10)60483355
http：//www.huiyuan.com.cn/
E-mail：lijl@huiyuan.com.cn

娃哈哈牌果汁饮料
**杭州娃哈哈集团有限公司**
地址：杭州经济技术开发区12号大街5号
邮编：310018
电话：0571-86032866
传真：0571-86846000

http：//www.wahaha.com.cn
E-mail：whh@wahaha.com.cn

统一牌果汁饮料

**统一企业（中国）投资有限公司**

地址：上海市长宁路1027号兆丰广场33楼
邮编：210000
电话：027-83891886-3251（魏文德）
传真：027-83211531
http：//www.uni-president.com.cn
E-mail：weiwd@pec.com.cn

## 8 黄酒

古越龙山牌黄酒

**中国绍兴黄酒集团有限公司**

地址：浙江省绍兴市北海桥
邮编：312000
电话：0575-5172935
传真：0575-5156989
http：//www.shaoxingwine.com.cn
E-mail：zhj.sx2003@163.com

## 9 皮衣

应大牌皮衣

**天津市应氏服饰有限公司**

地址：天津市东丽区新立镇张贵庄村
邮编：300300
电话：022-24968888
传真：022-24966666
http：//www.yingdak.com.cn
E-mail：yingdak@yingdak.com.cn

东兰牌皮衣

**河北辛集东兰（集团）有限公司**

地址：河北省辛集市皮革商业城安定大街1号
电话：0311-3285170
传真：0311-3221921
邮编：052360
联系人：杨淑芳
http：//www.chinashulan.com

凯撒牌皮衣

**凯撒（中国）股份有限公司**

地址：汕头市龙湖区珠津工业区珠津一街凯撒工业城
邮编：515041
传真：0754-8801413
http：//www.kaiser.com.cn
E-mail：ksad@Kaiser.com.cn

兽王牌皮衣

**浙江兽王集团有限公司**

地址：浙江省杭州市中山北路592号
邮编：310014
电话：0571-88174987
传真：0571-88176050 / 88176051
http：//www.shouwang.com
E-mail：sw@shouwang.com.cn

雪豹牌皮衣

**雪豹集团公司**

地址：浙江省海宁市长安镇辛江东路88号
邮编：314408
联系人：曹杏玉
电话：0573-7327001 0573-7411090-8021
传真：0573-7400144
http：//www.xuebaogroup.com
E-mail：xuebao@xuebaogroup.com
xuebaogroup@163.com

蒙努牌皮衣

**海宁蒙努集团有限公司**

地址: 浙江省海宁市皮都科技工业园区隆兴路

联系人：徐寿春

邮编：314400

电话：0573-7269748 013506734105

传真: 0573-7267177

http：//www.mengnu.com

E-mail：shouchun@cmr.com.cn

## 10 童车

好孩子牌童车

**好孩子儿童用品有限公司**

地址：江苏省昆山市陆家镇

邮编：215331

电话：0512-57871888

传真：0512-57671515

http：//www.goodbaby.com

E-mail：gb001@public1.sz.js.cn

## 11 液体洗涤剂

开米牌液体洗涤剂

**西安开米股份有限公司**

地址: 西安市高新技术产业开发区科技一路15号

邮编：710075

电话：85395888 85225666

传真：85361333

http：//www.kaimi.com.cn

E-mail：qac@kaimi.com.cn

白猫牌液体洗涤剂

**上海白猫（集团）有限公司**

地址：上海市龙吴路1900号

邮编：200231

电话：021-54098000

传真：021-54355196

E-mail：bmjt@whitecat.com

qac@kaimi.com.cn

立白牌液体洗涤剂

**广州立白企业集团有限公司**

地址：广东省广州市陆居路2号

邮编：510370

电话：020-81582389

传真：020-81807676

http：//www.liby.com.cn

E-mail：yangzuoyi@163.net

传化牌液体洗涤剂

**传化集团有限公司**

地址：杭州萧山宁围镇

邮编：311215

电话：0571-82602688

传真：0571-82607391

http：//www.etransfar.com

E-mail：daily@etransfar.com

奇强牌液体洗涤剂

**南风化工集团股份有限公司**

地址：山西省运城市解放路294号

邮编：044000

联系部门：日化工作部

联系人：阎秀芳 张德昌 （日化工作部）

电话：0359-8967676

传真：0359-8967047

E-mail：zdc88328@sohu.com

浪奇牌液体洗涤剂

**广州市浪奇实业股份有限公司**

地址：广州市天河区黄埔大道东128号
邮编：510660
电话：020-82161128
传真：020-82162986
http：//www.lonkey.com.cn
E-mail：iso@lonkey.com.cn

雕牌液体洗涤剂

**纳爱斯集团有限公司**

地址：浙江省丽水市上水南3号
邮编：323000
联系人：徐有其
电话：0578-2179933
传真：0578-2264915
http：//www.cnnice.com
E-mail：nice@cnnice.com

## 12 笔

中华牌铅笔

**中国第一铅笔股份有限公司**

地址：上海市浦东金桥出口加工区川桥路1295号
邮编：201206
电话：021-58549624
传真：021-64720802
网址：www.chinafirstpencil.com
E-mail：pencil@mail.chinafirstpencil.com

BEIFA牌圆珠笔

**宁波贝发集团有限公司**

地址：浙江省宁波市北仑区江南东路298号
邮编：315801
电话：0574-86186888
传真：0574-86155295
网址：www.beifa.com
E-mail：service@beifa.com

白雪牌圆珠笔

**青岛昌隆文具有限公司**

地址：青岛市经济技术开发区香江一路21号
邮编：266555
电话：0532-83716789、83716797
传真：0532-83716987
http：//www.snowhite.com.cn
E-mail：snowhite@snowhite.com.cn

金万年牌圆珠笔

**广东省潮阳市金万年文具有限公司**

地址：广东省潮阳市胪岗镇泗黄村广汕公路南侧
电话：0661-7792401 7776212
传真：0661-7766084
E-mail：genvana@genvana.com
http：//www.genvana.com

## 13 炊具

HONG牌电饭锅

**广东省湛江市家用电器工业有限公司**

地址：广东省湛江市龙头镇龙广路77号
邮编：524054
电话：0759-3769999
传真：0759-3769006
http：//www.hongpai.com
E-mail：hp@hongpai.com

三源牌电饭锅

**佛山市盛发电器有限公司**

地址：广东省佛山市禅城区南庄镇罗南嘉村工业区
电话：0757-85331263 0757-85326780
传真：0757-85336338
邮编：528061
http：//www.sf-sy.cn

http：//www.sanyuanelectric.com
E-mail：info@sf-sy.cn syuan@sf-sy.cn

E-mail：wxb@supor.net
联系人：王晓波

美的牌电饭锅

**广东美的集团股份有限公司**

地址：广东省佛山市顺德区
邮编：528311
电话：0757-26339233
传真：0757-26334195
http：//www.midea.com.cn
E-mail：xiehua@midea.com.cn

浩特牌电饭锅

**广东省吴川市宏达电器有限公司**

地址：广东省吴川市大山江镇岭圩开发区
邮编：524500
电话：0759-5291306
传真：0759-5291280
http：//www.gdhaote.com
E-mail：5291306@163.com

双喜牌压力锅

**沈阳双喜压力锅有限责任公司**

地址：沈阳经济技术开发区7号路2甲1号
邮编：110027
电话：024-25366666-8000
传真：024-25368299
http：//www.dhcooker.com
E-mail：sxsyjd@sina.com

苏泊尔牌压力锅

**浙江苏泊尔炊具股份有限公司**

地址：浙江省玉环县大麦屿经济开发区
邮编：317604
电话：0576-7338880
传真：0576-7331844
http：//www.supor.com.cn

顺达牌压力锅

**广东顺达不锈钢器皿实业有限公司**

地址：揭阳市区西马工业区
邮编：522000
电话：0663-8811471 8814951
传真：0663-8816663
http：//www.gdshunda.com
E-mail：shunda@pub.jieyang.net.cn

顺发牌压力锅

**潮安县顺发五金制品有限公司**

地址：中国广东潮安彩头工业区
邮编：515644
电话：0768-6687888 6688888
传真：0768-6681634
http：//www.cnshunfa.com
E-mail：shunfa@pub.chaozhou.gd.cn

苏泊尔牌不粘锅

**浙江苏泊尔炊具股份有限公司**

地址：浙江省玉环县大麦屿经济开发区
邮编：317604
电话：0576-7338880
传真：0576-7331844
http：//www.supor.com.cn
E-mail：wxb@supor.net
联系人：王晓波

爱仕达牌不粘锅

**浙江台州爱仕达电器有限公司**

地址：浙江省温岭市经济开发区产学研园区
邮编：317500
电话：0576-6199666
传真：0576-6199555

http：//www.chinaasd.com
E-mail：zjasd@asd.com
asdscb@chinaasd.com

## 14 家用燃气灶具

万家乐牌家用燃气灶具

**广东万家乐燃气具有限公司**
地址：广东省佛山市顺德区顺峰山工业区
邮编：528333
电话：0757-22291380
传真：0757-22291338
http：//www.chinamacro.com
E-mail：services@chinamacro.cn

帅康牌家用燃气灶具

**帅康集团有限公司**
地址：浙江省余姚市历山帅康工业园区
邮编：315491
电话：0574-62243734
传真：0574-62241447
http：//www.china-shuaikang.com
E-mail：skjtisdn@mail.nbptt.zj.cn

华帝牌家用燃气灶具

**中山华帝燃具股份有限公司**
地址：广东省中山市小榄镇九洲工业开发区
邮编：528415
电话：（0760）2262981
传真：（0760）2264283
http：//www.china-vantage.com
E-mail：vantage@pub.zhongshan.gd.cn

迅达牌家用燃气灶具

**湖南迅达集团有限公司**
地址：中国湖南省湘潭市岳塘区迅达科技工业园
电话：0732-5188805 5188898
传真：0732-5188850
邮编：411102
http：//www.xundaco.com
E-mail：sales@xundaco.com

海尔牌家用燃气灶具

**海尔集团公司**
地址：青岛高科技工业园海尔路1号
邮编：266103
电话：0532-8938095
传真：0532-8939679
http：//www.haier.com
E-mail：hrhyc@haier.com

## 15 真丝绸

茶花牌真丝绸

**吴江丝绸股份有限公司**
地址：江苏省吴江市盛泽镇舜新中路39号
邮编：215228
电话：0512-63550266
传真：0512-63552272
http：//www.silkgroup.com
E-mail：cry999@163.com

万事利牌真丝绸

**万事利集团有限公司**
地址：中国·杭州机场路309号
邮编：310021
电话：86-571-85148888
传真：86-571-85140886
http：//http://www.wensli.com
E-mail：kj@wensli.com

富润牌真丝绸

**富润集团有限公司**

地址：中国 · 浙江 · 诸暨

邮编：311800

电话：0575-7224552 7222946

传真：7223018

http：//www.zj-furun.cn

E-mail：furun@mail.sxptt.zj.cn

金富春牌真丝绸

**杭州金富春丝绸化纤有限公司**

地址：中国浙江省杭州富阳市大坞坑 6-1 号

邮编：311400

电话：0086-0571-63325458

传真：0086-0571-63323132

http：//www.jinfuchun.com

E-mail：jinfc@fy.hz.zj.cn

鑫缘牌真丝绸

**江苏海安茧丝绸集团股份有限公司**

地址：江苏省海安县海安镇曙光西路 25 号

董事长、总经理：储呈平

电话：0513-8813706

传真：0513-8814216

http：//www.haiansilk.com

E-mail：hs@haiansilk.com

## 16 针织品

A&B 牌内衣

**江苏 A & B 集团有限责任公司**

地址: 江苏省昆山市巴城镇正仪正兴东路5号

邮编：215347

电话：0086-512-5789-1804

传真：0086-512-5789-2018

E-mail：Office @chinaab.com

http：//www.chinaab.com

三枪牌内衣

**上海三枪（集团）有限公司**

地址：中国上海市康梧路 555 号

邮编：201315

电话：86-21-58128888

传真：86-21-63852936

E-mail：chb@mail.threegun.com.cn

http：//www.threegun.com.cn

即发牌内衣

**青岛即发集团股份有限公司**

地址：山东省青岛市即墨市即发路 1 号

邮编：266221

电话：0532-8519000 8513493

传真：0532-8514298

http：//www.chinajifa.com

E-mail：jifa@chinajifa.com
9000@chinajifa.com

南极人牌内衣

**上海南极人企业发展有限公司**

地址：上海市黄浦区黄家阙路 65 号惠德大厦 13-15 楼

邮编：200011

联系人：杨志武

电话：021-63777756

传真：021-63341577

http：//www.ngggn.cn

E-mail：xyang2001@126.com

爱帝牌内衣

**武汉爱帝集团有限公司**

地址：武汉市江汉经济开发区江旺路 8 号

邮编：430023

电话：027-83511801

传真：027-83511801

http：//www.Lovegod.com.cn

E-mail：adjt118@public.wh.hb.cn

康妮雅牌内衣

**中山市康妮雅服饰有限公司**

地址：广东省中山市小榄镇新华东路

邮编：528415

电话：0760-2102819

传真：0760-2112303

http：//www.conlia.com.cn/

E-mail：jindu@jin-du.com

铜牛牌内衣

**北京铜牛针织集团有限责任公司**

地址：北京市朝阳区太平庄 142 号

邮编：100025

电话：85746407

销售热线：010-65858596

服务热线：010-61502467

联系人：袁源

http：//www.topnew.cn

E-mail：jishuzhongxin@126.com

丹吉娅牌袜子

**浙江袜业有限公司**

地址：浙江省诸暨市大唐镇袜业工业园区

邮编：311801

电话：0575-7741858 7757517

传真：0575-7751333

http：//www.zhejiangsocks.com

E-mail：sales@zhejiangsocks.com

浪莎牌袜子

**浪莎针织有限公司**

联系人：刘军（公司副总经理）

联系电话：0579-5435788

# 17 西裤

九牧王牌西裤

**泉州九牧王洋服时装有限公司**

地址：福建泉州市经济技术开发区九牧王工业园

邮编：362005

联系电话：0595-2353336

传真：0595-2490299/2490388

http：//www.joeone.cn

E-mail：joeone@joeone.com.cn

步森牌西裤

**步森集团有限公司**

地址：浙江省诸暨市枫桥步森大道 419 号

邮编：311811

电话：0575-7046933

传真：0575-7046862

http：//www.busen-group.com

虎都牌西裤

**虎都（中国）服饰有限公司**

地址：福建省泉州市成洲工业区虎都大厦

邮编：362000

电话：86-595-2585962

传真：86-595-2585761/2500718

http：//www.Fordoo.cn

E-mail：hudu@public.qz.fj.cn

威兰西牌西裤

**福建省石狮市威兰西服装发展有限公司**

法人代表：陈连升 董事长

地址：福建省石狮市北环路玉浦工业区威兰西工业园

邮编：362700

电话：0595-8503260 13599160055

传真：0595-8500420
联络人：毛镇宇
E-mail：zhenyu3648@sina.com

恒柏牌西裤

**恒柏集团有限公司**

地址：中国浙江绍兴市夏履工业园区
电话：086-575-4061662 13505758321
邮编：312026
传真：086-575-4061848
http：//www.hemboug.com
E-mail：info@hemboug.com

雅戈尔牌西裤

**雅戈尔集团股份有限公司**

注册地址：浙江宁波市雅戈尔大道1号
办公地址：浙江宁波鄞县大道西段2号
邮编：315153
电话：0574-88265571
传真：0574-87425390
http：//www.youngor.com.cn
E-mail：office@youngor.com.cn

新郎·希努尔牌西裤

**山东新郎服饰有限公司**

地址：山东省诸城市经济开发区
邮编：262200
电话：0536-6059526
传真：0536-6053150
http：//www.sinoer.cn
E-mail：sdsinoer@163.com

## 18 羊绒大衣

爱伊美牌羊绒大衣

**奉化市爱伊美服饰有限公司**

联系地址：浙江省奉化市南山北路9号
公司注册地址：浙江省奉化市大桥镇南山路172号
公司办公地址：浙江省奉化市南山北路9号
邮编：315500
法定代表人姓名：傅志存
名牌产品申报联系人：江建军
电话：0574-88914888
传真：0574-88914818
E-mail：aiyimei@aiyimeifashion.com
http：//www.aiyimeifashion.com

斯尔丽牌羊绒大衣

**上海斯尔丽服饰有限公司**

地址：平凉路199号
邮编：200082
电话：02165848899
传真：65355959
http：//www.sierli.com
E-mail：mail@sierli.com

## 19 黄金首饰

ADK爱得康牌黄金首饰

**深圳市甘露珠宝首饰有限公司**

地址：广东省深圳市罗湖区水贝一路4号20栋4楼
邮编：518021
电话：0755-25624888 25601179
传真：0755-25602111
http：//www.adkchina.com
E-mail：ADK@ADKchina.com

同心牌黄金首饰

**佛山市工艺总厂有限公司**

联系方式：广东省佛山市人民西路 13 号
邮编：528000
电话：0757-82233899
传真：0757-82233890
http：//www.tongxin.com.cn
E-mail：tongxin909@sina.com

安盛华牌黄金首饰

**深圳市安盛华实业发展有限公司**

地址：深圳市盐田区沙头角保税区 19 栋 3 楼
邮编：518081
电话：0755-25261616 25261111
传真：0755-25261333
http：//www.szash.com
E-mail：ash@szash.com

老凤祥牌黄金首饰

**上海老凤祥有限公司**

地址：上海市漕溪路 260 号
邮编：200235
电话：021-64833388
传真：021-64834297
http：//www.laofengxiang.com
E-mail：l-f-x@online.sh.cn

宝亨达牌黄金首饰

**深圳市宝福珠宝首饰有限公司**

公司地址：深圳市罗湖区翠竹北路石化工业区 2 栋 2 楼
邮编：518019
电话：0755-25518688
传真：0755-25809388
http：//www.chinabhd.com
E-mail：bofook@chinabhd.com

明牌黄金首饰

**浙江日月首饰集团有限公司**

地址：浙江省绍兴县福全镇
邮编：312046
电话：0575-4025665
传真：0575-4021062
http：//www.sunmoongroup.com
E-mail：info@mail.sunmoongroup.com

金皇牌黄金首饰

**武汉市金凰珠宝有限公司**

地址：武汉市江岸经济开发区特 15 号
邮编：430023
电话：027-65660473
传真：027-65660302
http：//WWW.Kingold.com.cn
E-mail：webmaster@kingold.com.cn

翠绿牌黄金首饰

**深圳市翠绿珠宝首饰有限公司**

地址：深圳市罗湖区水贝二路二街三号
电话：0755-25609999
传真：0755-25683399
邮编：518020
http：//www.cuilu.com
E-mail：webmaster@cuilu.com

福辉牌黄金首饰

**福建省福辉珠宝有限公司**

地址：福建省福州市福马路五里亭珠宝城
邮编：350011
电话：0591-83662888
传真：0591-83665012
http：//www.fuhui.com
E-mail：fhjewel@public.fz.fj.cn
联系人：林如
联系电话：0591-83670830 0591-83664018

# 20 乒乓球运动器材

双鱼牌乒乓球运动器材

**广州双鱼体育用品集团有限公司**

地址：广州市海珠区燕子岗路18号之二

邮编：510280

电话：（020）84319554 84357146

传真：（020）84319012

http：//www.doublefish.com

E-mail：dfg@doublefish.com

红双喜牌乒乓球运动器材

**上海红双喜冠都体育用品有限公司**

注册地址：上海市张江高科技园区郭守敬路351号1号楼308室

联系地址：上海市斜土路15号

邮编：200023

电话：021-63789977　021-33050038

传真：021-63787863

http：//www.dhs-sports.com

E-mail：dh@dhs-sports.com

# 21 保险柜

飞云牌保险柜

**哈尔滨飞云实业有限公司**

地址：哈尔滨市南岗区长江路100号

邮编：150090

电话：0451-82628481 82661584

传真：0451-82604678

http：//www. Chinamp.org

E-mail：cmp2003@chinamp.org
111183@163.com

永发牌保险柜

**宁波永发集团有限公司**

地址：宁波市北仑区白峰工业区

邮编：315813

电话：0574-86727052(总机)
86729999（行政）
86729888（售后服务）

传真：0574-86727999　86729666

http：//www.meetyongfa.com

E-mail：yongfa@meetyongfa.com

花都牌保险柜

**洛阳花都金柜集团有限公司**

地址：河南省偃师市庞村工业区花都路1号

邮编：471936

电话：0379-7508888 7509999

传真：0379-7508072

http：//www.China-huadu.com

E-mail：market@China-huadu.com

金虎牌保险柜

**江西金虎保险设备集团有限公司**

地址：江西省樟树市福城工业园1号

邮编：331200

电话：0795-7338888

传真：0795-7346001

http：//www.jx-jh.com

E-mail：Jin-hu@163.net

# 22 程控交换机

中兴牌程控交换机

**深圳市中兴通讯股份有限公司**

地址：深圳市南山区高新技术产业园科技南路中兴通讯大厦

邮编：518057

联系人：王众
电话：0755-26771519
传真：0755-26770324
http：//www.zte.com.cn
E-mail：wang.zhong@zte.com.cn

### 华为牌程控交换机

**华为技术有限公司**
地址：深圳市龙岗区坂田镇华为基地
邮编：518129
电话：0755-28780808
传真：0755-28787125
http：//WWW.HUAWEI.COM
E-mail：wangdun@huawei.com

## 23 锂离子充电电池

### BYD牌锂离子充电电池

**比亚迪股份有限公司**
地址：广东省深圳市龙岗区葵涌镇延安路
邮编：518119
电话：0755-84218888
传真：0755-84202222
http：//www.byd.com.cn
E-mail：byd@byd.com.cn

### 飞毛腿（SCUD）牌锂离子充电电池

**飞毛腿(福建)电子有限公司**
地址：福州经济技术开发区快安延伸区第39-2、44-2号地
邮编：350015
电话：0591-7308888
传真：0591-7307773
Website: www.scudcn.com
E-mail：info@scudcn.net

### 德赛牌锂离子充电电池

**惠州市德赛集团有限公司**
地址：广东省惠州市云山西路12号德赛大厦
邮编：516000
电话：0752-2833921
传真：0752-2833888
http：//www.desay.com
E-mail：lwf_pow@desay.com.cn

## 24 大中型客车

### 少林牌大中型客车

**河南少林汽车股份有限公司**
地址：河南省荥阳市京城路中段
邮编：450100
电话：0371-4610001 4610002
传真：0371-4608586
http：//www.shaolinbus.com
E-mail：info@shaolinbus.com

### 宇通牌大中型客车

**郑州宇通客车股份有限公司**
地址：河南省郑州市南十八里河乡宇通工业园
邮编：450016
电话：0371-66806066
传真：0371-66806000
http：//WWW.YUTONG..COM
E-mail：info@yutong.com

### 金龙牌大中型客车（苏州）

**金龙联合汽车工业（苏州）有限公司**
地址：苏州市工业园区苏虹东路东段
邮编：215123
电话：0512-62582091
传真：0512-62582081
http：//www.kinglong-sz.com.cn
E-mail：nigx@kinglong-sz.com

金龙牌大中型客车（厦门）

**厦门金龙联合汽车工业有限公司**

地址：厦门市枋湖工业区金湖路 5 号
邮编：361009
电话：0592-5761549
传真：0592-5761552
http：//www.king-long.com.cn
E-mail：wangh@mail.king-long.com.cn

## 25 汽车玻璃

福耀牌玻璃

**福耀玻璃工业集团股份有限公司**

地址：福建省福清市福耀工业 II 区
电话：0591-85383777
传真：0591-85363983
邮编：350301
http：//fuyaogroup.com
E-mail：fuyao@ifuyao.com

## 26 铝合金车轮

ZCW 牌铝合金车轮

**万丰奥特控股集团有限公司**

地址：新昌县城关镇新昌工业区（后溪）
联系部门：管理中心
联系人：刘文平
电话：0575-6296156 13587313739
传真：0575-6296156
邮编：312500
http：//www.wfjt.com
E-mail：liuwp@wfjt.com

ZNA 牌铝合金车轮

**佛山中南铝合金轮毂有限公司**

地址：广东省佛山市南海区盐步广佛路盐步路段 1 号
邮编：528247
电话：0757-85773123
传真：0757-85771372
http：//www.znlwheel.com
E-mail：sales@znlwheel.com
联系人：陈玖新
联系电话：0757-85765903
E-mail：cjx@znlwheel.com

戴卡牌铝合金车轮

**戴卡轮毂制造有限公司**

地址：中国 · 河北省 · 秦皇岛市海港区北环路 95 号
邮编：066003
电话：0335-3107291 3107292
3107293 3107229
传真：0335-3016532

## 27 全钢子午线轮胎

万力牌全钢子午线轮胎

**广州市华南橡胶轮胎有限公司**

地址：广州市番禺区东环街东环路 116 号
邮编：511400
电话：020-84693743
传真：84610302
http：//www.wanlitire.cn
E-mail：wanli@wanlitire.cn

三角牌全钢子午线轮胎

**三角集团有限公司**

地址：山东省威海市青岛中路 56 号
邮编：264200
电话：0631-5322983
传真：0631-5321246

http：//www.triangle.com.cn
E-mail：Triangle@public.whptt.sd.cn

双星牌全钢子午线轮胎

**双星集团有限责任公司**
地址：青岛市贵州路 5 号
邮编：266002
电话：0532-2684574
传真：0532-2650647
http：//www.doublestar.com.cn
E-mail：zlb@doublestar.com.cn

双钱牌全钢子午线轮胎

**上海轮胎橡胶（集团）股份有限公司**
地址：上海市四川中路 63 号
邮编：200002
电话：021-33024666
传真：021-63298643
http：//www.cstarc.com
E-mail：company@cstarc.com

风神牌全钢子午线轮胎

**风神轮胎股份有限公司**
地址：焦作市焦东南路 48 号
邮编：454003
电话：0391-3999011 3914869
传真：0391-3933952
http：//www.aeolustyre.com
E-mail：hfq@aeolustyre.com

成山牌全钢子午线轮胎

**山东成山集团有限公司**
地址：山东省荣成市荣安路 11 号
邮编：264300
电话：0631-7523999
传真：0631-7523888
http：//www.chengshan.com
E-mail：info@chengshan.com

前进牌全钢子午线轮胎

**贵州轮胎股份有限公司**
地址：贵州省贵阳市百花大道 41 号
邮编：550008
电话：0851-4767325 4767808 4767372
传真：0851-4764248
http：//www.gtctire.com
E-mail：gtc@gtctire.com

玲珑牌全钢子午线轮胎

**山东玲珑橡胶有限公司**
地址：中国山东省招远市金城路 170 号
邮编：265400
电话：0535-8242600
传真：0535-8213349
http：//WWW.LINGLONG.CN
E-mail：linglong@ec.com.cn

黄海牌全钢子午线轮胎

**青岛黄海橡胶集团有限责任公司**
地址：青岛市李沧区沧安路 1 号
邮编：266041
电话：0532-4678202
传真：0532-4678777
http：//www.yellowsea.com.cn
E-mail：yellowsea@ yellowsea.com.cn

朝阳牌全钢子午线轮胎

**杭州中策橡胶有限公司**
地址：杭州市望江门海潮路 1 号
邮编：310008
电话：（0571）86053939-8388
传真：（0571）86062011

http：//www.chaoyang.com
E-mail：ruijiaqiang@mail.china.com

## 28 实木复合地板

YIHUA牌实木复合地板

**广东省宜华木业股份有限公司**
地址：广东省汕头市澄海区莲下镇槐东工业区
邮编：515834
电话：0754-5100989
传真：0754-5745583
http：//www. yihuatimber.com
E-mail：yihua@yihuatimber.com

金桥牌实木复合地板

**吉林森林工业集团金桥木业有限公司**
地址：吉林省白山市江源县
邮编：134702
电话：0439-3747989
传真：0439-3733800
http：//WWW.jqtinber.com
E-mail：jqdlxs@online.ln.cn

盈彬牌实木复合地板

**佛山市顺德区盈彬木业有限公司**
地址：广东佛山市顺德区大良街道五沙大桥边
电话：免费热线8008302796
传真：0757-22333570
邮编：528300
E-mail：nature@nature-cn.cn
http：//www.nature-cn.cn

## 29 交联聚乙烯电力电缆

南（NAN）牌交联聚乙烯电力电缆

**广东南洋电缆集团有限公司**
地址：汕头市珠津工业区珠津二街1号
邮编：515041
电话：0754-8801468
传真：0754-8801383
http：//www.nanyangcable.com
E-mail：nanyang@nanyangcable.com.cn

AAA牌交联聚乙烯电力电缆

**广东电缆厂有限公司**
地址：广东省佛山市南海区平洲永安中路26号
邮编：528251
联系人：周海燕
电话：0757-6771357
传真：0757-6772001
http：//www.gdcw.com
E-mail：gdcable@gdcw.com

上上牌交联聚乙烯电力电缆

**江苏上上电缆集团**
地址：江苏省溧阳市上上路68号
邮编：213300
电话：0519-7308866
传真：0519-7308811
http：//www.shangshang.com
E-mail：shangshang@shangshang.com

五彩牌交联聚乙烯电力电缆

**无锡江南电缆有限公司**
地址：无锡市宜兴市官林镇新官东路53#
邮编：214251
电话：0510-7200733 0510-7200635
联系人：夏亚芳 卫 星

传真：0510-7201465
http：//www.jncable.com.cn
E-mail：public@jncable.com.cn
jiangnancable@163.net

汉河（HanHe）牌交联聚乙烯电力电缆

**青岛汉缆集团有限公司**

地址：青岛市高科技工业园李山东路6号
邮编：266102
电话：0532-8817486
传 真：0532-8817462
http：//www.hanhe-cable.com
E-mail：hanhe1@hanhe-cable.com

讯捷牌交联聚乙烯电力电缆

**天津塑力线缆集团**

地址：天津市北辰区铁东路工业区
邮编：300402
电话：022-26727322（申报中国名牌主管部门电话）
022-26311281（销售部门电话）
022-26727376（集团办公室电话）
传真：022-26728777　022-26308778
联系人：韩长武
http：//www.suligroup.com
www.suligroup.cn
E-mail：suli@suligroup.com

远东牌交联聚乙烯电力电缆

**远东电缆厂**

地址：中国江苏宜兴范道远东路8号
邮编：214257
电话：0510-7242500　7243666　7241999
传真：0510-7241200
http：//www.fe-cable.com
E-mail：webmaster@fe-cable.com

宝胜牌交联聚乙烯电力电缆

**宝胜集团有限公司**

地址：江苏省宝应县城北一路1号
邮编：225800
电话：0514-8248820、8238888
传真：0514-8248888、8229090
http：//www.baoshenggroup.com
E-mail：baosheng@public.yz.js.cn

泰山牌交联聚乙烯电力电缆

**特变电工山东鲁能泰山电缆有限公司**

地址：新泰市金斗路99号
邮编：271200
电话：0538-7238839
传真：0538-7222439
http：//www.sdcable.cn/
E-mail：tbea@sdcable.cn

新亚牌交联聚乙烯电力电缆

**广东新亚光电缆实业有限公司**

地址：广东清远市清城区沙田工业区
邮编：511500
电话：0763-3810108　3810138
传真：0763-3810388　3810620
http：//www.xinyag.com　www.xinyag.net
E-mail：xinya@xinyag.com

新特牌交联聚乙烯电力电缆

**特变电工股份有限公司新疆线缆厂**

地址：新疆昌吉延安南路52号
邮编：831100
电话：0994-6553005
传真：0994-2723395
http：//tbea.com.cn
E-mail：asdow@sohu.com

VL牌交联聚乙烯电力电缆

**广东中联电缆实业有限公司**

地址：广东省佛山市南海区黄歧名雅路3号

邮编：528248

电话：0757-85933877 85938806 85965566

传真：0757-85930988

http：//www.gdzhonglian,com

E-mail：zhonglian_cable@21cn.com

## 30 钢丝绳

巨龙牌钢丝绳

**贵州钢绳股份有限公司**

地址：贵州省遵义市红花岗区桃溪路47号

邮编：563000

电话：0852-8419599

传真：0852-8419089

http：//www.gzgs.com.cn

E-mail：Wirerope@public.zy.gz.cn

法尔胜牌钢丝绳

**法尔胜集团公司**

地址：江苏省江阴市通江北路203号

邮编：214433

电话：0510-6112883

传真：0510-6116856

http：//www.chinafasten.com

E-mail：info@chinafasten.com

福星牌钢丝绳

**湖北福星科技股份有限公司**

地址：湖北省汉川市沉湖镇福星街1号

邮编：431608

电话：0712-8740058 8740098

传真：0712-8740089

http：//www.chinafxkj.com

E-mail：hchbcs02 @ public.xg.hb.cn

## 31 磁性材料

东磁（DMEGC）牌磁性材料

**横店集团东磁有限公司**

地址：浙江省东阳市横店工业区

邮编：322118

电话：0579-6588888

（总机转陆德根、任旭余）

传真：0579-6551157

http：//www.chinadmegc.com

E-mail：ldg@dmgc.com.cn

## 32 铝合金建筑型材

SAP牌铝合金建筑型材

**台山市金桥铝型材厂有限公司**

地址：广东省台山市大江镇石桥工业区

邮编：529261

电话：0750 5438596

传真：0750 5438173

http：//www.kamkiu.com

E-mail：kamkiu@kamkiu.com

广亚牌铝合金建筑型材

**广亚铝业公司**

地址：广东省佛山市南海区官窑镇永安白沙桥东南侧

企业法人代表：邝焯珍

邮编：528237

联系人：杨云生

电话：0757-85883338

E-mail：111183@163.com

cmp2003@chinamp.org

兴发牌铝合金建筑型材

**广东兴发集团有限公司**

地址：广东省佛山市禅城区南庄人和路23号
邮编：528061
电话：0757-85332483 85326391（经营部）
传真：0757-85336731 85332724
电话：0757-85333888（出口部）
传真：0757-85387614
电话：0757-85333171（业务总经理）
传真：0757-85336781
http：//www.xingfa.com
E-mail：master@xingfa.com

坚美牌铝合金建筑型材

**广东坚美铝型材厂有限公司**

地址：广东佛山市南海区大沥凤池工业区
邮编：528231
电话：0757-85558828
传真：0757-85550238
E-mail：jianmei@nanhai.gd.cn
http：//www.jianmei-alu.com

忠旺牌铝合金建筑型材

**辽宁忠旺集团**

地址：辽宁省辽阳市文圣路299号
邮编：111003
电话：0419-4152319 4151207
传真：0419-4152332
http：//www.lnzhongwang.com
E-mail：zhongwang@lnzhongwang.com
联系人：朱凤琴

南山牌铝合金建筑型材

**山东南山实业股份有限公司**

地址：山东省龙口市南山工业园
邮编：265706
电话：0535-8615988
传真：0535-8666689
http：//www.nanshan.com.cn
E-mail：nanshan@public.ytptt.sd.cn

南亚牌铝合金建筑型材

**广东亚洲铝厂有限公司**

地址：广东省佛山市南海区桂和公路中段
邮编：528231
电话：0757-85553338 85552998 85556288
传真：0757-85553133 85565259
http：//www.asiaalu.com.cn
E-mail：sellcenter@asiaalu.com

## 33 硬质合金

长城牌硬质合金

**自贡硬质合金有限责任公司**

地址：四川省自贡市人民路111号
邮编：643011
电话：0813-5516591
传真：0813-5200160
http：//www.zgcc.com
E-mail：yicm@zgcc.com

钻石牌硬质合金

**株洲硬质合金集团有限公司**

地址：湖南省株洲市钻石路
邮编：412000
电话：0733-8260305 8260207 8260169
传真：0733-8162777 8260503
国内贸易机构：
电话：0733-8162465 8260608
8260439 8264154
传真：0733-8260508 8260964
国际贸易机构：

电话：0733-8264008 8264123
8265299 8263294
传真：0733-8222044 8261344
http：//www.zccc.cn www.601.cn
E-mail：601jszx@163.com

## 34 阴极铜

大江牌阴极铜

**大冶有色金属公司**
地址：湖北省黄石市新下陆
邮编：435005
电话：0086-714-5392801
传真：0086-714-5396789
Website：www.dyys.com
E-mail：office@dyys.com

贵冶牌阴极铜

**江西铜业集团公司**
地址：中国江西省贵溪市冶金大道15号
邮编：335424
电话：0701-3777070
传真：0701-3777656
http：//www.jxcc.com
E-mail：jxcc@jxcc.com

铁峰牌阴极铜

**云南铜业股份有限公司**
地址：昆明市西山区王家桥
邮编：650102
电话：0871-8390888
传真：0871-8390800
http：//www.yunnan-copper.com
E-mail：info@yunnan-copper.com

铜冠牌阴极铜

**铜陵有色金属（集团）公司**
地址：安徽省铜陵市长江西路
邮编：244001
电话：0562-5860016
传真：0562-5861313
http：//WWW.TNMG.COM.CN
E-mail：tlysgs@tlys.cn

## 35 人造金刚石

中南牌人造金刚石

**河南中南工业有限责任公司**
地址：河南省方城县101信箱
邮编：473264
电话：0377-7319207
传真：0377-7318220
http：//www.diamond-zn.com
E-mail：znwh@public.nyptt.ha.cn

旋风牌人造金刚石

**河南黄河旋风股份有限公司**
地址：河南省长葛市人民路200号
邮编：461500
电话：0374-6123706 0374-6108982
传真：0374-6128688
http：//www.hhxf.com
E-mail：hhwdiamond@371.net

## 36 税控燃油加油机

正星（CENSTAR）牌税控燃油加油机

**郑州正星科技股份有限公司**
地址：国家郑州高新技术产业开发区雪松路4号

邮编：450001
电话：办公电话：0371-7984640
服务热线：0371-7989129
销售热线：0371-7989139
传真：0371-7989130
http：//www.censtar.com
E-mail：quality@censtar.com

恒山牌税控燃油加油机

**广州市恒山股份有限公司**

地址：广州市同德围西槎路荔湾聚龙工业区11-14号楼
邮编：510407
电话：020-36471873 36471072
36470573 36470976
传真：020-36471804
http：//www.heng-shan.com
E-mail：hengshan@public.guangzhou.gd.cn

## 37 数控车床

DMTG 牌数控车床

**大连机床集团有限责任公司**

地址：辽宁省大连市鞍山路3 8号
邮编：116022
传真：0411-83631305
电话：0411-83631851
http：// www . dmtg . com
E-mail：jtbgs@dmtg . com
yxzgs@dmtg . com

齐一牌数控车床

**齐重数控装备股份有限公司**
**齐齐哈尔第一机床厂**

地址：齐齐哈尔市龙沙区安顺路61号
邮编：161005
电话：0452-2306785 2305281
传真：0452-2822857
http：// www.qfmtw.com.cn
E-mail：gfmtw @mail.hl.cn

沈一机牌数控车床

**沈阳机床集团沈阳第一机床厂**

地址：沈阳市铁西区兴华北街22号
邮编：110025
电话：+86-24-25874595 25872454
25872522 25867332
25875538（售后服务）
传真：+86-24-25874590 25853169
25875479（售后服务）
http：// WWW.SMTCL.COM
E-mail：S1_SALES@SMTCL.COM

济一机牌数控车床

**济南一机床集团有限公司**

地址：济南市中区济一西厂路4号
邮编：250022
电话：0531-85052204 85052263
传真：0531-7963445
http：// www.jfmt.com.cn
联系人：翟慎华　张 伟
E-mail：jfmtjsb@beelink.com

## 38 工业风机

沈鼓牌离心压缩机

**沈阳鼓风机（集团）有限公司**

地址：沈阳市铁西区云峰北街36号
邮编：110022
电话：024-25801869
传真：024-25854719
http：// www.shengu.com.cn

E-mail：wanghy@shengu.com.cn

陕鼓牌轴流压缩机

**陕西鼓风机（集团）有限公司**

地址：陕西省西安市临潼区

邮编：710611

电话：029-83931400

传真：029-83931422

http：// www.shaangu.com

E-mail：shaangu@sina.com

## 39 装载机

SDLG 牌装载机

**山东临工工程机械有限公司**

地址：山东省临沂市金雀山路 18 号

邮编：276004

联系人：周维升

电话：0539-8315782

传真：0539-8109193

http：// www.sdlg.cn

E-mail：sdlg@sdlg.cn

CHANGLIN 牌装载机

**常林股份有限公司**

地址：江苏省常州市常林路 10 号

邮编：213002

电话：0519-6751888 6781038

传真：0519-6750025 6781073

http：// www.changlin.com.cn

E-mail：wrm@changlin.com.cn

龙工牌装载机

**福建龙岩工程机械（集团）有限公司**

地址：福建省龙岩市新罗区石桥红岭路11号

邮编：364000

电话：0597-2521189 2522260 2520188

传真：0597-2520988 2521068

http：// www.chinalonggong.com

E-mail：marketing@chinalonggong.com

成工牌装载机

**四川成都成工工程机械股份有限公司**

地址：国家级成都经济技术开发区洪河中路 1 号

邮编：610110

电话：028-82959889 82959918 82959971

传真：028-82959888

http：// www.chinachenggong.com

E-mail：webmaster@chinachenggong.com

柳工牌装载机

**广西柳工机械股份有限公司**

地址：广西壮族自治区柳州市柳太路 1 号

邮编：545007

电话：0772-3888880

传真：0772-3691147

http：// www.liugong.com

E-mail：master@liugong.com

徐工牌装载机

**徐州工程机械科技股份有限公司**

地址：中国 · 江苏 · 徐州经济开发区一区

邮编：221004

电话：0516-7738523

传真：0516-7738500

http：// www.xcmg.com

E-mail：zyqian@xcmg.com

厦工机械 XIAGONG MACHINERY 牌装载机

**厦门工程机械股份有限公司**

地址：福建省厦门市厦禾路 668 号

邮编：361004
电话：0592-2031755 2987666 2987668
传真：0592-2036720 2031757
http：// www.xiagong.com
E-mail：info@ xiagong.com

## 40 电冰箱

### 万宝（WANBAO）牌电冰箱

**广州万宝集团有限公司**
地址：中国广州市杉木栏路99号
邮编：510130
电话：8620-81882483
传真：8620-81900385
http：// www.gzwanbao.cn
www.wanbaojt.com.cn
E-mail：Office@gzwanbao.cn
office@wanbaojt.com.cn

### 华凌牌电冰箱

**华凌集团有限公司**
地址：广东省广州市番禺区105国道大石段591号
邮编：511430
传真：020-84784320
电话：020-84786698
http：//www.hualing.com
E-mail：webmaster@hualing.com

### 美凌牌电冰箱

**合肥美菱股份有限公司**
地址：合肥市芜湖路48号
邮编：230001
电话：0551-2869288
传真：0551-2885502
E-mail：hfml@ah.hf.cn
http：//www.meiling.com

### 容声牌电冰箱

**广东科龙电器股份有限公司**
地址：广东省佛山市顺德区容桂街道办事处容港路8号
邮编：528303
电话：0757-28362000
传真：0757-28361124
http：//www.kelon.com
E-mail：prs@kelon.com

### 海尔牌电冰箱

**海尔集团公司**
地址：青岛高科技工业园海尔路1号
邮编：266103
电话：0532-8938095
传真：0532-8939679
http：// www.haier.com
E-mail：hrhyc@haier.com

### 新飞牌电冰箱

**河南新飞电器有限公司**
地址：河南省新乡市北干道东段
邮编：453002
电话：0373-3371642
传真：0373-3371125
http：//www.xinfei.com
E-mail：zhjch@xinfei.com

## 41 洗衣机

### 小天鹅牌洗衣机

**无锡小天鹅股份有限公司**
地址：中国无锡市惠钱路67号
邮编：214035

电话：+86-510-3704003
传真：+86-510-3704031
http：//www.littleswan.com

金羚牌洗衣机

**金羚集团有限公司**
地址：广东省江门市江海区江翠路162号
邮编：529040
电话：0750-3811611
传真：0750-3817625
E-mail：jmjl@pub.jiangmen.gd.cn
http：//www.chinajinling.com

荣事达牌洗衣机

**合肥荣事达集团有限责任公司**
地址：合肥市长江西路669号
邮编：230088
电话：0551-5523611
传真：0551-5521999
http：//www.rongshidagroup.com

海尔牌洗衣机

**海尔集团公司**
地址：青岛高科技工业园海尔路1号
邮编：266103
电话：0532-8938095
传真：0532-8939679
http：//www.haier.com
E-mail：hrhyc@haier.com

新乐牌洗衣机

**宁波新乐电器有限公司**
地址：中国浙江省宁波市鄞奉路131号
邮编：315012
电话：0574-87491486 （总机） 87494957
传真：0574-87494954
http：//www.china-xinle.com
E-mail：marketing@china-xinle.com

## 42 家用分体空调

长虹牌家用分体空调

**四川长虹电器股份有限公司**
地址：四川省绵阳市高新区绵兴东路35号
邮编：621000
电话：0816-2418460
传真：0816-2418462
http：//www.changhong.com
E-mail：qm@changhong.com

华凌牌家用分体空调

**华凌集团有限公司**
地址：广东省广州市番禺区105国道大石段591号
邮编：511430
传真：020-84784320
电话：020-84786698
http：//www.hualing.com
E-mail：webmaster@hualing.com

志高牌家用分体空调

**广东志高空调股份有限公司**
地址：广东省佛山市南海区里水镇胜利工业区
邮编：528244
电话：0757-85660491
传真：0757-85662764
http：//www.china-chigo.com
E-mail：sale@china-chigo.com

春兰牌家用分体空调

**春兰（集团）公司**
地址：江苏省泰州市口泰路68号

联系电话：0523-6227410
传真：0523-6227734
邮编：225300
http：// www.chunlan.com
E-mail：cla@chunlan.com

### 科龙牌家用分体空调

**广东科龙电器股份有限公司**
地址：广东省佛山市顺德区容桂街道办事处容港路8号
邮编：528303
电话：0757-28362000
传真：0757-28361124
http：// www.kelon.com
E-mail：prs@kelon.com

### 美的牌家用分体空调

**广东美的制冷设备有限公司**
公司地址：广东省佛山市顺德区美的工业城
邮编：528311
电话：0757-26338338
传真：0757-26655899
http：// www.midea.com.cn
E-mail：xiehua@midea.com.cn

### 格力牌家用分体空调

**珠海格力电器股份有限公司**
地址：珠海市前山金鸡西路
邮编：519070
电话：0756-8614883
传真：0756-8614998
http：// www.gree.com.cn
E-mail：gree@gree.com.cn

### 海尔牌家用分体空调

**海尔集团公司**
地址：青岛高科技工业园海尔路1号
邮编：266103
电话：0532-8938095
传真：0532-8939679
http：// www.haier.com
E-mail：hrhyc@haier.com

### 海信牌家用分体空调

**青岛海信空调有限公司**
地址：山东省青岛市东海西路17号海信大厦
邮编：266071
电话：0532-83878888-2969/6345/8139 5
传真：0532-86016059 0532-83878888-6345
http：// www.hisense.com.cn
E-mail：xieyeqin@ac.hisense.com

### 奥克斯牌家用分体空调

**宁波奥克斯空调有限公司**
地址：宁波市高科技园区鄞州大道东段566号
邮编：315000
电话：0574-88220088
传真：0574-88220202
http：// www.auxgroup.com
E-mail：AUXxxk@auxgroup.com

### 新科牌家用分体空调

**江苏新科电子集团有限公司**
地址：江苏省常州市洛阳新科工业园
邮编：213104
电话：0519-8790315
传真：0519-8791233
http：// www.shinco.com
E-mail：aircondmarket@shinco.com

## 43 微波炉

### 美的牌微波炉

**广东美的集团股份有限公司**

地址：广东省佛山市顺德区

邮编：528311

电话：0757-26339233

传真：0757-26334195

http：// www.midea.com.cn

E-mail：xiehua@midea.com.cn

### 格兰仕牌微波炉

**广东格兰仕集团有限公司**

地址：广东省佛山市顺德区容桂大道南25号

邮编：528305

电话：86-757-28886389

传真：86-757-28889628

http：// www.galanz.com.cn

E-mail：info@galanz.com.cn

### 海尔牌微波炉

**海尔集团公司**

地址：青岛高科技工业园海尔路1号

邮编：266103

电话：0532-8938095

传真：0532-8939679

http：// www.haier.com

E-mail：hrhyc@haier.com

## 44 彩色电视机

### 创维牌彩色电视机

**深圳创维-RGB电子有限公司**

地址：深圳市福田区八卦岭工业区八卦四路425栋2、3层

邮编：518029

电话：0755-26010001

传真：0755-26010666

http：// www.skyworth.com

E-mail：sales@skyworth.com

### TCL牌彩色电视机

**TCL集团股份有限公司**

地址：广东省惠州市鹅岭南路6号TCL工业大厦

企业法人代表：李东生

邮编：516001

联系人：胡泽良

联系电话：0752-2288343

### 厦华牌彩色电视机

**厦门华侨电子股份有限公司**

地址：福建省厦门市湖里工业区湖里大道22号

邮编：361006

电话：0592-5687216

传真：0592-6021331

http：//www.xoceco.com.cn

E-mail：office@xoceco.com.cn

### 长虹牌彩色电视机

**四川长虹电器股份有限公司**

地址：四川省绵阳市高新区绵兴东路35号

邮编：621000

电话：0816-2418460

传真：0816-2418462

http：// www.changhong.com

E-mail：qm@changhong.com

### 海尔牌彩色电视机

**海尔集团公司**

地址：青岛高科技工业园海尔路1号

邮编：266103

电话：0532-8938095
传真：0532-8939679
http：// www.haier.com
E-mail：hrhyc@haier.com

海信牌彩色电视机

**海信集团有限公司**
地址：山东省青岛市东海西路17号海信大厦
邮编：266071
电话：0532-83878888-2969/6345/81395
传真：0532-86016059 0532-83878888-6345
http：// www.hisense.com.cn
E-mail：xieyeqin@ac.hisense.com

康佳牌彩色电视机

**康佳集团股份有限公司**
地址：广东省深圳市南山区华侨城
邮编：518053
电话：0755-26608866
传真：0755-26600082
http：// www.konka.com
E-mail：litingbo@konka.com

熊猫牌彩色电视机

**熊猫电子集团有限公司**
地址：南京市中山东路301号
邮编：210002
电话：025-84826602
传真：025-84826602
http：// www.chinapanda.com.cn
E-mail：kjb@panda.cn

## 45 微型计算机

TCL牌微型计算机

**TCL集团股份有限公司**
地址：广东省惠州市鹅岭南路6号
邮编：516001
电话：0752-2288333
传真：0752-2265428
http：// www.tcl.com
E-mail：tcl_webmaster@tcl.com

方正牌微型计算机

**北大方正集团有限公司**
地址：北京市海淀区成府路298号中关村方正大厦9层
邮编：100871
电话：010-82529966
传真：010-82524463
http：// www.founder.com
E-mail：zhangbn@founder.com

长城牌微型计算机

**中国长城计算机深圳股份有限公司**
地址：深圳市南山区科技园长城大厦
邮编：518057
电话：0755-26639997
传真：0755-26631695
http：// www.greatwall.com.cn
E-mail：mobingyu@greatwall.com.cn

清华同方牌微型计算机

**清华同方股份有限公司**
地址：北京市海淀区上地开拓路1号
邮编：100085
电话：010-62961188
http：// www.tongfangpc.com

浪潮牌微型计算机

**浪潮集团有限公司**
总部地址：济南市山大路224号

邮编：250013
电话：0531-8932888
生产基地：济南市高新技术开发区颖秀路1137号
邮编：250101
电话：0531 8872888
北京地址：北京市海淀区上地信息路2号创业园C栋
邮编：100085
电话：010-62988886
电话：0531-8932888/
010-62988886-8675
传真：0531-8872478
E-mail：liheng@langchao.com
http：//www.langchao.com

海尔牌微型计算机

**海尔集团公司**

地址：青岛高科技工业园海尔路1号
邮编：266103
电话：0532-8938095
传真：0532-8939679
http：// www.haier.com
E-mail：hrhyc@haier.com

海信牌微型计算机

**青岛海信数码产品有限公司**

单位地址：北京市海淀区北四环西路9号银谷大厦6层
邮编：100080
电话：010-62800808
传真：010-62800086
http：// www.hisense.com
E-mail：mayuan@cyber-hisense.com

联想牌微型计算机

**联想（北京）有限公司**

地址：北京市海淀区上地信息产业基地创业路6号
邮编：100085
电话：8008108888
传真：010-58866630
http：// www.lenovo.com
http：// www.lenovo.com/Public/
public_bottom/contact.shtml

## 46 摩托车(100CC以上)

力帆牌摩托车

**重庆力帆实业（集团）有限公司**

地址：重庆市沙坪坝区上桥张家湾60号
邮编：400037
电话：023-65200162
传真：023-65215679
http：// www.lifan.com.cn
E-mail：mail@lifan.com.cn

宗申牌摩托车

**宗申产业集团有限公司**

地址：重庆市巴南区宗申工业园
邮编：400054
电话：023-66372867
传真：023-66372842
http：// www.zongshenmotor.com
E-mail：zsgroup@zongshen.net

钱江牌摩托车

**钱江集团有限公司**

地址：浙江省温岭市太平街道万昌路
企业法人代表：林华中
邮编：317500

联系人：孙为民
联系电话：0576-6192222

隆鑫牌摩托车
**隆鑫集团有限公司**
地址：重庆市九龙坡区石坪桥横街特五号
邮编：400051
联系电话：023-89026890 13527365555
传真：023-89026892
联系人：李必胜
E-mail：yuhuiwjh@163.com (李必胜)

嘉陵牌摩托车
**中国嘉陵工业股份有限公司（集团）**
地址：中国重庆双碑
电话：023-65190114 (查号台)
传真：023-65196666 65197777
邮编：400032
http：// www.jialing.com.cn
E-mail：scc@jailing.com.cn

豪爵牌摩托车
**江门市大长江集团有限公司**
详细地址：广东省江门市建达北路5号
企业法人代表：王大威
邮编：529030
联系人：杨光玉
联系电话：0750-3221511-2839

## 47 味精(99% 结晶)

双桥牌味精
**广州双桥股份有限公司**
详细地址：广州市海珠区南箕路346号
企业法人代表：陈桂贞
邮编：510280
联系人：卢旭明
联系电话：020-34334856

红梅牌味精
**沈阳红梅企业集团有限责任公司**
地址：辽宁省沈阳市铁西区卫工北街44号
邮编：110026
电话：024-25820821
传真：024-25820297
http：// www.hongmei.com
E-mail：hongmei@hongmei .com

香雪牌味精
**江苏天香集团有限公司**
地址：江苏省常州市武进区漕桥镇杨桥村
邮编：213175
电话：0519-6131027 6132028 6132058
传真：0519-6134127
http：// www.tian-xiang.com
E-mail：tx@tian-xiang.com

莲花牌味精
**河南莲花味精集团**
地址：河南省项城市莲花大道18号
邮编：466200
电话：0394-4298955 /4298708
传真：0394-4298708
E-mail：lianhua8955@163.com

骏马牌味精
**山东齐鲁味精食品集团有限公司**
地址：山东省茌平县齐鲁生态工业园
邮编：252100
电话：0635-4232400
传真：0635-4285439
http：// www.qilugroup.com

E-mail：dshl999@sina.com

菊花牌味精

**江苏菊花味精集团有限公司**

地址：江苏省张家港市港口镇

邮编：215612

电话：0512-58480209

传真：0512-58480209

http：// www.jschry.com

E-mail：jsjhwj @ 163.com

菱花牌味精

**菱花集团公司**

地址：山东济宁高新技术产业开发区菱花路

邮编：272073

电话：0537-2080233 2085100

传真：0537-2080657

http：// www.linghua.com

E-mail：linghua@linghua.com

## 48 衬衫

才子牌衬衫

**福建才子集团有限公司**

地址：福建省莆田市城厢区东海镇海头工业区

企业法人代表：蔡宗美

邮编：351162

联系人：王元茂

电话：0594-5361137

太平鸟牌衬衫

**宁波太平鸟投资集团有限公司**

地址：宁波市环城西路南段 826 号

邮编：315011

电话：0574-87471888

传真：0574-87472888

http：//www.peacebird.com.cn

E-mail：pb999@pub.cnnb.net

开开牌衬衫

**上海开开实业股份有限公司**

地址：上海市万航渡路 888 号

邮编：200042

电话：021-62128598（总机）

传真：021-62125575

http：//www.e-kaikai.com

E-mail：kaikai@public.sta.net.cn

红豆牌衬衫

**红豆集团有限公司**

地址：江苏省无锡市港下镇

邮编：214199

电话：0510-8358246

传真：0510-8761777

http：//www.hongdou.com

E-mail：zjb@hongdou.com

杉杉牌衬衫

**上海杉杉服装有限公司**

地址：上海东方路 985 号一百杉杉大厦

电话：021-68765333

传真：021-68763982

邮编：200122

http：//www.shanshan.com

E-mail：shzcb@firs.com.cn

步森牌衬衫

**步森集团有限公司**

浙江省诸暨市枫桥步森大道 419 号

邮编：311811

电话：0575-7046933

传真：0575-7046862

http：//www.busen-group.com

E-mail：xhfzc@126.com

绅士牌衬衫

**北京绅士服装有限公司**

地址：北京市海淀区西北旺镇亮甲店村
电话：62468186
传真：62489751
邮编：100094
http：//www.shenshi.com.cn
E-mail：lwj13911114587@163.com

罗蒙牌衬衫

**罗蒙集团股份有限公司**

地址：浙江省宁波市奉化江口江宁路94-96号
电话：0574-88558362　0574-88557888
联系人：朱绪龙
传真：0574-88557226
http：//www.romon.com
E-mail：office@romon.com

虎豹牌衬衫

**江苏虎豹集团有限公司**

地址：江苏省扬州市邗江区汉河街道华洋路31号
邮编：225127
电话：0514-7840888
传真：0514-7840186
http：//www.hubao.com
E-mail：freeor@sina100.com
js.hbjt@public.yz.js.cn

鸣鹿牌衬衫

**河北鸣鹿服装集团公司**

地址：河北省石家庄市中华北大街53号
邮编：050000
电话：0311-7025836
传真：0311-7043211
http：//www.china-minglu.com

洛兹牌衬衫

**宁波洛兹集团有限公司**

地址：浙江省宁波市鄞州区石碶街道
邮编：315153
电话：0574-88261666　88443661
传真：0574-88443594
http：//www.rousegroup.com
www.rouse.cn
E-mail：rouseco@mail.nbptt.zj.cn

海螺牌衬衫

**上海海螺服饰有限公司**

地址：上海市沪太路951号
邮编：200072
电话：021-56613334
传真：021-56639529
http：//www.conch-apparel.com.cn
www.951.com.cn
E-mail：conch@conch-apparel.com.cn

益鑫泰牌衬衫

**湖南益鑫泰麻业服装实业有限公司**

地址：湖南省益阳市益鑫泰路1号
湖南省长沙市银盆南路66号
邮编：413002　410006
电话：0737-4428818
0731-8853562
传真：0737-4428819
0731-8862680
http：//www.isunte.com
www.yxt-ramie.com
E-mail：yxtoec11@public.cs.hn.cn
Liyihui_cn@sina.com

能达利牌衬衫

**浙江能达利集团有限公司**

地址：浙江省义乌市大陈镇能达利路25号
邮编：322011
联系人：田月红　陈祥有
电话：0579-5996188 5997111
传真：0579-5995385
http：//www.chinanengdali.com
E-mail：ywndl@163.com

KOBRON牌衬衫

**浙江高邦服饰集团有限公司**

地址：浙江省温州市葡萄棚工业区3号
邮编：325000
电话：0577-88633000
传真：0577-88633052
http：//www.kobron.cn
E-mail：infor@kobron.com.cn

情森牌衬衫

**浙江情森制衣有限公司**

地址：浙江省诸暨市枫桥镇海角寺
联系人：何宗炬
电话：0575-7422168
邮编：311811
传真：0575-7046370
http：//www.chinaqingsen.com
E-mail：Qingsen126@126.com

富绅牌衬衫

**富绅集团有限公司**

地址：广东省惠州市仲恺高新技术开发区惠台工业园惠台路38号
邮编：516006
电话：0752-2628888
http：//www.virtue.com.cn
E-mail：virtue@virtue.com.cn

琴曼牌衬衫

**江苏琴曼集团有限公司**

地址：江苏省扬州市邗江区蒋王街道红旗东大街8号
邮编：225126
电话：0514-7941598
传真：0514-7945905
http：//www.chinaqinman .com
E-mail：yzkst@chinaqinman.com

雅戈尔牌衬衫

**雅戈尔集团股份有限公司**

注册地址：浙江宁波市雅戈尔大道1号
办公地址：浙江宁波鄞县大道西段2号
邮编：315153
电话：0574-88265571
传真：0574-87425390
http：//www.youngor.com.cn
E-mail：office@youngor.com.cn

鲁泰格蕾芬牌衬衫

**鲁泰纺织股份有限公司**

地址：山东省淄博市高新技术开发区铭波路11号
电话：0533-5418859 5415315
传真：0533-5418579
http：//www.Lttc.com.cn
E-mail：lttc@lttc.com.cn

# 2003年中国名牌产品大事记

■ 1月27日，在北京国际会议中心召开“办奥运创名牌座谈会”，中国名牌战略推进委员会主任林宗棠、副主任王秦平、秘书长于献忠、常务副秘书长荣剑英等参加会议，林宗棠主任在会上作了“弘扬奥运精神，誓夺世界名牌”的讲话。

■ 1～2月，中国名牌战略推进委员会秘书处进行2003年中国名牌产品评价目录的调查研究，召集并充分听取有关行业主管部门和各省、自治区、直辖市质量主管部门以及有关中介组织的意见和建议。

■ 3月28日，中国名牌战略推进委员会（以下简称“名推委”）召开全体委员大会，研究讨论2003年中国名牌产品评价范围。

■ 3月28日，名推委发布2003年第一号公告，确定了钢琴、化妆品、照明器具等26类产品列入2003年中国名牌产品评价范围。

■ 4月17～5月7日 胡锦涛总书记、温家宝总理、黄菊副总理分别在中国工经联会长、中国名牌战略推进委员会主任林宗棠写给党和国家领导人的信上作出重要批示。

■ 胡锦涛总书记4月17日批示：“请家宝、黄菊同志阅处。”

■ 黄菊副总理4月20日批示：“积极支持、大力推进国家名牌战略，努力在市场竞争中形成一批世界知名品牌。请家宝、吴仪同志阅示。”并明确要求：“请质检总局会同有关部门进一步研究适应社会主义市场经济体制的名牌扶持政策，进一步推进中国名牌战略的实施工作。”

■ 吴仪副总理4月23日圈阅。

■ 温家宝总理4月24日批示：“自己的名牌产品和知识产权是企业增强市场竞争力的关键。此项工作请黄菊同志负责。”

■ 4月20日至6月底，按照名推委的要求，符合条件的企业自愿到所在省市自治区质量技术监督局申报中国名牌产品。

■ 7月21日，国家质检总局针对一些组织和个人打着国家质检总局和中国名牌战略推进委员会的名义，到各地联系举办中国名牌论坛一事发出通知，指出除了个别得到质检总局和名推委认可的，对其他各种名目繁多的名牌论坛企业均要保持清醒。

■ 8月4日，名推委召开全体委员会议，审议通过了2003年中国名牌产品公示名单。

■ 8月4日，名推委秘书处召开新闻发布会，向社会公示2003年中国名牌产品初选名单。公示限期从8月5日至20日。公示时间16天。

■ 8月28日，国家质检总局发文决定在全国范围内对获得2003年中国名牌产品称号的138家企业通报表彰。

■ 8月30日，由名推委秘书处编辑的《中国名牌产品年鉴·2002卷》由中国轻工业出版社出版发行。

■ 9月1日，2003年中国名牌产品诞生。在国家质检总局礼堂召开表彰会，对138家企业生产的142个品牌的中国名牌产品颁发了证书和奖牌。

■ 11月25日，在北京新世纪饭店召开中国名牌战略推进成果展览会第一次新闻发布会。

■ 11月27日至12月10日，由名推委组织的针对国外名牌现状的考察团出访了英国、法国等地，圆满完成考察任务。

■ 12月15日，在北京新世纪饭店召开中国名牌战略推进成果展览会第二次新闻发布会。

■ 12月19日，在北京展览馆举办中国名牌战略推进成果展览会开幕式。该展览会由国家质检总局、中宣部、国家发改委、全国总工会和共青团中央联合主办，中国名牌战略推进委员会、中国工业经济展览交流中心承办。

■ 12月19日至23日，中国名牌战略推进成果展览会展出。

■ 12月20日至21日，在北京新世纪饭店召开“市场、品牌、奥运”国际论坛。

■ 12月30日，由名推委秘书处编辑整理的全国各媒体就中国名牌战略和名推委工作的新闻报道集——《名牌专辑》1～12册编撰完成。

# 2004年中国名牌产品大事记

■ 1月8日，中国名牌战略推进委员会发布关于征求2004年中国名牌产品评价目录建议的函。

■ 3月30日，中国名牌战略推进委员会发布一号公告，向全社会公告了2004年的评价目录。2004年中国名牌产品评价涉及大米、小麦粉、糖（白糖、糖果、果冻）、派类食品、低温肉制品、农用聚乙烯大棚膜、果汁饮料、黄酒、皮衣、童车、液体洗涤剂、笔（铅笔、自来水笔、圆珠笔）、炊具（电饭锅、压力锅、不粘锅）、家用燃气灶具、真丝绸、针织品（内衣、袜子）、西裤（不含西服套装西裤）、羊绒大衣、黄金首饰、乒乓球运动器材、保险柜、程控交换机、锂离子充电电池、大中型客车、汽车玻璃、铝合金车轮、全钢子午线轮胎、实木复合地板、交联聚乙烯电力电缆、钢丝绳、磁性材料、铝合金建筑型材、硬质合金、阴极铜、人造金刚石、税控燃油加油机、数控车床（普及型及以上）、工业风机（轴流式、离心式压缩机）、装载机、电冰箱、洗衣机、家用分体空调、微波炉、彩色电视机、微型计算机、摩托车（100CC以上）、味精（99%结晶度）、衬衫等48类产品。

■ 4月15日，国家质检总局发布了《关于做好2004年中国名牌产品申报工作的通知》。

■ 4月20日至6月15日前符合条件的企业到当地省级技术监督局申报。

■ 6月3日，名推委发布二号公告，面向社会公开招聘部分专家，并与各行业推荐的专家一起进入中国名牌产品评价专家库，随后从专家库中进行抽签，组成32个专家委员会并对上报资料进行初审并开始进行用户满意度调查。

■ 7月15日，集中所有专业委员会的专家到北京郊区开始集中评价工作，制定评价细则，对企业资料审核和评价。

■ 8月6日召开中国名牌战略推进委员会全体会议，确定2004年中国名牌产品初选名单。

■ 8月7日至20日，对中国名牌初选名单进行公示。公示期两周。

■ 8月26日召开中国名牌战略委员会全体会议，确定2004年中国名牌产品名单。

■ 9月1日，在人民大会堂对254家企业生产的271个产品进行表彰和授牌仪式。

中国名牌产品年鉴

CHINA TOP BRAND PRODUCTS YEARBOOK

# 2004 中国名牌产品年鉴

CHINA TOP BRAND PRODUCTS YEARBOOK

# 充满活力的好牛奶

新鲜 营养 健康

绿色食品 GreenFood

国家免检产品 AQSIQ

HACCP 食品安全

国际食品安全体系认证

质量安全

近年来，迅猛发展的佳宝乳业先后荣获了“国家免检产品”、“绿色食品”、“中国无公害农产品”、中国轻工业质量效益型先进单位”、“全国饮品企业环境质量管理合格单位”、“中国食品工业协会推荐品”等几十项荣誉。在同行业中率先通过“质量、食品安全、环境和职业健康”“四合一”管理体系证和“C”标志认证，获选为山东乳品协会理事长单位和中国乳品协会副理事长单位。

“佳宝——充满活力的好牛奶”，佳宝乳业以“活力”为核心全力推进品牌战略。产品在站稳山东同时已远销至江苏、安徽、河南、河北、北京等地，佳宝已成为中国乳业著名品牌和区域强势品牌。

单体面积22000平方米的先进生产车间

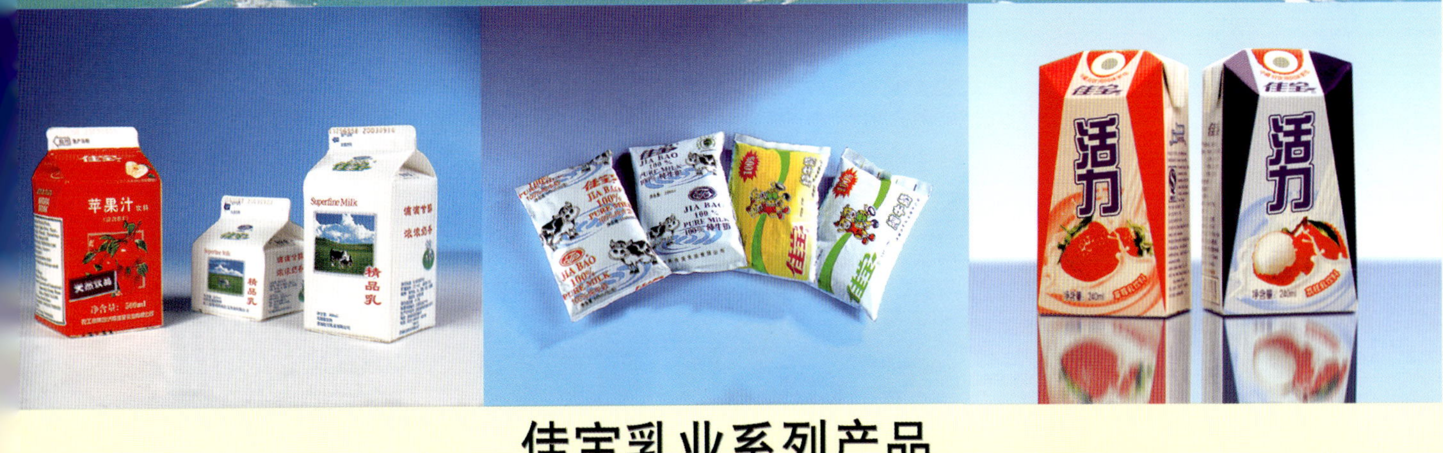


佳宝乳业系列产品

3-CIRCLES

**厦门三圈日化有限公司**是我国电池行业的骨干企业。公司占地23万平方米，拥有各类技术人员200余人。2004年公司的电池总产量、销售收入、纳税额及出口量均居行业前列。

公司注重科学的管理，以 ISO9001质量管理体系和ERP企业资源管理系统作为企业的管理主轴，有效地控制着电池的质量和物流的运作。三圈电池采用GB 8897.2-2005标准生产，并于 1998年通过ISO 9001质量体系认证，全面实施ISO14001环境管理体系及OHSAS18001职业安全管理体系。三圈电池于1997年荣获福建省名牌产品称号，其销售网络遍及全国，此外，还远销欧洲、非洲、拉美等国家和地区，成为在广大消费者心中享有盛誉的知名品牌。

公司积极发展品牌战略，发挥三圈品牌的效应，积极提高资本运营形式，放大国有资本功能。六年来，公司先后采取了兼并入股、投资等多种形式，对厦门市九家企业实施了资产重组，使公司的经济实力得以不断扩展。如今，公司已拥有总资产达7亿元人民币。

新的三圈工业园已建成并投入使用。我司将充分把握易地改造的契机，实现企业的重新整合，努力把我司建设成为“环境优美、管理有方、技术先进、产品一流”的现代化企业。届时我司计划年产电池超过12亿只，实现销售收入6亿元人民币，出口创汇4000万美元。

ISO9001质量管理体系认证标志

ISO14001环境管理体系认证标志

厦门三圈日化有限公司
XIAMEN THREE CIRCLES CO.,LTD.
电话:(86-592)6388999
传真:(86-592)6388888
邮编.:361023
Http://www.3-circles.com
E-mail:3circles@3-circles.com

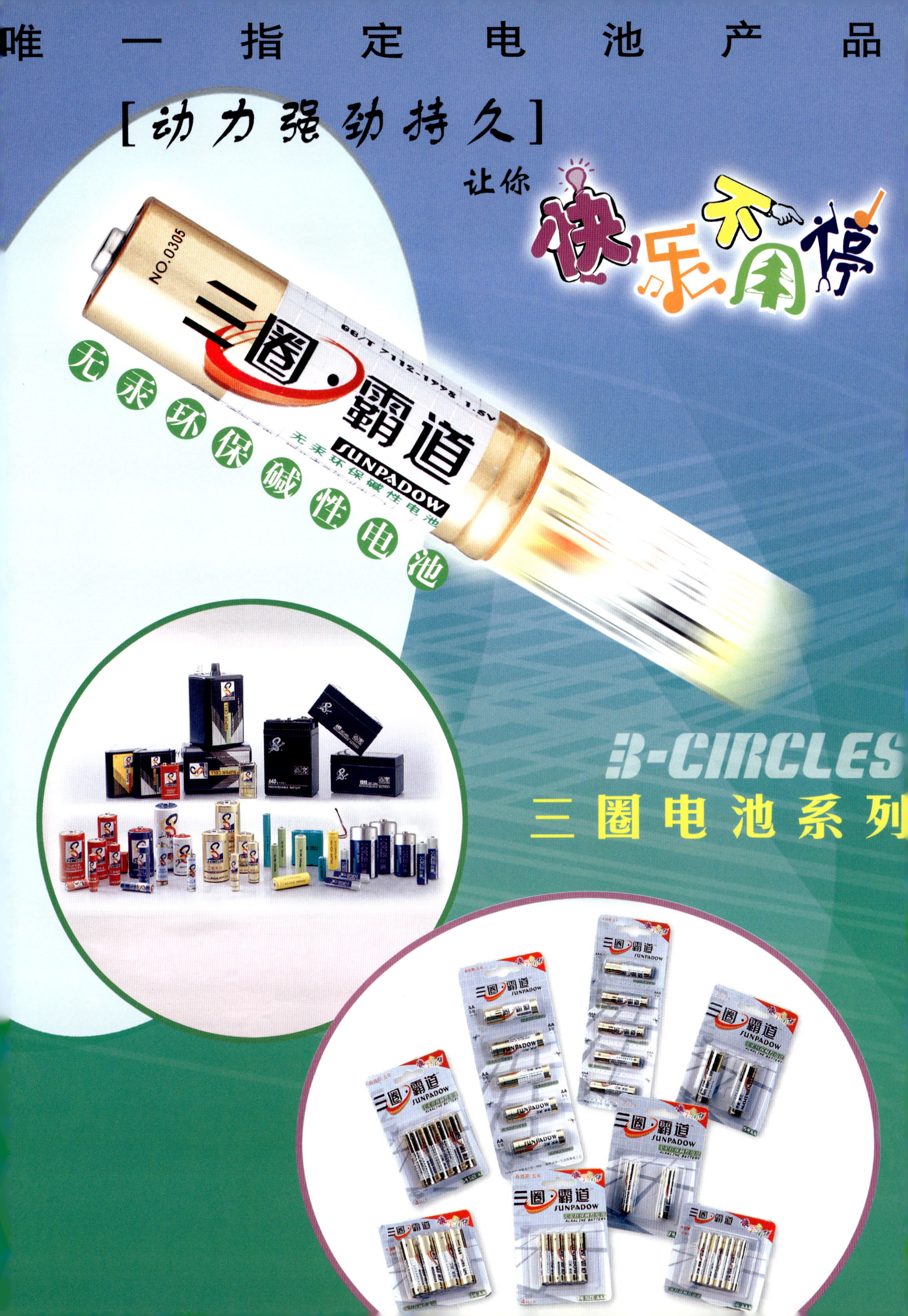
唯一指定电池产品
[动力强劲持久]
让你
快乐不停
NO.0305
三圈·霸道
GB/T 7112-1998 1.5V
SUNPADOW
无汞环保碱性电池
无汞环保碱性电池
3-CIRCLES
三圈电池系列

# 白猫股份

上海白猫股份有限公司（原上海牙膏厂有限公司），是中国牙膏工业的发源地。经历了九十余年的发展，我公司已成为国内著名的牙膏生产企业。公司于2002年在上海证券交易所挂牌上市，成为国内牙膏行业的首家上市公司。

几十年来，我们一直致力于品牌的塑造与发展，为了满足日益增长的消费需求，公司依托强大的科技力量，不断开发、研制出一系列美加净新品牙膏，为"美加净"品牌牙膏注入了新的活力。美加净牙膏，以其优良的产品品质，值得信赖的品牌形象，于1992开始多次荣获"上海市著名商标"、"上海市名牌产品"。产品不仅在国内市场，而且在国际市场占有一定的优势。产品远销北美、澳洲、非洲、东欧、中亚和东南亚，成为我国牙膏出口创汇最高的产品。

质量是一个企业立家之本，是企业的核心，是企业的生命，我公司重视产品的质量，力求为用户提供最好的产品，经过努力，公司取得ISO9001：2000质量管理体系证书， ISO14001环境管理体系和OH-SAS18001职业健康安全管理体系证书。于2004年3月，取得了HACCP体系证书，成为牙膏行业首家通过HACCP体系认证的生产企业。

公司技术中心以市场为向导，科技创新为核心，不断开发高新产品，使主产品不断升级换代。公司主要技术装备和主要加工工艺处于国内同类企业先进水平，多项产品开发项目属国内外同类产品前沿.

我们将致力于以市场为导向，依托科研技术力量，采用现代企业的组织模式及经营理念，以规范的体系进行管理，充分利用资源，提高经济效益，将公司发展成为一流的口腔护理用品生产企业。开发推广高附加值产品，以科技创名牌。加强市场的管理与控制，以市场争名牌。公司的规范化管理与先进企业文化的建立，以管理保名牌。

# MAXAM® 美加净®

"美加净"牙膏是上海白猫股份有限公司（原上海牙膏厂有限公司）在六十年代赶超国际先进水平，实现升级换代所创制的一只新型出口牙膏。

几十年来，公司一直致力于品牌的塑造与发展。为了满足日益增长的消费需求，公司依托强大的科技力量，不断开发、研制出**美加净复合中草药牙膏、美加净绿茶防蛀牙膏、美加净亮白防蛀牙膏、美加净全速防蛀牙膏、美加净复合中草药加强型牙膏、美加净活性因子牙膏、美加净免疫防蛀牙膏、美加净儿童水晶免疫防蛀牙膏等系列牙膏**。美加净新品牙膏的推出，为"美加净"品牌注入了新的活力，并以其优良的产品品质及值得信赖的品牌形象，不仅在国内市场，而且在国际市场占有一定的份额。"美加净"牙膏远销北美、澳洲、非洲、东欧、中亚和东南亚，成为我国牙膏出口创汇最高的产品。在联合国采购物资中心的招标中，中标成交。就2003年，美加净牙膏已销往美国、巴拿马、澳洲、荷兰等三十多个国家和地区。

作为迅猛发展的健康产业，时代重新定义了人类健康的生活标准。在我们产品服务于社会的同时，**"美加净口腔护理中心"**的诞生，为消费者提供口腔卫生护理的全面服务，已成为传播健康文化的载体；而"美加净口腔护理中心咨询热线"的开通，在企业与消费者之间架起了桥梁，使我们的服务更贴近消费者，为消费者提供满意的产品和服务。

"美加净"牙膏，1979年被评为轻工业部和上海市轻工业局的优质产品；1980年荣获上海市优质产品称号；1981年荣获国家金质奖；1988年荣获轻工业部优质出口产品金质奖，同年又一次获得国家金质奖的最高奖殊荣；"美加净"牙膏系列产品在行业中首家荣获中国消费者协会（3.15）标志；**"美加净"牙膏被评为2003年度全国用户满意产品；"美加净"品牌被推荐为2003年上海名牌。**

目前，公司正以加入WTO为契机，进一步加快产品结构的升级换代和国际化经营步伐。运用自身优势，开展口腔保健服务的连锁经营和都市工业配套经营，发展更优秀的科技产品，以提升全社会的口腔卫生意识；在更广泛层次上，为消费者提供优质的产品和完善的服务，努力拓展国内、国际两个市场，弘扬中国品牌。

美加净品牌系列牙膏

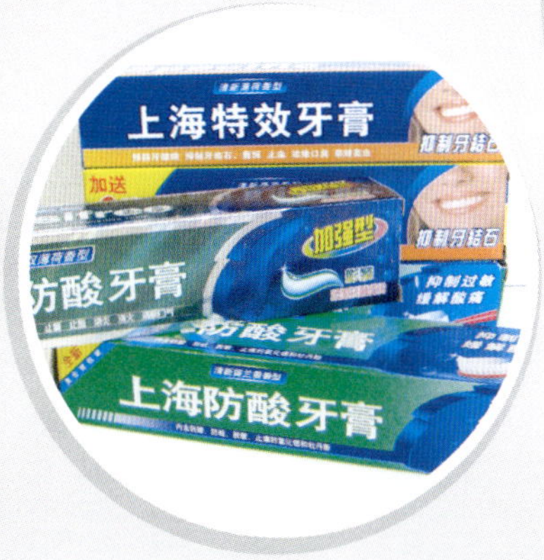


上海品牌系列牙膏

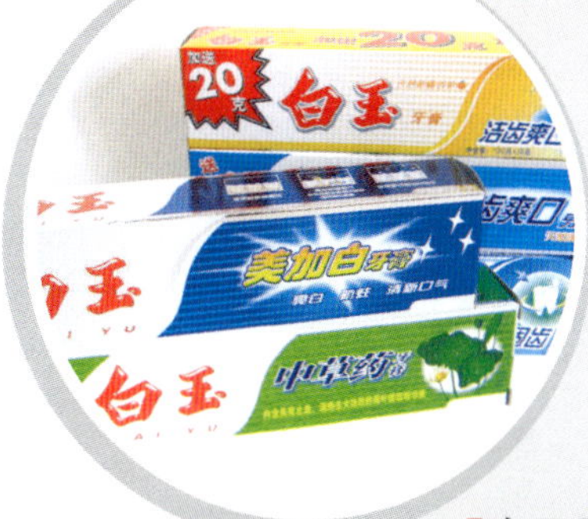


白玉品牌系列牙膏

## 公 司 简 介

安徽芳草日化股份有限公司是安徽省唯一的大型综合性日化生产企业，主要生产经营牙膏、洗涤用
及日用化工原料，具有年产牙膏2亿支、合成洗衣粉3万吨、液体洗涤剂2万吨、消毒液1万吨，烷基苯磺酸
千吨的能力。公司拥有“芳草”“白雪”“黄山”三大商标，其中“芳草”为安徽省著名商标，芳草系
牙膏在2002荣获中国牙膏企业首批“中国名牌”产品称号，产品畅销全国30多个省、自治区、直辖市，
远销到我国香港地区和东南亚、拉美等国家和地区。

公司拥有安徽安大芳草高新技术工程研究院和省级技术中心。具有强大的产品研发和技术创新能力，
通过全面贯彻ISO9001国际质量体系认证标准，狠抓管理创新，技术创新和营销创新，将我公司建设成为
代化的股份制企业。

2005年，作为公司的“改革年”，公司将以改革改制为动力，建立新的管理和激励机制，以销售为
头，创新营销模式，提升品牌效应；以管理为灵魂，强化内部管理；以技术进步为前提，降低成本，提
质量，使企业坚持走质量效益型的发展道路。

民族心 芳草情 执着追求 心情依旧

民族心 芳草情 执着追求 心情依旧

中国名牌
芳草牙膏

老百姓的实惠
山东名牌产品
山东省著名商标
羽绒服

# 公司简介

青州市坦博尔服饰有限公司是一家专业生产羽绒服企业。公司坚持以人为本的发展理念，拥有一批国内先进水平的设计师、工艺师、质检人员队伍，企业具备强劲的自行研发、设计能力。公司注重企业文化的塑造，具有人性化、合理化的管理制度，拥有一支稳定的熟练技工队伍。全体坦博尔人凝心聚力致力于打造学习型、亲和型积极向上的企业文化体系。

坦博尔注重从源头抓质量，按照ISO9001质量体系标准，建立严密的品质控制体系，对进厂所有原辅物料实行专人专用设备检验检测，每道工序严格把关，确保每件产品以优质、精湛的工艺走向市场。

几年来，坦博尔羽绒服以独特的艺术视角、灵性的色彩运用、简约细致的设计风格，为羽绒服装业增添了时尚元素，得到了广大消费者的信赖和好评。市场销售区域不断扩大，产品先后荣获“山东名牌产品”、“山东省免检产品”。“坦博尔”商标被评为“山东省著名商标”。公司董事长王勇萍先生被国家质检总局授予“全国质量管理先进工作者”荣誉称号。企业一次性通过ISO9001质量管理体系认证、ISO14001环境管理体系和OHSAS18001职业健康和安全管理体系认证。

坦博尔实行品牌经济战略，并融入了创新元素，以创新求发展，通过技术创新、设计创新、管理创新，不断提升和完善坦博尔品牌内涵来推动企业和谐、可持续发展。

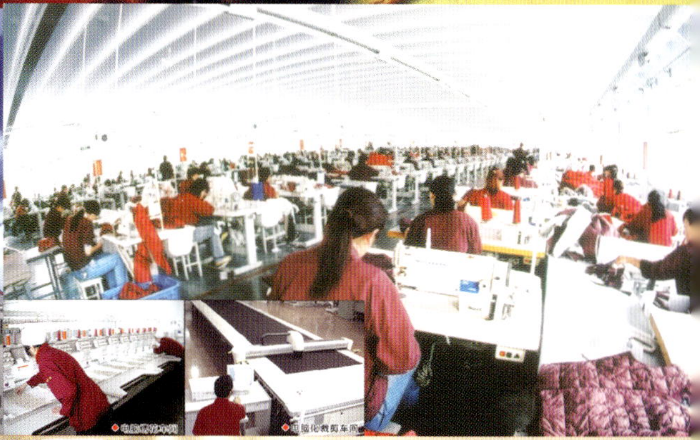

好家庭
www.goodfamily.cc
中国驰名商标
FAMILY

WNQ
7000A
7000B
8818TJ
梦幻、银河 * 系列
DREAM AND GALAXY*SERIES
DREAM AND GALAXY*SERIES
8000A
商用豪华电动跑步机
Commercial Treadmill
5000CA
3000C
3000B
福/建/省/万/年/青/运/动/器/材/制/造/有/限/公/司
FUJIAN WAN NIAN QING BODY-BUILDING EQUIPMENT MANUFACTURING CO., LTD.
TEL:0086-591-83453888 FAX:0086-591-83453555 EMAIL:wnq@wnq.com trade@fjwnq.com
WWW.WNQ.COM
免费热线 800-858-1868

登康
Dencare
关心您的口腔健康！
冷酸灵
冷热酸甜 想吃就吃
LESENING
茶清新
双重抗过敏牙膏
茉莉茶香
水晶牙膏
双重抗过敏
清爽薄荷香
冷酸灵
CLEAN TEETH, PROTECT TEETH, FRESH YOUR BREATH.
新一代
new 冷酸灵
抗过敏牙膏
牙齿抗过敏 就找冷酸灵

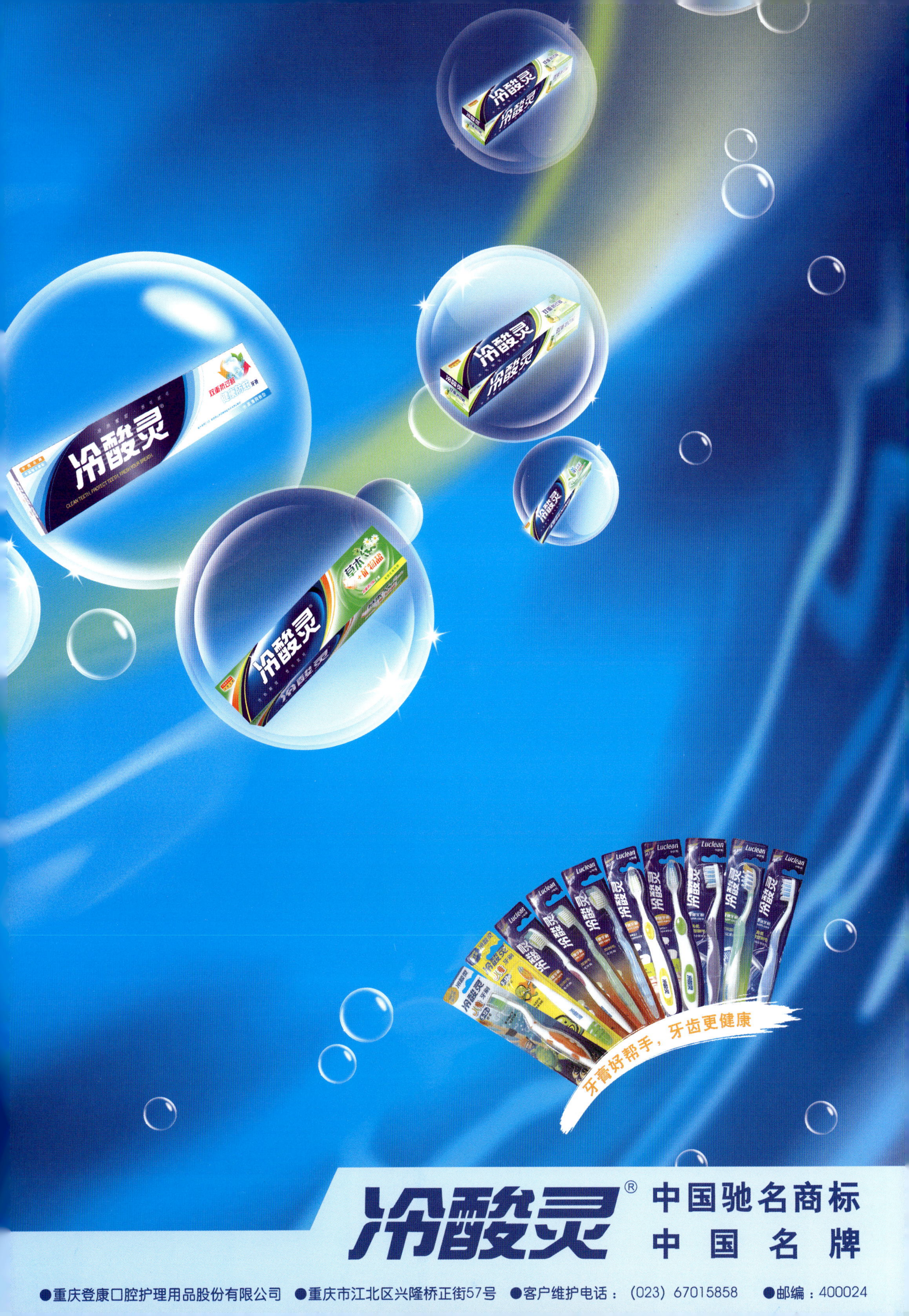
牙膏好帮手，牙齿更健康
冷酸灵®
中国驰名商标
中国名牌
●重庆登康口腔护理用品股份有限公司 ●重庆市江北区兴隆桥正街57号 ●客户维护电话：(023) 67015858 ●邮编：400024

维 维 豆 奶 欢 乐 开
维维
在中国的大地上
无论你走到哪里
无论在城市还是乡村
无论是老人还是孩子
人人都会说上一句:
维维豆奶　欢乐开怀
早晚一杯维维豆奶
已成为人们一种新的生活习俗
这是对维维豆奶的
最高褒奖
维维
A NATURAL PART OF LIFE
高钙低糖豆奶粉
Soybean
MILK
POWDER
维维
A NATURAL PART OF LIFE
维他型豆奶粉
维维集团 VV GROU

维维集团 VV GROUP
天山雪
TIANSHAN SNOW
纯牛奶
在远古的传说中
天山是距天最近的地方
天山上的圣女
自天上采来
雪白的乳汁
养育了脚下的大地
先民们的乳汁崇拜
便成为
对天山雪的崇敬
维维天山雪
天生的好奶
天山雪
TIANSHAN SNOW
维维乳业
VV DAIRY

图书在版编目（CIP）数据
中国名牌产品年鉴.2004卷/国家质量监督检验检疫总局质量管理司，中国名牌战略推进委员会秘书处编. – 北京：中国轻工业出版社，2005.8
ISBN 7 – 5019 – 5062 – 8
Ⅰ.中… Ⅱ.①国… ②中… Ⅲ.①工业产品—中国—2004—年鉴②工商企业—中国—2004—年鉴Ⅳ.① F724.74-54 ② F279.2-54

中国版本图书馆 CIP 数据核字（2005）第 091661 号

《中国名牌年鉴》2004卷

**国家质量监督检验检疫总局质量管理司**
**中国名牌战略推进委员会秘书处** **编**

**设计制作：北京轻广协广告有限公司**

责任编辑：刘云辉
组稿编辑：李振宁　赵青春
责任终审：劳国强
版式设计：潘文强

出版发行：中国轻工业出版社（北京东长安街6号，邮编：100740）
印　　刷：北京百花彩印有限公司
经　　销：各地新华书店
版　　次：2005年8月第1版　　2005年8月第1次印刷
开　　本：889mm × 1194mm　1/16　印　张：31
字　　数：260千字
书　　号：ISBN 7 – 5019 – 5062 – 8/F · 360
定　　价：360.00元

读者服务部邮购热线电话：010-65241695　85111729
传真：010-85111730
发行电话：010-65141375　65128898
http://www.chlip.com.cn
E-mail:club@chlip.com.cn
如发现图书残缺请直接与我社服务部联系调换
50457K5X101HBW

中国名牌战略推进委员会标志